Das Buch

Leonhard Bernstein nannte sie »Mozart of today«, sie haben weltweit die meisten Schallplatten verkauft, und die Veröffentlichung bisher unbekannten Materials löst noch heute – 25 Jahre nach ihrer Trennung – eine wahre Kaufhysterie aus: Die Beatles sind ein Mythos, und dieser Mythos ist unsterblich. Wie keine andere Popgruppe haben die »Fab Four« aus Liverpool die Welt verändert. Mit Titeln wie »Yesterday«, »Eleanor Rigby«, »A Day In The Life« oder »Let It Be« haben sie Musikgeschichte geschrieben, und sie haben eine ganze Generation in ein neues Lebensgefühl getaucht. Wie sind die legendären Songs und Platten entstanden? Wie hat das kongeniale Komponistenduo Lennon/McCartney gearbeitet? In den acht Jahren ihrer Studiokarriere veröffentlichten die Beatles nur knapp elf Stunden Musik, über 400 Stunden blieben in Hochsicherheitstresoren im Abbey Road Studio vor der Öffentlichkeit verborgen. Mark Hertsgaard bekam als bisher einziger Außenstehender die Möglichkeit, alle Bänder zu hören. Sein auf dieser Grundlage entstandenes Buch trennt Mythen von Fakten und musikalische Zufälle von genialen Einfällen. So werden über das Lesen nicht nur die einzelnen Songs in ihrer Komplexität »hörbarer«, sondern dahinter entstehen auch eindringliche Porträts der Musiker, die sie geschaffen haben.

Der Autor

Mark Hertsgaard, geboren 1956 bei New York, bereiste als Journalist die ganze Welt und veröffentlichte mehrere Sachbücher zu ökologischen und politischen Zeitfragen. Er schreibt unter anderem für ›New York Times‹, ›Esquire‹ und ›La Stampa‹.

The Beatles
Die Geschichte ihrer Musik
Von Mark Hertsgaard

Mit 24 Schwarzweißfotos
Aus dem Amerikanischen von
Willi Winkler

Deutscher
Taschenbuch
Verlag

Das »Nachwort zur Taschenbuchausgabe« übersetzte Fritz R. Glunk.

Ungekürzte Ausgabe
Mit einem Nachwort zur Taschenbuchausgabe
April 1996
Deutscher Taschenbuch Verlag GmbH & Co. KG, München
© 1995 Mark Hertsgaard
Titel der amerikanischen Originalausgabe:
A Day In The Life
Delacorte Press, New York 1995
© der deutschsprachigen Ausgabe:
1995 Carl Hanser Verlag, München
ISBN 3-446-18088-5
Umschlaggestaltung: Dieter Brumshagen
Satz und Lithos: Gerber Satz, München
Gesetzt aus der Times NewRoman 10,8/12; QuarkXPress (Mac)
Druck und Bindung: C. H. Beck'sche Buchdruckerei, Nördlingen
Gedruckt auf säurefreiem, chlorfrei gebleichtem Papier
Printed in Germany · ISBN 3-423-30559-2

Inhalt

Vorspruch für den Leser

Dieses Buch steht und fällt mit meiner Überzeugung, daß es bei den Beatles vor allem um Kunst geht. In den sechziger Jahren beeinflußten John Lennon, Paul McCartney, George Harrison und Ringo Starr alles, von den Frisuren und der Mode bis zu den politischen und spirituellen Ansichten einer ganzen Generation; selbst ihr buntes Privatleben faszinierte die Medien ununterbrochen. Auf längere Sicht freilich ist es nicht das persönliche Verhalten der vier jungen Männer, was sie als Beatles so wichtig macht, sondern die Musik, die sie hervorbrachten.

Das Buch versucht eine Biographie dieser Musik, einen kurzen Abriß darüber, wie sie entstand, wie sie sich entwickelte, was die Beatles im Studio sagten und taten, wenn sie ihre Songs aufnahmen, welcher Teil welcher Songs besondere Aufmerksamkeit verdient, und was die Beatles selber von dem hielten, was sie zustande brachten. Obwohl kein Künstler in einem Vakuum arbeitet, gehe ich nur insoweit auf den privaten Hintergrund der Beatles oder etwa die Rolle ihres Produzenten George Martin ein, als dies zur Aufklärung über die Musik beiträgt.

Neben dem Werkkatalog, den die Beatles in den Handel brachten, ergab sich eine Hauptquelle für dieses Buch aus den Bändern der Abbey Road Studios in London, gewissermaßen den Entwürfen der späteren Songs. Außerdem habe ich mich – zurückhaltend – bei dem bedient, was allgemein über die Beatles bekannt ist. Zurückhaltend deswegen, weil man sich nicht darauf verlassen kann, daß die sogenannten Tatsachen in den meisten Beatles-Büchern mehr sind als Spekulation, Gerüchte oder Meinungsäußerung. Die tägliche Berichterstattung über die Beatles war häufig sorglos und einfältig. Buchautoren vermehrten die Verwirrung noch durch die kühnen logischen Sprünge, die sie als Wahrheit ausgaben, oder indem sie technisch korrekte Angaben nur selektiv wahrnahmen – wenn sie beispielsweise nur Quellen zitierten, die ihre Meinung bestätigten, und anderslautende Informationen einfach unterschlugen. Außerdem machten sie sich nur selten die Mühe, ihre Schlußfolgerungen zu belegen; die wenigsten Beatles-Bücher enthalten eine Quellenangabe, anhand derer sich die Belege für ihre Behauptungen nachprüfen lassen.

Zur nachlässigen Arbeit der Journalisten kommt die mangelnde Zuverlässigkeit der Erinnerung. Bei einem Gespräch, das ich 1993 mit George Martin in den AIR-Studios in London führte, erzählte er mir von einer Meinungsverschiedenheit, die er kurz zuvor mit Paul McCartney gehabt hatte. »Es war etwas ganz Banales – wer sich eine bestimmte Zeile oder ein Wort in einem bestimmten Song ausgedacht hat. Ich sagte, es war Ringo, der darauf kam, und Paul sagte, nein, das war George. Wir sahen uns an, und Paul sagte: ›Ich *weiß*, daß es George war.‹ Und ich sagte: ›Paul, *ich* weiß genau, daß es Ringo war.‹ Wir grinsten uns an, und Paul sagte: ›Jetzt weißt du, warum Geschichte ein Blödsinn ist. Wenn nicht mal wir uns einig werden, wer dann?‹«

Niemand arbeitet völlig fehlerlos, aber ich habe mich bemüht, mit Belegen und ihrer Interpretation so sorgfältig wie möglich umzugehen. Die Quellen und die Begründungen für meine Tatsachenbehauptungen finden sich in den Anmerkungen am Ende des Buches, die ich um zusätzliche Details und Empfehlungen für die weiterführende Lektüre ergänzt habe. Hier will ich mich auf die Bemerkung beschränken, daß der Text im wesentlichen auf Aussagen zurückgeht, bei denen er die Quellen nennt; wo immer es möglich war, habe ich die Beatles selber zitiert. Ein anspruchsvolles Buch läßt sich nicht schreiben, ohne daß der Autor gelegentlich eigene Interpretationen versucht und vielleicht manchmal selber ins Spekulieren gerät. Wenn das der Fall ist, wird dies jedoch jeweils aus dem Zusammenhang erkennbar oder andernfalls in den Anmerkungen ausgewiesen. »Über Musik schreiben ist wie Reden übers Vögeln«, klagte John Lennon einmal. »Wer will darüber reden?« Lennon hat nicht ganz unrecht, nur schließt das Darüberreden nicht unbedingt aus, daß man's auch tut, und vielleicht wächst das Vergnügen mit dem Wissen. Mein Buch ist in diesem Sinne geschrieben. Es unternimmt den Versuch, bei allen wichtigen Themen im Leben und in der Arbeit der Beatles die Fakten aufzuklären (soweit das möglich ist).

Ich habe mich um einen organischen Zusammenhang bemüht zwischen den Passagen, in denen die Musik erläutert wird, und den Abschnitten, in denen damit zusammenhängende Themen behandelt werden, so daß die beiden einander umschlingen wie die Rebe den Weinstock. Vor allem den amerikanischen und deutschen Lesern gilt der Hinweis, daß die Musik in der Reihenfolge behandelt wird, in der die Beatles sie ursprünglich aufgenommen und veröffentlicht haben, also nach dem Datum der Veröffentlichung in Großbritannien. Zumindest bis **Sgt. Pepper's Lonely Heart Club Band** von 1967 verleiteten Launen und Geldgier die amerikanischen Plattenfirmen dazu, »Alben« zu veröffentlichen, auf die die Beatles keinerlei Einfluß hatten (die sie im Gegenteil sogar ablehnten) und die ihre musikalische Entwicklung nicht wiedergeben. Eine vollständige Diskographie findet sich im Anhang. Es ist nicht die schlechteste Idee, dieses Buch zu lesen und dabei Musik zu hören. Ein wesentliches Ziel der nachstehenden LP-Portraits besteht darin, den Leser zu ermutigen, die Musik der Beatles um der Musik willen zu hören, ohne den Mythos, und sich dabei eine eigene Meinung zu bilden. Frei nach den Worten der Künstler: I hope you will enjoy the show.

1. Kapitel
»A Day In The Life«

Irgendwo im Innern der Londoner Abbey Road Studios, hinter einer unscheinbaren, dreifach gesicherten und über ein Alarmsystem mit dem nächsten Polizeirevier verbundenen Tür, lagern ein paar der wertvollsten Artefakte der Kunst des 20. Jahrhunderts: die Originalbänder aller Aufnahmesessions der fast acht Jahre währenden Studiokarriere der Beatles. Eine der erstaunlichsten Tatsachen ist, daß die Beatles während ihrer gemeinsamen Jahre nur zehneinhalb Stunden Musik veröffentlichten – die Summe der zweiundzwanzig Singles und vierzehn LPs, die die Band herausbrachte. Demgegenüber enthalten die Bänder im Archiv der Abbey Road nicht weniger als vierhundert Stunden mit Beatles-Aufnahmen.

Die Sammlung reicht vom 6. Juni 1962, dem Datum, als die Vorstellung der Beatles George Martin, einen Produzenten der Plattenfirma EMI, beinah dazu brachte, sie unter Vertrag zu nehmen, bis zum 4. Januar 1970, als Paul McCartney, George Harrison und Ringo Starr (John Lennon war nach Dänemark in Urlaub gefahren) die letzten Nachaufnahmen für **Let It Be** machten, das Abschiedsalbum der Band. Dazwischen die Bänder mit dem gesamten übrigen Material, feinsäuberlich verstaut in rot-weißen Kartons von der Größe dicker Telefonbücher. Egal, welchen Lieblingssong man sich von den Beatles aussucht: im Archiv liegt nicht nur das Mastertape, wie es dann auf dem Album zu hören ist, sondern auch das gesamte Konvolut der Arbeitsbänder, mit denen sich die Entwicklung des Songs vom ersten Versuch bis zur abgemischten endgültigen Version zurückverfolgen läßt, dazu spontane Sessions, Streitereien, Albereien und das übliche Studiogequatsche, aber auch ein paar Songs, die bisher nicht an das Ohr der Öffentlichkeit gedrungen sind.

Während meiner Arbeit an diesem Buch hatte ich zweimal das

Glück, daß sich dieses Archiv für mich öffnete. Im Auftrag des *New Yorker* verbrachte ich volle sechs Tage in der Abbey Road und hörte mir etwa fünfzig Stunden Band mit den Beatles und den Solo-Aufnahmen John Lennons an. Während dieser Tage hatte ich ein Gefühl, als dürfte ich dabei sein, wie eine Zeichnung von Picasso entsteht, besonders an dem Nachmittag, als ich alle sieben Aufnahmen von »A Day In The Life« hörte, dem letzten Song auf **Sgt. Pepper's Lonely Hearts Club Band.**

Für John Lennon war **Sergeant Pepper** »ein Höhepunkt« in der Karriere der Beatles, eine Zeit, in der »Paul und ich tatsächlich zusammenarbeiteten, besonders bei ›A Day In The Life‹«. Vielleicht ist »A Day In The Life« wirklich der Höhepunkt in der Zusammenarbeit des Teams Lennon-McCartney, ein klassisches Beispiel dafür, wie der Songschreiberstil des einen sich aufs schönste mit dem des anderen ergänzte.

Obwohl John später behauptete, er und Paul hätten, besonders am Anfang, viele Songs »Auge in Auge« geschrieben, sah die Zusammenarbeit zu diesem Zeitpunkt, im Juni 1967, so aus, daß der eine den anderen mit dem fehlenden Mittelteil oder dem entscheidenden Akzent für einen Song versorgte, den dieser schon fast fertig hatte. Bei »A Day In The Life« war es Paul, der Johns Komposition vervollständigte. Lennon hatte die Melodie und die Geschichte – die Zeilen über den Mann, der sich »in seinem Auto um den Verstand fuhr« (blew his mind out in a car), die englische Armee, die »eben den Krieg gewonnen hatte« (had just won the war), die »viertausend Löcher in Blackburn, Lancashire« (four thousand holes in Blackburn Lancashire) –, aber der Song brauchte noch etwas anderes. Lennon hielt sich nicht gern lang bei seinen Songs auf, er vertraute lieber auf die Zen-Reinheit der Inspiration und legte den Song deshalb fürs erste beiseite, als er nach ein paar Zeilen hängenblieb. »Mir fehlte der Mittelteil [im Mittelteil wechselt die Melodie, ehe sie wieder zur ersten Strophe zurückführt], aber ich wollte es nicht erzwingen«, erklärte er später. »Alles andere war mir einfach zugefallen, es strömte nur so, und den Mittelteil zu schreiben hätte bedeutet, ebendiesen Mittelteil auch zu *schreiben*, aber dann kam Paul und hatte einen.«

Paul hatte das Fragment »Woke up, fell out of bed…« (Wachte

auf, fiel aus'm Bett) tatsächlich übrig. Die beiden Partner waren sich einig, daß diese freche Schilderung entfremdeten Herumhetzens im modernen Großstadtleben – das auf Pauls Erinnerung daran zurückging, wie er morgens in die Schule raste – die ideale Entsprechung zu Johns sanft drohendem, traumhaftem Kommentar zur inhaltsleeren Absurdität von Status, Ordnung und säkularen Werten bildete. Die Inspiration für den Song kam, wie häufig bei Lennon, aus einer Meldung in der Tageszeitung. »Ich blätterte einmal in der Zeitung und stieß auf zwei Geschichten«, erzählte er. »Die eine handelte vom Guinness-Erben, der sich im Auto totgefahren hatte. Das war die Aufmachergeschichte. Er starb in London bei einem Auffahrunfall. Auf der folgenden Seite sah ich eine Meldung über viertausend Schlaglöcher in den Straßen von Blackburn in Lancashire, die ausgebessert werden müßten. Pauls Beitrag zu dem Song bestand in dem wunderbaren kleinen Teaser: ›I'd love to turn you on‹ (Ich würd euch gern anmachen), der ihm irgendwie durch den Kopf ging und für den er bisher keine Verwendung hatte. Es war ein verdammt gutes Stück.«

Der Guinness-Erbe, den die Beatles zufällig kannten, war in ein Leben mit unvorstellbarem Reichtum hineingeboren. An konventionellen Maßstäben gemessen war er »a lucky man who made the grade« (ein Glückspilz, der es geschafft hatte). Er besaß alles, was sich für Geld kaufen ließ, doch als sich der zufällige, gewöhnliche Tod bei ihm meldete, war er ebenso wenig dagegen gefeit wie der letzte Prolet. Ein kurzer, nur allzu menschlicher Aussetzer – »he didn't notice that the lights had changed« (er hatte nicht gemerkt, daß die Ampel umgeschaltet hatte) –, und er war tot. Im Augenblick des Todes schwindet alle Größe und Illusion, alle sind gleich. Lennon bringt die Geschichte mit dem schwermütigen, dabei spöttischen Grabspruch auf den Punkt: »Nobody was really sure if he was from the House of Lords.« (Keiner war sich sicher, ob er im House of Lords saß.) Die zusammengelaufene Menschenmenge weiß, daß sie »sein Gesicht schon mal gesehen hat« (seen his face before), aber sie weiß nicht, wohin damit; in der großen Weltordnung spielt er nicht einmal eine Nebenrolle. Sein Reichtum, seine Position, die dem Erben ebenso wie der Gesellschaft so wichtig waren, erweisen sich als banal und flüchtig.

13

Aber genauso verblendet, wenn auch von einer anderen Banalität, sind auch die Bürokraten in der letzten Strophe, die unbedingt die genaue Zahl der Schlaglöcher in den Straßen von Blackburn, Lancashire, auflisten mußten, »auch wenn die Löcher sehr klein waren« (though the holes were rather small). Kein Wunder, daß der Sänger »euch gern anmachen« würde. Es kann einem das Herz brechen, wenn man seine lieben Mitmenschen so empfindungslos durch die herrlichen Reichtümer spazieren sieht, die das Leben zu bieten hat.

Der Musikologe Wilfrid Mellers hat festgestellt, daß »A Day In The Life« seine Kraft zum großen Teil aus dem Gegensatz zwischen seiner vergleichsweise schlichten Melodie und den Schrecken im Text bezieht. Doch Lennons Stimme ist mindestens ebenso ausschlaggebend dafür, daß die Botschaft ankommt. In seinem Dokumentarfilm »The Making Of Sergeant Pepper« (1992) spielt George Martin eine frühe Version von »A Day In The Life« vor. »Schon in dieser frühen Fassung jagt er einem Schauer den Rücken hinunter«, sagt Martin und meint John. Martin hatte gerade Lennons verzückten Vortrag der ersten Zeilen gehört – »I read the news today, oh boy/About a lucky man who made the grade« (O Mann, ich hab die Nachricht gelesen von dem Mann, der es geschafft hat) –, und der tiefe Blick und das leichte Glitzern in den Augen zeigten an, daß ihn die Erinnerung an den verstorbenen Freund noch immer bewegte.

Den Arbeitsbändern von »A Day In The Life« zufolge sind die ersten Worte, die man hört, als Take eins beginnt, die von John, der murmelt: »Sugar plum fairy, sugar plum fairy« (Zuckerpflaumenfee). Das sollte statt des regulären Einsatzes gelten, den Lennon einfach nicht zustande brachte, wie Mark Lewisohn bestätigt, der Beatles-Archivar bei EMI, der sich für seine offizielle Geschichte der Beatles *The Beatles: Recording Sessions* sämtliche Bänder aus den Gewölben der Abbey Road mit über vierhundert Stunden Aufnahmelänge angehört hat. »Paul oder George zählten mit Eins-zwei-drei-vier immer passend und angemessen vor, John konnte es nicht, und das geht durch vom frühesten übriggebliebenen Archivband bis zum letzten. Nur John Lennon konnte auf so viele geisteskranke Varianten verfallen, um vier einfache Zahlen zu sagen…« Doch hatte der Wahnsinn durchaus Methode und außerdem Witz:»Sugar plum fairy« hieß im damaligen Slang die Person, die einem Aufputschmittel besorgte.

Als nächstes hört man Lennons akustische Gitarre, vorsichtig durch die ersten Takte des Songs geschlagen, begleitet von Klavier, Maracas und später Bongos. Die Melodie wird als »A Day In The Life« erkennbar, obwohl sie viel einfacher klingt, fast wie ein Folksong. Der Zweck dieser ersten Aufnahme bestand darin, eine grundlegende Rhythmusspur festzulegen, auf der die Beatles aufbauen konnten. Doch mußten sich die anderen erst hineinfinden, und deshalb hört man vor allem Lennons Stimme. Mit ihrem kräftigen Echo ist sie tatsächlich so bewegend, wie es Martin schildert. Im Unterschied zu den gelegentlich einfallenden Begleitinstrumenten ist sie vollständig unter Kontrolle, Phrasierung und Vortrag sind buchstäblich nicht zu unterscheiden von der Fassung, die sich schließlich auf dem Album befindet.

Zu diesem Zeitpunkt fehlte noch die Stimme von McCartney, und die Beatles mußten offenbar erst noch auf das Soundgewitter verfallen, in dem sich sein Beitrag mit dem Lennons verbindet. Statt dessen hörte ich nach der Zeile »I'd love to turn you on« die Stimme des zweiten Beatles-Managers Mal Evans, der laut von eins bis vierundzwanzig zählt, während Paul hinter ihm dissonant auf dem Keyboard herumhämmert. Damit wurden die vierundzwanzig Takte markiert, die später mit dem noch unbekannten Verbindungsstück zu Pauls Songteil gefüllt werden sollten.

Die Beatles brauchten vier Aufnahmen, bis sie eine Rhythmusspur hatten, mit der sie zufrieden waren. Die gesamte Aufnahmesession, die am 19. Januar 1967 stattfand, dauerte von halb sieben Uhr abends bis halb drei Uhr morgens; offensichtlich wurden die sieben Stunden zum größten Teil darauf verwendet, in immer neuen, nicht aufgezeichneten Durchgängen den Sound und das Tempo zu finden, nach dem die Beatles suchten. In Take zwei, einer weit langsameren Version, ist das Klavier ein wesentlich zuversichtlicher klingendes Element, mit dem nicht nur einfach Akkorde angeschlagen, sondern bereits die Lücken zwischen Pauls noch immer fehlender Singstimme gefüllt werden. Take drei wird nach einem Fehlstart aufgegeben, aber mit Take vier klappt es dann: melancholisch und energisch zugleich faßt der Rhythmus, wie er schließlich auch auf der Platte zu hören ist, von ruhiger Beherrschung bis zur widerhallenden Klimax alles zusammen.

Der Wecker, der die Überleitung zu McCartneys Songteil ankündigt, war laut George Martin eigentlich als Witz gedacht: »Wir haben ihn drin gelassen, weil wir ihn nicht mehr vom Band kriegten.« Es handelt sich dabei um einen wahrlich erhabenen Glücksfall; eine bessere Einleitung zu Pauls »Woke up, fell out of bed«-Text ist gar nicht vorstellbar. Lennon war der philosophischere der beiden, während McCartney mehr Verständnis für den Alltag des Durchschnittsbürgers zeigte – denken wir nur an »Lady Madonna« oder »Paperback Writer«. Hier liefert seine Perspektive die bodenständigen Basis für Lennons kosmische Reverien. McCartneys Jedermann scheint alles außer den eigenen kleinen Sorgen kaltzulassen – seine Tasse Tee, die schnelle Zigarette auf dem Weg zur Arbeit –, ohne daß er einem deshalb unsympathisch würde. Er hat einfach schon genug Mühe damit, sein eigenes Leben unter Kontrolle zu behalten, und muß sich nicht auch noch mit den moralischen Problemen auseinandersetzen, die in Lennons Songteil angesprochen werden. Er steht für jeden von uns, der vor einem richtigen Engagement im Leben zurückscheut; wie wir gehört er in »I'd love to turn you on« zu den »you«.

Es war genau diese Zeile, »I'd love to turn you on«, die für ein Schicksal sorgte, das zahlreiche weitere Beatles-Songs ereilte: der Bann der Behörden. Die British Broadcasting Corporation (BBC) behauptete, der Song propagiere den Genuß von Drogen. Immerhin ist richtig, daß die Beatles zu der Zeit, als **Sgt. Pepper's Lonely Hearts Club Band** entstand, regelmäßig reichliche Mengen von bewußtseinserweiternden Drogen wie Marihuana und LSD nahmen und damit Türen öffneten, von denen sie vorher nicht wußten, daß sie überhaupt existierten. Die Auswirkungen auf ihre Kreativität waren unverkennbar. McCartney gab später zu, daß »A Day In The Life« geschrieben wurde, um »die Leute bewußt zu provozieren. Aber wir wollten die Leute anmachen, die Wahrheit herauszufinden, es ging nicht um das verdammte Hasch!« Die Beatles standen dem Vietnamkrieg und dem kleinlichen Konformismus der modernen Konsumgesellschaft kritisch gegenüber und wollten mit ihren Songs gegenkulturelle Werte vermitteln, um, wie George Harrison sagte, »so viele Leute wie möglich wachzurütteln«.

Auch im Aufnahmestudio waren die Beatles Rebellen. Abgesichert durch die Macht von einigen Dutzend erfolgreichen Platten, verstießen sie bei den Aufnahmen ständig gegen den vorgeschriebenen Verlauf und lachten auch noch darüber. »Das war keine Arroganz, wir hatten einfach nur das Gefühl, daß wir mehr davon verstünden«, sagt McCartney. »Sie sagten: ›Also, in unserem Vorschriftenbuch heißt es …‹ Und wir erwiderten dann: ›Aber die sind doch ganz veraltet. Junge, weg damit!‹« Lennon zum Beispiel war ganz vernarrt in das tiefe Echo seiner Stimme. Als ich Take vier von »A Day In The Life« abhörte, blieb die Rhythmusspur vorübergehend weg, ich hörte nur Johns Stimme, aber irgendwie zerdehnt. Es stellte sich heraus, daß John seine Stimme dreimal übereinandergelegt und sie dann, als die Rhythmusspur fertig war, mit einem Echo noch verstärkt hatte. Damit bekam das Stück einen Choralklang und fast Kirchenatmosphäre.

In der Zwischenzeit kicherten in einer der hinteren Bänke zwei unartige Jungs über einen Witz. Paul und George, deren Stimmen zu einer wichtigtuerischen, sehr prononcierten Fremdheit gesteigert sind, stauchten den nächsten Take zusammen, eine Aufgabe, die normalerweise einem Techniker zufiel. Take fünf bietet, was man aber erst mitbekommt, wenn sich das lachhafte Stimmenpaar in Gelächter auflöst, keine neue Aufnahme, sondern eine »4-Spur-Aussparung« (ein technischer Vorgang, mit dem auf dem Band Platz für weitere Überspielungen geschaffen werden soll). Außerhalb des Studios würde niemand Pauls und Georges Albereien hören, aber das tat dem Spaß, den sie dabei hatten, keinen Abbruch.

Take sechs und Take sieben sind weitere Abmischungen, Versuche, das richtige Verhältnis zwischen den bereits aufgezeichneten Rhythmus- und Vokalspuren zu finden; Take sechs wurde als der beste ausgewählt. Am nächsten Abend, dem 20. Januar, überspielten die Beatles während ihrer zweiten Session für »A Day In The Life« Pauls Baß, Ringos Schlagzeug und Pauls Stimme auf Take sechs. Diese Zusätze waren noch nicht perfekt, doch näherte sich der Song damit schon sehr seiner endgültigen Form an. (Irgend jemand muß eine Kopie der Arbeit jener Studionacht mitgenommen haben, weil sie später auf einer Bootleg-Platte auftauchte. In einer komischen Szene hört man McCartney, der die letzte Zeile seines Gesangsparts vermasselt hat, wie er »Scheiße« vor sich hin brummt.)

Damit war der Song fast fertig, es fehlten nur noch die beiden Lücken mit je vierundzwanzig Takten. Ohne Rücksicht auf die Grenzen zwischen Klassik und Rock'n'Roll, zwischen Avantgarde und dem allgemeinen Musikgeschmack, beschlossen die Beatles, »A Day In The Life« mit dem dunklen, treibenden Crescendo eines Orchesters zu akzentuieren. Die Berichte darüber gehen weit auseinander, wer die Idee hatte, ein Orchester zu holen und es musikalisch durchdrehen zu lassen. Diese Art von Innovation verbinden die meisten mit John Lennon, dem angeblich »abgedrehtesten« der Beatles, aber Paul McCartney hat mehr als einmal das Copyright dafür beansprucht. Schließlich habe er sich und nicht Lennon damals am meisten für die alternative Kunstszene in London interessiert. Auf das Crescendo als Ergänzung sei er verfallen durch Ideen, »die ich durch Stockhausen und solche eher abstrakten Leute bekam«. Andererseits nennt George Martin Lennon als Erfinder. John habe ihm gesagt, er wolle ein »riesiges Anwachsen« hören, »von extremer Stille bis zu extremer Lautstärke, und zwar nicht nur in der Lautstärke, sondern es sollte sich auch der Sound verstärken«.

Wer immer der Kindsvater ist, dieser Stich ins Kühne katapultiert »A Day In The Life« über das Niveau einer hervorragenden Leistung hinaus und macht es zum bleibenden Meisterwerk. Weil Lennon und McCartney musikalische Analphabeten waren – keiner von ihnen lernte je Noten zu lesen oder selber zu schreiben –, mußte Martin den vierzig Gastmusikern, die am Abend des 10. Februar 1967 in die Abbey Road Studios bestellt waren, erst einmal erklären, was die Beatles im Sinn hatten. Martin, der seine Ausbildung auf der Guildhall School of Music erhalten hatte, schrieb die Partitur für buchstäblich jeden Beatles-Song, in dem klassische Instrumente eingesetzt wurden. In seiner Autobiographie erläutert er, wie er bei »A Day In The Life« seine Aufgabe meisterte: »Am Anfang der vierundzwanzig Takte schrieb ich die tiefstmögliche Note für jedes Instrument im Orchester. Am Ende der vierundzwanzig Takte schrieb ich die höchste Note, die jedes Instrument in der Nähe eines E-Dur-Akkords erreichen konnte. Anschließend zog ich eine Wellenlinie durch die vierundzwanzig Takte und deutete an, welche Tonhöhe sie innerhalb des jeweiligen Taktes erreicht haben sollten.« Lewisohn erzählte Martin, daß er im Studio ein paar weitere Anweisungen ausgab, die den Musikern als glatter Wahnsinn vorkommen mußten: »›Und egal, was Sie spielen, hören Sie auf keinen Fall auf das, was Ihr Nachbar spielt, denn ich will nicht, daß Sie das gleiche spielen.‹ Natürlich starrten sie mich an, als sei ich verrückt geworden.« McCartney, der mithalf, das Orchester zu dirigieren, erinnert sich: »Es war schon interessant, weil ich die einzelnen Charaktere im Orchester erkennen konnte. Die Streicher waren wie Schafe – sie sahen sich alle gegenseitig an: ›Spielst du höher? Ich mach's!‹ Und dann spielten sie alle höher, die erste Geige zog sie alle mit. Das Blech war viel wilder. Den Jazz-Typen machte der Job Spaß… Es wurde ein gewaltiger Krach, und genau das wollten wir haben.«

Das erste Geschmetter des Orchesters klang, als ich es mir ohne die übrige Tonspur anhörte, seltsam schräg, obwohl die Aufnahme in feierlichem Rahmen stattfand. Die Beatles hatten verlangt, daß George Martin und das Orchester im Frack auftraten, aber in komischer Partyverkleidung ankommen sollten. Die erste Geige zum Beispiel trug auf ihrer Bogenhand eine Gorillatatze. Mick Jagger und Keith Richard von den Rolling Stones und weitere Mitglieder der Londoner Popwelt wurden zu der Session eingeladen. Eine Kamera filmte die verrückte Szene. Als innovative Geister hatten die Beatles bereits neun Monate zuvor die ersten (primitiven) Musikvideos der Welt gedreht, als sie zwei Filme entwickelten und darin auch selber mitspielten, um den Verkauf der Singles »Paperback Writer« und »Rain« zu befördern. Wenige Tage vor den Orchestersessions für »A Day In The Life« waren sie noch einen Schritt weitergegangen und hatten Filme für »Penny Lane« und »Strawberry Fields Forever« gedreht, die überhaupt nichts mehr mit Auftritten zu tun hatten. (»In Zukunft werden alle Platten sowohl Bild wie Ton haben«, sagte McCartney ahnungsvoll voraus.) Schließlich planten die Beatles sogar eine eigene Fernsehsendung über die Entstehung von **Sergeant Pepper**.

Die Sendung wurde nie ausgestrahlt, vielleicht weil sie dem Bann der BBC zum Opfer fiel, der Teil mit »A Day In The Life« jedoch ist erhalten geblieben. Gedreht mit extremen Naheinstellungen und den fließenden Blenden der LSD-Zeit, zeigt der Film die Beatles und Konsorten, wie sie im Dämmerlicht von Studio 1 in der Abbey Road herumstehen, plaudern, trinken und dämliche Faxen in Richtung Kamera machen, ehe die eigentliche Aufnahme beginnt. Eine Taube fliegt kreuz und quer über einen verdunkelten Himmel, seltsam maskierte Gesichter tauchen auf und verschwinden wieder, Martin dirigiert das Orchester mit einer Pinocchionase. In vollkommener Übereinstimmung mit dem Soundtrack entwickelt der Film eine phantastische Klimax, schneidet schneller und immer schneller von Gesicht zu Gesicht, während das Orchester wie wahnsinnig den Hügel am Ende des Songs erstürmt – eine fesselnde visuelle Erfahrung.

Als das Orchester sein Crescendo beendete, fielen alle im Studio spontan in einen großen Applaus ein. »Als wir mit dem Orchesterteil fertig waren, sagte ein Teil von mir: ›Jetzt haben wir aber ordentlich dick aufgetragen‹«, erinnerte sich George Martin. »Der andere Teil in mir sagte: ›Es ist verdammt noch mal fabelhaft!‹« Anschließend blieben die Beatles noch mit ein paar Freunden zusammen und nahmen vier Versuche mit einem langen Summen auf, mit dem der Song enden sollte. Bei den ersten drei Versuchen brach die Gruppe jedesmal in Gelächter aus, während sie John noch extra reizte: »Dreht doch nicht gleich durch.« Schließlich hatten sie Erfolg, aber das Summen dauerte gerade mal fünf Sekunden, eine sehr schwache Antiklimax nach der gigantischen, verrücktgewordenen Klangaufschichtung des Orchesters.

John wünschte sich, der Song würde sich zu einem »Sound wie beim Weltuntergang« steigern. Schließlich verfielen die Beatles auf die Idee, auf drei Flügeln gleichzeitig einen E-Dur-Akkord anzuschlagen und den Sound solange wie möglich mit elektronischer Verstärkung zu verlängern. John, Paul, Ringo und Mal Evans brauchten neun Versuche, bis sie die Tasten alle gleichzeitig trafen. Als diese abendliche Aufnahme an den Schluß mit dem

Orchestercrescendo angehängt war, ging Johns Wunsch in Erfüllung. Bei dem Effekt des krachenden E-Dur-Akkords, dem etwa 53 Sekunden mit einem allmählich verklingenden Widerhall folgen, drängt sich im Kopf zuallererst das Bild der sich allmählich ausbreitenden unheimlichen Stille nach einer Atombombenexplosion auf. Hätten sich weniger bedeutende Künstler daran versucht, wäre der Versuch, einen Popsong in einem Ton enden zu lassen, der die thermonukleare Vernichtung heraufbeschwört, dem menschlichen Alptraum des späten 20. Jahrhunderts überhaupt, allenfalls prätentiös ausgefallen. Bei den Beatles klingt es so »natürlich« wie ein donnernder Wasserfall und genauso ehrfurchtgebietend. Die rollenden Schockwellen des ausgehaltenen E-Dur-Akkords, schrecklich und gebieterisch zugleich, scheinen ewig weiterzulaufen und geben dem Hörer ausreichend Gelegenheit, die vielen Bedeutungsebenen des Songs wahrzunehmen und über sie nachzudenken.

»A Day In The Life« ist keineswegs so grob gestrickt, daß es zu einer direkten Verdammung des Militarismus oder des atomaren Wettrüstens aufforderte, obwohl seine Feinfühligkeit natürlich auch die Warnung vor derlei Torheiten mit einschließt. Ein besonderer poetischer Reiz dieses Songs steckt eher in der indirekten Form, mit der das Credo der amerikanischen Transzendentalisten formuliert wird: »Alles hängt mit allem zusammen.« Die Verherrlichung des Reichtums, die Identifizierung mit der Hierarchie, die Fixierung auf illusionäre Banalitäten des Lebens – diese Werte lassen sich nicht von einem sozialen System trennen, das einen Nuklearkrieg und andere Formen organisierter Gewalt erst möglich macht. Doch bei aller Warnung bietet der Song auch eine Rettung. Die Verzweiflung, die in »A Day In The Life« steckt, ist, worauf der Kritiker Tim Riley hingewiesen hat, »letztlich auch voller Hoffnung. ›I'd love to turn you on‹ ist ein aufklärerisches Motto, Ausdruck von Lennons Sehnsucht, die Welt wachzurütteln und ihr bewußtzumachen, daß sie es nicht nur in der Hand hat, sich selber auszulöschen, sondern sich auch zu erneuern«. »A Day In The Life« erfüllt damit auch den Auftrag, den große Kunst immer hat, nämlich beim Publikum nicht bloß das Staunen vor dem Wunder zu wecken, sondern auch einen erfrischten Enthusiasmus, mit dem man hinausgehen und das Wunder selber leben kann.

»In hundert Jahren«, hat Paul McCartney im Jahr 1992 gesagt, »in hundert Jahren wird man die Musik der Beatles mit dem gleichen Interesse hören, das wir heute Mozart entgegenbringen.« Dieser Anspruch ist alles andere als bescheiden. Einigen wird er nicht weniger blasphemisch und aufgeblasen vorkommen als Lennons berüchtigte Behauptung von 1966, daß die Beatles populärer seien als Jesus. Ein Song wie »A Day In The Life« liefert die Bestätigung für McCartneys Frechheit. Kurz nachdem **Sgt. Pepper's Lonely Hearts Club Band** erschienen war, verglich der Kritiker Jack Kroll »A Day In The Life« mit Eliots »Waste Land«, dem vielleicht bedeutendsten Gedicht englischer Sprache, das in diesem Jahrhundert entstanden ist. Eine Bemerkung George Martins, daß die Beatles eigentlich Bilder mit Tönen gemalt hätten, legt einen weiteren Vergleich nahe: den mit dem Gemälde »Guernica«. Picassos Meisterwerk von 1937 schildert die Schrecken des Spanischen Bürgerkriegs. Wie »Guernica« und »Waste Land« zeichnet sich auch »A Day In The Life« durch seine Ästhetik, seine Kraft und gesellschaftliche Bedeutung aus, um zu den bedeutendsten Werken in der Kunst des 20. Jahrhunderts gezählt zu werden. »A Day In The Life« berührt uns, der Song sprüht heute noch genausoviel Leben wie 1967, als er herauskam. Warum sollte er also nicht auch in den kommenden Jahrzehnten die Hörer bewegen und inspirieren?

2. Kapitel
Vier Jungs aus Liverpool

Lange bevor John Lennon Marihuana und LSD überhaupt dem Namen nach kannte, hatte er für sich bereits andere Bewußtseinszustände entdeckt. Mit acht oder neun Jahren spazierte er einmal in die Küche und erklärte beiläufig, daß er eben Gott gesehen habe, der stumm am Kamin gesessen sei. Erst Jahre später, nachdem er Acid genommen hatte und mehr von moderner Malerei verstand, wurde ihm klar, daß er die Welt immer durch eine surrealistische, psychedelische Brille gesehen hatte. Wenn er als Junge in einen Spiegel schaute, glitt er »hinaus ins All« und sah, wie sich »diese halluzinierenden Bilder meines Gesichts veränderten, kosmisch wurden, eine Einheit ... Ich war immer so übersinnlich oder intuitiv, oder poetisch, oder wie man das nennen soll, daß ich alles immer eher halluzinierte und so hinter die Maske schaute. Für ein Kind kann das zum Fürchten sein ... Verstanden habe ich es nur, wenn ich etwas über Oscar Wilde las oder Dylan Thomas, oder Vincent van Gogh – über das Leiden, das sie wegen ihrer Gesichte durchmachten. Sie haben es gesehen und wurden von der Gesellschaft dafür bestraft, daß sie ihrer Individualität Ausdruck verleihen wollten... dieser Einsamkeit und dem Blick für das Eigentliche.«

Wahrscheinlich konnte sich Lennon nie von dem Gefühl der Einsamkeit befreien, das sich während seiner ersten Jahre in ihm ausbreitete. Obwohl sowohl McCartney als auch er erleben mußten, wie ihre Mütter starben, als sie noch ganz klein waren, schmerzten die emotionalen Wunden bei John weit mehr, und er hatte auch länger darunter zu leiden. Das lag zweifellos auch daran, daß er seine Mutter zweimal verlor: mit fünf, als Julia Lennon ihren Sohn bei ihrer Schwester Mimi in Pflege gab, und dann ein weiteres Mal mit siebzehn, als sie von einem Auto erfaßt und getötet wurde. Johns Leben und sein Œvre enthalten mehrere

Andeutungen, daß er den Verlust seiner Mutter nie verwunden hat. In »Julia«, der schönen Ballade, die er zehn Jahre nach ihrem Tod für das »Weiße Album« schrieb, offenbarte er, daß die Hälfte von allem, was er sage, sinnlos sei, und er es nur sage, »um in deine Nähe zu kommen/ Julia«. (Half of what I say is meaningless/ But I say it just to reach you/ Julia.) In »Mother«, dem Eröffnungssong von »Plastic Ono Band«, Johns erstem Solo-Album, beklagte er Julias Entscheidung, ihn zu Mimi zu geben, und heulte: »Ich wollte dich/ Du wolltest mich nicht« (I wanted you/ You didn't want me). Im abschließenden Song des Albums jammerte er nur noch: »My Mummy's Dead«. In seinem Privatleben redete er Yoko Ono während der gesamten zwölf Jahre, die sie zusammen waren, mit »Mutter« an.

Auch sonst zeigte sich bereits beim jungen John Lennon, was aus ihm einmal werden würde. Pete Shotton, John Lennons bester Freund, seit sie sich im Alter von sieben Jahren über den Weg liefen, hat darauf hingewiesen, daß John schon damals »kein Wort stehenlassen konnte«. »Unser Verhältnis ähnelte immer mehr dem von siamesischen Zwillingen; deshalb taufte uns John ›Shennon und Lotton‹«, erinnert sich Shotton. »Obwohl ich nie wieder mit einer Persönlichkeit zu tun hatte, die so stark und so individualistisch war wie die Johns, war er doch immer auf einen Partner angewiesen.« Und nicht nur einen Partner, wie John später zugab, sondern auf »eine kleine Gang, deren Mitglieder in meinem Leben unterschiedliche Rollen zu spielen hatten, unterstützend und natürlich auch ergeben«. Nicht zuletzt war es seine Schlagfertigkeit, was Lennons Jünger zu ihm hinzog. Obwohl John »selten einfach nur Witze erzählte, war er doch buchstäblich immer unterhaltsam«, sagte Shotton. Als der zwölfjährige John eine Geschichte mit den Worten begann, »Pete und mir«, wagte es ein Junge namens Turner, an Johns Grammatik herumzukritteln. »Du meinst: Pete und ich«, verbesserte er. »Schnauze, Turner«, gab John zurück. »Du warst doch gar nicht dabei!«

Wie die anderen Beatles wurde John mitten im Krieg geboren, während die Stadt aus der Luft gnadenlos bombardiert wurde. Liverpool, die Heimatstadt der Beatles, an der Nordwestküste Englands gelegen, war einer der bedeutendsten britischen Häfen und deshalb auch eines der wichtigsten Ziele der deutschen Luftwaffe. Auch am 9. Oktober 1940, dem Tag, an dem John Winston Lennon geboren wurde – der zweite Vorname wurde ihm aus Verehrung für den britischen Premierminister Churchill gegeben –, litt Liverpool unter den Schrecken eines Vergeltungsbombardements. Lennons Tante erinnert sich, wie sie »buchstäblich zu Tode erschrocken war«, als sie auf dem Weg zum Krankenhaus, in dem ihre Schwester eben ein Kind zur Welt gebracht hatte, Granatsplittern ausweichen und sich in Hauseingängen ducken mußte.

Auch Ringo Starr, geboren als Richard Starkey am 7. Juli 1940 (und damit von den Beatles der älteste), hatte in seiner Kindheit unter Bombenangriffen zu leiden; seine Mutter erzählte später Hunter Davies, dem Autor der von den Beatles autorisierten Biographie, daß der kleine Ritchie während eines solchen Angriffs ununterbrochen geschrien habe, bis sie plötzlich merkte, daß sie ihn bei all der Angst und dem Durcheinander verkehrt herum hielt. Als Paul McCartney am 18. Juni 1942 und George Harrison am 25. Februar 1943 geboren wurden, hatte der Kriegsverlauf insofern bereits eine Wendung genommen, als Liverpool keine nächtlichen Angriffe mehr zu gewärtigen hatte. Doch das Leben blieb weiter gefährlich und eingeschränkt. Essen, Benzin und sogar Kleider waren rationiert. Jahre später kam den Beatles zugute, daß sie während des Krieges geboren waren; sie gehörten zur ersten Generation der männlichen englischen Jugend, die davon profitierte, daß 1960 die Wehrpflicht aufgehoben wurde. Anders als Elvis Presley mußten sie keine eben aufblühende musikalische Karriere unterbrechen, um salutieren, marschieren und gehorchen zu lernen.

George war der einzige Beatle, dem während seiner Kindheit keiner seiner biologischen Eltern genommen wurde; John war der einzige, der in den Genuß eines mittelständischen Wohlstands kam. Ringo hatte von den vieren vermutlich das härteste Los. Als er geboren wurde, hatten sich seine Eltern bereits getrennt, und seine Mutter mußte als Bedienung in einer Bar arbeiten, um sie beide durchzubringen. Sie und ihr Sohn lebten im Dingle (Mulde), einer Gegend in der Innenstadt, die als eine der härtesten in ganz Liverpool galt. Ringo hatte während seiner gesamten

Kindheit mit seiner schlechten Gesundheit zu kämpfen. Mit sechs Jahren platzte ihm der Blinddarm, weshalb er ein ganzes Jahr im Krankenhaus zubringen mußte; mit dreizehn, als seine Mutter eben ein zweites Mal geheiratet hatte, verschlimmerte sich eine Erkältung zur Brustfellentzündung, und der Junge mußte wieder für zwei Jahre in ein Sanatorium, bis er sich erholt hatte. Sein dauerndes Fehlen machte das Lernen in der Schule schwer, und als er endlich aus dem Krankenhaus entlassen wurde, konnte er mit Mühe lesen und schreiben. Die Schule schloß er nie ab. Seinem Stiefvater, einem Anstreicher, gelang es dennoch, ihm eine Lehrstelle als Rohrleger in einer Werkstatt zu beschaffen. Er war es auch, der Ringo, auf Kredit, sein erstes Schlagzeug kaufte.

George Harrisons Vater ernährte von seinem bescheidenen Gehalt als städtischer Busfahrer eine Frau und vier Kinder. Als George, der jüngste, geboren wurde, lebte die Familie in einem Reihenhaus mit vier Zimmern in Wavertree, einem der Arbeiterviertel Liverpools. »Die unteren Zimmer waren im Winter immer fürchterlich kalt«, erinnert sich George. Im ganzen Haus habe es nur einen Boiler gegeben, und die Toilette stand im Hof. Als George sechs war, zogen die Harrisons, nach achtzehn Jahren auf der Warteliste, in eine größere Sozialwohnung im nahe gelegenen Speke. »Wir sind ganz gut rumgekommen«, sagte sein Vater Harold. »Aber einfach war das Leben nie.« Was an Materiellem fehlte, wurde durch emotionale Wärme und familiären Zusammenhalt ausgeglichen. Die Kinder »mußten nie auf die Bequemlichkeit und Sicherheit eines sehr engmaschigen Familienlebens verzichten«, sagt Georges Bruder Harry. Der Benjamin der Familie Harrison war das einzige Kind, das es bis zur Grammar School brachte und am angesehenen Liverpool Institute eingeschrieben war, wo der Junge allerdings feststellte, daß er seine Lehrer verachtete. »Überflüssiges Pack«, schnaubte er später. George paßte nicht auf und meldete sich auch nie von allein. Natürlich fiel er in allen Fächern außer Kunst durch und wurde schließlich Elektrolehrling in einem Liverpooler Kaufhaus.

Paul McCartney hatte ebenfalls eine lupenreine Herkunft aus der Arbeiterklasse vorzuweisen. Obwohl die Tätigkeit seines Vaters als Baumwollverkäufer ihn eigentlich als zur Mittelklasse gehörig auswies, war er 1942, als Paul geboren wurde, zum Arbeitsdienst herangezogen worden, wo er tagsüber als Dreher arbeitete und nachts die Brände löschte, die die deutschen Bomben ausgelöst hatten. Nach dem Krieg kehrte er ins Baumwollgeschäft zurück, doch hatte sich die Marktlage verschlechtert, und entsprechend ging sein Einkommen zurück. Seine Frau Mary brachte die Familie durch (1944 war als zweiter Sohn Michael hinzugekommen), indem sie wieder als Krankenschwester arbeitete. Ihre Tätigkeit als Hebamme in einer Sozialsiedlung brachte nicht nur ebensoviel ein wie die ihres Mannes, sondern verschaffte den McCartneys auch eine Sozialwohnung. Paul war ein stämmiger Junge – sein Bruder verspottete ihn mit Vorliebe als »Fatty« –, aber die Jungs kamen gut miteinander aus, und die Familienbeziehungen waren beständig und liebevoll. »Wir hielten zusammen, Tanten und Onkel kamen und gingen, es wurde viel gesungen und gefeiert«, wie sich Paul erinnert.

Wie George Harrison, mit dem er frühmorgens im Bus saß, besuchte Paul McCartney das Liverpool Institute, aber Paul brillierte und wurde der Liebling bei den Lehrern und Klassenkameraden. Er war schlagfertig, intelligent und verfügte vor allem über einen Charme, der, wie ein Lehrer berichtet, »vollkommen natürlich, ganz ungewöhnlich und überhaupt unwiderstehlich« war. »Bereits in diesem Alter konnte er sarkastische, absolut entsetzliche Bemerkungen machen. Aber weil er so ein anständiger Kerl ist, hat er das nicht kultiviert … anders als John Lennon. Lennon tat nichts lieber, als andere zu verletzen und zu piesacken. Paul konnte das auch …, aber er tat es nicht.« Selbst als seine Mutter an Brustkrebs starb, als Paul vierzehn war, beeinträchtigte das seine offensichtliche Gelassenheit nicht, obwohl er sich zu Hause in seinem Bett oft in den Schlaf weinte. Der Tod von Mutter Mary war sowohl ein finanzieller wie ein emotionaler Schlag. »Was machen wir jetzt ohne ihr Geld?« platzte Paul heraus. Später schämte er sich, daß er sofort nervös geworden war.

John Lennon war ebenfalls vierzehn, als sein Ersatzvater George Smith, der um einiges ältere Ehemann seiner Tante Mimi, unerwartet an einem Blutgerinnsel starb; dieser Tote war nicht der erste geliebte Mensch, der plötzlich aus Johns Leben verschwand, und es sollte auch nicht der letzte sein. Sein biologischer Vater, ein Seemann bei der Handelsmarine mit Namen Alfred »Freddie« Lennon, befand sich auf Reisen, als John geboren wurde, und er kam auch später kaum nach Hause. John verbrachte seine ersten Jahre mit seiner Mutter im Haus von deren Vater, wo sich Julias vier ältere Schwestern um ihn kümmerten. Julia war ein fröhlicher, übersprudelnder Mensch und verbrachte viele Abende in Pubs, wo sie mit Soldaten trank und tanzte. 1944 bekam sie ein uneheliches Kind, das sie zur Adoption freigab. 1945 freundete sie sich mit John Dykin an, einem Hotelkellner, mit dem sie schließlich zwei Kinder hatte, Johns Halbschwestern Julia und Jacqueline. Das Durcheinander in ihren persönlichen Verhältnissen veranlaßte sie, den kleinen John seiner Tante Mimi zu übergeben, die ihn großziehen sollte.

Als Freddie Lennon nach Liverpool zurückkehrte, sagte ihm Julia, daß ihre Ehe zu Ende sei. Freddie durfte immerhin seinen fünfjährigen Sohn mit in die Ferien nach Blackpool nehmen, wo John das für ihn traumatischste Erlebnis seiner Kinderjahre hatte. Als Freddie nicht zum vereinbarten Zeitpunkt nach Liverpool zurückkehrte, fuhr Julia nach Blackpool und forderte John zurück. Es kam zum Streit. Schließlich stellte Freddie John vor eine schreckliche Wahl: Er sollte sich entscheiden, ob er bei seinem Vater bleiben oder mit seiner Mutter gehen wollte. Unter Tränen entschied sich John zweimal für Freddie. Doch als die ihrerseits weinende Julia das Hotel verließ, lief ihr der kleine Junge nach, erwischte sie auf der Straße und flehte sie an, ihn nicht zu verlassen. Damals sah Freddie Lennon seinen Sohn zum letzten Mal, ehe dieser berühmt wurde; der Bruch zwischen ihnen heilte nie wieder.

Doch wenn der kleine John erwartet hatte, er könne bei seiner Mutter bleiben, so sah er sich getäuscht. Kaum waren Julia und John wieder in Liverpool, lieferte sie ihn bei Tante Mimi ab, wo er bis zu seinem neunzehnten Lebensjahr blieb. Julia besuchte ihren Sohn gelegentlich – John erklärte später, daß er sie immer mal wieder gesehen habe, »ich hab halt nicht bei ihr gewohnt« –, doch erst in der Pubertät merkte er, daß seine Mutter nur ein paar Meilen entfernt wohnte. John nannte Julia »Mummy« und Tante

Mimi »Mimi«, obwohl ihre Rollen genau entgegengesetzt waren; Mimi, eine strenge, autoritäre Person mit bürgerlichem Ehrgeiz, die alles »Gewöhnliche« verabscheute, verkörperte die tägliche mütterliche Gegenwart, während Julia die unbekümmerten Gefühle einer großzügigen Tante zu bieten hatte. Da dieses Arrangement John offensichtlich verstörte, fragte er Mimi eines Tages, warum er nicht sie »Mummy« nenne. Doch sie war zu schnell für ihn, als sie zurückgab: »Aber du kannst doch keine zwei Mummies haben.«

Als Erwachsener, vor allem während seiner politisch militantesten Periode, behauptete John manchmal, er sei ein Kind aus der Arbeiterklasse. Er wußte es besser. Tante Mimi und Onkel George waren, wie er in einem seiner letzten Interviews zugab, Hausbesitzer, die in der Vorstadt zwischen Ärzten und Anwälten lebten. Sein Onkel George hatte es zu einigen Mietwohnungen und einem Milchgeschäft gebracht, ehe er sich nach dem Krieg zur Ruhe setzte, und zweimal in der Woche kam ein Gärtner. Die Smiths waren alles andere als reich, und als John in der Pubertät war, nahm Mimi Medizinstudenten als Untermieter auf, um das Familieneinkommen zu verbessern, aber Johns materielle Umstände waren bei weitem angenehmer als die der anderen Beatles.

Wie Mimi, mit der er Shotton zufolge »ständig im Streit lag«, war John »stur, direkt und deutlich« und gab sich wenig Mühe, besonders »nett zu wirken«. Sein Bedürfnis, andere zu beherrschen und ständig im Mittelpunkt zu stehen, aber auch seine scharfe Intelligenz fielen seinen Klassenkameraden an der Dovedale Primary School und der Quarry Bank Grammar School auf. Jeder Autorität gegenüber chronisch respektlos, unterbrach er ständig den Unterricht, suchte Streit und sorgte immer für Ärger; Eltern mahnten ihre Kinder, sich von ihm fernzuhalten, und die Lehrer verprügelten ihn regelmäßig. Er war eine Leseratte, deren Geschmack – Lewis Carroll, Edgar Allan Poe, Robert Louis Stevenson – sich selten mit dem aufgegebenen Lesepensum traf. Die meisten Lehrer waren aufgeblasene Langeweiler für ihn. Seine Augen waren so miserabel wie seine Disziplin; seine Noten waren entsprechend. Deformierungen faszinierten ihn; körperliche Leiden oder irgendwelche Schwächen reizten ihn unweigerlich zu grausamen Bemerkungen. Julias Liebhaber John Dykin zum Beispiel hatte einen nervösen Tick; John nannte ihn mit Vorliebe Twitchy (Zucker), wenn auch nicht in Hörweite. »Wenn einer hinkte oder verkrüppelt war, oder einen Buckel hatte, oder sonst irgendwie deformiert war, mußte John lachen, lief ihm nach und schnitt ihm fürchterliche Grimassen«, sagt Thelma Pickles, eine seiner ersten Freundinnen. »Er konnte Rollstuhlfahrer anpöbeln und ihnen zurufen: ›Wie hast du deine Beine verloren? Warst du hinter deiner Frau her?‹«

Dann kam Elvis. Rock'n'Roll, sagte John später, sei das einzige gewesen, »das mich nach all dem, was mir mit fünfzehn zustieß, noch erreichte«. Im September 1955 kam Bill Haleys »Rock Around The Clock« heraus. Im folgenden Frühjahr platzte Elvis mit einer ganzen Handvoll Hits auf die Weltbühne: »Heartbreak Hotel«, »Blue Suede Shoes«, »Hound Dog«, »Don't Be Cruel«, »Love Me Tender«. Elvis war für Johns Leben »wichtiger als eine Religion«. Deshalb wußte er nicht mehr, wo ihm der Kopf stand, als ihm ein Freund Little Richards »Long Tall Sally« vorspielte. Für John war der Song »so großartig, daß es mir die Sprache verschlug ... Das gab's doch einfach nicht: *Beide* zu meinen Lebzeiten?«

Ohne daß John davon wußte, packte seine künftigen Kumpel Paul McCartney, George Harrison und Richard Starkey genau der gleiche Rock'n'Roll-Wahnsinn. Unzählige englische und amerikanische Teenager konnten gar nicht anders, sie mußten wie Elvis reden, sich wie Elvis anziehen, wie Elvis singen und seine Musik spielen. »Teddy Boy« hieß die Mode dazu in England: Samtjacken, Röhrenjeans, schmale Schlipse und knallbunte Hemden. Die Musik hieß »Skiffle«, ein Kunstprodukt aus schwarzer Folk- und Country & Western-Musik. Lonnie Donegan machte sie populär, sie konnte auch von Anfängern auf selbstgebastelten Instrumenten gespielt werden: eine Gitarre, Teekisten-Baß und Waschbrett-Schlagzeug. Julia spielte Banjo und hatte sich ebenso leidenschaftlich wie ihr Sohn für Rock'n'Roll begeistert. Sie brachte John ein paar Akkorde bei, und er war nicht mehr zu bremsen. Pete Shotton wurde verpflichtet, dazu noch ein paar weitere Schulfreunde anzuheuern als Verstärkung für eine

Gruppe, die er nach seiner Highschool Quarry Bank »The Quarry Men« taufte.

Bei einem der ersten Auftritte der Quarry Men lernte John Lennon Paul McCartney kennen. Der Tag ist bekannt: der 6. Juli 1957, wenige Tage vor dem Schulabschluß von John und Pete. »The Quarry Men« spielten auf dem Gartenfest der Kirche von St. Peter, einem kleinen Sommerfestival. Pauls Freund Ivan Vaughan, der mit ihm aufs Liverpool Institute ging, John Lennon von der Schule her kannte und selber gelegentlich bei den Quarry Men einsprang, wollte unbedingt, daß sich Paul, der bereits vom Rock'n'Roll angesteckt war, die Gruppe anhöre. »Ich weiß noch, daß ich beeindruckt war«, sagt McCartney später. »Ich dachte: ›Mann, der ist gut.‹« Nach dem ersten Set wurden sie miteinander bekannt gemacht, und jetzt war John beeindruckt. Paul konnte tatsächlich selber eine Gitarre stimmen, er beherrschte auch mehr als drei Akkorde und kannte jeweils den ganzen Text von den Songs. Er beglückte die Gruppe mit Eddie Cochrans »Twenty Flight Rock« und schrieb John den Text dazu auf, als er ging. Damit begann eine Verbindung, die die Popmusik für immer verändern sollte.

Paul McCartney verfügte über den Vorteil, daß er aus einer musikalischen Familie stammte. Als sein Vater noch nicht verheiratet war, hatte er eine Jazzkapelle geleitet; bei Familientreffen und Parties spielte er noch immer gern Klavier. Einmal bekam Paul von ihm eine Trompete zum Geburtstag, die er aber sofort gegen eine Gitarre eintauschte, als er merkte, daß er nicht singen konnte, wenn er Trompete spielte. Bald stellte er fest, daß er zwar sonst Rechtshänder, auf der Gitarre aber Linkshänder war; er behalf sich, indem er die Saiten verkehrt herum aufzog. »Du hast also eine Mutter verloren und eine Gitarre gefunden«, sagte sein Bruder Michael, als Paul nach dem Tod der Mutter nur noch seine Gitarre kannte. »Er hatte keine Zeit mehr zum Essen, für nichts mehr. Er spielte auf dem Klo, im Bad, überall.« Oft übte er zu Hause bei George Harrison, der mit ihm aufs Liverpool Institute ging. Obwohl Paul ein Jahr älter war als George, hatte sie die Leidenschaft fürs Gitarrespielen schon zwei Jahre früher zusammengebracht, noch bevor McCartney Lennon kennenlernte. »Wir lernten beide nach der gleichen Gitarrenschule«, erinnert sich Paul.

McCartneys Begabung war unübersehbar, Lennon war sich aber keineswegs sicher, ob er ihn bei den Quarry Men aufnehmen sollte. »Bis dahin tanzte alles nach meiner Pfeife«, erläuterte er. »Jetzt dachte ich: ›Was passiert, wenn er kommt?‹« Schließlich siegte Lennons Ehrgeiz über seine Verunsicherung: »War es besser mit einem, der eindeutig mehr drauf hat als alle anderen oder nicht? Sollte die ganze Band stärker sein oder ich? Natürlich entschied ich mich für Paul und daß die Band stärker wurde.« Ähnliche Überlegungen führten dazu, daß ein paar Monate später George Harrison aufgenommen wurde. Für Lennon, der sich bereits im Collegealter befand, war George noch ein Kind; schlimmer noch, George schien John regelrecht anzuhimmeln und zockelte sogar mit, wenn John mit Freundinnen unterwegs war. Anders als Lennon und McCartney, die nur Akkorde schlugen, konnte Harrison Soli spielen; seine Interpretation von »Raunchy« sicherte ihm den Job als Leadgitarrist der Band. Irgendwann Mitte 1958 nahmen die Quarry Men auf eigene Kosten eine Schellackplatte mit Buddy Hollys »That'll Be The Day« auf; viele Jahre später tauchte das Stück auf Raubpressungen wieder auf. Auf der zerkratzten Platte hören sich die Jungs energiegeladen und jung an, vor allem die Leadstimme von John. Sie spielen und singen im Takt, halten den Ton, aber von dem Glanz, den sie einmal verbreiten sollten, ist noch nichts zu merken.

Spätestens Ende 1958 spielten dreiviertel der Band, die bald die Welt erschüttern sollte, regelmäßig zusammen. Die Eltern von Paul und George unterstützten den Ehrgeiz ihrer Söhne nach Kräften, aber Johns Tante Mimi verhielt sich ziemlich reserviert. Sie erklärte John, daß er damit seine Zeit verschwende, und knallte den anderen Jungs die Tür vor der Nase zu, wenn sie zu ihm wollten. Dafür freute sich Julia, wenn die Band bei ihr auftauchte. Sie beteiligte sich sogar an den Proben, die aus Gründen der Akustik bei ihr im Badezimmer stattfanden. »Unsere Toilette war vermutlich eine der winzigsten in ganz Großbritannien, und es war wirklich ein seltsamer Anblick, wenn man John, Paul, George, Pete Shotton, Ivan Vaughan und Mummy sah, wie sie sich alle um einen Platz zum Hinsetzen stritten«, erinnert sich Johns Halbschwester Julia Baird.

Während seiner mittleren Teenagerjahre verbrachte John mehr und mehr Zeit bei seiner Mutter, blieb dort über Nacht oder am Wochenende. An einem dieser Abende starb Julia. Am 15. Juli 1958 ging sie nach einem Besuch bei Mimi zur Bushaltestelle, als sie von einem zu schnell fahrenden Auto erfaßt wurde. Am Steuer saß ein Polizist, der schon Feierabend hatte. Der Mann besaß den Führerschein noch nicht lange und trat, als er Julia die Straße überqueren sah, statt auf die Bremse aufs Gas. Sie starb auf dem Weg ins Krankenhaus. John war am Ende. »Es war das Schlimmste, das mir je passiert ist. In den paar Jahren waren wir uns wieder sehr nahe gekommen, Julia und ich. Wir konnten reden. Wir haben uns verstanden. Sie war toll. Ich dachte: ›Scheiße! Scheiße! Scheiße! Jetzt ist alles verreckt! Ab jetzt bin ich keinem mehr was schuldig.‹«

John redete, wie sich Pete Shotton erinnert, kaum ein Wort über den Tod seiner Mutter, aber er fing »zum ersten Mal in seinem Leben schwer zu saufen an«. Hier zeigte sich bereits eine lebenslange Schwäche, und John erwies sich als bösartiger, gefährlicher Säufer. Da er mit dem Stipendium eines Kunststudenten auskommen mußte, bedrängte er die Gäste in den Pubs so lange, bis sie ihm ein Bier zahlten. Eines Abends, berichtet Shotton, ließ John »einen jüdisch aussehenden Klavierspieler namens Reuben, der mir ganz angenehm vorkam, seine Abneigung spüren … John, wie üblich stockbesoffen, unterbrach den Vortrag ständig mit bösen Bemerkungen wie ›dreckiger Judenjunge‹ und ›den hätten sie mit den anderen in die Gasöfen stecken sollen‹, bis der Mann schließlich in Tränen ausbrach.«

Shotton hatte Angst, daß sein Freund »unweigerlich in der Gosse enden« könnte; viele Klassenkameraden vom Liverpooler Art College dachten genauso. Hätte John nicht mit seiner Kunst Erfolg gehabt, meinte sein Mitschüler Michael Isaacson zu Lennons Biograph Ray Coleman, dann »hätte es sehr böse mit ihm enden können … Wäre seine Energie nicht in kreativer Musik aufgegangen, sie hätte destruktiv statt kreativ gewirkt. Für ihn gab es immer nur alles oder nichts.« Lennon gab später selber zu, daß er ohne die Beatles wahrscheinlich ein herumvagabundierender Taugenichts wie sein Vater geworden wäre.

Rock 'n' Roll erwies sich als John Lennons Rettung. Eine Folge von Julias Tod bestand darin, daß die Verbindung mit Paul McCartney enger wurde, obwohl der in den fünfziger Jahrenin Liverpool herrschende männliche Verhaltenskodex natürlich verhinderte, daß sie über ihren gemeinsamen Schmerz sprachen. »Das gehörte zu den Dingen, die John und mich wirklich zusammenbrachten«, erinnert sich Paul McCartney. »Wir hatten beide unsre Mutter verloren. Darüber wurde eigentlich nie viel geredet; keiner von uns redete über Tatsächliches. Damals gab es einen berühmten Spruch: ›Komm mir doch nicht sächlich, Mann.‹« Die beiden jungen Männer verständigten sich statt dessen über ihre Musik. Pauls Liverpool Institute befand sich unmittelbar neben Johns Liverpool Art College, und die beiden, zu denen häufig noch George Harrison stieß, verbrachten zahllose Stunden mit ihrer gemeinsamen Leidenschaft für den Rock 'n' Roll.

Cynthia Powell, die spröde Kunststudentin, die später Johns erste Frau wurde, war wie viele ihrer Schulfreundinnen »völlig verzaubert« von den mittäglichen Sängerfesten der drei. John und Paul »schienen seit Jahren befreundet zu sein«, erinnert sie sich. »George, der jünger war und keine Songs schrieb, hatte nicht diese Verbindung mit ihnen, aber John und Paul konnten einfach nicht aufhören. Sie spielten ununterbrochen zusammen, übten die Akkorde des neuesten Songs von Elvis Presley, von den Everly Brothers, und trauten sich schließlich zu, es mit eigenen Texten zu versuchen … Ihre Harmonien waren einfach wunderschön. John hatte das Image, der härteste Junge auf dem ganzen College zu sein, aber in seiner Musik konnte man erkennen, was, wie wir alle wußten, darunter steckte. Er besaß eine Sanftheit, die unbedingt heraus wollte, und in diesen Songs kam sie zum Vorschein.«

3. Kapitel
So wird man berühmt
(Please Please Me)

Als John Lennon 1974 aus seinem halben Ruhestand kam, um Elton John auf die Bühne des Madison Square Garden zu folgen, beendete er sein aus drei Songs bestehendes Set mit »I Saw Her Standing There«, dem allerersten Song auf dem allerersten Album der Beatles, **Please Please Me**. »Ich wollte bloß ein bißchen Spaß und Rock 'n' Roll spielen«, erklärte Lennon. Die beiden anderen Stücke, die er an jenem Abend spielte, seinen aktuellen Nummer-Eins-Hit »Whatever Gets You Thru The Night« und »Lucy In The Sky With Diamonds«, die Perle aus seiner psychedelischen Ära, konnten ebenfalls als Rocksongs durchgehen, aber für die Zugabe wollte Lennon »ganz weit zurück«. Offenbar hatte Elton John »I Saw Her Standing There« vorgeschlagen, und Lennon nahm den Vorschlag sofort auf. Mit dem starken Wiedererkennungswert des Intros und dem fröhlich-ausgelassenen Beat schlug »I Saw Her Standing There« nicht nur sofort beim Publikum ein, es war bereits ein Rock 'n' Roll-Klassiker.

»I Saw Her Standing There« war zwar nicht der erste Nummer-Eins-Erfolg der Beatles – diese Ehre durfte »Please Please Me« beanspruchen –, aber es war ihr erster wirklich großer Song. Als sie ihn am 11. Februar 1963 für **Please Please Me** aufnahmen, gehörte er schon lange zum Repertoire ihrer Live-Auftritte; er blieb es bis zu ihrem ersten Besuch in den USA im Februar 1964. Mit seinem bezeichnenden Auftakt »one, two, three, *fawr*!«, seinem eindeutig sexuellen Begehren und seiner rohen musikalischen Energie verkörpert »I Saw Her Standing There« das Wesen des Rock 'n' Roll. Der Rhythmus fuhr einem in die Beine, man spürte den Text in der Hose, und die Melodie war so stark, daß man mitsingen mußte.

Der Song gehörte zu den frühesten Kompositionen der Firma Lennon–McCartney und entstand bereits, als John noch die

Kunstschule besuchte und Paul das Liverpool Institute. Obwohl Paul den größten Teil des Songs schrieb, war es eine winzige, aber entscheidende Änderung in der zweiten Zeile des Songs, die »I Saw Her Standing There« unverwechselbar machte. Die beiden Songwriter hatten die Schule geschwänzt und sich in Pauls Haus zurückgezogen, erinnert sich McCartney. »Ich weiß noch, daß ich die Zeilen hatte ›just 17, never been a beauty queen‹ (erst siebzehn, war nie 'ne Schönheitskönigin), die John, und das war eines der ersten Male, daß er eingriff, kommentierte: ›Was? Das geht nicht ...‹, und daraus wurde ›you know what I mean‹ (du weißt schon, was ich mein)«.

Lennons Einfügung war ebenso brillant wie schlicht. Er ergänzte nur fünf der einfachsten Wörter der englischen Sprache, und der Text verwandelte sich aus einem Teeniebopper-Klischee in einen verschwitzten Lendenkrauler. Schlimmer noch: Er machte den Zuhörer beim Schweinigeln zum Komplizen. »You know what I mean« ist das früheste Beispiel für etwas, was den Beatles sowohl den kommerziellen Erfolg wie den Status als volkstümliche Helden verschaffen sollte: ihre kumpelige Identifikation mit dem Publikum. »You know what I mean« präsentiert den Sänger und sein Publikum unauffällig als gleichrangige Parteien, die sich gegen die Welt der Erwachsenen mit ihrem Anstands- und Verantwortungsdenken verbünden. Der Hörer weiß natürlich, was gemeint ist, und er ist nicht nur geschmeichelt, weil er ins Vertrauen gezogen wird, er wird fast verschwörerisch in die kreative Erfahrung einbezogen. Gleich ob man noch Teenager ist oder über das Alter hinaus, das, was jeder mit diesem Stadium verbindet, ermöglicht es dem Hörer, den Text des Songs selber weiterzuschreiben.

George Martin, der Produzent der Beatles, bezeichnete »I Saw Her Standing There« als »ein heißes Ding« – gradlinigen, hochoktanigen, unwiderstehlichen Rock'n'Roll. Wenn Paul, der die Leadstimme singt, nach der Frage »So how could I dance with another« (Wie könnte ich noch mit einer andern tanzen?) für den Bruchteil einer Sekunde pausiert, dann hochschießt, um im Duett mit John zu schreien, »Ohhhhh, when I saw her standing there«, baut sich eine herrliche Spannung auf, der Überschwang ist überwältigend. Trotz des Eingriffs von John sind die Zeilen zum größten Teil alles andere als elaboriert, doch wirkt die Naivität des Songs so unprätentiös, der Crescendoeffekt so ekstatisch, daß es darauf nicht ankommt. Entscheidend ist der Sound als Ganzes, und der strahlt pure Lebenslust aus. Eine bessere Einführung in die Musik und den Charakter der Beatles ist kaum vorstellbar.

Ebensowenig vorstellbar ist »I Saw Her Standing There« ohne McCartneys ungestümen Auftakt mit »one-two-three-fawr«, doch zeigen die unveröffentlichten Aufnahmebänder, daß Paul erst bei Take neun locker wird; davor klingt er gedämpft, man hört kaum mehr als ein Wispern. Vielleicht haben die Beatles deswegen Mühe, das richtige Tempo für den Song zu finden. Paul versucht von diesem Versagen abzulenken, indem er in Take sechs stimmlich schludert. »She-I'll never dance with another«, singt er, verbessert sich mitten im Wort, aber nicht schnell genug, um George Martin in der Regie auszutricksen, der einen neuen Take verlangt. »Zu schnell«, ruft Paul dazwischen, noch bevor Martin etwas sagen kann. Als Martin ihn auf den Versprecher hinweist, weicht Paul wieder aus und sagt: »Klar, aber es war doch sowieso zu schnell.« Später, bei einer der wenigen Mischungen, die sich auf dem Album finden, fügten die Beatles Klatschen hinzu. Paul, de facto bereits der Aufnahmeleiter der Band, brummt, daß es »sauberer« sein solle. Nach einem Augenblick Stille klatscht ein einzelnes Paar Hände frenetisch ironischen Beifall, was alle zu geräuschvollem Gekicher verleitet.

Wenn »I Saw Her Standing There« ein atemberaubendes Debüt markierte, dann zeigte »Twist And Shout«, der abschließende Song auf **Please Please Me**, daß das kein Zufallstreffer war. Die Beatles haben »Twist and Shout« nicht geschrieben, sie haben den Song auch nicht als erste aufgenommen, aber er gehörte ihnen mindestens so sehr wie alles andere, was sie spielten. Von 1962 an, als sie noch im Liverpooler Cavern Club auftraten, bis zu ihrer USA-Tournee 1965 bildete »Twist And Shout« einen Höhepunkt ihrer Live-Auftritte und war zumeist ein durchschlagender Erfolg. Rauh, erregend und heiser war der Song, eine treibende Tanznummer, die nach Sex geradezu brüllte. Schließlich bedeutet bereits der Ausdruck »rock'n'roll« im Slang der Schwarzen: Sex.

Beatles-Fans wußten das natürlich nicht; sie waren buchstäblich alle weiß. Aber sie waren fast alle jung und in der großen Mehrheit weiblich; unbewußt war ihnen vollkommen klar, wovon diese Musik handelte. Die Beatles äußerten sich nie so eindeutig sexuell wie beispielsweise die Rolling Stones, die mehr ein Gefühl unerlaubter Zweideutigkeit verbreiteten. Doch trotz des sauber-männischen Images der Beatles machte Sex doch einen großen Teil ihres Reizes für weibliche Teenager aus, die von Anfang an den Kern ihres Publikums bildeten. Man braucht sich nur die Aufnahmen ihrer frühen Konzerte anzusehen, und die schwitzenden, wimmernden, schluchzenden Mädchenmassen in unterschiedlichen Auflösungsgraden bestätigen es.

Die schwarzen Rhythm and Blues-Wurzeln des Rock 'n' Roll zeigen sich besonders in »Twist And Shout« mit seiner schlichten Struktur aus zwei Akkorden und den Frage-Antwort-Stimmen. Später erklärte Lennon, daß er schwarze Songs lieber hatte, »weil sie einfacher waren ... Die Schwarzen sangen direkt und unmittelbar über ihr Leid und auch über Sex, und deshalb mag ich das.« An anderer Stelle sagte er, daß er »Twist And Shout« nicht gern sang, wenn die Beatles zusammen mit schwarzen Künstlern auftraten, weil es »ihre Musik« war und sie »diese Songs besser konnten als wir«.

Doch selbst John, der immer der selbstkritischste Beatle war, mußte zugeben, daß die Beatles für weiße Jungs ihre Sache gar nicht so schlecht machten, und Johns Leadstimme ist dafür der entscheidende Grund. Von der ersten Silbe in »Twist And Shout« an ist klar, daß er alles riskiert, und er macht es großartig. Nicht nur fesselt die kehlige Rauheit seiner Stimme die Aufmerksamkeit, sondern auch die lustvolle Dringlichkeit in seinem Vortrag, wenn er dem Objekt seiner Begierde sagt: »C'mon and twist a little closer/ and let me know that you're mine« (Komm, tanz noch näher, bis ich weiß, daß du mir gehörst). Der Rest der Band ist vollkommen gefangen in Johns Wahnsinn, aber sie spielen frisch und zuverlässig. Obwohl sie nicht an Johns quälende Intensität heranreichen, unterstützen die begleitenden Stimmen von George und Paul seine Forderungen selbst da, wo sie ihn anstacheln. Für die letzte Strophe legen alle drei ihre Stimmen übereinander, ehe sie schließlich in manische Schreie ausbrechen und sich John zum letzten Mal in den Refrain stürzt. Als sie diese Übung wiederholen, um den Song abzuschließen, gibt es eine glanzvolle Klimax, als hätten sie eben den Orgasmus ihres Lebens gehabt.

In den folgenden Jahren brachten die Beatles reifere Stücke als »Twist And Shout« und »I Saw Her Standing There« zustande, aber reif bedeutet nicht notwendig besser, schon gar nicht, wenn es um Rock 'n' Roll geht. Als Lennon im Gespräch über die Anfänge der Beatles sagte: »Was wir damals machten, als wir erdigen Rock spielten, war phantastisch, und in ganz Großbritannien gab es niemand, der uns das Wasser reichen konnte«, meinte er Songs wie »I Saw Her Standing There« und »Twist And Shout« – simpelsten und reinsten Rock 'n' Roll. Es dürfte ziemlich schwierig sein, den einen oder anderen dieser Songs aus einer Liste mit den größten musikalischen Leistungen der Beatles zu streichen; ebenso wie die elaborierten Songs, die in den kommenden Jahren herauskamen, haben auch diese beiden einen Platz im ewigen Kanon verdient.

Daß die Beatles so langlebige Stücke von so hoher Qualität produzierten, ist um so ungewöhnlicher, wenn man bedenkt, daß die vier damals noch unglaublich jung waren. Als sie **Please Please Me** aufnahmen, war George Harrison noch neunzehn, McCartney zwanzig. Mit ihren zweiundzwanzig Jahren waren Lennon und Ringo Starr die ältesten Bandmitglieder. Sie strahlten eine professionelle Aura aus, die nichts mehr mit ihrem Alter zu tun hatte. Sie wußten, wohin die Reise ging, und sie wußten genau, wie sie dorthin gelangten. So hatten sie beispielsweise fünf Monate vorher einen Song abgelehnt, den sie nach Meinung von George Martin als erste Single aufnehmen sollten. Obwohl sie am 6. Juni 1962 nur knapp den Vorspieltermin bei Martin bestanden hatten (eine Geschichte, die im nächsten Kapitel erzählt wird), besaßen die Beatles genug Selbstvertrauen, um ihm, so die von McCartney überlieferten Worte, zu erklären: »Wir haben etwas anderes vor, etwas Neues.«

Der Song, an den Martin dachte, war Mitch Murrays »How Do You Do It«. Er versicherte den Beatles, das sei eine garantierte Nummer Eins. Bockig erwiderten sie, daß Murrays Song vielleicht gut verkäuflich, aber nicht ihre Art von Musik sei. »Wir haben uns überlegt: ›Also, Moment mal, hier geht's um unser Ansehen, wir fangen grad erst an, wir stehen am Anfang einer hoffentlich großen Karriere, deshalb müssen wir vorsichtig sein mit dem, was wir anstellen‹«, erinnert sich McCartney. Die Beatles sagten, sie wollten ihre eigenen Sachen aufnehmen. Martin erwiderte, wenn die Beatles etwas schreiben könnten, das so gut wäre wie »How Do You Do It«, könnten sie es aufnehmen; bis dahin aber hätten sie sich seinen Anweisungen zu fügen.

Martin hatte recht, und die Beatles auch. Die Beatles probten den Song schließlich, und als sie am 4. September 1962 ins Studio 2 der Abbey Road gingen, um ihre erste Single aufzuzeichnen, nahmen sie als erstes »How Do You Do It« auf. Eine bearbeitete Version des Songs existiert noch, und sie bestätigt, wie gut beraten die Beatles waren, sich Martins Wünschen nicht zu beugen. Wie die meisten Kaugummisongs ist auch hier die Melodie ein Ohrwurm: Mit John als Leadstimme bringen die Beatles eine ganz brauchbare Version zustande, doch insgesamt hört sich der Sound automatenhaft, süßlich und abgesichert an – genau das Gegenteil von dem, was die Beatles vorhatten. Dennoch benutzten Gerry and the Pacemakers, eine Gruppe aus Liverpool, die denselben Manager wie die Beatles hatten, das Arrangement der Beatles, als sie im darauffolgenden Frühjahr »How Do You Do It« aufnahmen. Und wie von George Martin prophezeit, erreichte diese Version die Spitze der Hitparade.

Der andere Song, den die Beatles an diesem Abend aufnahmen, war »Love Me Do«. Wie »I Saw Her Standing There« war »Love Me Do« eine der frühesten Lennon-McCartney-Kompositionen, in der Hauptsache von Paul geschrieben. George Martin konnte sich nie so recht für den Song begeistern, und er gehört auch nicht zu den besten Stücken der Beatles. Dennoch gaben sie ihm den Vorzug gegenüber »How Do You Do It«. Die Aufnahmesession selber gestaltete sich ziemlich schwierig. Lewisohn zufolge brauchte es fünfzehn Takes, bis die Rhythmusspur halbwegs brauchbar war, die anschließende Zuspielung der Stimmen beanspruchte noch mal »ziemlich viel Zeit«. Als erstes Anzeichen eines Konflikts, der Jahre später die häßlichen Spannungen zwischen den Beatles auslösen sollte, war McCartney nicht besonders glücklich mit Ringos Schlagzeug. Die anderen stimmten Paul zu, und eine Woche später, am 11. September, wurde eine zweite Aufnahme von »Love Me Do« gemacht. Diesmal saß der Studiomusiker Andy White am Schlagzeug, und Ringo wurde zum Tambourin strafversetzt. White spielte auch bei »P.S. I Love You« das Schlagzeug, einer weiteren Lennon–McCartney-Komposition, die am selben Abend aufgenommen wurde.

»Love Me Do« kam mit »P.S. I Love You« am 5. Oktober 1962 als erste Single der Beatles auf den Markt. Sie stieg bis auf Platz 17 in der britischen Hitparade, ein respektabler, aber alles andere als weltbewegender Erfolg, und selbst der verdankte sich angeblich den zehntausend Stück, die Brian Epstein, der Manager der Beatles, heimlich aufgekauft hatte. Die Notierung von »Love Me Do« war es, sagte McCartney später, die ihn davon überzeugte, daß die Beatles es schaffen würden. Mit der nächsten Platte klappte es dann tatsächlich.

»Please Please Me« war eine hundertprozentige John Lennon-Komposition, inspiriert von Roy Orbisons »Only The Lonely«. Johns Urfassung des Songs war sehr langsam, ein Klagegesang beinah, und sie erlebte einige dramatische Veränderungen, ehe sie veröffentlicht wurde. Als George Martin »Please Please Me« zum erstenmal hörte, kam es ihm »sehr zäh« vor; er drängte die Beatles, dem Song mehr Tempo und ein paar durchschlagende Harmonien zu geben. Es war der erste von vielen Fällen, in denen sich Martin als der Mann erwies, der »über das hinaussehen konnte, was wir ihm anboten«, sagt McCartney. In dem Augenblick, als die Beatles mit der Aufnahme zur neuen Version von »Please Please Me« fertig waren, drückte Martin, wie er sich in seiner Autobiographie erinnert, »den Knopf der Sprechanlage im Regieraum und sagte: ›Gentlemen, Sie haben soeben Ihre erste Nummer Eins aufgenommen.‹«

Und genau so kam es. »Please Please Me«, am 26. November 1962 aufgenommen und am 11. Januar 1963 veröffentlicht, erreichte Platz Eins der englischen Hitparade am 22. Februar und blieb dort zwei Wochen lang. Die Beatles waren natürlich begeistert. Zeit, ihren noch neuen Erfolg zu genießen, blieb ihnen wenig, weil sie inzwischen ein Programm mit Auftritten kreuz und quer durch Großbritannien zu absolvieren hatten, das eine Strafe war. Da sich »Please Please Me« seit Mitte Februar auf dem Weg zur Nummer Eins befand, waren sie klug beraten, sich den Durchbruch mit der Aufnahme eines ganzen Albums zunutze zu machen. Das Problem bestand nur in der Frage, wann sie es aufnehmen sollten. Wochenlang mußten sie Abend für Abend irgendwo auftreten. Die Lösung bestand schließlich darin, daß sich die Band am Montag, dem 11. Februar, in der Abbey Road traf, dort in einer ganztägigen Marathonsession das Album aufnahm, um dann von London aus zu den Auftritten am nächsten Tag in Yorkshire und Lancashire weiterzufahren.

Weil die Beatles **Please Please Me** in nur einem Tag aufnahmen, konnte John Lennon später sagen, daß es eines seiner liebsten Alben sei. Vier der Songs, die für die LP vorgesehen waren, hatten die Beatles bereits aufgenommen: »Love Me Do« und »Please Please Me« sowie die jeweilige Rückseite »P.S. I Love You« und »Ask Me Why«. Da eine LP normalerweise vierzehn Stücke enthielt, mußten sie während der Session am 11. Februar zehn weitere aufnehmen. Bei ihrem hektischen Tourneeprogramm war natürlich nie genug Zeit übrig, um neue Songs zu proben, geschweige denn zu schreiben. Martin schlug ihnen deshalb vor, sie sollten Songs aus ihrem Programm spielen, mit dem sie das Publikum inzwischen regelmäßig zur Hysterie trieben, nicht nur am langjährigen Ort ihrer Heimspiele, im Cavern Club in Liverpool, sondern in Tanzsälen im gesamten Königreich.

Die Idee bestand darin, die Energie und Unmittelbarkeit der Live-Auftritte der Beatles einzufangen, den Hörern also das Gefühl zu geben, sie befänden sich im Cavern. Die Studiotechnik jener Jahre paßte bestens zu dieser Absicht. Auf dem Band standen nur zwei Tonspuren zur Verfügung, und nach der ersten Aufnahme war nur mehr Platz für eine weitere Zuspielung (am 11. Februar war der Gedanke an eine Zuspielung schon allein wegen des Termindrucks nicht besonders opportun). Das Ergebnis sah dann so aus, daß alle vier Beatles ihren Part perfekt bringen oder die Aufnahme wiederholen mußten. Eine weitere Komplikation brachte die heftige Erkältung, die sich Lennon während des besonders grimmigen Winters eingefangen hatte. »Sie hatten eine große Schüssel mit Lutschpastillen auf dem Klavier stehen, so ähnlich wie die Gläser in der Süßwarenabteilung«, berichtet der Techniker Norman Smith. »Paradoxerweise lag gleich daneben eine Stange mit den Stuyvesant-Zigaretten, die sie ununterbrochen rauchten.«

Die Arbeit begann um 10 Uhr morgens, und von einer Unterbrechung zum Abendessen abgesehen, machten die Beatles bis nach 22 Uhr durch. Sogar noch während der Mittagspause veranstalteten sie Proben und verblüfften damit George Martin und Norman Smith, die sich »auf einen Pie mit Bier« in einen Pub in der Nähe zurückgezogen hatten. Smith erinnert sich: »Als wir zurückkamen, hatten sie einfach durchgespielt. Wir konnten es nicht glauben. Wir hatten noch nie eine Band erlebt, die in der Mittagspause gearbeitet hätte.«

Die Schätzungen, wie lange es dauerte, um das Album aufzunehmen, variieren zwischen neundreiviertel und sechzehn Stunden, ein wunderbares Beispiel dafür, wie unzuverlässig die meisten der veröffentlichten Berichte über Leben und Arbeit der Beatles sein können. Lewisohns Auswertung der EMI-eigenen Studiopläne fixiert die Zeit zuverlässig. »In der Geschichte der aufgezeichneten Musik dürfte es kaum dermaßen produktive 585 Minuten gegeben haben«, jubelt er.

Man kann die hektische Atmosphäre während der Aufnahmesession einer Bemerkung entnehmen, die George Martin in der Mitte von Take zwei von »Misery« macht. Irgendwas klingt für den Produzenten nicht richtig, und er bremst die Band jäh ab und fragt, ob George Harrison »jetzt die Gitarre gewechselt hat«. Harrsion bestreitet das, hatte aber »vermutlich die Tonart gewechselt«. Martin bittet ihn, das Stück in der alten zu spielen, »ein wenig leiser, George«. Fast übergangslos sagt Martin dann: »Okay, probieren wir's«, und die Beatles stürzen sich wieder in den Song. Aber es will noch immer nicht richtig klappen, weil Paul mehrfach die Zeile »I won't see her no more« (ich werd mich nicht mehr mit ihr treffen) verhaut. Paul singt immer wieder, daß er sie treffen will. Schließlich buchstabiert es ihm John vor: »Ich werde sie nicht mehr treffen... Jetzt treffe ich mich mit anderen Mädchen.«

Zusammen mit »There's A Place« gehört »Misery« zu den beiden Dornröschen auf **Please Please Me.** Beide stammen von Lennon-McCartney und wurden im wesentlichen von John geschrieben. Besonders die vollendete Vermischung der Stimmen von Paul und John, der gestotterte Anfang und die durchgehaltene Phrasierung heben »There's A Place« aus dem Album heraus. Der Song kündigt bereits die frei phantasierende Empfindsamkeit an, die John später in Kompositionen wie »I'm Only Sleeping« und »Tomorrow Never Knows« verstärkt zum Ausdruck bringen wird. Der Ort, über den er in »There's A Place« singt, ist einer, »Where I can go/ When I feel low … And it's my mind« (wo ich hin kann, wenn's mir schlechtgeht … Es ist mein Kopf). In seinem Kopf ist er nicht nur allein, dort »gibt es keinen Schmerz« und »kein trauriges Morgen«, eine idealisierte Vision, die in krassem Gegensatz zur Realität seiner schwierigen Kindheit steht.

Lennons Kindheit war auch die Quelle für den abschließenden Lennon-McCartney-Song auf dem Album, »Do You Want To Know A Secret«. Als er in der Wiege lag, sang ihm seine Mutter Julia immer den Song »Wishing Well« aus dem Film »Schneewittchen und die sieben Zwerge« von Walt Disney vor, in dem es hieß, daß man versprechen müsse, es nicht weiterzuerzählen, wenn man ein Geheimnis hören wolle. Bei »Do You Want To Know A Secret« durfte George Harrison die Leadstimme singen (Ringo sang das Lied »Boys« von den Shirelles). Später kam es in den USA auch als Single heraus, die es bis auf Platz zwei der Hitparade schaffte. In Großbritannien wurde es Nummer Eins für Billy J. Kramer and the Dakotas, eine weitere Band aus Liverpool, die von Brian Epstein betreut wurde.

Als der Nachmittag allmählich in den Abend überging und die Beatles ihre fünf eigenen Kompositionen mit fünf Cover-Versionen von Songs anderer Künstler ergänzten, staunte George Martin über ihre übermenschliche Ausdauer. Der Höhepunkt der gesamten Session war ohne Zweifel, wie sich John rücksichtslos über »Twist And Shout« hermachte. Sie sparten sich den Song bis zum Schluß auf, weil sie nicht mehr zurückkonnten, wenn sie einmal angefangen hatten. Wie sich Martin erinnert, »gab es immer einen Titel, der den Cavern Club zum Toben brachte – ›Twist And

Shout‹. John schrie ihn regelrecht heraus. Weiß Gott, was er da mit jedem Auftritt seinen Stimmbändern antat, denn bei ihm hörte es sich an, als würde er jemanden zerfleischen. Das mußte schon beim ersten Take richtig kommen, weil ich ganz genau wußte, daß es bei einer Wiederholung längst nicht mehr so gut sein würde.«

Es war schon zehn Uhr vorbei, die Zeit, zu der die Abbey Road Studios zumachten, als die Beatles ihre Plätze einnahmen. Lennon scheint sich für seine Darbietung aufgeheizt zu haben wie ein Boxer, der den Ring betritt; ein Techniker erinnert sich, daß er tatsächlich bis zum Gürtel nackt war, um diesen erstaunlich heiseren Part zu bringen. Zwei Minuten und dreiunddreißig Sekunden später war alles vorbei. Unter der Anleitung von John hatten die Beatles »Twist And Shout« gleich beim ersten Mal geschafft – ein ehrfurchtgebietender Beweis von Mut, Talent und Professionalität.

Plese Please Me trug entscheidend dazu bei, den unvermeidlichen Aufstieg der Beatles zu beispiellosem Reichtum und Ruhm zu beschleunigen. Noch erstaunlicher freilich als die Geschwindigkeit, in der das Album produziert wurde, sind die musikalische Qualität, die Originalität und die Vielseitigkeit, die sie damit bewiesen. Im Jahr 1963 komponierten die wenigsten Musiker ihre Songs selber, schon gar nicht Stücke des Kalibers, wie sie Lennon und McCartney schrieben. Die meisten LPs, die auf Hit-Singles folgten, waren nichts weiter als kommerzielle Tricks, die mehr oder weniger die Single recycelten und ansonsten mit Füllmaterial ausgepolstert wurden. Im Unterschied dazu enthielt **Please Please Me** zwei zeitlose Rock'n'Roll-Klassiker – »I Saw Her Standing There« und »Twist And Shout« –, zwei Nummer-Eins-Hits – »Please Please Me« und »Do You Want To Know A Secret« – sowie eine weitere Handvoll unvergeßlicher Originalkompositionen wie »There's A Place« und »Misery«, die zwischen interessante Cover-Versionen anderer Songs gestreut waren.

Please Please Me wurde in Großbritannien sofort ein Hit und brach alle Rekorde. Die LP kam am 22. März 1963 heraus und brauchte sieben Wochen, um die Nummer Eins zu erreichen, blieb dort aber, was noch nie vorgekommen war, neunundzwanzig Wochen lang. Die Platte ritt gewissermaßen auf dem Wellen-

kamm der massenhaften Beatlemania, die das Land über-
schwemmte. In den USA kam das Album unter einem anderen
Titel heraus, es hieß **Introducing The Beatles**, und erstaunlicherweise wurde es ein Flop. Capitol, die amerikanische Abteilung
von EMI, stellte sich taub und tat die Beatles als britischen Tick
ab, der die amerikanischen Plattenkäufer nicht interessiere, kurz,
sie weigerten sich, die LP herauszubringen. Statt dessen wurde sie
von der winzigen Firma Vee Jay veröffentlicht, ging aber, da alle
Werbemöglichkeiten fehlten und die Platte von den Sendern nicht
gespielt wurde, auf der Stelle unter. Als der Frühling dem Sommer
wich und der dem Herbst, lag **Please Please Me** noch immer an
der Spitze der englischen Hitparade, und die Beatles schickten ihr
eine Nummer-Eins-Single nach der anderen hinterher: »From Me
To You«, »She Loves You«, »I Want To Hold Your Hand«. Am
Ende des Jahres war Großbritannien von seinen vier jungen Helden vollkommen berauscht. In den USA blieben sie praktisch
unbekannt, doch sollte sich das nur zu bald ändern, und zwar auf
die spektakulärste Weise.

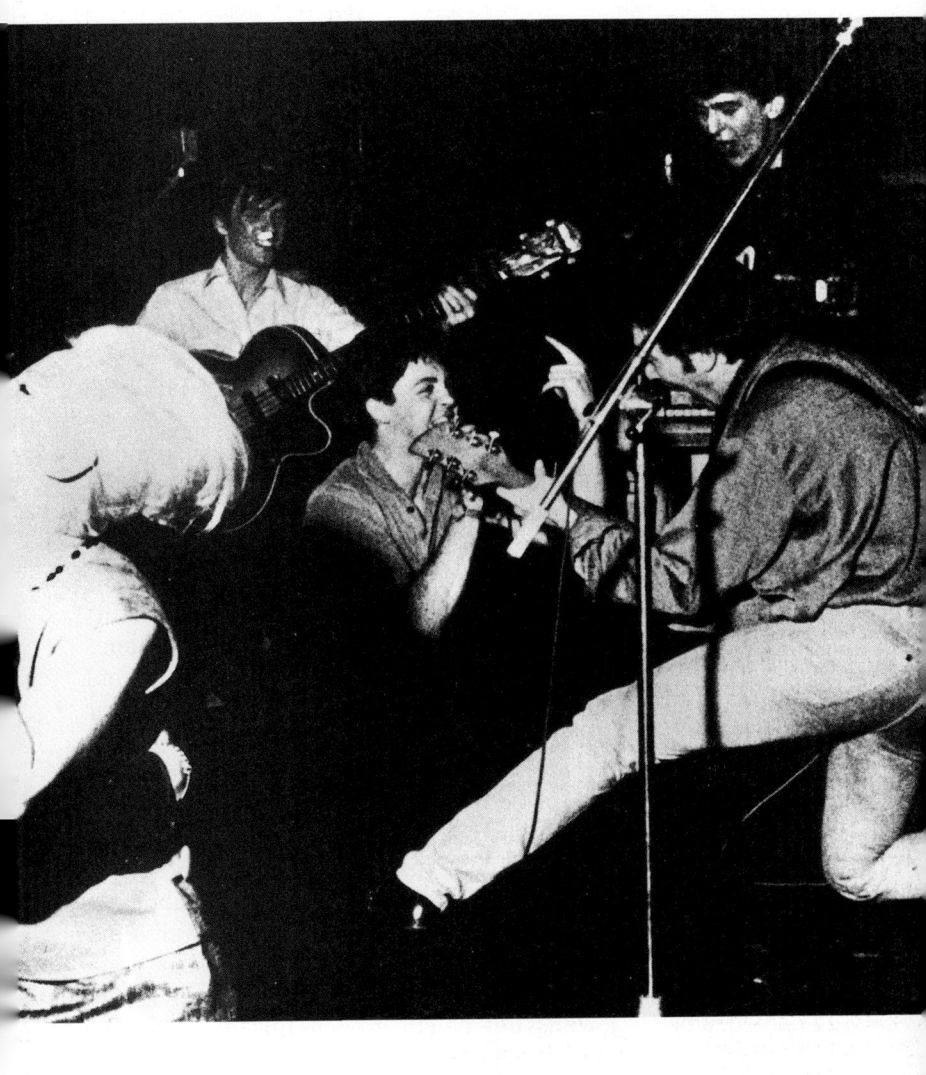

4. Kapitel
»Mach Schau«:
Lehrzeit in Hamburg und Liverpool

Es war typisch für John Lennon, daß die letzte Bemerkung, die er als Beatle auf einer Bühne machte, ein Witz war. Das war am Schluß von **Let It Be,** dem Dokumentarfilm, der Ende Mai 1970 herauskam, einen Monat nachdem die Beatles sich offiziell getrennt hatten. Der Film erreicht seinen Höhepunkt mit dem berühmten Mittagskonzert über der Londoner Innenstadt, als die Beatles vorübergehend alle Konflikte zu vergessen scheinen und dahin zurückkehren, wo sie einmal hergekommen sind: Sie spielen Rock'n'Roll. Nachdem die Polizei eingetroffen ist, um das Konzert abzubrechen, geht John ans Mikrofon und sagt grinsend: »Ich möchte mich bedanken im Namen der Band und von uns allen. Ich hoffe, wir haben die Probe bestanden.« Im Off ist heftiges Gelächter zu hören. Schließlich waren die Beatles im Januar 1969, als **Let It Be** gedreht wurde, das größte musikalische und Konzertphänomen ihrer Zeit; daß sie erst vorspielen müßten, war eine reichlich absurde Vorstellung.

Die Ironie besteht darin, daß die Beatles 1962 bei ihrem ersten großen Vorspieltermin bei einer Plattenfirma, dem Industriegiganten Decca, tatsächlich durchgefallen waren. Nicht genug damit, wären sie auch fast noch beim folgenden Termin bei der EMI durchgefallen, der ihnen ihren ersten Plattenvertrag einbrachte und den Weg für ihre Karriere freimachte. Inzwischen waren die Beatles von praktisch jeder größeren Plattenfirma in der britischen Musikindustrie abgelehnt worden. Columbia und HMV, zwei bedeutende, jeweils mit einem großen Etat ausgestattete Firmen innerhalb der EMI-Muttergesellschaft, hatten sich vor der Ablehnung gar nicht erst die Mühe gemacht, sich die Band anzuhören. Decca schickte jemanden, der sich die Beatles in Liverpool ansehen sollte, und vereinbarte auch noch einen Termin in einem Londoner Studio, aber das Ergebnis war das gleiche. Dick

Rowe, der Leiter der Abteilung »Artists and Repertoire« bei Decca, erklärte dem Beatles-Manager Brian Epstein, daß für Gitarrengruppen »die Zeit vorbei« sei. Bei einer Pressekonferenz auf dem Höhepunkt der Beatlemania sagte McCartney, daß Rowe »sich jetzt wahrscheinlich in den Hintern beißt«. Lennon ergänzte: »Hoffentlich beißt er sich tot.«

George Martin, der die Beatles schließlich für das winzige EMI-Label Parlophone verpflichtete, konnte dennoch gut verstehen, warum seine Kollegen bei der Band abgewunken hatten. Die Demo-Platte, die Epstein bei den Plattenfirmen vorspielte, war nicht sonderlich beeindruckend. Das Material bestand entweder aus alten Kamellen oder ziemlich durchschnittlichen Songs, die sie selber geschrieben hatten. Doch war Martin beeindruckt von der »ungewöhnlichen Qualität ihres Sounds, einer gewissen Härte, die ich bis dahin nicht gehört hatte«. Der Gedanke, die Beatles könnten »das größte Ereignis aller Zeiten« sein, lag ihm ziemlich fern, aber er dachte sich, daß es »einen Versuch wert« sei, sich die Band im Studio anzuhören.

Der Termin bei Parlophone fand am 6. Juni 1962 in dem weißen, quadratischen, zweistöckigen Gebäude im Norden Londons statt, in dem die EMI-Aufnahmestudios untergebracht waren. Seltsamerweise war den Beatles selber – die damals noch mit Pete Best und nicht mit Ringo Starr als Drummer firmierten – gar nicht klar, daß sie vorspielen sollten. Sie lebten vielmehr in der Illusion, EMI hätte sie bereits verpflichtet und sie seien zu einem regelrechten Aufnahmetermin bestellt, bei dem ihre erste Single produziert werden sollte. Mark Lewisohns Untersuchung der internen Unterlagen bei EMI zufolge kam es zu diesem Mißverständnis, weil George Martin dem Manager Epstein ein paar Wochen vorher einen EMI-Aufnahmevertrag geschickt hatte, den Epstein unterschrieben und am 5. Juni an EMI zurückgeschickt hatte. Doch verpflichtete dieser Vertrag EMI zu nichts, weil ihn George Martin nicht unterschrieben hatte. Nichts konnte ihn dazu zwingen, es sei denn, das, was er bei der Session am 6. Juni zu hören bekam, würde ihm zusagen.

Tatsächlich reagierte Martin auf das Vorspielen der Beatles wieder nur mit gebremster Begeisterung. Wie viele Songs die

Band bei den zwischen 18 und 20 Uhr anberaumten Proben spielte, ist nicht bekannt, aber Martin schrieb später: »Ehrlich gesagt, war ich von dem Material nicht besonders beeindruckt, und am wenigsten von ihren eigenen Songs. Ich hatte das Gefühl, ich müßte geeignetes Material für sie finden, und war mir ziemlich sicher, daß ihre Eigenkompositionen keine kommerzielle Zukunft hatten.«

Insgesamt nahmen die Beatles an diesem Abend vier Songs auf: »Love Me Do«, »P.S. I Love You« und »Ask Me Why« – lauter Lennon–McCartney-Kompositionen, die später für das Album **Please Please Me** noch einmal aufgenommen wurden – sowie »Besame Mucho«, eine alte lateinamerikanische Schnulze, die McCartney Jahre später während der Arbeit an **Let It Be** noch mal aus der Versenkung holte. Von diesen vier Stücken hat sich auf Band nur »Besame Mucho« erhalten, ein amüsanter akustischer Schnappschuß aus den Anfangszeiten der Band. Die Beatles spielen routiniert und inspiriert, McCartney tut sein Bestes, um den Song mit seiner Leadstimme rüberzubringen, doch erweist sich die Kluft zwischen Band und Material als zu groß. Sosehr sich die Beatles auch abmühen, sie hören sich einfach nur dämlich an, besonders Paul, der, offenbar um dem lässigen lateinamerikanischen Beat etwas Drive zu geben, die Strophen mit dem grotesken Ausruf »Cha-cha-*boom*!« aufpeppt. Wenn das typisch war für die damalige Tagesform, dann begreift man, daß Martin gemischte Gefühle hegte.

Jedenfalls hinsichtlich ihrer Musik. Als Menschen fand Martin die Beatles – insbesondere Harrison, Lennon und McCartney – wunderbar. (Pete Best brachte während der gesamten Session kein einziges Wort heraus.) Offenbar war es nicht ihr musikalisches Talent, mit dem sie schließlich das Vorspielen doch noch bestanden, sondern ihr persönliches Charisma. »Es war Liebe auf den ersten Blick«, erinnert sich Martin. »Das klingt vielleicht übertrieben, aber wir verstanden uns auf Anhieb … Am eindrucksvollsten war für mich ihre ungewöhnliche Persönlichkeit. Es war einfach toll mit ihnen.« Liverpool war in ganz England für seine Komiker berühmt, und offenbar entsprachen die Beatles diesem Image vollkommen und übertrafen es sogar noch. Nach der Aufnahme hielt ihnen Martin einen Vortrag über technische Verbesserungen, die unbedingt fällig waren, wenn sie mit Platten Erfolg haben wollten. Der Techniker Norman Smith erinnert sich, wie Martin zum Schluß kam:»›Also, ich habe jetzt eine ganze Zeit lang auf euch eingeredet, ihr habt nichts gesagt. Gefällt euch etwas nicht?‹ Ich weiß noch, wie sie sich alle lange anschauten, mit den Füßen scharrten, bis George einen langen Blick auf George Martin heftete und sagte: ›Ja, Ihr Schlips!‹ Damit war das Eis zwischen uns gebrochen, und in den nächsten fünfzehn, zwanzig Minuten haben wir uns bestens unterhalten. Als sie schließlich nach Hause verschwanden, saßen George und ich noch zusammen und sagten: ›Uff! Was hältst du denn von der Bande?‹ Mir liefen die Tränen runter.« An anderer Stelle sagt Smith noch:»Seien wir ehrlich: Sie haben diesen Vertrag nicht wegen ihrer Musik bekommen, sondern weil sie so begeistert und engagiert waren. Bei dieser einen Unterhaltung wurde uns klar, daß sie etwas Besonderes waren.«

Da Martin nichts zu verlieren hatte, beschloß er, den Beatles einen (sehr knauserigen) Plattenvertrag zu geben. Die erste LP, die sie zusammen aufnahmen, **Please Please Me,** war, wie bereits erwähnt, die Studioversion der unglaublich erfolgreichen Auftritte, die die Beatles damals im Liverpooler Cavern Club absolvierten. Die Auftritte im Cavern wiederum waren das Ergebnis der entscheidenden Lehrzeit, die die Beatles in Hamburg verbracht hatten. Vom 17. August 1960 an reisten die Beatles im Zeitraum von 28 Monaten fünfmal in die deutsche Hafenstadt, wo sie es auf achthundert zermürbende Bühnenstunden brachten. Wenn **Please Please Me** den Cavern Club auf Platte festhielt, dann war der Cavern eine Fortsetzung der Hamburger Erfahrungen, nur verbessert und noch kraftvoller.

»In Hamburg schafften wir den Durchbruch«, sagte John Lennon zu Hunter Davies für dessen autorisierte Beatles-Biographie. »Dort haben wir echte Fortschritte gemacht. Um die Deutschen bei Laune zu halten und um zwölf Stunden durchzustehen, mußten wir richtig losdreschen. Wenn wir zu Hause geblieben wären, hätten wir uns nie so weit entwickelt.« John übertrieb ein wenig mit der Behauptung, die Beatles hätten zwölf Stunden am Stück gespielt, aber auch die Achtstundenschicht, in der sie auftraten, machte sie fertig. Das Publikum (und die Veranstalter) waren hart und anspruchsvoll. Sie verlangten von den Beatles »Mach Schau!« – je lauter und wilder, desto besser.

Hamburg bildete den lebendigen Schmelztiegel, der die Beatles aus talentierten Möchtegerns in Künstler verwandelte. Vor allem aber entdeckten die Beatles in Hamburg ihren eigenen Sound, eine rauhe, aber melodiöse Mischung aus treibenden Gitarren, fetzendem Schlagzeug und kreischenden Stimmen, die gelegentlich mit einer genau kalkulierten romantischen Ballade ausgeglichen wurde. In Hamburg war es auch, wo die Beatles mit dem Showbusiness vertraut wurden und lernten, wie man mit dem Publikum umgeht, eine Kunst, die ihnen in den folgenden Jahren noch nützlich sein sollte. In Hamburg, sagte McCartney einmal, waren die Beatles wie Ausrufer auf einem Volksfest, die Passanten zu überreden suchen, in ihre Schaubude zu kommen. »An der Tür des Clubs standen ein paar Leute, aber an den Tischen saß kein Mensch ... Wir taten so, als hätten wir sie nicht gesehen, und rockten los. Allmählich kamen drei herein ... Schließlich schafften wir es, daß der Club ausverkauft war, und ich glaube, da wußten wir, daß wir noch ganz groß rauskommen würden ... Dann wechselten wir in einen anderen Club, und da passierte genau das gleiche. Dann kehrten wir nach England zurück, spielten im Cavern, und es passierte wieder ... In jedem Lokal, in dem wir anfingen, war erst mal nichts, aber wenn wir in dem Club aufhörten, hatte sich jedesmal diese unglaubliche Begeisterung entwickelt.«

Der erste Besuch in Hamburg fand 1960 statt, das man als Jahr eins der Beatles bezeichnen könnte. In seiner Beatles-Biographie hebt Davies es 1960 zu Recht als »Das Jahr der Entscheidung« heraus. »Von da ab nannten sie sich ›Beatles‹, gingen nach Schottland auf ihre erste Profitournee und machten auch die erste und wichtigste Reise nach Hamburg.« Das waren die Meilensteine, doch die Reise gestaltete sich alles andere als einfach.

John, Paul und George hatten in Begleitung einer wechselnden Gruppe unbedeutender Figuren mehr oder weniger seit 1958 zusammengespielt, doch hatten die Quarry Men, wie sie hießen, so wenig Glück mit bezahlten Auftritten, daß sie Lewisohn zufolge

»1959 für mehrere Monate praktisch aufgelöst waren«. Im Januar 1960 schloß sich Stu Sutcliffe, ein begabter, grüblerischer Maler, der seit der Kunstschule eng mit Lennon befreundet war, der Band an. Obwohl er in seinem ganzen Leben noch nie ein Instrument gespielt hatte, versuchte er auf Johns Drängen Baßgitarre zu lernen. Bedauerlicherweise lernte er es nie, und damit man es nicht gleich merkte, stand er immer mit dem Rücken zum Publikum. Ein weiterer heikler Punkt für die Band war der fehlende Drummer, was sich aber damit überspielen ließ, daß die Beatles erklärten: »Bei uns kommt der Rhythmus von den Gitarren.« Als sie im Mai 1960 das Angebot bekamen, als Begleitband für einen nicht weiter bemerkenswerten Sänger namens Johnny Gentle eine Tournee durch Schottland zu unternehmen, verpflichteten sie ihren Bekannten Tommy Moore. Nach neun Tagen in Schottland hatte Moore bereits genug. Die Tournee hätte sich beinah zu einer Katastrophe ausgewachsen: Manchmal fehlte sogar das Geld für Essen, mindestens einmal machten sie sich aus einem Hotel davon, ohne dafür zu bezahlen, und ihre Nerven wurden auf eine harte Probe gestellt. Zu Hause in Liverpool setzte sich die Kette der Demütigungen fort, als die Band den Juli über eine Stripperin musikalisch begleiten durfte.

Obwohl Stu Sutcliffe kein Musiker war, lieferte er einen entscheidenden Beitrag zur Entwicklung der Beatles; er war an der Namensfindung beteiligt. Anfang 1960 hieß die Band noch The Quarry Men, doch in einem Brief, den Sutcliffe im Januar schrieb und um Aufnahme in die Band bat, nennt er sie bereits die »Beatals«. Im Verlauf der folgenden sieben Monate wurden daraus zuerst die Silver Beats, dann die Silver Beetles, dann die Silver Beatles und schließlich einfach die Beatles. Genaugenommen teilte sich Sutcliffe die Namensfindung mit John Lennon. In Erinnerung entweder an die Crickets, die Begleitgruppe des Rock 'n' Rollers Buddy Holly, oder an die Motorradgang mit Namen Beetles in dem Film »The Wild One« (1957), in dem Marlon Brando die Hauptrolle spielte, war Sutcliffe auf die Beetles verfallen. Mit seiner Begabung für Wortspiele schlug Lennon dann vor, das zweite e durch ein a zu ersetzen. Damit waren nicht nur die antibürgerlichen Beatniks der fünfziger Jahre beschworen, sondern auch der Beat gemeint, vermutlich das entscheidende Kennzeichen, was den Rock'n'Roll von der üblichen Popmusik unterscheidet.

Obwohl sie im Juni 1960 einmal als »The Beatles« auftraten, nahm die Band den Namen endgültig erst an, als sie im August nach Hamburg abreisten. Inzwischen hatten sie in Pete Best auch einen Drummer gefunden, der ihnen die nächsten zwei Jahre, bis zum Vorspieltermin bei George Martin in der Abbey Road, erhalten blieb. Best wurde buchstäblich erst wenige Tage vor der Abreise nach Hamburg verpflichtet; Allan Williams, der in Liverpool den Vertrag ausgehandelt hatte, wollte die Gruppe erst ziehen lassen, wenn sie einen Drummer vorweisen konnte. Best war damals achtzehn, besaß ein eigenes Schlagzeug und hoffte auf eine Karriere als Berufsmusiker. Er war der Sohn von Mona Best, der der Casbah Club in Liverpool gehörte, ein Keller, in dem sich die Teenager trafen und in dem die Quarry Men im Oktober 1959 aufgetreten waren. Als die Beatles am 6. August 1960 dort zufällig vorbeischauten, erfuhren sie, daß Petes bisherige Band im Begriff war, sich aufzulösen. Nach einer raschen Probe machten sie ihm ein Angebot und fuhren anschließend zusammen nach Hamburg.

Die Beatles spielten in Hamburg in vier verschiedenen Lokalen – im Indra, im Kaiserkeller, im Top Ten und im Star Club. Alle befanden sich in dem wenig angesehenen Stadtteil St. Pauli an der Reeperbahn. Zu den regelmäßigen Gästen der Clubs gehörten Prostituierte, Matrosen, Rock'n'Roller und Zuhälter. Viele von ihnen wollten nicht bloß Musik hören und trinken, sondern suchten bei jeder Gelegenheit Streit. Jeder Club versuchte sich deshalb mit Rausschmeißern zu schützen, die mit Klappmessern bewaffnet waren. Schon zu Hause in den Clubs von Liverpool hatten die Beatles vor allem dank der berüchtigten Teddy Boys einiges an Gewalt mitbekommen; sie selber kleideten sich inzwischen wie Teds in schwarze Lederjacken und Stiefel. Die Erfahrung in Hamburg lehrte sie, auf Abstand zu den britischen Marinesoldaten auf Landgang zu achten. »Wir wußten, daß die meisten von ihnen nach Feierabend irgendwo halbtot herumlagen«, erzählte Harrison später. »Wenn sich nicht die Kellner oder die Gäste mit ihnen prügelten, machten die Zuhälter, die draußen auf der Straße herumstrichen, mit Sicherheit kurzen Prozeß mit ihnen … Die haben sie nicht bloß verprügelt, sondern richtig zusammengeschlagen oder sogar niedergestochen.« In Erinnerung an solche Szenen bemerkte Lennon: »Ich hab noch nie solche Killer gesehen.«

»Mach Schau!«: In diesem Klima lernten es die Beatles rasch; sie spielten, als ginge es um ihre Leben. Ihre Bühnentaufe fand im Indra statt, einem ehemaligen Striplokal, in dem sie achtundvierzigmal auftraten, ehe die Beschwerden über Lärmbelästigung den Besitzer veranlaßten, sie in den Kaiserkeller abzuschieben. Hier traten sie zusammen mit Rory Storm and the Hurricanes auf, einer weiteren Rock 'n' Roll-Band aus Liverpool, und lernten deren Drummer Ringo Starr kennen. Im Eifer, endlich Anerkennung zu finden, warfen sich die Beatles buchstäblich in ihren Auftritt. Vor allem John, aber auch Paul hüpften wie Verrückte auf der Bühne herum. Schuld an dieser wilden Toberei waren nicht nur das Freibier, das der Band in Mengen spendiert wurde, sondern auch die Aufputschmittel, die die Beatles von der alten Frau schnorrten, die die Damentoilette sauberhielt. John überschüttete das Publikum ständig mit Beleidigungen, raunzte die Gäste als »Scheiß Nazis« an und wollte wissen, wo sie ihre Panzer hätten. Die Zuhörer schrien ungerührt nach Zugaben.

Vor und nach den Auftritten verlief das Leben der Beatles nicht weniger rauh. Ihre Unterkunft war so dreckig und düster, daß sie sie das »schwarze Loch von Kalkutta« tauften. Die feuchtkalten, kaum gelüfteten Zimmer lagen direkt hinter der Leinwand eines alten Kinos, dem »Bambi«. Ein Badezimmer gab es nicht; die Beatles mußten sich auf der Herrentoilette waschen. Viel zum Schlafen kamen sie nicht; die kreischende Tonspur der Mittagsvorstellung im »Bambi« riß sie wenige Stunden, nachdem sie eingeschlafen waren, wieder aus den Federn. Fast jeden Abend standen sie bis zwei Uhr früh auf der Bühne, gingen aber noch lange nicht nach Hause und kamen auch dann noch nicht zum Schlafen. Pete Best erzählt, daß im »Bambi« stets weibliche Fans auf sie warteten. Bei den Beatles war es üblich, sich pro Nacht sechs bis acht Mädchen zu teilen. Best zufolge wurden manchmal mittendrin auf das Kommando »Gazunka!« die Partner getauscht. Lennon legte später, sicher mit gutem Grund, Wert auf die Feststellung, daß die

Legenden über die gewaltigen Erfolge der Beatles in Hamburg im
Lauf der Jahre »grotesk übertrieben wurden«. Doch ist auch von
ihm ein Zitat aus dem Jahr 1971 überliefert, demzufolge »Hamburg phantastisch war. Zwischen all den Huren und Groupies fiel
uns fast der Schwanz ab«. So oder so, es war die Musik der Beatles, nicht ihr Sexleben, was in Hamburg die schönsten Blüten
trieb. Sie kamen als unfertige und nicht sonderlich routinierte
Musiker in die Stadt; einige Liverpooler Musiker, die bereits in
Hamburg aufgetreten waren, hatten sogar versucht, ihr Engagement zu hintertreiben, weil sie fürchteten, sie würden in Verruf geraten, wenn eine so miserable Band wie die Beatles verpflichtet
würde. Doch es genügten dreieinhalb Monate, in denen sie praktisch jeden Abend spielten, um das zu ändern. Als die Beatles im
Dezember nach Liverpool zurückkehrten – ohne Stu Sutcliffe, der
bei seiner deutschen Verlobten Astrid Kirchherr blieb, einer Fotografin, die an der Erfindung der Pilzkopffrisur nicht ganz unbetei-
ligt war –, hatten sie sich so verbessert, daß die Freunde zu Hause
die Band kaum wiedererkannten. Wie sehr sie sich verändert hatten, wurde ihnen selber erst am Abend des 27. Dezember 1960
klar, als ihr Auftritt im Litherland Town Hall Ballroom beinahe
einen Aufstand auslöste; Hunderte von Fans stürmten die Bühne,
eine Massenhysterie brach aus, die den Wahnsinn der kommenden
Jahre bereits ahnen ließ. »An genau diesem Abend«, sagte Lennon
später, »kam uns zum ersten Mal der Gedanke, daß wir gut sein
könnten. Bis Hamburg meinten wir, wir seien ganz okay, aber
nicht gut genug.«

Die Bedeutung dieses Auftritts im Town Hall Ballroom ist
kaum zu überschätzen. Für Hunter Davies bildet er die »Wasser-
scheide« in der Geschichte der Band; Lewisohn schreibt: »Wenn
es einen Auftritt der Band gibt, der sich als der alles entscheidende
Wendepunkt beschreiben läßt, dann war es dieser … « Denn die
Explosion in der Stadthalle führte sofort zu einem dichtgedräng-
ten Programm mit Terminen in Clubs in Liverpool und Umgebung; die Beatles hatten während der ersten drei Monate des Jahres 1961 nicht nur schwer zu schuften, sie erarbeiteten sich auf
diese Weise auch eine phantastische Anhängerschaft in ihrer
Heimatstadt, mit deren Hilfe sie schließlich auf die Bühnen Groß-

britanniens und der ganzen Welt gelangten. Einer der Jobs, den sie dem Auftritt in der Stadthalle verdankten, war ihr Debüt am 9. Februar im zu Recht so genannten Cavern Club, einem feuchten Keller-Tanzlokal, in dem sie genau neun Monate später ihren künftigen Manager Brian Epstein kennenlernen sollten. Von Februar 1961 bis August 1963 war, wie Lewisohn feststellt, »der Cavern für die Beatles wie eine zweite Heimat, und zumindest in Liverpool waren die beiden Namen synonym«. Häufig mußten die Beatles mittags und dann auch noch am späten Abend spielen. Draußen auf der Straße bildeten die Fans regelmäßig lange Schlangen, während drin im Keller immer wieder Zuschauer wegen der Kombination aus bedingungsloser Heldenverehrung und fehlender Lüftung in Ohnmacht fielen. Die Band spielte in Liverpool und Umgebung in Dutzenden weiterer Lokale, dem Cavern bewahrten sie jedoch eine sentimentale Anhänglichkeit. »Den Cavern mochten wir am meisten«, erinnert sich George Harrison. »Wir spielten für unsere Fans, die genau wie wir waren. Sie kamen in der Mittagspause, um uns zu hören. Statt zum Essen zu gehen, kamen sie mit einem Sandwich zu uns. Wir machten es genauso, wir aßen unser Sandwich während des Auftritts.«

Die Begeisterung für die Band wuchs ebenso wie die Zahl der Fans über den Jahreswechsel 1961/62 sprunghaft an, aber im Grunde blieben die Beatles eine lokale Größe. Im Juni 1961 hatten sie in Hamburg zum ersten Mal ein richtiges Plattenstudio betreten und Tony Sheridan begleitet, einen Sänger, der wie Elvis Presley klang und ebenfalls aus Liverpool stammte. »My Bonnie«, die Platte, die sie zusammen aufnahmen, war zwar alles andere als sensationell, aber sie brachte ihnen später das Interesse Brian Epsteins ein.

Dennoch blieb es bis zum 9. Mai 1961 ein unerreichbares Ziel, aus dem Liverpooler Ghetto auszubrechen und die großen Londoner Plattenfirmen auf sich aufmerksam zu machen. An diesem Tag wachten die Beatles in Hamburg auf (wo sie sich zum dritten Mal aufhielten) und fanden ein Telegramm von Brian Epstein vor: »Gratuliere Jungs. EMI will Aufnahme. Probt neue Songs.« Die Band kehrte am 31. Mai nach England zurück und stellte sich eine Woche später in den Londoner Abbey Road Studios in einem, wie sich erweisen sollte, historischen Treffen George Martin vor.

Nach den Aufnahmen am 6. Juni sagte Martin zu Epstein, daß sich die Band, wenn sie weiter mit ihm zusammenarbeiten wolle, einen neuen Drummer suchen müsse. Bei ihren Auftritten könnten sie es nach Lust und Laune halten, aber für Plattenaufnahmen bräuchten die Beatles einen Studiomusiker. Martin schrieb später, daß seine Forderung unfreiwillig »der Tropfen wurde, der das Faß zum Überlaufen brachte«, weil Paul, John und George »Pete Best loswerden und dafür Ringo Starr holen« wollten. Die drei Beatles der ersten Stunde hatten gute Gründe, mit Best unzufrieden zu sein. Pete Shotton schrieb später, daß John, Paul und George Best nie als »echten« Beatle betrachten hatten. Sie nahmen ihn in die Band, weil sie für ihr Engagement in Hamburg im August 1960 einen Schlagzeuger brauchten. Der chronische Mangel an Schlagzeugern in Liverpool erlaubte ihnen nicht, besonders heikel zu sein. Ohne Zweifel war Best beim Publikum in Liverpool beliebt; er galt allgemein als der bestaussehende Beatle und hatte eine besonders große weibliche Fangemeinde. Tatsächlich hieß es auch, er sei aus genau diesem Grund gefeuert worden: Paul und John seien auf sein Charisma neidisch gewesen. McCartney erklärte das später für Blödsinn; sowohl als Musiker wie als Persönlichkeit paßte Starr besser zu den Ur-Beatles als Best. »Ich war nicht eifersüchtig auf Best, weil er gut aussah«, sagte McCartney zu Davies. »Das ist doch Quatsch. Er konnte einfach nicht spielen. Ringo war unvergleichlich besser. Deshalb wollten wir Best loswerden.« Best hatte auch nicht viel Freude an der Männerbündelei der Band, was McCartney bestätigte: »Wir waren das durchgeknallte Trio, und Pete war dafür vielleicht einfach zu … vernünftig.« Während Ringo mit den Beatles von jenem ersten Tag an klarkam, als sie einander im Kaiserkeller begegnet waren. Best war schockiert und verbittert über die Entscheidung, ihn aus der Band zu werfen. Der Vorwurf, daß er als Drummer nicht gut genug sei, verletzte ihn, aber was ihn wirklich gekränkt habe, sagte er Jahre später, war die Tatsache, »daß ich wußte, daß sie groß herauskommen würden. Ich wußte es. Wir wußten es alle … Ich wußte, daß mir der ganze Spaß flötengehen sollte.«

George Martin spekulierte später darüber, wie anders die Geschichte verlaufen wäre, wenn er die Beatles ebenso abgelehnt hätte wie so viele andere seiner Kollegen in der Musikindustrie. »Ich war ihre letzte Chance«, schrieb Martin später. »Damals war ich eine Art Joker bei den Leuten im Musikgeschäft, und was passiert wäre, wenn auch ich sie abgelehnt hätte, ist schwer zu sagen. Womöglich wären sie einfach auseinander gegangen, und man hätte nie wieder was von ihnen gehört.«

Doch sprachen alle Indizien dafür, daß die Beatles früher oder später den Durchbruch schaffen würden. Und Martin war nicht einmal ihre letzte Chance für einen Plattenvertrag; als nächstes wollten sie bei Philips vorsprechen. Außerdem feierten sie bei ihren Auftritten ungeheure Erfolge. Ihr Traum war, noch »größer herauszukommen als Elvis«, und als ihr Publikum immer noch zahlreicher, lauter und fanatischer wurde, wirkte dieser Traum immer weniger irreal. Warum sollten sie gerade jetzt aufgeben? John formulierte es später so: »Noch bevor irgend jemand in Hamburg und Liverpool von uns gehört hatte, hielten wir uns schon für die besten. Und weil wir fest daran glaubten, wurden wir, was wir wurden.«

5. Kapitel
»Wo die Musik hin mußte«
(With The Beatles)

John Lennon war in vielerlei Hinsicht in seinem Leben zwiegespalten, nicht zuletzt in Hinblick auf sich selber. »Einerseits denke ich, ich bin ein Verlierer, andererseits bilde ich mir oft ein, ich sei Gott der Allmächtige«, sagte er 1980 lachend in einem Interview mit dem *Playboy*, nur wenige Wochen vor seiner Ermordung. So ist es auch nicht weiter überraschend, daß er im selben Gespräch zwei widersprüchliche Aussagen über die ersten Songs der Beatles macht. Einmal behauptet er, die Beatles seien während ihrer Zeit in Hamburg und Liverpool die beste Band der Welt gewesen, dann wieder äußert er sich abfällig über einige der ersten Stücke, die Paul McCartney und er zusammen geschrieben haben, und nennt sie »Dreck«. Songs wie »Little Child« und »Tell Me Why«, die auf dem zweiten beziehungsweise dritten Album der Beatles veröffentlicht wurden, hätten sie nur »herausgehauen«, um den ungeheuren Hunger des Publikums nach immer noch mehr Beatles-Platten zu stillen. John schien vor allem über die Texte in diesen und anderen Songs verärgert. Über seine Zusammenarbeit mit McCartney sagte er: »Wir schrieben Songs im Stil der Everly Brothers, im Stil Buddy Hollys – einfache Popsongs, nicht um uns sonderlich Gedanken zu machen, sondern um einen Sound zu schaffen. Der Text war beinah bedeutungslos.«

Aber was für ein Sound! Natürlich haben Lennon und McCartney genügend von dem geschrieben, was Paul, der immer der zurückhaltendste Beatle war, diplomatisch als »Arbeitssongs« umschreibt. Angesprochen auf »Hold Me Tight«, einen weiteren Song auf dem zweiten Beatles-Album **With The Beatles**, sagt McCartney: »Ich würde sie nicht unbedingt kopflastig nennen, es waren ›funktionale Songs‹. Man wußte einfach, das ist ein Song, der funktioniert … « Doch während derselben Monate des Jahres 1963, als John und Paul »Hold Me Tight« und andere eher zu vernachlässigende Songs wie am Fließband produzierten, schrieben sie auch Kostbarkeiten wie »All My Loving« und »This Boy«, das charmante »From Me To You« oder das musikalisch komplizierte »It Won't Be Long«. Dazu kamen natürlich die herausragendsten Schöpfungen dieser Periode, nämlich »She Loves You« und »I Want To Hold Your Hand«, zwei Songs, die nicht nur ungeheuer erfolgreich waren, sondern die auch als Meilensteine in die Geschichte des Rock 'n' Roll eingegangen sind.

Seit ihrer Schulzeit hatten sich die Beatles begeistert dem Rock 'n' Roll gewidmet. Liverpool war für England der wichtigste Hafen an der Atlantikküste, und so brachten Matrosen ständig Platten aus Amerika mit und sorgten dafür, daß das Musikleben in der Stadt außerordentlich farbig war. McCartney meinte einmal: »Man hatte von Big Bill Broonzy, Gene Vincent, Bill Haley, Ray Charles, Little Richard, Chuck Berry oder Elvis schon längst gehört, als noch nicht einmal alle Amerikaner mit den Namen etwas anzufangen wußten. Der bedeutendste Einfluß war zweifellos die Musik der Schwarzen. Wenn die Beatles je irgend etwas wollten, dann nach Rhythm and Blues klingen.« Und an anderer Stelle: »Das haben wir ständig gehört, das mochten wir, und das wollten wir selber sein ... Wenn man uns fragte, wer unsere Lieblingsmusiker seien, sagten wir: ›Black, R&B, Motown‹.« Die Beatles fingen damit an, Cover-Versionen von diesen und anderen Wegbereitern zu spielen. Als sie sich weiterentwickelten und ihre eigenen Songs zu schreiben begannen, brachten sie auch ihre eigene Sensibilität ein und produzierten damit einen Sound, der in der Vergangenheit verwurzelt wie auch vollkommen zeitgenössisch, von Vorläufern beeinflußt und doch ganz und gar eigenständig war.

Bob Dylan, der bedeutendste musikalische Zeitgenosse der Beatles, erkannte sofort, daß sie etwas Besonderes waren. 1964 hatte sich Dylan in den Vereinigten Staaten einen gewissen Ruhm mit so tiefgründigen Folksongs wie »Blowin' In The Wind«, »Masters Of War« und »The Times They Are A-Changing'« erworben. Er fuhr, wie er sich später erinnerte, gerade durch Colorado, als der Blitz einschlug: »Wir hatten das Radio laufen, und acht der Songs in den Top Ten waren Beatles-Songs. In Colorado! ›I Want

To Hold Your Hand‹ und diese ganzen frühen Stücke. Sie machten Sachen, die niemand sonst machte. Ihre Akkorde waren absolut irrsinnig, und ihre Harmonien machten das Ganze besonders.« Dylan sagt, er habe seine Bewunderung für die Beatles für sich behalten, aber »für mich waren die Beatles die Sache überhaupt. In Colorado, begann ich zu überlegen, in Colorado ... Aber das war so verrückt, daß ich nicht damit klarkam. Acht Songs in den Top Ten. Für mich war damit ein klarer Trennungsstrich gezogen.«

Wenn die Beatles Dylan dahingehend beeinflußten, daß er sich mehr in Richtung Rock 'n' Roll orientierte, so zeigte seine Musik insofern Wirkung, als die Songs der Beatles poetischer wurden. Doch kam diese Entwicklung erst später. Anfang 1963, als Lennon und McCartney Songs schrieben, die der ersten Nummer-Eins-Single und -LP folgen sollten, waren ihre Texte noch immer von schlichter Einfalt, klischeehafter Ausdruck von Teenagerherzschmerz oder pubertärem Macho-Getue. Laut McCartney war das schlicht eine Frage der Verkäuflichkeit; die Texte der Beatles wollten bewußt den wichtigsten Markt der Band ansprechen: die Mädchen in der Pubertät. Später sagte er dazu: »Wir wußten, wenn wir einen Song mit dem Titel ›Thank You Girl‹ schrieben, daß viele der Mädchen, die uns Fanbriefe schrieben, das als echtes Dankeschön auffassen würden. Deshalb richteten sich viele unserer Songs wie zum Beispiel ›From Me To You‹ unmittelbar an unsere Fans ... ›From Me To You‹, ›Please Please Me‹, ›She Loves You‹. Lauter Personalpronomen. Das war ganz bewußt.«

»From Me To You«, die erste Single nach »Please Please Me«, kam am 11. April heraus und wurde rasch der zweite Nummer-Eins-Hit der Beatles. Mit seiner Harmonika-Einleitung und dem stolpernden Beat klang »From Me To You« nicht großartig anders als »Please Please Me«, aber für McCartney war der Song ihr Durchbruch. Statt der üblichen Rock 'n' Roll-Variationen in C-Dur – ein Sprung von drei Tonschritten nach F oder von vier nach G oder ein Wechsel nach a-Moll, der Moll-Parallele von C-Dur – wechselte der Mittelteil von C-Dur nach g-Moll. Die Wirkung auf die beiden noch ziemlich unerfahrenen Songschreiber war ähnlich wie bei einem Anfänger auf dem Tennisplatz, dem endlich eine

Rückhand gelingt. »Dieser Mittelteil war etwas ganz Neues für uns«, sagte McCartney und fügte hinzu: »Der Sprung von C-Dur nach g-Moll eröffnet einem eine ganz neue Welt. Es war absolut aufregend.«

Die nächste Single der Beatles, »She Loves You«, schlug noch mehr ein, wurde fünf Tage vor der Aufnahme am 1. Juli auf einem Doppelbett in einem Hotel in Newcastle geschrieben und enthält den ansteckend anspruchslosen Refrain »yeah, yeah, yeah«, der das Erkennungszeichen der frühen Beatles werden sollte. Obwohl »She Loves You« die erfolgreichste Single in der britischen Geschichte wurde, war Norman Smith, der Studiotechniker in der Abbey Road, zunächst alles andere als begeistert. »Ich richtete das Mikrofon ein, als mein Blick auf den Text im Notenhalter fiel«, erinnert er sich. »›She Loves You Yeah Yeah Yeah, She Loves You Yeah Yeah Yeah, She Loves You Yeah Yeah Yeah Yeah‹. Ich dachte: O Gott! Also, den Song werd ich bestimmt nicht mögen. Aber als sie ihn dann sangen – *bang, wow,* irre, ich fing hinter dem Mischpult an zu hüpfen.«

Smith war kein weiblicher Teenager und hatte deshalb kein Verhältnis zum Text von »She Loves You«, und trotzdem konnte ihn der Song bezaubern, weil er auf so vielen Ebenen gleichzeitig funktionierte. Auch Lennon hat das später betont: »Das war der Catcher, die Zeile, der Sound, den wir gesucht hatten.« Der Catcher in »She Loves You«, die Antwort »yeah yeah yeah« auf die Titelzeile, konnte als Text wie als Melodie gar nicht schlichter sein, doch wird sie von Lennon und McCartney mit solcher Dringlichkeit gesungen, daß der Gedanke an Kitsch gar nicht erst aufkommt. Der durchschlagende Sound wiederum entwickelt sich aus der Grundmelodie, die clever an den Anfang des Songs gestellt wurde. Deshalb donnert der Auftakt mit seiner explodierenden Energie in den Stimmen und dem hämmernden Schlagzeugbeat wie eine Herde durchgehender Pferde vorüber. Das Thema beruhigt sich dann etwas, die erste Strophe entfaltet sich: erzählt wird die Geschichte vom Streit eines jungen Liebespaars, der sich aber wohl wieder beilegen läßt. Aber als der Refrain nach der zweiten Strophe wiederholt wird, donnern wieder die Pferde vorüber (und noch mal nach der dritten). Dieses Mal jedoch ist der

Zuhörer darauf gefaßt und will selber mitreiten, statt sich überrennen zu lassen. Die Stimmung hat etwas fiebrig Enthusiastisches: Sie liebt dich, sei kein Idiot – entschuldige dich und sei wieder glücklich.

Selbst zu diesem frühen Zeitpunkt haben Lennon und McCartney ihre Songs gelegentlich allein geschrieben, aber bei diesem Song waren sie sich auch in späteren Jahren noch einig, daß »She Loves You« in echter Teamarbeit entstanden ist. Als Lennon 1971 in einem Gespräch gefragt wurde: »Welche Stücke haben Sie noch im Kopf als Lennon-McCartney-Songs?«, nannte er »She Loves You« sowie die beiden Songs, die diesem unmittelbar vorausgingen beziehungsweise nachfolgten: »From Me To You« und »I Want To Hold Your Hand«. Die Entstehung von »I Want To Hold Your Hand« blieb ihm besonders lebhaft in Erinnerung: »Ich weiß noch, wie wir auf den Akkord verfielen, der den Song zieht. Wir hockten im Haus von Jane Asher und spielten unten miteinander auf dem Klavier. Und wir hatten schon: ›Oh you-u-u … got that something … ‹ Und Paul greift diesen einen Akkord, und ich dreh mich um und sage: ›Das isses!‹ Ich sagte: ›Mach noch mal!‹ Damals haben wir wirklich noch so gearbeitet, wir haben uns die Bälle gegenseitig richtig in die Hand gespielt.«

Wie »She Loves You« ist auch »I Want To Hold Your Hand« ein Musterbeispiel für Lennons und McCartneys Talent, Melodien zu erfinden, die sofort ins Ohr gehen, für ihre gemeinschaftliche Begabung, diese Melodien in aufregende Popmusik zu verwandeln. Wieder war es nicht der Text, sondern der Sound insgesamt, der »I Want To Hold Your Hand« erfolgreich machte. Am besten läßt sich das durch die Aufnahmen illustrieren, die die Beatles von diesen Songs in deutscher Sprache machten. Odeon, die westdeutsche Filiale von EMI, hatte erklärt, daß sich englischsprachige Platten in Deutschland nicht verkaufen ließen. Nach einigem Sträuben erklärten sich die Beatles deshalb bereit, diese beiden Stücke auf deutsch aufzunehmen. Auch wenn »I Want To Hold Your Hand« durch den Übertragungsprozeß einiges von seiner Direktheit verloren hat, funktionieren die Songs auch in der fremden Sprache. Dreißig Jahre später hört es sich ein wenig seltsam an, wenn aus dem Mund Lennons und McCartneys deutsche Silben und Wörter kommen, aber im großen und ganzen ist die Wirkung von »Komm, gib mir deine Hand« und »Sie liebt dich« die gleiche wie im englischen Original.

Die Entdeckung des dritten Akkords auf Jane Ashers Klavier war vielleicht für den Mitkomponisten John Lennon entscheidend, aber was den Zuhörer am meisten packt, ist der begeisterte Sprung von einer ganzen Oktave in der Melodie mit dem Text »I want to hold your *hand*«. Ein Song, der wie ein gemächlicher Spaziergang die Straße hinunter beginnt, wird urplötzlich in die Stratosphäre hinauskatapultiert. Die Melodie gewinnt an Tiefe und Weite durch die unterstützenden Elemente: das unruhige Schlagzeug, das Klatschen, das den Beat verstärkt, die vorsichtigen Gitarrenriffs, den Wechsel in der Tonart und den gedämpften Ton im Mittelteil. Doch selbst diese Reize verblassen im Vergleich mit den unglaublichen Stimmen. Der Oktavsprung war eine geniale Idee der Komponisten, aber daß der Song soviel Kraft hat, liegt an den heiseren Stimmen von Lennon und ganz besonders McCartney. Wenn Paul diesen Ton trifft, platzt seine Stimme beinah vor ekstatischer, lustvoller Energie, und der Titel des Songs wird sofort als höfliche Umschreibung enttarnt. Wer mit diesem rohen, hemmungslosen Überschwang singt, hat etwas ganz anderes vor, als die Hand eines Mädchens zu halten.

Mehr als irgend etwas anderes war es der Gesang der Beatles, der ihren frühen Sound so auffällig und interessant machte. George trug mehr dazu bei, als gemeinhin angenommen, und auch Ringo Starr bekam auf jedem Album sein Solo, doch waren es in erster Linie Lennon und McCartney, die für die unbändige Kraft sorgten. Beide waren ungewöhnlich wandlungsfähige Sänger, die nicht bloß den Rock 'n' Roll herausbrüllen, sondern gleichzeitig auch gefühlvolle Balladen singen konnten. »I Want To Hold Your Hand« vereinte beide Talente in einem einzigen Song. Außerdem besaß jeder Sänger seinen eigenen, vollkommen unverwechselbaren Sound, und wenn Paul die schönere Stimme hatte, verfügte die Johns über mehr Charakter. Wenn sie diese Stimmen jedoch miteinander mischten, erzielten sie den größten Effekt; jeder verstärkte die Besonderheiten des anderen, ohne etwas von den eigenen aufzugeben.

Die stimmliche Kombination von Lennon und McCartney war – verstärkt noch um Harrison – am stärksten, wenn sie unisono daherkam, und noch steigerungsfähig, wenn die drei Harmonien sangen. Es waren, wie schon Dylan aufgefallen war, die Harmonien, die die Songs auszeichneten. Die Everly Brothers und Motown waren zwar entscheidende Einflüsse, doch verfügten die Beatles in dieser Hinsicht über eine ungewöhnliche natürliche Begabung. Ihre Harmonien funktionierten auch deshalb, weil sie darauf achteten, nie zu übertreiben. Der Musikologe Tim Riley hat darauf hingewiesen: »Sie wissen ganz genau, wo eine Harmonie fällig ist und wo sie eine fließende Melodie verderben würde.« Riley bezog sich auf »From Me To You«, aber das gleiche gilt für »She Loves You«, »I Want To Hold Your Hand« und andere frühe Songs, in denen die Beatles je nach dem musikalischen Effekt, den sie anstreben, einige Zeilen harmonisieren, andere wiederum unisono singen.

(In Rileys Buch *Tell Me Why* sind diese Entscheidungen im einzelnen spezifiziert.) George Martin diente ihnen als Resonanzboden und Berater, fand aber nur selten etwas an ihrer Wahl auszusetzen. »Sie haben immer mit dem Singen in Harmonien experimentiert, ich mußte nur da und dort eine Note ändern.«

Das auffallendste Beispiel für den Harmoniegesang in der ersten Beatles-Zeit ist »This Boy«, jene wunderbare Ballade, die John komponierte und die zur B-Seite von »I Want To Hold Your Hand« wurde. Wieder einmal wurde der Musik der Vorrang vor dem Text eingeräumt. Lennon war ganz besonders stolz auf die Melodie des Songs, weil er »versuchte, einen dieser Smokey Robinson-Songs mit drei Harmonien zu schreiben. Der Text ist unerheblich, es ist alles nur Sound und Harmonie«. McCartney erinnerte sich später, daß die Beatles »diesen Dreiteiler mit Begeisterung sangen«, und das hört man. John singt die Leadstimme, aber man bemerkt es kaum, weil die Harmonien perfekt ausbalanciert sind. Die Verbindung von Johns Stimme mit der von Paul und George ist unaufdringlich, aber entscheidend; der Sound klingt weniger nach drei Stimmen als vielmehr wie eine. Im Mittelteil fleht Johns Stimme leidenschaftlich, in der letzten Strophe dann setzen seine Partner wieder ein und bringen den Song zu einem vollendet zurückgenommenen Abschluß. Mit seiner träumerischen Stimmung war »This Boy« der ideale Kontrapunkt zum übersprudelnden »I Want To Hold Your Hand«. Die Plattenkäufer damals konnten freilich nicht wissen, daß beide Songs am selben Abend aufgenommen worden waren.

»I Want To Hold Your Hand« kam in Großbritannien am 29. November 1963 heraus und wurde sofort die Nummer Eins; das erste Auftauchen in der Hitparade fand gleich auf der obersten Position statt. Einen Monat später kam die Single in den Vereinigten Staaten heraus, wo sie in den ersten drei Tagen bereits eine Viertelmillion Mal verkauft wurde, damit der erste Rekord der Beatles wurde und sieben Wochen lang die Nummer Eins blieb. Der Geschäftsplan, den George Martin mit Brian Epstein für die Band ausgearbeitet hatte, sah vor, daß pro Jahr vier Singles und zwei LPs veröffentlicht wurden. Mit »I Want To Hold Your Hand« hatten die Beatles ihre Quote an Singles erfüllt und überdies zum viertenmal hintereinander die Nummer Eins erreicht. Die LP **With The Beatles**, die nur eine Woche vorher, am 22. November, ausgeliefert wurde, war das vorgesehene zweite Album (und erreichte ebenfalls die Nummer Eins). Damit war ein bemerkenswerter Beweis für Fleiß, Effizienz und Talent erbracht.

Am erstaunlichsten an der LP **With The Beatles** ist wahrscheinlich, daß sie überhaupt aufgenommen wurde. 1963 waren die Beatles buchstäblich ohne Unterbrechung unterwegs; Aufnahmen wurden während eines ein- oder zweitägigen Aufenthalts in London dazwischengequetscht; ihre Songs schrieben sie oft in Hotelzimmern oder im Lastwagen und in Bussen zwischen zwei verschiedenen Auftritten. Nachdem sie zum Beispiel bei einem Marathontermin am 11. Februar **Please Please Me** aufgenommen hatten, brach die Gruppe zu einer dreiwöchigen Tournee mit jeweils einem Auftritt pro Stadt durch das westliche England auf. Für einen Tag kehrten sie am 5. März nach London zurück, um »From Me To You« aufzunehmen, brachen danach aber sofort wieder auf, weil sie einen BBC-Radiotermin in Manchester hatten, der erste Termin in einem Tourneeplan, der sie bis Ende April jeden Tag in eine andere Stadt führte und kaum einen freien Tag erlaubte. Nach zwölf Tagen Ferien waren sie weitere sechs Wo-

chen mit Einzelauftritten in ganz England unterwegs, bevor sie
wieder in die Abbey Road Studios flitzten, um am 1. Juli »She
Loves You« aufzunehmen. (Man hört die Eile, die sie beständig
unter Dampf hielt, dem Mittelteil von »I'll Get You« an, der oft
übersehenen B-Seite von »She Loves You«. Es ist eine bezau-
bernde Melodie – vermutlich von McCartney, aber ganz sicher ist
es nicht –, und einer der Beatles verhaut sich im Text. Aber im
ganzen stimmt der Sound, und die Zeit ist zu knapp, um noch mal
ins Studio zu gehen und den Fehler zu korrigieren.) Es folgten
weitere zweieinhalb Wochen Tournee, ehe die Band am 18. Juli
die ersten Aufnahmen für **With The Beatles** machte, die nach einer zwölftägigen Unterbrechung am 30. Juli fortgesetzt wurden.
In diesem Stil ging es, von zwei weiteren Wochen Ferien Ende
September abgesehen, das ganze restliche Jahr weiter.

Ein strapaziöser Terminplan, um das mindeste zu sagen; 1963
war das für die Beatles physisch vermutlich anstrengendste Jahr
ihrer gesamten Karriere. »Paul sagte immer – oder war es George?
– › Wir waren nur deshalb doppelt so gut wie alle anderen, weil wir
doppelt soviel gearbeitet haben‹«, erinnert sich Derek Taylor, der
ehemalige Pressesprecher der Beatles. Die Beatles waren jung
und wußten seit ihrer Zeit in Hamburg, was harte Arbeit ist. Ihr
Durchhaltevermögen hatte aber auch ein paar weniger handfeste
Gründe. Ehrgeiz gehörte dazu; sie konnten jetzt nicht auf einmal
nachlassen, wo der Erfolg, nach dem sie so gelechzt hatten, endlich zum Greifen nahe war. In Erinnerung an einen freien Nachmittag, den McCartney mit Lennon in einem Hotelzimmer verbrachte, um zusammen »She Loves You« zu schreiben, feierte er
die jungen Beatles: »Gott segne ihre kleinen Baumwollsocken,
die Jungs haben vielleicht gearbeitet! Sie haben sich den Arsch
aufgerissen. Ich rede hier von einem freien Nachmittag, und den
haben wir mit der Arbeit an einem neuen Song verbracht. Wir haben es einfach gern gemacht. Für uns war das keine Arbeit.«

With The Beatles hatte das gleiche Rezept wie schon **Please
Please Me** und mischte Beatles-Kompositionen mit Lieblings-
stücken des amerikanischen Rock 'n' Roll, die zum Live-Pro-
gramm der Beatles gehörten. Dieses Mal übertraf die Zahl der
Eigenkompositionen die der Cover-Versionen im Verhältnis acht

zu sechs; das entscheidende achte Stück war George Harrisons Debüt als Songwriter. Vom ersten Moment der LP an scheinen die Beatles regelrecht unter Strom zu stehen, John schreit die Titelzeile von »It Won't Be Long« heraus, und Paul schreit immer wieder »Yeah!« als Antwort zurück. Der Wahnsinn, den sie da produzieren, wird schließlich gezügelt, als John zur ersten Strophe ansetzt, doch sind die Strophen nichts weiter als ein Zwischenspiel; der Song ist um den Catcher herum gebaut, und nach zwei raschen Zeilen ist der Wahnsinn wieder da. Die meisten Antworten Pauls sind drei Töne über Johns Schreien gesungen und treiben damit die Spannung nur noch höher.

Aber »It Won't Be Long« ist mehr als nur ein Rock 'n' Roll-Tanzstück. Als Dylan sagte, die Akkorde der Beatles seien »absolut irrsinnig«, meinte er damit Songs wie diesen. Die Akkorde machen Sprünge, die in der Musiktheorie nicht vorgesehen sind, aber da sie die Musiktheorie nie studiert hatten, konnte den Beatles niemand die Freiheit verübeln, sie zu vernachlässigen und statt dessen auszuprobieren, was in ihren Ohren gut klang. Der Mittelteil von »It Won't Be Long« ist ein wunderbares Beispiel. Bis dahin steht der Song überwiegend in E, was theoretisch in A und H aufgehen sollte. Was es auch tut, aber erst nach einigen dis-, cis- und fis-Akkorden sowie einer extrem schlichten Verknüpfung von D und h-Moll, womit die Melodie eine gänzlich neue Struktur und Richtung bekommt.

Der auffälligste Song auf **With The Beatles** ist allerdings »All My Loving«, eine McCartney-Komposition, die zu den bedeutendsten Stücken in der frühen Periode der Beatles gehört. Auch hier sind strukturelle Erfindungen zu entdecken, aber »All My Loving« ist vor allem eine Melodie. McCartney sagt, er erinnere sich, wie er den Text in einem Bus geschrieben habe, als die Beatles auf Tournee waren, und daß er die Melodie entwickelte, als sie an ihrem Auftrittsort ankamen; es war der erste Song, bei dem er den Text vor der Melodie hatte. Das schönste Kompliment für »All My Loving« kommt wahrscheinlich von Lennon, der einmal sagte, er wünschte, er hätte es geschrieben, »weil es ein verdammt gelungenes Stück ist«. John konnte sich allerdings den Zusatz nicht verkneifen: »Ich spiele aber eine ziemlich scharfe Gitarre im

Hintergrund.« Was stimmt. Was er spielt, ist zwar technisch nicht besonders schwer, aber seine verdoppelte Rhythmusgitarre bringt echte Rock'n'Roll-Energie in ein Stück, das sonst nur ein schönes halbschnelles Liebeslied gewesen wäre.

Die anderen Eigenkompositionen auf **With The Beatles** sind, wie Lennon und McCartney selber zugaben, weniger bedeutend. Vielleicht ist Harrisons »Don't Bother Me« sogar das beste vom Rest, die vielversprechende Premiere eines Gitarristen, der noch nicht einmal das einundzwanzigste Lebensjahr vollendet hatte. Die Beatles legen sich ordentlich ins Zeug, der Catcher ist nicht schlecht, aber Georges Stimme fehlt es an Selbstvertrauen, weshalb der Zuhörer sich fragt, wie sich der Song wohl von John oder Paul gesungen anhören würde. Beim Chuck Berry-Song »Roll Over Beethoven« ist George viel besser, wie die Beatles überhaupt bei den Cover-Versionen auf dem Album eine gute Figur machen. Mit Ausnahme des von McCartney beigesteuerten »Till There Was You« aus dem Broadway-Musical »The Music Man« war jeder Cover-Song ein Beleg für die Bewunderung, die die Beatles schwarzen amerikanischen Sängern entgegenbrachten. Ihr erstes Album hatten sie mit »Twist And Shout« beendet, einem ihrer Lieblingssongs von schwarzen Musikern; diesmal sollte es eine mörderische Version von »Money (That's What I Want)« werden. Zu einer Zeit, als sich ihre Platten wie wahnsinnig verkauften, aber nur vergleichsweise wenig Geld bis zu ihnen durchsickerte, war das ein Gefühl, das die Beatles alle gleichermaßen bewegte, obwohl sie bald genug allen Grund hatten, die Aussage des Songs zu bezweifeln, daß Geld »die Antwort« sei, wenn man »frei sein« wollte.

With The Beatles kam in den britischen Hitparaden sofort auf Nummer Eins und verdrängte **Please Please Me**, das erste Album der Beatles, das diesen Platz die vorangegangenen neunundzwanzig Wochen ohne Unterbrechung eingenommen hatte. **With The Beatles** blieb die folgenden einundzwanzig Wochen an der Spitze und stellte damit einen Rekord für die längste Verweildauer eines Künstlers auf Platz eins auf. Dabei war das keineswegs der einzige Schauplatz, auf dem Beifall für die Beatles zu hören war. Bei der jährlichen Royal Variety Performance trat die Band am 4. November 1963 vor Mitgliedern der königlichen Familie auf. Am 27. Dezember brachte die *Times*, damals noch die maßgebliche Stimme des englischen Establishments, als erste große Zeitung einen Artikel, in dem die Beatles als Künstler ernstgenommen wurden. Im Verlauf einer glühenden Besprechung bezeichnete der Musikkritiker William Mann John Lennon und Paul McCartney als die »wichtigsten englischen Komponisten im Jahr 1963« und pries im folgenden ihren Song »Not A Second Time« wegen seiner »äolischen Kadenz«, wobei er nicht zu erwähnen vergaß, daß der Song die gleiche Akkordfolge aufweise »wie Mahlers Schluß des ›Lieds von der Erde‹«. Lennon und McCartney verwirrte diese unbegreiflich tiefsinnige Kritik eher; schließlich waren es, wie Lennon sagte, »nur Akkorde wie andere Akkorde auch«. (Viele Jahre später sagte er zum *Playboy*: »Ich weiß bis heute nicht, was äolische Kadenzen sein sollen. Hört sich an wie exotische Vögel.«) Zwei Tage nach dem Artikel in der *Times* ging eine Kritik in der *Sunday Times* noch weiter und erklärte, Lennon und McCartney seien »die größten Komponisten seit Beethoven«.

Obwohl sie jetzt den Segen der *Times* und der königlichen Familie hatten, obwohl sie Platten verkauften wie noch nie jemand zuvor, herrschte keineswegs Einmütigkeit darüber, daß die vier jungen Rocker aus Liverpool musikalisch irgendwie bemerkenswert seien. Vielleicht weil die Beatles als eindeutig soziales Phänomen auf die Bühne platzten, jedesmal in einem Wirbel langer Haare und kreischender Teenager auftraten, entging vielen Beobachtern das Wesentliche. Abgelenkt von der Hysterie auf der Straße, hörten sie nicht hin und nicht wirklich auf die Musik, die alles auslöste. Die selbstgefällige Herablassung in einem Bericht des amerikanischen Fernsehkorrespondenten Alexander Kendrick war bezeichnend dafür. Kendrick machte sich über die Wischmop-Frisuren der Beatles und die bescheidene Intelligenz ihrer Bewunderer lustig und vertrat die Meinung, die Beatles würden »den Nicht-Helden des 20. Jahrhunderts symbolisieren, weil sie Nicht-Musik machen, Nicht-Frisuren tragen und keine Gnade kennen«.

Ablehnung in dieser Preisklasse erlebten die Beatles noch mehrere Jahre lang, aber wer Ohren hatte zu hören, für den war klar, daß der frische Sound, der sich hier Geltung verschaffte, eine neue Ära in der populären Musik einläutete. Bob Dylan in der Erinnerung an diese Zeit: »Alle anderen dachten, sie seien was für Teenyboppers und würden dann verschwinden. Aber mir war klar, daß sie nicht untergehen würden. Ich wußte, daß sie in die Richtung zeigten, die die Musik einschlagen mußte.«

6. Kapitel
Das Leben mit Brian:
Der Manager Brian Epstein

Von allen Fotos, die die Beatles zusammen mit Brian Epstein zeigen, ist das traurigste wahrscheinlich das, auf dem man Epstein einen Nachttopf über den Kopf gestülpt hat. Er trägt ihn wie einen weißen Bowler und lächelt, in der Hand Zigarre und Feuerzeug, ein schelmisches, etwas benebeltes Lächeln. Im Hintergrund lachen Ringo, George, Paul und John mit sichtbarer Zuneigung. Mit dabei in der fröhlichen Runde sind George Martin und seine künftige Gattin Judy Lockhart-Smith. Der Anlaß war ein Abendessen im engsten Kreis im Pariser Hotel George V im Januar 1964, wo man sich traf, um die Meldung zu feiern, daß die vierte Single der Beatles, »I Want To Hold Your Hand«, in den USA die Nummer Eins geworden war.

Für den Mann im weißen Bowler war das während seiner fünfeinhalb Jahre als Manager der Beatles vielleicht der Augenblick des größten Triumphes. Nach Jahren harter Arbeit hatten die Beatles nicht nur Großbritannien erobert, sondern waren drauf und dran, Amerika im Sturm zu nehmen, den größten und wichtigsten Markt der Welt. Selbstverständlich hatten die Beatles selber hart für diesen Erfolg gearbeitet, es war ihre Musik und ihr Charisma, was die Leute bewegte, aber Epsteins Anteil am Erfolg war fast genauso wichtig. Er managte die Band, trommelte und warb für sie, er formte ihr Image, wählte mit strategischem Blick ihre Auftrittsorte aus und bemühte sich hartnäckig und zu guter Letzt auch erfolgreich um einen Plattenvertrag. Das Ergebnis sprach für sich, die Beatles waren überaus zufrieden. Und Brian Epstein konnte nichts glücklicher machen, als wenn er die Beatles glücklich machen konnte.

Dennoch ist die Szene bei aller Fröhlichkeit, die das Foto zeigt, bittersüß. Epstein spielt den Narren für die Beatles, eine Pose, die sie damals amüsant fanden, später jedoch als allzu genaue Beschreibung seines Verhaltens als Geschäftsmann ablehnten. Trotz seines unermüdlichen Eifers vermasselte er zahlreiche finanzielle Chancen und brachte die Beatles um ein Vermögen in unbekannter Millionenhöhe. Plattenverträge, Filmverträge, Tourneen, die Rechte am Merchandising, die Urheberrechte an den Songs, praktisch alle wichtigen geschäftlichen Entscheidungen, mit denen die Beatles später zu tun hatten, wurden mehr oder weniger gründlich verpatzt.

Als den Beatles nach und nach die Wahrheit über seinen mangelnden Geschäftssinn deutlich wurde, kühlte das Verhältnis ab. Epsteins Beziehung zu der Gruppe nahm im August 1967 ein tragisches, wenig rühmliches Ende, als er an einer Überdosis Tabletten starb. Dennoch wird niemand bestreiten, daß er am Anfang bei ihrem Durchbruch eine entscheidende Rolle spielte. »Ohne Brian Epstein hätte es die Beatles nicht gegeben«, sagte George Martin einmal. »Er brachte sie zusammen und präsentierte sie so, daß sie den Leuten wirklich auffallen mußten.« Wie üblich war Lennon noch unverblümter: »Ohne ihn hätten wir es nie geschafft. Und umgekehrt.«

Es war das Gegenteil einer selbstverständlichen Verbindung, denn Brian Epstein schien alles zu sein, was die Beatles nicht waren. Er war reich, Jude, pingelig, unendlich höflich. Er besaß ein Geschäft, war homosexuell, ein Mann mit Anzug und Krawatte und eigentlich eher ein Fan klassischer Musik. Der Cavern Club, in dem die Beatles regelmäßig auftraten, lag kaum zweihundert Meter von Epsteins Schallplattengeschäft North End Music Stores (NEMS) in Liverpool entfernt, doch wagte sich Epstein nie ins Innere des Clubs, geschweige denn, daß er die Gruppe einmal hätte spielen hören. Und obwohl über die Beatles einiges in derselben Musikzeitschrift veröffentlicht worden war, in der Epstein regelmäßig Platten rezensierte, dem *Mersey Beat*, sagte ihm ihr Name an jenem schicksalhaften Oktobertag 1961 nichts, als ein junger Mann sein Geschäft betrat und eine Platte namens »My Bonnie« verlangte, auf der die Beatles als Begleitband für den Liverpooler Sänger Tony Sheridan zu hören waren.

Sobald er herausgefunden hatte, daß die Band aus Liverpool stammte und gleich über die Straße auftrat, hörte er sie sich am

9. November 1961 an. Die laute, verrauchte muffige Atmosphäre im Cavern stieß ihn ab, doch seine Reaktion auf die Beatles selber war die gleiche, die George Martin sieben Monate später zeigte: Liebe auf den ersten Blick dank der enormen persönlichen Ausstrahlung der Gruppe. »Es war vor allem diese Präsenz«, erinnerte sich Epstein später. »Auf der Bühne besaßen sie dieses undefinierbare Feeling ... Sie waren nicht gepflegt und auch nicht besonders sauber. Sie rauchten, während sie spielten, sie aßen, sie redeten und taten so, als würden sie aufeinander losgehen. Sie kehrten dem Publikum den Rücken zu, brüllten Leute an und lachten über Witze, die außer ihnen kein Mensch verstand. Aber es herrschte eine ungeheure Erregung. Sie schienen eine Art persönlichen Magnetismus zu haben. Ich war von ihnen fasziniert.«

Als sich Epstein später der Bühne näherte, um mit ihnen zu sprechen, stellte sich heraus, daß er zwar noch nie von den Beatles gehört hatte, sie ihn aber von diesem und jenem Nachmittag her kannten, den sie in seinem Geschäft verbracht hatten, um sich dort Platten anzuhören. (Tatsächlich hatte Epstein sie als »verwahrloste Lederhorde« bezeichnet, die nie etwas kaufte, und sie deshalb hinausschmeißen wollen. Seine weiblichen Angestellten hielten ihn davon ab und behaupteten, die Jungs würden gelegentlich auch eine Platte kaufen.) Wiederum als Vorgriff auf jene erste Begegnung mit George Martin war es George Harrisons sarkastischer Humor, der sich bei diesem kurzen ersten Gespräch mit Epstein zeigte. »Was führt Mr. Epstein zu uns?« provozierte er den gutgekleideten Geschäftsmann, der mit seinen siebenundzwanzig Jahren sechs Jahre älter war als John Lennon und Ringo Starr.

Epstein erklärte, daß er mehr über ihre Platte »My Bonnie« wissen wolle. Doch als er in den folgenden Tagen und Wochen immer wieder im Cavern auftauchte, wurde klar, daß er etwas anderes im Sinn hatte. Später behauptete er, auf die Idee, die Beatles zu managen, sei er verfallen, »weil ich es allmählich langweilig fand, nur einfach Platten zu verkaufen. Ich suchte nach einem neuen Hobby«. Andere Biographen vermuteten später, daß es vielmehr sexuelles Interesse war, insbesondere an John, das ihn Kontakt zur Band suchen ließ. Obwohl Epstein selber nie Gelegenheit erhielt, sich zu dieser Mutmaßung zu äußern, spricht doch einiges dafür, auch wenn diese Annahme oft ziemlich hysterisch vorgetragen wird. (In seiner absurd übersteigerten Biographie *John Lennon. Ein Leben* verstieg sich Albert Goldman zu der Behauptung, daß Lennon unter Epsteins Anleitung regelrecht zum Homosexuellen geworden sei.) Schließlich verwundert es nicht, daß eine Rock 'n' Roll-Band, die junge Frauen zu beinah orgiastischer Bewunderung treibt, auch einen schwulen Mann ansprechen konnte. Was seine Rolle betraf, so bestätigte Lennon Jahre später, daß Epstein »in mich verliebt war«; es scheint auch sicher zu sein, daß er und Epstein einmal sexuellen Kontakt hatten. Pete Shotton, Lennons bester Freund, schrieb später, daß Lennon ihm gesagt habe, er habe Brian gestattet, ihn während ihres Urlaubs in Spanien zu masturbieren. Von dieser Episode aber darauf zu schließen, daß Lennon selber homosexuell gewesen sei, zeugt von einer ebenso großen Ahnungslosigkeit wie die Annahme, daß Epstein, obwohl er schwul war, nicht auch andere Motive hätten bewegen können, als er die Beatles managen wollte. »Ich kannte Brian Epstein gut genug, um zu wissen, daß er die Beatles als Gruppe liebte«, schrieb der Journalist Ray Coleman später in seiner Lennon-Biographie. »Er entwickelte einen starken Beschützerinstinkt für alle, bewies Ehrgeiz für jeden einzelnen von ihnen und war entschlossen, sie um jeden Preis zur bekanntesten Popgruppe auf der Welt zu machen. Das ging weit über alle sexuellen Vorlieben hinaus.«

Epsteins Vorstellung davon, wie er die Beatles berühmt machen würde, hatte unmittelbar mit seiner Mentalität als Verkäufer zu tun. Für die Band brachte sie dramatische Veränderungen im äußeren Erscheinungsbild und in der Art und Weise, wie sie auftraten. Bevor sie am 24. Januar 1962 den Vertrag mit Epstein unterschrieben, hatten sie sich ihre Auftrittstermine selber besorgt, nachdem sie sich ein Jahr zuvor wegen finanzieller Meinungsverschiedenheiten von ihrem ersten Manager Allan Williams getrennt hatten. Epstein brachte Effizienz und Ordnung in einen bis dahin willkürlichen Prozeß und sorgte insgesamt für mehr Professionalismus und Orientierung. Die Pläne für ihre Auftritte wurden jetzt mit der Schreibmaschine getippt und jedem der Beatles vorher zugestellt. Epstein verlangte höhere Gagen und wählte nur noch Jobs aus, bei denen er sich einen Vorteil für die langfristige Entwicklung der Band ausrechnete. »Bis er auftauchte, lebten wir in einem Tagtraum«, sagte Lennon über Epstein. »Wir hatten keine Ahnung, was wir da machten, oder mit was wir uns einverstanden erklärt hatten. Als wir unseren Marschbefehl auf Papier sahen, wurde alles offiziell.«

Epstein machte auch ihr Äußeres »keimfrei«. Er bestand darauf, daß sie ihre Lederkluft gegen Jacken und Krawatten eintauschten. »Mach Schau!« sollten sie weiter bringen, doch war das lässige, anarchische Bühnenverhalten wie in Hamburg und im Cavern von jetzt an verboten. Kein Essen, kein Rauchen mehr auf der Bühne, kein Herumgealbere oder Witzereißen mehr, kein Streit darüber, welcher Song jetzt gespielt wurde, kein abruptes Abbrechen mitten im Lied. Von jetzt an spielten die Beatles kürzer, traten nur mehr eine Stunde auf und brachten Stücke, die vorher danach ausgewählt wurden, daß sie ein möglichst großes Publikum ansprachen. Die Mitglieder der Band sollten wie gepflegte Profis aus dem Showbusiness wirken und aussehen.

Alles getreu einem Satz aus Epsteins Zeit als Möbelverkäufer: »Wenn man den Leuten etwas Nettes zeigt, dann wollen sie es.« Während Epstein sich bemühte, dem Geschmack der großen Masse zu entsprechen, verstand sich Lennon, der Chef der Band, jedoch als rebellischer Außenseiter, der für alles Orthodoxe nur Verachtung übrig hatte. Für Epsteins Begriffe hatte die Arbeit an einem Image nichts mit Verrat oder moralischen Kompromissen zu tun – »Ich habe sie nicht verändert«, sagte er über die Beatles, »ich habe nur vollendet, was in ihnen vorgezeichnet war« –, doch Lennon beschlich das Gefühl, daß Epsteins Vorschriften weit über kosmetische Veränderungen hinausgingen und den Charakter und das Wesen der Band veränderten. Da es aber auch ihn nach Ruhm und Erfolg verlangte, machte er bei Epsteins Imagewechsel mit und beschied sich mit der »kleinen Rebellion«: einer schiefen Krawatte oder einem offenen Hemdkragen.

Der gleiche Konflikt ergab sich, als es Epstein gelang, für die Beatles den ersten Vorspieltermin bei einer Londoner Plattenfirma zu verabreden. Mit seinem Einfluß und seinen Verbindungen als Engros-Plattenverkäufer gelang es ihm, den Decca-Konzern zu überreden, einen Talentsucher nach Liverpool zu schicken, um sich im Dezember 1961 einen Cavern-Auftritt der Beatles anzusehen. Dem Mann gefiel die Show immerhin so gut, daß er die Band nach London zu einem Vorspieltermin ins Studio einlud. Doch die Liste mit Songs, die Epstein für diese Probe vorbereitete, enthielt neben drei Lennon-McCartney-Kompositionen im wesentlichen Durchschnittsware. Damit verzichtete er freiwillig auf die natürliche Stärke der Beatles als ansteckende, überschäumende »Hochspannungs-Rock 'n' Roller« – genau auf jene Eigenschaften, denen sie ihre Einladung überhaupt zu verdanken hatten. Nachdem Decca die Band abgelehnt hatte, machte vor allem Lennon Epstein dafür verantwortlich, daß er die Beatles auf Nummer Sicher hatte gehen lassen.

Es folgten weitere Ablehnungen, bis sich Epstein schließlich mit George Martin in Verbindung setzte, dem Chef der EMI-Unterabteilung Parlophone, der über die mittelmäßigen Stücke auf dem Demo-Band der Beatles hinwegsah und die »ungewöhnliche Soundqualität« hörte. Sie bewog ihn schließlich, die Band vorspielen zu lassen. Der Plattenvertrag mit EMI war ein entscheidender Schritt zur Erfüllung des Versprechens, das Epstein so oft abgelegt hatte, daß die Beatles nämlich »größer als Elvis herauskommen« würden. Mit dem Vertrag kamen sie erst einmal aus der Liverpooler Provinz heraus, mit ihm erhielten sie Zugang zu einem landesweiten Publikum. Doch blieben die öffentlichen Auftritte entscheidend, um eine breite Gefolgschaft aufzubauen, die letztlich dafür sorgen würde, daß sich die Platten der Band verkauften. Epstein zwang den Beatles einen mörderischen Tourneeplan auf, der sie 1962 und 1963 durch ganz Großbritannien führte, womit das Interesse an ihnen stetig wuchs, während sich (mit der einen Ausnahme von »Love Me Do«, der allerersten Single) ihre sämtlichen frühen Platten bis ganz nach oben in die Hitparaden katapultieren ließen. Jede weitere Nummer Eins vermehrte wiederum das Interesse an ihren Live-Auftritten. So verselbständigte sich dieser Prozeß, nahm rasch an kritischer Masse zu, und spätestens im Oktober 1963 war er nur mehr als nationale Hysterie zu beschreiben, die unter dem Namen »Beatlemania« in die Geschichtsbücher eingegangen ist.

Die unglaubliche Popularität, die den Beatles in England zuge-
wachsen war, gab Epstein das nötige Selbstvertrauen für das
»letzte Manöver« seiner großen Schlacht, die Invasion von Amerika. Ein meisterhafter Streich gelang ihm, als er den Beatles drei
Auftritte hintereinander in der »Ed Sullivan Show« verschaffte,
der beliebtesten und einflußreichsten Unterhaltungssendung des
amerikanischen Fernsehens. (Sullivan hatte im Oktober 1963 die
Beatlemania offensichtlich am eigenen Leib gespürt, als sein Flug
von London nach New York Verspätung hatte, weil am Flughafen
Heathrow die Fanhysterie losbrach, mit der die Beatles bei ihrer
Rückkehr von einer Tournee in Schweden begrüßt wurden.)
Epstein schlug eine vergleichsweise geringe Gage für die drei
Auftritte heraus, doch der ungeheure Bekanntheitsgrad, für den
die »Sullivan Show« sorgte, wurde für den Ruhm der Beatles in
Amerika so entscheidend, daß sie auch kostenlos auftreten und
immer noch einen riesigen Gewinn hätten einstreichen können. 73
Millionen Menschen sollen am 9. Februar 1964 den ersten Auftritt
in der Show miterlebt haben; die Zahlen für die beiden Folge-
termine waren kaum niedriger. Die Berichterstattung in den Zeitungen und den elektronischen Medien war ausführlich.

Brian Epstein hatte den Zenit seines Glücks erreicht. Innerhalb
eines Jahres hatte er sich aus dem ahnungslosen Manager einer
Popgruppe zum womöglich gefragtesten Agenten der gesamten
Showbranche entwickelt, das alles im zarten Alter von neunundzwanzig Jahren. Plötzlich schien jeder die Beatles für seine
Bühne, seine Radiosendung, seine Fernsehshow, seine Titelseite
haben zu wollen. George Martin erinnert sich, was für eine glückliche, berauschende Zeit es für Epstein war: »Er liebte die wilde
Hektik des Geschäftslebens, das Jonglieren mit Ländern und Terminen, das scharfe Gewürz der Macht.«

Ohne jeden Zweifel gebührt Epstein einiger Anteil am beispiel-
losen Aufstieg der Beatles zu Ruhm und Erfolg. »Am Anfang hat
Brian genausoviel beigetragen wie wir selber, obwohl wir der
kreative Teil waren und er nur der Verkäufer«, sagte Lennon später. Doch fand auch Lennon, daß Epstein »eher ein Theatermensch
als ein Geschäftsmann« war. Während die finanziellen Angebote
aus der ganzen Welt einliefen, war es an Epstein, unter ihnen aus-

zuwählen und die besten Konditionen herauszuschlagen. Und an dieser Wegkreuzung, als seine Verantwortung als Manager sein angeborenes Talent als Verkäufer überforderte, als er sich mit ellbogenharten Problemen, mit Verhandlungen um Millionenbeträge hätte auseinandersetzen müssen, begann Brian Epstein die Orientierung zu verlieren.

Eine erhellende Geschichte kommt von Pete Shotton, der Brian Epstein in seinen Erinnerungen als einen Menschen mit »außerordentlicher Wärme, Großzügigkeit und Güte« beschrieb, der aber »kein besonders gewitzter Geschäftsmann« war. Unter Berufung auf Lennon erzählt Shotton, daß Ende 1964 ein Steuerberater die Beatles überredete, ihr Geld vor dem Finanzamt auf den Bahamas in Sicherheit zu bringen, woraufhin »Brian Epstein brav 750 000 Pfund über den Tisch schob. Laut John hörte und sah man nie wieder etwas von dem Geld oder dem Steuerberater«. Ein weiteres Beispiel ist der Vertrag für »A Hard Day's Night«, den ersten Spielfilm der Beatles. Die Produzenten hatten ein Viertel des Gewinns für Epstein vorgesehen, aber sie fragten ihn sicherheitshalber nach seinen Vorstellungen. »Ich gehe auf keinen Fall unter siebeneinhalb Prozent«, war seine Antwort. Nur weil Epsteins Anwalt noch mal einen Blick auf den Vertrag warf, tauchte der niedrigere Satz dann nicht tatsächlich im endgültigen Vertrag auf.

Die wahrscheinlich unrühmlichste Fehlentscheidung Epsteins war die Art und Weise, wie er die Merchandising-Rechte an Perücken, Puppen, Plastikgitarren, Malbüchern und zahllosen anderen Formen von Beatles-Devotionalien, die produziert wurden, um die unersättliche Gier des Publikums nach allem beatleartigen zu befriedigen, buchstäblich verschenkte. Epsteins Firma NEMS verkaufte diese Rechte für lächerliche zehn Prozent am Erlös. Da den Beatles zehn Prozent von NEMS gehörten – die ihnen Brian geschenkt hatte, weil er, wie er sagte, nicht immer als einer dastehen wollte, der die Jungs ausnutzte –, floß ihnen genau ein Cent von jedem Dollar aus der Lizenz mit diesem Beatles-Schnickschnack zu. Als Epstein klar wurde, welch schlechten Handel er abgeschlossen hatte, forderte er Neuverhandlungen. Anfang August 1964 stieg der Anteil der NEMS auf 46 Prozent, obwohl bis dahin längst ein Schaden in unbekannter Millionenhöhe entstanden war. Epsteins Geschäftsberater Peter Brown schätzte den Verlust später auf einhundert Millionen Dollar. McCartney bemerkte einmal: »Wir wurden um Millionen betrogen, aber es lohnte sich keine einzige Klage. Brian hatte alles verpfuscht. Er war ein Anfänger. Brian war immer nur der Anfänger.«

McCartney war immer der Beatle, mit dem Epstein das schwierigste Verhältnis hatte, vielleicht weil McCartney selber einen gut entwickelten Geschäftssinn besaß und gern auch Manager gewesen wäre. Andererseits verstand sich Epstein am besten mit Lennon, obwohl ihn der oft ziemlich grausam behandelte. Als Brian ihn zum Beispiel einmal fragte, wie er seine Autobiographie nennen solle, gab John knapp zurück: »Wie wär's mit ›Schwuler Jude‹?« Als Brian sich schließlich für den Titel »A Cellarful of Noise« (Ein Keller voller Lärm) entschied, persiflierte ihn John mit »A Cellarful of Boys« (Ein Keller voller Jungs). Einmal tauchte Brian während einer Aufnahme in den Abbey Road Studios auf und erlaubte sich, weil er einen jungen Mann bei sich hatte, vom Regieraum aus zwischen zwei Takes den Kommentar: »Ich fürchte, das kam nicht ganz richtig, John.« Worauf John mit einem Blick, der töten konnte, ungerührt versetzte: »Du bleibst besser bei deinen Prozenten, Brian. Wir kümmern uns um die Musik.«

Epstein, der zu schrecklichen Wutausbrüchen neigte, konnte genauso grausam sein, ganz besonders zu jemandem, von dem er fürchtete, er könnte sein Verhältnis zu den Beatles gefährden. Der Pressesprecher Derek Taylor behauptet, daß Epstein die erste Pressekonferenz, die er für die Gruppe organisieren sollte, »scheitern lassen wollte«, weil Taylor dann ganz bestimmt keinen Einfluß auf die Beatles gewinnen würde. Dieses besitzergreifende Verhalten rührte offenkundig daher, daß Epstein selber alles andere als selbstbewußt und glücklich war, Eigenschaften, die Taylor, George Martin, der Beatles-Mitarbeiter Peter Brown und andere bestätigen. Peter Brown zufolge war Epstein depressiv veranlagt, und dieser Zustand verschlimmerte sich immer mehr und erreichte schließlich den kritischen Punkt 1966, als die Beatles die Tourneen aufgaben. Die Band teilte Epstein ihre Entscheidung auf einem Flug von New Delhi nach London mit. Brown erinnert sich, daß die Entscheidung der Beatles »Brian so sehr aufregte, daß sein Körper, als die Maschine auf dem Flughafen in Heathrow landete, über und über mit Nesselausschlag bedeckt« war. Der Pilot mußte über Funk einen Rettungswagen rufen. Nach dem letzten Konzert der Beatles am 29. August 1966 in San Francisco habe Epstein, wie sein Freund und amerikanischer Geschäftspartner Nat Weiss berichtet, in all den Jahren ihrer Bekanntschaft zum erstenmal »mitleiderregend« ausgesehen. »Was soll ich jetzt tun?« habe er pathetisch gefragt. »Was wird aus meinem Leben? Alles ist vorbei.« Kaum war Epstein nach London zurückgekehrt, machte er nach Browns Augenzeugenbericht seine indirekte Drohung wahr und unternahm mit Hilfe einer Überdosis Schlaftabletten einen Selbstmordversuch.

Epsteins Vertrag als Manager der Beatles sollte am 9. Oktober 1967 auslaufen, und er fürchtete zu Recht, daß er nicht erneuert würde. Die Beatles hatten nicht nur Wind von den verschiedenen, bereits erwähnten finanziellen Fehlentscheidungen bekommen, sie murrten zunehmend über die knausrigen Bedingungen, die ihr Vertrag mit der EMI festschrieb. Ihr Ärger wuchs noch, als sie hörten, daß ihre Freunde, die Rolling Stones, einen Bonus in Höhe von eineinviertel Millionen Pfund eingestrichen hatten, nachdem sie ihren ursprünglichen Vertrag mit Decca neu ausgehandelt hatten. Die Bedingungen im ersten Vertrag der Beatles waren, wie George Martin selber zugeben mußte, geradezu abstoßend: für Platten, die auf dem nordamerikanischen Markt für drei bis fünf Dollar das Stück verkauft wurden, erhielten die Beatles magere fünf Cent; von den Platten, die in Großbritannien über den Ladentisch gingen, blieb ihnen genau ein Penny. Derartige Bedingungen waren vielleicht eben noch verständlich im Jahre 1962, als die Beatles als vollständig unbekannte Band ihren Vertrag mit EMI abschlossen, 1964 aber, als sie längst die Musiker waren, die in der gesamten Welt am meisten Platten verkauften, waren diese Konditionen beim besten Willen nicht mehr zu vertreten. Epstein hatte dennoch keinen Wert darauf gelegt, neue Bedingungen auszuhandeln, und sich überraschenderweise auch damit einverstanden erklärt, den Vertrag über die reguläre Dauer hinaus noch weitere siebzehn Monate gelten zu lassen. Der Kontrakt, den er schließlich abschloß und den die Beatles im November 1966 unterzeichneten, sprach ihnen höhere Tantiemen zu, obwohl er, ähnlich wie beim Fiasko mit dem Merchandising, keineswegs für einen Ausgleich der bereits verlorengegangenen Millionen sorgte.

Brian Epstein rühmte sich gern der Tatsache, daß er nur die Interessen der Beatles vertrete, aber in seinem im November 1966 abgeschlossenen Vertrag vertrat er auch seine eigenen. Obwohl er genau wußte, daß sein Managementvertrag nicht über den Oktober 1967 hinausreichte, fügte er eine Klausel in den EMI-Vertrag ein, daß sämtliche Tantiemen aus den Platten während der neun Jahre, die der Vertrag gelten sollte, ausschließlich an seine Firma NEMS bezahlt würden. Mit anderen Worten, er stellte damit sicher, daß sein Anteil von 25 Prozent an den Plattenerlösen der Beatles ihm auch während der kommenden neun Jahre und für den Fall zuflossen, daß die Beatles ihn verlassen sollten. Peter Brown, der dafür sorgte, daß jeder einzelne der Beatles seine Unterschrift unter diesen Vertrag setzte, versichert, daß Epstein »sie nie auf diese Klausel hinwies«.

Inzwischen nahmen Epsteins Depressionen an Heftig- und Häufigkeit zu. Er verbrachte immer weniger Zeit in seinem Büro, traf dort wenn überhaupt oft erst am späten Nachmittag ein und konnte sich bald nur noch über Wasser halten, weil er sich zunehmend auf einen teuflischen Tablettencocktail verließ: Beruhigungsmittel, die ihn schlafen ließen, und Stimulanzien, die ihn wieder aufpuschten. »Eppy geht es offenbar schrecklich«, sagte Lennon im August 1967 zu Pete Shotton. »Der Junge weiß ja nicht mehr, wie ihm der Kopf steht, wir machen uns echt Sorgen um ihn. Aber wir wissen auch verdammt noch mal nicht, was wir machen sollen. Die Zeit ist reif, daß wir uns um uns selber kümmern, und das war's dann.« Lennon spielte Shotton ein Band vor, das Epstein aufgenommen und ihm geschickt hatte. »Die Aufnahme war kaum mehr als menschliche Stimme erkennbar«, schreibt Shotton. »Es war abwechselnd ein Stöhnen, Grunzen und Kreischen, manchmal auch gemurmelte Worte, die, wenn man sie denn verstand, beim besten Willen nichts aussagten.«

Keine Woche später war Brian Epstein tot. Man fand ihn am 27. August allein im Bett seiner Londoner Wohnung, gestorben an einer Überdosis von Beruhigungsmitteln. Der Untersuchungsrichter erklärte seinen Tod zu einen Unfall, ein Urteil, das auch seine Kollegen akzeptierten, für die Brian einfach den Überblick verloren hatte, wie viele Tabletten er genommen hatte, bis er schließlich mindestens eine zuviel schluckte. Aber auch wenn dieser Tod kein vorsätzlicher Selbstmord war, so zeigte er doch alle Anzeichen einer unbewußten Entsprechung. »Für mein Gefühl war es Selbstmord, obwohl ich nicht glaube, daß er es zu diesem Zeitpunkt und auf diese Weise tun wollte«, schrieb Hunter Davies, der Epstein gut kannte. »Aber ich bin mir sicher, daß es früher oder später geschehen wäre.« George Martin, der ebenfalls seine Zweifel hatte, daß Epstein sich umbringen wollte, schrieb in seiner Autobiographie: »Die Ironie besteht darin, daß sich Brian selbst dann, wenn er überlebt hätte, ziemlich schwer getan hätte. Es war unvermeidlich, daß er in kürzester Zeit die Beatles verlieren würde, und für ihn wäre das wie der Verlust seiner Kinder gewesen, die Beatles waren das, wofür er überhaupt lebte. Er hätte sich niemals so wie ich von ihnen trennen können: in aller Freundschaft und ohne das Gefühl des Verlustes.«

Der Verlust, den die Beatles nach dem Tod Epsteins verspürten, ist schwer zu ermessen. Nachdem sie die Todesnachricht empfangen hatten, wirkten John und George vor den Fernsehkameras gedämpft, auch wenn sie wie Papageien die Weisheit ihres neuen Gurus, des Maharishi Mahesh Yogi, verbreiteten, für den der Tod eine Illusion war und die beste Möglichkeit, Brian beizustehen, darin bestand, an glückliche Dinge zu denken. Im engeren Kreis wiederholte John diese Gefühle während der nächsten Tage gegenüber Pete Shotton und Ray Coleman. Jahre später allerdings bereute er diese leichtfertigen Äußerungen und gab zu, daß der Tod des Beatles-Managers sein Vertrauen in die Zukunft der Band nachhaltig erschüttert habe. »Ich wußte, daß es jetzt schwierig für uns werden würde«, sagte er. »Ich machte mir keine falschen Hoffnungen darüber, daß ich noch etwas anderes könnte außer Musik zu spielen, und ich hatte Angst. Ich dachte, Scheiße, jetzt ist es vorbei.«

7. Kapitel
»Ich habe einen komischen Akkord gehört« (A Hard Day's Night)

Als John Lennon »A Hard Day's Night« schrieb, den Titelsong auf dem besten Album der frühen Beatles, war er dreiundzwanzig Jahre alt. Voller Inspiration, Ehrgeiz und getrieben vom Adrenalin, lebte er im Stande künstlerischer Gnade, in dem er Songs »schuf, ohne überhaupt zu merken, wie es passierte«. Tatsächlich komponierte er, angeregt durch eine beiläufige Bemerkung von Ringo Starr, »A Hard Day's Night« buchstäblich über Nacht. Die Beatles drehten ihren ersten Film und näherten sich nach Wochen voller Zwölfstundentage langsam der Fertigstellung, aber noch immer fehlte ihnen der Titel. Nach einem solchen Tag wollte Ringo gerade sagen, wie schwer sie arbeiten mußten, als er merkte, daß es bereits dunkel geworden war. »Es war die Nacht eines schweren Tages«, scherzte er. Mehr brauchte Lennon nicht. »Ich fuhr mit dem Auto nach Hause, und der Regisseur Dick Lester … sagte, wir würden das als Titel verwenden. Am nächsten Morgen kam ich mit dem Song«, berichtete Lennon.

Ein paar Tage später, am 16. April 1964, machten sich die Beatles für ein paar Stunden von den Dreharbeiten frei und nahmen den Song in der Abbey Road auf. Auch das ging schnell; die Beatles brauchten nur neun Takes, bis sie »A Hard Day's Night« eingespielt hatten. Die Atmosphäre im Studio 2 schien an jenem Tag durch einen lässigen Professionalismus geprägt gewesen zu sein. Als ein Techniker »Take sechs!« ruft, sagt John etwas über den vorangegangenen Take, bis ihn Paul überstimmt, zusammenhanglos »Scoobie-doobie-doobie« singt und auf seinem Baß herumschrammt. John, der im Studio immer am wenigstens Geduld zeigte, ruft »Schhh!«, wartet eine Sekunde und beginnt dann beherrscht und nüchtern zu zählen: »One, two, three, four.«

Die Band stürzt sich auf den Song, geführt von Johns feuriger Stimme. Die ersten beiden Strophen auf Take sechs unterscheiden sich nicht wesentlich von dem, was auf der fertigen Platte zu hören ist; wenn auch das Tempo noch etwas schleppend kommt, ist es doch nur eine Frage der Zeit, bis die Beatles auch das hinkriegen. Im Mittelteil übernimmt Paul die Leadstimme – »When I'm home/ Everything seems to be all right« (Zu Hause scheint alles in bester Ordnung) –, bis sie in der dritten Strophe wieder von John übernommen wird. Doch genau in dem Moment, als John die Zeile »sleeping like a log« (schlafen wie ein Stein) singt, geht in der Rhythmusgruppe irgend etwas schief. Die Band schleppt sich noch ein paar Sekunden weiter, bis John sagt: »Ich hab einen komischen Akkord gehört.« Als sich der Techniker mit der Ansage »Take sieben« meldet, ergänzt John: »Er war's.« Dieser »er« war offensichtlich McCartney, doch benimmt sich Paul, als wäre nichts geschehen, obwohl John, diesmal mit Nachdruck, zu George Martin in der Regie sagt: »Ich hab einen komischen Akkord gehört.« Martin erwidert: »Ich auch.« McCartney stellt sich weiter dumm, beschäftigt sich mit den Harmonien, das letzte Wort aber ist noch nicht gesprochen. Ein unbekannter Studiomitarbeiter mit Cockney-Akzent bestätigt Martin süffisant: »Not half you didn't«, was soviel heißt wie: »Aber klar doch.« Aber vielleicht war Pauls Fehler genau das, was die Band brauchte, denn nach einem kurzen Räuspern, um den Hals freizukriegen, starten die Beatles Take sieben, und dieser Take ist so nah an der Perfektion, daß sie nur mehr zwei weitere Versuche brauchen, um die Aufnahme abzuschließen.

Die Plattenkäufer wiederum entdeckten einen ganz anderen komischen Akkord, als sie »A Hard Day's Night« zum erstenmal hörten. Ein Schlag auf George Harrisons nagelneuer Gitarre genügt, und der Eröffnungsakkord von »A Hard Day's Night« macht sofort klar, daß jetzt etwas völlig Neues und Aufregendes zu erwarten ist. Der Akkord klingt seltsam, fesselnd, unmißverständlich originell – und ist die musikalische Entsprechung des Songtitels. Zwei führende Beatles-Musikologen konnten sich nicht darüber einigen, ob es sich um eine Variante von F-Dur oder G-Dur 7 handelt. »Wir wußten, daß damit sowohl der Film wie die LP mit dem Soundtrack eröffnet werden sollte, deshalb sollte der Anfang besonders stark und eindringlich sein«, sagte George

Martin später. »Der durchdringende Gitarrenakkord lieferte den perfekten Start.« Der Akkord steht für zwei Sekunden allein, ehe John mit seiner Stimme einfällt; am Ende des Songs folgt eine herrliche Reprise. »A Hard Day's Night« endet damit, daß die einzelnen Noten des Auftaktakkords einzeln gespielt werden, eine mitreißende Blende, in der sich drogenumnebelte elektronische Effekte ankündigen, die in der Musik der Band wenige Jahre später eine so wichtige Rolle spielen sollten. Bis zu diesem Zeitpunkt hatte allerdings kein einziger von den Beatles auch nur einmal an einer Marihuanazigarette gezogen.

Martin erklärte später, daß »A Hard Day's Night« am Anfang einer zweiten Ära der Musik der Beatles stand; der Titelsong bestätigt diese Aussage. Einen derart seltsamen, dabei so eindringlichen Akkord zu finden, und ihn dann auch noch als Gerüst für einen ansonsten relativ gewöhnlichen Popsong zu verwenden, zeigte deutlich, daß sich das kreative Können der Beatles schnell weiterentwickelte. Die künstlerische Revolution traf sich mit einer entscheidenden technischen Neuerung: Die Plattenindustrie ging zur Vierspur-Tonaufnahme über. Eine komplizierte Ausblende wie die bei »A Hard Day's Night« wäre bei den Zweispur-Tonbändern, mit denen die Beatles ihre ersten beiden LPs aufgenommen hatten, undenkbar gewesen. Mit vier Tonspuren hatten die Beatles und George Martin plötzlich doppelt soviel Platz, um die Grundlinien eines Songs zu erarbeiten, eine Freiheit, die sie in den kommenden Jahren immer weiter zu ihrem Vorteil nutzten.

Die auffälligste Verbesserung auf **A Hard Day's Night** bestand in der neuen Qualität der Songs. Das Album ging weit über die beiden Vorgänger hinaus, nicht nur, weil es die erste LP war, die ausschließlich aus Eigenkompositionen bestand, sondern weil so viele dieser Kompositionen so gut waren. Vor **A Hard Day's Night** hatten die Beatles etwa ein halbes Dutzend Songs veröffentlicht, die einen gewissen Anspruch auf Unvergänglichkeit erheben konnten: die Singles »I Want To Hold Your Hand«, »She Loves You« und möglicherweise »This Boy«, dazu die Albumstücke »I Saw Her Standing There«, »Twist And Shout« und »All My Loving«. **A Hard Day's Night** verdoppelte diese Sammlung: Die LP enthält fünf herausragende Songs – das Titelstück und

»Can't Buy Me Love«, »And I Love Her«, »If I Fell« und »Things We Said Today« – sowie das geradezu perfekte »I Should Have Known Better« und, an der Spitze dieser Liste, »I'll Be Back«.

Außerdem brachten die Beatles nur drei Wochen vor der Veröffentlichung von **A Hard Day's Night** eine EP mit vier weiteren Songs heraus, darunter eine der großen Vokaldarbietungen in der Geschichte des Rock 'n' Roll, Paul McCartneys brillanter, wilder Angriff auf »Long Tall Sally«. Die EP **Long Tall Sally**, die LP und der Film **A Hard Day's Night** ließen zusammen mit der alle Rekorde sprengenden Amerika-Tournee im Februar und der ersten ausgedehnten Auslandstournee im Juni die ersten sechs Monate des Jahres 1964 zu einer Zeit atemberaubender Kreativität werden. Damit war endgültig der Beweis erbracht, daß die Band alles andere als eine PR-Erfindung war und eine ungeheure, völlig neue Begabung zeigte.

A Hard Day's Night blieb das einzige Album, das ausschließlich aus Lennon-McCartney-Kompositionen bestand. Lennon schrieb die meisten Songs; von den dreizehn Stücken auf dem Album stammten zehn in der Hauptsache von ihm und drei von McCartney, ein Unterschied, der bestätigte, was Lennon später als seine »Dominanz« auf den ersten Platten der Beatles bezeichnete. »Am Anfang stammten die meisten Singles, in den Filmen und auch sonst, von mir«, prahlte er. Besonders stolz war Lennon darauf, daß er den Titelsong geschrieben hatte. In seiner übertriebenen Vereinnahmungssucht verstieg er sich sogar zu der Behauptung, McCartney habe nur deshalb bei dem Song mitsingen dürfen, »weil ich die hohen Töne (im Mittelteil) nicht erreichen konnte«.

Rein zahlenmäßig geht die Runde bei **A Hard Day's Night** an Lennon. Andererseits wurde jede McCartney-Komposition – »And I Love Her«, »Can't Buy Me Love« und »Things We Said Today« – ein Klassiker. Außerdem wären sowohl »A Hard Day's Night« wie »If I Fell« ohne McCartneys Stimme bei weitem nicht so gut. Nur wer den Auftaktakkord von »A Hard Day's Night« vorgeschlagen hat, ist nirgends verzeichnet. Wenn Lennon es McCartney verübelt, daß er den Mittelteil in »A Hard Day's Night« singt, dann ist das nichts als persönliche Animosität. Beginnend mit den Harmonien in der fünften und sechsten Zeile der Strophe, die die Energie langsam verstärken und in einer Hommage an die häuslichen Freuden kulminieren, ist McCartneys Stimme deshalb so effektiv, weil sie der Lennons genau entgegengesetzt ist. Es ist, als hätten zwei talentierte Maler jeweils die Hälfte derselben Landschaft gemalt; die unterschiedlichen Farben, Proportionen und der Stil, den jeder Künstler bevorzugt, heben die Vorzüge des anderen nur noch mehr hervor.

»If I Fell«, eine regelrechte Tour de force im Harmoniegesang, belegt noch deutlicher, wie wenig sich die Talente der Beatles auseinanderdividieren lassen. Wenn Lennon nicht die schöne Einleitung zu dem Song selber singen würde, käme der Hörer gar nicht erst auf den Gedanken, daß John »If I Fell« geschrieben hat, weil im weiteren Verlauf McCartneys Harmonien mindestens so stark sind wie Lennons Melodie; die enge Verbindung der beiden Stimmen wirkt hier sogar noch verzaubernder als in der dreistimmigen Harmonie von »This Boy«. Die zugrundeliegende musikalische Struktur mit ihren überraschenden Akkordsprüngen und Tonartwechseln von »If I Fell« ist in sich interessant genug, daß der Song auch ohne McCartneys Stimme ein Erfolg geworden wäre, doch gehört er ihretwegen zu den besten Stücken, die die Beatles überhaupt aufgenommen haben.

John dominiert beide Seiten von **A Hard Day's Night**; fünf der sieben Songs auf der ersten Seite, die den Soundtrack des Films abgibt, sowie fünf der sechs weiteren Studioaufnahmen auf Seite zwei stammen von ihm. Zu diesem Zeitpunkt besteht die Stärke seiner Songs vor allem in der Melodie und ihrer leidenschaftlichen Energie, und allmählich beginnen auch die Texte besser zu werden. Schlichte Reime und oberschülerhafte Stories bleiben zwar eher noch die Regel als die Ausnahme, doch sind diese Ausnahmen vielversprechend. Die Eröffnungsstrophe von »A Hard Day's Night« ist alles andere als ein Teenagerseufzen; jeder, der körperlich schwer arbeiten muß, wird einen Song verstehen, der »working like a dog« (Hundearbeit) anprangert. Auch die Behandlung des Themas »Liebe« ist reifer geworden. »If I Fell« besticht zweifellos in erster Linie musikalisch, aber auch in Lennons Text gibt es ein paar Höhepunkte. Zusehends schüttelt er die übliche Doppelrolle als selbstsicherer Liebender und zorniger Verlierer ab und erreicht in »If I Fell« mehr emotionale Tiefe; er versucht zu verstehen, ehe er handelt. Beinah wirkt es, als wollte er sich auf »I Want To Hold Your Hand« beziehen, wenn er bekennt, er habe lernen müssen, daß Liebe mehr als nur Händchenhalten ist (»love is more/ Than just holding hands«).

Nachdem er dem Album mit »A Hard Day's Night«, »I Should Have Known Better« und »If I Fell« zu einem rauschenden Start verholfen hat, tritt John für einen Augenblick zurück, »um (George Harrison) auch etwas zukommen zu lassen«. John schrieb »I'm Happy Just To Dance With You«, aber er vermachte es Harrison als dessen einziges Stück mit Leadstimme auf dieser LP. Die Melodie ist nicht weiter bemerkenswert, gewinnt aber durch Johns und Pauls ausgelassene Begleitstimmen an Niveau, ehe die Band sich schließlich McCartneys strahlender Ballade »And I Love Her« zuwendet. Lennon behauptete später, er habe beim Mittelteil von »And I Love Her« mitgewirkt, aber auch für ihn war es eindeutig McCartneys Song. Er ging sogar soweit, das Stück als Pauls »erstes ›Yesterday‹« zu rühmen. Der Song hat eine sehr schöne Melodie, zart, schwermütig, dem Mysterium romantischer Liebe ausgeliefert. Lewisohn berichtet, daß die Beatles zunächst eine schwungvollere Fassung von »And I Love Her« mit schwererem Schlagzeugsound und einem Gitarrensolo aufgenommen hatten, aber offensichtlich gaben sie diese Struktur nach zwei Takes auf. Statt dessen erhielt »And I Love Her« eine durchgehend akustische Instrumentierung; Ringo geht zu den Bongos über, dem Song wird jede ablenkende Verzierung ausgetrieben. Die ersten vier Töne, sie werden auf der Gitarre gezupft, geben die Stimmung vor, und Paul hält sie mit einer heiteren, aber energischen Stimme; er hört sich an, als mache ihn das Wunder, sich verliebt zu haben, ganz klein. Noch Jahre später sagte er: »War 'ne hübsche Melodie.«

Ihr folgte, nach einem schnellen Durchgang durch »Tell Me Why« (eine Komposition Lennons, die er später zu Recht als zu schnell »herausgehauen« abqualifizierte), »Can't Buy Me Love«, die McCartney-Perle, mit der der Soundtrack von »A Hard Day's Night« beschlossen wird. Auch dieser Song erfuhr im Studio erhebliche Änderungen. Diesmal in den Pathe Marconi Studios der EMI in Paris. »Can't Buy Me Love« wurde bereits im Januar 1964, als die Beatles nach Paris kamen, um die deutschsprachige Version von »She Loves You« und »I Want To Hold Your Hand« aufzuzeichnen, als erster Song von **A Hard Day's Night** aufgenommen.

Die Gruppe hatte ursprünglich vorgehabt, »Can't Buy Me Love« mit der Zeile »I'll buy you a diamond ring, my friend/ If it makes you feel alright« (Wenn es dich glücklich macht, kauf ich dir einen Diamantring) zu beginnen, doch George Martin schlug ihnen vor, gleich mit dem Refrain anzufangen: »Wir brauchen eine Einführung, etwas, das sofort ins Ohr geht, einen Catcher.« Die Bänder der Session bei Pathe Marconi zeigen, daß die Beatles Martins Arrangement von Anfang an folgen, doch klingen die beiden ersten Takes von »Can't Buy Me Love« noch entschieden anders als in der Fassung, die sich schließlich auf der Platte wiederfand. McCartneys Stimme ist bluesiger, doch besteht der Hauptunterschied darin, daß auf den ersten Takes auch John und George singen und mit ihrer unüberhörbaren Begleitung dem Song einen Sound zwischen Buddy Holly und den Supremes verpassen. In einem Stil, der an Pauls und Georges Begleitstimmen bei »Twist And Shout« erinnert, beginnen John und George während der zweiten Strophe von »Can't Buy Me Love« das Ende einer jeden Zeile aufzunehmen, die Paul singt. Wenn also von Paul kommt: »I'll give you all I've got to give, if you say you love me too« (Ich geb dir alles, was ich geben kann, wenn du sagst, daß du mich auch liebst), respondieren John und George: »Oooooh, love me too«. Zweifellos ein interessantes Experiment, doch waren die Beatles und Martin gut beraten, diesen Versuch zugunsten einer direkteren Form aufzugeben. Interessanterweise benötigten sie nur zwei weitere Takes, um jene Version von »Can't Buy Me Love« fertigzustellen, die die fünfte Nummer Eins der Beatles in Folge werden sollte. (»Can't Buy Me Love« kam vor der Veröffentlichung von **A Hard Day's Night** am 20. März als Single heraus.)

Die Rückseite von **A Hard Day's Night** verblaßt gegen die A-Seite, doch finden sich auch auf ihr ein paar gute Songs. »Any

Time At All« kommt roh und ungeschliffen daher, und »I'll Be Back« mit seinem glänzenden Mittelteil übernimmt die Rausschmeißer-Funktion auf dem Album. Die Hauptattraktion ist jedoch »Things We Said Today«. Eine knarrende, dreimal angeschlagene Gitarre erweckt diese McCartney-Ballade zum Leben und läßt eine Dringlichkeit erkennen, die dem schwermütigen Text und der sanften Melodie elektrisierend widerspricht. Der Musikkritiker Wilfrid Mellers bezeichnete »Things We Said Today« als »den bis dahin schönsten und tiefsten Song« der Beatles. Sogar Lennon mußte später zugeben, daß die Komposition seines ehemaligen Partners ein »guter Song« sei. Er wurde zur B-Seite von »A Hard Day's Night« gemacht, doch ähnlich wie bei »This Boy« und »I Want To Hold Your Hand« hätte die Rückseite beinahe den Haupttitel übertroffen.

Album und Single mit »A Hard Day's Night« kamen am 10. Juli heraus; beide waren sofort Nummer Eins. (Die amerikanischen Fans erhielten **A Hard Day's Night** zwei Wochen früher, am 26. Juni, doch wie üblich nur eine kupierte Version; die LP enthielt den Soundtrack des Films, doch fehlte buchstäblich die gesamte zweite Seite der englischen Pressung. Noch zwei Jahre sollten vergehen, ehe die amerikanischen Veröffentlichungen schließlich mit den britischen synchron liefen und die Amerikaner die Beatles-LPs endlich so hören konnten, wie man sie auch hören sollte.)

A Hard Day's Night läutete die zweite Phase in der Musik der Beatles ein, doch änderte sich deswegen die Arbeitsweise nicht wesentlich, in der sie ihre Musik produzierten. Wieder war das Album binnen weniger Tage aufgenommen worden, jeweils zwei oder drei Stücke zusammen, wie es sich zwischen den anderen Verpflichtungen der Beatles und vor allem der Arbeit am gleichnamigen Film (2. März bis 24. April) eben fügte.

Die Musik blieb stets die Grundlage ihres Erfolges, doch der Film »A Hard Day's Night« spielte beim Aufstieg zum Ruhm eine entscheidende Rolle. Am 6. Juli 1964 wurde er in London uraufgeführt. Hier war ein für allemal festgehalten, wie sehr die Beatles die allgemeine Phantasie beschäftigten, wie sich die einst fast manische Hingabe in eine dauerhafte Liebesgeschichte verwandelte. In den folgenden Jahren wuchs oder sank die Popularität der Beatles kurzfristig, je nachdem, ob sie zuletzt mit der Veröffentlichung eines glänzenden neuen Albums oder einer umstrittenen Äußerung über Drogen oder Religion Aufsehen erregt hatten, doch das Interesse an allem und jedem, was sie taten, blieb konstant.

»A Hard Day's Night« war in diesem Prozeß maßgeblich, denn der Film bot die konzentrierteste, wenn auch arrangierte Begegnung mit dem Humor und der uneitlen Liebenswürdigkeit der Beatles, die zuvor schon Brian Epstein, George Martin und buchstäblich jeden eingenommen hatten, der je mit den Beatles zu tun hatte. John, Paul, George und Ringo präsentierten sich auf der Leinwand wie vier junge Männer, mit denen man sich identifizieren, zu denen man aufschauen, die man auslachen, beneiden, begehren oder einfach nur mögen konnte, und das alles gleichzeitig. Charme, Charisma, Präsenz, Magnetismus, wie immer man es nennen mag, die Beatles hatten es. »Der Ruhm macht Beziehungen schwierig«, meinte George Harrison später, als er über die Popularität der Beatles nachdachte. »Das Entscheidende ist, daß wir nie unseren Humor verloren haben. Ich glaube, die Leute mochten uns deswegen, nicht nur wegen der Musik, sondern weil wir komische und verrückte Sachen sagten, richtige Menschen waren.«

Die Handlung von »A Hard Day's Night« basiert auf einer schlichten Bemerkung Lennons. Als der Regisseur Richard Lester ihn fragte, wie ihm die jüngste Tournee der Beatles in Schweden gefallen habe, sagte John: »Ach, es gab ein Zimmer und ein Auto und ein Auto und ein Zimmer und ein Zimmer und ein Auto«, eine bezeichnende Antwort. Ungeachtet des Glamours, der sich mit dem internationalen Ruhm der Stars verbindet, waren die Beatles bereits Gefangene ihres Ruhms, konnten sich nicht mehr außerhalb bewachter Hotelzimmer und außerhalb der im Geleitschutz der Polizei fahrenden Limousinen bewegen, da sie fürchten mußten, von verrückten Fans in Stücke gerissen zu werden. So beschloß man, daß der Film diese Wirklichkeit zeigen sollte, allerdings auf amüsante Weise. »A Hard Day's Night« brachte deshalb viele Szenen, die die Beatles auf der Flucht vor kreischenden

Teenagern zeigten – die Straßen entlang, in Bahnhöfe hinein und wieder heraus –, jeweils untermischt mit den unvermeidlichen Szenen, die die Band beim gemeinsamen Singen und Spielen zeigten – vor noch mehr kreischenden Teenagern.

»A Hard Day's Night« war im Grunde die phantastische Version des phantastischen Lebens der Beatles, vermittelte aber auch, wie die Beatlemania von innen aussah und sich anfühlte. In einer Szene des Films spielen die Beatles in einem dunklen, käfigähnlichen Gelaß, während auf der anderen Seite des Zauns eine Gruppe weiblicher Teenager fiebert. Ein offensichtlich verzücktes Mädchen streckt zweimal ihre Hand durch das Gitter und versucht nach Ringos Haaren zu fassen. Sie wirkt gleichzeitig wahnsinnig und vorsichtig, zieht beim erstenmal instinktiv ihre Hand zurück, als müßte sie fürchten, ihre Beute könnte beißen, dann versucht sie es ein zweites Mal, und der überraschte Ringo rückt zur Seite. Auf den Zuschauer wirkt dieser offensichtlich im Drehbuch nicht vorgesehene Moment faszinierend, überraschend und nicht wenig furchterregend; man sympathisiert sofort mit der Not der Beatles; sie sind Tiere in einem Käfig, die ununterbrochen von Tieren außerhalb des Käfigs belagert werden.

Lennon ärgerte sich sehr bald über die Art und Weise, wie der Film die Beatles als (um das übliche Klischee zu zitieren) »freche, aber liebenswerte Pilzköpfe« präsentierte. Doch wenn man ihren eigenen Bemerkungen und denen ihrer Umgebung folgt, dann war das Porträt, das der Film von den Beatles als vier Taugenichtsen, vier respektlosen, aufstrebenden Jungs zeichnet, eher eindimensional als falsch. Die Beatles hatten einen »unabhängigen, sturen Zug an sich, sie nahmen auf keinen Rücksicht; unter anderem deshalb mochte ich sie«, sagte George Martin später. »Es war Ausdruck ihrer Jugend, ein unbeschwertes Aufräumen mit allem Alten, das von den jungen Leuten sofort begeistert aufgenommen wurde. Gegen diese Reaktion schienen die Eltern, denen vielleicht die Musik nicht gefiel, seltsamerweise nichts einzuwenden zu haben.« Diese »Leck-mich-Haltung« der Beatles machte einen großen Teil ihres Reizes aus. Sie konnten über das Leben lachen, und ihr Sinn für Spaß wirkte immerhin so ansteckend, daß ihr Publikum das Gefühl hatte, es könnte sich all das ebenfalls leisten.

Die Musik selber war der höchste Ausdruck dieser *joie de vivre*, und nie kam sie deutlicher zum Vorschein als im Titelsong der EP **Long Tall Sally**. Selbst dreißig Jahre danach noch spürt man, wenn man diesen Song laut hört, dieses gewalttätige Rütteln, als bekäme man eine Infusion mit reinem Adrenalin. Es ist eine vollkommen körperliche Erfahrung, und man kann darüber nur staunen, daß die Beatles den Song in einem einzigen Take hinkriegten.

Der schwarze amerikanische Sänger Little Richard hatte »Long Tall Sally« bereits 1956 berühmt und zu einem der großen Songs im Rock 'n' Roll gemacht. Die Heldin ist ein Slum-Mädchen, das nicht schlecht gebaut ist, »built pretty sweet«. Sie geht mit dem Onkel John des Sängers aus, nachdem er Tate Mary die Lüge erzählt hat, »he had the mis'ry/ But he got lot of fun/ Oh baby« (ihm sei elend, aber er hatte viel Spaß, o Baby). Der Song handelt von den Freuden des Fleisches, und seine buchstäblich auf einer Note beruhende Melodie braucht eine rasende, sehr körperliche Stimme, damit sie rüberkommt. Lennon hatte sich bei »Twist And Shout« auf dem ersten Beatles-Album auf ähnlichem Gelände bewegt, doch »Long Tall Sally« war McCartneys Song; er gehörte übrigens zu den Stücken, die er an dem Tag, als sie sich als Schuljungen trafen, John vorgespielt hatte, um ihn zu beeindrucken. Nachdem die Beatles sich getrennt hatten, erinnert sich Paul, daß es John immer »mochte, wenn ich wie Little Richard sang«. Er fügte hinzu, daß John ihn anfeuerte, wenn seine Stimme beim Kreischen nicht durchhielt: »Los, schmeiß dich rein!« Aber dieses Mal gab es dieses Problem nicht. McCartney birst vor stimmlicher Energie, er explodiert, trifft aber jede Note präzise. Die Band tobt, besonders die beiden Georges: Martins ununterbrochen tönendes Klavier klingt wie ein gefährlich schlagender Herzton, Harrisons Leadgitarre drückt frische Luft in die Lungen, die zu bersten drohen. Das Ergebnis sind zwei Minuten unverfälschter Rock 'n' Roll.

Wenn man »Long Tall Sally« und **A Hard Day's Night** nebeneinanderstellt, wird offensichtlich, warum die Beatles zum wichtigsten musikalischen Phänomen ihrer Zeit wurden. So waren Lennon und McCartney, mit Ringos Worten, nicht nur »zu ihrer Zeit die größten Songschreiber auf Erden«, sie waren auch zwei der begabtesten Sänger des Rock 'n' Roll. Vielleicht war es das, worin sich die Beatles am meisten von ihren Zeitgenossen unterschieden: sie verfielen nur äußerst selten ins Mittelmaß. Sie sagten oft seltsame Dinge und sahen wie normale Menschen aus, doch als Künstler waren sie eine Klasse für sich.

8. Kapitel
Die Schattenseiten des Ruhms:
Beatlemania

Der heilige Augustinus stellte im frühen Mittelalter fest, daß mehr Tränen wegen erhörter Gebete vergossen würden als wegen unerhörter. Die Talking Heads, die in den achtziger Jahren aktiv waren, warnten im gleichen Ton:»Watch out! You might get what you're after.«(Vorsicht: Du könntest finden, was du suchst.) Keiner der Beatles gehörte unbedingt zu der Sorte Menschen, die auf die Knie fallen, deshalb ist die aktualisierte Rock 'n' Roll-Version der Klage des heiligen Augustinus vielleicht der angemessenere Kommentar zu der entscheidenden Veränderung, die die Band von 1963 bis 1966 erlebte. In diesem Zeitraum nämlich verwandelte sich das Massenphänomen, das den Namen Beatlemania trug, von einem aufregenden, immer fröhlichen Abenteuer in eine erstickende, manchmal sogar gefährliche Unternehmung voller Dekadenz, Banalität und drohender künstlerischer Erschöpfung. Daß die Beatles das alles überstanden, ohne daß ihre Gesundheit ernsten Schaden nahm, ist erstaunlich genug. Daß es ihnen auch noch gelang, inmitten dieses ganzen Wahnsinns ihre Entwicklung als Künstler zu beschleunigen und am Ende dieser Periode das Album **Revolver** herauszubringen, möglicherweise ihr bestes Einzelwerk, ist nicht nur ein weiterer Beweis für ihr musikalisches Talent, sondern auch für ihre unerschütterliche Persönlichkeit und die emotionale Härte, die daraus erwuchs.

Buchstäblich von dem Tag an, als sie zum erstenmal eine Gitarre in der Hand hielten, hatten die Beatles davon geträumt, wie Elvis Presley zu sein: reich, berühmt, begehrt, für das bezahlt, was sie gerne taten. Während ihrer Lehrjahre in Hamburg und Liverpool hatten sie sich geschunden, um sich diesen Traum zu erfüllen. Der Traum war ihr Leben geworden, alles schien plötzlich auf den Kopf gestellt. Statt sich abzustrampeln, um noch ein paar Fans mehr in die Hamburger Kaschemmen zu locken, liefen sie jetzt vor und nach den Auftritten um ihr Leben, um der tobenden Menge zu entkommen, die sie sehen, anfassen oder auch bloß in ihrer Nähe sein wollte. Statt gleichgültige Lokaljournalisten um Geschichten anzubetteln, wurden sie nun von den Medien regelrecht belagert; ganz gleich, wie viele Interviews und Pressekonferenzen sie gaben, es war nie genug. Statt des täglichen Blickkontakts mit Fans, die nicht viel anders waren als sie selbst, begegneten sie zunehmend nur noch Leuten, die vermögend und einflußreich genug waren, die Mauern zu durchbrechen, die die Beatles zu ihrem Schutz um sich aufgerichtet hatten.

»Natürlich meinten wir zuerst, wir wollten den Ruhm und alles«, erinnerte sich George Harrison 1988. »Doch dann haben wir es uns bald anders überlegt ... Nach der ersten Aufregung war ich jedenfalls ziemlich deprimiert. War das etwa alles, was wir vom Leben zu erwarten hatten? Von einer Horde heulender Irrsinniger von einem schäbigen Hotelzimmer ins nächste gejagt zu werden?«

Dieser Wahnsinn zeigte sich in seiner grausamsten Form auf den Tourneen, und 1966 hatte die Beatlemania die Beatles endgültig von der Bühne vertrieben; von da an machten sie ihre Musik nur noch in der Abgeschiedenheit der Studios. 1966 war deshalb die erste Hälfte ihrer Laufbahn beendet, die sogenannten Tourneejahre, und es begann die Zeit der Studiojahre. Die Entscheidung, auf Live-Auftritte zu verzichten, war nicht ohne Risiko. In den Sechzigern, als die Unterhaltungselektronik noch in den Anfängen steckte, galt im Showbusiness üblicherweise der Grundsatz, daß Entertainer selber auftreten mußten, wenn sie sich ein Publikum schaffen und erhalten wollten. Deshalb wurde die Nachricht, daß die Beatles die Tourneen aufgäben, weithin als Beweis dafür verstanden, daß sie sich trennen würden. In Wahrheit jedoch lieferte diese Entscheidung nur einen weiteren Beleg für ein entwickeltes Selbstbewußtsein, für ihre souveräne Bereitschaft, jederzeit gegen Regeln zu verstoßen, die unsinnig waren. Von **Sgt. Pepper's Lonely Hearts Club Band** im Jahr 1967 an schickten die Beatles ihre Platten auf Tournee.

Sie gaben die Konzerte nicht bloß auf, weil sie entnervt waren; es handelte sich dabei auch um eine bewußte künstlerische Entscheidung, um ihre Musik und ihr Ansehen in der Öffentlichkeit zu bewahren. »Unser Spiel ging völlig vor die Hunde«, erklärte Ringo Starr in der autorisierten Biographie der Beatles. »Der Lärm, den die Leute veranstalteten, begrub alles. Statt des regelmäßigen Beats schlug ich schließlich bloß noch Offbeat. Die meiste Zeit konnte ich mich trotz der Lautsprecher selber nicht mehr hören.« Manchmal hörte einer der Beatles, hörten mehrere zu spielen auf oder bewegten nur die Lippen, ohne daß es jemandem aufzufallen schien. »Ich schätze, wir hätten auch vier Wachsnachbildungen von uns rausschicken können, und die Menge wäre zufrieden gewesen«, klagte Lennon. Unter diesen Umständen wurde es für die Beatles schwierig, sich die Motivation zu erhalten. Sie spulten ihr Programm ab, spielten jeden Abend das übliche halbstündige Set mit den immer gleichen zehn oder elf Songs. Da wußten sie, daß es Zeit war aufzuhören. »Man muß was geben, wenn man was bekommen will«, sagt Ringo. »An manchen Abenden war es furchtbar. Wir gaben nichts. Da beschlossen wir, mit allem aufzuhören, bevor es die anderen satt bekamen.«

Wann genau die Beatlemania einsetzte, ist umstritten, es war jedenfalls im Jahr 1963. Der Begriff »Beatlemania« wurde von den Boulevardblättern der Fleet Street geprägt, nachdem die Beatles am 13. Oktober im noblen Londoner Palladium aufgetreten waren. Das Konzert wurde live während »Sunday Night at the London Palladium«, der damals beliebtesten Unterhaltungssendung des Landes, übertragen und von etwas fünfzehn Millionen Zuschauern im ganzen Land gesehen. Zum erstenmal bekam das große Publikum einen Eindruck von den hysterisch kreischenden Fans, die inzwischen bei jedem Auftritt der Beatles zum festen Bestand gehörten. Wenn den Berichten und Fotos zu trauen ist, die am folgenden Tag auf den Titelseiten der Zeitungen erschienen, dann reichte das Tollhaus bis nach draußen vor das Theater, wo Hunderte junger Fans den Verkehr behinderten, Polizeisperren durchbrachen und der Limousine nachjagten, in der die Beatles flohen.

Später hieß es, die Menge vor dem Palladium sei weit kleiner gewesen als gemeldet, doch ganz gleich, wie groß ihre Zahl nun wirklich war, Beatlemania war ein gesellschaftliches Phänomen, das unabhängig von und vor der begierigen Umarmung durch die Fleet Street existierte. Nach Lewisohns Auswertung der jeweiligen Lokalzeitungen »hatte die von den Beatles erzeugte Hysterie mit Sicherheit im Spätfrühling 1963 begonnen, mindestens sechs Monate, ehe die Boulevardzeitungen der Fleet Street sie zu einem landesweiten Phänomen erhoben«. Dennoch war es bei der allumfassenden Berichterstattung gar nicht anders möglich, als daß die Medien den bereits bestehenden Wahnsinn nur noch verstärkten. Eine unmittelbare Folge davon war der vollkommen chaotische Empfang am Heathrow Airport, als die Gruppe am 31. Oktober von einer Blitztournee durch Schweden zurückkehrte. Die Beatles selber nannten dieses Datum als den Beginn der Beatlemania. Das Schauspiel der vielen tausend kreischenden Fans, die den Flughafen blockierten, kam im ganzen Land groß heraus, und in den folgenden drei Jahren gehörten Bilder mit den Beatles, die mit rasendem Gefolge in Heathrow verabschiedet und wieder empfangen wurden, zum Repertoire britischer Berichterstattung.

Vier Tage nach dem Empfang in Heathrow sicherten sich die Beatles die Zuneigung ihres Publikums ein für allemal, als sie bei der Royal Variety Performance vor Mitgliedern der königlichen Familie auftraten. Als Lennon zur letzten Nummer »Twist And Shout«, einem ziemlich ungeschliffenen Stück für ein so gesetztes Oberschichtpublikum, überleitete, äußerte er eine Bitte: »Wenn die Herrschaften auf den billigen Plätzen bitte einfach nur klatschen? Ihr andern könnt ja mit euren Juwelen rasseln.« Als seine Bemerkung am nächsten Tag in den Zeitungen des ganzen Landes auf der Titelseite erschien, verfestigte sich das Bild: Die Beatles waren die vier frechen, aber liebenswürdigen Jungs aus Liverpool.

Nachdem sie 1963 England erobert hatten, verbrachten sie 1964 damit, ihren Herrschaftsbereich bis an die Grenzen der englischsprachigen Welt auszudehnen. Sie besuchten die USA (zweimal), die Niederlande, Dänemark, Schweden, Hongkong, Australien und Neuseeland. Die Szenen unkontrollierbarer Massenhysterie glichen sich von einem Land zum anderen so sehr, als wären sie von einem einzigen Zeremonienmeister entworfen worden: ein tobender Empfang am Flughafen, eine schreiende Menge draußen vor dem Hotel, ein kreischendes Publikum während der Vorstellung, und das alles noch verstärkt durch eine beinah ununterbrochene Berichterstattung in den Medien. Die größte Menge fand sich in Adelaide in Australien zusammen, wo sich unter dem Hotelbalkon der Beatles schätzungsweise dreihunderttausend Fans in der Hoffnung versammelten, einen Blick auf die Eroberer erhaschen zu können. Junge Leute standen bei diesem internationalen Aufruhr ganz vorne, doch auch Ältere waren berückt, was sich daraus ersehen läßt, daß plötzlich, während des ersten Besuchs der Beatles in New York, unter den Männern in den besten Jahren eine Vorliebe dafür ausbrach, Beatles-Perücken zu tragen.

Der Tourneeplan für 1964, den Brian Epstein arrangiert hatte – eine Tournee in den Vereinigten Staaten, eine in Großbritannien und eine in Europa und/oder Asien –, wurde 1965 und 1966 wiederholt (1966 fiel nur die Tournee in Großbriannien aus). Doch wurden die Tourneen mit jedem Jahr kürzer, weil die Beatles sich zunehmend über die Plackerei ärgerten.»Wir verfielen in einen Trott, wir sausten nur noch um die Welt«, sagt Harrison.»Jeden Tag hatten wir ein anderes Publikum, aber wir spielten immer das gleiche.« Die Tourneen waren wie der Wehrdienst:»Immer und ewig das gleiche. Eine einzige große Quälerei.«

Aber es war natürlich mehr als nur Müh und Plag. Mit den Tourneen ließen sich phantastische Einnahmen erzielen, besonders als die Beatles über Hallen hinaus- und in die Footballstadien hineinwuchsen. Die Gagen, die Epstein verlangte, waren die höchsten, die im Showbusiness je bezahlt wurden, doch die jeweiligen Veranstalter bettelten um jeden Auftritt. Das berüchtigte Konzert im New Yorker Shea Stadium am 15. August 1965 etwa stellte einen Weltrekord auf, sowohl was die Zuschauerzahl (55 600 Menschen) als auch die Bruttoeinnahmen (304 000 Dollar) betraf. Zusätzlich zu den offiziellen Einnahmen strich Epstein regelmäßig ungezählte Tausende von Dollar an Schwarzgeld ein, das der Konzertveranstalter zu bezahlen hatte und das dem Finanzamt gegenüber nicht erklärt wurde. Wegen der riesigen Summen, die ihnen zuflossen, wurden die Beatles bald so hochnäsig, daß sie, als ihnen ein exzentrischer amerikanischer Millionär namens Charlie Finley 150 000 Dollar netto für einen einzigen Auftritt in Kansas City zu einem Termin bot, der zufällig ihr freier Tag sein sollte, kaum von ihren Spielkarten hochsahen und Epstein die weiteren Verhandlungen überließen. Epstein nahm an.

Die Riesenauftritte zeigten die Beatles nicht unbedingt als schlechte Musiker. In Begleitung seiner künftigen Frau Judy Lockhart-Smith begleitete George Martin die Beatles bei ihrem ersten Konzert in Amerika, das am 11. Februar 1964 im Washingtoner Coliseum stattfand. Da sie mit der Band viele Stunden im Aufnahmestudio verbracht hatten, kannten sie die Beatles als Freunde und Kollegen, nicht als entrückte Idole. Doch erwies sich die Magie der Gruppe auch bei ihnen als so mächtig, daß sie, wie sich Martin erinnert, als bei »I Want To Hold Your Hand« das gesamte »Publikum mitzusingen begann, schließlich ebenfalls aufsprangen und mit den anderen mitkreischten ... Wir wurden in der ungeheuren Strömung eines übermütigen Glücksgefühl, dieser wahnsinnigen Begeisterung einfach mitgerissen.« Auf der Bühne erging es Ringo nicht anders. »Manche warfen Gummibärchen in Tüten, die wie Hagelkörner weh taten, aber sie hätten mich auch zerreißen können, und es wäre mir egal gewesen«, sagte er später. »Ein unglaubliches Publikum! Ich hätte die ganze Nacht für sie spielen können.« Dieser Auftritt fand übrigens noch ganz am Anfang der Beatlemania statt. Die unbearbeiteten Bänder mit anderen Auftritten zwischen 1964 und 1966 zeigen eine Band, die zwar nicht sonderlich inspiriert singt und spielt, im ganzen aber routiniert und erstaunlich melodie- und rhythmussicher bleibt – keine geringe Leistung, wenn man bedenkt, daß sich die Beatles selber kaum hören konnten. (Eine Akustikexpertin, die den Lärmpegel im Publikum während der Tournee in Australien berechnete, fand heraus, daß er höher als der eines Jets war.)

»Wenn die Beatles eine Tournee machten, dann haßten wir es und liebten es gleichzeitig. Es gab tolle Abende und ganz fürchterliche«, erzählte Lennon dem Journalisten Ray Coleman. An anderer Stelle gab er zu: »Klar, mir gefiel das alles: Ruhm, Macht, Geld und das Spielen vor großem Publikum. Die Eroberung Amerikas war das beste.«

Die Beatles hatten sich darauf verständigt, daß sie sich so geben würden, als würde sie der Erfolg nicht im geringsten beeindrucken, doch der Empfang, der sie im Februar 1964 in New York erwartete, durchbrach diese Verabredung. Es gibt eine verräterische Filmsequenz, die in der Limousine gedreht wurde, die die Beatles vom Flughafen in die Stadt brachte. Man sieht McCartney, wie er ein Transistorradio ans Ohr preßt, während er wie die anderen Beatles einem Radiomoderator zuhört, der herunterrattert, welche Beatles-Beiträge sein Sender im Programm hat. (Den ganzen Tag über hatten die Radioansager das Wetter in »Beatle-Graden« und die Zeit in »Beatle-Minuten« angegeben.) Wie die anderen schüttelt Paul den Kopf in sprachlosem, ekstatischem Zweifel, bis er plötzlich bei der Ankündigung hellwach wird, daß »morgen abend um sieben die Beatles eigene Gedichte lesen« würden. Paul, ausnahmsweise nicht souverän, wird durch die Meldung völlig überrascht: »Was, wie? Tatsächlich?« Erst dann nimmt er wieder seine Rolle ein und jammert in seinem langsamen, schwerfälligen Ton: »Wir haben aber doch gar keine Gedichte geschrieben.«

Es gab zu viele Möglichkeiten für den einen oder anderen Spaß, wenn einem die ganze Welt zu Füßen lag. Einer, ein großer und schlimmer, war die Zeit, die die Beatles auf den Bahamas verbrachten, um »Help!« zu drehen, ihren zweiten Spielfilm. Da spielten sie mit vier gemieteten Cadillacs Autoscooter und fuhren sie einfach zu Schrott. »Es war ein irres Gefühl, diese glänzenden, neuen Wagen kaputtzufahren«, erzählte John Lennon später Pete Shotton. Bei den Parties ging es nicht weniger wild zu. Zu den Aufgaben der Beatles-Mitarbeiter Mal Evans und Neil Aspinall gehörte es, die Menge bei Konzerten abzugrasen und vier oder mehr der hübschesten Mädchen auszusuchen, um sie den Beatles nach dem Konzert zuzuführen. »Natürlich gab es Orgien«, gab Aspinall später zu. »In jeder Stadt gab es eine Orgie. Ein reines Wunder, daß es die Presse nie mitkriegte.« Lennon erzählte Shotton von einer bestimmten Party mit lauter Starlets und Models, wo »ich mir eine griff und sie unter der Treppe bumste – eine andere im Schlafzimmer – dann eine im Badezimmer und eine auf dem Küchenboden … Sowas habe ich noch nie erlebt – und es ging die ganze Nacht. Insgesamt hatte ich sieben Stück.« An anderer Stelle verglich Lennon die Beatles-Tourneen mit »Satyricon« von Federico Fellini, der den dekadenten Hedonismus des spätrömischen Reiches schilderte: »Ganz gleich, wo wir hinkamen, es war immer schon was los … Die Zimmer von Derek Taylor und Neil waren immer voller Zeug, Nutten und weiß Gott nicht alles, und die Polizisten gleich dabei. Satyricon!« In einem seiner besten Songs während seiner Solo-Karriere faßte George Harrison die Tage »when we were fab« (als wir berühmt waren) in der Erinnerung zusammen: »And we did it aw-aw-aaw-all … Fab!«

Der Rock 'n' Roll-Lebensstil der Beatles – ihre zügellose sexuelle Promiskuität, die Tabletten, Alkohol und die Drogen, die sie großzügig verbrauchten – war den Journalisten, die über sie berichteten, keineswegs unbekannt, aber in ihren Reportagen stand kein Wort darüber. »Jeder will, daß das Image erhalten bleibt«, sagte Lennon später. »Die Journalisten haben ein Interesse daran, weil sie weiter umsonst saufen, umsonst bumsen und Spaß haben wollen … Wir waren die Kings. Wer hätte denn ein Interesse daran, uns bloßzustellen, wenn es um Millionen Pfund ging?«

Das Image der vier Beatles als anständige, aufrechte junge Engländer wurde am deutlichsten durch die Queen höchstpersönlich bestätigt, die sie bei einer Zeremonie im Buckingham Palace am 26. Oktober 1965 zu Members of the British Empire ernannte. Nie zuvor waren Popstars solcher Ehren teilhaftig geworden. Die Queen konnte nicht wissen, daß die Beatles unmittelbar vor der Zeremonie in die Palasttoilette geschlüpft waren, um schnell einen Joint zu rauchen.

Es war alles sehr verführerisch, schmeichelhaft und ansteckend, aber es ging ständig bis zur Erschöpfung. »Diese Jahre schienen tausend Jahre zu dauern«, klagte Harrison später. Das Problem bestand darin, wie Lennon sagte, daß man es »nicht abstellen konnte. Der Fahrstuhlführer wollte etwas, wenn man in sein Hotelzimmer zurückmußte, das Zimmermädchen wollte etwas von dir – ich meine jetzt gar nicht sexuell, sondern einen Teil deiner Zeit und deiner Energie«. Zu ihrem Selbstschutz entwickelten die Beatles einen Code, in dem sie sich in Gegenwart von Fremden unterhalten konnten. Menschen, mit denen sie nichts zu tun haben wollten, hießen »Krüppel«, ein Paßwort, das sich von der Tatsache herleitete, daß sie häufig darum gebeten wurden, entstellte, behinderte oder sonstwie unglückliche Menschen zu begrüßen. Für George Martin war dieser Bestandteil ihrer Tourneen wie eine Wallfahrt nach Lourdes: »Es gab tatsächlich Leute, die wollten nur den Saum der Kleider berühren, die sie trugen ... Deshalb ist ihnen kaum ein Vorwurf zu machen, wenn sie eine Mauer zwischen sich und der Welt aufrichten wollten.«

Um wenigstens zu Hause Ruhe vor dem Massenansturm zu haben, zogen die Beatles (mit Ausnahme von Paul, der in der Stadt blieb) hinaus in die Vororte, in die Nachbarschaft von Börsenmaklern, wo die Distanz und hohe Mauern einen gewissen Schutz vor neugierigen Fans gewährleisteten. Unterwegs blieb ihnen jedoch nicht viel anderes übrig, als sich in streng bewachte Hotelfluchten einsperren zu lassen, wo sie Klaustrophobie und Langeweile schier verrückt machten. Doch auch da waren sie nicht vor dem Andrang sicher – den zahllosen Lokalhonoratioren, die darauf bestanden, bei den Beatles vorgelassen zu werden. In seinem amüsanten Erinnerungsbuch *As Time Goes By* erinnert sich der ehemalige Beatles-Pressesprecher Derek Taylor einer Episode, die sich in Milwaukee ereignete. Es war am Morgen nach einer Vorstellung, und die ganze Beatles-Karawane lag noch im Bett. Das Hotel befand sich »im üblichen Belagerungszustand; die Leute von der Straße waren bis in die Hotellobby vorgedrungen, und überall sah man bewaffnete Männer ... mit kurzärmliger weißer Gesinnung und schmalen grauen Gedanken«. Die Bürgermeistergattin mit ihrer neunjährigen Tochter im Schlepptau wurde jedoch vorgelassen und zu Taylors Zimmer geleitet. Dort verlangte sie, daß die Beatles geweckt würden, damit ihre Tochter mit ihnen sprechen könne. Unter Zuhilfenahme eines Katercocktails hörte sich Taylor an, wie die Frau seine Arbeitgeber als »langhaarige Rüpel« beschimpfte, die kein Recht hätten, um elf Uhr vormittags noch im Bett zu liegen, die andererseits aber ihre Tochter faszinierten. In schlauer Voraussicht hatte die Frau einen jungen Lokalreporter mitgebracht, der nicht in das Schweigegesetz des die Beatles begleiteten Pressecorps eingeweiht war; die Frau drohte mit schlechter Presse, wenn Taylor nicht ihren Wünschen entsprechen würde. Und darum, so Taylor, »lernte die Tochter des Bürgermeisters von M. im Verlauf des Tages die Beatles kennen.

Oder haben Sie etwa einen anderen Ausgang der Geschichte erwartet?«

»Je größer wir wurden, desto mehr Unwirkliches stürmte auf uns ein«, erinnerte sich Lennon später. Am demütigendsten fand er die Parties, auf denen die Spitzen der jeweiligen Gesellschaft »unsere Arbeit und unseren Lebensstil meinten kommentieren zu müssen … Man mußte sich vollständig erniedrigen, um das zu werden, was die Beatles waren, und das ist mir sowas von zuwider; ich wußte das nicht, ich hatte ja keine Ahnung. Es passiert Stück für Stück, ganz langsam, bis einen der nackte Irrsinn umgibt und man ganz genau das tut, was man nicht tun will, und mit Leuten, die man nicht ausstehen kann – mit Leuten, die man schon im Alter von zehn Jahren gehaßt hat.«

Gelegentlich brachte der Stress nicht bloß Demütigungen, sondern Gefahr für Leib und Leben mit sich. 1966, als die Beatles nicht auf einer Party erschienen, die die Frau des philippinischen Diktators Ferdinand Marcos gab, mußten sie erfahren, wie hart die Strafe sein konnte, wenn man das VIP-Spiel nicht mitspielte. Wieder einmal lagen die Beatles schlafend in ihren Hotelzimmern, als Polizisten an die Tür klopften: Wann die Band denn zur Party erscheinen würde? Die Beatles wußten von keiner Party, obwohl die Einladung offenbar bei einem Mitglied ihres Stabes gelandet war. Ihr Manager Epstein weigerte sich, die vier aufzuwecken, obwohl der britische Botschafter anrief und die Befürchtung äußerte, die Sache könnte ernste Folgen nach sich ziehen. Nachdem die Geschichte, daß die Beatles Mrs. Marcos und die Ehre des Landes beleidigt hätten, in den Nachrichten hinaustrompetet worden war, versuchte es Epstein mit einer Entschuldigung, doch es war zu spät; seine aufgezeichnete Erklärung wurde nicht gesendet. Als die Beatles am nächsten Morgen aufwachten, war das gesamte Personal sowie die Polizeibewachung aus dem Hotel abgezogen. Am Flughafen von Manila trafen sie auf bewaffnete Soldaten und einen Mob, der nach ihnen trat und sie stieß; der Troß schaffte es nur mit Mühe ins Flugzeug. Es war »unfaßbar und zum Fürchten«, wie Lennon später sagte. Auf diesem Rückflug von Manila beschlossen er und die anderen Beatles, mit Tourneen aufzuhören.

Auch bei zahlreichen anderen Gelegenheiten kam die Gruppe nur knapp an Schlimmerem vorbei. Das Publikum randalierte während der Konzerte manchmal so, daß die Polizei den Auftritt unterbrechen mußte, bis sich alles wieder einigermaßen beruhigt hatte. Die Menge fiel einmal über eine Beatles-Limousine her und drückte das Dach ein; die Beatles hätten dabei getötet werden können. Zu ihrem Glück befanden sie sich jedoch in einem Rettungswagen; die Limousine diente zur Ablenkung der Fans. Am Flughafen in Houston drehten Tausende durch, als die Maschine mit den Beatles landete. Als ein paar Fans das Rollfeld stürmten, beging der Pilot den Fehler, die Maschine zum Stehen zu bringen, innerhalb weniger Minuten war das Flugzeug von Fans überflutet, die alle ungeduldig an die Türen hämmerten und durch die Fenster glotzten. Der wahrscheinlich schrecklichste Vorfall ereignete sich in Memphis, wo die Beatles vor dem Konzert Todesdrohungen erhalten hatten, weil Lennon seine berüchtigte Bemerkung gemacht hatte, die Beatles seien »beliebter als Jesus«. Als man während der Vorstellung einen lauten Knall hörte, tasteten sich die Beatles schnell ab und überprüften, ob einer der anderen getroffen worden war. Der Knall aber kam, wie sich dann herausstellte, von einem Feuerwerkskörper.

Heimtückischer als die Aussicht, ermordet zu werden, war das Risiko eines kreativen und emotionalen Todes. Übermäßiger Ruhm hatte ihr großes Vorbild Elvis Presley ruiniert, hatte aus einem strahlenden, wilden Originalgenie einen bleichen Hollywood-Routinier gemacht. Diese Lebenslinie war keineswegs ungewöhnlich im Showbusiness, doch es gelang den Beatles, der größten Erfolgsgeschichte aller Zeiten, dieser Falle zu entgehen. Wenn das bemerkenswerteste Phänomen an der Beatlemania in der Begabung der vier jungen Musiker bestand, auf der ganzen Welt diese massenhafte, spontane Freude und Erregung auszulösen, dann kam gleich danach die Tatsache, daß sie als Musiker überlebten und ihre künstlerischen Fähigkeiten sogar noch wuchsen. Während all der Jahre, die die Beatlemania währte, entwickelte sich die Musik der Beatles erstaunlicherweise weiter, nahm zu an Niveau und Raffinesse. »Wir sind insgesamt vier, wenn also einer von uns gar zu großkopfig wird, holen ihn die andern drei wieder runter«, erklärte Ringo, um zu erläutern, wie die Beatles das Gleichgewicht bewahrten.

»Das ist kein Showbusiness mehr, das ist etwas anderes«, sagte Lennon in der Mitte der Beatlemania. »Das ist vollkommen anders als alles, was man sich vorstellen kann. Man kommt damit nicht weiter. Man macht es und hört dann auf.« Als die Beatles am 29. August 1966 in San Francisco ihr letztes Live-Konzert gaben, hatten sie es auf insgesamt vierzehnhundert Vorstellungen gebracht. Die Entscheidung, keine weiteren Tourneen mehr zu veranstalten, war noch nicht bekanntgegeben, aber die Band dokumentierte ihren letzten Bühnenauftritt mit einem Selbstporträt, das mit einem Spezial-Weitwinkel aufgenommen wurde. »Ringo kam von seinem Platz am Schlagzeug herunter, und wir standen mit dem Rücken zum Publikum und posierten für ein Foto, weil wir wußten, das war unser letzter Auftritt«, erinnert sich George.

Die Menge kreischte weiter, so wie die Menge während der letzten fünf Jahre schon Hunderte von Malen gekreischt hatte, aber die Beatles, denen sie zujubelte, gab es nicht mehr. Allein schon durch den Druck der Beatlemania waren John, Paul, George und Ringo gezwungen worden, sehr schnell erwachsen zu werden, und dabei hatten sie sich weit von einem Teil ihres Publikums entfernt. »Wir leben in einem Treibhaus auf Rädern«, sagte John kurz nach dem Konzert in San Francisco. »Wir mußten uns über die vier Pilzköpfe auf der Bühne hinausentwickeln. Wir mußten erwachsen werden. Sonst wären wir verratzt.« Die Beatles waren bereits auf dem besten Weg, die bekanntesten Symbole der entstehenden Gegenkultur der sechziger Jahre zu werden. Inzwischen hatten sie sich gegen den Vietnamkrieg geäußert, und der Genuß von Marihuana und LSD hatte ihren Kopf für eine andere Wirklichkeit geöffnet, womit ihr Fab-Four-Image nur noch absurder wirkte. Vor allem aber war ihre Musik in jeder Hinsicht anspruchsvoller geworden. Bewußt betrachteten sie sich und ihre Musik aus einer abgehobenen, historischen Perspektive. »Mir wäre der Gedanke fürchterlich, wenn die Beatles nur als vier fröhliche Pilzköpfe im Gedächtnis bleiben würden«, sagte McCartney im Juni 1966. »Ich möchte, daß man sich, wenn wir tot sind, an vier Leute erinnert, die Musik machten, die gut genug war, daß man sich an sie erinnert.«

9. Kapitel
Abgekämpft (Beatles For Sale)

Das Album **Beatles For Sale**, das die Beatles Ende 1964 herausbrachten, war unverkennbar ein künstlerisches Opfer der Beatlemania; die Erschöpfung war nicht mehr zu übersehen. Selbst der Titel, Ausdruck schlichten Kommerzdenkens, klang so müde, als hätte keiner mehr die Energie aufgebracht, sich etwas Besseres auszudenken. Die Vorder- und Rückseite zeigte die entsprechenden Fotos der Beatles, ziemlich düstere also. Schwarz angezogen stehen John, Paul, George und Ringo ganz nah beieinander, als suchten sie Schutz vor der Außenwelt. Mit bleichem, ermattetem Gesicht starren sie direkt in die Kamera; kein einziger bringt auch nur näherungsweise ein Lächeln zustande. Auf der Vorderseite wirken die Beatles bedrückt und leidend, als wäre grade ein naher Freund gestorben; auf der Rückseite schauen sie trübsinnig nach oben, als wollten sie Gnade von oben erflehen.

Als **Beatles For Sale** herauskam, waren die Beatles bereits so berühmt, daß sich der Begleittext zur Platte auf die Aussage beschränken konnte: »Das ist die Vierte der Vier.« Niemand, der in Reichweite der westlichen Medien lebte, konnte im unklaren darüber sein, um welche vier es sich handelte; der Text verkündete ziemlich unbescheiden, daß die Beatles inzwischen »die größte Attraktion seien, die die Welt je gesehen hat«. Außerdem handelte es sich (eine Aussage, die John, Paul, George und Ringo gemeinschaftlich zugeschrieben wird) bei diesem vierten Album auch um ihr »ziemlich sicher« bislang bestes. Das waren natürlich reine PR-Superlative, doch besaß der Autor, Derek Taylor, der Pressesprecher der Beatles, viel zuviel Talent, um nicht die Grenzen des Genres zu überschreiten. In seinem Begleittext für **Beatles For Sale** stellt er sich ein »radioaktives, zigarrenrauchendes Kind vor, das im Jahr 2000 auf dem Saturn picknickt« und sich fragt, worum es bei diesem Beatles-Wahnsinn eigentlich ging. Die einfachste

Erklärung bestehe darin, so Taylor, dem Kind ein paar Songs von dieser LP vorzuspielen. Künftige Generationen, so prophezeite er, »werden aus dieser Musik ein ähnlich angenehmes Gefühl und eine ähnliche Wärme wie wir heute beziehen. Denn die Magie der Beatles ist, wie ich vermute, zeit- und alterslos. Sie hat alle Grenzen und Sperren überwunden. Sie hat die Unterschiede von Rasse, Alter und Klasse aufgehoben. Sie wird von der Welt über alles geliebt.«

Diese Sätze sind die wohl beste Beschreibung, die je über die Anziehungskraft und den künstlerischen Rang der Beatles formuliert wurde. Die Ironie besteht darin, daß Taylor sie auf ein Beatles-Album drucken ließ, das alles andere als ihr bis dahin bestes Werk war. (Diese Ehre darf zweifellos **A Hard Day's Night** für sich beanspruchen.) Womöglich handelt es sich bei **Beatles For Sale** sogar um das uninteressanteste Album, das die Band je herausbrachte. George Martin hat zugegeben, daß **Beatles For Sale** »ein Ausfall« sei, und nannte auch den Grund dafür: »Sie waren während der Arbeit an **Beatles For Sale** ziemlich kriegsmüde. Man darf nicht vergessen, was 1963 und erst recht 1964 alles auf sie einstürmte. Erfolg ist eine wunderbare Sache, aber er macht sehr, sehr müde. Sie waren immer auf dem Sprung. **Beatles For Sale** gefällt mir heute nicht mehr sonderlich, es gehört nicht zu ihren besten Sachen. Danach erholten sie sich wieder.«

»Kriegsmüde« ist die passende Beschreibung; auf den Cover-Fotos von **Beatles For Sale** sehen die Beatles wie nach einem »Bombenangriff« aus. Der Ruhm scheint sie ängstlich gemacht zu haben, sie sind erschöpft, scheinen sich beinah vor dem zu fürchten, was als nächstes kommt. Auf dem Album selber schlagen die Titel der ersten drei Songs – »No Reply«, »I'm A Loser« und »Baby's In Black« –, alle in der Hauptsache von John geschrieben, einen schwermütigen Ton an. Die Beatles trugen noch immer die Pilzkopffrisur, aber das sorglose Image hatte bereits Schaden genommen.

Damals merkten das außerhalb des inneren Kreises offenbar nur wenige. Als **Beatles For Sale** am 4. Dezember 1964 herauskam, erlebte das Beatles-Märchen noch immer seine erste Blüte; wie hätten den Helden da Bedenken kommen sollen? Nicht zum letztenmal ignorierte die Öffentlichkeit unbequeme Wahrheiten über die Beatles. Der Fehler lag nahe, nicht nur, weil das entsprechende Album, das in den USA herauskam, **Beatles '65**, vollkommen andere Cover-Fotos zeigte. Schließlich war die Single »I Feel Fine«, die eine Woche vor der Veröffentlichung von **Beatles For Sale** herauskam, ein fröhlicher, gutgelaunter Rocksong in der Tradition von »She Loves You« und »I Want To Hold Your Hand«. Sie wurde, was niemanden überraschte, die siebte Single in Folge, die sofort zur Nummer Eins aufstieg. Auch **Beatles For Sale** schoß sofort an die Spitze der Hitparaden, und das nicht nur, wie man vermuten darf, als Folge der Beatlemania. Das Außergewöhnliche zeigte sich auf **Beatles For Sale** weniger offensichtlich als auf anderen Alben, doch selbst die müdesten Zuckungen bestätigten Derek Taylors Beobachtung, daß die Musik der Beatles ein Gefühl des Behagens und der Wärme vermittelte.

Die besten Stücke auf dem Album waren jene drei, die George Martin zur Veröffentlichung als Singles vorgesehen hatte, ehe Lennon das eindeutig bessere »I Feel Fine« präsentierte. Es waren »No Reply« und »I'm A Loser«, die Auftaktsongs auf der ersten Seite, sowie »Eight Days A Week«, mit dem die Rückseite beginnt. Obwohl keiner zu den besten Songs gehört, die Lennon und McCartney geschrieben haben, besitzen auch sie einen gewissen Reiz; außerdem zeigen die ersten zwei, daß Lennon sich als Texter zunehmend weiterentwickelte. Da sie aber zusätzliches Material brauchten, hielten sich die Beatles an das Rock 'n' Roll-Repertoire aus dem Cavern Club, um **Beatles For Sale** aufzufüllen. Die herausragenden Stücke sind hier Chuck Berrys »Rock And Roll Music« und das von Little Richard inspirierte Medley »Kansas City« und »Hey, Hey, Hey, Hey«. Die Unschuld, mit der sich Ringo an Carl Perkins' »Honey Don't« versucht, und Georges Version von »Everybody's Trying To Be My Baby«, ebenfalls von Perkins, erlauben den Beatles immerhin, das Album mit einem kaum verschleierten Kommentar über das Leben im Innern der Beatlemania abzurunden.

Das Übermaß an Cover-Versionen auf **Beatles For Sale** ließ beinah den Eindruck entstehen, als würden sich die Beatles ein letztes Mal vor der amerikanischen Herkunft ihrer Musik verbeu-

gen, im weiteren Verlauf ihrer Karriere nahmen sie (von vier Ausnahmen abgesehen) nur noch Eigenkompositionen auf. Nur acht
der vierzehn Stücke auf **Beatles For Sale** stammen von Lennon
und McCartney – ein gewaltiger Rückschritt nach **A Hard Day's
Night**. Wie John und Paul inmitten des tobenden Wahnsinns von
1964 überhaupt die Zeit fanden, um so viele neue Songs zu schreiben, bleibt dennoch ein Rätsel. Die Aufnahmen zu **Beatles For
Sale** waren nicht weniger eilig gemacht worden. Wieder mußten
die Sessions in der Abbey Road irgendwo zwischen die anderen
Verpflichtungen geschoben werden. Die letzten Aufnahmen fanden im Oktober an Tagen statt, an denen die Beatles eigentlich
freihaben sollten, doch anders hätte sich das Album nicht rechtzeitig für das Weihnachtsgeschäft fertigstellen lassen.

Am auffälligsten waren die technischen Neuerungen, mit denen sich ein neuer Sound erzeugen ließ, zum Beispiel die elektronischen Gimmicks, die »I Feel Fine« und »Eight Days A Week«
einleiten. Die Beatles taten sich damit weiter auf dem Gebiet um,
das sich ihnen Anfang des Jahres während der Aufnahmen zu **A
Hard Day's Night** mit dem Vierspurgerät eröffnet hatte. Je mehr
sie darüber herausfanden, wie Studiotricks Ton und Aufbau eines
Songs zu ändern vermochten, desto mehr begeisterten sie sich
dafür.

John Lennon war besonders stolz auf das tiefe, zitternde Feedback, mit dem »I Feel Fine« beginnt. »Ich wette, es gibt keine andere Platte – es sei denn, eine uralte Bluesaufnahme von 1922 –,
auf der die Rückkopplung so eingesetzt wird«, sagte er später.
»Das haben die Beatles erfunden. Vor Hendrix, vor den Who, vor
allen anderen. Die erste Rückkopplung auf einer Platte.« Solches
Experimentieren hätte sich leicht auf hemmungsloses Herumba-
steln beschränken können, doch war die Rückkopplung auf »I
Feel Fine« mehr als nur avantgardistische Spielerei. Im Interesse
des musikalischen Ganzen verwandelte es sich rasch in ein funki-
ges Gitarrenriff. Ohne die Rückkopplung wäre »I Feel Fine« vielleicht nur eine weitere Hitsingle gewesen, ein Ohrwurm, aber
doch ziemlich gewöhnlich. Wie so oft bei den Beatles war es eine
Mischung aus Avantgarde und Vertrautem, die etwas Ungewöhn-
liches hervorbrachte.

Wie die Beatles auf die Idee mit der Rückkopplung verfallen sind, hat sich nie eindeutig klären lassen. In den Zeitungen war damals von einem »elektronischen Unfall« die Rede, eine Erklärung, die in Lewisohns *Recording Sessions* kurz und bündig zurückgewiesen wird: »Das war kein Zufall. Vom ersten Take an hatten die Beatles diese seltsam klingende Einleitung fertig … Paul zupfte eine einzelne Baßsaite, und John suchte mit seiner Gitarre die Rückkopplung vor dem Verstärker.« Natürlich könnte sich der inspirierende »Unfall« bereits vor dem ersten Take ereignet und die Beatles bewogen haben, eine verfeinerte Form einzubauen, wenn sie mit den Aufnahmen begännen. Schließlich ist an drei verschiedenen Stellen in den *Recording Sessions* davon die Rede, daß die Beatles sich »Unfälle« im Studio zunutze machten. Als zum Beispiel eine bestimmte Note auf dem Klavier eine Weinflasche, die auf dem Lautsprecher stand, auf ungewöhnliche Weise ins Vibrieren brachte, wurde diese Sequenz eigens wiederholt, um den seltsamen Sound auf Band festzuhalten.

Die B-Seite von »I Feel Fine«, ein kehliger Rocksong von McCartney mit dem Titel »She's A Woman«, deutete eine andere und nicht weniger wichtige Entwicklung an: die Bekanntschaft (durch Bob Dylan vermittelt) mit Marihuana. »She's A Woman« beginnt mit einem der unbeholfensten Reime im Songrepertoire der Beatles: »My love don't give me presents/ I know she's no peasant« (Meine Liebste macht keine Geschenke, ich weiß, sie ist keine Bäuerin). Doch vier Zeilen später singt Paul, daß seine Freundin »turn (s) me on when I feel lonely« (sie macht mich an, wenn ich mich einsam fühle). Das war die erste explizite Anspielung der Beatles auf Drogen. Wenn man die unveröffentlichten Versionen des Songs hört, klingt es tatsächlich so, als hätten sich die Beatles an jenem Tag im Studio selber ein paar Joints reingezogen. Auf Take sieben von »She's A Woman« geht es immer weiter und weiter, bis schließlich eine lebhafte, wenn auch etwas ruppige Jam Session daraus wird. In den folgenden Jahren sollten bewußtseinserweiternde Drogen für die Arbeit der Beatles und erst recht für ihr Privatleben und ihre persönliche Entwicklung immer wichtiger werden, doch bei »She's A Woman« brachten John und George nur die großäugige Freude der frisch Initiierten zum Ausdruck. »Wir waren so begeistert darüber, daß wir ›Mach mich an‹ sagen und dies in bezug auf Marihuana als Formulierung benutzen konnten«, erinnerte sich Lennon später.

Wenn es nicht »I Feel Fine« gewesen wäre, dann wäre »Eight Days A Week« die wichtigste Single dieser Periode geworden. Tatsächlich kam »Eight Days A Week« in den USA als Single heraus und blieb zwei Wochen die Nummer Eins. Wie »A Hard Day's Night« und das noch nicht geschriebene »Tomorrow Never Knows« verdankt auch »Eight Days A Week« seinen Titel einer beiläufigen Bemerkung Ringos. »Er sagte es, als wäre er ein überarbeiteter Taxifahrer: ›Acht Tage die Woche‹«, erinnert sich McCartney. »Als wir das hörten, sagten wir: ›Tatsächlich? Bingo! Genau!‹« Die gemeinsam entstandene Lennon-McCartney-Komposition »Eight Days A Week« wurde von John später als »miserabel« bezeichnet, ein absurd hartes Urteil. Tatsächlich bewegt sich die Melodie fröhlich dahin, und der Text ist dank Ringos unbeabsichtigtem Witz eine halbe Stufe über dem vieler früher Beatles-Songs.

Was »Eight Days A Week« jedoch vor allem auszeichnet, ist ein weiterer Studiotrick. Bei Plattenaufnahmen war es eine traditionelle Übung, bestimmte Songs mit allmählichen Ausblenden statt mit einem bewußten, dezenten Schluß zu beenden. Bei »Eight Days A Week« wurde diese Praxis umgekehrt; es wurde der erste Popsong, der mit einer Aufblende beginnt. Dieser Effekt ließ sich auf **Beatles For Sale** noch dadurch verstärken, daß »Eight Days A Week« die Rückseite des Albums einleitet. Damit wurde dem Zuhörer, der eben die Platte umgedreht hatte und darauf wartete, daß sie begann, das seltene Erlebnis zuteil, daß er Musik hörte, ehe der Song überhaupt anfing; es war, als käme der Sound irgendwo aus der Ferne langsam näher. Solche im Studio entwickelten Taschenspielertricks waren, wie George Martin einmal bemerkt, »sehr leicht herzustellen … , aber außerordentlich wirkungsvoll«.

Beatles For Sale stand auch am Anfang von dem, was Lennon später einmal als »meine Dylan-Periode« bezeichnete, einer Zeit, in der seine Texte realistischer, introspektiv und variantenreich wurden. Der Song, der am häufigsten zur Illustration angeführt wird, und zwar von Lennon sowohl wie von Kritikern, ist »I'm A Loser«, ein Song, bei dem der Titel für sich spricht. Der Text liefert das übliche Lennon-Bild von der Liebe als einem Krieg um Besitz und Betrug, den er verloren hat; bis dahin unterschied sich der Song keineswegs von früheren Kompositionen. Erst im Refrain zeigte sich Lennons gefühlsmäßige Seite. »I'm a loser/ And I'm not what I appear to be« (Ich bin ein Verlierer, ich bin nicht so, wie ich wirke), sang er, und es war ein Eingeständnis, das den beunruhigenden Fotos auf dem Cover entsprach und seinen Widerhall bald in Kompositionen wie »Help!« und »Nowhere Man« finden sollte.

Auch »No Reply« zeigt Fortschritte des Texters Lennon, auf die damals schon Dick James hinwies, der Verleger der Lennon–McCartney-Songs. Als James »No Reply« gehört hatte, sagte er, wie Lennon sich erinnerte, zu John: »›Du wirst allmählich besser; das war eine richtige Geschichte.‹ Offenbar glaubte er bis dahin, meine Songs würden im Nirgendwo versacken.« Die Geschichte, die »No Reply« erzählt, löst sich auf, wichtiger ist jedoch die lebendige Szene, die Lennon entwirft. Ein Freier wird am Haus einer jungen Frau abgewiesen; man sagt ihm, sie sei nicht zu Hause. Er merkt jedoch, daß das nicht wahr ist, weil er sie, als er nach oben schaut, hinter ihrem Fenster sieht. Ihre Augen begegnen sich, und das Gefühl von Verrat und Demütigung ist erschütternd. »I nearly died!« klagt John, und Paul unterstützt dieses Gefühl mit seinem Harmoniegesang. Der Schmerz ist mit Händen zu greifen, wird aber derart unverblümt und direkt geäußert, daß ein kathartischer Effekt eintritt.

Es war kein geringes Risiko, ein Beatles-Album mit zwei so schwermütigen Songs zu eröffnen, und tatsächlich spielte Martin eine Weile mit der Idee, »No Reply« auf die Rückseite zu plazieren. Doch er hatte ein Blatt mit nur wenigen Trümpfen in der Hand, und er mußte sie zurückhaltend ausspielen. Natürlich waren auch Lennon–McCartney-Eigenkompositionen wie »Every Little Thing« und »I Don't Want To Spoil The Party« keine Schande, doch sie bewiesen in allererster Linie, daß die Band, vor allem dank Johns und Pauls außergewöhnlicher Stimme, auch mäßiges Material besser klingen lassen konnte, als es eigentlich war. Wie erschöpft die kompositorischen Reserven der Beatles zu jener Zeit waren, läßt sich einer Bemerkung McCartneys entnehmen, die dieser Jahre später über »I'll Follow The Sun« machte, eine hübsche, aber oberflächliche Ballade, die sich auf der A-Seite befindet. Paul schrieb »I'll Follow The Sun« mit sechzehn, aber sie kam nicht auf die ersten Beatles-Platten, weil sie, wie er zugab, »nicht für gut genug befunden wurde. Ich hätte sie nicht mit draufgenommen«.

Schließlich scheint es Martin darauf angelegt zu haben, jede Albumseite mit einem möglichst starken Song zu eröffnen und zu beenden, in der Hoffnung, daß so unbedeutende Stücke wie »Baby's In Black«, »Mr. Moonlight« und »Words Of Love« weniger Aufmerksamkeit erregen würden. Ein Rätsel bleibt, wieso der Song »Mr. Moonlight« es überhaupt auf die Platte schaffte. Denn am selben Tag, an dem die Beatles ihre Cover-Version dieses Nicht-Hits von Dr. Feelgood and the Interns von 1962 aufnahmen, zeichneten sie auch eine sehr lebhafte Version von »Leave My Kitten Alone« auf, eine Rhythm and Blues-Melodie, die Little Willie John im Jahr 1959 gesungen hatte. Die unveröffentlichte Aufnahme der Beatles-Version von »Leave My Kitten Alone« zeigt, daß sie im gleichen Stil wie ihre früheren Cover-Versionen von »Slow Down« und »Money (That's What I Want)« gehalten ist: eine schreiende Lennon-Stimme vor einer ausgelassenen Instrumentalbegleitung. Diese Aufnahme erreicht nicht ganz die Qualität der beiden besten Cover-Versionen auf **Beatles For Sale**, nämlich »Rock And Roll Music« und dem »Kansas City«-Medley, aber sie übertrifft »Mr. Moonlight« bei weitem. Ob es die Beatles selber waren, die sich gegen »Leave My Kitten Alone« entschieden, oder George Martin, ist nicht bekannt. An diesem Punkt begann sich das Machtgleichgewicht zwischen Band und Produzent zu verschieben – Lewisohn berichtet, daß Martin, nachdem er den ersten dissonanten Gitarrenton von »Baby's In Black« gehört hatte, zweifelnd fragte: »Ihr wollt unbedingt, daß der Anfang so klingt?«

Es hängt vor allem mit der glänzenden Entwicklung zusammen, die die Laufbahn der Beatles nach **Beatles For Sale** nahm, daß dieses Album heute als Tiefpunkt ihrer Plattenaufnahmen gelten kann. Im Vergleich mit dem, was sonst auf den Markt kam, mag die LP gar nicht so schlecht dastehen, doch im Zusammenhang mit dem Werkkatalog, den sich die Beatles bereits erarbeitet hatten, ist sie nur ein zweitklassiges Füllstück. Damit läßt sich **Beatles For Sale** entweder als Beweis dafür ansehen, daß die Beatles schließlich auch nur Menschen waren, oder als Nebenprodukt der Beatlemania. Natürlich wurden damals keinerlei Vorwürfe in dieser Richtung erhoben, obwohl es gut möglich ist, daß das Publikum, hätten die Beatles noch mal ein so schwaches Album veröffentlicht, zu murren begonnen hätte. Aber die Beatles kamen wieder auf die Beine.

10. Kapitel
Die Naturtalente:
Das Team Lennon–McCartney

Die Grundlage für die außergewöhnliche Anziehungskraft und
den künstlerischen Rang der Beatles bildeten vor allem John Lennons und Paul McCartneys Eigenkompositionen. Als Band fielen
die Beatles zunächst mit ihrer elektrisierenden Live-Präsentation
amerikanischer Rock'n'Roll-Songs auf, und ihr besonderes
stimmliches und musikalisches Talent trug wesentlich zu ihrem
Erfolg als Plattenstars bei. Doch was die Beatles von anderen Pop-
Größen wie Elvis Presley und Frank Sinatra unterschied, war die
Tatsache, daß sie nicht nur die Songs von anderen Leuten inter-
pretierten, sie schrieben sich ihre eigenen Songs und trugen
schließlich ein Repertoire zusammen, das sich mit jedem anderen
in der populären Musik dieses Jahrhunderts messen kann. Und obwohl George Harrison ein paar sehr schöne Songs zum Katalog
der Gruppe beisteuerte, waren es doch in erster Linie die Kompositionen von Lennon und McCartney, mit denen die Beatles zum
größten musikalischen Phänomen ihrer Zeit wurden. »Der Song
ist das, was bleibt«, sagt Ringo Starr. »Es kommt nicht darauf an,
wie man es gemacht hat. Ich glaube wirklich mehr an den Song als
an die Musik dazu. Die Leute pfeifen den Song, sie pfeifen nicht
meine Schlagzeugbegleitung. Und John und Paul haben ein paar
wunderbare Songs geschrieben.«

Erstaunlicherweise ließen Lennon und McCartney zunächst
»überhaupt nicht erkennen, daß sie einmal große Songwriter sein
würden«, wie sich George Martin erinnert. Der Produzent vertritt
die Ansicht, daß es der sie völlig beanspruchende Aufstieg zum
Ruhm und die Konkurrenz untereinander waren, die die kreativen
Talente der beiden zur Entfaltung brachten: »Es war dieses Gefühl
wie in einem Hochdrucksessel, das sie zu großen Songschreibern
machte. Sie lernten sehr, sehr schnell, und sie spornten sich gegenseitig an.« An anderer Stelle gibt Martin zu, manchmal selber

für Druck gesorgt zu haben: »Ich habe immer zu den Beatles gesagt: ›Ich will noch einen Hit, los, gebt mir noch einen Hit‹, und sie haben immer brav gehorcht. ›From Me To You‹. ›She Loves You‹. ›I Want To Hold Your Hand‹. Von Anfang an war auf sie Verlaß.«

Wie sehr das Team Lennon–McCartney vom Konkurrenzdruck beherrscht war, wurde schon sehr früh deutlich. Nicht verwendete Aufnahmen für »From Me To You« vom 5. März 1963 illustrieren das auf amüsante Weise. An jenem Tag zogen die Beatles gleichsam als Eroberer in die Abbey Road ein; es war ihr erster Studiotermin, seit sie am 22. Februar mit »Please Please Me« zum erstenmal auf Platz Eins der Hitparade vorgestoßen waren. Beide Songs waren Lennon–McCartney-Kompositionen. Einer Legende zufolge entstand »From Me To You« nur fünf Tage vor dem Aufnahmetermin am 5. März im Tourneebus der Band, als sie von einem Auftritt in York zum nächsten in Shrewsbury unterwegs waren.

Es brauchte nicht weniger als sieben Takes, um »From Me To You« aufzunehmen, aber die Beatles hatten den Song offensichtlich geprobt, denn er klingt bereits beim ersten Take weitgehend wie in der veröffentlichten Fassung. Johns und Pauls doppelte Leadstimmen sind geschickt gesetzt, Georges Gitarrengriffe begleiten die Melodie akzentuiert, es hätte keine weiteren Takes gebraucht, wenn man nicht gegen Ende der dritten Strophe ein rätselhaftes Pfeifen auf dem Band gehört hätte. Kurzes Pfeifen galt üblicherweise als Zeichen, mit dem ein Take abgebrochen wurde, und dieses Pfeifen brachte pflichtgemäß alles zum Stehen.

John und George hören als erste auf zu spielen. Ringos Schlagzeug hustet noch ein-, zweimal, Paul singt noch ein paar Worte, ehe auch er abbricht. In gespielter Unschuld fragt er dann: »Is was?« Stille. Schließlich meldet sich eine ruhige Stimme aus der Regie: »Was soll das heißen: Is was?« Schnell sitzt Paul auf dem hohen Roß und antwortet in beiläufigem, aber doch vorwurfsvollem Ton: »Ich dachte, ich hätte dich reden gehört.« Es folgt ein schneller Wortwechsel zwischen John und Paul, der unverständlich bleibt. Sekunden später erklärt John in breitestem Liverpool-Akzent: »Ich habe eine Pfeife gehört«, doch bleibt unklar, ob er

Paul oder jemand anderen meint. Jedenfalls gibt sich keiner als der Schuldige zu erkennen, deshalb sagt John, als würde er mit den Achseln zucken:»Okay, dann los«, und die Beatles beginnen den zweiten Take. Wieder ein sauberes Stück Arbeit von Anfang bis Schluß – jedenfalls klingt es für den so, der sich die Aufnahme zum erstenmal anhört. Doch der hellhörige McCartney merkt sofort, was sich beim Zurückspulen des Bandes auch bestätigt: Johns abschließender Akkord geht daneben. Und während noch die letzten Gitarrentöne durch die Verstärker hallen, sagt Paul mit hörbarem Vergnügen zu John:»Hahaha, du hast den Schluß verpatzt.«

Von ihren ersten gemeinsamen Tagen an waren John und Paul Rivalen sowohl wie Kameraden, Konkurrenten und Partner, Kritiker und Seelenfreunde. »Man muß sich zwei Leute vorstellen, die an einem Strick ziehen, die einander anlächeln und dennoch mit aller Kraft gegeneinander ziehen«, erklärte George Martin dem Lennon-Biographen Ray Coleman. »Die Spannung zwischen den beiden sorgte auch für die enge Bindung.« Ihre Teamarbeit bei den Songs sei wie eine Liebesbeziehung gewesen, sagte Lennon einmal, aber die Liebe hatte immer auch einen Haken. »Es war nicht Neid, aber bestimmt eine Konkurrenzsituation«, sagte Lennon. Immer gab es »einen kleinen Streit zwischen Paul und mir, wer die A-Seite kriegte, wer die Hit-Singles bekam«.

Diese Rivalität brachte sie nicht nur dazu, immer bessere Songs zu schreiben, sie sorgte auch dafür, daß die erstaunliche musikalische Entwicklung vorangetrieben wurde, die für die gesamte musikalische Laufbahn der Beatles ausschlaggebend ist. George Martin ist überzeugt, daß jeder der beiden, wenn sie sich nie begegnet wären, ein guter, wenn auch kein »umwerfend guter« Songschreiber geworden wäre. »Weil Paul John begegnete, arbeitete er an seinen Texten«, sagt Martin in der Beatles-Biographie zu Hunter Davies. »Ich habe meine Zweifel, ob er ohne John ›Eleanor Rigby‹ hätte schreiben können.« Über John sagte Paul später: »Er schrieb ›Strawberry Fields‹, ich zog mich zurück und schrieb ›Penny Lane‹. Als ich ›I'm Down‹ schrieb, zog er sich zurück und schrieb etwas Ähnliches. Weil wir in einem Wettbewerb standen. Aber es war eine sehr freundschaftliche Konkurrenz, weil die Belohnung ja sowieso uns beiden zugute kommen würde. Es war so (er bewegt die Hände, als würden sie eine unsichtbare Leiter hinaufklettern). Das war eine große Hilfe, und deshalb wurden wir immer besser mit der Zeit.«

Tatsächlich bietet die Gegenüberstellung von »Penny Lane« und »Strawberry Fields Forever« das deutlichste Beispiel für die unterschiedliche Sensibilität, die Lennon und McCartney zum unschlagbaren Songwriter-Team machte. Mit seinem unbeschwerten, spielerischen Beat, den warmherzigen Charakterstudien und dem versteckten Humor spiegelt »Penny Lane« McCartneys im wesentlichen optimistische Lebenseinstellung. Pauls Kindheit »unter dem blauen Himmel der Vorstadt« Liverpools hatte ihre Schattenseiten, aber im großen und ganzen schaut er eher gerührt zurück. Lennons »Strawberry Fields Forever« sind dagegen ein traumhafter, fast gespenstischer Ort, wo »nichts wirklich ist« und wo John sich fragt, ob er oder die Welt verrückt ist.

Lennon und McCartney unterschieden sich in ihrem Temperament und ihren musikalischen Instinkten so sehr, daß sie mehr als nur das Beste aus dem anderen herausholen konnten. Doch während McCartney ein Singvogel mit einer überschäumenden Gabe für Melodien, für einen Rhythmus zum Mittrommeln und für aufheiternde Gefühle war, erwies sich Lennon als Dichter, der eine verquere, absurde Einstellung zum Leben hatte, dessen Songs häufig seltsame Rhythmen brauchten und mit ein oder zwei Akkorden auskamen. Wo McCartney dazu neigte, über andere Menschen zu schreiben, beschäftigte sich Lennon mit sich selber. Und wenn McCartney für den Großteil der populären Erfolge der Beatles verantwortlich ist – Songs wie »Yesterday«, »Michelle« und »Yellow Submarine« –, kamen von Lennon eher die Manifeste wie »All You Need Is Love«, »Revolution« und »Nowhere Man«.

Auf sich allein gestellt, hätten sie diese jeweiligen Vorlieben allzu ungehindert ausleben können (ein Vorwurf, der manchmal gegen die Kompositionen erhoben wird, die sie jeder nach der Trennung der Gruppe schrieben). Im Verbund der Beatles jedoch wurden Paul und John in ihren individuellen Neigungen bestärkt, ohne daß sie ihnen ganz und gar nachgeben konnten. Die Dynamik hat Pete Shotton, einer der wenigen Freunde, die gelegentlich dabeisein durften, wenn die Beatles an ihren Songs arbeiteten, auf eine schöne Formel gebracht: »Pauls Gegenwart verhinderte, daß John sich zu sehr in Unverständlichkeit und Maßlosigkeit verlor, während Johns Einfluß verhinderte, daß die seichten und sentimentalen Aspekte in Pauls Kompositionen zu sehr überhandnahmen.« Ironischerweise liefert die jeweilige Solo-Karriere von Lennon und McCartney die wahrscheinlich beste Illustration dafür, wie stark ihre Partnerschaft war. Als Solo-Künstler schrieben beide zahlreiche Songs, die ebensogut waren wie jene, die sie als Beatles schrieben; ein Talent wie das ihre verschwindet nicht über Nacht. Das Problem bestand später darin, daß John und Paul auch andere, und zwar ziemlich durchschnittliche, Songs schrieben, die niemals auf ein Beatles-Album gelangt wären, weil sie im Konkurrenzkampf nicht bestanden hätten. Auch hier war das Konkurrenzprinzip ausschlaggebend. Schon allein die Tatsache, daß auf einem Beatles-Album nur ein begrenzter Platz zur Verfügung stand, bedeutete, daß von jedem nur die besten Stücke aufgenommen wurden. Dagegen wurde jeder Song, den sie als Solo-Künstler schrieben, auch veröffentlicht, weil entweder niemand in der Nähe war, der ihnen davon abgeraten hätte, oder weil sie ihre LPs einfach vollkriegen mußten.

Die Zusammenarbeit neutralisierte nicht nur ihre jeweiligen Schwächen, die Verschmelzung von Johns und Pauls gegensätzlichem Stil hatte auch zur Folge, daß sich die emotionale und musikalische Bandbreite, in der sich die Beatles ausdrückten, erheblich erweitern ließ. Besonders auffällig war das bei den Songs, die Lennon und McCartney zusammen schrieben. In seinem Gespräch mit dem *Playboy* hat Lennon am Beispiel von »Michelle« einmal beschrieben, wie dieser Prozeß vonstatten ging. Seine Erklärung ist auch sonst erhellend, widerspricht sie doch einer verbreiteten Annahme bei Beatles-Fans, daß der Sänger eines bestimmten Songs diesen auch geschrieben habe. Obwohl McCartney »Michelle« durchgehend mit Leadstimme singt, hat er nur den Anfang geschrieben; der Mittelteil stammt von John.

Lennon erinnert sich an die Szene: »Er und ich waren irgendwo, und er kam herein und summte die ersten paar Takte mit dem Text … und dann sagt er: ›Wie komm ich da weiter?‹« John hatte sich eine Bluesplatte angehört, und indem er eine Zeile von ihr umformulierte, kam er auf: »I love, I love you, I love you«. »Mein Beitrag zu Pauls Songs bestand immer darin, daß ich ihnen einen Blues-Touch verpaßte. Sonst ist ›Michelle‹ ja eine simple Ballade, nicht? Paul sorgte für Leichtigkeit und Optimismus, während mir nach Traurigkeit, den Dissonanzen, den Blues-Noten war.« So gewinnt in »We Can Work It Out« Pauls übersprudelnder Ruf nach Versöhnung überzeugendes Gewicht durch Johns ungeduldige Warnung: »life is very short, and there's no time for fussing and fighting, my friend«. Und in »She's Leaving Home«, ein Song, der überwiegend von Paul stammt, gibt John dem Text den entscheidenden Dreh, indem er den Eltern verzeiht, deren kleine Tochter aus ihrer erdrückenden Umarmung geflohen ist: »What did we do that was wrong?/ We didn't know it was wrong« (Was haben wir falsch gemacht? Wir wußten nicht, daß es falsch war).

Auch wenn die Spekulation darüber, wer was geschrieben hatte und wer das größere Genie war, Fans wie Kritiker bei Laune hielt, kam es doch eigentlich nur auf die Zusammenarbeit von Lennon und McCartney an. So begabt jeder von ihnen sein mochte, erst in ihrer Verbindung, indem sie sich gegenseitig beeinflußten, herausforderten und einander ergänzten, schufen sie eine Musik, die alles weit übertraf, was jeder einzelne für sich hätte produzieren können. Ihren jeweiligen Beitrag für die Beatles einigermaßen gerecht zu bewerten, ist unmöglich, sagt George Martin: »Genausogut könnte man fragen, was der wichtigste Bestandteil in einer Vinaigrette ist, das Öl oder der Essig. Beide waren ungeheuer wichtig: Ohne den jeweils anderen wäre ein Erfolg wie der der Beatles undenkbar gewesen.«

Dennoch neigen außenstehende Beobachter dazu, die Unterschiede im Charakter Lennons und McCartneys und ihren jeweiligen musikalischen Instinkt bis zu irreführenden Stereotypen zu vergrößern. Paul wurde als kitschiges Leichtgewicht hingestellt, das keinen halbwegs anspruchsvollen Text schreiben konnte; John war der Künstler als Rebell, ein aggressiver böser Junge. Beide aber waren charakterlich zu kompliziert und zu begabt, als daß diese eindimensionalen Skizzen ihnen auch nur annähernd gerecht würden. Paul war ein »ziemlich fähiger Texter«, wenn er sich darauf konzentrierte, behauptet jedenfalls John und führt als Beispiele »Yesterday«, »The Fool On The Hill« und »Fixing A Hole« an. Das Klischee blieb aber bestehen, zum Teil auch deswegen, weil es nicht nur einfältige Kritiker waren, die für seine Verbreitung sorgten; vor allem John zeigte alles andere als Nachsicht, wenn er sich in den verbitterten Jahren nach der Trennung von 1970 über Paul McCartney äußerte. McCartney hat es nicht vergessen: »Ich wurde der Kitschbruder, und als wir uns hakelten, unternahm John natürlich alles, um diesen Mythos noch zu bestärken. Obwohl er wußte, daß es nicht stimmte, gab er sich alle Mühe, dieses Bild zu verbreiten.« Tatsächlich war es McCartney, der »Helter Skelter« schrieb und sang, den Song, der mindestens so hart ist wie alles, was The Who je zustande brachten. Und während derselben Session, in der Paul »Yesterday« aufnahm, sang er auch »I'm Down«, ein wildes, heiseres Rock'n'Roll-Stück. Andererseits war es der Kreischer John, der »Twist And Shout« in einem Take in Grund und Boden gesungen hatte und später »I Am The Walrus« heulte, der die sentimentale Ballade »Good Night« schrieb und dessen Stimme sich bei dem zarten, ätherischen »Julia« im Verlust geradezu krümmte.

Unermüdlich und oft fehlerhaft analysierten Fans und Kritiker die Arbeit der Beatles, was Lennon und McCartney häufig erboste; sie selber trugen zur Verwirrung jedoch bei mit Erklärungen, die alles andere als berechtigt oder auch nur vernünftig waren. Um die Besserwisser auszukontern, sagte McCartney einmal: »Als wir uns in ein kleines Zimmer setzten, waren es John und ich. Er und ich haben die Songs geschrieben, nicht die Leute, die meinen, sie wüßten alles ganz genau. Ich war dabei, ich weiß es ja wohl besser als alle anderen. Ich war mit ihm in diesem Zimmer.«

Andererseits ist auf das menschliche Gedächtnis notorisch wenig Verlaß, wie ebenfalls Paul bewies, als er sich an die Situation erinnerte, in der John ihm angeblich gesagt hatte, er möge Pauls Songs mehr als seine eigenen. Paul erinnert sich, daß das Gespräch in einem Hotelzimmer stattfand, in dem die Beatles »Help!« drehten. Er sagte, John habe die Bemerkung gemacht, nachdem sie sich eine Beatles-LP angehört hatten, die auf einer Seite jeweils die Stücke von John und drei von Paul enthalten habe. Dummerweise gibt es aber vor der Veröffentlichung von **Help!** Überhaupt keine Platte mit einer solchen Konstellation.

John wiederum legte großen Wert auf die Legende, daß Paul und er trotz der immer gleichen Copyrightangabe »Lennon–McCartney« immer getrennt komponierten. Später gestand er diesen Täuschungsversuch ein und bekannte unter Lachen: »Ja, das habe ich gesagt, aber es war gelogen. Damals, als ich es sagte, hatte ich diese Idee des gemeinsamen Schreibens und gemeinsam Singens dermaßen satt, daß ich das propagierte: ›Wir haben nie zusammen geschrieben, wir waren nie im selben Zimmer.‹ Aber das ist nicht wahr. Wir haben sehr viel zusammen geschrieben, Mann an Mann, Auge in Auge.«

Die Zusammenarbeit Lennon–McCartney nahm über die Jahre die verschiedensten Formen an. Sie begann mit einer Fünfzigfünfzig-Beteiligung an frühen Songs wie »I Want To Hold Your Hand« und »She Loves You« und reichte bis zu völlig individuellen Arbeiten in den späteren Jahren wie »Hey, Jude« und »Revolution«. Am Anfang gab es mehr Gemeinschaftsarbeiten, schon allein deshalb, weil, wie Lennon erklärte, »der Druck auf uns so gewaltig war. Alle drei Monate verlangten sie eine Platte, eine Single von uns, und wir komponierten sie innerhalb von zwölf Stunden in einem Hotel oder im Bus«. Eigenem Bekunden zufolge waren Lennon und McCartney damals ziemlich gewiefte und versierte Komponisten, vor allem, wenn sie für einen anderen Sänger oder eine andere Band schrieben. »Wir haben sie einfach rausgehauen«, sagt McCartney über solche bestellten Songs. »Wir hatten ein reichlich vages Konzept im Kopf; es fiel uns nicht weiter schwer.« Der Text war damals ziemlich egal, wie sich Lennon erinnert: »Als Paul und ich am Anfang Texte schrieben, lachten wir genauso drüber wie wahrscheinlich die Leute von der Tin Pan Alley. Erst später bemühten wir uns darum, daß der Text zur Melodie paßte.«

Durch Bob Dylans Beispiel angeregt, wurde vor allem John klar, daß es im Song auch auf den Text ankam: »Ich weiß noch die ersten Treffen mit Dylan, wie der immer sagte: ›Paß auf den Text auf, Mann‹, und ich sagte: ›Laß mich in Ruhe damit. Für mich ist der Sound wichtig, wie der Sound insgesamt klingt.‹« Doch war Lennon zu klug, um auf Dauer den Rat des »Dichters« in den Wind zu schlagen. Seit seiner Kindheit hatte John Spaß an Wortspielereien; jetzt benutzte er seine Sprachbegabung, um Texte zu entwerfen, die nicht nur eine Melodie umkleideten, sondern tatsächlich etwas aussagten. Als er seine, wie er später halb im Scherz sagte, »Dylan-Periode« begann, schuf er Ende 1964 introspektive, autobiographische Songs wie »I'm A Loser«, »Help!«, »In My Life« oder »Norwegian Wood«. Damit nahm seine Kunst eine neue, beständige Richtung, die sich schließlich ausführlicher manifestierte in Songs wie »A Day In The Life«, »All You Need Is Love«, »Revolution« und, während seiner Solo-Jahre, in »Working Class Hero« und »Imagine«.

Laut George Martin ging das Songschreiben der Beatles während ihrer mittleren Jahre so vonstatten, daß John und Paul einander »mit Kleinigkeiten« aushalfen. »Der eine hatte einen Song zum größten Teil fertig, spielte ihn dem anderen vor, und der sagte: ›Wie wär's damit?‹ So funktionierte ihre Zusammenarbeit.« Selbst während der mittleren Jahre wurden einige Beatles-Songs gemeinschaftlich geschrieben, wobei auch George Harrison und Ringo Starr, manchmal sogar noch andere, ihre Kleinigkeiten zu dem fertigen Produkt beitrugen. »Eleanor Rigby« zum Beispiel, das auf dem Album **REVOLVER** von 1966 erschien, war laut Pete Shotten, der an dem Abend in Johns Haus dabei war, als Paul den Song zum erstenmal vorspielte, eine Gruppenarbeit. Die Melodie war längst fertig, als er die anderen den Song hören ließ, doch der Text mußte erst noch in eine brauchbare Form gebracht werden. Die Beatles und Shotton »saßen herum, machten Vorschläge, verwarfen diese Zeile oder jene Formulierung ...«. Die Zeile »darning his socks in the night« (stopft nachts seine Strümpfe) kam offenbar von Ringo, während Shotton vorschlug, den Song mit Father McKenzie enden zu lassen, wie er Eleanor Rigbys Beerdigung leitet.

Ein ähnliches Brainstorming fand im April 1967 statt, als »Magical Mystery Tour« allmählich Gestalt annahm; Hunter Davies hat darüber berichtet. Interessanter ist jedoch seine Schilderung der gemeinsamen Arbeit an »With A Little Help From My Friends«, jenem Song, den sie für Ringo und **Sgt. Pepper's Lonely Hearts Club Band** schrieben. Die Grundmelodie und -struktur des Songs waren bereits am Tag vor Davies' Besuch entstanden; jetzt kam John zu Paul, »um die Melodie aufzupolieren und sich einen Text auszudenken, der dazu paßte«. Stundenlang spielte John auf der Gitarre, Paul auf dem Klavier, »jeder schien in Trance versunken, bis der andere auf etwas Gutes kam. Dann holte er es aus dem Geräuschdurcheinander und probierte es selber«. Auch der Text entstand nach einem ähnlichen Trial and error-Prinzip. John sang: »Are you afraid when you turn out the light?« (Fürchtest du dich, wenn du das Licht ausmachst?) und kam dann auf die Idee, jede Strophe mit einer Frage beginnen zu lassen. Als nächstes sang er: »Do you believe in love at first sight?« (Glaubst du an Liebe auf den ersten Blick?), aber es hatte die falsche Silbenzahl. Paul formulierte es um in: »Do you believe in a love at first sight?« Als John die Zeile selber sang, fiel ihm sofort die zweite Hälfte des Couplets ein: »Yes, I'm certain that it happens all the time.« (Ja, ich bin sicher, es passiert immer wieder.) Als sie weitersangen, änderte John den Text um in: »Would you believe … « Als nächstes verständigten sie sich darauf, die Reihenfolge der Couplets zu ändern, um die Strophe damit anfangen zu lassen. Allein für diese drei Zeilen brauchten sie insgesamt drei Stunden, obwohl John und Paul natürlich auch Zeit damit vertaten, auf ihrem Instrument herumzuspielen und verrückte oder komische Versionen anderer Songs auszuprobieren. Im wesentlichen aber sangen, wie Davies schreibt, »John und Paul ihre drei Zeilen immer und immer wieder, weil sie nach einer vierten suchten«. Schließlich verfiel John auf die Idee, die dritte Zeile folgendermaßen zu ändern: »What do you see when you turn out the light?« (Was siehst du, wenn du das Licht ausmachst?) Der Durchbruch war dann Johns herrliche Antwort: »I can't tell you but I know it's mine.« (Kann ich dir nicht sagen, das ist mein Geheimnis.)

Lennon und McCartney wußten, daß sie gute Songschreiber waren, wo ihre Songs jedoch herkamen, blieb ein Rätsel, auch für sie selbst. Und so wollten sie es auch halten, wollten lieber an Inspiration statt an Transpiration glauben und beim Songschreiben nicht nach einer Formel arbeiten. Die besten Songs, so McCartney, »werden normalerweise in einem Rutsch geschrieben«, und er fügt hinzu: »Das Gute an der Zusammenarbeit mit John bestand darin, daß er nicht gern lange herummachte. Er wollte sich nicht langweilen, und das ist immer ein guter Instinkt.« Wenn man zu lange über einem Song schwitzt, dann ist das, so McCartney, »fast immer ein Zeichen, daß er nicht gut ist«. Lennon seinerseits sagte: »Am liebsten ist es mir, wenn man fast besessen ist, verrückt, wie ein Medium. Ich sitze herum, und es kommt mitten in der Nacht oder zu einer Zeit, wo man nichts damit zu tun haben will – das ist das Aufregende daran. Da liege ich also irgendwie herum, und das Ding kommt als Ganzes, also Text und Musik, und ich denke, kann ich denn überhaupt behaupten, ich hätte es geschrieben? Ich habe keine Ahnung, wer es geschrieben hat; ich bin nur so herumgesessen, und plötzlich ist der ganze verdammte Song da.« Zu den Songs, die John auf die Weise zufielen, gehören »Nowhere Man«, »In My Life« und »Across The Universe«. Letzterer, sagt Lennon, »jagte mich regelrecht aus dem Bett … Das Ding mußte einfach raus. Du kannst nicht mehr schlafen, du mußt einfach aufstehen, mußt was draus machen, und erst dann darfst du wieder schlafen.« McCartney hatte bei »Yesterday« ein ähnliches Erlebnis. Er schrieb den Song eines Morgens gleich beim Aufwachen. Oder vielleicht sollte man sagen, er empfing ihn, denn wie Lennon scheint auch McCartney den Song in vollendeter Form aus einer unbekannten Quelle empfangen zu haben. Paul erinnert sich: »Das Klavier stand neben dem Bett, und ich muß es geträumt haben, weil ich aus dem Bett stolperte, die Finger auf die Tasten legte und eine Melodie im Kopf hatte. Sie war schon da, das ganze Ding. Ich konnte es nicht glauben.«

Lennon behauptete einmal, daß er und McCartney gleichermaßen egoman waren, doch konnte er über diesen Aspekt des Songschreibens auch ganz bescheiden sprechen. Nicht Genie war es, was Paul und ihn zu großen Songschreibern gemacht hätte, betonte er, sie seien eher ein Vehikel gewesen, das die »Sphärenmusik, die Musik, die den Verstand übersteigt«, auf ihrem Weg in die Welt benutzte. Man mußte sich ihr öffnen – »Man muß im Einklang sein«, sagte John –, doch letztlich dienten er und Paul nur als eine Art »Kanal« für eine Musik, die eigentlich gar nicht die ihre war. Der Trick bestand darin, in die Strömung hineinzufinden, in das ewige Jetzt, in die Zone, von der man, »nachdem man sie verlassen hat, einfach weiß: ›Ich bin dort gewesen‹, und es war die Sache pur, danach haben wir eigentlich die ganze Zeit gesucht«.

Lennon und McCartney waren Profis, die manchmal Songs auf Bestellung ausspucken mußten. »With A Little Help From My Friends« war eine solche Komposition und ein Beleg für McCartneys Bemerkung, daß sie »nicht unbedingt schlechter sind als die, die aus der Phantasie entstehen«. Doch bestätigt sich auch hier, daß selbst bei Songs, auf die sie einige Arbeit verwenden mußten, Lennons und McCartneys Methode vorzugsweise darin bestand, sich auf die Hilfe der Muse zu verlassen. Zum Beispiel fand sich der Name »Father MacKenzie« in »Eleanor Rigby« beim Blättern im Telefonbuch. »Das ist das Tolle an diesem beiläufigen Arbeiten«, sagt McCartney. »Es fällt einem bereits perfekt zu, viel besser, als man es sich überhaupt ausdenken könnte.« Während der Aufnahmesessions für den Film »Let It Be« machte Lennon George Harrison gegenüber eine ähnliche Bemerkung. George hatte Mühe mit dem Text für »Something«, der Ballade, die schließlich auf dem Album **Abbey Road** veröffentlicht wurde. In der zweiten Zeile blieb er hängen: »Something in the way she moves/ Attracts me like …« (Etwas an ihrem Gang zieht mich …) Erst fragt er McCartney: »War das gut, Paul?« und wiederholt die Zeile für ihn, um dann mit peinlich berührtem Lachen zu erläutern: »Ich weiß gar nicht, was mich da überhaupt anzog.« Da meldet sich John: »Sag einfach, was dir jeweils grade in den Sinn kommt – ›Zieht mich an wie ein … Blumenkohl‹ – bis du auf das richtige Wort kommst.«

»Das Schöne an unserer Arbeit war, daß es nie irgendwelche Regeln gab«, erinnert sich McCartney. »Wenn wir Regeln aufstellten, verstießen wir gleich wieder gegen sie. Es kam uns unsicher vor, auf Sicherheit zu spielen, es hat nie geklappt.« George Martin glaubt sogar, daß es entscheidend für die kreative Leistung von Lennon und McCartney war, daß sie nie die »Regeln« der Musik gelernt hatten. In seiner Autobiographie schreibt er: »Ich bin oft gefragt worden, ob ich Beatles-Melodien eigentlich selber hätte schreiben können, und die Antwort ist eindeutig: Nein. Aus einem ganz einfachen Grund: Mir fehlte ihr naives Verhältnis zur Musik … Ich glaube, wenn zum Beispiel Paul Musik regelrecht studiert hätte – nicht bloß Klavierspielen, sondern auch die richtige Notation und das Notenlesen –, dann hätte ihn das womöglich behindert. Er war selber dieser Ansicht … Wenn einem bestimmte Dinge beigebracht werden, dann wird der Kopf in bestimmte Bahnen gelenkt. Paul hat keinen begradigten Kopf, dafür aber die Freiheit, sich Dinge auszudenken, die mir geisteskrank vorgekommen wären. Ich konnte sie bewundern, doch meine musikalische Ausbildung hätte mich daran gehindert, sie mir selber auszudenken.«

Tatsächlich bestand das Geniale an den Songs darin, daß sie einfach, aber nicht simpel, daß sie raffiniert, aber nicht unverständlich waren. Johns und Pauls freimütige, beinah anarchistische Methode im Songschreiben verlieh ihrer Musik eine Frische und Originalität, die einen hohen Wiedererkennungswert hatte und allen zugänglich war. In gewisser Weise holten die beiden aus dem kollektiven musikalischen Unbewußten Songs, die bei einer großen Zahl ihrer Zeitgenossen auf begeisterte Resonanz stießen. »Sie waren die Cole Porters und George Gershwins ihrer Generation, daran gibt es gar keinen Zweifel«, schreibt George Martin. »Irgend jemand hat sie mit Schubert verglichen, was ein wenig prätentiös klingt, aber ich würde immerhin soweit gehen, daß ihre Musik auf vollkommene Weise die Zeit widerspiegelt, in der wir leben.«

Wie man die Musik von Lennon und McCartney in den kommenden Jahrzehnten einschätzen wird, bleibt abzuwarten. Doch läßt die Tatsache, daß sich die Alben der Beatles auch fünfundzwanzig Jahre nach dem Ende der Band noch immer in erstaunlicher Auflage verkaufen, vermuten, daß sich das Interesse an Lennon und McCartney nicht auf die Generation beschränkt, aus der sie hervorgegangen sind. Der Musikverleger Dick James, dem ursprünglich die Rechte am Werk von Lennon–McCartney gehörten, sagte schon 1965 voraus, daß die Songs »noch weit bis ins nächste Jahrhundert Geld einspielen werden«. Als man ihn in den achtziger Jahren, lange nachdem er die Rechte verkauft hatte, noch einmal darauf ansprach, hielt er an seiner Prophezeiung fest und erklärte: »Wenn die Songs heute als brandneue Ware auf den Markt kämen, sie wären noch immer Welterfolge. Ihre Qualität ist ein reines Wunder.« McCartney äußerte sich mehr aus persönlicher Sicht dazu, als er 1984 in einem Interview über die Zusammenarbeit mit John meinte: »Es wäre schwer, sich jemanden vorzustellen, der diesen Standard erreicht. Er war ja keine Flasche, der Junge ... Der konnte was. Ich meine, ich kann mir keinen vorstellen, der dabei ist, wenn ich singe: ›It's getting better all the time‹ (Es wird immer besser). Ich kann mir einfach keinen anderen vorstellen, der dann einfällt und singt: ›It couldn't get much worse‹ (Viel schlimmer kann es nicht mehr werden).«

11. Kapitel
Neue Töne (Help!)

Daß ausgerechnet die Beatles zu Symbolen der Gegenkultur der sechziger Jahre avancierten, entbehrt nicht ganz der Ironie. Ihre Musik verkündete das Evangelium der Sechziger, bestehend aus Liebe, aus Spaß und spiritueller Neugier, und natürlich haben sie reichlich bewußtseinserweiternde Drogen genommen. Aber die Beatles liebten auch das Geld – »Komponieren wir einen Swimming-pool!« sagten John und Paul scherzhaft, wenn sie sich hinsetzten, um einen Song zu schreiben. Daß sie »aussteigen« würden, sich von der bürgerlichen Gesellschaft und ihrem konkurrenzbestimmten, hierarchischen Credo verabschieden könnten, um ein einfacheres Leben zu führen, war ein Traum, dem man wohl kaum nachgeben konnte, angesichts der Tatsache daß – von der Plattenfirma bis zum Publikum, bis zu ihnen selbst – alle erwarteten, daß sie weiter die Musik produzierten, die die Welt im Sturm erobert hatte. Lennon klagte einmal über die sechziger Jahre: »Während alle nur einfach rumblödelten und sich zukifften, haben wir jeden Tag vierundzwanzig Stunden geschuftet.« Nachdem er sich in den späten Siebzigern für fünf Jahre aus der Öffentlichkeit zurückgezogen hatte, pries er in einem seiner letzten Songs, in »Watching The Wheels«, die Tugend, einfach vom »Karussell« des Ruhms abzuspringen. Er wies den Vorwurf zurück, er sei »verrückt« oder »faul«, bloß weil er sang »just sitting here/ watching the wheels go round and round« (nur einfach dasitzen und zuschauen, wie die Räder sich drehen). Und mit seinem trockenem Humor fügte er hinzu: »I really love to watch 'em roll« (Ich seh sie wirklich gern rollen). Doch 1965 wäre ein solcher Rückzug für ein vierundzwanzigjähriges Popidol, das sich dem Druck und der Unwirklichkeit seines angeblich so strahlenden neuen Lebens ausgeliefert fühlt, nicht möglich gewesen.

Lennon schrieb statt dessen »Help!«, den Titelsong des fünften

Beatles-Albums und ihres zweiten Spielfilms. Er war der erste Beatles-Song, in dem es auf den Text mindestens so sehr ankam wie auf die Musik. Allerdings scheinen nur wenige damals die ganze Bedeutung des Textes wahrgenommen zu haben, vermutlich nicht einmal der Songwriter selber. Das Publikum hörte nur einen weiteren schönen Popsong der Beatles, und »Help!« raste wie gewohnt an die Spitze der Hitparaden. Erst viel später wurde Lennon klar, daß »Help!« unbewußter Ausdruck jenes tiefen Unbehagens war, das er während seiner sogenannten »Fat-Elvis-Periode« verspürte. 1965 hatte er Übergewicht, trank zuviel, seine Frau langweilte ihn ebenso wie sein neues Haus in der sterilen Vorstadt Weybridge (ein Ort, den er verglich mit einer »Bushaltestelle, an der man wartet, bis etwas vorbeikommt«), und er hatte die unendlichen Absurditäten der Beatlemania über. Dennoch scheint die Idee für »Help!« gar nicht von Lennon zu stammen; vermutlich war es ähnlich wie bei »A Hard Day's Night« im Jahr zuvor, daß ihm der Regisseur Richard Lester sagte, »Help!« würde der Titel des Films sein, den die Beatles eben fertigstellten, und er sich dann daranmachte, einen Song mit diesem Titel zu schreiben, ehe es McCartney tun konnte. Lesters Ankündigung wirkte auf Lennon wie eine Droge, die einen kontrollierten Ausbruch seiner geheimen Ängste und seines Unglücks ermöglichte.

Das Ergebnis war ein Song mit dem bei weitem besten Text, den Lennon bis dahin geschrieben hatte. Seine Stärke besteht in der unmißverständlichen Kraft autobiographischer Erfahrung, doch drückt Lennon seine persönliche Wahrheit so einfach und überzeugend aus, daß sie universell gültig wird. »Help!« mag aus Lennons eigener Geschichte hervorgegangen sein, doch mußte man kein Rock 'n' Roll-Star sein, um die Sehnsucht nach einer helfenden Hand und einer Rückkehr zu glücklicheren Tagen zu verstehen. John stellt der verwirrenden Gegenwart, in der sein Leben sich in vieler Hinsicht verändert hat (»life has changed in oh so many ways«), eine sorglose Vergangenheit gegenüber und fleht dann »Help me get my feet back on the ground« (Hilf mir, daß ich wieder Boden unter den Füßen kriege), und seine Sehnsucht ist so groß, daß er in verzweifeltem Falsett bettelt: »Won't you please, please help me?«

Obwohl der Film »Help!« eine künstlerische Enttäuschung war, auf die die Beatles später mit Verachtung zurückblickten, beansprucht der Song »Help!« einen besonderen Platz im Lennon-McCartney-Werkkatalog, denn es ist einer der Songs, an die beide auch nach der Trennung mit Lob und Sentimentalität dachten. Lennon sagte, er mochte »Help«, »weil mir Ernst war; es ist wahr. Der Text ist heute noch so gut wie damals«. Nach Lennons Tod erinnerte sich McCartney, wie John »da saß und ›Help!‹ schrieb«; es war einer der »magischen Momente« während ihrer ganzen Laufbahn als Songschreiber: »Diese Momente, die schätze ich, die kann mir keiner wegnehmen.« Wie in ihren Teenagertagen trafen sie sich zum Komponieren im Haus des einen oder anderen. Diesmal war Paul zu John nach Weybridge hinausgefahren, John scheint »Help!« so gut wie fertig gehabt zu haben, denn er sagte später, er habe ihn »zack, zack« geschrieben, »einfach so, und die Single war fertig«. Dennoch war der Beitrag von Paul entscheidend, denn er hatte die Idee, eine zweite Stimme hinzuzufügen, mit der der Song mehr Gefühl bekommen und sofort ins Ohr gehen sollte. Diese Stimme, eine Kreuzung aus Counter-Melodie und Refraingesang, wird überraschenderweise im Vorgriff auf die Strophe gesungen und betont damit die Bedeutung des Textes auch da, wo sein Schmerz durch wehmütige Nostalgie gemildert wird.

Hätte Lennon sich durchgesetzt, dann wäre noch mehr Gewicht auf den Text gelegt worden. Zunächst schrieb er den Song nämlich in einem langsameren Tempo, wie es seiner Stimmung einer zweifelnden Introspektion auch angemessen war. Doch »Help!« mußte den neuen Film der Beatles eröffnen, und als es soweit war, daß der Song aufgenommen werden sollte, wurde das Tempo beschleunigt, um den Song kommerzieller zu machen, eine Entscheidung, die Lennon später kritisierte. Den Bändern der Aufnahmesession für »Help!«, die am Abend des 13. April 1965 stattfand, sind derlei Bedenken allerdings nicht anzuhören. Lennon war nie ein besonders gewiefter Gitarrist, und auch hier spielt er eher stürmisch als schön; George Martin zog diese Spur bei der veröffentlichten Version des Songs buchstäblich bis in die Unhörbarkeit herunter. Bei den ersten Takes von »Help!« allerdings, wo sich die Beatles auf die Rhythmusspur konzentrieren, ist es vor allem Johns Gitarre, die den Beat vorantreibt. In diesem Stadium ist sie das bei weitem auffälligste Instrument, denn Ringos Schlagzeug und Harrisons Leadgitarre hört man nur an zentralen Stellen, und McCartneys Baß, so kraftvoll und beständig er kommt, produziert weniger Lärm als Lennons abgehackte Akkorde.

Der erste Take von »Help!« kommt nicht weiter als bis zum ersten Refrain, weil Lennon mit dem Schrei unterbricht: »Stop, stop, Saite gerissen.« Beim zweiten Take merkt man, daß Harrison seine Leadgitarren-Stimme bereits fertig im Kopf hat, Läufe mit fallenden Noten, die wie eine Brandungswoge über den Strand hereinbrechen, um die Lücke zwischen dem Refrain und den Strophen zu füllen. Andererseits muß der Schlagzeugpart erst noch ausgearbeitet werden; während des ersten Refrains hört man nur vier laute Schläge, dann begnügt Ringo sich während der Strophen mit einem kaum hörbaren Backbeat. In diesem Stadium bestätigt der Song jenen Satz aus der Zeit, als die Silver Beatles noch keinen Drummer hatten: »Den Rhythmus liefern die Gitarren.«

Während des fünften Takes läßt die »Lennon-Lokomotive« nach, als er beim Wechsel in die zweite Strophe den Akkordwechsel überstürzt. John scheint die Orientierung verloren zu haben, der Beat verebbt fast völlig, bis John von Pauls Baß aufgefangen wird und wieder zurückfindet. Irgendwie bläst seine Rückkehr der ganzen Viererbande wieder Leben ein; in der letzten Hälfte des fünften Takes finden sie zusammen und bekommen den Groove hin, den man auf der Platte hört. George Harrison spielt dabei eine entscheidende Rolle. Seine starken, präzisen Gitarrenschläge geben dem Beat während des Refrains den fehlenden Drive, doch noch auffälliger an seinem Spiel im fünften Take ist das, was nicht da ist. Während dieses Takes hat Harrison vorübergehend die wirbelnde Leadgitarre aufgegeben, erst in einer späteren Version, wenn er wieder Leadgitarre spielt, kehrt der fehlende Teil zurück, und es wird klar, wie wichtig es für die Beatles gewesen ist, einen richtigen Gitarristen in der Band zu haben; Lennon selbst hätte diesen sauberen, perlenden Sound nicht produzieren können.

Nachdem die größten, der rhythmischen Schwierigkeiten überwunden sind, ist es für die Beatles nur mehr Routinearbeit »Help!« zu vollenden. Zwischen dem sechsten und dem achten Take wird ein »runderes« Schlagzeug hinzugefügt, so daß auch die Rhythmusspur fertig ist. Auf dem neunten Take wird im Refrain ein Tamburin eingefügt, doch besteht die Hauptattraktion in den Vokalpartien, die John, Paul und George nahezu makellos singen. Beim zwölften Take sind auch sie perfekt, und als George seine Leadgitarre noch mal aufnimmt, ist eins der frühen Meisterwerke der Beatles zur Abmischung und Pressung fertig.

Für Lennon war »Help!« sowohl Ausdruck seiner »Fat-Elvis-Periode« als auch Produkt seiner »Dylan-Phase«. Obwohl sich Lennon nie zu dieser Gleichzeitigkeit äußerte, wird sie durch seine Erinnerungen deutlich: Körperlich und gefühlsmäßig strampelte er Ende 1964 und 1965 wie der aufgeschwemmte König des Rock 'n' Roll ein Jahrzehnt später, künstlerisch wurde er jedoch immer mehr vom Stil des jungen amerikanischen Sängerpoeten beeinflußt, der das Muster des Popsongs mit ganz neuen Inhalten füllte. McCartney und vor allem Harrison begeisterten sich damals ebenfalls für Dylan, doch ist es bei Lennon unübersehbar, wie sehr seine Arbeit von Dylan beeinflußt wurde. Das Album **Help!** liefert dafür das beste Beispiel. Schon bei dem vorangegangenen Album **Beatles For Sale** zeigten sich erste Anzeichen von Dylans Einfluß, doch auf **Help!** haben sich diese vorsichtig tastenden Versuche zu ernsthaften musikalischen Ergebnissen weiterentwickelt. Neben dem Titelsong findet sich McCartneys warmes, heiteres Folkrock-Kleinod »I've Just Seen A Face« sowie zwei weitere Kompositionen Lennons, das überwiegend akustische »It's Only Love« und das rein akustische »You've Got To Hide Your Love Away«.

Lennon sagte später, daß er »It's Only Love« wegen des »gräßlichen« Textes immer gehaßt habe, ein strenges Urteil, das der wunderbaren Melodie des Songs Unrecht tut. Dennoch ist »You've Got To Hide Your Love Away« einfach der bessere Song, auch wenn Lennon wieder einmal seiner niedergedrückten Stimmung nachgab. Die gradlinigen Akkorde, das sägende Klampfen könnten nicht »dylanmäßiger« sein, auch wenn der Text die poetische Tiefe und den sprachlichen Reichtum Dylans längst nicht erreicht, ist er doch so lebendig und anrührend, daß er ein menschlicheres und offeneres Gefühl zuläßt als Dylans schnarrende Vernichtungssätze. Vor Dylan hatte man Respekt, der an Ehrfurcht grenzte, weil er für die gesamte Menschheit zu sprechen schien; bei Lennon war es ein Respekt, der zugleich etwas Gerührtes hatte, weil Lennon für einen selbst zu sprechen schien.

In »You've Got To Hide Your Love Away« beschäftigt sich ein von Selbstzweifeln geschüttelter Lennon mit einer schwierigen Liebesgeschichte, doch läßt der Text erkennen, daß die Liebesaffäre nur eine tiefere, noch umfassendere psychische Störung überdecken soll: »Everywhere/ People stare/ Each and every day/ I can hear them laugh at me« (Überall, jeden Tag, starren mich die Leute an. Ich höre, wie sie über mich lachen). Lennons Selbstachtung scheint so tief gesunken, daß er sich fühlt, als sei er nur mehr sechzig Zentimeter klein, »feeling two foot small«, eine Zeile, die ursprünglich »two foot tall« (zwei Fuß groß) lautete, bis sie das Glück des Augenblicks oder eine Intervention von Lennons Unbewußtem verbesserte. Als er den Song McCartney zum erstenmal vorsang, kam die Zeile als »two foot small« heraus und wurde von Lennon sofort beibehalten.

»You've Got To Hide Your Love Away« wurde später als erstes schwules Liebeslied bezeichnet. Der Song verlieh tatsächlich der Furcht, Scham und Hoffnungslosigkeit Ausdruck, die viele Homosexuelle erlebten. Diese Interpretation wäre nicht weiter erwähnenswert, wenn sie nur Auskunft über Lennons sexuelle Präferenzen gäbe – was sie nicht tut –, doch sie zeigt seine Gabe, tief in sich hineinzuhorchen und menschliche Wahrheiten zu formulieren, die über die Grenzen von Alter, Rasse, Klasse und andere Kategorien hinausreichen, also Menschen erreichen, die sonst nichts miteinander zu tun haben. Wie bei »Help!« ist auch bei »You've Got To Hide Your Love Away« der Text so zwingend, weil er in seiner Selbstentblößung aufrichtig und direkt ist. Gleichzeitig ist er aber auch so allgemein gehalten, daß er sich mit anderen Interpretationen bestens verträgt. Wie McCartney in anderem Zusammenhang einmal sagt: »Jeder legt auf seiner Ebene Bedeutungen in unsere Songs, deswegen sind sie so gut.«

Die sanften Flötentöne, die »You've Got To Hide Your Love

Away« zu einem erhabenen Abschluß bringen, sind noch in anderer Hinsicht bemerkenswert, wurde doch hier zum erstenmal ein fremder Musiker eingesetzt, um bei einer Beatles-Aufnahme mitzuwirken (von George Martins gelegentlichem Klavierspiel einmal abgesehen). Das gesamte **Help**!-Album bringt die Suche der Beatles nach einem ungewöhnlichen Sound wesentlich voran. Schon vorher hat es Versuche in dieser Richtung gegeben – »A Hard Day's Night«, »Eight Days A Week« und »I Feel Fine« –, doch waren das Songs, bei denen der besondere, neue Sound vor allem einer neuen Aufnahmetechnik geschuldet war. Seit **Help!** machten sich die Beatles auf die Suche nach dem Effekt, der sich im Experimentieren auf neuen Instrumenten erzielen ließ.

Das legendäre Streichquartett, das bei »Yesterday« zum Einsatz kam, ist das bekannteste Beispiel hierfür, doch werden auf diesem Album bei insgesamt sieben der vierzehn Songs ein oder mehrere Instrumente eingesetzt, die die Beatles bis dahin nicht verwendet haben. Zum Beispiel spielt Lennon auf McCartneys »The Night Before« und Harrisons »You Like Me Too Much« das E-Piano; McCartney und Martin, die zusammen am Steinway sitzen, begleiten John bei Harrisons Stück, womit der Song seine besondere Qualität erhält. Bei »I Need You«, seiner zweiten Komposition auf **Help!**, spielt Harrison zum erstenmal auf einer Tone-Pedal-Gitarre. Die Ohrwurm-Melodie zeigt, daß er sich inzwischen zu einem ähnlich virtuosen, wenn auch harmloseren, Songschreiber entwickelt hatte. Und aus historischen Gründen darf nicht unerwähnt bleiben, daß es am Drehort von »Help!« war, wo Harrison zum erstenmal eine Sitar in die Hände fiel, jenes indische Saiteninstrument, ohne das die Musik auf **Rubber Soul, Revolver** und **Sergeant Pepper** undenkbar ist.

Nicht alles, was die Beatles in dieser Zeit produzierten, verwandelte sich in Gold. Zwei der Songs, die sie während der Arbeit an **Help!** aufzeichneten, wurden für zu schlecht befunden und nicht veröffentlicht; bis heute sind sie im Archiv der Abbey Road weggeschlossen. In beiden Fällen handelt es sich um eine Lennon–McCartney-Komposition. Die erste, »If You've Got Trouble«, wurde als Ringos Stück für das Album komponiert und am 18. Februar 1965 aufgenommen. Nur ein Take ist überliefert;

vielleicht wurde den Beatles schnell klar, daß sich aus dem jämmerlichen Ding kein brauchbarer Song machen ließ. Überreste der Session lassen »If You've Got Trouble« als schnelles Rockstück in der Tradition von »I'll Cry Instead« (auf **A Hard Day's Night**) oder »What You're Doing« (auf **Beatles For Sale**) erkennen, doch fehlt ihm sogar jenes Mindestmaß an Melodie, das diese Songs aufweisen. Die Melodie ist monoton, zäh und wiederholt sich, ohne daß Zeilen wie »If you've got trouble, then you've got less trouble than me« (Wenn du Probleme hast, denn hast du weniger Probleme als ich) dem Song Beine machen könnten. Ringo scheint zu spüren, daß er als Lotse auf einem sinkenden Schiff steht, denn als die Band sich in das Instrumentalstück stürzt, ruft er in erschöpfter, fast angeekelter Verzweiflung: »Ah, rock on, anybody.« McCartney mußte zugeben, daß er und Lennon Ringos Songs nicht immer so wichtig wie ihre eigenen nahmen. »If You've Got Trouble« sei ein Song gewesen, »mit dem wir einfach nichts anfangen konnten«, und das merkt man. Schließlich entschied sich Ringo für den Country- and Western-Song »Act Naturally« als seinen Beitrag zu **Help!**

Der andere Song, den die Beatles aussortierten, ist kein so eindeutiger Fall. »That Means A Lot« ist kein Juwel – es gibt keine unbekannten Meisterwerke, die im Archiv der Abbey Road weggeschlossen wären –, aber es ist ein ganz ansehnliches Stück, das anderen, bereits veröffentlichten, in nichts nachsteht. Mit der Leadstimme von McCartney erinnert »That Means A Lot« an seine Cover-Version von »Till There Was You« auf **With The Beatles**. Es handelt sich um ein Liebeslied in gemäßigtem Tempo, in dem Paul ähnlich wie in »She Loves You« einem liebeskranken Freund aufmunternde Ratschläge gibt. Die besondere Stärke des Songs liegt in einer brachialen Ausblende, doch waren die Beatles mit ihrer Arbeit nicht zufrieden und gaben den Song nach 24 Takes am 30. März auf. Bald danach nahm ihn P. J. Proby auf, ohne daß er ein Hit geworden wäre.

Dagegen wurde »Ticket To Ride«, ein hämmerndes Rockstück, das den Soundtrack zum Film auf der ersten Seite des Albums **Help!** beschließt, ein Riesenerfolg. Es kam zuerst als Single heraus, mit der Ballade »Yes It Is« als B-Seite, und wurde ordnungsgemäß die achte Nummer Eins der Band in Folge. »Ticket To Ride« ist das radikalste Rock 'n' Roll-Stück auf **Help!**, aber nicht, weil neue Instrumente eingesetzt wurden; der unkonventionelle Sound rührt daher, daß die Beatles ihre gewohnten Instrumente unkonventionell spielten. Als Lennon diesen Song »eines der ersten Heavy Metal-Stücke überhaupt« nannte, übertrieb er, aber nur wenig; es sind vor allem zwei Dinge, die diesen Song auszeichnen: der Eröffnungsgriff der Gitarre, mit der der Beat vorgegeben wird, und das abgehackte Hämmern des Schlagzeugs, das ihn weitertreibt. »Ticket To Ride« ist eine Lennon-Komposition, doch es war McCartney, der mit beiden Rhythmus-Vorschlägen ankam. Ohne sie wäre Johns Song nur ein Schatten seiner selbst, ebenso wie »Help!« ohne McCartneys Erfindung der zweiten Singstimme weit bescheidener ausgefallen wäre. Zur Abwechslung spielt Paul auf »Ticket To Ride« die Leadgitarre selber. Das lag nicht etwa daran, daß das entsprechende Riff Harrisons Fähigkeiten überfordert hätte; schließlich handelt es sich um eine sehr schlichte Phrasierung, wie so oft bei McCartneys besten Einfällen. Der Trick bestand darin, solche Riffs überhaupt zu hören, was übrigens auch für den Schlagzeugrhythmus gilt. Natürlich hätte sich Ringo seinen eigenen Rhythmus ausdenken können, doch wäre der mit einiger Sicherheit weniger kraftvoll und eindringlich gewesen als der, den Paul, der geborene Arrangeur der Band, vorschlug.

Wie »Ticket To Ride« belegt, machte auch McCartney große Fortschritte in seiner künstlerischen Entwicklung. Noch immer hatte er die Neigung, Wegwerfstücke über Standardthemen wie »The Night Before« und »Another Girl« zu schreiben, doch binnen weniger Monate sorgte der Impuls, der harmlose Spaßstücke hervorbringen konnte, auch für »Drive My Car« und »I'm Looking Through You«, die Höhepunkte auf **Rubber Soul**. Vorderhand aber war seine unvergleichliche Leistung »Yesterday«. Dieser Klassiker erweiterte mehr als jeder andere Song das Interesse an den Beatles und zwang auch die Zweifler zu dem Eingeständnis, daß diese Band nicht einfach nur eine Modeerscheinung war, sondern eine musikalische Kraft, mit der in Zukunft zu rechnen war.

Das hohe Ansehen, das »Yesterday« bei anderen Musikern genießt, zeigt sich schon an der Zahl und der unterschiedlichen Provenienz derer, die es gesungen und aufgenommen haben; es dürfte kaum einen anderen Song geben, der ähnlich häufig nachgespielt wurde. Die Beatles waren sich selber zunächst offenbar nicht so sicher, vielleicht, weil sich »Yesterday« so deutlich von ihrem bisherigen Sound unterschied. Erstaunlicherweise kam der Song in Großbritannien nicht als Single heraus und erhielt auch keinen Platz auf dem Soundtrack für »Help!«. Statt dessen versteckte man ihn auf der Rückseite der LP **Help!**, wo er einigermaßen unpassend vor dem letzten Stück plaziert wurde, der »Haudrauf«-Coverversion von »Dizzie Miss Lizzie«. Bleibt die Frage, warum die Beatles so lange warteten, bis sie den Song aufnahmen.

»Yesterday« war der Song, den McCartney bereits im Januar 1964 im Traum gehört hatte, als die Beatles sich im feinen Pariser Hotel George V. aufhielten. Kurz danach spielte er die Melodie George Martin vor und vertraute ihm an, daß er dem Song einen Titel aus einem Wort geben wolle – möglicherweise »Yesterday«, wenn das nicht zu kitschig klänge. Martin fand es nicht kitschig. Auch die anderen Beatles bekamen den Song um diese Zeit zu hören, und McCartney zufolge gefiel er ihnen. Gleichwohl vergingen achtzehn Monate, ehe »Yesterday« am 14. Juni 1965 aufgenommen wurde. Es ist richtig, daß Paul seine Zeit brauchte, bis er einen passenden Text dazu geschrieben hatte. Sein Arbeitstitel lautete »Scrambled Eggs« (Rührei), der zu seiner ersten Zeile paßte: »Scrambled eggs/ I love your legs« (Rührei, ich liebe deine Beine). Doch läßt sich damit allenfalls erklären, warum der Song nicht auf die LP **A Hard Day's Night** kam, die im Frühjahr 1964 aufgenommen wurde; McCartney brauchte mit Sicherheit keine achtzehn Monate, um den Text zu schreiben. Schließlich hätten die Beatles ein Kleinod wie »Yesterday« bitter nötig gehabt, als sie im Herbst 1964 das enttäuschende Album **Beatles For Sale** zusammenstellten. Warum also wurde der Song zurückgehalten? Der, wenn auch mehrdeutigen, Antwort der Hauptbeteiligten am nächsten kam Lewisohn 1987, als McCartney zu ihm sagte, »Yesterday« sei ebenso wie das nachfolgende »Michelle« nie als Single veröffentlicht worden, »weil wir der Meinung waren, das passe nicht zu unserem Image … Man hätte sie als McCartney-Singles erkennen können, und darauf war John vielleicht nicht so scharf«.

An anderer Stelle erklärte McCartney: »›Yesterday‹ ist das vollendetste Stück, das mir je gelungen ist.« Gleichauf mit Lennons »Help!« enthält es den besten Text, den Paul je geschrieben hat – es ist, als sei ihm klargeworden, daß dieser Song zu schön war, um mit irgendwelchen Klischees beladen in die Welt entlassen zu werden. Auch McCartney bezieht sich auf eine unschuldige, glücklichere Vergangenheit, als alle Schwierigkeiten noch in weiter Ferne lagen. Obwohl »Yesterday« nicht wie »Help!« autobiographisch grundiert ist, berührt es doch den Hörer auf ähnliche Weise durch den nüchternen Bericht von einer Liebesgeschichte, die aus irgendeinem Grund nicht funktioniert.

Die Melodie von »Yesterday« ist gut genug, daß man sie a cappella singen und damit verzaubern kann – nach seiner Trennung von den Beatles spielte McCartney den Song bei Konzerten nur auf seiner akustischen Gitarre –, doch verleiht die Einführung des Streichquartetts in der zweiten Strophe dem Lied eine ganz besondere Aura. Das Quartett spielt mit der notwendigen Zurückhaltung; es hebt die natürliche Schönheit des Songs hervor, ohne aufdringlich oder süßlich zu werden. Die Idee zu dem Streichquartett stammte von George Martin, er schrieb auch den größten Teil der Partitur. Das Ergebnis ist, mit einem Wort, eins der stillen Meisterwerke in der populären Musik des 20. Jahrhunderts.

So wurde der 14. Juni 1965 ein Tag, den McCartney rot in seinem Kalender anstreichen konnte. Nicht nur nahm er endlich »Yesterday« auf, sondern produzierte gleich noch zwei andere Songs. Der erste ist »I've Just Seen A Face«, eine hübsche Folkballade, die auf **Help!** vor »Yesterday« plaziert ist. Mit seinem Beat, der Melodie zum Mitsingen und dem fröhlichen Text ist »I've Just Seen A Face« sympathischer McCartney von der besten Seite. Das spiralförmige Intro der akustischen Gitarre und der starke Mittelteil geben dem Song eine Raffinesse, dennoch ist »I've Just Seen A Face« kaum mehr als ein netter Song. Ganz im Gegensatz zu dem dritten Song, den Paul an diesem Tag aufnahm: »I'm Down«. Er kam als Rückseite von »Help!« heraus und ist fetziger Rock 'n' Roll. Pauls kreischende Stimme erinnert an seine Version von »Long Tall Sally« und kündigt bereits »Helter Skelter« an. Die anderen drei Beatles liefern ebenfalls eine glänzende, berserkernde Vorstellung ab.

Daß McCartney nicht nur drei so unterschiedliche Songs schreiben, sondern sie auch noch in einem Zeitraum von weniger als acht Stunden aufnehmen konnte, spricht für seine musikalische Vielseitigkeit. Erst recht gilt das für die Beatles als Gesamtheit. Die Musikrichtungen, die sie auf **Help!** und den begleitenden Singles vorführten, reichten vom normalen Popsong über Folkrock, Country and Western, der archetypischen Ballade bis zu erdigem, schmutzigem Rock 'n' Roll. Die drei besten Songs auf dem Album – »Yesterday«, »Ticket To Ride« und »Help!« – sind in sich wiederum so verschieden wie drei Himmelsrichtungen. Schon die Tatsache, daß sie sich an eine dermaßen unterschiedliche Auswahl von Songs wagten, zeugt von einem beträchtlichen Ehrgeiz, doch zeichneten sich die Beatles vor allem durch ihre Begabung aus, jede einzelne dieser Musikrichtungen mit Kraft, Anmut und Stilgefühl zu präsentieren. Ihre Songs konnten mit jedem anderen, der in den verschiedenen Genres produziert wurde, mithalten und bewahrten gleichwohl immer den unverwechselbaren Beatles-Sound. **Help!** markiert deshalb ein entscheidendes Stadium in der Entwicklung der Beatles, eine Art Probebühne, auf der sie das Wachstum und die Einflüsse ihrer Anfangsjahre bestätigten und eine Zukunft vorwegnahmen, die ihnen ganz allein gehören sollte. Von **Rubber Soul** an, ihrem nächsten Album, sollten sie von einem künstlerischen Gipfel zum nächsten springen und in den verbleibenden vier Jahren einen Werkkatalog schaffen, dessen Qualität, Vielseitigkeit und Originalität Maßstäbe setzte.

12. Kapitel
Synergetische Effekte:
»Unbeschreibliches Charisma«

Die vier Beatles wußten ganz genau, daß ihr Zauber aus mehr bestand als die Summe ihrer Einzelpersönlichkeiten. »Natürlich war die Summe der vier viel, viel größer als die der vier einzelnen Bestandteile«, meinte George Martin. Die Beatles sagten manchmal selber, daß sie sich wie vier Aspekte der gleichen Person vorkamen. »Wir sind Individuen, aber zusammen sind wir ›Kumpel‹, also eine einzige Person«, erläutert McCartney. »Wir tragen alle etwas jeweils anderes zum Ganzen bei.« Ihre Zusammenarbeit sorgte in wirklich erstaunlichem Maß dafür, daß die einzelnen Schwächen überspielt und die Stärken herausgehoben wurden; gemeinsam schufen sie ein unwiderstehliches Charisma. »Wenn man die jeweilige Persönlichkeit der vier Beatles zu einer zusammenfaßte, hat es perfekt funktioniert«, sagt George Harrison. »Reiner Zauber.« Die persönliche Chemie der Beatles hing untrennbar mit ihrer musikalischen Kreativität zusammen. »Beatle-Musik entsteht, wenn wir alle zusammenarbeiten«, sagte John. »Die Beatles gehen einfach ins Studio. Und da passiert ES!«

Leider ist das meiste von dem, was die Beatles im Aufnahmestudio taten und sagten, für immer verloren. Natürlich gibt es mehr als vierhundert Stunden mit Beatles-Aufnahmen im Archiv der Londoner Abbey Road Studios. Doch selbst diese vierhundert Stunden an Arbeitsbändern enthalten beinah nichts von dem, was sich abspielte, wenn die Beatles sich im Studio befanden und ES passierte. Dafür gibt es einen schlichten Grund: Nur die Takes selber – bewußte Versuche, einen Song aufzunehmen – wurden auf Band aufgezeichnet. Das Reden und Blödeln zwischen den Takes, der Austausch von Einfällen und Einwänden, die Proben, bei denen diese Einfälle umgesetzt wurden oder die Beatles einen Song einfach so lange übten, bis alle vier ihren Teil ordentlich spielten: das alles fand statt, ohne daß jedesmal ein Band mitlief. Von einer sechsstündigen Aufnahmesession blieben also vielleicht nur zehn oder fünfzehn Minuten Band. »Ich war einfach sparsam«, erläutert George Martin das Verfahren. »Als gelernter Produzent schielt man mit einem Auge ständig auf den Etat. Warum sollte man also ein Band mitlaufen lassen? Damals hat mir keiner gesagt, daß es einmal historischen Wert bekommen könnte.«

Einmal hat Martin das Band zwischen den Takes doch mitlaufen lassen, und das Ergebnis ist nicht bloß aufschlußreich, sondern auch komisch. Die Beatles arbeiteten an George Harrisons Song »Think For Yourself« für die LP **Rubber Soul**. Das Ganze fand am 8. November 1965 statt, und der Termin im Spätherbst erklärt vielleicht auch, warum Martin an jenem Abend vom üblichen Verfahren absah. Die Beatles hatten in jenem Jahr ihr Weihnachtsgeschenk für die Mitglieder des Fanclubs noch nicht aufgenommen, eine Schallfolie mit Grüßen (in späteren Jahren mit Parodien und Musikstücken), offensichtlich hoffte Martin, er könnte von dem Studiogealbere einiges in die Gratisplatte einbauen. Es klappte nicht wie geplant, die Beatles nahmen im weiteren Verlauf des Abends eine eigene Weihnachtsadresse auf, doch bleiben die wenigen Augenblicke, die Martin festhalten konnte, noch immer faszinierend.

Ähnlich wie der Film »Let It Be« von 1970 erlaubt das Studiogeplauder von »Think For Yourself« einen intimen Blick auf die Arbeitsweise der Beatles, mit einem entscheidenden Unterschied: 1965 waren die Beatles zweifellos noch gern zusammen. Der Text von »Think For Yourself« ist intelligent und ernsthaft und verkündet eine wesentliche Beatles-Botschaft: daß man aufwachen und das Leben mit offenen Augen führen solle, doch sind die Beatles, als sie den Song aufnehmen, alles andere als feierlich. Die meiste Zeit fällt es ihnen schwer, ihr Gelächter lange genug zu unterbrechen, um einen neuen Take zu probieren, und oft fällt die Unterscheidung schwer, ob sie tatsächlich arbeiten oder bloß ihren Spaß haben wollen. Die Bänder mit »Think For Yourself« sind allerdings nicht nur unterhaltsam. Vor allem wenn man sie zusammen mit den jährlichen Weihnachtsplatten hört, werfen sie ein aufschlußreiches Licht auf die persönliche Dynamik der Band: John ist der Bandleader, zu dem jeder aufsieht; Paul ist der Per-

fektionist und Workaholic, der die anderen immer zum Weitermachen drängt; George ist der jüngere Bruder, der gern dabei wäre,
es sich aber nicht recht zu sagen traut; Ringo der beste Freund,
dessen entspanntes Wesen im Kampf der Riesenegos für den sta-
bilisierenden Part sorgt.

Die Beatles machen offenbar gerade ihre Teepause, als das
Band für »Think For Yourself« beginnt, denn man hört McCartney mit schwerer Zunge und gespieltem amerikanischem Akzent
sagen: »Ich nehm 'ne Tasse.« Die Band hat an den Singstimmen
für den Song gearbeitet; John kriegt seine einfach nicht hin. »Ich
hab's doch schon beim ersten Take falsch gemacht«, sagt er mit einem Lachen in der Stimme. »Jetzt krieg ich's einfach nicht mehr
aus mei'm Schädel.« Er spielt seine akustische Gitarre und springt
mit voller Kraft in den Vers der letzten Strophe: »About the good
things that we can have if we close our eyes« (Über die schönen
Dinge, die wir haben können, wenn wir die Augen schließen). Gegen Ende unterbricht ihn George Harrison, der ihn ermahnt:
»Nein, spiel es in *Dur*.« Er und John probieren die Zeile noch mal,
doch als sie dieses Mal zu »close your eyes« kommen, verstummt
John, George singt allein. John versucht dann, Georges Beispiel
zu folgen, es klappt nicht, George wiederholt deshalb die Noten;
sie fangen neu an. John haut es wieder bei dem Wort »eyes« raus,
so daß George wieder allein singt, diesmal ergänzt um die Auf-
forderung: »Diesen *Akkord*. Spiel den hier …« Seine Korrektur
wird jedoch durch John oder Paul (wer es ist, läßt sich nicht
sagen) unterbrochen, der einen Aufschrei erstickter, aber gutgelaunter Frustration von sich gibt – »Iiii-jaaa-jaha!« –, worauf alle
lachen.

»Ihr müßt einfach Geduld mit mir haben oder mich er-
schießen«, gluckst John nach ein paar weiteren Fehlern. Er ruft
zur Technik hinauf und sagt zu George Martin: »Also, dann probieren wir's einfach mal.« Martin erwidert trocken: »Ja, ich weiß
genau, was du meinst.« John erläutert: »Entweder es kommt oder
nicht.« – »Es, *was*?« fragt Martin. »Es«, erwidert John mit for-
scher, körperloser Stimme. Dann wechselt er in eine langsame,
freundliche Opastimme und fährt fort: »Also, Paul, kommst du
jetzt?« Zwei Takes später, als John, Paul und George es fast hin-

gekriegt haben, witzelt John: »Wenn das funktioniert, bin ich damit einverstanden.« Der nächste Take geht allerdings daneben, und John und George proben noch ein bißchen. Schließlich verkündet John: »Also, ich glaube, jetzt hab' ich's vielleicht.« Martin triezt ihn: »Du bist mir ein schöner Trödler, John.« Man kann beinahe das Lächeln auf Johns Gesicht sehen, als er zustimmt: »Ich weiß. Ich hab irgendwas im Kopf, und die ganzen römischen Mauern könnten mich nicht aufhalten.«

An jedem Abend haben die Beatles viel gelacht, und Marihuana war zumindest teilweise dafür verantwortlich. Zum damaligen Zeitpunkt rauchten die Beatles im Studio und auch draußen ziemlich viel. Martin wußte das, aber mit Rücksicht darauf, daß er es mißbilligte, und vielleicht aus einem kindischen Bedürfnis, etwas heimlich tun zu müssen, stahlen sie sich in die Kantine oder auf die Toilette. Vom Gelächter abgesehen sind die deutlichsten Hinweise darauf, daß die Beatles an jenem Abend »high« waren, den Bemerkungen zu entnehmen, die John und Paul machen, nachdem sie sich kurz von der Session zurückgezogen hatten. Als sie mit einem auffälligen Schniefen zurückkommen, sagt Paul zu den anderen: »Ich komme gerade aus Olympia. Ich habe die Fackel entzündet.« An einer anderen Stelle, als sich John, George und Paul um das Mikrofon versammeln, ist von einem ein unterdrücktes Gewisper zu vernehmen, das sich anhört wie »Da ist noch was übrig«, womit ein gemeinsamer Joint gemeint sein könnte. Und nachdem John für ein paar Minuten verschwunden ist, kehrt er mit dem sicheren Gefühl zurück, endlich doch die Harmonie hinzukriegen: »Ich hab's grade auf der Toilette gesungen, vielleicht krieg ich's jetzt hin.« Die Stimmung bei dieser Session gleicht der einer pubertierenden Jungengruppe, und an Furzgeräuschen und Witzen über Körperfunktionen wird nicht gespart, bis McCartney alle wieder zur Arbeit treibt, indem er sich verzweifelt mit Oberklassenakzent vernehmen läßt: »Ich kann so nicht weiter, ich kann wirklich nicht so weitermachen. Bitte, *bitte*, können wir jetzt mit der verdammten Platte weitermachen?«

Obwohl »Think For Yourself« von George stammt, steht eindeutig John im Mittelpunkt der Aufmerksamkeit; er ist es, der während der gesamten Session für Humor und Energie sorgt.

Dafür hört man von Ringo auf den »Think For Yourself«-Bändern keinen Ton. Die Rolle, die er bei den Beatles spielte, wird auf den Weihnachtsplatten deutlicher, wo er normalerweise die nette, uneitle vierte Geige spielt und den anderen oft genug als Zielscheibe ihrer Scherze dient, nicht ohne selber seinen Teil zu dem Spaß beizutragen. Auf der Platte von 1963 zum Beispiel spricht Ringo darüber, daß er bei anderen Bands spielte, bevor er zu den Beatles kam, als ihn McCartney unterbricht und wie ein Vater, der sein Kind drängt, sich bei einem Ferngespräch kurz zu fassen, zu Ringo sagt: »Wünsch den Leuten doch einfach frohe Weihnachten.« Ringo ist nicht beleidigt und wünscht von Herzen alles Gute für die Feiertage. Anschließend fordert ihn Paul auf, »Good Kind Wenceslas« zu singen. Wieder gehorcht Ringo. Das Mikrofon geht dann an George, der ein wenig elaboriert und wie ein Tontechniker sagt: »Danke, Ringo. *Wir* werden dich dann anrufen.« Auf der Platte von 1964 stellt Ringo fest: »Es war ein komisches Jahr«, worauf einer der anderen Beatles vor unterdrücktem Lachen schnaubt, weil diese Bemerkung gar zu schlicht ist. Doch Ringo macht fröhlich weiter und kriegt bald selber einen Lacher, weil er absichtlich den Überblick über die Länder verliert, die die Beatles 1964 besucht haben; ein paar, Australien zum Beispiel, nennt er zweimal.

Ringo Starr staunte immer wieder darüber, daß ihm das Schicksal einen Platz in der ersten Klasse genau in dem Augenblick zugewiesen hatte, als der Zug mit den berühmten Beatles den Bahnhof verließ. John bestand allerdings darauf, daß Ringo, ganz gleich wie, »auch als Individuum herausgekommen ist; wir kennen diesen ganz besonderen Funken bei Ringo, auch wenn wir ihn nicht genau benennen können«. Sein Schlagzeug, aber auch seine Persönlichkeit bildete für die Beatles eine Art Fundament; er gab der Band eine entscheidende menschliche Dimension und spielte den ganz normalen Jungen mit dem Herz auf dem rechten Fleck; mit ihm konnte sich jeder im Publikum identifizieren. Während der sieben Jahre (1963–1969), in denen die Beatles ihre Weihnachtsplatten herausbrachten, war Ringo der einzige, dessen Grüße immer eher herzlich als bloß komisch oder schlagfertig sind. Er war der geborene Normalo: Wenn die Beatles, wie manche meinen, die englische Rock'n'Roll-Version der Marx Brothers waren, dann war Ringo der besonders liebenswürdige Zeppo. Deshalb war er für die Beatles noch lange kein Fußabstreifer. »John, das ist Mist«, sagte Ringo manchmal im Studio. John »schaute dann über seine Brille und brummte: ›Tatsächlich?‹ und änderte es. Entweder so, oder er reagierte mit einer groben Bemerkung und änderte dann das, was Ringo mißfallen hatte«.

Heute, wo man sich an die Beatles nur mehr wegen ihrer Musik erinnert, vergißt man leicht, wie komisch sie in ihrer besten Zeit waren. Besonders John und Paul waren begabte Imitatoren, und alle vier konnten unglaublich schlagfertig und dazu originell sein; das machte einen Großteil ihres Charismas aus. Während Paul gelegentlich bei Johns bitteren Spinnereien mithalten konnte – »Wenn meine Laune schlecht genug war!« wie Paul später meinte –, brillierte John ununterbrochen mit Wortspielen, Parodien und einem hinterfotzigen Humor. Gelegentlich war der Anlaß für seine Clownerien auch unfreiwillig, wie beispielsweise an jenem Abend, als er mit George Martin in einem teuren Restaurant saß und der ihn dazu bewegen wollte, zum erstenmal Zuckererbsen zu probieren. »Also gut«, sagte John ohne große Begeisterung, »aber tu sie da rüber, nicht so nah ans Essen.« Häufiger allerdings beutete John sein Talent für grausame Scherze aus. Der Journalist Ray Coleman erinnert sich, wie er einmal mit John Lennon in eine Lufthansa-Maschine nach London stieg und ihn dann, zwanzig Jahre nach dem Zweiten Weltkrieg, witzeln hörte: »Am besten fliegt man mit der Lufthansa nach London, die Piloten kennen alle den Weg.«

Paul zufolge verehrten die anderen Beatles John als »Idol«. »Er war in der Band unser eigener kleiner Elvis. Nicht wegen seines Aussehens oder seiner Stimme – obwohl er ein großartiger Sänger war –, sondern wegen seiner Persönlichkeit. Er war einfach toll. Sehr stark. Sehr lustig. Sehr schlau. Wir haben ihn immer bewundert.« Auch wenn die Band während der Aufnahmen zu »Think For Yourself« immer und immer wieder neu anfangen muß, nehmen es alle ziemlich gelassen, selbst wenn sie langsam verzweifeln. Zum Beispiel veräppelt Paul John einmal, indem er singt: »Warum mußt du immer alles vermurksen?« John lacht und verkündet in herrischem, computerhaftem Ton: »Es wird mir eine *Freude* sein, wenn die Erdlinge zerstäubt werden.«

Als ein weiterer Take danebengeht, fragt George in singendem Tonfall: »Was gi-hiebts?« Diesmal wechselt John in die hastige, stolpernde Stimme einer wohlerzogenen, peinlich berührten englischen Matrone: »Oh, das tut mir ja so leid, ich schäme mich so, ach, was soll ich bloß tun?« Paul geht wie ein Lehrer auf ihn los, dem der Geduldsfaden gerissen ist: »Paß auf, Terrence! Wenn du dich von der Theatergruppe verabschieden willst, bitte sehr!« John unterdrückt ein Lachen und winselt: »Nein, bitte, ich habe viel Geld und Mühe in diese Sache gesteckt.« »Kann ja sein«, tobt Paul, »aber seien wir doch ehrlich, du bist eine *Vollnull*!« John hat weiter mit seinem Kichern zu kämpfen und schreit zurück: »Wessen Vater war es denn, der überhaupt die Bühne hier besorgte, hä?« Paul hat das letzte Wort: »Ja, und so verdammt hoch hast du die Nase hier hereintragen müssen«, doch wird innerhalb von Sekunden klar, daß John nach wie vor der Chef ist. Als Paul, noch immer in seiner Rolle, vorschlägt: »Wir wollen von vorn anfangen und dann durchziehen«, erledigt John den Vorschlag ungeduldig, indem er mit normaler Stimme sagt: »Wir machen es *nicht* von vorn.« Paul verbessert sich rasch, und die Beatles kehren zu der Zeile zurück, mit der sie sich schon zuvor abgemüht haben.

Diese Rangeleien im Studio waren eher Scheingefechte. Doch auch als echte Kämpfe unter den Beatles ausbrachen, bestätigte sich selbst dabei noch, wie eng sie miteinander verbunden waren. Ringo sagte einmal über die anderen: »Sie sind eigentlich meine Brüder. Ich bin ein Einzelkind, und sie sind meine Brüder.« Bedrohungen von außen ließen sie auf der Stelle zusammenrücken. Astrid Kirchherr, eine Freundin aus der Hamburger Zeit, weiß noch: »Auch als es ihnen ziemlich dreckig ging, hielten sie zusammen. Sie stritten sich oft, aber ein Außenstehender brauchte nur zu versuchen, auf sie loszugehen, und schon flogen die Fetzen. Am Anfang hielten sie zusammen, weil ihnen gar nichts anderes übrigblieb; später war es Liebe.«

Liebe und Loyalität verstärkten sich noch während der wahnsinnigen Zeit der Beatlemania, denn nur die vier Beatles wußten, wie das Leben im Auge des Hurrikans war. Paul später über diese

Zeit: »Nachdem wir es in die Limousine mit den geschwärzten Fenstern geschafft hatten, gab es nur noch uns vier hinten im Auto. Und was da passierte, das war die Wirklichkeit. Daraus bezogen wir unsere Stärke. Wir konnten uns in diese kleine Welt zurückziehen, die nur uns gehörte.« Nachdem die Beatles mit den Tourneen aufgehört hatten, blieb das Band bestehen, das während der Hysterie entstanden war. Pete Shotten: »Vermutlich gab es nie wieder eine Band, die dermaßen für sich und so eng miteinander verwoben war wie damals die Beatles« Mitte der sechziger Jahre.

Die ganz besondere Aura, die die Beatles ausstrahlten, war selbst 1968 und 1969 noch zu spüren, als sie sich mehr und mehr auseinanderlebten. Am 26. April 1969 erlebte der junge Tontechniker Jeff Jarrett in den Abbay Road Studios seine erste Session mit den Beatles, die damals **Abbey Road** aufnahmen. George Martin konnte nicht dabeisein, aber er versuchte den nervösen Jarrett auf das vorzubereiten, was ihn erwartete. Jarrett erinnert sich, wie Martin sagte: »Ein Beatle ist da, gut. Zwei Beatles, toll. Drei Beatles, großartig. Aber in dem Augenblick, in dem alle vier da sind, entsteht dieses unbeschreibliche Charisma, diese ganz besondere Magie, die bisher niemand erklären konnte. Es wird ein angenehmes Arbeiten sein mit ihnen, aber du mußt auf diese unbeschreibliche *Präsenz* gefaßt sein.«

»Es war eine Bruderschaft«, erklärte Martin später. »Oder mehr wie ein Fort mit vier Ecken, das uneinnehmbar war. Wenn sie einmal zusammen waren, konnte niemand mehr in dieses Fort gelangen, auch Brian Epstein nicht, und ich auch nicht. Wir gehörten nicht dazu. Sie waren miteinander durch dick und dünn gegangen, durch den Wahnsinn ihres meteoritenhaften Aufstiegs – das war ganz allein ihre Sache … Auf ihren Tourneen bin ich manchmal mit ihnen gereist, und sie waren ihrer Berühmtheit vollständig ausgeliefert. Damals hatten sie nur einander, um sich zu stützen und zu trösten. Sie verfügten deshalb über eine besondere Form des Miteinanders, eine Art Gedankenlesen, eine fast kinetische Energie. Wenn sie zusammen waren, schienen sie in eine vollkommen andere Dimension hineinzuwachsen.«

Welche Dimension das auch immer war, die Beatles wußten jedenfalls ganz genau, in welches Energiefeld sie da geraten waren.

Sie waren sich ihrer besonderen Fähigkeiten so sicher, daß sie über Fehlschläge lachen konnten, weil sie wußten, daß es so nicht bleiben würde. Während der Aufnahmen zu »Think For Yourself« zum Beispiel unternehmen John, Paul und George einen weiteren Versuch, ihre Harmonien aufeinander abzustimmen. John verlangt, daß sie dieses Mal nur die Zeile »And you've got time to rectify« (Und du hast Zeit, es hinzubiegen) singen, denn trotz der vorhergegangenen dutzendfachen Proben hat er »vergessen, wie es war«. Nach dem Anzählen probieren die drei Sänger die Zeile a cappella, doch hört sich das alles andere als synchron an, und schließlich will Paul von John wissen: »In welcher *Tonart* singst du überhaupt, Jack?« Danach singt George die Zeile noch einmal richtig, um sie zu führen, und zu dritt probieren sie es von neuem. Dieser Take geht so in die Hose, daß Paul ihn und sie parodiert, indem er schmalzt: »Määää-tschieeek.« John muß kichern, doch beginnt George sofort mit einem weiteren Take, und erstaunlicherweise schaffen es diesmal alle drei vollkommen und präzise. »Genau das war's«, sagt Paul, der selber nur ehrfürchtig staunen kann. John sagt, und der Gockel bläht sich in seiner Stimme: »Ihr hättet euch besser an mich gehalten, Jungs, ich wußte es ja gleich.«

»Wenn wir alle vier zusammen spielten, waren wir eindeutig besser als alle vier allein«, sagte McCartney später. »Unser großer Vorzug bestand darin, daß wir bereits so lange zusammen waren. Wir waren uns sehr nah, beinah wie eine Familie, deshalb verstanden wir einander auf Anhieb. Deshalb wurden wir *gut*. Es wurde erst ganz zum Schluß anders, als das Finanzielle dazwischenkam ...« Noch der Film »Let It Be«, der die Beatles bei Plattenaufnahmen im Januar 1969 zeigt, beweist, wie entscheidend es für die Musik der Band war, daß es gefühlsmäßig stimmte. Die Beatles verstanden sich damals nicht, und das merkt man an der gelangweilten, lethargischen Art, in der sie spielen – jedenfalls im Studio. Als sie sich aber oben auf dem Dach des Apple-Gebäudes aufbauten, um ein letztes Mal »vor echtem Publikum zu spielen«, wie Paul es formulierte, bestätigte ihr inspirierter Auftritt, daß der alte Zauber noch nicht verloren war; er schlief nur und wartete darauf, daß man ihm freie Bahn ließ.

Diese Verbindung bestand auch über die Auflösung der Gruppe hinaus. Ringo, der nach der Trennung mit jedem seiner Freunde aus der Band Platten aufnahm, sagt: »Wir konnten gut miteinander spielen, auch noch 1981.« Irgendwann in der Mitte der siebziger Jahre spielten Ringo, John und George zusammen. Später sagte Paul: »Ich glaube, es war John, der einmal zu mir sagte: ›Mann, das war toll, wir sind eine tolle Band.‹ Das war doch grad das Besondere an den Beatles, daß wir eine tolle Band waren. Ich weiß doch jetzt, wo ich mit anderen Leuten gespielt habe, daß man nicht einfach hereinkommen und gleich in die richtige Stimmung kommen kann. Mit den Beatles klappte es fast immer. Wir konnten uns hinsetzen und irgendwelchen Mist spielen, und normalerweise klappte es dann. Und das ist etwas, das ist für Geld nicht zu haben.«

Die Beatles lieferten den lebendigen Beweis dafür, daß es keineswegs immer die besten Musiker sind, die die beste Musik machen. »In der schlechtesten Band, in der ich in meinem ganzen Leben spielte, waren Eric Clapton, Elton John, Keith Richards, Ronnie Wood und ich, 1985 in meinem Studio in Tittenhurst«, sagte Ringo einmal. Als musikalisches Talent betrachtet, hätte das Team Clapton, Richards, Elton John jenem aus Paul, George und John Lennon überlegen sein müssen. Doch die Band aus lauter Superstars hörte sich schauerlich an, weil, wie Ringo erläutert, »zu viele Anführer dabei waren. Es funktionierte nicht«. Natürlich hatten auch die Beatles schließlich ihre Probleme mit dem Ego, doch während des größten Teils ihrer Karriere verbanden sich Talent und Persönlichkeit in einem produktiven Gleichgewicht. Obwohl es in der Band eine eindeutige Hackordnung gab, in der Harrsion und Starr nach Lennon und McCartney kamen, wurden die wichtigen geschäftlichen und künstlerischen Entscheidungen gemeinsam gefällt. Im Ergebnis lief es auf eine Kombination aus »Gleiches Recht für alle« und musikalischer Meritokratie hinaus, die durch den gegenseitigen Respekt und das Wissen aufgelockert wurde, daß man aneinander die besten Freunde hatte.

»Keiner von uns war ein technischer Musiker«, sagte John in einem seiner letzten Interviews über die Beatles. »Doch als reine Musiker, als inspirierte Musiker, waren wir genausogut wie alle anderen!« George und Paul waren von den vieren die mit Abstand besten Instrumentalisten, die ohne weiteres in der Lage waren, mit den ersten Namen im Rock 'n' Roll mitzuhalten. Besonders Paul war ein »ausgezeichneter musikalischer Alleskönner«, wie George Martin sagt – »vermutlich der beste Bassist, den es überhaupt gibt, erstklassiger Drummer, sehr guter Gitarrist und brauchbarer Klavierspieler«. Dagegen konnten John und Ringo brillant spielen, wie begabte Primitive, wie sich John einmal ausdrückte. Auf die Frage, wie er sich selber als Gitarrist einschätzte, erwiderte John: »Technisch bin ich nicht wahnsinnig gut, aber, Mann, ich kann vielleicht heulen und mich bewegen.« Auch Ringo war, nach George Martins Begriffen, kein »›technischer‹ Drummer. Leute wie Buddy Rich und Gene Krupa hätten ihn vom Podium gespielt. Aber er ist ein guter, verläßlicher Rock-Drummer, der den Beat absolut perfekt halten kann. Er versteht es, den richtigen Sound aus seinem Schlagzeug zu kitzeln. Vor allem hat er seinen eigenen Sound. Ringos Schlagzeug hört man immer heraus ...« Es war, mit einem Wort, genau das richtige Verhältnis von Technik und Gewalt, von Virtuosentum und Gefühl, um die Musik zu fabrizieren, die Funken schlug.

Vielleicht liegt ein Grund dafür, daß die Gruppe so lange zusammenblieb, darin, daß die Überlegenheit von John und Paul so unübersehbar war, daß es darüber keine Auseinandersetzungen gab. Dabei waren George und Ringo alles andere als austauschbar oder überflüssig oder gehorsame Jasager. »Wir wissen, daß John und Paul den größten Teil der Songs geschrieben haben«, sagte Martin später, aber George und Ringo »gehörten zu diesem Zauber unbedingt dazu. Falls einer der beiden, George oder Ringo, einen Song kritisierte, an dem John oder Paul arbeitete, dann hörte man auf sie. Dann wurde die Stelle geändert oder der Song verworfen.« Lennon selber sagte: »Ich kann mir schon vorstellen, daß John und Paul dieselben Songs mit zwei anderen Jungs geschrieben hätten. Während es für George und Ringo ohne John und Paul nicht gegangen wäre.« Dann aber ergänzte er: »Andererseits, wer weiß? Vielleicht hätte es ohne sie gar nicht geklappt.«

Als Lennon 1980 ermordet wurde, wuchs der Mythos. Mit

einem Mal war er praktisch die einzige kreative Kraft hinter den Beatles. Neun Jahre nach seinem Tod sagte McCartney über seinen Seelenfreund: »Inzwischen gibt es ein paar Leute, die meinen, er allein sei die Band gewesen, es hätte gar keine anderen gegeben. George stand dann also nur so da mit dem Plektrum und wartete auf ein Solo. Das stimmt aber nicht. George hat viel mehr getan, als nur auf ein Solo zu warten. Und John hätte das als allererster zugegeben.« Es ist richtig, daß die Beatles immer Johns Band waren. Er war es, der Paul in die Band holte, danach George, schließlich Ringo, und er war es am Ende auch, der die Auflösung der Gruppe verkündete. Aber es war die Band, die ganz besondere Dynamik unter diesen vier Individuen, die aus den Beatles das machte, was sie waren. Ihre erstaunliche Synergie war zum Teil bewußte Inszenierung, wie Lennon einmal erläuterte: »Wir dachten uns, wir könnten es schaffen, weil wir zu viert waren. Keiner von uns hätte es allein geschafft, weil Paul nicht stark genug war, ich kam bei den Mädchen nicht so gut an, George war zu ruhig, und Ringo war der Drummer. Aber wir dachten uns, daß jeder zumindest an einem von uns etwas finden würde, und so war es dann auch.«

13. Kapitel
Wir werden erwachsen (Rubber Soul)

»Es ist so schwer, einfach zu sein!« klagte Vincent van Gogh in einem seiner letzten Briefe. Der holländische Maler schrieb an seinen Freund, den Maler Paul Gauguin, aber er formulierte eine Herausforderung, vor der die Künstler aller Jahrhunderte standen. Ein Kunstwerk zu schaffen, das einfach, gleichzeitig aber auch schön ist und bezwingend, heißt, dem eigentlichen Wesen der Wirklichkeit Ausdruck zu verleihen, befreit von allem Oberflächlichen und Zweitrangigen.

Mit ihrem Genie bewiesen die Beatles von Anfang an ein Talent für genau diese Art elaborierter Einfachheit, und möglicherweise zeigte es sich nie brillanter und konsequenter als in den Songs, die sie für ihr herausragendes sechstes Album, für **Rubber Soul**, aufnahmen. Die Platte wurde im Oktober und November 1965 eingespielt und Anfang Dezember zusammen mit der Single »Day Tripper«/ »We Can Work It Out« veröffentlicht. Es handelte sich um »das erste Album, das der Welt völlig neue, gereifte Beatles vorstellte«, wie George Martin bemerkte. Seit die Gruppe immer weniger Lust auf Live-Auftritte vor hysterisch kreischenden Massen hatte, begann sie ihre Energie auf die Arbeit im Studio zu konzentrieren. Vor **Rubber Soul** hatten die Beatles, wie George Martin sagt, »ihre Alben eher wie eine Zusammenstellung von Singles produziert. Allmählich begannen wir die Alben als eigene Kunstform zu betrachten«.

Rubber Soul war eindeutig das bis dahin beste Beatles-Album, und manche meinen sogar, es sei das beste, das sie überhaupt einspielten. **Rubber Soul** war ihr erstes Album, auf dem es tatsächlich keine Schwachpunkte mehr gab. Es bestand nur aus Songs, die sofort ins Ohr gingen und Bestand hatten. Die Akkorde von »Day Tripper« und »We Can Work It Out« und von so herausragenden Album-Stücken wie »Norwegian Wood«, »I'm Looking

Through You«, »Nowhere Man« und »In My Life« waren einfacher nicht denkbar, doch die Beatles benutzten sie für Songs, die von ihrer Schönheit, Tiefe und Frische in den Jahren, die seither vergangen sind, nicht das mindeste eingebüßt haben. Zum Teil war das der Tatsache zuzuschreiben, daß die Beatles inzwischen einige musikalische Reife erlangt hatten. Aber auch ihre Qualität als Songschreiber, ihre poetische Sensibilität hatten in den sechs Monaten seit der Veröffentlichung von **Help!** einen großen Sprung nach vorn gemacht. Zusätzlich zu den »romantischen« Themen des normalen Popsongs gestatteten sich die Beatles den einen oder anderen Kommentar zu der Gesellschaft, in der sie lebten. Von **Rubber Soul** an sollte ihre Musik mehr leisten, als nur das Publikum zu unterhalten. Sie sprach das Publikum direkt an, sprach gleichzeitig an seiner Stelle – führte, ermutigte, unterhielt, lehrte, inspirierte. Ohne daß sie ihren jugendlichen Überschwang verloren hätten, waren die Beatles erwachsen geworden.

Das herausragende Beispiel für ihre neuen künstlerischen Fertigkeiten ist »We Can Work It Out«, ein Song, der als Muster für die brillante Zusammenarbeit des Teams Lennon–McCartney allenfalls hinter »A Day In The Life« zurückstehen muß. Paul schrieb den Text zu »We Can Work It Out«, John den Mittelteil, in beiden Fällen ist die Musik die Einfachheit selber – so einfach, daß vermutlich jeder mittelmäßige Gitarrist bald merkt, wie die beiden auf die Akkorde dieses Songs gekommen sind. Paul beginnt die Strophe »Try to see it my way« (Versuch's wie ich zu sehen) in D-Dur. Er betont das, indem er seinen kleinen Finger kurz auf die oberste Saite legt, ein G hinzufügt, um dann mit Zeige- und Mittelfinger umzugreifen und eine kurze Variation von C-Dur zu spielen. Beide Akkorde gehören zu den einfachsten Tricks auf der Gitarre, und auch der Rest der Strophe ist nicht schwieriger: G-Dur, zurück nach D-Dur, noch mal G-Dur, um dann mit A-Dur zu schließen.

Auch John scheint beim Schreiben des Mittelteils auf seine Fingerfertigkeit vertraut zu haben. Seinen Teil – »Life is very short« (Das Leben ist so kurz) – beginnt er in b-Moll, der natürlichen Entsprechung zu Pauls D-Dur. Danach bewegt sich seine

Hand kaum mehr; er läßt die Finger höchstens über eine Saite oder einen Bund rauf oder runter gleiten, um auf kleine, aber entscheidende Variationen des ersten Akkords zu kommen. Diese minimale Abwechslung hätte in den falschen Händen auch zu puren Klischeefiguren führen können, doch die Melodien Lennons und McCartneys sind eben alles andere als banal. Sie sind leicht, aber einprägsam, fließend, aber gewichtig, und zugleich eine ideale Entsprechung zu der Mischung aus Drängen und Hoffnung, die der Text aufweist.

Die Beatles kamen bei der Aufnahme von »We Can Work It Out« mit nur zwei Takes aus, doch ist diese Angabe irreführend, denn den Aufnahmen gingen langwierige Proben voraus, und sie wurden anschließend durch die Mischung verbessert. Insgesamt dauerte die Aufnahmesession am 20. Oktober 1965 von nachmittags halb drei Uhr bis eine Viertelstunde vor Mitternacht, unterbrochen nur von einer halben Stunde für das Abendessen. Wie einer Unterhaltung zu entnehmen ist, die John und Paul vor der ersten Aufnahme hatten, haben die Beatles einen großen Teil des Nachmittags damit verbracht, den Wechsel in das walzerähnliche Tempo zu proben, das gegen Ende des Mittelteils den Song vorübergehend verlangsamt, ein unglaublicher Effekt, der dem Song Tiefe gibt, aber Johns löchriges Gedächtnis stark strapaziert zu haben scheint. In den letzten Sekunden vor dem Take, als Ringo mit ein paar anwärmenden Schlägen auf sein Schlagzeug haut und Paul beiläufig auf dem Baß herumzupft, fragt Paul: »Weißt du noch den Schluß?« John, der sogar bei einer simplen Antwort witzig sein kann, entgegnet: »Ich weiß, wie er geht. Er geht, wenn er kommt.«

Beim ersten Take wurden nur die Instrumente aufgenommen – John spielt Rhythmusgitarre, George Tamburin –, und natürlich bricht der Take genau beim Übergang zum Walzer zusammen. Schuld daran ist nicht John, sondern Ringo; beim zweiten Durchgang schlägt er ein Viertel zuviel. Ohne Mikro sagt einer der Beatles, Ringo vermutlich: »Sorry«, aber ein anderer – John? – erwidert: »Aber es hatte das richtige Tempo«, und Paul bestätigt ihn. Eine Stimme aus der Technik bemerkt mit stiller Bewunderung: »Es war *toll*, bis auf das letzte Stück.« Was stimmt, auch wenn der

Song in diesem Stadium verglichen mit der letzten Einspielung noch eher gedämpft klingt.

Der fehlende Funke wird im zweiten Take deutlich, als John ein Harmonium hinzufügt. Die Rhythmussektion wird damit ausgefüllt und bereitet den Song für die Stimmzuspielungen vor, die John und Paul im Lauf des Abends hinzufügen. Sie sind, was keinen weiter überrascht, glänzend. Die Tonspur zeigt, wieviel »We Can Work It Out« den Stimmen von Lennon und McCartney verdankt. John und Paul singen ihre Botschaft leidenschaftlich und kontrolliert, als sei sie zu wichtig, als daß man sie anders als vollkommen klar vortragen könne. Ihre Haltung verleiht dem Song Energie und emotionale Kraft, die auf der Tonspur mit den Instrumenten so intensiv noch nicht zu erkennen waren.

Tatsächlich ist der Text an »We Can Work It Out« das Entscheidende; sein durchschlagender Erfolg liegt darin, daß er auf so unterschiedlichen Ebenen funktioniert. Wenn man die Zeilen heute hört, erschreckt einen die fast unheimliche Ankündigung von Ereignissen, die auf die Beatles noch zukommen sollten. Vier Jahre später, als Paul sich alle Mühe gab, die Gruppe vorm Auseinanderbrechen zu bewahren, sagte er sinngemäß zu den anderen, vor allem zu John: »While you see it your way/ There's a chance that we might fall apart/ Before too long« (Wenn wir uns nach dir richten, ist es vielleicht bald aus mit uns). Und elf Jahre später bestätigte Johns plötzlicher Tod (durch einen pistolenschwingenden Irren) auf tragische Weise seine Warnung: »Life is very short, and there's no time/ For fussing and fighting, my friend« (Das Leben ist so kurz, für Nervereien und Streitereien haben wir keine Zeit, mein Freund).

Die Zeilen berührten die Zuhörer in den sechziger Jahren aus dem gleichen Grund, aus dem sie auch heute noch nachklingen: In komprimierter, bewegender Weise sprechen sie ein Problem an, das alle Menschen verbindet – wie man miteinander auskommen soll. Auf der einen Ebene ist »We Can Work It Out« ein Liebeslied, in dem ein Partner den anderen drängt, die Beziehung nicht aufzugeben. Doch Pauls Bitte um Kompromiß und Versöhnung, verstärkt noch durch Johns Warnung vor allem sinnlosen Streiten, gilt für jede Form menschlicher Beziehung: im individuellen Rahmen für Kinder, denen die Eltern immer fremder werden, oder für zwei Freunde, die sich zerstritten haben, im größeren gesellschaftlichen Rahmen für den Gegensatz zwischen den Klassen und Rassen, und schließlich, im globalen Zusammenhang, für diejenigen, die dazu beitragen können, Kriege zu vermeiden und die nukleare und ökologische Selbstzerstörung zu verhindern. (»We can work it out/ And get straight or say good night« [Entweder wir schaffen's und kriegen's wieder hin – oder Amen und Ende].) Und nicht zuletzt hat die Botschaft von »We Can Work It Out«, wie ein Großteil der Arbeit der Beatles, eine positive Note: Wir, du, wir alle können es schaffen, wenn wir es *wirklich* versuchen.

Die gleiche Dualität zwischen romantisch-privaten und umfassenderen sozialen Anliegen zeigt sich im Konzept des ganzen Albums **Rubber Soul**, auf dem Liebeslieder wie »Girl« und »Michelle« sich mit Songs mit einer »Botschaft« (»The Word« und »Nowhere Man«) abwechseln. Weniger offensichtlich, aber dennoch deutlich zeigt sich das bei »Day Tripper«, dem Komplementärstück zu »We Can Work It Out«, mit dem zusammen es als Single herauskam. Eine Single mit zwei A-Seiten war und ist eine eher unübliche Präsentationsform, die aber zeigt, für wie stark man die Songs hielt: beide hatten Hitqualitäten.

Lennon und McCartney sagten später, zu »Day Tripper« seien sie gezwungen worden, es sei unter starkem Druck entstanden, doch davon merkt man nichts. Der Song ist vielmehr einer der reinsten und besten Rock 'n' Roll-Songs, die die Beatles je geschrieben haben. Der Auftaktriff ist einer der auffälligsten in der Rockgeschichte, die Beatles entschieden sich gleichwohl dafür, nach der zweiten Strophe eine Steigerung zu versuchen. Georges Leadgitarre markiert sie mit spannungsbildenden Energieausbrüchen. Dann kommen John und Paul mit ihrer bekannten stimmlichen Magie und treiben einander immer weiter nach oben. Schließlich steigert Ringo, dessen Trommelarbeit den Song bisher klar strukturiert hatte, den Ausbruch noch mit einem erbarmungslosen Angriff auf sein Schlagzeug, ehe die Gruppe wieder in den ursprünglichen Riff zurückkehrt.

Lennon kam auf den Riff für »Day Tripper«, und er war es auch, der die Chuzpe hatte, einen ganzen Song darum herum zu schreiben (wiederum ein Beispiel größtmöglicher Einfachheit). Obwohl er den Song später als »nur ein Rock'n'Roll-Song« abtat, sagte er auch, daß in »Day Tripper« mehr stecke, als auf den ersten Blick erkennbar sei. »Day Tripper sind doch Leute, die einen Tagesausflug machen, nicht?« erläuterte er später. »Mit einer Fähre oder so was. Aber es meint eher etwas wie: ›Du bist ja bloß ein Wochenendhippie.‹«

Ende 1965 waren Lennon und die anderen Beatles alles andere als Wochenendhippies. Sie rauchten mittlerweile fast jeden Tag Marihuana – später erzählte Lennon, sie hätten Anfang 1965 während der Dreharbeiten zu »Help!« statt des Frühstücks lieber einen durchgezogen –, und alle außer Paul hatten mindestens einmal LSD eingeworfen. Das Cover von **Rubber Soul** spielte auf die Verwandlung an, die damit in Gang gesetzt wurde. Unter dem Titel des Albums, der in seltsam gedehnten, aufgeblähten Buchstaben wiedergegeben war, zeigte ein Foto die Beatles: jeder trug die Haare inzwischen wesentlich länger, und John und Paul haben den wissenden Blick von Leuten, die sich insgeheim über etwas amüsieren. Das Foto war mit einem Fischauge aufgenommen und dann diagonal reproduziert worden, als sollte darauf hingewiesen werden, daß die Beatles nicht mehr das waren, was die Hippies »Normalos« nannten. Noch deutlicher war eine Anspielung auf der Platte selber, ein Insiderwitz, der in den Refrain des Songs »Girl« eingefügt wurde. Lennons langes, heftiges Einatmen nach »Ah, Gir-ir-ir-irl« hört sich eindeutig wie das Einziehen des Marihuanarauchs in die Lungen an. (In den Hintergrundstimmen von »Girl« ist zu hören, wie ständig das Wort »tit« [Titte] wiederholt wird. Da das Stück aber vor allem musikalisch funktioniert, wird nie so recht klar, was da textlich eigentlich genau passiert.)

Marihuana zu rauchen war für die Beatles notwendiger Bestandteil einer umfassenderen Entwicklung, zu der auch die ersten Regungen eines sozialen und politischen Bewußtseins gehörten. Neben »We Can Work It Out« findet sich auf **Rubber Soul** beispielsweise auch »Nowhere Man«, eine Komposition, von der Lennon behauptete, sie habe sich ihm fast aufgedrängt. Nachdem er sich stundenlang damit abgemüht habe, einen halbwegs vernünftigen Song zusammenzubringen, habe er sich verzweifelt und erschöpft hingelegt, woraufhin plötzlich der vollständige Text und die Melodie dagewesen seien, ein Geschenk aus dem Jenseits. Wie in »Help!« singt Lennon in »Nowhere Man« über sich selber, drückt dabei aber Gefühle aus, die vielen vertraut sind. Beiläufig spricht er sich gegen eine Apathie und Selbstbezogenheit aus, die den Status quo als gegeben hinnimmt: Wer keine Meinung von der Welt hat, erklärt die erste Strophe, der lebt im Nirgendwo.

Der »Nirgends-Mann«, der sich nur mit sich selber beschäftigt, ist »as blind as he can be« (völlig verblendet) und weiß deshalb nicht »knows not where he's going to« (wo er hingeht). Lennon ergänzt diese Beobachtung mit der Frage: »Isn't he a bit like you …« (Ist er nicht ein bißchen wie du …), ist aber vorsichtig genug, die Frage zu mildern, indem er hinzufügt: »and me« (und ich), womit er wieder einmal die egalitäre Geste macht, die für den großen Anklang, den Lennon immer fand, entscheidend war. Im Gegensatz dazu wirkte George Harrisons Hang zur Selbstgerechtigkeit eher unsympathisch. Lennons Songs aber sprachen die eigenen Defizite unmißverständlich an, gaben einem aber auch das Gefühl, daß sich etwas dagegen unternehmen ließe. Vielleicht war man in der Vergangenheit im Nirgendwo, aber jetzt ist jetzt, und »the world is at your command« (die Welt steht dir zur Verfügung).

In »The Word« benutzt Lennon einen sehr ähnlichen psychologischen Modus operandi. Die Beatles singen hier zum erstenmal über die Liebe im universellen Sinn und verkünden, sie sei »so fine/ It's sunshine« (toll, die reine Wonne), und versprechen den Zuhörern, daß sie, wenn auch sie für die Ausbreitung des Wortes sorgen, durch die Liebe befreit würden. Der proselytenmacherische Text hätte peinlich werden können, wenn nicht John auch die eigenen Fehler eingestanden hätte – »In the beginning I misunderstood« (Zuerst hab ich's nicht begriffen) –, ehe er dann seine Erleuchtung schildert – »But now I got it, the word is good« (Aber jetzt hab ich's, das Wort ist gut). Nach dieser Einleitung zeigt der abschließende klassische Lennonismus – »Now that I know what I feel must be right/ I'm here to show everybody the light« (Jetzt weiß ich, daß das, was ich fühle, wahr ist und ich gekommen bin, allen den Weg zum Licht zu zeigen) – weniger die Arroganz als vielmehr die Begeisterung des gerade Befreiten.

Die überschwenglichen dreifachen Harmonien in einer Instrumentierung, die die fröhliche Stimmung von »The Word« noch verstärkt, sind typisch für **Rubber Soul** als Ganzes. Lennon, McCartney und Harrison zeigen mit ihrer Stimme einen Erfindungsreichtum und eine Technik, die neben jeder anderen Periode in ihrer Laufbahn bestehen können. McCartneys Baß bei »The Word« – vor allem gegen Schluß, wo er die Töne in einer blendenden virtuosen Kaskade anreißt und mit ihnen zu jonglieren scheint – ist außergewöhnlich, und dieser Eindruck verstärkt sich noch, wenn George Martins Harmonium als fiebriger Kontrapunkt hinzukommt. Das Harmonium war damals das neue Lieblingsspielzeug der Beatles, ein Instrument, das sie nicht nur bei »The Word« und »We Can Work It Out« einsetzten, sondern unüberhörbar auch bei Harrisons »If I Needed Someone«. Der Auftaktriff von »If I Needed Someone« geht sofort ins Ohr und wurde von den Beatles mit elektronischen Effekten verändert, bis er das hatte, was McCartney »dieses klimpernde Etwas« nannte. Der Sound war von den Byrds entliehen, die sich damals mit »elektrifizierten«, harmoniestarken Cover-Versionen von »Mr. Tambourine Man« und anderen Dylan-Songs einen Namen machten. Ein wunderbar ausbalancierter Harmoniegesang sorgte dafür, daß »If I Needed Someone« Harrisons bis dahin bester Song wurde.

Ein völlig anderer musikalischer Effekt macht aus »In My Life« etwas Besonderes. Der Song ist eine autobiographische Ballade, die Lennon »meine erste regelrechte Arbeit« als Songwriter nannte. Sie entstand nicht in der schöpferischen Einsamkeit, wie Lennons Bemerkung vermuten läßt; er selber gab zu, daß Paul die Musik für den Mittelteil geschrieben habe, und Paul McCartney behauptet, daß er bei »In My Life« für die gesamte Musik verantwortlich sei. Wie auch immer, das Stück ist eines der besten auf **Rubber Soul**, eine wehmütige Meditation über das Vergehen der Zeit, den Trost, das Traurigsein und die Erinnerung. Wenn das Leben schon so wenig beständig ist, wenn Verluste unvermeidlich sind, bleiben die Gefühle, bereichern die Gegenwart, indem sie an die Vergangenheit erinnern: »I know I'll never lose affection/ For people and things that went before/ I know I'll often stop and think about them ...« (Ich weiß, daß ich das Gefühl für Menschen und Dinge von früher nie verlieren werde; ich weiß, daß ich oft daran zurückdenken werde). Wieder wird ein erweiterter Begriff der Liebe beschworen, ein Begriff, der romantische Gefühle einschließt, aber sich nicht auf sie beschränkt. Zeilen wie »lovers and friends I still can recall/ Some are dead and some are living« (Geliebte und Freunde, an die ich mich noch erinnere, einige sind tot, andere am Leben) können Soldaten am Lagerfeuer ebenso singen wie ein Schnulzensänger im Kaffeehaus.

Doch enthielte weder die eine noch die andere Version das Piano-Solo, das völlig überraschend im Mittelstück von »In My Life« zu hören ist. Es wird gespielt von George Martin, der die typisch ungefähren, aber inspirierten Vorgaben John Lennons umsetzte. Was genau Lennon im Sinn hatte, als er sich »etwas nach Barock klingendes« vorstellte, um den Mittelteil von »In My Life« aufzupeppen, ist nicht ganz klar. Martin komponierte das Bach nachempfundene Solo, das er zuerst auf einer Orgel spielen wollte, ehe er zum Piano überwechselte. Um das gewünschte Tempo zu erzielen, wurde das Solo mit halber Geschwindigkeit aufgenommen und dann mit doppelter eingespielt. Der dabei entstandene Klang erinnert an ein Cembalo und wirkt wie eine Anspielung aufs 18. Jahrhundert, die auf subtile Weise das Thema des Songs, das bittersüße Verhältnis von Gegenwart und Vergangenheit, unterstreicht.

Der musikalische Wagemut der Beatles gehört zu den Besonderheiten, die George Martins Bemerkung bestätigen, daß **Rubber Soul** das erste wirkliche Beatles-*Album* sei. Nicht nur der phantasievolle Einsatz der Instrumente – dem Harmonium oder der Sitar, die George Harrison bei »Norwegian Wood« und »Girl« zum erstenmal spielt, dem Fuzz-Baß, den Paul bei Georges »Think For Yourself« deutlich hörbar einsetzt – verleiht dem Album einen erkennbaren inneren Zusammenhang. Ganz allgemein wurde die Musik trotz der einfachen Formen immer elaborierter, zeigte Schattierungen und Gegenströmungen und nahm eine Entwicklung, die mit der größeren Tiefe und Reichweite der Texte korrespondierte. Die Beatles-Songs wurden zu einer Musik, die man sich aufmerksam anhörte. »Day Tripper« zeigte, daß die Beatles im Rock mit allen mithalten konnten, aber die Musik auf **Rubber Soul** wandte sich vor allem an das Herz und an den Kopf. Oder wie es der Kritiker Tim Riley formulierte: Das Material auf **Rubber Soul** »ist immer noch stark, aber die allgemeine Richtung der Platte ist intelligent und gewitzt, nicht mehr dreist oder manisch«.

Doch die Beatles wurden damit keineswegs preziös (vielleicht mit der Ausnahme von »Michelle«). Sie bewahrten sich ihren Sinn für Humor und ihre selbstbewußte Frechheit; sie blieben sie selbst. Der Auftaktsong des Albums, »Drive My Car«, zum Beispiel, ist eine witzelnde Persiflage auf besitzergreifenden Ehrgeiz, auf Selbstsucht und Falschheit, die so häufig den Traum begleiten, »es zu schaffen«. »Drive My Car« ist ein McCartney-Song, aber Lennon redigierte den Text auf eine Weise, die an seine Änderungen in »I Saw Her Standing There« erinnert. Die Melodie scheint von Anfang an dagewesen zu sein, aber der Text lautete zunächst etwa so: »I can give you golden rings/ I can give you anything/ Baby I love you« (Ich kann dir goldene Ringe schenken, alles kann ich dir geben, Baby, ich liebe dich). Lennon bezeichnete das zu Recht als »Mist«, und zusammen heckten sie eine schrullige Geschichte aus von einem Mädchen, das es nicht erwarten kann, ganz nach oben zu kommen, und bereit ist, mit dem Sänger auf die Fahrt zu gehen – als sein Chauffeur. Schließlich erfährt man, daß sie noch gar kein Auto hat; die Wendung macht sie in der letzten Zeile zum Spottobjekt: »But I've found a driver and that's a start« (Aber einen Fahrer hab ich fürs erste schon mal). Wenn der Song ausklingt, können die Beatles der Versuchung zu einem letzten Gag nicht widerstehen und zirpen »Beep-beep, beep-beep, *yeah*!«, als würden sie davonfahren und das Mädchen im Dreck sitzenlassen.

Der Humor kommt sehr ironisch daher, ist aber nicht unbedingt unschuldig. Das gehört ebenfalls zu den Besonderheiten von **Rubber Soul**: Für ein Album, das den Beginn der Frieden-und-Liebe-Phase der Beatles markiert, sind die Bemerkungen über Frauen auffallend heftig. Mit Ausnahme der leeren Süßlichkeit von »Michelle« und der Floskeln von »Wait« sind die Gefühle, die in den Liebesliedern von **Rubber Soul** den Frauen gelten, böse, schneidend und manchmal sogar gewalttätig. Angefangen mit den am wenigsten bissigen, weigert sich das Mädchen in »I'm Looking Through You« »to even listen« (überhaupt zuzuhören), während das in »I'm Looking Through You« verspottet und abgelehnt wird als »down there« (da unten) und »nowhere« (nirgends). Die Heldin von »Girl« gehört zu der Sorte, »who puts you down/ When friends are there« (die einen in Gegenwart von Freunden niedermacht), während die in »What Goes On« (Ringos Singstück auf **Rubber Soul**) kein Problem mit dem Lügen hat. Noch bedrohlicher wird es, wenn das Objekt der Begierde in »Norwegian Wood« sich die Wohnung anzünden lassen muß, weil sie nicht mit dem Sänger schläft, während das »little girl« in dem Song mit dem sprechenden Titel »Run For Your Life« gesagt bekommt, daß sie umgebracht wird, falls sie es wagen sollte, sich mit einem anderen Mann als dem Sänger abzugeben.

»I'm Looking Through You« klingt in einer früheren, nicht veröffentlichten Fassung milder. Der Song wurde während der Aufnahmen für **Rubber Soul** dreimal neu gefaßt, und vor allem der erste Take unterscheidet sich wesentlich von dem, was man dann auf der fertigen Platte zu hören bekommt. Der Text und die Melodie bleiben gleich, aber das Tempo ist langsamer, die Stimmung gedämpfter, die Atmosphäre hat weniger etwas von einem Angriff als von der Offenbarung einer Enttäuschung. Nachdem Paul »eins-zwei-drei-vier« vorgegeben hat, hört man erst nur Klatschen, ein rhythmisches Mittel, das auch im fertigen Song erhalten bleibt, wenn auch nicht so auffällig. Zur Verstärkung hört man vorsichtige Marakas, denen nach zwei Takten eine ebenso spröde Akustikgitarre folgt, womit Pauls Leadstimme der Weg bereitet ist. Auch hier klingt alles ähnlich wie auf der veröffentlichten Version, nur daß der Zorn kaum zu spüren ist. Tatsächlich wird der Song erst ganz zum Schluß heftig – »You're *not* the same!« (Du hast dich verändert) –, und selbst hier ist der Anschlag auf der Orgel eindeutig zurückhaltender, wenn man ihn mit dem schrillen Pfeifen der Gitarre vergleicht, die sie auf der letzten Fassung ersetzen wird. Womit allerdings nicht gesagt sein soll, daß der erste Take von »I'm Looking Through You« ohne jeden Reiz sei. Für

Lewisohn ist er einer der besten Alternativversionen, die sich in der Sammlung der Abbey Road Studios findet. Dennoch geht die Aussage dieser Fassung in eine eindeutig andere Richtung als auf der veröffentlichten Version. Auf dem ersten Take hört es sich so an, als liebe der Sänger seine Liebste noch immer. Trotz der Anschuldigungen ist das Einverständnis größer als der Zorn, eine Haltung, die auf der veröffentlichten Version völlig verschwunden ist.

Noch nuancierter sind die Gefühle, die in »Norwegian Wood (This Bird Has Flown)« zum Ausdruck kommen, das mehr als jeder andere Song das Besondere an **Rubber Soul** zusammenfaßt. Zunächst einmal liegt das an der bemerkenswerten musikalischen Einfachheit. Ein klassischer Song zum Mitsingen, eine Melodie, mit der Lennon wieder einmal beweist, daß er es sich gern leichtmacht – in diesem Fall, indem er die Hand auf die D-Saite legt und dann den kleinen und den Zeigefinger bewegt, um die Melodie zu finden. (Die Beatles nahmen »Norwegian Wood« in E-Dur auf, aber Lennon spielte seine Gitarre in D-Dur und transponierte sie dann mit einem Kapodaster.) Entsprechend einfach und unorthodox ist seine Hinführung auf den Übergang im Song – »She told me she worked in the morning« (Sie sagte, sie müßte früh zur Arbeit) –: John wechselt einfach von D-Dur nach d-Moll, ein Verstoß gegen die übliche Harmoniefolge, den er in eine Tugend verwandelt, indem er den Übergang mit G- und A-Dur beschließt, den »natürlichen« Folgeakkorden des ursprünglichen D-Dur.

Ganz auf der Höhe der übrigen **Rubber Soul**-Songs wird die Überleitung von »Norwegian Wood« durch eine der schönsten Harmonien aufgewertet, die Lennon und McCartney je zusammen sangen. Hinzu kommt ein weiterer charakteristischer Touch, der den Song aus dem Rahmen des Gewöhnlichen hebt, ein exotisches neues Instrument, Harrisons volltönende, seltsam fröhlich klingende Sitar. Das Bemerkenswerteste daran ist ihr sparsamer Einsatz. Der auffälligste Unterschied zwischen der Erstfassung von »Norwegian Wood« und der veröffentlichten Fassung betrifft ebenfalls die Sitar. Auf dem ersten Take (der auch eine Spur langsamer ist) meldet sich die Sitar ständig, überlagert in der Einleitung die Gitarre, füllt die Lücken aus, wenn niemand singt (zum

Beispiel nach der Zeile »and she told me to sit anywhere« [sie sagte, ich solle mich irgendwo hinsetzen]), und wird überhaupt zu stark angeschlagen. Das gilt auch noch für den zweiten Take, beim dritten dann ist das Problem jemandem aufgefallen, und die Sitar wird fürs erste weggelassen (wie auch alle Schlaginstrumente), dafür hört man nur noch zwei Akustikgitarren und McCartneys Baß. Mit diesem Arrangement ist genügend Volumen da, um die Sitar für den vierten und abschließenden Take wieder ins Spiel zu bringen, wobei Harrisons Darbietung ein weiteres Mal unterstreicht, daß weniger mehr ist.

In poetischer Hinsicht kommt »Norwegian Wood« von Herzen, es ist witzig und im besten Sinn des Wortes enigmatisch. Der Text ist abwechselnd genaue Beobachtung, böse und komisch, und gibt Auskunft über den Sänger ebenso wie über den Lauf der Welt. Er geht in den Grundzügen auf eine außereheliche Affäre Lennons zurück, berichtet von einer gegenseitigen Verführung, aus der nichts wird, und wirft beiläufig und geschickt ein Licht auf die Veränderungen im Verhältnis von Männern und Frauen. Als wollte er sein eigenes Macho-Verhalten veräppeln, macht Lennon gleich am Anfang deutlich, daß der Witz auf seine Kosten geht. Nach einer ersten Zeile, die fast schon ein Klischee ist – »I once had a girl« (Ich hatte mal ein Mädchen) –, wendet er sich plötzlich gegen sich selber mit der brillanten Korrektur: »or should I say she once had me« (oder soll ich sagen: einmal hatte sie mich)?

Folgt eine Szene mit kühlem, selbstbewußtem, aufgeklärtem Raffinement: zwei junge Singles ziehen sich in ihr Appartement zurück, das offenbar mit Sitzkissen (»I noticed there wasn't a chair« [Ich sah nirgends einen Stuhl]) ausstaffiert und mit norwegischem Holz ausgelegt ist, dem letzten Schrei im London Mitte der sechziger Jahre. Trotz des aufgeklärten Gestus wissen sie aber beide nicht so recht, wie man dieses neue Spiel spielt. Er nimmt an, daß sie miteinander ins Bett gehen werden – schließlich hat sie ihn zum Bleiben aufgefordert –, wenn er es nur gelassen und geduldig angeht. Statt sie also sofort anzumachen, setzt er sich hin, »biding my time, drinking her wine« (warte den rechten Augenblick ab, trinke ihren Wein). Der Augenblick der Wahrheit kommt um zwei Uhr morgens, als sie verkündet: »It's time for bed« (Zeit, ins Bett zu gehen). Jetzt oder nie, und die Beatles betonen diese Unsicherheit noch ganz besonders, indem sie die Sitar für ein Solo in den Mittelpunkt rücken.

Johns und Pauls Stimmen kehren im Mittelteil wieder, um zu verraten, daß die Frau entweder die Passivität ihres Gastes mißverstanden oder die Geduld verloren hat, denn sie zieht sich zurück und erklärt mit einem nervösen Lachen, daß sie früh raus müsse. Nachdem der Mann die Nacht im Bad verbracht hat, wacht er auf und stellt fest, daß sie Wort gehalten hat: »This bird had flown« (Dieser Vogel war ausgeflogen). Er rächt sich, indem er ihre Wohnung anzündet, doch wird das so indirekt angedeutet, daß niemand drauf gekommen wäre, wenn Paul es nicht später in einem Interview ausgeplaudert hätte. Im Gegenteil hinterläßt »Norwegian Wood« nicht den Eindruck einer Animosität, sondern das wehmütige Bedauern über versäumte Gelegenheiten und Mißverständnisse, die die Menschen daran hindern, zueinander zu finden.

Die Beatles beschwören dieses Thema mit einer Nonchalance, die an van Goghs verzweifelte Bemerkung gegenüber Gauguin erinnert. Es *ist* schwierig, einfach zu sein, doch die Befriedigung, die mit dem Gelingen einhergeht, ist mit nichts zu vergleichen. Am Anfang des vierten und letzten Takes von »Norwegian Wood« scheitert Lennon zweimal beim ersten Gitarrengriff. »Falsch«, ermahnt er sich milde nach seinem zweiten Fehler, bevor er es gleich noch mal versucht. Dieses Mal ist der Song von Anfang bis Ende perfekt, und Lennon weiß es. Kaum hat er den letzten Akkord geschlagen, verkündet er sich und dem Universum: »Ich hab's euch gezeigt!«

14. Kapitel
»Denkt symphonisch«:
Der Produzent George Martin

Wie alle Werke großer Künstler sind auch die Arbeiten der Beatles sofort erkennbar. Es genügen schon wenige Sätze von *Licht im August,* um die reiche, brütende Prosa William Faulkners zu identifizieren, und ebenso unzweifelhaft ist innerhalb von Sekunden der Sound der (wie John Lennon sie nannte) »Beatle-Musik« herauszuhören. Künstlerische Größe bedarf nicht nur ästhetischer Qualitäten, sondern auch eines persönlichen Stils; in der Kunst muß etwas wiederkehren, was sich ausschließlich mit dem Künstler verbindet, der sie geschaffen hat. Die Songs und die Stimmen von Lennon und McCartney bilden einen Teil dieses besonderen Sounds der Beatles, aber eben nur einen Teil. Denn die Beatles waren auch meisterhaft in dem, was man musikalische Architektur nennen könnte. Ihre Melodien sind eingängig genug, um unter der Dusche gesungen zu werden, doch passiert im typischen Beatles-Song weit mehr – mehr Verzierungen, mehr Schichten, Strukturen, Dimensionen (ungewöhnlicher) Klänge – als im größten Teil der zeitgenössischen Popmusik. Nehmen wir zum Beispiel das Stakkato der schrammenden Geigen, das den Beat von »Eleanor Rigby« vorantreibt. Oder die schmeichelnde Sitar, die Lennons Melodieführung in »Norwegian Wood« begleitet, das Klatschen in den Pausen von »Here Comes The Sun«, die Melange von Streichern und Synthesizer, mit der »I Am The Walrus« so seltsam und bekümmert anhebt. Diese und zahllose weitere Verzierungen sind wie musikalische Fingerabdrücke, und jeder einzelne weist darauf hin: »Die Beatles waren hier.«

Für den ganz besonderen Sound der Beatles gibt es keine erschöpfende Erklärung. Als sie 1962 mit den gemeinsamen Plattenaufnahmen begannen, hatten sie bereits einen großen Bereich musikalischer Quellen erschlossen, von Country and Western bis Rhythm and Blues, von Rock'n'Roll bis zu Fernsehmelodien, von englischen Volksliedern bis zu Polonaisen aus den Music-Halls. Seine musikalischen Inspirationen reichten, sagte Paul McCartney einmal, von Big Bill Broonzy bis Fred Astaire. Ein weiterer Faktor waren die besondere Synergie zwischen den einzelnen Bandmitgliedern und das Talent des Songwriter-Teams Lennon–McCartney, das dafür sorgte, daß die Gruppe jedesmal mit einem Rohmaterial in den kreativen Prozeß einstieg, das keinen Vergleich zu scheuen brauchte.

Aber auch in der Behandlung dieses Rohmaterials waren die Beatles ungewöhnlich. Der Feinschliff der Songs hing von dem ab, was im Aufnahmestudio passierte – wie sie arrangiert, bearbeitet, präsentiert wurden; welche Instrumente wo, wie und wann eingesetzt wurden; wie die Melodien und Vokalsätze gebaut wurden; welche besonderen Effekte hinzugefügt wurden; wie alles auf Band aufgenommen wurde; und wie schließlich dieses Amalgam aus Klängen auf die Masterbänder gemischt wurde, die die Vorlage für die Platten (und später die Kassetten und CDs) bildeten, die schließlich in die Läden kamen.

Der in dieser Hinsicht entscheidende Partner der Beatles war der Produzent George Martin, der seinerseits von Toningenieuren und technischen Assistenten unterstützt wurde, die in den Londoner Abbey Road Studios der EMI arbeiteten. Martins Aufgabe bestand nicht nur darin, ein erstes Urteil über die Kompositionen der Beatles abzugeben und auf ihre Ideen zu reagieren, er machte sie auch mit den klassischen Instrumenten vertraut, die für ihren späteren Sound so wichtig wurden; er arrangierte die Instrumente für sie, und er war es auch, der die Beatles dazu drängte, »symphonisch zu denken«, Popsongs zu schreiben und zu entwerfen, die sich symphonischer Formen und Techniken bedienten, ohne deshalb das Treibende und die Klarheit des Rock 'n' Roll aufzugeben. Martin war ein Mentor, unter dessen Anleitung die Beatles ihre übersprudelnde natürliche Begabung in die Form kommerziell erfolgreicher Platten brachten, gleichzeitig aber auch ein Kollege, dessen Begeisterung und technische Fertigkeit ihnen half, ihre größten künstlerischen Visionen zu verwirklichen. »Wenn die Beatles George Martin nicht entdeckt hätten, dann hätten sie ihn erfinden müssen – irgendeinen armen Kerl, der nicht so gut war, den sie dann hätten aufbauen müssen«, bemerkte Derek Taylor Jahre später.

Das Ausschlaggebende in Martins Beziehung zu den Beatles war sein vollkommen anderer musikalischer Hintergrund; fast könnte man sagen, daß sich hier wieder einmal Gegensätze angezogen haben. Während die Beatles musikalische Analphabeten waren, die Noten weder schreiben noch lesen konnten, hatte Martin die angesehene Londoner Guildhall School of Music absolviert, wo er Musiktheorie, Komposition, Orchestrierung, Klavier und Oboe studierte. Und obwohl Martins Herkunft eher bescheiden war – sein Vater war Zimmermann, dem während der Depressionszeit in den Dreißigern nichts anderes übrigblieb, als auf der Straße Zeitungen zu verkaufen –, wirkte und klang er entschieden nach Oberschicht, zumal er sich entsprechend gab und auf seinen feinen Akzent achtete. Auf der anderen Seite verband Martin mit den Beatles nicht nur ein musikalisches Talent, sondern auch der aufgeschlossene Eifer, mit dem er an neue Ideen und ungewöhnliche Ausdrucksmöglichkeiten heranging. Diese unabhängige Haltung und sein solider klassischer Hintergrund machten George Martin zum idealen Mitstreiter der Gruppe.

Für die Beatles war Martin »sehr zwölf-inchig«, wie Ringo sich ausdrückte und damit auf die beliebteste Plattengröße im England der fünfziger Jahre anspielte (als die meisten Platten zehn Inches hatten). John bemerkte zur Partnerschaft der Beatles und ihres Produzenten: »Wir haben *miteinander* sehr viel gelernt. Wir sagten: Wir wollen ›U-hu‹ (er schüttelt die Fäuste vor ihm) und ›I-hee‹ (er schüttelt die Fäuste nach rechts), und er sagt (ruhig, ganz und gar Oberschicht): ›Also Jungs, genau daran habe ich heute nachmittag gedacht. Gestern abend habe ich mit – wer immer es war – gesprochen, und dann fiel mir das hier ein.‹ Und wir sagen (großes, begeistertes Lächeln): ›Ja, ja, toll, ja, das machen wir hier.‹ Aber er kam auch mit solchen Sachen an: ›Habt ihr schon mal eine Oboe gehört?‹ – ›Nein, was soll das sein?‹ – ›Das hier.‹ – ›Das wär aber lustig.‹ Und so sind wir allmählich zusammengekommen.«

Wie wichtig Martins Beitrag war, läßt sich zeigen, wenn man sich die unveröffentlichten frühen Takes von »I Am The Walrus«

anhört, einer Lennon-Komposition, die 1967 auf der EP **Magical Mystery Tour** erschien. Wenn man »I Am The Walrus« – oder »All You Need Is Love« und andere Beatles-Produktionen – ohne Orchestrierung und die klassischen Instrumente hört, um die Martin sich kümmerte, ist die Grundstruktur zwar erkennbar, doch alles Besondere und vor allem der Zauber fehlen.

Am Abend des 5. September 1967 brachten die Beatles sechs Stunden damit zu, die Rhythmusspur von »I Am The Walrus« aufzunehmen: Schlagzeug, Baß, elektrische Gitarre, elektrisches Klavier und ein zugespielter Mellotron-Synthesizer. Es brauchte sechzehn Takes, bis alle zufrieden waren, aber die meisten waren unvollständig; es scheint in dieser Session weniger um große Korrekturen am Song als vielmehr um winzige Detailverbesserungen gegangen zu sein. Vom neunten Take an scheinen die Beatles die Sache im Griff zu haben. Das elektrische Klavier leistete die Hauptarbeit, Ringos Schlagzeug akzentuierte den Song fast schon durchgängig richtig, das Tempo kam bereits ziemlich nah an die später veröffentlichte Version heran. Am nächsten Abend, am 6. September, verbesserte Ringo sein Spiel, Paul verstärkte den Baß, und Johns Leadstimme hatte die richtige Intensität. Eine kleine Korrektur vielleicht noch hier und dort, und der Song hätte problemlos veröffentlicht werden können.

Doch Lennon und Martin schwebte etwas anderes vor. Am 27. September gab es zwei weitere Sessions in der Abbey Road. Am Nachmittag konzentrierte man sich zuerst auf weitere Instrumente: Musiker wurden einbestellt, um, von Martin dirigiert, acht Violinen, eine Baß-Klarinette, vier Celli und drei Hörner zu spielen. Martin schrieb die Partitur; inwieweit er dabei Vorschlägen und Wünschen Lennons folgte, ist nicht bekannt, jedenfalls ist das Ergebnis brillant. Für jemand, der sich nie auf bewußtseinserweiternde Drogen eingelassen hatte und sie eher zu mißbilligen schien, leistete Martin Erstaunliches, um das zerdehnte, fließende LSD-Gefühl für Raum und Zeit wiederzugeben. Dabei war das Arrangement knapp und sachlich und verfiel nie in flache Esoterik. Lennons Text formulierte eine kosmische Vision von beinah grenzenlosen Ausmaßen, und Martins tiefe, grollende Begleitung verstärkte diese Perspektive noch und bestätigte damit ein sicheres Gespür für Verhältnismäßigkeit. Die unbearbeitete Rhythmus-spur klingt dagegen vergleichsweise kläglich.

Martin überwachte und betreute auch den Chor, der immer wie-der durchbricht. Die Sänger klingen wie die Ungeheuer an den mittelalterlichen Kathedralen, die plötzlich lebendig werden, um das Kirchenvolk mit schrillen Klagelauten und Hohngelächter zu quälen: »Ho-ho-ho, hee-hee-hee, ha-ha-ha.« Die Stimmen liefer-ten sechzehn Sänger, die am 27. September 1967 zur abendlichen Session gebeten wurden; Martin fügte die Stimmen in den Song ein, als wären sie Instrumente. »Wir holten die Mike Sammes Sin-gers, die sehr populär und John so wesensfremd waren, daß er nur den Kopf schüttelte«, wie Lewisohn von Martin erfuhr. »Aber in der Partitur notierte ich einfach nur das Lachen und den Lärm, dieses Whooooouaaa-Zeug. John war begeistert.« Lennon sorgte für das Sahnehäubchen – Zuspielungen aus einer BBC-Hörspiel-inszenierung der »Tragödie des König Lear« –, und der Song war fertig.

Später bezeichnete Martin »I Am The Walrus« als die Art von »organisiertem Chaos«, auf die er stolz war. Jedenfalls entsprach der Song dem, was Ken Scott, der Toningenieur in der Abbey Road, als Leitlinie der Beatles während der Aufnahmen für **Ma-gical Mystery Tour** bezeichnet hat. »Sie wußten so halb, was sie wollten, halb auch nicht, jedenfalls nicht, bis sie alles ausprobiert hatten. Sie schienen sich nur über eines klar zu sein: Es sollte ir-gendwie anders sein.« Schon in den allerersten Tagen, in denen sie als Gruppe zusammenspielten, gehörte es zu den Grundregeln der Beatles, daß sie nicht nur gut klingen wollten, sondern auch an-ders als alle anderen. Deshalb waren schon in Liverpool und Ham-burg die Songs, die sie nachspielten, häufig B-Seiten, von denen vorher noch kein Mensch je gehört hatte. Nachdem sie 1963 mit »Please Please Me« zum erstenmal die Nummer Eins erreicht hat-ten, beschlossen sie, wie McCartney später erzählte, »daß wir beim nächsten Mal etwas anderes probieren mußten. Wir setzten einen komischen Hut auf, nahmen ihn ab und suchten nach dem nächsten«.

Dieses obsessive Bedürfnis, sich beständig zu verändern und zu wachsen, befeuerte den künstlerischen Fortschritt, der für die gesamte Laufbahn der Beatles bezeichnend war, aber in der Zeit von **Rubber Soul** ganz besonders auffällig wurde. Damals haben die Beatles, wie Lennon es formulierte, endgültig »das Studio übernommen. Am Anfang mußten wir uns mit dem begnügen, was wir vorgesetzt bekamen. Wir wußten nicht, wie wir mehr Baßvolumen bekommen konnten. Bei **Rubber Soul** lernten wir die Technik.« Und über das Verhalten der Beatles im Studio sagt McCartney: »Wir wollten immer noch weiter: ›*Lauter, weiter, länger, mehr, anders*‹.«

Martin hat in seiner Autobiographie Ähnliches berichtet. Er arbeitete siebeneinhalb Jahre mit der Gruppe zusammen, und ihr Verhältnis »bewegte sich in zwei Richtungen gleichzeitig. Einmal bedeutete das zunehmende Raffinement der Platten, daß mein Einfluß auf ihre Musik immer größer wurde. Dafür bewegte sich das persönliche Verhältnis in die entgegengesetzte Richtung. Am Anfang war ich ihr Herr und Meister, und sie mußten tun, was ich ihnen sagte. Sie hatten keine Ahnung von Aufnahmetechnik, aber sie bekamen es weiß Gott schnell in den Griff. Und am Ende war selbstverständlich ich der Diener, und sie waren die Herren … Natürlich versuchte ich bis zum Schluß, meine Ideen einzubringen, aber ich konnte sie nur beeinflussen. Vorschreiben konnte ich ihnen nichts.«

Als die Beatles George Martin im Jahr 1964 bei einer Aufnahme in Paris versetzten, stürmte der wutschnaubende Produzent aus dem Studio, sprang in ein Taxi und platzte Minuten später in die luxuriöse Hotelsuite der Beatles. Dort erlebte er eine Szene »wie aus Lewis Carroll … Um einen langen Tisch herum saßen John, Paul, George, Ringo, Neil Aspinall und Mal Evans, sein Assistent. Den Mittelpunkt bildete (Pauls damalige Freundin) Jane Asher, eine wunderschöne Alice mit langen goldenen Haaren, und schenkte Tee ein. Bei meinem Erscheinen explodierte das gesamte Tableau. Die Beatles liefen in alle Richtungen auseinander, versteckten sich hinter Sofas, unter Kissen, hinter dem Klavier – hinter allem, was ihnen Deckung geben konnte.« Nach ein paar schalkhaften Entschuldigungen kam jedoch der gewohnte Charme wieder zum Vorschein, und die Beatles gingen brav an die Arbeit.

1968 dagegen benahmen sich die vier längst nicht mehr wie Schuljungs. »Beim ›Weißen Album‹ kamen sie mit 32 Songs aus Indien zurück und wollten jeden einzelnen aufnehmen«, erinnert sich Martin, um dann fortzufahren: »Meiner Meinung nach waren keineswegs alle gut genug, und ich habe ihnen das auch gesagt. Ich sagte: ›Ich will kein Doppelalbum. Ich denke, ihr solltet ein paar weglassen, euch auf die wirklich guten konzentrieren, und ihr habt ein tolles Album. Warum schnippeln wir es nicht auf vierzehn oder sechzehn Titel zusammen und konzentrieren uns auf die?‹« Es versteht sich von selbst, daß sie seinem Rat nicht folgten.

Sowohl Martin wie die Beatles betrachten 1965 als den Wendepunkt im Verhältnis der Gruppe zum Studio. Für Lennon war **Ruber Soul**, das im Dezember herauskam, das Album, mit dem die Beatles die Aufnahmetechnik zu beherrschen begannen, und für Martin ist **Help!**, das im August desselben Jahres herauskam, die LP, »bei der ich«, wie er später schrieb, »allmählich mein Markenzeichen hinterließ, als sich allmählich ein Stil herausbildete, der zumindest teilweise auf mich zurückging«. Martin bezog sich dabei vor allem auf »Yesterday«. (Entgegen seiner Erinnerung war der erste Song, für den fremde Musiker verpflichtet wurden, allerdings nicht »Yesterday«, sondern »You've Got To Hide Your Love Away«, das ebenfalls auf **Help!** erschien.) 1965 wurde überdies eine neue Aufnahmetechnik verwendet. Die Einführung der vierspurigen Aufnahme Ende 1963 hatte völlig neue Horizonte eröffnet, die erst jetzt genauer sichtbar wurden. »Mit der Vierspur-Maschine konnte man eine strukturierende Rhythmusspur aufnehmen und anschließend die Stimmen oder alles andere. Das Studio entwickelte sich immer mehr zu einem Labor«, erklärte Ken Townsend, ein EMI-Toningenieur, der für viele technische Zaubereien der Beatles verantwortlich ist.

Vor »Yesterday«, meint jedenfalls Martin, waren die Songs der Beatles zu einfach für eine Orchestrierung. Wenn Lennon und McCartney mit neuen Kompositionen ankamen, setzte sich Martin auf einen Hocker und hörte sich an, was sie auf der Akustikgitarre vortrugen. Er schlug diese oder jene Verbesserung vor, anschließend probierten John und Paul den Song noch mal und holten dann George und Ringo, um mit der eigentlichen Aufnahme zu beginnen. Martins Tätigkeit als Arrangeur beschränkte sich zum damaligen Zeitpunkt darauf, dafür zu sorgen, daß der Song die richtige Länge fürs Radio hatte, daß die Notierung zu den einzelnen Stimmen der Beatles paßte und daß Anfang, Mitte und Schluß ordentlich aufs Band kamen. Bei »Can't Buy Me Love« zum Beispiel schlug Martin vor, den Song mit dem Refrain beginnen zu lassen, weil der mehr ins Ohr ging als die Strophe.

Die Beatles schienen zu ahnen, was sie an George Martin hatten, denn als er 1965 bei EMI kündigte, um sich als Produzent selbständig zu machen, bestanden sie darauf, daß er trotz der zusätzlichen Kosten, die EMI damit entstanden, weiter ihre Platten produzierte. Es war eine Zusammenarbeit, die von Respekt und Zuneigung geprägt blieb. Einmal wollten die Beatles beispielsweise »She Loves You« mit einem Akkord beschließen, von dem sie sicher waren, daß ihn noch nie jemand gehört hatte. Martin, der wußte, daß das nicht stimmte, sagte später, der Akkord sei »eine seltsame große Sext« gewesen. McCartney berichtet, Martin habe gelacht, als ihm die Beatles ihre Entdeckung vorspielten, und gesagt, sie könnten den Akkord nicht verwenden, er klinge »›zu sehr nach den Andrew Sisters‹! Wir sagten dann: ›Schön, dann probieren wir's ohne‹, und wir versuchten es ohne, und es klang einfach nicht gut. Und das meine ich, wenn ich von George spreche – er gab an der richtigen Stelle nach. ›Ihr habt recht, es ist toll.‹ Aber wir waren beide flexibel. Es ging immer so hin und her.«

Das Studiogeplauder, das am 8. November 1965 während der Arbeit an **Rubber Soul** aufgezeichnet wurde, zeigt auch, daß es viel Gewitzel und Geblödel gab. Wie bereits erwähnt, nahmen die Beatles an jenem Abend George Harrisons »Think For Yourself« auf, hatten aber, John allen voran, einige Mühe damit, die Harmonien richtig hinzukriegen. An einer Stelle verloren sie völlig den Überblick, welche Textzeilen sie nun eigentlich singen sollten. Über die Sprechanlage macht ihnen Martin das Angebot, sich das Band vor dem nächsten Take noch mal anzuhören, aber Harrison erhebt schnell Einwände und sagt: »Es ist okay, wir kennen es, ich glaube, wir kennen es«, und John meldet sich mit der Vorhersage:

»Ich glaube, dieser [Take] könnte es sein.« Aber natürlich ist er es nicht, weil John noch immer nicht genau weiß, was er eigentlich singen soll. Wie ein Schuljunge, der beim Träumen erwischt wurde, wendet er sich an Harrison und murmelt: »Wo sind wir eigentlich?« Ehe Harrison antworten kann, meldet sich ein lachender Martin aus der Technik: »Ganz ehrlich, John. *Du* weißt es doch genau, oder?«

Nur wenige Augenblicke später der nächste Patzer, nur daß ihn sich diesmal Martin leistet, indem er aus Versehen die Passage überspielt, die John schließlich doch richtig hinkriegt. Als Martin das Harrison beichtet, erwidert dieser: »Ah, schlimmer Junge.« Als bei den Beatles die Verwirrung noch größer wird und keiner mehr weiß, was er nun eigentlich singen soll, macht Martin noch einmal das Angebot, ihnen die bisherigen Aufnahmen vorzuspielen. »Gott, bitte nicht!« platzt es in gespieltem Zorn aus John heraus. »Wir haben den Text noch kein einziges Mal gehört, du Idiot, kein Wunder, daß wir ihn ständig falsch singen.« Martin geht drauf ein und erwidert sanft: »Ich kann ihn hier hören.« Lennon raunzt: »Schön für dich«, und Martin schickt grinsend ein »Sehr schön!« hinterher.

In ihrer Zusammenarbeit ging es oft genug hoch her, doch wirkliche Schwierigkeiten ergaben sich in dieser Zeit eigentlich nur aus der Tatsache, daß die Beatles und Martin unterschiedliche musikalische Sprachen verwendeten. Da sie über keine musiktheoretische Ausbildung verfügten, konnten sie nur mit offenem Mund staunen, wenn Martin etwa von einem erweiterten Nonenakkord sprach. Um die Verständigung zu erleichtern, nahm Martin die Mühe auf sich und versuchte sich das Gitarrespielen beizubringen, gab aber bald auf, als er merkte, daß John und Paul sein Instrument, das Klavier, viel schneller erlernten. Dennoch kam es immer wieder zu Szenen absoluter Verständnislosigkeit. Während der ergänzenden Aufnahmen zu Lennons Song »Good Morning Good Morning« auf **Sergeant Pepper** legte John zum Beispiel gesteigerten Wert darauf, Martin vor den Gastmusikern zu korrigieren. John spielte Noten auf seiner Gitarre, die Martin in die Noten der Saxophonspieler transponierte. John widersprach ständig Martins Anweisungen, weil er nicht kapierte, daß einige Saxophone in Es, andere in H gestimmt waren. Als Martin es ihm erklärte, erwiderte John, mit hörbarem Abscheu in der Stimme: »Aber das ist doch ziemlich bescheuert!«

Dieses dreiste musikalische Banausentum veranlaßte einige Profis, die Beatles als musikalische Nullen abzuqualifizieren, ein Vorwurf, der Kreativität mit Fachidiotentum verwechselt. Die Beatles brauchten George Martin, um ihre Ideen in angemessene musikalische Formen zu übersetzen, aber es waren immer ihre Ideen. Man wird es Martin hoch anrechnen müssen, daß er die Intelligenz und die Größe besaß, um anzuerkennen, daß »sie das größere Talent hatten« und in den meisten Fällen »eine Idee, die von ihnen kam, besser war als eine von mir«. In Erinnerung an die Zusammenarbeit mit McCartney bei »Penny Lane«, in dessen Mittelteil eine hohe Bachtrompete zu hören ist, schreibt Martin: »Es stimmt, daß ich es arrangiert habe, aber … ich bin mir nicht sicher, ob ich ganz allein so gute Noten [wie Paul] geschrieben hätte.«

Schließlich darf man auch nicht übersehen, daß die Beatles, gerade weil sie nicht wußten, was sie nicht wußten, Innovationen vorschlagen konnten, die besser geschulten, aber konventioneller denkenden Kollegen niemals eingefallen wären. »Wir haben sie immer zu Sachen gezwungen, die sie gar nicht tun wollten«, sagte McCartney später über die Toningenieure in der Abbey Road. »Wir konnten sagen: ›Probiert's einfach. Tut uns den Gefallen. Wenn es daneben ist, gut, dann schmeißen wir's weg. Aber es könnte auch gut klingen.‹« Nur weil sie auf dem Experiment beharrten, das für die bahnbrechenden, oft eigentümlichen Klänge sorgte, konnte sich die Musik der Beatles von allem anderen unterscheiden. Die Beatles waren beispielsweise in der Lage, eine akustische Gitarre so hart aufzunehmen, daß sie röhrte wie eine elektrische. Sie spielten die Aufnahme eines Beckenschlages rückwärts, so daß sich dessen schimmerndes Nachhallen in das scharfe, saugende Einatmen eines elektronischen Hauchs verwandelte. Sie nahmen Songs bewußt viel zu schnell oder zu langsam auf, um bei normaler Abspielgeschwindigkeit zu einer anderen Struktur zu kommen, oder sie verfrachteten das Schlagzeug auf den Flur, um einen ungewöhnlichen Echo-Effekt zu erreichen –

Hauptsache, es klang ungewöhnlich. Lewisohns *Recording Sessions* stecken voller Geschichten über die Beatles, die sich mit dem einen oder anderen Mitarbeiter der Abbey Road Studios zusammentun, meistens mit dem Ingenieur Geoff Emerick oder dem Tontechniker Ken Townsend, um ihre Stimmen und Instrumente zu verzerren, sie ungewöhnlich und interessant klingen zu lassen. Dazu Emerick: »Die Beatles sagten: ›Wir wollen nicht, daß das Klavier wie ein Klavier klingt, es soll sich wie eine Gitarre anhören. Dafür soll aber die Gitarre wie ein Klavier klingen.‹ Wir hockten da und dachten uns: ›Warum spielen sie das verdammte Ding dann überhaupt?‹«

Vor allem Lennon tat nichts lieber, als mit seiner Stimme und deren Wiedergabe herumzuexperimentieren. Einmal hängte Emerick ein in eine Plastiktüte gepacktes Mikrofon in eine wassergefüllte Milchflasche, ein anderes Mal lag Lennon flach auf dem Rücken, um seine Stimme für »Revolution« aufzunehmen. Als Ken Townsend eine Möglichkeit erfand, mit der sich die Stimme künstlich verdoppeln ließ, und so den kräftigeren, mit Echos angereicherten Sound erzielte, den sich Lennon wünschte, ohne daß er seine Stimme immer wieder neu aufnehmen mußte, war er begeistert. Trotzdem befragte er die Techniker nach weiteren Möglichkeiten, mit denen sich sein Sound verfremden ließ – es sollte klingen »wie jemand vom Mond«. Der Höhepunkt war vermutlich erreicht, als John sich einmal in den Kontrollraum wagte und fragte, ob seine Stimme wie eine Gitarre direkt in das Mischpult eingespeist werden könne. »Selbstverständlich«, sagte George Martin, »aber vorher mußt du dich operieren lassen. Wir bräuchten dann einen Anschluß an deinen Stimmbändern.«

Obwohl die Beatles alle leidenschaftlich experimentierten, erwähnte George Martin später in diesem Zusammenhang vor allem George Harrison. Er spielte nicht nur Gitarre und schrieb Songs, »sein Einfluß bei den Beatles bestand darin, daß er immer neue Ideen für den Sound hatte«. Oder in Harrisons eigenen Worten: »Ein großer Teil der Zeit, die wir 1967 in den Studios verbrachten, ging ausschließlich dafür drauf, Klänge zu entdecken. Stunden und Stunden haben wir nur damit verbracht, neue Klangfarben zu finden. Heute ist das ja ziemlich einfach, weil man schon so viele Töne griffbereit hat, man braucht nur diesen oder jenen Knopf zu drücken – zu einfach eigentlich.« Martin ist der gleichen Meinung und sagt, daß das Vertrauen auf Technik und Geräte dem größten Teil der heutigen Popmusik das Leben ausgetrieben hat. 1993 wurde er mit der Aussage zitiert:»Der ganze Sound, den wir 1967 bis 1968 erzeugt haben, steht heute jedem zur Verfügung, der einen Knopf drückt. Die Leute heute *wählen aus* statt daß sie etwas *schaffen*. Keiner *spielt* mehr, sie fügen nur digitale Informationen aneinander. Auf die Weise erreichen wir nur Sterilität, die Musik geht den Bach runter, Nintendo und Sega haben das Sagen.«

Martin sprach, wenn er das charakterisieren wollte, was er und die Beatles miteinander machten, von einem »Versuch, hörbare Bilder zu malen«. Wie Picasso auf der Leinwand begannen sie mit einem Hauptmotiv – etwa dem Schlagzeug und dem Baß –, um dann weitere Klangschichten aufzutragen, die Ausgangsidee mit Klangfarben und Leben anzureichern. Der beste Ausdruck dieser Zusammenarbeit ist **Sgt. Pepper's Lonely Hearts Club Band**. Da Martins Mitarbeit an **Sergeant Pepper** viel Lob von außen erfuhr, war dadurch auch der Boden für Ressentiments bereitet. Die Beatles fühlten sich verletzt, sagte McCartney und fügte hinzu: »Ich habe doch nichts dagegen, daß er uns hilft, er … ist sehr hilfreich, aber es ist nicht sein Album, Leute. Da mußte natürlich einiges an Bitterkeit entstehen.« Als Lennon 1970 mit dem *Rolling Stone* sprach, warf er Martin vor, er glaube wohl, die Beatles »gemacht« zu haben, wo er doch nicht einmal alle ihre Alben produziert habe. »Ich hätte gern mal die Musik von George Martin gehört, bitte, spielt mir doch mal was vor.« Lennon hat nie wieder ein so zorniges Interview gegeben, und obwohl Martin bestimmt nicht der einzige war, der da angegriffen wurde, sagte er später, daß »ich ihm das eigentlich nie verzeihen konnte. Es war einfach nur ungerecht. 1974 traf ich ihn in Hollywood und verbrachte einen Abend mit ihm. Ich sagte: ›Ich weiß ja nicht, ob du überhaupt mit mir sprechen willst, John‹, und er sagte: ›Ach komm, George! Ich war völlig durchgeknallt, und da hab ich viele solche Dinger losgelassen. Kümmer dich nicht um mein Geschwätz von gestern.‹ Es war eine Art Entschuldigung, und dafür bin ich ihm dankbar gewesen. Aber John war ein seltsamer Mensch, und er hatte sich seit der Zeit damals unglaublich verändert«.

Je weiter sich die Beatles entwickelten, desto mehr »nahmen die Arbeiter die Werkzeuge in Besitz«, wie es McCartney formulierte, während die Bedeutung Martins geringer wurde. Als sie im Herbst 1967 die **Magical Mystery Tour** aufnahmen, »hatten die Beatles [im Studio] alles soweit unter ihrer Kontrolle, daß ich mehr *ihre* rechte Hand war als die von George Martin«, erinnert sich der Techniker Ken Scott. Beim folgenden Album, **The Beatles**, war Martin bei einigen Aufnahmen gar nicht mehr dabei; die Beatles produzierten mehr und mehr selber. Sie wurden immer unleidlicher gegeneinander, und auch das Verhältnis zu Martin wurde dadurch belastet; bei wenigstens einer Gelegenheit wandte sich McCartney mit ziemlich drastischen Worten an den Produzenten. Während der Aufnahmen zu **Let It Be** wurde es noch schlimmer, und anschließend beschloß Martin, in Zukunft nicht mehr für die Beatles zu arbeiten. McCartney lockte ihn für **Abbey Road** dennoch zurück, indem er versprach, daß die Beatles sich anständig benehmen würden und Martin »ein Album wie früher produzieren« könne. Das Ergebnis, eine Tour de force der Studiotricks, bestätigte das Vertrauen, das die Beatles in Martin setzten; er selber war besonders stolz auf die Überblendungen, mit deren Hilfe die zweite Seite des Albums wie ein einziges langes Stück klang.

Martin war weder ein Zauberer noch ein Lakai, aber ein unverzichtbarer Bestandteil der künstlerischen Meisterschaft der Beatles. »Während all der Jahre, in denen ich für die Beatles gearbeitet habe, gab es nie eine klare Demarkationslinie«, schreibt er in seiner Autobiographie. »Wichtiger als die einzelnen Individuen, als der Produzent, der Arrangeur oder die Songschreiber war das Team ... Ohne meine Arrangements, ohne meine Partituren hätten sich viele Platten anders angehört, als sie jetzt klingen ... Aber für mich steht ebenso fest, daß während der gesamten Zeit die wesentlichen Impulse von Paul und John kamen. George, Ringo und ich waren die unterstützenden Talente. Künstlerisch waren wir fünf keineswegs gleich: zwei waren sehr stark, und die anderen drei kamen unter ferner liefen. In mancher Hinsicht hätten diese drei auch drei andere sein können. Tatsache aber ist, daß wir es waren.«

15. Kapitel
»Hör auf die Farbe deines Traums«
(Revolver)

Kurze Zeit nachdem im Juni 1967 das Beatles-Album **Sgt. Pepper's Lonely Hearts Club Band** herausgekommen war, betrat Paul McCartney das Londoner Mayfair Hotel, um, wie er es nannte, Bob Dylan einen »Anerkennungsbesuch« abzustatten. Dylan hielt in einem Hinterzimmer des Mayfair hof, und McCartney mußte eine Stunde warten, während der er mit Keith Richards und Brian Jones von den Rolling Stones plauderte, ehe er ins Allerheiligste geleitet wurde. Wo er schon einmal da war, spielte der Beatle Dylan ein paar Stücke von **Sergeant Pepper** vor. Dylan und die Beatles kannten einander zu diesem Zeitpunkt seit fast drei Jahren und hatten sich während der Zeit gegenseitig beeinflußt, und zwar nicht wenig. McCartneys Bericht zufolge reagierte Dylan auf **Sergeant Pepper** mit folgenden Worten: »Ah ja, schon kapiert. Ihr wollt nicht mehr süß sein.« McCartney wertete das als scharfsinnigen Kommentar und erläuterte das später: »Obwohl wir einerseits Künstler mit einer süßen Oberfläche waren, weil das ... von uns verlangt wurde, wäre es uns immer lieber gewesen, nicht so süß wirken zu müssen. Es wurde Kunst daraus, einfach Kunst.«

Ja, aber wann? McCartney erinnert sich, daß er Dylan **Sergeant Pepper** »ein wenig spät« vorgespielt habe, und ein wenig spät wird von den beiden auch der Zeitpunkt angesetzt, mit dem für sie die künstlerische Periode der Beatles begann. Die Errungenschaften von **Sergeant Pepper** werden nicht durch die Feststellung geschmälert, daß die Musik der Beatles als eigenständige Kunst zumindest ein Album davor begann, nämlich mit ihrem Meisterwerk **Revolver**, das im August 1966 herauskam. **Revolver** war das erste Beatles-Album aus der psychedelischen Periode, aber nicht das macht es zur Kunst, sondern die Qualität und das Raffinement von Songs wie »Eleanor Rigby«, »Tomorrow Never Knows«,

»Here, There And Everywhere«, »Got To Get You Into My Life«, »She Said She Said« und »Taxman«. Und in derselben Zeit erschienen »Paperback Writer« und »Rain«, eine weitere Bestseller-Single der Beatles mit zwei A-Seiten. Nichts davon war einfach nur süße Musik.

Mit **Rubber Soul** machten die Beatles ihr erstes wirkliches Album, eine zusammenhängende ausgedehnte musikalische Darbietung, in der buchstäblich jeder Song für sich etwas ganz Besonderes war. **Revolver** jedoch gab sich mit den Errungenschaften von **Rubber Soul** nicht zufrieden. Nicht nur waren die auf **Revolver** versammelten Songs allesamt exzellent, sie wurden zudem in einer Weise präsentiert, wie es das bis dahin in der Popmusik noch nicht gegeben hatte. McCartney mag sich ja großspurig angehört haben, als er 1966 einem Reporter erzählte, daß **Revolver** Klänge enthielte, »die noch nie ein Mensch je gehört« habe, aber er hat nicht übertrieben. Das unermüdliche Experimentieren der Beatles mit rückwärtsgespielten Bändern und anderen technischen Tricks, das schließlich bei **Sergeant Pepper** die Welt erfreuen sollte, begann bereits während der Aufnahmen zu **Revolver.**

Auch bei den Texten der Songs erreichte **Revolver** neue Höhepunkte; kluge, nachdenkliche Texte waren jetzt eher die Regel als die Ausnahme. Die Beatles erweiterten ihre Möglichkeiten über die gradlinigen Liebeslieder hinaus und versuchten sich an grundsätzlichen Aussagen, die sie schließlich zur Stimme ihrer Generation werden ließen. Das gelang ihnen, ohne daß sie auf eine besondere Eigenschaft hätten verzichten müssen, die ihre Songs von Anfang an charakterisiert hatte: daß man sie mitsingen konnte. Die Melodien der Beatles gingen nach wie vor ins Ohr, aber sie trieben jetzt innerhalb sorgfältig ausgetüftelter Musikstücke dahin, die ihrerseits wieder Aussagen über sich und die Welt waren. In den meisten Songs von **Revolver** passiert so viel, daß sie sich beim erstenmal nicht erschließen. **Revolver** lud deshalb zum wiederholten Anhören nicht bloß ein, es verlangte danach.

Bereits »Taxman«, der erste Song auf dem Album, zeigte, welche Fortschritte die Beatles seit den Pilzkopf-Tagen gemacht hatten. Nachdem **Revolver** abgemischt war, gingen die Beatles noch einmal auf Tournee und reisten im Sommer 1966 nach Asien und in die Vereinigten Staaten, aber die musikalische Parodie ihrer Live-Auftritte hatten sie satt und machten wirkliche Musik nur mehr in der Abgeschlossenheit von Abbey Road. »Taxman« bezeichnet schon durch seinen Auftakt mit Studiogeräuschen den Übergang der Beatles von einer Bühnenband zu einer Gruppe hochprofessioneller Musiker, die Platten aufnehmen; zu hören sind: George Harrisons schroffes Anzählen mit »Eins-zwei-drei-vier«, McCartneys räusperndes Husten und irrlichternde Gitarrentöne in den oberen Tonlagen. Die Zuhörer damals hatten natürlich keine Ahnung, aber die Taschenspielertricks begannen genau in diesem Moment; Georges Anzählen wurde erst nachträglich davorgeklebt, und genauso verhielt es sich mit den Spottharmonien für den damaligen Premierminister »Mr. Wilson« und den Oppositionsführer »Mr. Heath«.

Harrisons bittere Klage über eine Steuerkategorie von 96 Prozent, in der sich die neureichen Beatles plötzlich befanden – »There's one for you, nineteen for me« –, lag Meilen entfernt von allem, was die Beatles bislang beschäftigt hatte. Doch bewies »Taxman«, daß Harrison sich zu einem ernsthaften Songwriter ganz eigener Prägung entwickelt hatte. Seine Steuerzahler-Empörung förderte ein paar der besten Zeilen zutage, die er je schrieb: »Now my advice for those who die/ Declare the pennies on your eyes« (Und euch, die ihr sterbt, kann ich nur eins raten: Deklariert auch die Pennies auf euern Augen!). Wie zahlreiche Beatles-Songs dieser Periode, wie »Tomorrow Never Knows« und »Paperback Writer«, kam auch »Taxman« im wesentlichen mit einem Akkord aus. Während frühere Kompositionen der Beatles in ihrem Sound und ihrer Lebendigkeit viel den Akkordkombinationen verdankten, die in dem jeweiligen Song verarbeitet waren, kam die Musik jetzt von irgendwo anders her. Bei »Taxman« kam sie von der Gitarre. Das rhythmische Explodieren am Ende jeder Strophe war wie das harte Aufklatschen von Eiern, die an die Fenster hoher Regierungsbeamter flogen, und das Solo im Mittelteil (das in der Ausblende kurz wiederholt wird) ließ eine prasselnde Wut explodieren. »Taxman« war alles, belebend, provozierend, originell, ein idealer Auftakt für das Album.

Der musikalisch kühnste Song auf **Revolver** ist aber »Tomorrow Never Knows«, eine bizarre, hypnotische, LSD-inspirierte Komposition John Lennons, mit der das Album beschlossen wird. Mit seinen avantgardistischen Gefühlen und außerirdischen Klängen bildet der Song den Gipfel, dem die ganze Platte zustrebt. In Wirklichkeit war es der erste Song, der für **Revolver** aufgenommen wurde. Sowohl sein kosmischer Text wie seine ausgreifenden Studioeffekte gaben eine Stimmung vor, die das gesamte Album bestimmen sollte, das im Frühjahr 1966 in zehn Wochen eingespielt wurde. »**Revolver** wurde das Album, bei dem die Beatles sagten: ›Okay, klingt toll, aber jetzt spielen wir es rückwärts oder schneller oder langsamer‹«, wie sich der Toningenieur Geoff Emerick erinnert. »Sie probierten alles auch rückwärts aus, nur um zu sehen, wie es sich dann anhörte.«

Die Aufnahmen zu »Tomorrow Never Knows« begannen am 6. April 1966, nachdem sich die Beatles zum erstenmal seit ihrer Zeit als Quarry Men, Anfang 1960, keine Verpflichtungen mehr für ein Publikum auferlegt hatten. Lennon verbrachte offensichtlich einen Großteil dieser Freizeit damit, die Welt der psychedelischen Erfahrungen zu erkunden. Die Ergebnisse seiner Forschungsreise gingen unmittelbar in die Songs ein, die er schrieb; fünf der sechs Songs, die er während dieser Periode komponierte, handelten entweder von Drogen oder waren von ihnen inspiriert. Der Text zu »Tomorrow Never Knows« stammte fast wörtlich aus Timothy Learys Handbuch *Psychedelische Erfahrungen.* Auf **Rubber Soul** hatte Lennon sein Publikum gedrängt, für die Verbreitung des Wortes »Liebe« zu sorgen; jetzt machte er das gleiche mit LSD, indem er den Zuhörern riet, »turn off your mind, relax and float downstream« (schalt ab, entspann dich und laß dich stromabwärts treiben), wenn sie »the meaning within« (die eigentliche Bedeutung) erfahren wollten. Doch verstärkte diese neue Botschaft die alte eher, als daß es sie ersetzt hätte, denn zu den Dingen, die einem klar wurden auf einem LSD-Trip, gehörte auch »love is all, that love is everyone« (Liebe ist alles, jeder ist Liebe).

Lennon formulierte seinen messianischen Impuls präzise in einer Bitte, die er vor der Aufnahme von »Tomorrow Never

Knows« an George Martin richtete. Lennon sagte zum Produzenten, er hätte es gern, wenn seine Stimme sich anhöre, als wäre er »der Dalai Lama, der auf dem höchsten Berggipfel singt«. Um die spirituelle Bedeutung des Songs noch weiter zu betonen, stellte er sich Tausende von Mönchen vor, die im Hintergrund mitsängen. Das ließ sich zwar nicht verwirklichen, dennoch fand Martin eine Möglichkeit, Lennons erster Bitte zu entsprechen. Er ließ John wie gewohnt ins Mikrofon singen, doch bevor die Stimme das Aufzeichnungsgerät erreichte, wurde sie durch einen Orgelverstärker geleitet, an den ein sich drehender Lautsprecher angeschlossen war. Mit Hilfe dieses Lautsprechers, der der Orgel einen kreisenden Klang gibt, wurde auch Lennons Stimme verfremdet. Martin war mit dem Effekt zufrieden: »Schließlich hörte es sich tatsächlich wie ein erstickter Schrei an, der von einem Hügel kommt.«

Die fesselndsten Klänge bei »Tomorrow Never Knows« jedoch kamen von einer Kakophonie seltsamer Geräusche, die in den Song hineinwaberte, sich scheinbar aus dem Nichts zu materialisieren begann, um dann wieder in die vollkommene Leere zurückzuspringen. Die erste dieser Klangproben, die sich wie das Geschrei irrsinniger Möwen oder auch das Gebrumm zorniger Wespen anhört, taucht nach genau acht Sekunden auf, unmittelbar bevor Lennons Stimme einsetzt. Elf Sekunden später, nachdem er gesungen hat: »It is not dying« (Es ist kein Sterben), erhebt sich in der Ferne das Geräusch eines fliegenden Teppichs, doch verwandelt sich der Teppich binnen Sekunden in ein Cluster völlig disharmonischer Trompeten. Schon kehren die Wespen und Möwen wieder, die verschiedensten Klänge – eine wimmernde Leadgitarre gehört dazu, die Harrison rückwärts spielt – durchdringen einander wie unzusammenhängende Gedanken und Bilder eines bewußtlosen Kopfes.

Die Geräusche wurden mit Bandschleifen erzeugt, die kreischenden Möwen zum Beispiel waren die Schleife einer verzerrten Gitarre; weitere Schleifen entstanden mit Hilfe eines Weinglases und des Gelächters von McCartney. Bei einer Mischaufnahme am 7. April wurden die Schleifen auf die Rhythmusspur überspielt, die die Beatles tags zuvor in nur drei Takes aufgezeichnet hatten. Bei der epischen Wucht des Songs ist kaum vorstellbar, daß der erste Take von »Tomorrow Never Knows« offensichtlich noch gewaltiger war. In den *Recording Sessions* schreibt Lewisohn, daß es »eine sensationelle, apokalyptische Version war … Eine Heavy Metal-Aufnahme von ungeheuren Ausmaßen, mit donnerndem Echo und Krachen, mit zitternden, meerestiefen Schwingungen«.

Seine überwältigende Kraft verdankt »Tomorrow Never Knows« einem weiteren technischen Trick, der mit Ringo Starrs Schlagzeug zu tun hat. Zuerst wurde das Mikrofon viel näher als sonst an die Baßtrommel gerückt und ein Wollpullover in die Trommel gestopft, damit sie gedämpfter klang. Der aufgezeichnete Ton wurde anschließend durch mehrere Begrenzer und Verdichter gejagt, um ihn zu verzerren. »Damit entstand eigentlich der Sound von **Revolver** und **Sergeant Pepper**. So hatte man das Schlagzeug noch nie gehört«, berichtet der Toningenieur Geoff Emerick, dem die Idee dazu kam.

Emerick war der technische Kopf, der sich nicht wenige der technischen Erfindungen ausdachte, die während der Arbeit an **Revolver** entwickelt wurden. Er war damals gerade zwanzig Jahre alt und aus der Abteilung für Plattenpressungen ins Studio befördert worden. Unter der Anleitung George Martins entwickelte er sich rasch zu einem begeisterten Mitarbeiter der Beatles, die immer neue Grenzen überwinden wollten, die sich dem Sound entgegenstellten. Eine seiner frühesten und größten Errungenschaften bestand darin, daß es ihm gelang, zusammen mit dem Tontechniker Ken Townsend McCartneys Baß akzentuierter hörbar zu machen.

Es glückte zum erstenmal bei »Paperback Writer«, einem Rockstück McCartneys, das eine Woche nach »Tomorrow Never Knows« aufgenommen wurde; man konnte den Baß zum erstenmal »in seiner ganzen Kraft hören«, wie Emerick Lewisohn berichtete. Dazu trug nicht zuletzt auch bei, daß McCartney eine neue Baßgitarre einsetzte, die kleinere und leichtere Rickenbacker, die sein Markenzeichen werden sollte. Emerick und Townsend tüftelten auch eine Methode aus, wie sich der Sound der Rickenbacker noch weiter verstärken ließ, indem man ihn über einen Lautsprecher aufnahm. McCartney verstärkte diese Effekte noch, indem er den Baß häufiger und melodischer als gewohnt einsetzte. Plötzlich entwickelte sich der Baß, der auf den bisherigen Platten der Beatles fast unbemerkt mitgedröhnt hatte, zum lebendigen, weil unverkennbaren Teil des Beatles-Sounds.

Lennon, der bestimmt nicht dazu neigte, seinem früheren Partner Komplimente hinterherzuschicken, behauptete 1980, daß McCartney »einer der innovativsten Bassisten war«. »Paperback Writer« liefert ein gutes Beispiel dafür. Die Beatles beginnen den Song a cappella, die Stimmen von John, Paul und George wirbeln umeinander, bis mit dem Einsetzen von Starrs Trommelhieben und Harrisons Leadgitarre plötzlich ein Rock'n' Roll-Stück daraus wird. Der Auftakt bestätigt Lennons Bemerkung, daß »Paperback Writer« »der Sohn von ›Day Tripper‹« sei, »also ein Rock'n' Roll-Song mit einem Gitarrenriff auf einer lauten, verschwommenen Gitarre«. Doch dann kommt McCartneys Baß dazu, und bevor die erste Strophe beginnt, schmuggelt Paul einen Hagelschauer von Sechzehntelnoten ein und gibt eine Baßlinie vor, die »Paperback Writer« eine fließende, dabei ostinate Unterströmung und eine ganz eigenartige Identität verleiht. Der Baß entwickelt sich zu dem Instrument, das in diesem Song am meisten ins Ohr geht. Alle Platten der Beatles klangen danach anders.

Auf »Rain« ist McCartneys Baß noch deutlicher zu hören, obwohl er sich den Platz als prominentestes Instrument mit etwas teilen muß, was Ringo als »unglaubliches Trommeln« bezeichnet hat. Im Rückblick auf seine Zeit bei den Beatles bezeichnete Ringo »Rain« als seine beste Trommelarbeit: »Ich kenne mich und ich kenne mein Spiel, und dann gibt es noch ›Rain‹.« Von dem Augenblick an, in dem er dem Song mit fünf blitzartigen Schlägen auf seine Snaredrums Leben einprügelt, entsteht eine unvorhersehbare Energie. Der geschmeidige Groove, in den er mit McCartneys Baß und Harrisons stürmischer Leadgitarre hineinfindet, birst fast vor Kraft.

Dennoch klingen Instrumente und Stimmen angenehm verschwommen, als wollten sie die lyrische Botschaft des Songs bestätigen, derzufolge die Dimensionen der Wirklichkeit weniger genau festgelegt sind, als man sich das gemeinhin vorstellt. (Die rückwärtsgespielte Stimme Lennons in der Ausblende, die erste umgedrehte Stimme auf einer Platte der Beatles, formuliert die gleiche Aussage.) Der impressionistische Effekt entstand wiederum durch technische Manipulation. Während die Beatles an »Tomorrow Never Knows« arbeiteten, hatten sie entdeckt, daß bestimmte Instrumente eine andere Tiefe und Struktur gewannen, wenn man sie verlangsamte. Deshalb entschloß man sich, die Rhythmusspur und Lennons Leadstimme für »Rain« sehr schnell aufzunehmen, sie dann aber, wenn die anderen Bänder für die fertige Fassung abgemischt wurden, wieder zu verlangsamen. Seit damals ließen sich die Beatles zum erstenmal regelmäßig bei diesen Abmischterminen sehen, um diese Korrekturen zu kontrollieren.

Die Single mit »Paperback Writer« und »Rain« war nicht nur ein Kabinettstück der Studioexperimentierlust, sondern auch als Text überraschend. In »Paperback Writer« hat McCartney vielleicht »über langweilige Leute, die langweilige Sachen machen« geschrieben, wie Lennon später meinte, aber er schilderte auch das Alltagsleben in der englischen Nachkriegsgesellschaft, eine Vorliebe, die einige seiner besten Stücke bestimmen sollte, darunter »Eleanor Rigby«, »Penny Lane« und »She's Leaving Home«. In »Rain« hingegen blieb Lennon *seinem* Lieblingsthema treu und grübelte in kosmischen Dimensionen über das Wesen der Wirklichkeit nach. Noch vor einigen Monaten hatte er sich als Nowhere Man bloßgestellt, und nun spottete er über die Nichterleuchteten, sang »they might as well be dead« (sie könnten genausogut tot sein) und kam mit dem Vorschlag, daß die Wirklichkeit »just a state of mind« (nur ein Bewußtseinszustand) sei. Er schilderte nicht mehr nur, was er sah, sondern er schrieb Rezepte aus. Mit der Versicherung »I can show you« (Ich kann's euch zeigen) wandte er sich wie schon bei »Tomorrow Never Knows« und davor bei »The Word« direkt an sein Publikum, doch mit seiner anschließenden Frage – »Can you hear me?« (Könnt ihr mich hören?) – wirkte er schon fast ungeduldig, wollte wissen, ob die Zuhörer auch wirklich in seine Fußstapfen träten. Jahre später sollte John die Bedeutung der Beatles als Galionsfiguren der Sechziger herunterspielen, doch wenn er Zeilen wie diese schrieb, mußte er damit rechnen, daß die Menschen von ihm Antworten erwarteten.

Der gleiche Zauber wie bei »Rain« und »Paperback Writer« zeigte sich auch bei »Eleanor Rigby«, dem nach »Taxman« zweiten Song auf **Revolver**, auch wenn kein einziger Beatle dabei ein Instrument spielte. Das doppelte Streichquartett, das McCartney begleiten sollte, wurde so geschickt eingesetzt, daß die fertige Platte zwei Songs auf dem Raum von einem zu enthalten scheint. Und obwohl Paul »Eleanor Rigby« praktisch allein sang, entstand der Song hinter den Kulissen doch weitgehend in Gemeinschaftsarbeit.

Es begann damit, daß Paul die Eingangsmelodie entdeckte, als er auf dem Klavier herumprobierte. Um den kreativen Fluß nicht zu bremsen, fügte er die Worte »Miss Daisy Hawkins« an der Stelle ein, an der später »Eleanor Rigby« erscheinen sollte, so wie er damals »Scrambled Eggs« statt »Yesterday« gesungen hatte. Die Taktik bewährte sich auch hier, denn die nächste Zeile, die ihm durch den Kopf schoß – »picks up the rice in a church where a wedding has been« (sammelt den Reis auf in der Kirche, in der eine Hochzeit stattfand) –, verriet schlicht und ergreifend das Wesen seiner Heldin und förderte damit auch die übrige Geschichte zutage. Sie ist eine einsame alte Jungfer, die so sehr von allen mitmenschlichen Verhältnissen abgeschnitten ist, daß sie »lives in a dream« (in einem Traum lebt).

Obwohl McCartney ihren Namen in den »natürlicher« klingenden Eleanor Rigby veränderte (nachdem er den Namen Rigby in einem Schaufenster in Bristol gesehen hatte), ist nicht bekannt, wieviel bei dem Text von ihm stammt. Lennon behauptete später, er habe einen großen Teil des Textes geschrieben, doch nicht nur McCartney bestritt das, sondern auch Lennons Freund Shotton, der dabei war, als Paul den Song den anderen eines Abends in Johns Haus auf der Gitarre vorspielte. Zu jenem Zeitpunkt scheint McCartney noch nicht über die Grundmelodie hinausgekommen zu sein. Bezeichnend dafür, wie gründlich die Beatles damals in ihrer eigenen kreativen Welt befangen waren, ist die Tatsache, daß sie Pauls Idee vollkommen normal fanden, den Priester in der zweiten Strophe »Father McCartney« zu nennen. Shotton mußte

sie darauf hinweisen, daß die Zuhörer als erstes annehmen würden, Paul würde über seinen leiblichen Vater singen. Erst dann
wurde der Name des Priesters in »Father McKenzie« geändert
und seine Einsamkeit geschickt mit Ringos Zeile skizziert: »darning his socks in the night when there's nobody there« (er stopft
seine Strümpfe in der Nacht, wenn keiner da ist).

Der krönende Abschluß des Songtextes – die Vereinigung der
beiden Einsamen in einer abschließenden Sterbeszene – entstand
offenbar ebenfalls während eines Brainstormings in Lennons
Haus; allerdings kam er von Shotton, nicht von einem der Beatles.
Vielleicht weil ihn plötzlich die Eifersucht packte, ballerte Lennon Shottons Vorschlag mit einer schneidenden Bemerkung
nieder. Shottons Idee wurde erst später für eine abschließende
Strophe wiederbelebt, die unsentimental, gleichzeitig aber voller
Mitleid war. Eleanor Rigby wird »buried along with her name«
(mit ihr stirbt ihr Name), als hätte es sie nie gegeben. Father
McKenzie wird gezeigt, »wiping the dirt from his hands as he
walks from the grave« (er putzt sich im Weggehen vom Grab den
Schmutz von den Händen). Die Sinnlosigkeit des Ganzen ist in
der beiläufigen Beobachtung des Sängers aufgefangen: »No one
was saved« (Keiner wurde gerettet). Offensichtlich wurde der
Text in der Abbey Road noch mal überarbeitet, denn Lennon
konnte sich noch deutlich erinnern, wie McCartney und Harrison
dort auf die Klage kamen, mit der der Song anhebt: »Ah, look at
all the lonely people« (Ach, sieh nur all die einsamen Menschen).

George Martins Instrumentalbegleitung für »Eleanor Rigby«
konnte zu der getragenen, suchenden Stimmung des Textes nicht
besser passen. Die Geigen, Celli und Bratschen, für die er seine
Partitur schrieb, beweisen, daß der Einsatz klassischer Instru-
mente bei »Yesterday« keine vorübergehende Phase war; bei
»Eleanor Rigby« nahmen die Beatles zum erstenmal eine durch-
gehend klassische Instrumentierung in ihre musikalische Palette
auf, womit sich ein Trend ankündigte, der in den folgenden
Monaten noch an Bedeutung gewinnen sollte. McCartney hatte
Martin ein paar allgemeine Hinweise für die Partitur zu »Eleanor
Rigby« gegeben, und Martin ließ sich weiter von den schrillen
Geigen inspirieren, die auf dem Soundtrack von François Truf-

fauts Film »Fahrenheit 451« zu hören sind. Heraus kam dabei eine Tour de force emotionaler Ausdruckskraft. Das einsame und sinnlose Leben von Menschen wie Eleanor Rigby und Father McKenzie, die grobe Gleichgültigkeit, mit der die übrige Welt auf solche gewöhnlichen Tragödien reagiert – es schreit förmlich hinter McCartneys wunderbar beherrschter, fast nüchterner Stimme. Mit der Schwere seiner symphonischen Effekte und der erhabenen Schlichtheit seiner Melodieführung gehört das vollendete Lied »Eleanor Rigby« zu den schönsten Songs, die die Beatles je aufgenommen haben.

Die Wucht, die **Revolver** hat, wurde den amerikanischen Plattenkäufern vorenthalten. Capitol Records setzte seine Praxis fort, nur gekürzte Versionen von Beatles-Platten zu veröffentlichen, und deshalb fehlte auf dem amerikanischen **Revolver** das, was der nächste Song auf der Platte hätte sein sollen, Johns »I'm Only Sleeping«. (Außerdem fehlten zwei weitere Lennon-Kompositionen, »Doctor Robert« und »And Your Bird Can Sing«, die statt dessen auf dem Album **»Yesterday« ... And Today** herauskamen.) Den Amerikanern entging auf diese Weise der Song, bei dem die Beatles eine Gitarre zum ersten Mal rückwärts aufnahmen, dazu ein unglaublich ironischer Text. Mit Zeilen wie »staring at the ceiling/ Waiting for that sleepy feeling« sang Lennon bestimmt nicht über ein nachmittägliches Nickerchen, doch war LSD im Jahr 1966 noch keineswegs allgemein bekannt, weshalb die eigentliche Aussage den meisten entgangen sein dürfte. Auch der nächste Song auf der Platte, Harrisons »Love You To«, handelte von Drogen. Die Kadenz schimmernder harfenähnlicher Töne als Auftakt beeindruckte auch die Hörer, denen indische Musik eher widerstrebte; im Text verbanden sich östlicher Mystizismus – »Whole world in a plan« (Die ganze Welt ist Teil eines Plans) – mit westlichem Pragmatismus und dem Hedonismus der Jugendkultur. Auf das kostbare Fließen der Zeit gab es nur eine Antwort – damit einverstanden zu sein und das Leben zu feiern: »make love all day long/ make love singing songs« (liebt euch den ganzen Tag, liebt euch, indem ihr singt).

Trotz solcher eigenwilliger Botschaften war die romantische Liebe nicht aus dem Repertoire der Beatles verbannt, wie auf besonders eindrucksvolle Weise McCartneys »Here, There And Everywhere« zeigte. Der Song wurde sofort zum Klassiker und darf sich der Tatsache rühmen, daß es sowohl Pauls wie vermutlich auch Johns liebste McCartney-Komposition ist. Der Song war, nicht weiter überraschend, der Inbegriff an Einfachheit. Paul schrieb ihn eines Tages an Johns Swimming-Pool in Weybridge, und bei der verhaltenen, langsam ansteigenden Akkordstruktur kann man sich leicht vorstellen, daß der Song in der Zeit, die John brauchte, um aufzustehen und sich anzuziehen, begonnen und vollendet wurde.

Außer an Liebe scheint McCartney damals auch viel an seine Kindheit gedacht zu haben. Für »Paperback Writer« hatte er John und George gebeten, eine hochgestimmte, stark gemilderte Version des Kinderliedes »Frère Jacques« als Hintergrundbegleitung zu singen. Nun folgte ein Song, der ausschließlich mit dem Gedanken an Kinder geschrieben wurde, »Yellow Submarine«. Ringo sang dieses Lied, das einer der bekanntesten Beatles-Songs wurde. Er war auch der Ausgangspunkt für einen Zeichentrickfilm, der wie der Song jung und alt gleichermaßen ansprach. Obwohl Paul wie auch Ringo größten Wert darauf legten, daß es in »Yellow Submarine« keine versteckten Anspielungen gebe, waren der kindliche Irrsinn und der Eskapismus dieses Songs den Antikriegsgefühlen, die man ihm manchmal zuschrieb, nicht völlig fremd. Der auffälligste Bestandteil dieses Songs waren neben seinem Ohrwurm-Refrain die bombastischen Soundeffekte. Unterstützt von verschiedenen Hilfskräften und Freunden, verbrachten die Beatles am 1. Juni volle zwölf Stunden im Studio 2 von Abbey Road. Sie erzeugten die Effekte, indem sie Ketten durch Badewannen schleiften, in Echokammern schrien, Blasen machten, eine traditionelle Blaskapelle dirigierten und immer ungeschliffenere Versionen des Refrains aufzeichneten. (Später wurden die meisten dieser Geräusche wieder aus dem fertigen Song herausoperiert.) Zum Schluß der Session schnallte sich der Beatles-Assistent Mal Evans eine Baßtrommel vor die Brust, die gesamte Gesellschaft stellte sich hinter ihm zur Polonaise auf, marschierte durchs Studio und sang: »We all live in a yellow submarine.«

Der abschließende Song auf der ersten Seite, Johns »She Said
She Said«, ist ein typisches Lennon-Gedankenspiel, das mit Harrisons Gitarre bestens harmoniert. Er geht auf Lennons zweiten
LSD-Trip zurück. Im vorhergegangenen August, als die Beatles
auf ihrer Amerikatournee nach Kalifornien kamen, hatten sie das
LSD auf einer Party »mit den Byrds und vielen Mädchen« eingeworfen. Peter Fonda hatte das Acid besorgt und davon erzählt, wie
er einmal beinah auf dem Operationstisch im Krankenhaus gestorben war: »I know what it's like to be dead« (Ich weiß, wie man
sich als Toter fühlt). Lennon machte diese Bemerkung niederge-
schlagen, aber er merkte sich den Spruch und verwendete ihn als
erste Zeile.

Nach seinem unbearbeiteten Kompositionsband zu urteilen,
war das lange Zeit überhaupt die einzige Zeile von »She Said She
Said«. John begleitet sich auf der Akustikgitarre und fängt den
Song an, indem er die erste Zeile: »He said, ›I know what it's like
to be dead‹, I said« ständig wiederholte und offensichtlich auf eine
Inspiration wartete, die ihm die nächste Zeile liefern sollte. Er
spielt den Song in G-Dur (auf der Platte ist es h), und auch die
Melodie hat noch keine rechte Gestalt; statt des Sprungs nach
oben von dem kurzen »He« zum ausgehaltenen »said« wie auf der
Platte, hüpft die noch ziemlich unsichere Melodie rasch von »He«
hinunter zu einem gleich langen »said«.

In einem weiteren Take verlangsamt Lennon das Tempo und
nimmt seine Stimme mit Echo auf; damit kommt er näher an die
fertige Melodie und entdeckt die Zeile »I know what it is to be
sad« (Ich weiß, was es heißt, traurig zu sein). Er wechselt dann zu
B-Dur und in ein schnelleres Tempo, ändert »He« in »She« und
fügt die durchdringende dritte Zeile an: »And it's making me feel
like I've never been born« (Und mir ist, als wäre ich nie geboren).
Der Text verwandelt sich jetzt in eine Auseinandersetzung zwischen zwei Schlaumeiern. John fragt: »Who put all that crap in
your head?« (Von wem kommt dieser Mist in deinem Kopf?),
übertrumpft die Eingangsbehauptung der Frau über den Tod mit
der Replik: »I know what it is to be mad« (Ich weiß, wie man sich
als Verrückter fühlt) – und man kann sich denken, daß Lennon
hier nicht bloß prahlt. Er beschließt die Strophe mit der behelfs-

mäßigen Zeile »And its making me feel like my trousers are torn« (Und mir ist, als wären mir die Hosen zerrissen), aber entscheidend ist, daß die Melodie jetzt paßt – bis auf den Auftakt, der immer noch fehlt. Dafür hat Lennon bereits den Anfang des Mittelteils, den er später so singen wird: »She said, ›You don't understand what I said‹« (Sie sagte, du verstehst nicht, was ich gesagt habe). Das Band ist hier zu Ende, aber John erklärte später, daß er den Mittelteil ein paar Tage später vollendete, indem er einfach aufschrieb, was ihm als erstes in den Sinn kam. Heraus kam ein nostalgischer Anfall, der die Geschichte in Johns Kindheit zurückführt, die er aus unverständlichen Gründen als die Zeit idealisiert, in der »everything was right« (alles noch stimmte).

Zu den besten Eigenschaften der Musik der Beatles gehört es, daß sie einen froh macht. Die zweite Seite von **Revolver** beginnt mit einem Klassiker in dieser Richtung, mit »Good Day Sunshine«. McCartney sagte einmal, er schreibe seine besten Songs »auf einen Sitz ... die Inspiration ist plötzlich da, alles paßt«. Trotz der komplizierten Struktur kann man sich vorstellen, daß es auch bei »Good Day Sunshine« so funktioniert hat. Paul schrieb diesen Song wieder an Lennons Swimming-Pool. Man kann ihn sich ohne weiteres vorstellen, wie er an einem schönen Morgen mit seiner Gitarre im Liegestuhl daliegt und sich öffnet, um, wie es Lennon ausdrückte, als »Kanal« für die »Sphärenmusik« zu dienen. Der Tribut an die lebenspendende Wärme der Sonne ist seit unvordenklichen Zeiten eine anthropologische Konstante (vor allem im nördlichen Klima Englands), und Paul scheint sich in diese Stimmung eingefühlt zu haben, um einen Song zu schaffen, dessen Lebensfreude unwiderstehlich ist. Seine erste Zeile spricht für jeden: »I need to laugh« (Ich muß lachen können), und dann erinnert er uns daran, wie leicht das geht. Das schlichte Geschenk der Sonne ist »something I can laugh about« (worüber ich lachen kann). Der Mittelteil des Songs ist eine simple Mädchen-Junge-Liebesgeschichte, doch am Ende kommt er auf die Sonnenanbetung zurück; der ansteigende Halbtonwechsel in der Notierung sorgt einer Formulierung Wilfrid Mellers' zufolge für »zeitlose, erhebende Ekstase«.

Dem McCartney-Song folgt Lennons »And Your Bird Can

Sing«. John lehnte »And Your Bird Can Sing« später als »schrecklich« ab, eine lächerliche Selbstbezichtigung. Der Text hat eine Aussage (und eine seltsame Vogelmetapher), und der Song hat als musikalischen Höhepunkt vor allem Harrisons Gitarre. John jedoch fand mehr Gefallen an »Doctor Robert«, seiner ironischen Hommage an einen New Yorker Arzt, der den Reichen und Neureichen von Manhattan aus nicht unbedingt medizinischen Gründen besondere Injektionen verpaßte. In einem geradlinigen Popsong einen Dr. Feelgood zu feiern, der einen mit Drogen versorgte, das gefiel Lennon, der so gern ein schlimmer Junge gewesen wäre; Shotton berichtete später, daß Lennon »vor Begeisterung fast durchdrehte, wenn er sich ausmalte, wie Millionen Plattenkäufer in aller Unschuld mitsingen würden«.

Lennon wußte allerdings auch die spröde Schönheit von »For No One« zu schätzen, einer melancholischen Ballade, die er später ebenfalls zu seinen liebsten McCartney-Kompositionen zählte. Die ersten Zeilen von »For No One« kündigen das Thema der verlorenen Liebe in wunderbarer Knappheit an: »Your day breaks/ Your mind aches/ You find that all her words of kindness linger on … « (Der Tag bricht an, der Kopf schmerzt, du spürst noch alle ihre zärtlichen Worte). McCartney stellt sein Talent als musikalischer Arrangeur unter Beweis, indem er diese Stimmung hält, zuerst mit einem Klavichord, das er auf seine Rhythmusspur mit dem Piano legte, und dann mit einem erhabenen, einfachen Waldhornsolo, das der berühmte Symphoniker Alan Civil spielte.

Bei Harrisons »I Want To Tell You« wird McCartneys Rolle als musikalischer Leiter noch deutlicher. Paul verwandelt einen etwas zähen Song in ein bemerkenswertes Musikstück. Das gelingt ihm mit Hilfe einer absteigenden Instrumentalaufblende, dann mit auffallenden Harmonien, die beinah eine Gegenmelodie ergeben, dann mit einem unharmonischen Herumhämmern auf zwei Pianotönen und schließlich mit dem federnden Baß, den er auf das Band kopierte, als der Song fertig war.

»Got To Get You Into My Life« war ein weiterer McCartney-Song, den Lennon besonders bewunderte. John erlaubte sich die Vermutung, der Text handle von Pauls ersten Erfahrungen mit LSD. Wenn man einmal offenläßt, ob John sich damit nicht eine kleine psychologische Übertragung leistete, bleibt trotzdem die Möglichkeit, die ersten Zeilen so zu interpretieren: »I took a ride/ I didn't know what I would find there/ Another road where maybe I/ Could see another kind of mind there« (Ich fuhr los, wußte nicht, was ich finden würde, eine andere Straße, auf der ich vielleicht einen anderen Verstand finden könnte). Dann allerdings wird aus dem Song die übliche Liebesgeschichte, und da Paul damals noch kein LSD probiert hatte, war der Song wohl insgesamt nicht so gedacht, wie John ihn interpretierte.

Paul hatte die Idee mit einer Bläsergruppe die Intensität des Textes von »Got To Get You Into My Life« noch zu verstärken. Die Musiker, die er sich aus einem der Londoner Clubs holte, enttäuschten seine Erwartungen nicht; die Instrumente scheinen vor guter Laune und Energie fast zu bersten. Bei der Aufnahme verwendete Geoff Emerick den gleichen Trick wie bei den Streichern auf »Eleanor Rigby«: Er rückte die Mikrofone ganz nah an die Instrumente. Die klassischen Musiker, die »Eleanor Rigby« spielten, waren entsetzt, aber den Jazzern scheint diese Technik bei »Got To Get You Into My Life« nicht das geringste ausgemacht zu haben. Sie klingen zudem wie der perfekte Fanfarenauftakt zu dem ehrfurchtgebietenden Finale von **Revolver**, zu Johns »Tomorrow Never Knows«.

»Das war wirklich ein LSD-Song«, gab McCartney anschließend zu, und dennoch ist »Tomorrow Never Knows« nicht nur einfach ein »Drogensong«. Die überwältigende Melange aus den verschiedensten Klängen, die sie im Studio zusammengeschnitten hatten, harmonierte aufs schönste mit einigen interessanten Textzeilen. Wie häufig bei Lennon-Songs »merkt man erst später, was sie bedeuten«, wie John einmal erklärte. »Tomorrow Never Knows« bietet eine unendliche Fülle von Interpretationsmöglichkeiten. Die unheimliche letzte Zeile zum Beispiel, in der es heißt: »play the game existence to the end/ Of the beginning« (spiel das Existenz-Spiel bis zum Ende des Anfangs), läßt sich unmittelbar als Hinweis auf die Wiedergeburt verstehen, einer Theorie, der Lennon in späteren Jahren ausgiebig nachging. Der größere Wert dieser Zeile liegt aber in seiner heiteren Beschwörung und der bewußten Ergebung in die schlichteste menschliche Wahrheit, den unendlichen Kreislauf von Leben und Tod. Die Stelle, an der sich »Tomorrow Never Knows« am klarsten offenbart, ist Johns Empfehlung, »listen to the color of your dream« (hör auf die Farbe deines Traums). Eine poetischere Kurzformel für die künstlerische Magie der Beatles läßt sich kaum denken. Das gilt vor allem für **Revolver**, den nach musikalischen Kriterien womöglich größten Triumph ihrer Laufbahn.

16. Kapitel
»Wir alle wollen die Welt ändern«:
Drogen, Politik und Spiritualität

Zwar war es immer die Musik, die zunächst für den massenhaften Erfolg der Beatles sorgte, was sie jedoch zu überlebensgroßen Gestalten werden ließ – der Grund, warum sie so vielen Menschen soviel bedeuteten –, reichte weit über gute Texte und schöne Melodien hinaus. Derek Taylor bezeichnete sie einmal als eine »Abstraktion, so ähnlich wie Weihnachten« und stellte fest, daß die Beatles »Hoffnung, Optimismus, Witz, Ungezwungenheit verkörperten, die Vorstellung, daß es jeder schaffen kann, wenn er nur die nötige Entschlossenheit aufbringt. Nichts schien sie aufhalten zu können«. Durch ihr Beispiel gaben die Beatles den Leuten das Vertrauen in ihre Fähigkeit, sich selber und die Welt verändern zu können: *Ihr* könnt es, weil *sie* es geschafft haben. Sie hatten als vier scheinbar durchschnittliche Jungs aus einer hinterwäldlerischen Stadt in Nordengland angefangen und waren zur Weltsensation geworden, aber auf diesem Weg hatten sie sich selber in kreative, einfühlsame, immer differenzierter arbeitende Individuen verwandelt. Dem normalen Fan wird die Identifikation mit ihrem schwindelerregenden Aufstieg zu Ruhm und Geld nicht gerade leicht gefallen sein, aber ihre Suche nach Wahrheit, ihr Bemühen, sich zu entwickeln, das konnte jeder nachvollziehen. Es war genau so, wie Lennon 1967 sang: »There's nothing you can do that can't be done« (Es gibt nichts, was du nicht schaffen könntest).

Als die Beatles 1964 zum erstenmal über die Bühnen der Welt tobten, machten sie bestimmt nicht den Eindruck, als würden sie sich für die große Welt oder die tieferen Fragen des Lebens interessieren. Als man sie auf dem Höhepunkt der Beatlemania bei einer Pressekonferenz bat, Erfolg zu definieren, antworteten alle vier unisono: »Geld«. Die bedrohliche Möglichkeit eines Nuklearkriegs brachte andererseits nur selbstsüchtige Banalitäten wie Lennons Bemerkung hervor: »Jetzt, wo wir es geschafft haben, wäre es ein Jammer, wenn eine Bombe drauffiele.« Innerhalb weniger Jahre jedoch hatten sich die Beatles zu führenden Figuren in der Gegenkultur der sechziger Jahre entwickelt und verkündeten mit einem Mal eine Philosophie der Liebe, des Friedens, der spirituellen Neugier und der gesellschaftlichen Veränderung. »Eine Zeitlang glaubten wir, wir verfügten über Einfluß«, erinnert sich George Harrison, »und deshalb ging es darum, daß gerade wir, die Reichen, die Berühmten, die soviel miterlebt hatten, kapierten, daß es im Leben um mehr ging – und warum sollten wir das für uns behalten? Man wünscht sich doch, daß die Freunde und alle anderen auch die gleichen Erfahrungen machen.«

Der Katalysator, der dafür sorgte, daß aus den liebenswürdigen Pilzköpfen die reflektierten Rebellen wurden, waren die »bewußtseinserweiternden« Drogen, vor allem Marihuana und LSD. Im Grunde ging es ihnen dabei ebenso wie bei ihrem Interesse an östlicher Philosophie vor allem um das »Verlangen, etwas zu entdecken«, wie es Harrison einmal formulierte. Jeder einzelne Beatle hatte sich schon als trotziger junger Rock 'n' Roller in Liverpool auf seine Weise den vorgegebenen Mustern widersetzt, und erstaunlicherweise stillte ihr Aufstieg, der sie zu Superstars machte, ihre natürliche Neugier keineswegs; sie konnten sich ihre intellektuelle Unabhängigkeit bewahren. Sie blieben Sucher, und ihr Bemühen um Aufklärung ließ sie zwar manches Mal stolpern, es wirkte oft naiv, aber es sorgte auch dafür, daß sich zahllose andere ermutigt fühlten, über den eigenen Horizont hinauszudenken.

Am Anfang war das Marihuana, das McCartney zufolge für »die Wende« im Verhältnis der Beatles zum Leben sorgte. Was »Drogen« im allgemeinen anging, waren die Beatles seit Jahren damit vertraut, spätestens seit sie in Hamburg Bier tranken und Pillen schluckten. Doch als sie Bob Dylan im August 1964 mit Marihuana bekannt machte, »hörten wir mit dem Trinken auf, einfach so«, sagte Lennon.

Der magische Augenblick fand in der Stille eines Hotelzimmers statt, anläßlich der ersten Amerika-Tournee der Beatles. Dylan und die Beatles hatten sich gerade kennengelernt, und der

Abend erwies sich als sehr unterhaltsam und lustig. Wie viele Kiffer, die zum erstenmal Haschisch ausprobieren, konnten die Beatles nicht mehr aufhören zu kichern. Dylan wollte es einfach nicht glauben, daß die Fab Four noch nie Hasch geraucht hatten. Schließlich hatte er gerade gehört, wie sie darüber gesungen hatten, in »I Want To Hold Your Hand« gab es die Zeilen: »I get high, I get high, I get high«. Dylans Irrtum war nur zu begreiflich; so wie die Beatles »I can't hide« (Ich kann's nicht verbergen) sangen, hörte es sich an wie »I get high« (Ich werde high). Seit Dylan sie auf den Geschmack gebracht hatte, nahmen die Beatles fortan jede Gelegenheit wahr, selber high zu werden. »Wir verdanken ihm viel«, gab Lennon später zu.

Im Frühjahr 1965, als sie den Film »Help!« drehten, rauchten die Beatles täglich Marihuana. Es bot ihnen bei dem überwältigenden Druck der Beatlemania die willkommene Entspannung – sie befanden sich, wenn sie Gras rauchten, »in unserer eigenen Welt«, wie sich John erinnerte –, und sie hatten mehr als sonst miteinander zu lachen; dem Vernehmen nach wurde »Lachen wir uns einen!« ihr Codewort, wenn sie sich wegstehlen wollten, um eben einen Joint durchzuziehen. Wichtiger an ihrem innigen Verhältnis zu Marihuana wurde allerdings, daß es ihre ohnehin überbordende Kreativität noch weiter stimulierte; außerdem kamen sie zum erstenmal in ihrem Leben zum Nachdenken. Welche Kunst ist möglich? Welche Lebensweise erstrebenswert? »Wir entfernten uns von überlieferten Werten, wir machten uns unsere eigenen Gedanken, statt die anderer einfach hinzunehmen«, sagte McCartney.

Wenn Marihuana dafür sorgte, daß sich die Beatles Derek Taylor zufolge »im Kopf größer und freier« fühlten, transportierten die psychedelischen Drogen diesen größeren, befreiten Kopf an Orte, die er niemals wieder vergessen sollte. »Es war, wie wenn ein Tor aufgestoßen wurde. Bevor man es überhaupt merkte, war dieses Tor da. Eine ganz andere Form von Bewußtsein öffnete sich damit«, erläutert George Harrison und fügt hinzu: »Ich hatte dieses unglaubliche Gefühl von Wohlbehagen, ich wußte, da ist Gott, und ich konnte ihn in jedem Grashalm sehen. Es war, als würde man innerhalb von zwölf Stunden um die Erfahrung von zweihundert Jahren reicher. Es hat mich verändert, und ich konnte anschließend nicht mehr zu meinem früheren Ich zurück.«

Harrison behauptet, LSD sei 1966 ins Leben der Beatles gekommen, tatsächlich aber hatten mit Ausnahme von McCartney alle Beatles LSD wenigstens einmal probiert, als sie im Oktober 1965 mit den Aufnahmen zu **Rubber Soul** begannen. John und George machten die Erfahrung als erste, wenn auch keineswegs auf eigenen Wunsch. Zusammen mit ihren Frauen aßen sie mit ihrem Zahnarzt zu Abend, und dieser Zahnarzt tat ihnen heimlich etwas in den Kaffee. Da sie keine Ahnung hatten, was sie erwartete, gerieten sie begreiflicherweise in ziemliche Panik, als die Wirkung spürbar wurde. Sie flohen in eine Londoner Diskothek, kreischten, lachten und halluzinierten, bis sie schließlich zu Georges Haus fuhren, das Lennon wie ein riesiges Unterseeboot vorkam. »Es war zum Fürchten, aber es war auch phantastisch«, sagte Lennon anschließend.

Einige Zeit später (wann genau das Erlebnis bei dem Zahnarzt stattfand, läßt sich nicht mehr feststellen) nahmen John und George wieder LSD, diesmal aber unter weit angenehmeren Umständen, und außerdem ging Ringo mit auf den Trip. Das war im August 1965. Für die wenigen freien Tage, die sich die Beatles während ihrer Amerika-Tournee leisteten, mieteten sie sich ein Haus in der feinen Gegend von Benedict Canyon in Los Angeles. Das Acid stammte von dem Schauspieler Peter Fonda, und obwohl Fondas Bemerkungen über den Tod (sie werden in »She Said She Said« wiedergegeben) Lennon verstörten, erinnerte er sich später an die Szene nur in idyllischen Farben: »Die Sonne schien, die Mädchen tanzten, alles war unglaublich schön und sehr Sechziger-Jahre-mäßig.« Obwohl ihm seine Freunde schwer zusetzten, blieb Paul an jenem Tag abstinent.

Es vergingen nicht weniger als zwanzig Monate, bis der vorsichtige McCartney am 21. März 1967 selber LSD ausprobierte. Inzwischen hatten die Beatles ihr erstes drogengetränktes Album vollendet, nämlich **Revolver**, und **Sergeant Pepper** stand kurz vor dem Abschluß. Obwohl sie im Studio häufig Marihuana rauchten, nahmen sie bei der Arbeit nie LSD – mit Ausnahme jener Gelegenheit, als John es aus Versehen nahm. Nachdem er danach erklärt hatte, daß er sich nicht gut fühle, wurde er von George Martin zum Frische-Luft-Schnappen auf das ungesicherte Dach der Abbey Road Studios gebracht. Als Paul und George Harrison, die wußten, daß sich John komisch fühlte, davon erfuhren, stürmten sie nach oben, um ihn zu holen. Paul fuhr ihn anschließend nach Hause. Im Auto fragte Paul John, ob er noch mehr LSD habe, und so gingen beide zusammen auf die Reise.

Jahre später behauptete Paul, er habe das LSD an jenem Abend nur genommen, um John Gesellschaft zu leisten, doch unmittelbar danach sprach er mit einiger Begeisterung über seine neuen Erfahrungen. Er und John hätten »dieses phantastische Zeug« genommen, wie er es gegenüber Derek Taylor formulierte, und dann dagesessen, »einander in die Augen gestarrt … und dann gesagt: ›Ich *weiß*, Mann‹, und dann gelacht«. Der Öffentlichkeit verkündete Paul, daß LSD »mir die Augen geöffnet hat. Es hat mich zu einem besseren, aufrichtigeren und toleranteren Glied der Gesellschaft gemacht«. Pete Shotton, der sich wie McCartney Lennons LSD-Angeboten lange widersetzt hatte, berichtet von einem ähnlichen Effekt, den die Droge auf John hatte. LSD »gab seinem Leben neuen Enthusiasmus«, schreibt Shotton. »Es half mit, die Kanten seiner Persönlichkeit abzuschleifen, es heilte ihn buchstäblich von seiner Arroganz und seiner Paranoia.« Wegen dieser und ähnlicher Reaktionen sagte Derek Taylor später: »Wir fühlten uns befreit, als wir LSD nahmen. Deshalb tut es einem in der Seele weh, wenn es mit süchtigmachenden Drogen und anderem Zeug in einen Topf geschmissen wird. Ich glaube schon, daß man durchdreht, wenn man es ständig nimmt. Man kann dann bestimmt nicht Kinder großziehen oder einer geregelten Arbeit nachgehen … Aber ich glaube, es ist sehr nützlich, um einem andere Wahrheiten zu erschließen, andere als die üblichen Strukturen.«

Bei vier Individuen, die so kreativ angelegt waren wie die Beatles, schlugen Marihuana und LSD auch auf ihre Kunst durch. »Es sickerte allmählich in alles ein, was wir taten«, sagt Paul über die Erfahrungen, die die Beatles mit Drogen machten. »Sie färbten unsere Wahrnehmung ein. Uns wurde langsam klar, daß es weit weniger Schranken gab, als wir uns bis dahin eingebildet hatten.

Und uns wurde auch klar, daß wir Schranken einreißen konnten.« Die erste musikalische Anspielung, die die Beatles unterbrachten, kam gerade sechs Wochen nach dem Rauchvergnügen mit Dylan im Hotelzimmer, als John und Paul die Zeile »turns me on« (macht mich an) in den Song »She's A Woman« einfügten, den sie am 8. Oktober 1964 aufnahmen. Bis zu den nächsten Anspielungen verging ein ganzes Jahr – John imitierte in der Hintergrundstimme von »Girl« auf **Rubber Soul** einen Haschraucher; sein Song über einen »Day Tripper«.

Die Drogen »haben die Musik nicht geschrieben«, wie Lennon einmal bemerkte, »ich schreibe die Musik je nach den Umständen, in denen ich mich gerade befinde, sei es unter Acid oder im Wasser«. Allerdings haben Marihuana und LSD das Gefühl verändert, mit dem die Beatles an die Musik herangingen. »Wir haben schon sehr früh gemerkt, daß nur richtige Mistmusik dabei herauskommt, wenn man stoned oder kaputt spielt. Deshalb haben wir diese Erfahrungen gemacht und sie anschließend in die Musik eingebracht«, erläutert Ringo. Die ersten Anzeichen für ein alternatives Bewußtsein zeigten sich auf dem Album **Help!**, wo sich im Titelsong und in Johns »You've Got To Hide Your Love Away« Dimensionen ankündigten, die für die Beatles in den folgenden Jahren charakteristisch werden sollten. Auf **Rubber Soul**, dem wahrscheinlich am gründlichsten von Marihuana geprägten Album, wurden die Songs durchgehend elaborierter, und die Beatles begannen jenes fröhliche, zuversichtliche Gefühl zu artikulieren, das zum entscheidenden Element im Zeitgeist der sechziger Jahre wurde. John erwähnte später vor allem »The Word« als Produkt der »Marihuana-Periode«; es handle davon, sagte er, »mit der Zeit zu gehen … diese Sache mit Liebe und Frieden«. **Rubber Soul** wurde auch das erste Album mit psychedelischer Ausrichtung, sowohl im Sound wie in den Texten.

Obwohl die Anzeichen immer deutlicher wurden, daß die Beatles, wie vor ihnen schon viele andere Generationen von Künstlern, ihre natürliche Kreativität mit bewußtseinsverändernden Stoffen aufpeppten, verharrte die Welt bis zum Erscheinen von **Sergeant Pepper** zum größten Teil in fröhlicher Ahnungslosigkeit. Selbst George Martin, der doch wußte, daß die Beatles Marihuana rauchten, »hatte keine Ahnung, daß sie mit LSD zu tun hatten«. Der erste Konflikt deutete sich am 19. Mai 1967 an, dreizehn Tage vor der Veröffentlichung von **Sergeant Pepper**, als die BBC die Ausstrahlung des abschließenden Songs »A Day In The Life« mit der Begründung untersagte, daß er für den Genuß von Drogen werbe. Daß die Beatles Drogen nahmen, blieb noch verborgen, bis Paul einen Monat später auf die Frage eines Reporters zugab, daß er LSD genommen habe und sich dafür nicht schäme. Sofort gab es einen Aufschrei, der sich noch verstärkte, als John, George und Brian Epstein bestätigten, daß auch sie Acid genommen und davon profitiert hätten. (John und wenigstens ein weiterer Beatle befanden sich während der Fotoaufnahmen für das Cover von **Sergeant Pepper** auf dem Trip – sie »schwebten«, wie es John formulierte.)

So ohne weiteres ließ sich nicht behaupten, daß Drogen das Leben der Beatles zerstört hätten, weil sie gerade ein Album von einiger Genialität herausgebracht hatten, das als die seit vielen Jahren eindrucksvollste Leistung in der populären Musik anerkannt wurde. Das Establishment, das die Beatles bis dahin gefeiert hatte, reagierte dennoch spürbar schockiert und mit dem Gefühl, betrogen worden zu sein, der darauf folgende Gegenangriff reichte vom Schmähartikeln bis zur Belästigung durch die Polizei. Getrennt voneinander wurden John und George einige Monate später verhaftet, weil sie verbotene Drogen besaßen. Beide behaupteten, die Drogen, die man in ihrem Haus gefunden haben wollte, gehörten ihnen nicht; immerhin wurde der Beamte, der sie festnahm, der Londoner Polizeisergeant Norman Pilcher, später zu sechs Jahren Gefängnis verurteilt, weil er in anderen Fällen bei Verdächtigen fingiertes Beweismaterial versteckt hatte.

Trotz der Kritik, die gegen die Beatles laut wurde, hielten sie an ihrer Überzeugung fest. Als führende Vertreter der britischen Kunst- und Unterhaltungsszene am 24. Juni 1967 in der *Times* eine ganzseitige Anzeige aufgaben und die Gesetze gegen Marihuana als »im Prinzip unmoralisch und in der Praxis unrealistisch« bezeichneten, unterschrieben die Beatles die Petition und bürgten für die Kosten.

Doch genau einen Monat später schockierten die Beatles die

Welt erneut, diesmal mit der Ankündigung, daß sie die Drogen aufgeben wollten. Ihr Image blieb allerdings angekratzt, denn die Mitteilung kam als Kontext zu ihrem neuentdeckten Enthusiasmus für die spirituellen Lehren eines indischen Gurus, des Maharishi Mahesh Yogi; in den Augen vieler hatten die Beatles schlicht einen verschrobenen Glauben durch einen anderen ersetzt. Im Februar 1968 unternahm die Gruppe eine vielbeachtete Reise zum Meditationszentrum des Maharishi in Indien, von der sie hinsichtlich der Heiligkeit des Maharishi mit großen Zweifeln zurückkamen. Doch während sie sich vom Boten distanzierten, gaben sie seine Botschaft keineswegs auf. Ihrer Ansicht nach bildeten die bewußtseinserweiternden Drogen und die spirituelle Übung nur zwei verschiedene Wege zum nämlichen Ziel, zu einer höheren Bewußtseinsstufe; keins von beiden vermochte für sich alle Fragen zu beantworten. Drogen und Meditation »konnten ein paar Türen öffnen«, sagte McCartney, aber man mußte schon auch durchgehen: »Die Antworten muß man selber finden.« Im Unterschied zu der passiven, gesellschaftlich desinteressierten Haltung vieler Hippies in den sechziger Jahren erklärten Lennon und Harrison, die bei den Beatles über die meiste Drogenerfahrung verfügten, daß es falsch sei, eine Droge »anzubeten«, und überdies selbstsüchtig und unverantwortlich, sich von der Gesellschaft zurückzuziehen, »man sollte sich nicht ausklinken, sondern einklinken und sie verändern«, so Lennon. Und George Harrison ergänzte: »Man muß sich aus dem überlieferten Denken ausklinken … und bei diesem veränderten Lebenskonzept einklinken und versuchen, die Menschen zu verändern.«

»In gewisser Weise spielten wir Trojanisches Pferd«, sagte Lennon später über die Beatles. »Die Fab Four kamen bis ganz nach oben und sangen dann über Drogen und Sex, und dann geriet ich immer tiefer in Probleme, und dann fingen die Leute an, uns abzulehnen.« Das erste »Problem«, das für Ärger sorgte, war Johns Bemerkung, die Beatles seien »populärer als Jesus«. Die Bemerkung war in einem langen Porträtartikel versteckt, der am 4. März 1966 im Londoner *Evening Standard* erschien und niemanden aufregte, bis er fünf Monate später aus dem Zusammenhang gerissen in einem amerikanischen Teenagermagazin zitiert wurde. Rein statistisch war Lennons Bemerkung möglicherweise sogar zutreffend, doch ging die Empörung in manchen Teilen des amerikanischen Bibelgürtels in den Südstaaten so weit, daß christliche Fundamentalisten Beatles-Platten boykottierten und öffentliche Verbrennungen veranstalteten; die Beatles selber wurden mit dem Tode bedroht. Als bei einer Pressekonferenz in Chicago am 11. August, unmittelbar vor dem Beginn der dritten Amerika-Tournee der Beatles, feindselige Reporter eine Entschuldigung von ihm verlangten, versuchte sich John auf ein Mißverständnis hinauszureden. Er wies darauf hin, daß er nicht behauptet habe, die Beatles seien »größer oder besser« als Jesus, sie seien aber beliebter. »Ich glaube, daß wir alle das, was die Menschen Gott nennen, in uns tragen«, sagte er. »Ich glaube, daß das, was Jesus und Mohammed und Buddha und all die anderen gesagt haben, richtig ist. Nur die Übersetzung stimmt nicht.« Er predigte tauben Ohren, denn der Reporter bestanden weiter auf einer Entschuldigung. Schließlich erklärte Lennon: »Wenn Sie das glücklich macht, okay, dann tut es mir leid.«

Nur wenige Minuten später stürzte sich Lennon ins nächste »Problem«, indem er sich gegen den Vietnamkrieg aussprach, das sensibelste Thema der sechziger Jahre. Enge Freunde wie Derek Taylor und Pete Shotton bezeichneten später 1966 als das Jahr, in dem sich die Beatles, John allen voran, für politische Themen zu interessieren begannen. John behauptet, insgeheim wären sie schon länger gegen den Vietnamkrieg gewesen, doch habe sie ihr Manager Brian Epstein davon abgehalten, sich zu einem derart umstrittenen Thema öffentlich zu äußern. Aber vor allem John und George zeigten immer weniger Lust zu schweigen – »Ich erfuhr immer mehr über die Vorgänge und schämte mich immer mehr darüber, daß ich nichts sagte«, erklärte John. Sie warnten deshalb Epstein schon vor der Tour von 1966. Noch mal John: »Wenn sie uns das nächste Mal fragen, werden wir erklären, daß uns der Krieg nicht gefällt und wir der Meinung sind, sie sollten da sofort abrücken.« Genau so sagten sie es dann auch, und nicht bloß einmal. Sie begnügten sich auch nicht damit, den Krieg zu verurteilen, sondern kritisierten die dafür verantwortlichen gesellschaftlichen und wirtschaftlichen Strukturen. Als Lennon im April

1968 den Vietnamkrieg als »noch ein Stück kranker Szene« verdammte, fragte ihn der Interviewer, was seiner Meinung nach mit dem »Establishment« geschehen solle. »Ändert es«, erwiderte John, »und ersetzt es nicht bloß durch eine Gruppe anderer Harris-Tweed-Anzüge. Ändert es vollkommen.« Immerhin war er ehrlich genug, um hinzuzufügen: »Aber wie man das tun soll, wissen wir auch nicht.«

Die mächtigste Waffe, die die Beatles hatten, war selbstverständlich ihre Musik. George erklärte später: »Wir wußten natürlich, daß Vietnam falsch war – wie meiner Meinung nach jeder Krieg falsch ist –, und in einigen unserer Texte haben wir diese Gefühle formuliert und versucht, tatsächlich Gegenkultur zu sein. Wir wollten so viele Menschen wie möglich aufwecken und ihnen klarmachen, daß sie nicht kämpfen sollten. Man kann die Beendigung eines Krieges fordern, und man kann sich lustig machen und sich komische Sachen anziehen. Und schließlich ging's zu jener Zeit genau darum ... Das alles gehörte zu unserer Vergeltung für all das Böse, das passierte und noch immer passiert.«

Mit der einen Ausnahme von Lennons Song »Revolution« von 1968 waren die Beatles nie so direkt wie beispielsweise der frühe Dylan. Dennoch entbehrte ihre Musik keineswegs der politischen Folgen und Nebeneffekte. Gerade weil die Botschaft in ihren Songs nicht direkt formuliert war, erreichten die Beatles Menschen, die auf eine unmittelbare Ansprache nicht reagiert hätten. Sie äußerten sich zwar nicht direkt zu Rassismus, Krieg und Ungerechtigkeit, aber es gab keinen Zweifel, welcher Meinung sie waren; das Gefühl, das ihre Songs prägte, schloß solche Barbarismen aus. Das herausragende Beispiel dafür war **Sergeant Pepper**, ein Album, das der amerikanische Aktivist Abbie Hoffman mit den Worten pries: »Beethoven kommt in den Supermarkt! ... Hier war so viel zusammengefaßt, was wir politisch, kulturell, künstlerisch vertraten, es sprach unsere geheimsten Gefühle aus und beschrieb unseren Blick auf die Welt auf eine revolutionäre Weise.«

»Sie wußten, daß die Welt und das menschliche Bewußtsein sich ändern mußten, und sie vermitteln das auch«, sagt der amerikanische Dichter Allen Ginsberg über die Beatles. Das war jedoch nur ein Teil ihrer Bedeutung. Im Kern lief die Botschaft der Beatles darauf hinaus, daß sich die Welt nicht einfach nur ändern *mußte*, sondern – und das war noch wichtiger – daß sie sich ändern *konnte*. Es ist nicht originell, wenn man sich ausmalt, daß alles anders sein *sollte*; John hat es in »Revolution« selber formuliert: »We all want to change the world« (Wir alle wollen die Welt verändern). Der eigentlich radikale erste Schritt besteht im Glauben, daß es tatsächlich passieren kann. In ihren öffentlichen Erklärungen und in ihrer Musik (da allerdings subtil und vorsichtig) verkündeten die Beatles, daß es tatsächlich möglich sei, die alten Muster aufzubrechen und eine freundlichere, friedvollere Wirklichkeit zu schaffen, daß es nicht genüge, sich nur um den Krieg in Vietnam zu kümmern, es gebe auch noch andere Formen des Bösen, und daß es darauf ankomme, etwas zu unternehmen. Es war Sache des einzelnen – mit anderen Worten: von uns allen –, für Änderungen zu sorgen; und es war möglich. Diese Botschaft fand einen tiefen und mächtigen Widerhall in der Massenpsyche, denn die Menschen kamen dadurch mit ihrem entwickelteren Ich in Kontakt, sie fühlten sich als Teil eines größeren Projekts der menschlichen Erneuerung. Die Beatles brachten die bessere Seite im Menschen zum Vorschein, und das ist ein entscheidender Grund dafür, daß sich so viele Menschen so leidenschaftlich für sie interessierten und immer noch interessieren.

Die Entwicklung der Beatles zu Kulturradikalen – der Genuß von Drogen, die langen Haare und bunten Kleider, das Abweichen von der offiziellen Politik, die Befürwortung einer alternativen Weltsicht – ließ sie bei den einen zu Helden werden, bei den anderen zu Outlaws. In jedem Fall erlangten sie eine gesellschaftliche Bedeutung, wie sie nur wenigen Künstlern je zuteil wird. Als Einzelpersonen bestritten die Beatles später, daß sie eine Ursache für die große Veränderung im Sozialverhalten der sechziger Jahre gewesen sein sollten; sie seien, behaupteten sie, einfach von einer großen Woge mitgeschwemmt worden. »Die Beatles hockten vielleicht oben im Ausguck am Mast und schrien ›Land voraus!‹ oder etwas in der Richtung, aber wir saßen doch alle im gleichen verdammten Boot«, seufzte Lennon. Ein nicht zu geringer Teil ihres künstlerischen Genies bestand darin, ganz nah am Puls ihrer

Zeit zu sein, Sprachrohr gewesen zu sein für die unartikulierte menschliche Sehnsucht ihrer Zeit. Die Beatles waren, wie Yoko Ono einmal meinte, »wie ein Medium. Sie verstanden nicht alles von dem, was sie sagten, aber es kam aus ihnen heraus«. Oder, um es mit George Martin zu sagen: »Das wirklich Tolle an den Beatles ist, daß sie Kinder ihrer Zeit waren. Sie hatten ein genaues Timing. Sie hatten es sich nicht ausgesucht, das besorgte ein anderer für sie, aber das Timing war präzise, und deshalb gingen sie in die Geschichte ein. Ich glaube, sie drückten das Gefühl der Menschen aus und das ihrer eigenen Generation.«

17. Kapitel
Rock 'n' Roll als Kunst
(Sgt. Pepper's Lonely Hearts Club Band)

John Lennon fiel es oft schwer, John Lennon zu sein. Es war keine Angeberei, wenn er sagte: »Genie ist eine Art Wahnsinn.« Schon als Kind hatte er gemerkt, daß er anders war, daß er Dinge sah, die andere nicht sahen, daß er über die Gabe verfügte, wie er es einmal ausdrückte, »durch Wände zu sehen«. Manchmal jedoch schienen seine besonderen Fähigkeiten eher Fluch als Segen zu bringen. Er konnte den tieferen Seinsfragen nicht ausweichen, er mußte sich immer wieder fragen, zu welchem Zweck er hier auf Erden sei. »Why in the world are we here?« (Warum um Himmels willen sind wir hier?) schrie er 1970 auf seiner Solo-Single »Instant Karma«. Etliche Jahre früher, auf dem Höhepunkt des Beatles-Erfolges, hatte er die Frage ängstlicher und persönlicher gestellt. Eines Nachts fiel er buchstäblich auf die Knie und brüllte: »Gott, Jesus oder verdammt noch mal, wer du bist – *wo immer du bist* –, würdest du mir bitte ein einziges Mal sagen, was ich verflucht noch mal tun soll?«

Genau diese Frage ist es, die am Anfang einer der besten Lennon-Kompositionen stand, »Strawberry Fields Forever«. Es war der erste Song, den die Beatles für das Album aufnahmen, das sofort als ihr Meisterwerk bekannt wurde: **Sgt. Pepper's Lonely Hearts Club Band**. »Strawberry Fields Forever« erschien zwar ebenso wenig wie McCartneys »Penny Lane« auf **Sergeant Pepper**, kam jedoch mehr als drei Monate früher am 17. Februar 1967 als Single mit zwei A-Seiten heraus. (Die Plattenfirma der Beatles hatte darauf bestanden, daß irgendeine Platte auf den Markt kam, solange sie auf die Fertigstellung des Albums warten mußte.) Beide Songs bestätigten jedenfalls, daß **Sgt. Pepper's Lonely Hearts Club Band** ursprünglich als Platte über die Kindheit der Beatles konzipiert war. Penny Lane hieß ein Buswendeplatz in einer Vorstadt von Liverpool, Strawberry Fields ein ehemaliges

Waisenhaus, auf dessen belaubtem Gelände Sommerfeste stattfanden. »[Strawberry Fields] lag [Johns Haus] genau gegenüber«,
erinnerte sich Paul später. »Er ging immer hinüber in diesen Garten, es war also eine Art magischer Kindheitsort für ihn. Wir
machten daraus einen psychedelischen Traum, es wurde jedermanns magischer Kindheitsort daraus, nicht nur unserer.«
    Am 24. November 1966 begannen die Beatles mit den Aufnah-
men zu »Strawberry Fields Forever«, und »damit war der Ton für
das ganze **[Sergeant Pepper-]**Album festgelegt«, sagte George
Martin. Die Fassung von »Strawberry Fields Forever« jedoch, die
die Beatles vier Wochen später abschlossen, war meilenweit von
dem entfernt, was Lennon ursprünglich vorgeschwebt hatte. Es ist
gut möglich, daß sich kein anderer Song während der Studioaufnahmen dramatischer verändert hat. Je nachdem, wie man
zählt, haben die Beatles zwei oder drei ganz verschiedene Versionen von »Strawberry Fields Forever« aufgenommen. Als der
Song schließlich herauskam, war er zu einer Monumentalproduk-
tion geworden, die sich sämtliche Tricks und Begabungen zunutze
machte, die das Studioteam im Laufe der vorangegangenen zwei
Jahre entwickelt hatte.
    Gleichwohl behauptete Lennon bis zum Ende seines Lebens,
daß »Strawberry Fields Forever« »schlecht aufgenommen« worden sei, ein Fehler, für den er McCartney und seine angebliche
Einmischung im Studio verantwortlich zu machen schien. George
Martin spricht davon, daß Lennon sich »Strawberry Fields Forever« zunächst als »ein sanftes Traumlied« vorgestellt hatte, was
sich bei einem Blick auf Johns persönliche Probeaufnahmen bestätigt. Auf den unbearbeiteten Kompositionsbändern hört man
Lennon allein mit einer elektrischen Gitarre, dazu kommt kurz
eine Orgel. Ob diese minimalistische Version besser ist als die auf
der Single, dürfte eine Geschmacksfrage sein, und selbst Lennon
mußte zugeben, daß die veröffentlichte Fassung von »Strawberry
Fields Forever«, ein Song, der für ihn einer der aufrichtigsten und
wichtigsten seiner gesamten Laufbahn war, immer noch beeindruckend war. Eines allerdings muß man den ersten Versionen
von »Strawberry Fields Forever« zugute halten: Ohne den Ballast
der phantastischen Verzierungen, die später im Studio dazu-

kamen, lenken sie die Aufmerksamkeit des Hörers auf das, was Lennon in »Strawberry Fields« zu sagen hat, und man hört auch die wunderbare Melodie, mit der er es sagt. Sie zeigen etwas von ihm und von dem, womit er zu kämpfen hatte, und das kann die endgültige Version des Songs nicht bieten.

Das vielleicht auffälligste an den Demo-Fassungen von »Strawberry Fields Forever« besteht darin, wie präzise Lennon seine Unsicherheit und seine Verstörung formuliert. Der Song war genau zu der Zeit entstanden, als die Beatles beschlossen hatten, nicht mehr auf Tournee zu gehen, und sich nun fragten, was sie mit ihrem Leben anfangen sollten. Um seine Tage auszufüllen und auch etwas für sein Ego zu tun, hatte Lennon im Herbst 1966 eine kleine Rolle in dem Film »How I won the war« angenommen, der in Südspanien gedreht wurde. In den langen Stunden, in denen er am Set herumhocken mußte, hatte er endlos auf seiner Gitarre herumprobiert und auf die richtigen Akkorde und den dazu passenden Text gewartet.

Damals begann der Song noch nicht mit der beunruhigenden Einladung »Let me take you down« (Laß dich mit hinabnehmen). Er begann mit den Zeilen, die später in die zweite Strophe eingingen und das zentrale Dilemma des Songs formulieren: »No one I think is in my tree/ I mean it must be high or low« (Wahrscheinlich ist niemand in meinem Baum, deshalb muß ich oben oder unten sein). John erläuterte später, daß sich kein anderer auf seiner Wellenlänge zu befinden schien, »deshalb muß ich verrückt sein oder ein Genie«. Auf dem Demo-Band hört sich Lennon allerdings nicht halb so schnoddrig an, wenn er diese Zeilen singt. Vor allem mit der müden Betonung, die er dem Wort »must« gibt, scheint er sich an eine Art himmlisches Tribunal zu wenden, als wollte er drauf bestehen, daß da doch bestimmt ein Fehler unterlaufen sei – wie sonst nämlich ließe sich sein Fremdsein in dieser Welt erklären, seine Unfähigkeit, sich einzufügen? Er versucht sich zu vergewissern, daß das »alright« ist, aber er ist zu schlau, um nicht zu erkennen, daß das Wunschdenken ist. Er zieht sich deshalb rasch auf den zaghaften Vorschlag zurück, es sei seiner Meinung nach (aber sicher ist er sich nicht) »not too bad« (gar nicht so schlimm).

In der nächsten Strophe wählt er die Worte noch sorgfältiger und versucht sich darüber klarzuwerden, wieviel von seinem ruhelosen Umgetriebensein seine eigene Schuld ist. Kaum jedoch hat er die Strophe begonnen, korrigiert er sich, obwohl es das darauf folgende Spiel mit Worten schwierig macht, seine Absicht zu verstehen: Er weiß es nicht *immer*, sondern »Always, no, sometimes think it's me« (Immer, nein, manchmal glaube ich, ich bin's). Zwei Zeilen später, nachdem er behauptet hat, er kenne den Unterschied zwischen der Wirklichkeit und »einem Traum«, verbessert er sich neuerlich mitten im Gedanken – »I *think* I know, I mean« (ich meine, ich glaube es zu wissen) –, ehe er verzweifelt die Hände ringt: »But it's all wrong« (Aber es ist alles falsch). Doch nicht mal diese klägliche Überzeugung läßt sich aufrechterhalten, deshalb schließt die Strophe mit einem versuchten Dissens: »That is I think I disagree« (Soll heißen, ich glaube, daß ich damit nicht einverstanden bin). Erst dann startet er in den Refrain, aber im Unterschied zur endgültigen Version des Songs möchte er uns jetzt mit zurück (»back«) nehmen, nicht nach unten (»down«), zurück in seine Kindheit – nach Strawberry Fields.

»Absolut wunderbar«, lautete George Martins erste Reaktion, als er John in der Abbey Road zum erstenmal »Strawberry Fields Forever« auf der akustischen Gitarre spielen hörte. Martin bedauerte später oft, daß er diese schlichte Version des Songs nicht aufgenommen und veröffentlicht hatte. Johns suchende, leidende, ätherische Melodie treibt auf einer Akkordstruktur dahin, die wiederum Johns typischer Mischung aus einfach und unorthodox entspricht. Obwohl die Beatles den Song dann eineinhalb Töne niedriger spielten, beginnt John auf dieser Demo-Fassung seine Strophen in G-Dur. Er wählt dann reihenweise technisch »falsche« Akkorde, die gleichwohl für eine leichte, aber beständige musikalische Basis sorgen, unaufdringlich, aber entschieden. Die Gitarre, die Lennon hinter seiner träumerischen Stimme nur vorsichtig anschlägt, sorgt für einen Sound, der Songs wie »Julia« und »Dear Prudence« bereits andeutet.

Als Martin »Strawberry Fields Forever« hört, hat John auch eine letzte Strophe gefunden, die er allerdings an den Anfang des Songs stellt. In der für ihn typischen Art verknüpft er sein Schicksal mit dem der ganzen Gesellschaft. Das Leben wäre soviel einfacher, wenn er wie alle anderen wäre – »Living is easy with eyes closed« (Mit geschlossenen Augen lebt sich's leichter) –, doch ist der Preis dafür zu hoch: »Misunderstanding all you see« (Man mißversteht alles, was man sieht). Einige Monate vorher war er für seine Behauptung, die Beatles seien populärer als Jesus, nicht bloß geschmäht, sondern sogar mit dem Tode bedroht worden; darüber wurde ihm klar, daß es tatsächlich »hard to be someone« (schwer ist, jemand zu sein), jemand mit Substanz und Integrität. Lennon tut zwar so, als käme es darauf gar nicht an – wo »nothing is real« (nichts echt ist), gibt es auch »nothing to get hungabout« (nichts, um zu verzweifeln) –, doch der Rest des Songs straft diese Aussage wieder Lügen; tatsächlich beschäftigen ihn diese Fragen immer weiter. Es gibt keine Lösung, nicht einmal die milde Bestätigung durch den Glauben, mit der »Tomorrow Never Knows« schließt. Er weiß nicht, wo er sich befindet, er weiß nur, daß er ausbrechen will, vielleicht in die idealisierte Kindheit der Sommerfeste, vielleicht auch in ein psychedelisches Traumleben, das durch das betäubende Bild grüner Felder mit roten Erdbeeren symbolisiert wird, die sich bis zum Horizont erstrecken.

Auch die veröffentlichte Fassung des Songs vermag die Botschaft Lennons nicht völlig zuzudecken, doch ist »Strawberry Fields Forever« unter den vielfachen Verschleierungen der musikalischen Ornamentierung nun viel schwerer zu verstehen. Die Ornamentierung begann bereits, wie die Archivbänder zeigen, mit dem ersten Take. Die Beatles verfügten über ein neues Spielzeug, einen Mellotron-Synthesizer, ein elektronisches Wunderwerk, das Blas-, Streich- und eine Reihe weiterer Instrumente imitieren konnte. Es wurde zwar von Paul gespielt, aber nach George Martins Aussage tat er es auf Johns Vorschlag hin – was dann, falls das zutreffen sollte, Johns Vorwurf an die Adresse Pauls, er sei schuld am musikalischen Arrangement, sehr zweifelhaft erscheinen läßt. Jedenfalls ist während des ersten Takes das Mellotron das beherrschende Instrument, aber erst im zweiten Take entdeckt Paul das *whoo-whoo, whoo-whoo, whoo-whoo, hoo-oo,* mit dem der Song, so Martin, »sofort ›Strawberry Fields‹ wird«. Im zweiten Take beginnt der Song zum erstenmal mit dem »Let me take you down«-

Refrain statt mit der Strophe; auch der Schlagzeug- und Gitarren-part, an dem Ringo und George im ersten Take gearbeitet hatten, nähert sich allmählich der endgültigen Form. Und obwohl es während der nächsten fünf Takes noch zu wichtigen Verbesserun-gen kommt, hat der zweite Take schon große Ähnlichkeit mit dem, was man auf der fertigen Platte zu hören bekommt – oder jeden-falls während der ersten sechzig Sekunden davon.

Lennon ist nicht zufrieden damit. Ein paar Tage später wendet er sich an Martin und fragt ihn, ob sie den Song nochmal aufneh-men können. Vielleicht in Erinnerung daran, welche Wunder das Streicherarrangement bei »Eleanor Rigby« wirkte, fragt Lennon, ob er, Martin, für »Strawberry Fields Forever« eine Orchestrie-rung ausarbeiten könne. Martin schreibt eine Partitur für Trompe-ten und Celli und bestellt die erforderlichen Musiker. In der Zwi-schenzeit nehmen die Beatles eine vollkommen neue Rhythmus-spur auf, die jetzt sogar noch schwerer klingt als die erste. Der Sound, der am schnellsten ins Ohr geht, kommt vom heftigen Schlürfen der Becken, das rückwärts aufgenommen wurde. Es braucht fünfzehn Takes, bis die Rhythmusspur aufgenommen ist, und auch dann ist die beste Version nur eine Verbindung von zwei verschiedenen Takes. Darauf sind die panischen Trompeten und die kummervollen Celli kopiert, die man auf der Platte hört, dazu das schimmernde Glissando der Noten, die »No one I think is in my tree« und »always, no sometimes, think it's me« vorausgehen. Für diesen Effekt sorgte Harrison, der ein harfenähnliches indi-sches Instrument spielte. Lennon sang zudem seinen Vokalpart neu.

Der musikalische Einfallsreichtum und die Kraft, die diese neue Rhythmusspur bestimmen, lassen Johns spätere Klagen über »Strawberry Fields Forever« noch unverständlicher erscheinen. Wieder einmal vermag Martins Partitur der Erfahrung mit Drogen einen derart unheimlichen Ausdruck zu verleihen, daß man ernst-haft an seiner Versicherung zweifeln muß, er selber habe nie LSD probiert. Weitere Höhepunkte sind die rückwärts aufgenommenen Becken, die in der zweiten Hälfte der Strophe jeweils mit doppel-ter Geschwindigkeit eingespielt werden, und das Klavier, das am Ende des gesungenen Teils plötzlich aus dem reinen Nichts hereintreibt und an den Sound des fliegenden Teppichs in »Tomorrow Never Knows« erinnert. Obwohl Lennons Anstrengungen den Song noch weiter von der ruhigen Stimmung wegtreiben, die ihm ursprünglich vorschwebte, stürzt er sich mit Leidenschaft in dieses Soundabenteuer. Gegen Ende der neuen Vokalspur ist ein beinah unverständliches Gebrabbel zu hören, in dem zweimal der Ausdruck »cranberry sauce« (Preiselbeersoße) auftaucht. Es reichte aus, um erstaunlich viele Leute dazu zu bringen, »I buried Paul« (ich habe Paul beerdigt) herauszuhören. Für sie war das der Beweis für das Gerücht, McCartney sei gestorben.

Die Beatles hatten inzwischen zwei vollkommen unterschiedliche Fassungen von »Strawberry Fields Forever« aufgenommen. Doch statt sich für eine zu entscheiden, erklärte John George Martin, daß ihm beide gefielen. Ob Martin nicht den Anfang der ersten mit dem Schluß der zweiten verschweißen könne? An sich nicht, erwiderte der Produzent, schließlich seien die beiden in verschiedenen Tonarten und unterschiedlichem Tempo notiert. John kratzte das nicht: »Aber du kriegst das schon hin.«

Lennons Antwort war nicht nur bezeichnend für seine berüchtigte Ahnungslosigkeit in allem, was Musiktheorie und Aufnahmetechnik betraf, sondern auch für den grenzenlosen kreativen Optimismus, der ihn mit den anderen Beatles verband. »Eins haben sie immer wieder gesagt«, erzählte Phil McDonald, ein Tontechniker in der Abbey Road, Mark Lewisohn, »ein Wort wie ›Geht nicht‹ gibt's nicht. Was soll das heißen: ›Geht nicht‹? In ihrem Wortschatz war das einfach nicht vorgesehen … Wenn sie eine Idee hatten – irgendeine Idee –, meinten sie auch, daß man sie verwirklichen könne.« In diesem Fall war es zumindest möglich. Als sie darangingen, die verschiedenen Tonspuren von »Strawberry Fields Forever« für eine endgültige Fassung abzumischen und auszugleichen, stellten Martin und der Toningenieur Geoff Emerick fest, daß sie, wenn sie die erste, leichtere Version (auf dem siebten Take) ein bißchen beschleunigten, und die zweite, die Orchesterversion (26. Take), erheblich verlangsamten, die beiden zusammenbringen könnten. Die Klebearbeit ist auch der Grund dafür, warum man während der ersten Minute des Songs weder das Orchester noch die rückwärts aufgenommenen Becken hört;

außerdem hört sich Lennon im zweiten Teil des Songs etwas be-dröhnter an. Während des Abmischens erhielt »Strawberry Fields« auch seine falsche, vorzeitige Ausblende. Obwohl diese Arbeit ausschließlich aus technischen Gründen vorgenommen wurde, bestätigte sie doch die Aussage des Songs, nach der »nichts wirklich« ist.

Es mögen kommerzielle Überlegungen gewesen sein, die »Strawberry Fields Forever« und »Penny Lane« zusammenbrachten, aber am Ende wurde daraus ein künstlerischer Triumph. Die beiden Songs behandelten das triviale Thema Kindheit auf radikal unterschiedliche Weise und ergänzten sich perfekt. Zusammen waren sie Ausdruck aller Register menschlicher Gefühle, von Freude und ironischer Nostalgie bis zu Angst und Melancholie, die von Rhythmen und Melodien transportiert wurden, die abwechselnd ausgelassen, bombastisch, zuversichtlich, belehrend, unheilverkündend und heiter waren. In George Martins Augen war die Single mit »Strawberry Fields Forever« und »Penny Lane« die beste Platte, die die Beatles je aufgenommen haben; andere haben sie als die beste Pop-Single bezeichnet, die überhaupt je irgend jemand aufgenommen hat. Die Beatles waren zu diesem Zeitpunkt auf dem Gipfel ihrer Kreativität, und John und Paul schrieben einige der besten Songs ihrer gesamten Laufbahn. Womöglich hat Paul wirklich nie einen besseren Song als »Penny Lane« geschrieben; er ist wahrscheinlich seine größte Einzelleistung.

Obwohl McCartney bereits seit November 1965 mit dem Gedanken umging, einen Song mit dem Titel »Penny Lane« zu schreiben, bedurfte er offenbar des Stupsers, den ihm sein Konkurrent Lennon mit »Strawberry Fields Forever« verpaßte, damit er seine Idee in die Tat umsetzte. John erinnerte sich später daran, welches Selbstvertrauen Paul während dieser Phase in ihrer Zusammenarbeit ausstrahlte, und »Penny Lane« ist der Beweis dafür. Die Musik ist wie üblich von McCartneys Optimismus und Überschwenglichkeit geprägt, aber da ist noch mehr; sein sicheres Gespür beim Text zeigt, daß das Raffinement von »Eleanor Rigby«, das er Anfang des Jahres gezeigt hatte, alles andere als ein Zufallstreffer war. Wie ein Maler, der seine Leinwand vollständig beherrscht, vermag Paul mit wenigen Strichen Personen zu porträtieren. Seine Skizzen sind so charakteristisch, daß die Personen vor unseren Augen sofort zum Leben erwachen und dabei archetypisch genug sind, um gesellschaftliche Wirklichkeit einzuschließen.

Obwohl John offensichtlich bei »Penny Lane« mit der einen oder anderen Formulierung nachgeholfen hat, ist der Song im wesentlichen von Paul; er enthält einfach zu viele gute Zeilen, als daß sie alle von John sein könnten: »The little children laugh at him behind his back« (Die kleinen Kinder lachen ihn hinter seinem Rücken aus) bezieht sich auf einen Bankier, dem sein Aussehen zu wichtig ist, als daß er einen Regenumhang tragen würde, selbst wenn es aus Kübeln schüttet; »In his pocket is a portrait of the Queen« (In seiner Tasche trägt er ein Bild der Königin), neun Wörter, die einen stämmigen Feuerwehrmann charakterisieren und auf einen wichtigen Aspekt der britischen Identität in den Jahren des Niedergangs der Krone anspielen; und schließlich: »And though she feels as if she's in a play/ She is anyway« (Und auch wenn sie sich vorkommt, als spiele sie in einem Stück, spielt sie tatsächlich), heißt es über die »pretty nurse … selling poppies from a tray« (die hübsche Schwester, die Mohnblumen aus dem Karton verkauft). McCartney feiert die Menschen von Penny Lane, selbst wenn er über ihr Verhalten oft lachen muß: »Very strange!« (Sehr seltsam!) Aber da seine Satire nie böse wird, werden seine Figuren zu Leuten aus der eigenen Bekanntschaft, vielleicht sogar zu uns selber. Und obwohl die Kindheit der Beatles lange zurückliegt, deutet Paul durch einen Scherz im heimatlichen Dialekt (»Four fish and finger pies«) an, daß sie im Grunde ihres Herzens die einfachen Liverpooler Jungs geblieben sind.

McCartney hat sich nie dazu geäußert, wie er auf die Melodie von »Penny Lane« gekommen ist. Bekannt ist nur, daß es acht Termine brauchte, bis der Song aufgenommen war, und Paul dabei reichlichen Gebrauch von Pianos und Flöten sowie einigen weiteren klassischen Instrumenten machte. Man muß den Song mehr als einmal hören, damit sich seine Schönheit erschließt.

In den ersten Sekunden von »Penny Lane« ist es Pauls Baß, der den größten Teil der Aufmerksamkeit auf sich zieht, dann setzen die Flöten ein, die sich rein und klar am Ende jeden Beats vernehmen lassen. Und ehe man sich's versieht, meldet sich ein metallisches Piano, wobei sein Auftauchen, einen halben Takt vor dem Wort »known«, so sorgfältig verborgen wird, daß man es zunächst nicht von den Flöten unterscheiden kann. Am Ende der Strophe über die Leute, die »stop and say hello« (kurz hereinschauen und hallo sagen), beschreibt die Flöte eine Acht, und genau in diesem Moment wird das Staffelholz an Ringo weitergereicht, der brutal auf sein Schlagzeug eindrischt, während Paul vom Banker »with a motorcar« (motorisierten Bankier) singt. Diese Elemente beruhigen sich sodann für ein paar Takte, bis ein Gleichgewicht erreicht ist, das aufs neue von den Trompeten gestört wird, die in den Refrain hineinfetzen, nachdem Paul »Penny Lane is in my ears and in my *eyes*« (Penny Lane kann ich noch hören und sehen) gesungen hat.

Die Hauptsache kommt allerdings erst nach dem Feuerwehrmann und seiner »clean machine« (polierten Maschine), als sich aus dem Lärm plötzlich eine sehr hohe Trompete erhebt. Ihr Solo gehört so unverwechselbar zu »Penny Lane«, daß man kaum glauben mag, daß es erst im nachhinein eingefügt wurde, als alle außer McCartney den Song für abgeschlossen erklärt hätten. Doch am Abend vor dem siebten (und geplanten letzten) Aufnahmetermin für »Penny Lane« saß Paul zu Hause und sah fern. Die BBC brachte Johann Sebastian Bachs Brandenburgische Konzerte, und da hörte er diese, wie er sie anschließend Martin beschrieb, »phantastisch hohe Trompete«. David Mason von der New Philharmonia Symphony, der die Trompete gespielt hatte, wurde ein paar Tage später in die Abbey Road bestellt, wo ihm McCartney mit Martin als Dolmetscher den Sound beschrieb, den er für »Penny Lane« haben wollte. »Paul sang vor, was er haben wollte, George Martin notierte es, ich versuchte es«, berichtet Mason. Nach dreistündigem Herumprobieren hatten sie das, wonach Paul suchte, und schlossen die Aufnahme in zwei schnellen Takes ab.

Es handelte sich um »unglaublich hohe Noten, ziemlich schwierig«, wie sich Mason erinnert. In seinem freundlichen Bericht über die Aufnahme findet sich der interessante Hinweis, daß John, George und Ringo die ganze Zeit über dabei waren, obwohl es keinen musikalischen Grund dafür gab. Offenbar steckten die Beatles immer noch so eng zusammen wie früher. Das Studio war zum Clubraum geworden, wo sie von der aufdringlichen Außenwelt nicht belästigt wurden.

Im Februar 1967 heulte die Presse erneut auf, als »Strawberry Fields Forever« / »Penny Lane« die erste Single seit »Love Me Do« wurde, die es nicht bis auf Platz Eins schaffte. Die Beatles blieben gelassen. Vor allem John war im Studio nie zuvor so engagiert gewesen wie während der Arbeit an **Sergeant Pepper**. Bei all den Einwänden, die er später gegen das Album vorbrachte, hatte er Pete Shotton zufolge damals »das sichere Gefühl, daß es das bei weitem Beste wurde, was die Beatles je unternommen hatten«. Paul seinerseits erklärte später, daß er während jener Wochen »mit heller Freude« die Presseberichte verfolgt habe, in denen es hieß, »die Beatles sind ausgebrannt ... sie sitzen im Studio fest, sie wissen nicht mehr, was sie tun. Und ich saß da, rieb mir die Hände und sagte mir: ›Ihr werdet schon sehen.‹«

Die Beatles gerieten nicht einmal in Panik, als »Strawberry Fields Forever« und »Penny Lane« mitten während der Arbeit vom Album genommen wurden; sie gingen einfach dazu über, »A Day In The Life« aufzunehmen, ihren anspruchsvollsten und wichtigsten Song. Wie »Strawberry Fields« und »Penny Lane« war auch »A Day In The Life« eine moderne Symphonie im Pop-Format; auf einem Raum von nur drei Minuten enthielt es die musikalischen Erfahrungen und Gefühle, die hundert Jahre zuvor im Zeitraum einer Stunde vermittelt wurden. Doch so eindrucksvoll dieser Song war, die Gesamtleistung der Beatles erschöpfte sich damit keineswegs. Wenn sie auf der einen Seite völlig auf der Höhe ihrer Zeit waren, gehörten sie auf der anderen mit allen Fasern zur Avantgarde, und zwar nicht nur aufgrund des Sounds, den sie schufen, sondern auch dank der Ausdrucksformen, deren Vorreiter sie waren. Die heutigen Musikvideos haben ihren Ursprung bei den innovativen Werbefilmen, die die Beatles für die drei eben erwähnten Songs drehten.

Die Welt hatte mit vielem, aber bestimmt nicht mit dem kühnsten und inspiriertesten Sprung der Beatles in die Avantgarde gerechnet, mit ihrer Entscheidung, sich als vier erfundene Personen zu präsentieren, als »Sgt. Pepper's Lonely Hearts Club Band«. Dieser Quantensprung war seinerseits eine künstlerische Äußerung und in seiner Art ebenso kreativ wie manche Beatles-Songs. Sie nutzten die (belastende) Realität ihres Lebens als Künstler, kehrten sie um und machten sie zu einem geistreichen, humorvollen Teil ihrer Kunst. Indem sie vorgaben, jemand anders zu sein (ein übrigens ziemlich glückloser Haufen), entkamen sie ihrem Medienimage, ließen die Luft aus der Beatlemania und konnten auch noch über sich und ihr Publikum lachen. Sie durchlöcherten die Absurditäten des Starruhms, indem sie einfach ausstiegen.

Die Erinnerungen daran, wer sich diesen Streich ausgedacht hatte, widersprechen sich, aber sicher war es McCartney, der ihn mit aller Entschlossenheit betrieb; er bestand vor allem auf dem ungewöhnlichen Cover-Foto und dem Design, das das Konzept präsentierte und zum Markenzeichen des **Sergeant Pepper**-Albums wurde. (Obwohl er als eher »normal« galt, war McCartney doch der Beatle, der damals das größte Interesse an der Avantgarde zeigte. Allerdings achtete er immer genau darauf, daß seine Lust am Experiment seinen geschärften Sinn für das Kommerzielle nicht überlagerte. Anders als John in den kommenden Jahren zog es McCartney vor, avantgardistische Elemente in eine Musik einzubauen, die immer noch für das große Publikum gedacht war.)

Sgt. Pepper's Lonely Hearts Club Band sorgte dafür, daß die Beatles in die Geschichte eingingen. Obwohl sie 1967 mit Sicherheit längst ihre Spuren in der Popmusik und in der Gesellschaft hinterlassen hatten, erinnerte man sich ihrer in späteren Jahren nicht als überlebensgroße Pop-Ikonen, hätte es nicht **Sergeant Pepper** gegeben. »Wenn Sie etwas über die sechziger Jahre erfahren wollen«, hat der Komponist Aaron Copland einmal bemerkt, »dann hören Sie sich die Musik der Beatles an.« Das galt für kein Album so sehr wie für **Sergeant Pepper**. Obwohl **Revolver** musikalisch oft innovativer ist, hatte dieses Album nicht annähernd solche Folgen. Die Veröffentlichung von **Sgt. Pepper's Lonely Hearts Club Band** am 1. Juni 1967 war ein kulturelles Ereignis; das Album wurde als Ankündigung einer neuen Ära mit alternativen Wertvorstellungen, frischer Energie und neuen Versprechungen verstanden. Der Kritiker Kenneth Tynan ging sogar soweit, dieses Datum als »einen entscheidenden Moment in der Geschichte der westlichen Zivilisation« zu bezeichnen.

Alles an **Sergeant Pepper**, von dem extravagant bunten Kleidern, die die Beatles auf dem Cover-Foto trugen, bis zu den Songtexten, die (zum erstenmal auf einem Rockalbum) auf der Rückseite abgedruckt waren, verkündete, daß hier etwas Niedagewesenes stattfand. **Sergeant Pepper** war eines der Kunstwerke, die den historischen Augenblick einfangen und gleichzeitig über ihn hinausweisen. Fast beiläufig schien die Platte das Flower-Power-Credo von Freiheit, Spaß und kreativen Möglichkeiten zu predigen und war damit ganz und gar Teil der Sechziger. Die opernhafte Zurichtung allerdings, die innovative Produktionstechnik und die hohe musikalische Qualität hob sie weit über alles hinaus. Für George Martin war **Sgt. Pepper's Lonely Hearts Club Band** das Album, das »die Beatles von einer gewöhnlichen Rock 'n' Roll-Gruppe in entscheidende Wegbereiter in der Geschichte der künstlerischen Ausdrucksformen verwandelte ... [Das Album] veränderte die Kunst der Aufnahme, aus schlichten unterhaltsamen Klängen machte es etwas, das als echte Kunstform bestehenbleiben wird: musikalische Skulpturen, wenn man so will«.

Die einzelnen Songs auf **Sergeant Pepper** waren vielleicht nicht die besten, die die Beatles je aufgenommen hatten, aber nicht das war entscheidend, sondern die Art, wie sie zusammengefügt waren. Mehr noch als bei jedem anderen Beatles-Album reflektierten die Songs einander, gewannen ihre Stärke und Bedeutung aus ihrem Verhältnis zum Gesamtwerk. Das Album bot damit insofern ein getreues Spiegelbild der Beatles, als das Ganze mehr war als nur die Summe seiner Teile. Vielleicht gerade weil das Album soviel Beifall fand, wies Lennon diese Anmutung später zurück und nannte **Sergeant Pepper** ein Konzeptalbum, das keines war. Er legte großen Wert darauf, daß seine Songs auf diesem Album »absolut nichts mit dieser Idee von **Sergeant Pepper** und seiner Band zu tun hatten, aber es funktioniert, weil wir *sagten*, daß es funktioniert«. Ringo sprach davon, daß die »musikalische Montage« in der Idee von **Sergeant Pepper** »nach zwei Stücken, nach ›Sergeant Pepper‹ und ›Little Help From My Friends‹, über Bord geworfen wurde«. Er übersah dabei, daß die Beatles mit diesen Songs bereits für eine so machtvolle Stimmung gesorgt hatten, daß sich die nachfolgenden Songs auf dieser Linie einordneten und das Konzept erweiterten.

Das Publikumsgemurmel und das Stimmen der Instrumente, mit dem **Sergeant Pepper** anhebt, verrät bereits in den ersten Sekunden die Besonderheit des Albums, die sich in der durchsichtigen Illusion einer Live-Vorstellung zeigt; sofort kommen wir uns wie in einem Stück vor, und so ist es auch. Dieses Täuschungsmanöver wird noch weitergetrieben mit einem Titelsong, dessen harsche Gitarren im Verein mit McCartneys kehliger Stimme zu den Wurzeln der Beatles als harte Rocker in Liverpool zurückführen. (Ungewollt verweist der Song bereits auf den Nachruhm der Beatles in der Zeit nach der Trennung: »They've been going in and out of style/ But they're guaranteed to raise a smile« [Sie waren immer mal wieder Mode, aber immer für ein Lächeln gut].) Nicht zu den geringsten Leistungen von **Sergeant Pepper** gehört die Fähigkeit, eine atemberaubende Folge visueller Bilder heraufzubeschwören, die mit den vier grell kostümierten Musikern beginnt, die auf der Bühne stehen und sich das Herz aus dem Leib singen. Paul kündigt dann den Sänger an, der Beat wechselt, und plötzlich findet sich im Scheinwerferlicht einsam und allein »the one and only Billy Shears«.

Als absoluter Jedermann beginnt Shears mit der Versicherung, er wolle »try not to sing out of key« (versuchen, nicht aus der Tonart zu fallen). Doch bereits in dem Augenblick, in dem er den ermutigenden Refrain zum Mitsingen gefunden hat und es »with a little help from my friends« schaffen will, ist es klar, daß er keine Probleme damit haben wird. Der Song, der zu den unwiderstehlichsten der Beatles gehört, wurde bewußt für Ringo geschrieben, und nur er konnte dessen herzerwärmende Botschaft mit Leben erfüllen. Der Kritiker Wilfrid Mellers schrieb: »Ringo ist das am wenigsten begabte, am wenigsten ausdrucksfähige, das ›untergeordnete‹ Mitglied der Gruppe; gleichwohl verfügt er über seine eigene, unangreifbare Identität – und das sollte wohl genügen, wenn man ihm nur ein wenig Liebe entgegenbringt.« Die Botschaft knüpft die Verbindung nicht nur zwischen der Band und dem Publikum, sondern zwischen uns allen; es ist in jedermanns Interesse, sich seines Nachbarn anzunehmen.

Nachdem sie für dieses Fundament, für ein gemeinschaftsstiftendes Vertrauen gesorgt haben, können die Beatles in neue Richtungen aufbrechen. Die erste Haltestelle ist die psychedelische Welt von »Lucy In The Sky With Diamonds«, in der »cellophane flowers of yellow and green so in-*cre*-di-bly high« (Zellophanblumen in Gelb und Grün unglaublich groß) werden. Lennon bestand immer darauf, daß dieser Song nichts mit LSD zu tun habe, sondern in Wirklichkeit von einer Zeichnung inspiriert worden sei, die sein Sohn Julian in der Schule angefertigt hatte. Doch er mußte zugeben, daß sich in diesem Song unbewußt seine Drogenerfahrungen meldeten. Der Titel enthält ein Akronym von LSD (mit dieser Begründung untersagte die BBC die Ausstrahlung von »Lucy«), und die Bilderwelt stammte unverkennbar von einem Acid-Trip; die Musik war entsprechend. Die überirdische Stimmung ist sofort hergestellt, und die Einleitung gehört zu den auffälligsten im gesamten Repertoire der Beatles. McCartney spielte sie auf einer Orgel, deren Klang so verändert wurde, daß sie wie eine Celesta klang. Martin bezeichnete die ersten Töne von »Lucy In the Sky With Diamonds« später als »eine wunderbare Phrase. Beethoven, wenn er noch am Leben wäre, könnte dabei neidisch werden«. Folgen Pauls Baßläufe, die wie zeitlupenverzögerte Regentropfen klatschen und gleiten, dann fällt das leise Brummen von Harrisons Tamburin und seiner verzerrten Leadgitarre ein. Paul wie John bestanden auch später immer darauf, daß sich der Text des Songs an *Alice im Wunderland* orientiere, doch wo immer er herstammte, sie brachten ein drittes lebendiges Bild auf das Taburin von **Sergeant Pepper**. Es bestand in einer phantastischen Abenteuerszene in einem Niemals-Nie-Land, das gar nicht so weit entfernt zu sein schien.

Der Tontechniker Geoff Emerick ist der Meinung, daß **Sergeant Pepper** rein technisch die größte Leistung der Beatles darstellt. Obwohl sich die Technologie damals noch auf ein Vierspur-Tonband beschränkte, packte das Aufnahmeteam das Album voll mit immer neuen Schichten faszinierender Geräusche. Von dem Aufnahmeingenieur Jerry Boys war noch Ende der achtziger Jahre zu hören, daß man einige dieser Geräusche »noch immer nicht produzieren kann, selbst mit der heutigen computerisierten Technik von 48 Tonspuren«. Ein besonders auffallendes Beispiel dafür ist der unglaublich schrille Rhythmus, mit dem »Getting Better« beginnt, der nächste Song auf dem Album. Der grelle und wie ein Eispickel zustechende Sound wurde mit einem Klavier erzeugt, nur daß diesmal nicht die Tasten angeschlagen wurden, sondern George Martin ins Innere griff und die Saiten mit einem Holzhammer anschlug. Der Song bekommt so einen unvergleichlichen Auftakt, und Paul hält ihn mit einer melodisch auf- und abhüpfenden Baßlinie in Gang, bis die Stimmen einsetzen.

»Getting Better« ist der klassische Fall, wo sich Lennon und McCartney als Komponisten treffen, gleichzeitig jedoch führt der Song auch vor, wie einzigartig ihre Verbindung als Sänger war. Pauls Leadstimme ist kräftig, sie überschlägt sich fast vor Optimismus; Johns Hintergrund-Falsett ist dünn, zeigt bösartigen Humor und hat genau den richtigen Zynismus, um Paul auflaufen, aber nicht untergehen zu lassen. Lennons Zeile mit »It can't get no worse« (Schlimmer kann es nicht mehr werden) war, wie Paul sich freundlich erinnert, »typisch für John«. Die Zeile war derart typisch für John, daß er sie buchstäblich schrieb, ohne einen Augenblick nachzudenken, und zwar, wie Martin weiß, genau in dem Augenblick, in dem er den Song zum erstenmal hörte. Der Produzent erinnert sich, daß Paul im Studio 2 am Klavier saß und »Getting Better« spielte, damit Martin, Harrison und Starr den Song lernen konnten, als plötzlich John hereinspazierte, zu singen anfing und auf der Stelle seine legendäre Zeile erfand. Allerdings muß der Vollständigkeit halber vermerkt werden, daß die autorisierte Biographie der Beatles Martins Erinnerung an diese Szene widerspricht (aber es ist eine Geschichte, die unbedingt wahr sein sollte, auch wenn sie nicht stimmt).

»Getting Better« sollte ursprünglich zu einem weiteren Werk der Yin-und-Yang-Partnerschaft Lennons und McCartneys überleiten, zu »She's Leaving Home«. Überhaupt sollte die Abfolge der gesamten ersten Seite von **Sgt. Pepper's Lonely Hearts Club**

Band ganz anders laufen, bis schließlich dann doch alles umgeworfen wurde und »Fixing A Hole« folgte. Dieser Song ist ausschließlich von Paul. Martin lobte ihn wegen seines schönen Baßlaufes und der Leadgitarre, John für den Text. Wie bei vielen Beatles-Songs dieser Periode geht es vor allem darum, eine Sache selber in die Hand zu nehmen und die Welt zu verbessern. Freidenkerisches Forschen – »I'm taking the time for a number of things/ That weren't important yesterday« (Ich nehme mir für viele Sachen Zeit, die mir noch gestern nichts bedeuteten) – wechselt sich ab mit dem Einverständnis mit dem eigenen Ich: »It really doesn't matter if I'm wrong, I'm right/ Where I belong I'm right … « (Es kommt gar nicht drauf an, ob ich recht hab oder nicht; wo ich hingehöre, bin ich richtig).

Dann wechselt die Szene dramatisch von einem glücklichen Tagträumer in seinem farbenprächtigen Zimmer zu einer herzzerreißenden Flucht eines einsamen weiblichen Teenagers im Morgengrauen. »She's Leaving Home« wurde durch einen Artikel in einer Londoner Zeitung inspiriert, doch wie bei »Penny Lane« schildert McCartney die Gefühle und das Verhalten der fiktiven Eltern und ihrer Tochter in lebendigen und allgemeingültigen Begriffen. Die emotionale Balance, für die der Text sorgt, hat das richtige Maß; er ist voller Mitgefühl, ohne sich etwas vorzumachen. Die Geschichte verfügt über genügend Handlung, um ihrerseits ein Spiel innerhalb des Spiels von **Sergeant Pepper** zu werden. Im ersten Akt weiß das Mädchen, daß es gehen und sein eigenes Leben führen muß, doch ist es selber beinahe ebenso traurig wie bald seine Mutter, wenn sie den Abschiedsbrief findet, von dem das Mädchen »hoped would say more« (hoffte, er würde mehr sagen). Im zweiten Akt, während »father snores« (der Vater noch schnarcht), liest die Mutter im Morgenmantel den Brief und »breaks down« (bricht zusammen). Ihre Klage – »Daddy, our baby's gone!« (Daddy, unser Kleines ist fort!) – drückt genau die übertriebene Fürsorge aus, die die Tochter aus dem Haus getrieben hat. Im dritten Akt ist dem Mädchen die Flucht gelungen. Es bereitet sich auf den Eintritt in die Erwachsenenwelt vor und trifft sich mit einem möglichen Arbeitgeber »from the motor trade« (aus der Autobranche).

»She's Leaving Home« ist einer von drei orchestrierten Beatles-Songs, deren Partitur nicht von George Martin stammt. Zu hören sind ausschließlich Gastmusiker sowie die Stimmen von John und Paul. Pauls Strophen übernehmen die Rolle des Mädchens, während Johns Antworten dafür sorgen, daß der Song der Komplexität menschlicher Verhältnisse gerecht wird. John spricht für die Eltern und läßt keinen Zweifel daran, daß sie das Mädchen lieben, auch wenn er sie dafür in die Pflicht nimmt, daß sie Liebe nur nach finanziellen Maßstäben bemessen. Seine abschließende Zeile warnt uns Außenstehende jedoch davor, den ersten Stein zu werfen, denn die Eltern sind keineswegs böswillig, sondern nur blind gewesen: »What did we do that was wrong?/ We didn't know it was wrong« (Was haben wir denn falsch gemacht? Wir wußten nicht, daß es falsch war). Vergebt ihnen also, denn sie wissen, was sie tun. »She's Leaving Home« gehört zu den schönsten Schöpfungen der Firma Lennon–McCartney.

Wenn man Lennons letztes »Bye-bye« hört, klingt es, als würde nun der Vorhang des ersten Aktes fallen, aber es folgt noch ein weiterer Song, Johns »Being For The Benefit Of Mr. Kite!«. Martin schätzte den Song ganz besonders, daher erklärt sich auch seine Plazierung; der Produzent war der Meinung, jede Albumseite müßte »mit einem Donnerschlag« beginnen und enden. John schätzte den Song weit weniger und beklagte, daß der Text »schlicht geklaut« sei von einem Werbeplakat aus dem 19. Jahrhundert, das er in einem Antiquitätengeschäft gefunden hatte. »Mr. Kite« war tatsächlich in erster Linie ein Triumph der Produktionstechnik, eine fröhliche Verbindung von Klängen und weniger der Text, die den Zuhörer in diese Scheinwelt lockte.

Lennon hatte zu Martin gesagt, daß er sich eine Zirkusatmosphäre wünsche, und ausdrücklich hinzugefügt: »Ich möchte das Sägemehl riechen können.« Die Rhythmusspur bestand ursprünglich aus Harmonium, Orgel und Harmonika, aber Martin glaubte, es fehle noch etwas; ein Volksfest war einfach kein Volksfest ohne Dampforgel. Eine riesige Dampforgel wegen einer einzigen Aufnahme in die Abbey Road Studios zu verfrachten, wäre selbst für die Dimensionen der Beatles ein wenig übertrieben gewesen. Andererseits spielten die Dampforgeln, die Martin im Archiv fand, alle nur Militärmärsche. Der Produzent wußte das Problem schlau zu umschiffen: Er überspielte die Märsche aus dem Archiv auf ein neues Band, das er vom Tontechniker Geoff Emerick in kleine Fetzen zerschnipseln ließ. Martin erinnert sich an »einen wunderbaren Moment«, als er Emerick befahl, diese Fitzelchen in die Luft zu werfen, so daß »es im ganzen Kontrollraum Bandfetzen regnete«. Anschließend wurden die Fragmente wahllos zusammengeklebt, bis sie eine »chaotische Soundmasse« ergaben, die schließlich zur Dampforgel im Hintergrund von »Mr. Kite« wurde.

Wenn man an George Martins Absicht denkt, jeweils stark anzufangen, bleibt unverständlich, daß er sich für Harrisons »Within You Without You« als Auftakt der zweiten Seite entschied. Harrison bezeichnete den Song als »ziemlich langweilig« und »Klagegesang«, Martin und die anderen Beatles dagegen bewunderten den Song. Musikalisch sorgte er mit seinen indischen Instrumenten Tabla, Dilruba und Tamburin für eine ungewöhnliche Variante, und der Text formulierte am deutlichsten, daß die Beatles an ein spirituelles Bewußtsein und gesellschaftliche Veränderungen glaubten. Harrison warnte vor jenen, die »gain the world and lose their soul« (die Welt gewinnen und dafür die Seele verlieren), erinnerte seine Zuhörer daran, daß »No one else can make you change« (Kein anderer dich ändern kann) und forderte dazu auf, sich mit der unerbittlichen Wahrheit auseinanderzusetzen, wir Menschen seien »really only very small/ And life flows on within you and without you« (eigentlich sehr gering, und das Leben geht weiter, in uns und ohne uns).

Wenn »Strawberry Fields Forever« und »Penny Lane« tatsächlich in **Sergeant Pepper** Eingang gefunden hätten – und Martin bezeichnete den Ausschluß später als »den größten Fehler meines Lebens« –, dann wären ihnen, um Platz zu schaffen, aller Wahrscheinlichkeit die nächsten beiden Stücke zum Opfer gefallen. Beide stammten von McCartney. »When I'm Sixty-Four« gehörte zu den ersten Songs, die Paul mit fünfzehn oder sechzehn zu Hause am Klavier seines Vaters geschrieben hat. In der Version auf **Sergeant Pepper** hört er sich genauso an; beim Abmischen wurde die Stimme beschleunigt, damit sie sich jugendlicher anhörte. Der Song besaß den schnurrigen Charme der alten englischen Music-Hall, und es waren die Klarinetten, die ihn nach den Worten von George Martin vor dem Abrutschen in den Kitsch bewahrten. Auf seine Weise ist »When I'm Sixty-Four« ähnlich idiosynkratisch wie »Within You Without You«, entwickelte sich aber zu einem der bekanntesten Beatles-Songs.

»Lovely Rita« dagegen dürfte zu den Songs gehören, bei denen es im Studio am lustigsten zuging. Viele von den Nebengeräuschen, die in dem Lied zu hören sind, entstanden durch Kammblasen, wobei diese Instrumente mit Toilettenpapier umwickelt waren. (Groteskerweise trug jedes Blatt in der Abbey Road den Stempel »Eigentum der EMI«.) Die Kämme gelangten während der letzten Zuspielaufnahmen zum Einsatz, als bei »Lovely Rita« die Harmonien dazugemischt wurden. Zu diesem Zeitpunkt hatten die Beatles längst die überschäumende Rhythmusspur mit McCartneys treibendem Baß, Harrisons nach oben drängender Gitarre und dem Pianosolo von George Martin eingespielt. Der Abend war damit allerdings noch nicht zu Ende, denn die Beatles begeisterten sich über alle Maßen an ihrer eigenen Stimme und gaben sich redlich Mühe, einander mit ihren Albereien zu übertreffen: Die verschiedenen Stöhner, das Hecheln und all die anderen stimmlichen Seltsamkeiten, die den Song vor allem in der Ausblende zieren, sind dieser Laune geschuldet.

Auch »Good Morning Good Morning« wurde mit zahlreichen Effekten angereichert. Sie reichen von dem krähenden Hahn, mit dem der Song beginnt, bis zu der tierischen Stampede, mit der er schließt. Dennoch ist dieser Lennon-Song mehr als eine Ansammlung von Gags. Als Vorankündigung der Themen, die das sich nähernde Finale, »A Day In The Life«, beherrschen, warf »Good Morning Good Morning« einen bösen Blick auf die Banalitäten und alltäglichen Tragödien des modernen Großstadtlebens. Bereits die allererste Zeile schreibt einen unbekannten Mann unmittelbar vor dem Tod mit erstaunlicher Gelassenheit ab; die nächste referiert den gelangweilten Smalltalk, den zwei alte Bekannte – oder schlimmer noch: zwei Freunde – seit Jahren pflegen. So sehen wir also aus, mühen uns betäubt durch den täglichen Trott, wie Lennon impliziert, und man kann während des Refrains, den er aus einer geistlosen Werbung für Frühstücksflocken übernommen hat, beinah sein höhnisches Lachen heraushören. (Tatsächlich kichert er auf einer Demo-Fassung von »Good Morning«, die festhält, wie er den Song am Klavier und nicht an der Gitarre fixiert.)

Mit einem ungewöhnlich glücklichen Schnitt – »Sergeant Pepper persönlich gab dem Projekt an dieser Stelle seinen Segen«, wie Martin behauptet – verwandelt sich das letzte Hühnergegacker von »Good Morning Good Morning« in die erste Gitarrennote der Reprise von »Sgt. Pepper's Lonely Hearts Club Band«, den letzten Song, der für **Sergeant Pepper** aufgenommen wurde. Sie ist kürzer, schneller und rockiger als die frühere Version, und ihr folgt »A Day In The Life«, die Zugabe aller Zugaben.

Auch wenn **Sergeant Pepper**, wie George Martin einige Jahre später erklärte, musikalisch nicht das stärkste Album der Beatles war, so war es bestimmt ihr künstlerisch und historisch wichtigstes. Es zeigte alle Qualitäten, die sie zu den wichtigsten Musikern ihrer Zeit werden ließen: Kreativität, Intelligenz, Humor, Mut, Einfallsreichtum, Vielseitigkeit, Verständlichkeit und natürlich brillante Songs und eine inspirierte Vorstellung. Nach **Sergeant Pepper** war in der Popmusik nichts mehr wie früher; die Platte gehört zu den kulturellen Wahrzeichen des 20. Jahrhunderts. In seiner allerletzten Zeile faßte John Lennon das Album zusammen, als er mit erschöpfter Sanftheit sang: »I'd love to turn you on« (Ich würd euch gern anmachen). Doch das hatten die Beatles längst geschafft.

18. Kapitel
Organisiertes Chaos
(Magical Mystery Tour)

In den Wochen, die auf den überwältigenden Triumph von **Sergeant Pepper** folgten, hörte die Welt buchstäblich auf das Kommando der Beatles. Am 25. Juni 1967 traten sie in der allerersten auf der ganzen Welt ausgestrahlten Fernsehsendung auf, im Rahmen eines zweistündigen Programms, das in allen fünf bewohnten Kontinenten in 24 Ländern ausgestrahlt wurde. Nur zwei Jahre vorher hatten die Beatles bei ihren Live-Auftritten für einen Rekord gesorgt, als sie im New Yorker Shea Stadium vor 55 000 Menschen spielten. Dank der neuen Satellitentechnologie konnten sie nun von schätzungsweise 350 *Millionen* Menschen auf einmal gesehen werden. Ihre Reaktion auf diese nie dagewesene Gelegenheit, so viele Menschen auf einmal zu erreichen, sagt viel über ihr Selbstverständnis als Künstler aus. Gerade hatten sie ein Album herausgebracht, das die Geschichte des Rock'n'Roll mehr oder weniger neu schrieb, und nun unternahmen sie einen weiteren großen Sprung nach vorn, indem sie ihren bis dahin politischsten Song vortrugen, »All You Need Is Love«. Wenn man John Lennon vornehmlich als humanistischen Helden versteht, dann hat diese Vorstellung vor allem mit diesem Song zu tun.

Die Ausstrahlung von »All You Need Is Love« bezeichnet den Beginn einer seltsamen Periode in der Laufbahn der Beatles. In den zehn Monaten zwischen der Fertigstellung von **Sergeant Pepper** im April 1967 und der Abreise nach Indien im Februar 1968, wo sie sich in die Meditation versenken wollten, nahmen die Beatles eine Reihe von Songs auf, deren Qualität höchst unterschiedlich war. Die meisten waren für die beiden Filme bestimmt, an denen die Gruppe damals arbeitete: »Yellow Submarine«, der Zeichentrickfilm für Kinder, und der surreale Reisebericht »Magical Mystery Tour«. Dieser Titel könnte auch als Überschrift über der Laufbahn der Beatles nach **Sergeant Pepper** stehen;

auch künstlerisch schienen sie sich während dieser zehn Monate auf eine magische Mysterienreise begeben zu haben. Wie eine Gruppe, die »Eleanor Rigby«, »Strawberry Fields Forever« und viele andere Juwelen aus der **Revolver/Sergeant Pepper**-Periode schuf, auch den buchstäblichen Dreck aufnehmen konnte, der sich auf den Soundtrack-Alben Yellow Submarine und **Magical Mystery Tour** findet, ist wahrlich ein Mysterium. Gleichwohl verloren sie ihre künstlerische Energie auch in dieser Periode nicht ganz und gar: »All You Need Is Love« gehört zu ihren bleibenden Songs, ebenso »I Am The Walrus«, »Lady Madonna«, »Hey Bulldog« und »Hello, Goodbye«.

»All You Need Is Love« wurde eigens für die weltweit ausgestrahlte Sendung »Our World« geschrieben, allerdings erst in letzter Minute. »Was, schon so spät?« fragte Lennon, als bei Abbey Road jemand beiläufig erwähnte, daß die Sendung in ein paar Tagen fällig sei. »Ich glaube, wir müssen jetzt langsam was schreiben.« Man wollte die Beatles im Studio zeigen, bei der Aufnahme ihrer nächsten Single, und zufällig schrieben John und Paul je einen Song für diese Gelegenheit. Es gibt jedoch keinen Zweifel daran, an wen diese Runde in ihrem immerwährenden Konkurrenzkampf ging. Der Song, den Paul vorschlug, war offenbar »Your Mother Should Know«, ein nettes, aber etwas flaches Nostalgiestück ohne besondere gesellschaftliche Bezüge. Lennon/McCartney kamen überein, daß »All You Need Is Love« die bessere Wahl sei.

Leider ist nicht bekannt, wie Lennon diesen Song schrieb, aber er muß es in einem unglaublichen Tempo getan haben. Ebensowenig weiß man, wer auf die Idee kam, »All You Need Is Love« mit den ersten Takten der französischen Nationalhymne zu beginnen. (Übrigens rechneten von da an viele nichtfranzösische Zuhörer, die die Marseillaise bei den Olympischen Spielen hörten, damit, daß gleich »All You Need Is Love« draus würde.)

In seiner Struktur schien der Song besonders einfach zu sein. Der Auftakt-Refrain war schlicht wie in dem Kinderlied »Three Blind Mice«, und die anschließende Melodie zum Mitsingen kam buchstäblich mit einer Harmonie aus. Unter dieser Oberfläche war der Song jedoch vertrackt, woran wieder ein hübscher Lennonismus schuld ist: John läßt am Ende jeder Zeile einen Beat ausfallen. Dieser Trick gab dem Song mehr Tempo und ein besonderes Gewicht. Auf die weggelassenen Beats als Beispiel für das »erstaunliche« Timing Lennons angesprochen, erwiderte George Harrison einmal: »Aber wenn man John fragt, was er da eigentlich macht, dann weiß er es gar nicht. Es kommt ihm einfach so.« Man hat Lennons Musik nicht umsonst als »hubbelig« bezeichnet.

Bei all seiner Schlichtheit brauchte »All You Need Is Love« nicht weniger als 57 Takes und zahlreiche ergänzende Zuspielungen, ehe die Beatles damit live vor die Welt treten konnten. Ein Grund dafür lag möglicherweise darin, daß sich die Beatles Johns Zeile »There's nothing you can do that can't be done« (Es gibt nichts, was du nicht schaffen könntest) zu Herzen nahmen. Beim ersten Aufnahmetermin für »All You Need Is Love« am 14. Juni bestanden John, Paul und George darauf, Instrumente zu spielen, die ihnen, um es vorsichtig auszudrücken, fremd waren. John spielte Cembalo, Paul Akustik-Baß und George scharrte über eine Geige (die er vor diesem Abend noch nie angefaßt hatte). 33 Takes wurden aufgezeichnet. Der zehnte Take wurde am 19. Juni für die Stimm- und Instrumentalzuspielungen ausgewählt; das Hintergrundorchester folgte ein paar Tage später.

Der Sinn dieser Aufnahmen vor der Sendung bestand darin, eine Rhythmusspur aufzuzeichnen, die beim Live-Auftritt am 25. Juni als Playback zugespielt werden konnte und mit der die Möglichkeit eines auffälligen Fehlers vor dem Millionenpublikum möglichst gering zu halten war. Gleichwohl kam ein großer Teil dessen, was die Welt an jenem Tag zu hören bekam, tatsächlich live: Johns Leadstimme, ein Teil der Begleitstimmen, Pauls Baß, Georges Solo auf der Leadgitarre und ein Teil des Orchesters und von Ringos Schlagzeug. Damit gab es reichlich Fehlermöglichkeiten, und anders als den kreischenden Stadionmassen in der Ära der Beatlemania würden den Zuschauern von »Our World« diese Fehler nicht verborgen bleiben. Die Beatles hatten sich schon vor Jahren darauf verständigt, in der Öffentlichkeit immer gleichgültig zu wirken, ganz egal, wie hoch die Ehre oder wie groß der Druck sein mochte, doch die Angestellten in der Abbey

Road konnten diesmal durch die Maske sehen. »Sogar Lennon war an diesem Tag sehr nervös«, erinnert sich der Bandbetreuer Richard Lush. »Er sah vielleicht nicht danach aus, aber ich hatte schon länger mit ihm zusammengearbeitet, und da merkt man sofort, wenn jemand nervös ist.«

Vor der Kamera dann war Lennon allerdings der Inbegriff der Nonchalance, lungerte auf einem Barhocker, kaute Kaugummi, trällerte völlig falsch Partien aus dem alten Beatles-Hit »She Loves You« und wartete auf den letzten Take. Auch die anderen Beatles wirkten ruhig und beherrscht. Und warum auch nicht? Es war eine Party. Der BBC-Film erinnert an die festliche Atmosphäre vier Monate zuvor, als das Orchester-Crescendo für »A Day In The Life« aufgenommen wurde. Bunte Luftballons und Papierstreifen verzierten das riesige Studio 1 in der Abbey Road, links und rechts Poster, die die frohe Botschaft »All You Need Is Love« englisch, französisch, deutsch und spanisch verkündeten. Die Mitglieder des Orchesters trugen Bühnengarderobe, während Popgrößen wie Eric Clapton und Mick Jagger auf dem Boden hockten, klatschten und mitsangen.

Der Song ging ohne jeden Hänger über die Bühne, und John sang besonders schön und bewegend. Für einen Augenblick kann man McCartney eine gutgelaunte Überraschung anmerken, wenn er um ein Haar vom Playback abzuweichen droht, doch sonst ist die Vorstellung praktisch fehlerlos. Während John immer wieder »Love is all you need« wiederholte wie ein Mantra, rief Paul in die Abblende hinein »All together now« (Und jetzt alle) und »Everybody« (Alle), um die Studiogäste und die Millionen Zuschauer auf der ganzen Welt zu ermuntern, in den Chor einzustimmen. »Die Popmusik hat nie einen schöneren Augenblick erlebt«, sagte Derek Taylor später.

Der Song »kann nicht mißverstanden werden«, verkündete Brian Epstein ein paar Tage später, als »All You Need Is Love« als Single herauskam. Damals schien er recht zu haben. »All You Need Is Love« wurde sofort als die Hymne der Gegenkultur der sechziger Jahre verstanden und gab dem enthusiastischen Glauben Ausdruck, daß die Liebe mächtig genug sei, um die Welt zu verändern. Doch der Song wandte sich auch an das große Publikum, weshalb »Leute, die die Beatles noch nie geschätzt hatten, sie plötzlich als wahre Bereicherung anerkannten«, wie sich Taylor erinnert. Wohl deshalb stieg »All You Need Is Love« in den Hitparaden der ganzen Welt zur Nummer Eins auf.

Doch trotz der allgemeinen Anerkennung für den Song wurde Brian Epsteins Interpretation seiner Aussage später von vielen Biographen und Musikkritikern widerlegt. »All You Need Is Love« wurde in den meisten Büchern über die Leistung der Beatles weniger als Lied der Hoffnung und der Möglichkeiten, sondern vielmehr als eher peinliche, allenfalls nett klingende Banalität abgehandelt. Nach musikalischen Kriterien gilt es als übermäßig schlicht und einfallslos, nach poetisch-politischen als naiv, selbstzufrieden und bedeutungslos. Im günstigsten Fall konzediert die ablehnende Fraktion, daß »All You Need Is Love« ein Gefühl ausdrücke, das typisch gewesen sei für die damalige Zeit. Doch sei diese Zeit, wie sie sich sofort beeilen hinzuzufügen, damals schon lange vorbeigewesen. Man sei doch inzwischen um einiges erwachsener geworden, und da man die Kindersachen weggeräumt habe, wisse man auch, daß die Welt eben nicht ganz so schlicht funktioniere.

In Wirklichkeit sind die herablassenden Urteile über »All You Need Is Love« als kindisches Überbleibsel der sechziger Jahre ihrerseits zu schlicht gestrickt, übersehen sie doch den Unterschied zwischen dem Oberflächlichen und dem Utopischen. Natürlich ist es utopisch, wenn man wie Lennon verkündet, daß die Welt nicht so zu sein brauche, wie sie es nun einmal ist; daß Veränderungen möglich sind; daß die Liebe alles Böse zu besiegen vermag. Immerhin ist die Menschheitsgeschichte ein einziger Beweis dagegen; genau zu der Zeit, als die Beatles ihre Botschaft der Liebe verkündeten, ließen die Vereinigten Staaten Bomben auf Vietnam regnen, im Nahen Osten war eben ein kurzer, aber unglaublich brutaler Krieg zu Ende gegangen, und das atomare Wettrüsten hatte die Welt in aller Stille bis auf dreißig Minuten an die totale Auslöschung herangeführt. Doch die Geschichte ist nicht nur eine Abfolge von Katastrophen, sondern auch von Fortschritten, die noch vor kurzem als utopisch gegolten haben – sei es die Abschaffung der Sklaverei, das Frauenwahlrecht, die Demokratie in

Südafrika oder der Zusammenbruch des Sowjetkommunismus. Liebe *allein* reicht nicht aus, um die Welt zu verändern. Doch mit dem gleichen Recht, mit dem man Lennon vorwirft, er sei kein ausgefuchster politischer Stratege, könnte man Martin Luther King vorwerfen, er sei kein guter Sänger gewesen; Lennons Rolle war die des Dichters, nicht die des politischen Organisators. Und als Dichter wußte er instinktiv, daß Liebe – in jenem universellen Sinn, daß man seinen Nächsten wie sich selbst lieben solle – das beständigste Fundament für den aufrichtigen Kampf gegen die Übel dieser Welt ist.

»You may say I'm a dreamer/ But I'm not the only one« (Du kannst mich ruhig einen Träumer nennen, aber ich bin nicht der einzige), sang Lennon in »Imagine«, und dieser Überzeugung blieb er bis zu seinem letzten Tag treu. Nur wenige Tage, bevor er erschossen wurde, sagt er in Anspielung auf einen damals beliebten Song in einem Interview: »Ich glaube immer noch an Liebe, Friede und gegenseitiges Verstehen, wie es Elvis Costello formuliert hat, was ist so komisch an Liebe, Frieden und Verstehen?« In einem weiteren Gespräch, das sechs Stunden vor seinem Tod abgeschlossen wurde, betonte John noch einmal, daß es nicht genüge, sich eine freundlichere Welt nur zu wünschen; man müsse auch was dafür tun. »Wir waren vielleicht naiv in den Sechzigern und wie Kinder«, sagte er, »und später gingen dann alle zurück auf ihr Zimmer und sagten: ›Wir haben aber diese wunderbare Welt mit Blumen und Frieden nicht gekriegt ... Die Welt ist schrecklich und gemein, weil sie uns nicht all das gegeben hat, wonach wir geschrien haben.‹ So war's doch. Das Schreien war nicht genug. Doch die sechziger Jahre zeigten uns eines: unsere Möglichkeiten und unsere Verantwortung. Die Antwort war es nicht, allenfalls die Spur einer Möglichkeit.«

Wer weiß schon, wie Lennons Ansichten heute lauten würden, wenn er wie die anderen die ernüchternden Ereignisse der achtziger Jahre, die Verherrlichung von Habgier und Materialismus miterlebt hätte? Seine Ermordung im Dezember 1980 wurde jedenfalls allgemein als symbolischer Tod des »Traums« der sechziger Jahre verstanden, als weiteres Beispiel für den Zynismus, gegen den er zu Lebzeiten angekämpft hatte. Doch nicht alle gaben die Hoffnung auf. Kurz nach Lennons Tod schrieb Václav Havel, der tschechische Dramatiker, dessen Widerstand gegen die totalitäre Orthodoxie in den Achtzigern so völlig sinnlos schien, bis ihn die sogenannte samtene Revolution von 1989 plötzlich zum Staatspräsidenten machte: »Ich bin keineswegs der Meinung, daß bestimmte Werte und Ideale der Sechziger sich als bloße Illusion und als Fehler erwiesen haben; manche Dinge müssen nie in Zweifel gezogen werden, weder von der Zeit noch von der Geschichte ... Ich glaube nur, daß heute alles schwieriger und härter geworden ist, daß man heute für alles teurer bezahlen muß und daß der Traum von einem freieren, sinnvolleren Leben sich nicht mehr darauf beschränkt, sich sozusagen vom Rockzipfel der Mutter zu lösen, sondern sich in der täglichen, entschlossenen Auseinandersetzung mit den dunklen Mächten einer neuen Zeit bewähren muß.«

Zu allem entschlossen war der Film »Yellow Submarine«, der im Sommer 1968 entstand, bestimmt nicht, doch er unterstützte sicherlich die Idee, daß die Guten – die Beatles – die Mächte des Bösen bekämpfen, die im Film von den Blue Meanies, den Blaumiesen, verkörpert werden. Während der Arbeit zeigten die Beatles bemerkenswert wenig Enthusiasmus für diesen Film. Brian Epstein hatte sich mit »Yellow Submarine« einverstanden erklärt, um den auf drei Filme lautenden Vertrag mit United Artists zu erfüllen. Weil es ein Zeichentrickfilm war, mußten die Beatles nicht selber auftreten, doch hatten sie für einen Soundtrack zu sorgen. Offensichtlich ärgerten sie sich über diese Verpflichtung und interessierten sich kaum für die Produktion. George Martin meinte deshalb, sie hätten nur zweitklassige Songs beigesteuert. Harrisons »Only A Northern Song« zum Beispiel war aus begreiflichen Gründen bei **Sergeant Pepper** als nicht gut genug unter den Tisch gefallen, während sein »It's All Too Much« nicht viel mehr als ein unstrukturiertes Klagen bietet. McCartneys »All Together Now« ist ein harmloser Spaß, nicht mehr. »Baby, You're A Rich Man«, eine Gemeinschaftsproduktion von Lennon und McCartney, war nicht außergewöhnlich und außerdem kurzfristig umdirigiert auf die B-Seite von »All You Need Is Love«. Das einzige Juwel in all dem Schutt von **Yellow Submarine** ist »Hey Bulldog«, ein krachendes Rockstück, das nur wenige Tage, ehe die Beatles im Februar 1968 nach Indien aufbrachen, aufgenommen wurde. Alle vier spielen die Lennon-Komposition mit wilder Intensität und jagen den einfachen Beat bis in die Fieberkurve hinauf. Das Bellen und irre Gelächter zwischen John und Paul während der Ausblende bestätigt nicht nur den Tontechniker Geoff Emerick, der sich an die Aufnahme als »echten Spaß« erinnert, es belegt auch, daß die Beatles zu dieser Zeit noch bestens miteinander auskamen.

Zu diesem Zeitpunkt war der Film »Magical Mystery Tour« bereits gelaufen. Die Kritiker hatten ihn massakriert und als ersten echten Fehlschlag der Beatles bezeichnet. Doch es ist wichtig, zwischen dem Film, der tatsächlich ein handlungsloser Reinfall war – »Wir haben nur rumgesponnen«, gibt McCartney zu –, und dem Album zu unterscheiden, das immerhin mit Beatles-Klassikern wie »I Am The Walrus« und »The Fool On The Hill« bestückt war. Diese Songs wurden allerdings von den vier anderen Stücken auf der EP **Magical Mystery Tour** überlagert (die eigentlich eine Doppel-EP war und nur die vier Songs aus dem Film enthielt). Obwohl der Titelsong und McCartneys »Your Mother Should Know« nicht schlecht klingen, sind sie mit nichts aus der Periode von **Sergeant Pepper**, **Revolver** und **Rubber Soul** zu vergleichen. Das Instrumentalstück »Flying« und Harrisons »Blue Jay Way« sind einfach nur langweilig – Beispiele für das »unorganisierte Chaos«, von dem George Martin sagte, es habe diesen Zyklus von Beatles-Aufnahmen infiziert. »Wollte man die berufliche Laufbahn der Beatles graphisch darstellen«, schrieb Martin später, »dann war **Magical Mystery Tour** mit Sicherheit ein schwerer Absacker.«

Trotz all der Probleme, die dem Projekt »Magical Mystery Tour« später zu schaffen machten, hatte es vielversprechend angefangen. Nach dem Abschluß von **Sergeant Pepper** war McCartney in die Vereinigten Staaten gefahren, wo er offenbar von den Merry Pranksters hörte, einer Gruppe LSD schluckender, anarchistischer Hippies, die im Bus durch das Land vagabundierten und da und dort »Happenings« veranstalteten. Im Flugzeug zurück nach England skizzierte Paul die Idee zu einem Film über

eine ähnliche Reisegruppe. Die Aufnahmen für den Titelsong von
»Magical Mystery Tour« begannen planmäßig am 25. April, nur
wenige Tage, nachdem Paul nach London zurückgekehrt war. Die
Beatles trafen sich da zum erstenmal seit **Sergeant Pepper** wieder zu Aufnahmen in den Abbey Road Studios. Erst nach vier Terminen war der Song am 3. Mai fertig. Danach wurden die Beatles
durch »Yellow Submarine« und die Ausstrahlung von »All You
Need Is Love« beansprucht und gönnten sich anschließend zwei
Monate Urlaub. Die Arbeit an »Magical Mystery Tour« wurde am
22. August mit der Aufnahme von »Your Mother Should Know«
wieder aufgenommen. Der unerwartete Tod Brian Epsteins wenige Tage später ließ die Zukunft zweifelhaft erscheinen, doch am
1. September traf man sich bei McCartney zu Hause, und die
Beatles beschlossen, das Projekt »Mystery Tour« weiterzuverfol-
gen. Die nächsten Sessions waren vielversprechend: In den ersten
beiden Arbeitstagen wurde der größte Teil von »I Am The Walrus«
aufgenommen, dazu eine Demo-Version von »The Fool On The
Hill«.

Paul hatte »The Fool On the Hill« bereits im Frühjahr begonnen; eine frühe Fassung davon hatte er John vorgespielt, als sie
zusammen »With A Little Help From My Friends« komponierten.
Zuerst sollte »The Fool On the Hill« ein Gitarrensong werden,
und Hunter Davies zufolge hatte Paul nur ein paar Textzeilen
dafür geschrieben. Auf der Demo-Version allerdings, die am
6. September in der Abbey Road aufgenommen wurde, spielt Paul
Klavier und singt praktisch den kompletten Text. Er singt und
spielt ganz allein, in Ton und Tempo ähnelt diese Version sehr
stark der endgültigen Einspielung, nur daß die Flöten und die anderen Begleitinstrumente noch fehlen. »The Fool On the Hill«
wurde ein sehr beliebter Song, obwohl sein Text an die Kritik erinnert, die Lennon an »Yesterday« übte: Die einzelnen Zeilen sind
gut, ergänzen sich aber nicht. McCartneys Narr hat die Fesseln der
Gesellschaft abgestreift und sich für die einsame Gemeinschaft
mit der Natur entschieden, eine Wahl, die hier als bewußt und edel
dargestellt wird. Aber wie unterscheidet er sich von den Menschen, über die er die Nase rümpft, außer durch seine Leidenschaft für Sonnenuntergänge? Paul kann es nicht erklären oder hat

keine Lust dazu. Die schöne, langsame Melodie vermittelt aber so eindringlich die verzaubernde Stimmung kindlichen Staunens, daß sie einen für die Laxheit des Textes entschädigt.

Auch »I Am The Walrus« enthält kindliche Aspekte, allerdings wird man sie kaum entdecken, wenn man nicht die Geschichte dazu kennt. Die Beschwörung menschlicher Gemeinschaft – »I am he as you are he/ As you are me and we are all together« (Ich bin er, wie du er bist und ich und wir alle zusammen) – fiel Lennon auf einem Acid-Trip ein. Doch der Auslöser für viele der folgenden Zeilen war ein Fanbrief, den er von einem Schüler seiner alten Highschool bekam. Pete Shotton erinnert sich, wie John und er wieder einmal einen ihrer »Zufallsgriffe« in den Sack mit der Fanpost taten und einen Brief von einem Jungen entdeckten, der schilderte, wie ein Literaturlehrer an der Quarry Bank über die wahre Bedeutung von Beatles-Texten dozierte. John, dem die häufig falsche Interpretation von Beatles-Songs auf die Nerven ging, hatte einen Geistesblitz. Er forderte Shotton auf, ihren gemeinsamen Kinderreim »Dead Dog's Eye« aufzusagen, eine Liste all dessen, was pubertierende Jungs offenbar unwiderstehlich komisch finden, und baute den Text um in »Yellow matter custard/ dripping from an dead dog's eye« (Vanillepudding aus gelbem Zeug tropft dem toten Hund aus den Augen). In ähnlicher Weise bezogen sich die Worte »Semolina pilchard« auf Pudding- und Sardinensorten, an die sich Shotton und Lennon aus ihrer Kindheit erinnerten. Nachdem er diese Zeilen niedergeschrieben hatte, sah John lächelnd auf und sagte: »Daraus machen wir aber was, Pete.«

»I Am The Walrus« ist eine exzellente Illustration für Lennons Verständnis des Songschreibens als »kleine Sachen machen, die man dann miteinander verbindet«. Die tragende Melodie war deshalb seine größtmögliche Annäherung an den Zwei-Ton-Rhythmus einer Polizeisirene – »*Mis*-ter *cit*-y *p'lice*-man *sit*-ting« –, die er eines Tages vor seinem Haus in der Nähe von London gehört hatte. Das Walroß entnahm er Lewis Carrolls antikapitalistischem Gedicht »Das Walroß und der Zimmermann«. Die Zeile mit »Element'ry penguin« war eine versteckte Ohrfeige für den amerikanischen Dichter Allen Ginsberg und seine (in Lennons Augen) allzu eifernde Bekehrung zu den Hare Krishnas. Neben gewollten Dunkelheiten gab es zupackende Einzeiler wie »Don't you think the joker laughs at you?« (Merkst du nicht, daß der Clown über dich lacht?) und »Man, you should have seen them kicking Edgar Allan Poe« (Du hättest erleben sollen, wie sie Edgar Allan Poe behandelt haben). War das ein Hieb gegen eine Kunstkritik, die allzeit mit der herrschenden Mode geht?

Schließlich wurden auch noch Ausschnitte aus Shakespeares *König Lear* zugespielt, vor allem die unendlich traurige Klage: »O vorzeitiger Tod!« Diese Idee war offenbar wieder einmal reine Intuition; bevor Lennon am 29. September in die Abbey Road fuhr, um die abschließende Abmischung des Songs zu überwachen, war von der Idee, »Walrus« mit Shakespeare auszustaffieren, noch nichts da. Kaum jedoch saß er mit George Martin (dessen Orchestrierung von »Walrus« im 14. Kapitel beschrieben ist) im Kontrollraum von Studio 2, begann John am Knopf des Radios zu drehen. Zufällig lief bei BBC gerade eine Inszenierung des *Lear,* und Lennon fädelte sie direkt in die Endmischung ein. Wie schon bei »Eleanor Rigby« war es der reine Zufall, der sich als besser erwies als alles, was man sich hätte ausdenken können. Johns Klebearbeit folgte zwar einer Augenblickslaune, doch künstlerisch war es eine Neuerung. Etwa fünfzig Jahre davor hatten Picasso und Georges Braque neue Möglichkeiten entwickelt, um das Wesen der Kunst auszudrücken: Sie klebten Kleidungsfetzen, Zeitungen und Zigarettenschachteln auf die Leinwand, auf der sie malten. Wenn auch weniger strukturiert, so erforschte doch auch Lennon die Möglichkeit, zwei verschiedene, aber miteinander verwandte Formen zu verbinden: die bewußte Form eines im Studio aufgezeichneten Pop-Songs und die spontane Form einer live übertragenen Aufführung.

Lennon wandte sich dagegen, daß »I Am The Walrus« auf der nächsten Beatles-Single nur als B-Seite von McCartneys »Hello, Goodbye« fungieren sollte. Aber so eindeutig war, welcher Song nach künstlerischen Kriterien der eindrucksvollere war, so klar war auch, welcher den kommerzielleren Sound zu bieten hatte. »Hello, Goodbye« reihte sich ein in die lange Serie von erfolgreichen Kommerzstücken, die McCartney offenbar mühelos zufielen. In diesem Fall sagte er später sogar selber, daß der Song mit seinem Ja-Nein- und SchwarzWeiß-Wechselgesang »sich fast von allein schrieb«. Er wurde sehr sorgfältig produziert, McCartney sang ihn leidenschaftlich, er wurde in den Top 20 sofort die Nummer Eins. (Die Beatles drehten dafür einen weiteren Werbefilm, eine schnell zusammengehauene Geschichte mit tanzenden Mädchen in Hawaiiröcken, die durch eine spastische Tanzeinlage Lennons gerade noch vor dem Absturz bewahrt wurde.)

Der abschließende Song aus diesem Zyklus ist »Lady Madonna«. Er wurde im Februar 1968, wenige Tage vor der Abreise der Beatles nach Indien, aufgenommen. Die Idee dabei war, eine Single vorzubereiten für die Zeit ihrer Abwesenheit. Harrisons »The Inner Light« auf der B-Seite nahm die Reise nach Indien sowohl musikalisch wie im Text vorweg, aber auch McCartneys »Lady Madonna« war nicht ohne Anliegen. Hinter einem schönen Boogie-Woogie-Beat, den das Klavier gibt, feiert Paul ein weiteres Mal den Jedermann (der in diesem Fall eine Jedefrau ist). Sein Text zeigt, Jahrzehnte ehe sie von Journalisten und Soziologen entdeckt wurden, Sympathie und Mitgefühl für die ledigen Mütter und ihr bedrängtes, wirtschaftlich schwieriges Leben. Für »Lady Madonna« gibt es keinen Wochenendausflug, weder aus Liebe noch sonstwie – »Friday night arrives without a suitcase« (Freitagabend und kein Koffer) –, und die Frage, wie dieses Leben zu bewältigen sein soll, klingt bitter ernst. Vielleicht ist die junge Frau auf staatliche Unterstützung angewiesen, was erklärte, warum »Tuesday afternoon is never ending« (Dienstagnachmittag hört einfach nicht auf) und das Ausbleiben der Überweisung – die »Wednesday morning papers« (Mittwochmorgen-Papiere) – sie schon wegen einer Laufmasche im Strumpf in Panik versetzt; sie kann es sich nicht leisten, einfach loszugehen und sich ein neues Paar zu kaufen.

Obwohl auch »Lady Madonna« wieder die Nummer Eins wurde, sahen später viele in der Periode der »Magical Mystery Tour« den Anfang vom Ende der Beatles. Brian Epsteins Tod im August 1967 habe die Beatles, so hieß es, ohne Management gelassen, und von den Folgen konnte sich angesichts der Katastrophe »Magical Mystery Tour« bald jeder überzeugen. Weiter wurde behauptet, der Tod Epsteins habe McCartneys Hegemonie über die Gruppe begünstigt, und seine manchmal anmaßende Art habe zu Ressentiments bei John, George und Ringo geführt.

Eine solche Interpretation der Ereignisse ist nicht ganz unbegründet, doch übergeht sie entscheidende Fakten. Zunächst einmal hatte Epstein 1967 kaum noch Einfluß auf die Beatles; er war zum Beispiel dagegen gewesen, daß sie mit den Tourneen aufhörten, und er wollte auch nicht, daß sie **Sergeant Pepper** mit einem derart aufwendigen Cover versahen, aber er wurde in beiden Fällen überstimmt. Seine Begabung als Organisator wurde schmerzlich vermißt, doch hatten sich die Beatles schon lange vorher entschlossen, ihren eigenen Weg einzuschlagen. Obwohl es stimmt, daß McCartney als treibende Kraft hinter dem Projekt »Mystery Tour« wirkte, war seine Herrschsucht nichts Neues; die anderen Beatles hatten sich daran gewöhnt, auch daran, sich ihm zu widersetzen. Natürlich gab es zwischen den vier hier und da Meinungsverschiedenheiten, doch ganz gleich, zu welchen Belastungen es auch kam, das Gefühl, zusammenzugehören und die gegenseitige Freundschaft blieben die bestimmenden Merkmale ihrer Gruppendynamik, als sie im Februar 1968 nach Indien aufbrachen. Man muß sich nur ihr nicht für das Mikrofon bestimmte Lachen und Witzemachen bei der Aufnahme von »Lady Madonna« anhören oder ihre übermütige Weihnachtsplatte 1967 für den Beatles-Fanclub – wo sie sich selber als »The Ravellers« veräppeln und nostalgisch von »plenty of jam jars, baby« (zig Marmeladengläser, Baby) singen. Ihr Zusammenhalt war immerhin so, daß sie sich ernsthaft überlegten, ob sie sich eine griechische Insel kaufen sollten, auf der sie alle vier mit ihren Frauen und Kindern leben wollten. Und natürlich war auch die Reise nach Indien ein gemeinsamer Ausflug. Nichts, oder fast nichts, spricht Anfang 1968 dafür, daß die Beatles bald auseinandergehen würden.

two great Saints meet it is a humbling experience. The long battles to prove he was a Saint." - Paul McCa

shed Music No. 1. Two Virgins. Yoko Ono/John Lennon. Apple Records. May. 1968. 🍎 Made in Merrie Eng

ed by Technink Limited. Photographs by John Lennon.

19. Kapitel
Die Ballade von John und Yoko

John Lennon sagte einmal, daß er während seiner gesamten Laufbahn nur mit zwei Partnern gearbeitet habe, mit Paul McCartney und Yoko Ono. Stolz fügte er hinzu: »Keine schlechte Wahl.« Zu Lennons großem Ärger stand er mit seiner Meinung aber praktisch allein, jedenfalls was Yoko Ono angeht. Die Welt bewunderte die künstlerische Zusammenarbeit von Lennon und McCartney, die von johnundyoko, wie John sie taufte, fand sie kaum erträglich, und das nicht nur, weil man Yoko Ono verübelte, daß sie angeblich die Beatles auseinandergebracht hatte. Während John »ihr Talent anbetete« und von ihrer »Sechzehn-Spur-Stimme« schwärmte, reagierte das Publikum zumeist nur verstört oder regelrecht abgestoßen auf Onos unergründliche Spinnereien und ihr Kreischen auf der Bühne. Was fand er bloß an ihr?

Eine wichtige Ausnahme war Johns Freund Pete Shotton. Obwohl Shotton reichlich Gelegenheit hatte, Onos schwierige Persönlichkeit kennenzulernen und die Hiebe, die sie einem in ihrer zornigen, intriganten Arroganz versetzen konnte, zu spüren bekam, bestand er gleichwohl darauf, daß »sie das Beste war, was John je passiert« ist. Yoko war nicht nur Johns größte Liebe, wie Shotton felsenfest behauptete, sie verhalf ihm auch zum Durchbruch zu dem, was »er sich immer am meisten gewünscht hatte: Künstler zu sein, ein richtiger Künstler«. Eine weitere wichtige Ausnahme, wenn auch nur bedingt, war Paul McCartney. Er bestätigt den zweiten Teil von Shottons Aussage und sagt, daß Yoko John die Möglichkeit eröffnet habe, die Avantgarde auf eine Weise zu erleben, wie es während seiner Ehejahre im Vorort nicht möglich gewesen sei. »Sie verlangte einfach mehr«, sagt Paul. »Mach mehr, mach doppelt soviel, trau dich mehr, zieh deine Kleider aus! Sie drängte ihn immer, und das gefiel ihm. Bis dahin hatte ihn niemand zu etwas gedrängt.«

Es entbehrt nicht ganz der Ironie, daß diese Äußerung ausgerechnet von McCartney kommt, denn gerade er hatte John in den Jahren ihrer Zusammenarbeit immer gedrängt, wenn auch auf andere Weise. Doch war Paul Johns Partner und gleichzeitig sein Freund, und als Freund mußte er einfach sehen, wie sehr John in Yoko verliebt war. John wußte, daß Paul genau das in »Hey, Jude« sagen wollte, der hymnenartigen Ballade, die Paul schrieb, kurz nachdem John und Yoko ein Paar geworden waren.

»Ich weiß auch, daß sich das wie bei einem Fan anhört, der Sachen hineinliest, aber man kann es tatsächlich hören, daß dieser Song über mich ist«, sagte John später. Als John diese Mutmaßung auch Paul gegenüber vorbrachte, stritt dieser es rundweg ab und behauptete, »Hey, Jude« sei eigentlich über ihn selber. (Tatsächlich trat etwa um diese Zeit Linda Eastman, Pauls künftige Frau, in sein Leben.) John beharrte aber auf seiner Interpretation und hatte auch gute Gründe dafür. Obwohl Paul mit der Komposition von »Hey, Jude« an dem Tag begonnen hatte, als er aufs Land fuhr, um Johns Sohn Julian während der Scheidung seiner Eltern zu trösten, scheint sich ein großer Teil des Textes an einen Erwachsenen zu richten, der eben eine neue, machtvolle Liebe erlebt, vor allem mit den Zeilen »you have found her now go and get her« (jetzt, wo du sie gefunden hast, mußt du sie auch erobern) und »you're waiting for someone to perform with« (du wartest auf jemanden, mit dem du auftreten kannst). »Mit den Worten ›go and get her‹ sagte (Paul) unbewußt«, so erklärte es sich jedenfalls John, »also bitte, verlaß mich. Auf der Bewußtseinsebene wollte er nicht, daß ich gehe. Der Engel in ihm sagte: ›Gott segne dich.‹ Dem Teufel in ihm war das überhaupt nicht recht, denn er wollte seinen Partner nicht verlieren.«

Daß Paul seinen Partner verlieren könnte, hatte tatsächlich niemand erwartet, als Yoko Ono zum erstenmal auf der Bildfläche auftauchte. McCartney behauptet, daß er Ono als erster kennenlernte; sie habe sich bei ihm gemeldet und ihn für ein Projekt, an dem sie zusammen mit dem avantgardistischen Komponisten John Cage arbeitete, um alte Manuskripte gebeten. Paul schlug ihr die Bitte ab und gleichzeitig vor, seinen Freund John danach zu fragen. Ono und Lennon trafen sich zum erstenmal am 9. November 1966, dem Abend vor der Eröffnung einer Ausstellung mit ihren Werken, in der Londoner avantgardistischen Indica Gallery, bei deren Gründung McCartney behilflich gewesen war. Anschließend verfolgte Ono Lennon erbarmungslos, weil sie sich von ihm Förderung versprach. Lennons Frau Cynthia erinnert sich, daß Yoko sich nicht damit begnügte, Lennon in Kenwood mit Dutzenden von Anrufen und Briefen einzudecken, sondern ohne Rücksicht auf das Wetter auch in der Auffahrt stand, weil sie hoffte, ein paar Worte mit Lennon wechseln zu können. Es muß ihr schließlich gelungen sein, denn eines Tages gab John seinem Freund Shotton, der in der Zwischenzeit zum Direktor der neuen Beatles-Firma Apple ernannt worden war, den Auftrag, sich mit Ono zu treffen. Als sie etwas nervös zweitausend Pfund für die Finanzierung ihrer nächsten Ausstellung erbat, wies Lennon Shotton an, sie ihr zu geben.

Shottons Erinnerungen sind für das Verständnis der Romanze zwischen John und Yoko von unschätzbarem Wert, denn an jenem Abend, von dem John und Yoko sagen, sie seien damals zum erstenmal miteinander ins Bett gegangen, befand sich Pete in Lennons Haus. Shotton war auch der erste, dem sich John am nächsten Morgen anvertraute. Shotton hatte Yoko für eine beiläufige sexuelle Eroberung gehalten, eine lustige Nacht für John, während Cynthia im Urlaub war, doch angesichts des verehrungsvollen Verhaltens, das John am anderen Morgen an den Tag legte, änderte Shotton rasch seine Meinung. »Das ist *es*, Pete«, sagte John, der eine Tasse Tee trank und ein gekochtes Ei hinunterwürgte, um sich dann so rasch wie möglich wieder nach oben zurückzuziehen. »Auf das habe ich mein ganzes Leben lang gewartet.« Anschließend forderte er Shotton auf, für ihn und Yoko ein neues Haus zu finden.

Shotton war geplättet. Er zweifelte nicht an der Entschlossenheit seines Freundes, aber wie lange würde er durchhalten? John war immer leicht entflammbar, aber ebenso schnell verlor sich sein Enthusiasmus auch wieder. Zudem hatte er sich in letzter Zeit außerordentlich seltsam benommen, selbst wenn man seine eigenen exzentrischen Maßstäbe anlegte. Keine vierundzwanzig Stunden zuvor hatte er zum Beispiel in vollem Ernst beschlossen, er sei der wiedergekehrte Jesus Christus. Diese Offenbarung war John auf einem LSD-Trip zuteil geworden, doch als er am nächsten Tag aufwachte, glaubte er noch immer daran und war fest entschlossen, es der gesamten Welt mitzuteilen. Er bestand darauf, daß sofort ein Treffen des inneren Apple-Kreises einberufen werde – die drei anderen Beatles, dazu Shotton, Neil Aspinall und Derek Taylor. Als John die Neuigkeit bekanntgab, waren die anderen erst mal sprachlos; sie sahen, daß ihm Ernst damit war. Keiner lachte, keiner zweifelte an seiner Erklärung. Allerdings verständigten sie sich darauf, daß diese neueste Entwicklung zu wichtig sei, als daß man irgendwas überstürzen solle; man wollte sich etwas Zeit geben, um mit der Bedeutung der Sache klarzukommen und die Folgen abzuschätzen. Und vielleicht sollten sie fürs erste lieber was trinken.

John vergaß seine Jesus-Idee sehr bald wieder. Dennoch ist die Geschichte wichtig, um Lennons schillernde Unberechenbarkeit zu illustrieren. Sie beleuchtet auch die Mentalität der anderen Beatles zu der Zeit, als sie von Johns Verbindung mit Yoko erfuhren: Unvermeidlich muß ihnen die japanische Künstlerin als weiteres Beispiel dafür vorgekommen sein, wie sich John von Bizarrerien faszinieren ließ, als eine Laune, die ihren gewohnten Verlauf nehmen und eher früher als später vorbei sein würde. Bald sollten sie es besser wissen. Wann genau John und Yoko ihre erste gemeinsame Nacht verbrachten, ist nicht bekannt, doch dürfte es in der zweiten Maihälfte 1968 gewesen sein, wenige Tage bevor die Beatles mit den Aufnahmen für das sogenannte Weiße Album begannen, das den offiziellen Titel **The Beatles** trug. Ob John Yoko einem der anderen Beatles vorstellte, ist ebensowenig bekannt, doch lernten sie sie mit Sicherheit alle kennen, als sie sich am 30. Mai in der Abbey Road trafen, an ihrem ersten Arbeitstag, denn von nun an bestand John darauf, daß er Yoko immer an seiner Seite haben müsse.

Und nicht bloß an seiner Seite. Vom ersten Termin an nahm Yoko auch an den Aufnahmen teil. Der aktuelle Song war »Revolution«, Johns bis dahin direkteste politische Komposition. Die Beatles veröffentlichten schließlich drei verschiedene Fassungen von »Revolution« – zwei kamen auf dem Weißen Album heraus und eine als B-Seite der Single »Hey, Jude« –, aber die beiden Versionen auf dem Weißen Album gehörten ursprünglich zu einem einzigen Band. Dieses Band haben die Beatles an jenem Tag aufgenommen; die ersten vier Minuten bestanden in einem langsamen Gitarren-Shuffle, der später »Revolution 1« genannt wurde, die letzten sechs Minuten in einem wilden Durcheinander von Stimmen und Instrumenten, aus dem dann die Collage »Revolution 9« wurde. Der durchgeknallte Teil kam allerdings erst beim achtzehnten Take dazu; bis dahin war kein Take länger als durchschnittlich fünf Minuten und hatte sich jeweils auf den eigentlichen Song beschränkt. Aus irgendeinem Grund ging der achtzehnte Take immer weiter, die anderen Beatles schlugen auf ihre Instrumente ein, und John und Yoko kreischten und stöhnten, wobei Yoko mit geheimnisvollen Formulierungen wie »You become naked« (Du wirst nackt) brillierte.

Lennon schrieb die Idee zu der Collage später Onos Einfluß zu, und sein ursprüngliches Demo-Band von »Revolution« bestätigt diese Bemerkung. Kurz vor jenem 30. Mai, der für die Aufnahme in der Abbey Road vorgesehen war, hatten sich die vier Beatles in George Harrisons Haus getroffen und von ungefähr 23 neuen Kompositionen, von denen die meisten auch auf dem Weißen Album erschienen, Demo-Bänder angefertigt. Johns »Revolution«-Band hat noch nichts von der Verrücktheit, die den Song später prägte. Auch in anderer Hinsicht ist es interessant. Während ganz Europa und die Vereinigten Staaten von Studentenunruhen erschüttert wurden, bestand John darauf, daß »Revolution« die nächste Single der Beatles sein und die Haltung erläutern solle, die die Band zum Vietnamkrieg und den Möglichkeiten einer gesellschaftlichen Veränderung einnahm. Paul und George erklärten jedoch, daß die langsame Version des Songs nicht flott genug sei, um als Single zu funktionieren. John bestritt das, doch sein Demo-Band bestätigt Paul und George, denn diese Version von »Revolution« ist bei weitem schneller als die Fassung, die am 30. Mai aufgezeichnet wurde, und fast so schnell wie die Version, die im Juli aufgenommen und als Single veröffentlicht wurde. Allerdings klingt sie flacher, denn als einziges Instrument hört man Johns tuckernde Akustikgitarre, der die anderen Beatles mit Klatschen und Falsett-Stimmen zu Hilfe kommen.

George, Paul und Ringo ergänzten bei der Aufnahme am 4. Juni die Zehn-Minuten-Version von »Revolution« um weitere Zuspielungen, doch zwei Tage später nahmen sich John und Yoko die letzten sechs Minuten der Aufnahme vor, ergänzten sie um viele Toneffekte und Bandschleifen und verwandelten sie in das verblüffende Stück »Revolution 9«. Obwohl George Harrison kurze Zeit mitwirkte, war diese Aufnahme im wesentlichen das Werk von John und Yoko; Paul und Ringo waren nicht beteiligt, und Paul war offenbar auch nicht damit einverstanden, daß es überhaupt in das Weiße Album aufgenommen wurde. Unterschiedliche Ansichten wie diese bestätigen McCartneys Bemerkung über sein und Lennons unterschiedliches Verhältnis zur Avantgarde. Paul zeigte keine besondere Leidenschaft für experimentelle Aufnahmen; Lewisohn berichtet, daß Paul ungefähr siebzehn Monate zuvor, im Januar 1967, die Arbeit der Beatles an einer ähnlichen Toncollage geleitet hatte. Doch war diese Collage an eine Londoner Theatergruppe weitergegeben und nicht als Teil der eigentlichen Beatles-Musik auf Platte veröffentlicht worden. Genau das aber verlangte John bei »Revolution 9«. Durch Yokos Beispiel bestärkt und von ihr ermutigt, war er fest dazu entschlossen.

Während sich die Beatles den weiteren Songs auf dem Weißen Album zuwandten und zunächst Ringos erste Solo-Komposition »Dont' Pass Me By« aufnahmen, wurde immer deutlicher, daß Yoko bleiben würde. In der Erinnerung von George Martin lautete Johns Botschaft an das übrige Beatles-Aufnahmeteam: »Yoko ist jetzt ein Teil von mir. Oder anders gesagt: So wie ich eine rechte und eine linke Hand habe, habe ich jetzt auch Yoko, und wo immer ich bin, ist sie auch. Das brachte gewisse Schwierigkeiten mit sich … Zunächst einmal sorgte es für ziemliche Irritationen.« Das nicht zuletzt deshalb, weil Ono sich keineswegs darauf beschränkte, John im Studio Gesellschaft zu leisten, sondern auch großzügig mit Bemerkungen und Kritik zur Arbeit der anderen Beatles war. Sie gab gern zu, daß sie nicht das geringste von Rock 'n' Roll verstand, aber das war für sie kein Hinderungsgrund. Als die Beatles zum Beispiel Johns »Sexy Sadie« aufnahmen, meldete sich Yoko nach einem Take mit dem Einwand, sie müßten noch besser werden. In der Zwickmühle zwischen seiner neuen Liebe und seinen langjährigen Kumpels, warf sich John in die Bresche und sagte: »Ja, vielleicht kann *ich* es besser machen.«

John betrachtete Yoko als künstlerisch gleichwertig, wenn ihm nicht sogar überlegen, doch war klar, daß er mit dieser Meinung ziemlich allein dastand, auch wenn sich die anderen Beatles mit Bemerkungen in dieser Richtung zurückhielten. (Als einziger aus dem inneren Kreis der Beatles erlaubte sich George Martin nach der Trennung der Band öffentlich eine Bemerkung über Yoko Ono; sie sei ebensowenig ein Ersatz für Paul McCartney wie Linda Eastman ein Ersatz für John Lennon war.) John verstand die Zurückhaltung der Beatles Yoko gegenüber als persönliche Beleidigung, wobei er der Einfachheit halber darüber hinwegging, daß er es war, der gegen die Regeln der Band verstieß. Vor Yoko hatten Außenstehende normalerweise keinen Zutritt zu den Studios; selbst enge Mitarbeiter wie Brian Epstein und ihr Verleger Dick James waren gehalten, ihre Geschäfte rasch abzuwickeln und sich dann zu verdrücken. Mit einem Mal übertrat John nicht bloß diese ungeschriebenen Gesetze, er ging praktisch soweit, Ono mehr oder weniger als fünftes Mitglied in die Band aufzunehmen. Ihre dauernde Anwesenheit und ihre häufigen Einmischungen ärgerten die anderen. Sie untergrub ihre entspannte Arbeitsatmosphäre und die außergewöhnliche Synergie, die für ihre Studiozaubereien immer so wichtig gewesen waren. Lewisohn, der sonst nicht dazu neigt, sich in Spekulationen oder herabsetzenden Urteilen zu ergehen, mußte gleichwohl feststellen, daß die Verbindung von John und Yoko »unzweifelhaft negative Folgen für das Funktionieren der Beatles als Einheit« hatte, denn damit »fühlten sich die anderen gehemmt und unwohl. In der Umgebung, die für sie immer das ideale Rückzugsgebiet vor dem draußen tobenden Wahnsinn gewesen war, konnten sie sich nicht mehr entspannt verhalten«.

Doch John blieb John und glaubte offensichtlich, er könne immer seinen Willen haben, egal, worum es ging; schließlich waren die Beatles seine Gruppe. Und er, der über alle Maßen verliebte John, konnte sich überhaupt nicht vorstellen, daß andere die Frau und Künstlerin Yoko Ono nicht genauso verehrten wie er. Derek Taylor bestritt Johns Behauptung, daß die Leute von Apple Yoko haßten. »Kein einziger in diesem Gebäude *haßt* sie. *Haß!* Das wäre doch sehr übertrieben und ein schlimmer Vorwurf. Ich kann es John nicht unbedingt verübeln, daß er das manchmal dachte, aber darauf kann er nur kommen, weil wir sie nicht *geliebt* haben.« Johns Verhältnis zu Yoko war dermaßen obsessiv, daß er sich gezwungen sah, Paul davor zu warnen – übrigens völlig grundlos, wie Paul später betonte –, mit ihr anzubandeln. Yoko selber erklärte die Tatsache, daß John sie in der Abbey Road überallhin und sogar auf die Toilette begleitete, schlicht damit, daß er sie auf keinen Fall in einem Raum voller Männer allein zurücklassen wollte, da die sie doch sicher im gleichen Maß begehren würden wie er.

Für John war Yoko »die Liebesgöttin und die Erfüllung seines gesamten Lebens«. Nachdem er Jahre mit dem Gefühl verbracht hatte, daß niemand in seinem Baum sei, merkte er voller Begeisterung, daß es jemanden gab, der »genauso bescheuert war wie ich«! Für Johns Begriffe waren er und Yoko so ähnlich, als wäre sie »ich in Frauenkleidern«. Jeder nahm die Wirklichkeit exzentrisch und entfremdet wahr, jeder fühlte sich allein in der Welt und »hatte das tiefe Bedürfnis, etwas zu tun, um unseren Wahnsinn auszudrücken«, wie Yoko es formulierte. Deshalb begriffen sie einander als verschwisterte Seelen. Sie fühlten sich so innig und auf eine derart transzendente Weise miteinander verbunden, daß dies selbst für Johns Frau spürbar war. Als sie bei John und Yoko nach ihrer ersten gemeinsamen Nacht auftauchte, wußte sie »schon in dem Augenblick, als ich sie zusammen sah, daß sie füreinander bestimmt waren. Ich wußte, daß ich ihn verloren hatte … zwei Gehirntiere hatten sich gefunden, und dem konnte sich niemand widersetzen«.

John behauptete, daß Yoko und er sich bereits bei der allerersten Gelegenheit, als sie sich begegneten, auf derselben Wellenlänge befunden hätten, ungefähr achtzehn Monate, bevor sie sich ineinander verliebt hätten. Nachdem er ihr in der Indica Gallery imaginäre fünf Shilling gegeben hatte, um einen imaginären Nagel in eins ihrer Kunstwerke zu treiben, sagte er: »Sie kapierte es und ich kapierte es, und der Rest ist, wie es immer in diesen Interviews heißt, der Rest der Geschichte.« Doch John erzählte viel, und wie die meisten Leute glaubte er das, was er glauben wollte, vor allem, wenn es um ihn und Yoko ging. Vielleicht war es so, wie er sagte, für Yoko jedoch ging es zuerst offenbar vor allem um Partnerschaft und Intellekt; endlich hatte sie jemanden kennengelernt, der verstand, wer sie war, und der sie genau dafür liebte. John wiederum war »Don Juan« begegnet, seinem spirituellen Guru.

Für John war Yoko eine Mutterfigur. Sie selber gab zu, daß sie eine klaffende Lücke in Johns Leben auszufüllen hatte, nachdem er seine leibliche Mutter zweimal verloren hatte. »Vermutlich trat ich die Nachfolge von Tante Mimi an«, erzählte Ono dem Lennon-Biographen Ray Coleman. In den vorangegangenen Beziehungen war John der Chef gewesen, der seinen Willen häufig mit körperlicher Gewalt durchsetzte. Die Zeilen »I used to be cruel to my woman/ I beat her and kept her apart/ From the things that she loved« (Ich war grausam zu meiner Frau, habe sie geschlagen und ihr alles, was sie liebte, vorenthalten) in dem Song »Getting Better« auf **Sergeant Pepper** waren autobiographisch, wie John später zugab. »Es wird noch einige Zeit vergehen, bis ich mich in aller Öffentlichkeit dazu bekennen kann, wie ich als junger Mensch Frauen behandelt habe.« Obwohl John Cynthia mehr als einmal mißhandelt hat, bestritt Yoko, daß er sie je geschlagen habe. Es wäre auch wenig wahrscheinlich, daß sie sich ein solches Verhalten hätte gefallen lassen; sie war eindeutig die Dominierende in der Beziehung.

Mit dieser Rolle war sie seit ihrer Kindheit vertraut. Sie kam in einer reichen Tokioter Familie zur Welt und war in einem Haus mit Dutzenden von Bediensteten aufgewachsen; in der Schule nötigte sie ihre Kameraden, die Rollen neu zu verteilen, wenn sie nicht die Rolle erhielt, die sie in der Theatergruppe haben wollte. Kaum hatte sie kapiert, wie hingerissen John von ihr war, fiel, wie sich Pete Shotton erinnert, die Nervosität, die sie anfänglich gezeigt hatte, völlig von ihr ab, und sie offenbarte sich als »entschlossene, dominierende Tigerin«. Als Shotton eines Abends John und Yoko nach Hause fuhr, nahm er versehentlich die falsche

Abzweigung und verlor vorübergehend die Orientierung. Auf dem Rücksitz bekam Yoko einen Wutanfall und kreischte: »Was ist los? Ich will endlich heim!«, als wäre Shotton ihr Chauffeur. Als Pete später anbot, mit John und Yoko die Wohnung aufzuräumen, ehe die Drogenfahndung der Polizei eintraf, zischte Yoko John an, er solle ihn rausschmeißen. Als Shotton 1976 zufällig in New York war, hatten John und er sich fünf Jahre nicht gesehen, doch John mußte erst Yokos Erlaubnis einholen, ehe er Pete für den Abend einlud. Als John einen weiteren gemeinsamen Abend vorschlug, ehe Pete nach England zurückfuhr, widersetzte sich Yoko mit allen Mitteln. Sie wollte nicht, daß John Kontakt mit seinen ältesten Freunden hielt, auch nicht mit den anderen Beatles, weil die ihn angeblich nur aufregten.

Obwohl John den häufig erhobenen Vorwurf bestritt, daß Yoko ihn kontrollierte, lassen sich die vorliegenden Beweise kaum anders verstehen. Der Musikkritiker Robert Christgau kommentierte das berühmte Foto von John und Yoko, das am Tag vor seinem Tod aufgenommen wurde und einen nackten John zeigt, der sich in Fötus-Haltung um eine zurückhaltende Yoko schlingt, mit den Worten: »Wie beide bereitwillig vor Annie Leibovitz' Kamera erklärten, förderte Yoko eine infantile oder sogar fötale Abhängigkeit in ihrem Mann.« John gab auch freimütig zu, daß es *Yoko* war, die *ihn* vor ihrer Trennung im Jahr 1973 aus dem Haus geworfen hatte (wobei er die Rolle ihrer 23jährigen chinesischen Sekretärin May Pang verschwieg, die Yoko ihm für die Zeit seines berüchtigten besoffenen »verlorenen Wochenendes« als ihre Augen- und Ohrenzeugin und als sexuelle Ersatzfrau mitgegeben hatte). John war es auch, der sie wiederholt anflehte, zurückkehren zu dürfen. Gleichwohl war sie die Lehrerin, die »mir alles beibrachte, was ich verdammt noch mal weiß«, wie er sich ausdrückte, und er war ihr Schüler. Sie ließ ihn nicht eher zurück, so John, als bis er gelernt hatte, was er lernen sollte. In »Woman«, einem seiner letzten Songs, bekannte John, daß er immer in Yokos Schuld stehen würde. Sie hatte ihm buchstäblich das Leben gerettet. Vor allem hatte sie ihn aufgeweckt und ihn aus seiner erstickenden Beschäftigung mit sich selber und aus der Lethargie befreit, die er mit seinem Beatle-Dasein verband. »So ging es mit den Beatles zu

Ende«, behauptete John später. »Nicht weil Yoko die Beatles auseinanderbrachte, sondern weil sie mir zeigte, was es hieß, von Speichelleckern und Sklaven umgeben, eine Art Elvis Beatle zu sein, mit Leuten um sich, die allein daran interessiert waren, daß die Situation so blieb, wie sie war. Und das ist eine Art von Tod.« John übertrieb natürlich, und es war keinesfalls die Schuld der anderen Beatles, wenn die Welt sie mit Wahnsinn umgab. Man braucht sich nur die Liebeslieder auf Johns Album **Imagine** anzuhören, wo er davon singt, daß »for the first time in my life ... I see the wind/ Oh, I see the trees« (zum erstenmal im Leben sehe ich den Wind, sehe ich die Bäume), um zu merken, wie verjüngt er sich fühlte. Er erlebte alles neu, als wäre er wiedergeboren worden.

Yoko ermöglichte John auch die Rückkehr zu der wilden, leidenschaftlichen, rücksichtslosen Selbstvergessenheit seiner Jugend. Obwohl Yoko und er ihre Kampagne für den Frieden vollkommen ernst meinten, gestand John Shotton, daß viele ihrer öffentlichen Aktionen – das Plattencover, das sie nackt zeigte; ihre Bed-Ins; die Pressekonferenzen, die sie in Säcken abhielten – nichts weiter als die erwachsene Version jener Streiche waren, die sich John und Pete als Kinder erlaubt hatten, nur daß John und Yoko sie jetzt als avantgardistische Kunst ausgaben. Während die Außenwelt Yoko dafür verantwortlich machte, daß sie John auf Abwege geführt habe, merkten die, die ihn kannten, daß es in Wirklichkeit »nur John war, er selbst«, wie Ringo formulierte.

Auch wenn Yoko Ono nicht unmittelbar für die Auflösung der Beatles verantwortlich war, bildete sie doch eindeutig den Katalysator, der für Johns definitiven Rückzug aus der Gruppe sorgte. Über die Trennung der Beatles sagte Paul später: »Im Rückblick war es vor allem John, der nach einer neuen Richtung suchte und sich deshalb kopfüber auf eine Rutschbahn begab ... Er wollte sein Leben genießen, wollte Dinge anstellen, und er ließ sich nicht zurückhalten. Wir haben ihn deswegen auch bewundert. Deshalb konnten wir nicht sagen: ›Ach, John, mach das lieber nicht. Bleib bei uns.‹ Man wäre sich feige dabei vorgekommen. Es *mußte* einfach so kommen.« John war der gleichen Meinung: »Mit den alten

Kumpels war es in dem Augenblick vorbei, als ich sie kennenlernte. Das war mir damals noch nicht ganz bewußt, aber so kam
es dann.«

Trotz der Spannungen, die während der Aufnahmen für das
Weiße Album entstanden, bewahrten sich John und die anderen
Beatles doch viel Zuneigung. Als sie zum Beispiel vor Fernsehkameras »Hey, Jude« probten, triezte John Paul nach dem ersten
Take, indem er den sentimentalen Schnulzier spielte: »Paul, jetzt
war ich schon nah dran, wirklich sehr nah dran.« Als Ringo darüber klagte, daß sich seine Hosen ständig im Schlagzeug verfin-
gen, gab John zurück: »Dann zieh sie aus!« Und während der im
Fernsehen ausgestrahlten Live-Vorstellung von »Hey, Jude«
wechseln John und Paul einen nicht zu übersehenden Blick
freundschaftlicher Zuneigung, nachdem John versucht hat, Paul
mitten im Singen zum Lachen zu bringen. Solche Augenblicke bestätigen das, was John später einmal andeutete: daß er es nie darauf anlegte, sich ganz und gar von seinen drei langjährigen Freunden und Partnern zu trennen. Hätte er andererseits die Wahl gehabt, dann hätte es auch keinen Zweifel darüber gegeben, welche
Partnerschaft ihm wichtiger war. »Wissen Sie, ich dachte, ich
könnte einfach weitermachen und Yoko in unser Leben [als Beat-
les] integrieren«, erläuterte er 1970. »Aber wie sich zeigte, mußte
ich entweder mit ihnen oder mit Yoko verheiratet sein. Ich entschied mich für Yoko, und das war richtig.«

20. Kapitel
Innerer Aufruhr, kreativer Überschwang
(The Beatles)

Wenn das Glück in der Ahnungslosigkeit liegt, befanden sich die Bewunderer der Beatles im Sommer 1968 im Nirwana. Natürlich wußte die Außenwelt, daß die Beatles den Spätwinter in Indien verbracht hatten und John Lennon sich jetzt mit einer Japanerin namens Yoko Ono herumtrieb. Die Hellhörigeren hatten auch mitbekommen, daß die Beatles im Herbst 1967 die Firma Apple gegründet hatten, die ihre kommenden kreativen Unternehmungen regeln sollte. Doch außerhalb des innersten Kreises der Beatles wußte kein Mensch etwas von dem Aufruhr innerhalb der Gruppe, für den Ono und Apple während der Aufnahmen für das als Weißes Album bekanntgewordene Doppelalbum sorgten. Sowohl Lennon wie McCartney datierten später den Anfang vom Ende der Beatles auf die Zeit, als sie das Weiße Album aufnahmen. Starr und Harrison waren ebenfalls unzufrieden; aus Ärger und Verzweiflung verließ Ringo im August 1968 die Band für zwei Wochen. Die unglückseligen Vorgänge wurden damals allerdings noch geheim gehalten. Und der Start des Films »Yellow Submarine« am 17. Juli bestätigte nur das vorherrschende Bild der Beatles als einer gemeinsam agierenden, gutaufgelegten Viererbande.

Am 30. August kamen »Hey, Jude« und »Revolution« heraus. Seit beinah sechs Monaten hatte man von den Beatles musikalisch nichts mehr gehört, doch mit der Single »Hey, Jude«/»Revolution« schien sich das Warten gelohnt zu haben. Die allgemeine Ahnungslosigkeit erwies sich auch insofern als Vorteil, als die Öffentlichkeit nichts von dem Ego-Kampf zwischen Lennon und McCartney erfuhr, die sich darum gestritten hatten, wem die A-Seite zukommen sollte – Paul setzte sich schließlich mit »Hey, Jude« durch –, und deshalb unvoreingenommen auf die Musik reagieren konnte.

Die Beatles nahmen fürs Fernsehen in Großbritannien und den USA von beiden Songs Live- (oder eigentlich Semi-Live-)Vorstellungen auf, und die dabei entstandene gespannte Erwartung ist selbst heute noch deutlich spürbar. Obwohl nur die Stimmen live waren, konnte doch niemand, der diese Videos sah, daran zweifeln, daß die Beatles noch immer mit den Besten mithalten konnten. Das Video von »Revolution« zeigt John, George und Paul vor dem Mikrofon, die Gitarre in der Hand, und Ringo zwischen seinem Schlagwerk im Hintergrund auf einem erhöhten Podest. Vor allem John hatte damals wirklich lange Haare, die in der Mitte gescheitelten Locken fielen bis auf die Schultern, und sowohl seine Stimme wie das, was er singt, bekräftigen, wie weit er sich von seinen Pilzkopftagen entfernt hat. Sein Eröffnungsgeheul, das einer mörderisch drängenden, stark verzerrten Gitarre auf dem Fuße folgte, erinnerte eher an einen Alarmruf als an ein begeistertes Schreien, und sein Text verkündete unüberhörbar, daß er bereit sei, die bestehende gesellschaftliche Ordnung jederzeit zu verändern. Es kam nur noch darauf an, wie man den Umsturz ins Werk setzen sollte.

Natürlich erhoben einige militante Linke den Vorwurf, »Revolution« sei nicht revolutionär genug, doch hat sich angesichts der geschichtlichen Entwicklung Lennons Text weit besser gehalten als alle Einwände gegen ihn. Obwohl der Song weit weniger Zuversicht und Idealismus verströmt als »All You Need Is Love« im Sommer zuvor, zeigte auch »Revolution«, wie sehr Lennon daran lag, daß politische Handlungen nach moralischen statt nach ideologischen Kriterien beurteilt würden. Deshalb weigerte er sich, »people with minds that hate« (Leute, die nur hassen) zu unterstützen. Gleichzeitig dachte er praktisch; ganz gleich, was man von Maos China hielt, es war von vornherein falsch, dessen Form von Revolution ausgerechnet den westlichen Massen zu predigen, die sich davor fürchteten. Aber bitte, wenn ihr eine bessere Idee habt – Lennon wollte sich das gern anhören; *liebend* gern würde er beobachten, wohin das Ganze ginge. In den ersten Zeilen machte ihm die Vorstellung seines namenlosen Gegenübers keine Angst, die Revolution sei die eine Möglichkeit, alle Krankheiten der Gesellschaft zu heilen; nein, John war gern bereit, sich das anzuhören. Schließlich wollte er, wie er in seiner Antwort zweimal sang, wie so viele andere auch die Welt verändern.

Und wenn das nur mit Gewalt möglich wäre? Die Frage, ob der Zweck die Mittel heilige, gehört im Bereich der politischen Moral zu der ältesten, und begreiflicherweise war sich Lennon nicht sicher, wie sie beantwortet werden sollte. Im Mai hatte er auf seinem Demo-Band gesungen: »you can count me out« (du kannst mich vergessen) bei jeder Revolution, die nur mit Zerstörung möglich sei. Bald jedoch änderte er seine Meinung, und das nicht nur einmal. Als er am 4. Juni seine Stimme bei der langsamen Version von »Revolution« zuspielte, sang er, »you can count me out (and) in« (du kannst mich vergessen/auf mich zählen). Als er am 10. Juli die schnellere Version von »Revolution« aufnahm, die dann als Single herauskam, kehrte er zum »out« zurück. Doch als die Beatles im September mit der schnellen Version im Fernsehen auftraten, besann er sich auf das Doppel von »out« und »in«. Vielleicht war gerade das die bestmögliche Antwort, war damit doch sowohl angesprochen, daß Gewaltlosigkeit die bessere Lösung wäre, als auch die Realität zum Ausdruck gebracht, daß es während der meisten Revolutionen zu gewalttätigen Handlungen kommt.

In einer Zeit, in der John mit jedem Tag politischer wurde und gleichzeitig immer mehr entschlossen war, seine Führungsrolle bei den Beatles wieder einzunehmen, dürfte es ihm nicht gerade leichtgefallen sein, die A-Seite der Single für McCartneys »Hey, Jude« herzugeben. Er merkte jedoch selber, daß der Song ein »Meisterwerk« war, wie er sich später ausdrückte, und da das gesamte Aufnahmeteam der Beatles ebenfalls dafür war, gab er schließlich nach. »Hey, Jude« entwickelte sich in der Folge zu einer der erfolgreichsten Singles in der gesamten Geschichte der Popmusik. Lennon war im übrigen sehr wohl in der Lage, von dem Konkurrenzverhältnis abzusehen und die Qualitäten des Songs anzuerkennen; leidenschaftlich verteidigte er eine der wichtigsten Zeilen, als McCartney sie streichen wollte. Als Paul John (und Yoko) »Hey, Jude« zum erstenmal vorspielte, hatte er schüchtern erklärt, die Zeile »the movement you need is on your shoulder« (die Bewegung, die du brauchst, liegt ganz bei dir) sei nur ein Füllsel; später käme er auf etwas Besseres. Doch John widersprach. In einer spiegelverkehrten Reaktion zu jener bei »I Saw Her Standing There«, als er darauf bestanden hatte, daß Pauls klischeehafte zweite Zeile durch den Ausdruck »you know what I mean« ersetzt werde, meinte er, daß die Zeile mit der »shoulder« in »Hey, Jude« genau das Richtige sei. Wie so häufig in den Texten der Beatles, ermutigte auch diese Zeile zu mehr Selbstvertrauen; alles, was man brauchte, um Trauer in Freude zu verwandeln, war genau hier, vor einem, vor der eigenen Nase.

»Hey, Jude« war wieder einmal ein Beleg dafür, daß die besondere Begabung der Beatles in ihrer Einfachheit lag. Die Strophe war um die drei Grundakkorde F-Dur, C-Dur und b herumgebaut. Diese Akkord-Folge von I – V – IV wurde im Refrain des Songs gewissermaßen auf den Kopf gestellt. Der Text des Refrains war simpel bis zur Sprachlosigkeit – Zeile für Zeile nur »nah, nah nah nah-nah-nah nah, nah-nah-nah nah, Hey, Jude«, doch war der Song an diesem Punkt bereits mit so vielen Gefühlslagen angereichert, daß die Hörer den Sound mit ihrer eigenen Bedeutung aufladen konnten.

»Hey, Jude« dauert länger als sieben Minuten und ist damit der längste Song, den die Beatles je herausgebracht haben. Er beginnt ganz sacht, nur mit Paul, der singt und sich selber am Klavier begleitet, dann gruppieren sich immer mehr Instrumente und Begleitstimmen um die Melodie, und der Song schwillt an wie ein gewaltiger Strom, der immer neue Nebenflüsse in sich aufnimmt. Neben den Beatles selber wirkte ein 36köpfiges Orchester mit, um der Ausblende Tiefe und Breite zu geben. Die einbestellten Musiker sollten nicht nur Violine, Flöte und Posaune spielen, sondern im Refrain auch klatschen und mitsingen. Und oben auf dieser riesigen auslaufenden Sound-Woge ist in der Ausblende McCartneys Stimme zu hören mit einer Folge manischer Schreie, Kreischer, mit Gestotter und stimmlichen Explosionen, die zu den inspiriertesten Darbietungen seiner Karriere gehört.

Bei der Fernsehaufzeichnung von »Hey, Jude« sangen noch ungefähr dreihundert glückliche Fans mit, die man in letzter Minute zusammengetrommelt hatte, damit die Beatles in den Twickenham Film Studios ein Live-Publikum hatten. Die Statisten waren jung und alt, männlich und weiblich, schwarz, braun und weiß, und sie bildeten einen gewaltigen Kreis um die Beatles. Doch als sich der Song immer weiter in die Ausblende hineinschraubte, wurde der Kreis, den die klatschenden und schunkelnden Fans vor allem um Ringo und Paul bildeten, immer enger, so daß sie sich kaum mehr bewegen, geschweige denn ihre Instrumente spielen konnten. Aber darauf schien es nicht mehr anzukommen. Es waren die Sechziger in Reinkultur, ein berührendes Tableau ekstatischen Zusammenseins.

Das Publikum konnte nicht ahnen, daß der Auftritt im Twickenham-Studio buchstäblich Ringos erster Arbeitstag war, seit er die Beatles am 22. August verlassen hatte. Er hatte offenbar zunehmend das Gefühl, die anderen Beatles würden ihn als Inventarstück betrachten, das nichts zur eigentlichen Leistung der Gruppe beitrug; außerdem ging ihm das zunehmende Gezänk auf die Nerven. Häufig war er der einzige, der abends pünktlich in der Abbey Road auftauchte und dann Stunden um Stunden warten mußte, während die anderen kamen, wann und wie sie wollten. Ringo selber hatte damals das Gefühl, sein Schlagzeugspiel sei nicht besonders gut, was vor allem durch Paul noch bestärkt wurde. McCartney neigte nicht nur dazu, Ringo Vorträge darüber zu halten, wie man das Schlagzeug richtig handhabe, er schob manchmal sogar Ringo beiseite, um selber zu trommeln. Nachdem Paul Ringo wieder einmal tyrannisiert hatte, diesmal bei »Back In The U.S.S.R.«, verließ dieser mitten in der Session das Studio. Nachdem ein paar Tage vergangen waren und den anderen klar wurde, daß das kein vorübergehender Koller war, baten sie Ringo zu einem Treffen im Haus von George und flehten ihn an, in die Gruppe zurückzukehren. Er gehöre gleichberechtigt wie alle anderen zu den Beatles, und er sei der beste Drummer, den die Gruppe haben könne. Es brauchte eine Zeitlang, bis Ringo in seinem Zorn besänftigt war, doch am 3. September kehrte er schließlich in die Abbey Road zurück, wo er sein Schlagzeug von Blumen umgeben fand.

Ringos Flucht war gleichwohl symptomatisch für die Schwierigkeiten, in die die Gruppe inzwischen geraten war. Paul spielte den Chef, und John war von Yoko besessen. Die anderen Beatles fühlten sich von John vernachlässigt; Yokos Einmischungen empörten sie, während John darauf seinerseits empört reagierte. »Vom Weißen Album an war unser Verhältnis eindeutig belastet, die Entfremdung zwischen ihm und uns setzte ein«, erinnert sich George Harrison, um gleich zu ergänzen: »Die Entfremdung machte sich zwischen uns allen breit.« Die Aufnahmen, die bis dahin wahre Orgien an Musizierfreude und Kreativität gewesen waren, wurden nun zu einer lustlosen Angelegenheit, die von geschäftlichen Treffen wegen Apple unterbrochen wurden. Mal verlor der eine, mal der andere die Beherrschung und beschimpfte die anderen. Bei einer Gruppe, bei der die persönliche Chemie immer zu den stärksten Seiten gehört hatte, war das ein schlimmes Zeichen. Der Niedergang im persönlichen Verhältnis zueinander kostete die Beatles einen wichtigen Mitarbeiter im Aufnahmeteam. Der Toningenieur Geoff Emerick, dessen Einfallsreichtum so viel zur künstlerischen Leistung von **Revolver** und **Sergeant Pepper** beigetragen hatte, warf ohne Vorwarnung das Handtuch, als sich die Gruppe wieder einmal in den Haaren lag.

Die Beatles mußten zudem das Paradox erleben, daß sie über mehr Talent verfügten, als ihnen guttat. Der interne Konkurrenzdruck, der die Gruppe zu immer noch größerer Leistung angespornt hatte, führte jetzt zu einem regelrechten Krieg. Als Songschreiber blieb Paul so fruchtbar wie immer. Und seit durch die Reise nach Indien und die Begegnung mit Yoko Ono Johns künstlerische Energien aufgefrischt waren, schrieb er Songs, wie man das seit **A Hard Day's Night** bei ihm nicht mehr erlebt hatte. Er kritisierte zunehmend das, was er Pauls Schwäche für »Oma-Musik« nannte – Songs wie »Martha My Dear« und »Honey Pie«. George fühlte sich inzwischen ähnlich behandelt wie zuvor Ringo. Auch er schrieb mehr und bessere Songs, doch waren die anderen offenbar zu sehr mit sich selber beschäftigt, als daß sie ihm die gebührende Aufmerksamkeit hätten widmen können. Sogar »While My Guitar Gently Weeps«, möglicherweise der eindrucksvollste Song auf dem Weißen Album, stieß George zufolge bei den anderen Beatles auf taube Ohren.

»While My Guitar Gently Weeps«, gehörte neben so hervorragenden Stücken wie »Revolution«, »Julia«, »Back In The

U.S.S.R.«, »Dear Prudence« und »Blackbird« zu den 23 Songs,
die die Beatles vor den Aufnahmen für das Weiße Album bei den
Demo-Sessions in Georges Haus mitschnitten. Doch während die
meisten dieser Songs im wesentlichen unverändert auf dem
Album erschienen, durchlief »While My Guitar Gently Weeps«
eine spektakuläre Verwandlung, die ähnlich radikal war wie achtzehn Monate zuvor die bei »Strawberry Fields Forever«.

Die Beatles kamen erst am 25. Juli dazu, »While My Guitar
Gently Weeps« aufzunehmen, fast zwei Monate nachdem die Aufnahmen für das Weiße Album begonnen hatten. Die Art, wie sie
mit seinem Song umgingen, hat bei George keine besonders guten
Erinnerungen hinterlassen: »Einmal habe ich mit John, Paul und
Ringo an dem Song gearbeitet, aber sie waren völlig desinteres-
siert. Dabei war ich mir ganz sicher, daß es ein gutes Lied ist.«
George zeichnete daraufhin bei dem Aufnahmetermin am 25. Juli
eine hervorragende Solo-Version auf. Die erste Aufnahme von
»While My Guitar Gently Weeps« mit den anderen drei war dagegen schwermütig und roh.

Die buchstäblich einzigen Töne, die man auf diesem Take zu
hören bekommt, kommen von Harrisons fehlerlos gezupfter und
geschlagener Akustikgitarre, er singt dazu mit bekümmerter, me-
ditativer Stimme, bei der Zeile »the love there that's sleeping«
(der Liebe, die dort schläft) ist die Traurigkeit überwältigend. In
der nächsten Strophe tröstet sich Harrison mit dem Gedanken, daß
»with every mistake we must surely be learning« (wir mit jedem
Fehler bestimmt dazulernen), doch fleht er um Fortschritt, er bestätigt den Sachverhalt nicht nur, seine Gitarre klingt tatsächlich
so, als könne sie nur weinen. Es gibt noch eine weitere Strophe,
auf die später verzichtet wurde, in der der Sänger sich schließlich
damit abfindet, daß sich die Welt auch ohne seine Einflußnahme
weiterdreht. Sie enthält zwei der poetischsten Zeilen, die Harrison
je geschrieben hat; bedauerlich, daß sie aus der endgültigen
Fassung verschwunden sind. Jedenfalls bot der erste Take von
»While My Guitar Gently Weeps« eine Vorstellung, bei der es
einem kühl den Rücken herunterläuft, und sie wird in der Gegenüberstellung mit der elektrischen Version des Weißen Albums mit
Eric Clapton an der Leadgitarre nur noch ergreifender.

Offensichtlich bat Harrison Clapton dazu, um sich für die Apathie und die Streiterei der anderen Beatles zu rächen. Die beiden Gitarristen fuhren am 6. September von ihrem jeweiligen Haus in Surrey aus nach London, als George mit dem Vorschlag kam. Clapton war überrascht: »Das geht nicht. Niemand spielt bei Beatles-Platten mit.« Aber wenn John den Beatles Yoko als mehr oder weniger permanentes Band-Mitglied aufnötigen konnte, dann durfte doch wohl George den besten Gitarristen in Großbritannien für eine einzige Session mitbringen. Und wie es der Zufall wollte, konnten sich die Beatles an dem Abend mit Clapton plötzlich wieder benehmen, als sei nie etwas gewesen.

Bis dahin hatte die Band von »While My Guitar Gently Weeps« 44 Takes mit zwei verschiedenen Arrangements aufgenommen. Den 25. Take hatte man bereits als Rhythmusspur ausgewählt, und auch wenn Harrison darüber jammerte, sie hört sich nicht nach der Arbeit von apathischen Musikern an. McCartneys durchdringendes Piano-Riff, das fast mit einem Akkord auskommt, und Starrs drängendes, implodierendes Becken stammen beide aus dem 25. Take, der später um Zuspielungen erweitert wurde. Im Lauf von sieben Stunden nahm George seine Leadstimme zur Begleitung von Pauls Harmonien auf, Paul spielte den verzerrten Baß, und Ringo verschärfte seine Schlagzeugspur noch mit Percussion. Es war aber dennoch Claptons Leadgitarre, die die Session bestimmte: kraftvoll, fließend, zurückhaltend, dringlich, eine Meisterarbeit.

Ob nun die rauhe elektrische Version von »While My Guitar Gently Weeps« der düsteren akustischen überlegen war, dürfte Ansichtssache sein; im Rückblick ist es schade, daß die Beatles es nicht ähnlich wie bei »Revolution« gehalten und beide Versionen herausgebracht haben. Das Problem bestand darin, daß sie inzwischen über mehr Songs verfügten, als selbst auf einem Doppelalbum unterzubringen waren; daher brachten es so schöne Stücke wie Georges »Not Guilty« und Johns »Child Of Nature«, die beide im Mai während der Demo-Aufnahmen in Georges Haus aufgezeichnet wurden, nie auf ein Beatles-Album. Im übrigen hatte George Martin die stilistische Bandbreite ohnehin begrenzen wollen. Als er sich die Demo-Bänder angehört hatte, war er keineswegs überzeugt, daß die Beatles über ausreichend gutes Material verfügten, um ein Doppelalbum mit dreißig Songs zu rechtfertigen. Er gab ihnen deshalb den Rat, die Spreu vom Weizen zu trennen und »ein wirklich tolles Album« mit nur vierzehn oder sechzehn Titeln zusammenzustellen.

Martins Bedenken haben einiges für sich. Auf **The Beatles** finden sich viele gute Stücke, vielleicht sogar mehr als auf jedem anderen Beatles-Album, doch der Gesamteindruck, den diese Platte hinterläßt, ist, anders als bei **Sergeant Pepper**, nicht überwältigend. Kritiker haben dies der Tatsache zugeschrieben, daß der Zusammenhalt innerhalb der Gruppe nachließ. Aus dem Ensemblespiel und der gemeinsamen Erarbeitung der Songs bei früheren Platten wurden individueller orientierte Aufnahmen, oder, wie John über das Weiße Album sagte: »Es waren bloß ich und eine Begleitband, oder Paul und eine Begleitband.« Dennoch vermag diese Einschätzung nicht vollständig zu überzeugen. Zunächst einmal hat John wie üblich übertrieben; bei vielen Songs auf dem Weißen Album wirkten alle vier Beatles zusammen. Und wie nicht zuletzt »While My Guitar Gently Weeps« eindrucksvoll zeigt, muß innere Unruhe nicht notwendig zu mittelmäßiger Musik führen.

Eine andere, schlichtere Erklärung für den verschwommenen Eindruck, den das Weiße Album macht, mag sein, daß einige Songs als Kompositionen nicht stark genug waren. Von Martins Erklärung aus den nächsten Schritt zu machen und genau aufzulisten, welche Songs nicht auf die Platte gehörten, ist dennoch kaum möglich (Martin fühlte sich dazu auch nie bemüßigt). Auch wenn Stücke wie Pauls »Wild Honey Pie«, Ringos »Don't Pass Me By«, Georges »Savoy Truffle« und Johns »Glass Onion« nicht dem üblichen hohen Beatles-Standard entsprachen, waren sie doch auf ihre Weise interessant genug und brauchten den Vergleich mit anderen Popsongs jener Zeit nicht zu scheuen. Martins Vorschlag anzunehmen, hätte strenge Disziplin und die Fähigkeit zur Selbstkritik erfordert, und zum damaligen Zeitpunkt sahen sich die Beatles weder zum einen noch zum andern in der Lage. Wie Harrison später über McCartneys Solo-Karriere bemerken sollte, braucht jeder einen, der ihm die Wahrheit sagt, wenn er nicht ganz auf dem Posten ist. Doch als Martin beim Weißen Album diese Rolle zu spielen versuchte, wollten die Beatles nichts davon wissen.

Doch 1968 wurde das Weiße Album nach der Musik beurteilt, die es zu bieten hatte; die Songs sah man nicht als Spiegelscherben, in denen sich die Uneinigkeit der Gruppe spiegelte, sondern als überwältigenden musikalischen Ausstoß, der nach Menge, Reichtum und Vielfalt seinesgleichen suchte. Aufmerksame Zuhörer konnten natürlich eine größere Individualität in dieser Kompilation feststellen – vor allem fiel auf, wie selten Gruppengesang und gemeinsame Harmonien geworden waren –, doch erschöpften sich die Besonderheiten des Albums keineswegs nur darin. Denn gleichzeitig wurden vom Weißen Album an Studiotricks und Aufnahmetechnik zurückgeschraubt, während sich seit **Revolver** jedes Beatles-Album dadurch ausgezeichnet hatte, daß es immer noch komplizierter wurde. Weil viele Songs in Indien entstanden, waren sie auf die Gitarre zentriert, und von Ausnahmen wie »While My Guitar Gently Weeps« abgesehen, unterschieden sich die Demos im Sound nicht sehr von den fertigen Stücken auf dem Album. Diese Rückkehr zu den musikalischen Grundstrukturen bestätigte sich auch in der Cover-Gestaltung (in schlichtem Weiß), deren Minimalismus die Antwort auf die vielen geschmacklosen Imitationen war, die nach dem Erscheinen von SERGEANT PEPPER aufkamen. Schon allein das Cover signalisierte, daß die Beatles als kreative Potenz immer mehrere Schritte voraus waren.

Und als wollten sie beweisen, daß der Zank und Streit keineswegs ihre Muse vertrieben hatte, eröffneten die Beatles die Doppel-LP mit »Back In The U.S.S.R.«, dem Song, dessentwegen Ringo ausgestiegen war. Paul hatte sich in Ringos Abwesenheit ans Schlagzeug gesetzt, und seine Darbietung bestätigt George Martins Bemerkung, daß Paul technisch besser als Ringo war. Paul vermochte dem Schlagzeug vielleicht nicht so viele Farbtöne zu entlocken wie Ringo, aber »Back In The U.S.S.R.« war gradliniger Rock 'n' Roll, und Pauls knapper, treibender Beat genau richtig. George und John unterstützten ihn nach Kräften, und deshalb gehört der Song zu jenen, die Johns Behauptung widerlegen, auf dem Weißen Album hätte es keine gemeinsame Beatles-Musik mehr gegeben.

Nachdem Ringo am 22. August aus der Session geflohen war, arbeiteten die anderen Beatles einfach weiter; am Ende des Abends hatten sie die Rhythmusspur von »Back In The U.S.S.R.« fertiggestellt. »Am Ende des Abends« ist irreführend, denn inzwischen nahmen die Beatles buchstäblich die ganze Nacht auf. Die Session am 22. August zum Beispiel dauerte fast bis fünf Uhr morgens, und als George, John und Paul am folgenden Abend in die Abbey Road zurückkehrten, um das Stück mit weiteren Zuspielungen zu ergänzen, verließen sie das Studio wiederum erst um drei Uhr morgens. Der Song war vollendet, und das in bemerkenswert kurzer Zeit. Pauls inspirierte Leadstimme wurde unterstützt von George und John an Lead- und Baßgitarre, dazu sangen sie hohe, schwungvolle Harmonien, die Pauls Anmerkung bestätigen, der Song sei »eine Art Beach-Boys-Parodie«. Das Demo-Band von »Back In The U.S.S.R.« benutzte noch keinen dieser Effekte. Paul singt zu einer forsch geschlagenen Akustikgitarre, gelegentlich hört man harmlose Begleitstimmen von den anderen Beatles. Wie »While My Guitar Gently Weeps« war auch »Back In The U.S.S.R.« eine Ausnahme auf dem Weißen Album, weil es spürbare Unterschiede zwischen der Demo-Version und der veröffentlichten gibt. In diesem Fall jedoch verbesserte die Zusatzarbeit den Song eindeutig.

Das Album hatte einen buchstäblich dröhnenden Start bekommen und konnte abheben. Der Lärm der Triebwerke, mit denen »Back In The U.S.S.R.« begonnen hatte, kehrte am Ende des Songs wieder und ermöglichte damit eine Aufblende für Johns schöne Ballade »Dear Prudence«. Da die Beatles diesen Song unmittelbar nach »Back In The U.S.S.R.« aufnahmen, setzte sich Paul erneut ans Schlagzeug. Doch die Instrumente, die am meisten herausstechen, sind Pauls zurückgenommener Baß und Johns Akustikgitarre. Die Gitarrentöne, die sich allmählich aus dem Maschinenlärm lösen, sind beruhigend und doch vibrierend. John scheint die Griffe allein entwickelt zu haben, denn sie sind identisch mit jenen, die er auf dem Demo-Band spielt; auch seine Stimme ist beinah unverändert.

Am Ende extemporiert John ein paar Zeilen gesprochenen Kommentar und bemerkt grinsend, der Song handle von einem Mädchen, »das einen Meditationskurs in Rishikesh besuchte«. Kaum hat John diese Worte ausgesprochen, hört man im Hintergrund Paul, der etwas von sich gibt, was sich verdächtig nach »Ku-kuck« anhört. Nur mit Mühe kann John ein Lachen unterdrücken, ehe er die rhetorische Frage stellt: »Wer konnte auch ahnen, daß sie unter der liebevollen Betreuung des Maharishi Mahesh Yogi durchdrehen würde?« »Sie« war Prudence Farrow, die Schwester der Schauspielerin Mia Farrow, die sich in Rishikesh dermaßen tief in ihre Meditation versenkt hatte, daß sie überhaupt nicht mehr aus ihrem Bungalow wollte. »Und deshalb haben wir für sie ein Lied gesungen«, schließt John wehmütig, nämlich seinen Song. Doch wie so häufig bei Lennon geht auch »Dear Prudence« über seinen ursprünglichen Anlaß hinaus, um eine allgemeinere Botschaft zu vermitteln – ebenjene, die John seit dem »Nowhere Man« verkündete: Versteck dich nicht vor dem Leben, es gibt immer einen Grund zu lächeln, wach auf und mach mit, spiel deine Rolle im großen Plan.

Andererseits war »Glass Onion«, die Nummer drei auf dem Weißen Album, Lennons Reaktion auf die Leute, die zu *viele* Botschaften in seine Songs hineinlasen. »Glass Onion« ist ein Mischmasch aus Anspielungen auf frühere Beatles-Songs, dazu ein paar irreführende »Erklärungen« wie »the walrus was Paul« (Paul war das Walroß). Der Song wäre vermutlich weggefallen, hätten die Beatles sich nicht über George Martins Rat hinweggesetzt und darauf bestanden, daß das Weiße Album doppelten Umfang haben solle. Das nachfolgende »Ob-La-Di, Ob-La-Da« hätte, wäre es nach John gegangen, vermutlich das gleiche Schicksal ereilt. Trotz des ansteckenden Refrains und der schrulligen Geschichte ist »Ob-La-Di, Ob-La-Da« ein Musterbeispiel der schmalzigen McCartney-Musik, die Lennon immer weniger verkraften konnte. Wenigstens hat »Ob-La-Di, Ob-La-Da« eine einprägsame Melodie; das anschließende »Wild Honey Pie« dagegen hört sich an, als würde jemand mit einem Hammer auf eine riesige Taschenuhr eindreschen, bis alle Federn zersprungen sind. Vermutlich handelt es sich hier um die extremste Maßlosigkeit des Albums.

Johns Satire auf einen Großwildjäger in »The Continuing Story of Bungalow Bill« war schneidend und witzig, obwohl Yoko die Zeile »Not when he looked so fierce« (Nicht wenn er so grimmig dreinschaut) wegträllerte, doch es waren die beiden abschließenden Stücke auf der ersten Seite, die das Album auf die Höhe von »Back In The U.S.S.R.« und »Dear Prudence« zurückbrachten. Seite 2 beginnt mit »While My Guitar Gently Weeps«, dann folgt die wuchernde Spinnerei von »Happiness Is A Warm Gun«. John, Paul und George liebten den Song, der ganz und gar von John Lennon ist. Drei verschiedene Songs waren zu einem einzigen zusammengefaßt worden; häufig und immer überraschend wurde das Tempo verändert (die Beatles brauchten nicht weniger als siebzig Takes, um die Rhythmusspur hinzukriegen); das Stück ging teilweise auf einen Magazintitel zurück, dessen Schlagzeile ohne alle Ironie erklärte: »Happiness Is A Warm Gun« (Glück ist ein rauchender Colt); es zeigt Johns trockenen Humor; und es zeigt unüberhörbar seine Liebe zu Yoko – zur Mother Superior (Schwester Oberin).

John schrieb diesen Song nicht ganz allein. Die erste Zeile stammte von Derek Taylor, und als er und Lennon eines Tages mit LSD auf die Reise gingen, half er mit, dem Text der Anfangszeilen die endgültige Form zu geben. Der zweite Teil des Songs beschwor allerdings eine andere Droge. Zum Mißvergnügen der anderen Beatles hatte Yoko John irgendwann im Sommer 1968 mit Heroin bekannt gemacht; daher rührte die Zeile »I need a fix«. (Im folgenden Jahr war John bereits süchtig, was er in seiner beängstigenden Single »Cold Turkey« von 1969 schildern sollte.) Und schließlich scheint die gesprochene Zuspielung im dritten Teil von »Happiness Is A Warm Gun«, die mit den Worten beginnt, »When I hold you in my arms« (Wenn ich dich im Arm halte), eine satirische Verspottung der banalen Herz-Schmerz-Reime zu sein, die sich vor allem in den Popsongs der fünfziger Jahre finden. Ein Hinweis auf den spöttischen Unterton entdeckt man auf den Demo-Bändern vom Mai, die bei der Aufzeichnung von Lennons »I'm So Tired« einen komischen Moment festhalten. Gegen Ende des Takes verfällt John in einen gesprochenen Text, der in Rhythmus und Intonation sehr stark jenem ähnelt, der später auf »Happiness Is A Warm Gun« erschien. Auf dem Demo-Band ist Johns Stimme gespielt ernsthaft: »When I hold you in my arms/ When you show each one of your charms/ I wonder should I get up/ And go to the funny farm« (Wenn ich dich im Arm halte, wenn du mir jeden einzelnen deiner Reize zeigst, überlege ich, ob ich aufstehen und in die Klapsmühle gehen soll).

Lennon bemerkte einmal, ihm sei das Weiße Album lieber als **Sergeant Pepper**, weil seine Songs besser seien. Das ist Songs wie »A Day In The Life« und »With A Little Help From My Friends« gegenüber ungerecht, doch sind diese Kompositionen in Zusammenarbeit mit McCartney entstanden; Johns Songs auf dem Weißen Album sind Solo-Nummern. Ihre Qualität ist in der Tat hoch und wird auch eher durchgehalten als bei Paul, wie vor allem die zweite Seite der ersten Platte des Weißen Albums beweist. Paul schrieb fünf der neun Songs, doch nur »Blackbird« gehört in die gleiche Kategorie wie Johns »I'm So Tired« und »Julia«. (Ringos schwerfälliges »Don't Pass Me By« war vermutlich eher als Zugeständnis an die Gleichberechtigung innerhalb der Gruppe gedacht. Georges »Piggies« hingegen nährte mit seinem vernichtenden Porträt bourgeoiser Völlerei die gegenkulturelle Flamme der Beatles.)

Vier der fünf Songs von McCartney auf der zweiten Seite waren buchstäblich Ein-Mann-Stücke – nur »Rocky Racoon« brachte einen nennenswerten Beitrag von den anderen Beatles –, und in ihrer unterschiedlichen Qualität kündigten sich bereits die Höhen und die Tiefpunkte in Pauls Solo-Laufbahn an. »Blackbird« war ein Triumph der Einfachheit, der als Solo-Stück sehr gut funktionierte. Die Sentimentalität von »Martha My Dear« und »I Will« schrie hingegen geradezu nach korrigierender Bearbeitung durch Lennon. »Why Don't We Do It In The Road« lag irgendwo dazwischen. Diese Bluesnummer, deren Text das Sechziger-Jahre-Ideal der freien Liebe bis zum Exhibitionismus forcierte, zeigte Paul als schlimmen Jungen mit reichlich Talent in der Stimme, doch hätte sich weit mehr draus machen lassen. Später behauptete Paul, er habe den Song als »Abpraller von John« geschrieben, doch mitspielen ließ er dann nur Ringo. Was schade ist: eine erstklassige Stimme von Lennon und ein manischer Harrison an der Gitarre hätten aus einem Song einen wirklich guten Song gemacht.

Der schönste und wichtigste Song auf der Seite war »Julia«, Lennons Klage um seine tote Mutter. John nahm verschiedene Probeversionen auf, doch hören sich alle so ähnlich an wie die Fassung, die sich schließlich auf dem Album findet. Diesmal war es John, der einen Beatles-Song ganz allein aufnahm. Wie »I'm So Tired« war »Julia« einer der letzten Songs, die für das Weiße Album aufgenommen wurden, doch waren beide Monate zuvor auf der Indienreise geschrieben worden. Offiziell waren Yoko und er damals noch kein Paar, doch enthält »Julia« und möglicherweise auch »I'm So Tired« Hinweise darauf, daß er sich bereits intensiv mit Yoko beschäftigte. Die Anspielung auf Yoko in »Julia« mit der Zeile »Ocean child calls me« (Meereskind ruft mich) ist eindeutig, im Japanischen bedeutet Yoko »Meereskind«. Wenn sich die künftigen Liebenden damals schon regelmäßig Briefe schrieben, liegt die Vermutung nahe, daß die Zeile in »I'm So Tired«, in der es heißt, »my mind is set on you« (mir steht der Kopf nach dir), ebenfalls an Yoko gerichtet ist.

Doch ist dieser persönliche Subtext keine Voraussetzung, um die Emotionen zu spüren, die Lennon in diesen Songs vermittelt. In »I'm So Tired« sorgen Verstörung und Enttäuschung für eine so anhaltende Schlaflosigkeit, daß er »give you everything I got for a little peace of mind« (dir alles geben würde für ein wenig Seelenfrieden). In »Julia« beginnt sein zartes, unheimliches Flehen mit dem entwaffnenden Eingeständnis, »half of what I say is meaningless« (die Hälfte meiner Worte ist bedeutungslos), eine Formulierung, die er dem Buch »Der Prophet« des libanesischen Dichters und Romanciers Kahlil Gibran entnahm. Lennon offenbart seine ganze Verletzlichkeit, wenn er hinzufügt: »But I say it just to reach you« (Aber ich spreche sie nur aus, um dir nahezukommen). Der Song besteht vornehmlich aus Moll-Akkorden, die die melancholische und verunsicherte Stimmung verstärken, während der Text Bilder weiblicher Schönheit zu beschwören versucht, die so flüchtig und betörend sind wie ein aufwühlender Traum, an den man sich nicht mehr genau erinnern kann. Sehnsucht und Verlangen sind jedoch das Lebendigste in dem Song, und da das Herz ungetröstet bleibt, muß Lennon sich damit begnügen, diesem Luft zu machen: das Lied als Therapie.

Die dritte Seite des Weißen Albums enthält die Rock 'n' Roll-Stücke, und obwohl keiner der Songs über eine eingängige Melodie wie etwa »Day Tripper« oder »Paperback Writer« verfügt, lassen sie doch keinen Zweifel daran, daß die Beatles im Grunde eine Rock-Band sind. Vor allem »Helter Skelter« war nach Pauls Aussage »der lauteste, unanständigste, der verschwitzteste« Rock-Song, den sie je komponierten. Während für einen Engländer *helter skelter* eine Attraktion in einem Vergnügungspark sein kann, bedeutete der Begriff für einen Amerikaner unorganisiertes Chaos. Als die Beatles in der Abbey Road zum erstenmal an diesem Song arbeiteten, gerieten sie immer mehr in seinen brutalen, kreischenden Sog, so daß sie einmal gut zehn Minuten, dann länger als zwölf und schließlich über die epische Länge von sage und schreibe 27 Minuten jammten. Am 9. September 1968, dem Tag, als sie die Version aufnahmen, die auf der Platte zu hören ist, beschränkten sie die Länge auf viereinhalb Minuten, tobten aber auf dem Band wie im Studio genauso wild herum. Ringos Schrei »I've got blisters on my fingers« (Ich hab Blasen an den Fingern) wurde ebenfalls festgehalten, und hätten die Beatles an jenem Abend ein Video aufgenommen, hätte es George gezeigt, wie er einen Aschenbecher anzündete, ihn sich aufsetzte und mit dieser Feuerkrone durchs Studio tobte.

Als junger Rocker erzählte John Bob Dylan, daß es ihm auf den Sound eines Songs ankomme, nicht auf den Text. Die Songs auf der dritten Seite des Weißen Albums kehrten zu dieser primitiven Vorstellung von Rock 'n' Roll zurück, und man kann regelrecht spüren, wie die Beatles aufjauchzten, weil es so direkt und ungeschliffen zuging. »Birthday«, der Auftakt-Song der dritten Seite, entstand buchstäblich erst im Studio, »Yer Blues« ist im wesentlichen der immer gleiche knirschende Gitarrengriff, zu dem Lennon kreischt, ihm sei nach Selbstmord zumute. Der folgende Song, »Mother Nature's Son«, ist wiederum ein McCartney light, und light ist auch Harrisons Abschluß »Long, Long, Long«. »Everybody's Got Something To Hide Except Me And My Monkey« ist weniger ein Song als, wie John zugeben mußte, ein guter Anfang.

Doch Lennon bearbeitete diese Zeile immerhin so lange, bis er eine passable Melodie dazu hatte und die Beatles ihren Spaß damit (besonders der Unbekannte, dem die Kuhglocke anvertraut war). Auf der dritten Seite fiel nur »Sexy Sadie« mehr durch den Text als durch den Sound auf, obwohl die Melodie im Mittelteil genau die schlichte Lieblichkeit hat, die der idealisierten Heldin, von der im Text die Rede ist, entspricht. »Sexy Sadie« war natürlich keine Frau, sondern ein Mann, Johns alter Freund, der Maharishi. Der Song war in Indien entstanden und drückt einen Moment aus, in dem blitzartig eine idealistische Vorstellung zunichte wird. John schrieb ihn in den Minuten, als er seine Sachen gepackt hatte und abreisen wollte, nachdem er den Maharishi von dessen unangenehmster Seite hatte kennenlernen dürfen.

John dominierte auch die vierte und abschließende Seite des Weißen Albums, was sich vor allem den beiden Versionen von »Revolution« verdankte, die hier ihren Platz fanden. (Von den drei Songs, die dazwischen plaziert waren, lieferte Pauls »Honey Pie« ein weiteres Beispiel sirupsüßer Nostalgie, war Georges »Savoy Truffle« noch am ehesten bemerkenswert wegen seiner kräftigen Hörner und einem Text, in dem er seinem Ärger über Paul Luft zu machen schien – »We all know, ›Ob-La-Di-Bla-Da‹/ But can you tell me where you are?« (Wir kennen ›Ob-La-Di-Bla-Da‹, aber wo bist du eigentlich?) –, während John so wenig von »Cry Baby Cry« hielt, daß er später bestritt, es überhaupt geschrieben zu haben.

Als das Weiße Album am 22. November 1968 herauskam, war die Single-Version von »Revolution« seit fast drei Monaten auf dem Markt; die Leute kannten den Song nur schnell und laut. Jetzt, wo der Song in einer vollkommen anderen Fassung die vierte Seite des Albums eröffnete, erhielt das Publikum Einblick in den kreativen Prozeß der Beatles, und der wurde noch verstärkt durch die Dreingabe von Johns und Pauls Studiogequatsche, mit dem diese Fassung beginnt. Politisch interessierte Hörer, die John jetzt »count me out, in« sagen hörten, hätten schließen können, daß Lennon in den vergangenen Monaten militanter geworden sei. Das traf in gewisser Weise sogar zu, doch die Bestätigung im Text war reiner Zufall. Wie bereits erwähnt, war die Albumfassung von

»Revolution« als erste aufgezeichnet worden, zusammen mit der verblüffenden Ton-collage »Revolution 9«. Diese bewies Wahnsinn ebenso wie Methode – oder wie es der Kritiker Tim Riley formuliert hat: »Kein musikalischer Anfänger wäre auf diese Kombination« von Tönen verfallen – und wurde geschickt durch McCartneys Einwurf »Can you take me back where I came from?« (Bringst du mich bitte zurück nach Hause?) eingeleitet. Dennoch atmen die meisten Hörer auf, wenn die letzten Wiederholungen von »Block that kick« verklungen sind und sie sich plötzlich in die wunderbare Welt des disneyhaften »Good Night« versetzt sehen.

Hier komponierte einer gegen seinen eigenen Stil: »Good Night« ist von Lennon, es war als Schlaflied für seinen damals fünfjährigen Sohn Julian gedacht. John hatte recht, als er später bemerkte, die Streicher bei »Good Night« seien »vielleicht zu üppig« gewesen, aber er verlangte von Martin, daß er sie »wie Hollywood« arrangiere. Ringos warme, bodenständige Stimme bewahrt den Song vor dem Absturz in die völlige Geschmacklosigkeit, und seine geflüsterten Abschiedsworte am Songende an »everybody, everywhere« (alle, überall) erneuerten die Verbindung zwischen der Gruppe und ihrem Publikum, die für den Erfolg der Beatles immer ausschlaggebend gewesen war.

Das Problem war nur, daß die Verbindung der Beatles untereinander zerbröselte. Ursprünglich wollten sie das Weiße Album nach Henrik Ibsens Stück »A Doll's House« (»Nora oder Ein Puppenheim«) nennen, doch ihre Gemeinschaft hatte nichts Kindliches oder Verspieltes mehr. Was passierte, war das wirkliche Leben, und es würde bald sehr bitter werden.

21. Kapitel
»In meiner Stunde der Dunkelheit«
(Let It Be)

Von den etwa vierzehnhundert Live-Auftritten, die die Beatles während ihrer Laufbahn absolvierten, wurde der letzte wahrscheinlich auch der berühmteste: das Konzert hoch oben auf dem Dach, mit dem der Film »Let It Be« schließt. Obwohl er erst im Mai 1970 herauskam, wurden die Songs dazu mehr als ein Jahr vorher aufgezeichnet; das Konzert selbst fand am 30. Januar 1969 statt. Seit dem Ende ihrer USA-Tournee im August 1966 waren die Beatles nicht mehr im eigentlichen Sinn live aufgetreten, doch bewies ihr Auftritt auf dem Apple-Gebäude, daß sie noch ebenso charismatisch und musikalisch lebendig waren wie früher. Der Winterwind wehte ihre schulterlangen Haare nach hinten, unten auf der Straße versammelte sich in der Mittagspause eine überraschte Menge von Angestellten, und die Beatles spielten ein 42minütiges Set, das aus fünf Songs bestand: »Get Back«, »Don't Let Me Down«, »I've Got A Feeling«, »Dig A Pony« und »The One After 909«, wobei die ersten beiden Songs zweimal gespielt wurden. Die Vorstellung zeigte vielleicht nicht die hundertprozentige Studioperfektion, kam ihr aber erstaunlich nahe, und allein die Begeisterung, die sich dabei mitteilte, entschädigte für die eine oder andere vergessene Zeile oder schiefe Harmonie.

Einer der schönsten Augenblicke ergab sich, als John Lennon am Anfang der dritten Strophe von »Don't Let Me Down« plötzlich nicht mehr im Text weiterwußte. Paul McCartney hatte die Harmonien im Refrain gesungen, doch die Strophen in diesem Liebeslied an Yoko gehörten allein John. Und John machte genau das gleiche, was er vor vielen Jahren beim Kirchenfest in Woolton getan hatte, auf dem Paul und er sich kennengelernt hatten: Er erfand sich aus dem Stegreif einen neuen Text. In diesem Fall war es eher ein Sound als ein Text, aber er klang echt genug, um sich durchzumogeln, und als er nach der nächsten Zeile pausierte, um

Luft zu holen, grinste er triumphierend und komplizenhaft zu Paul hinüber.

Davon abgesehen waren die Beatles fast während des gesamten Sets in Bestform. Vor allem im Rhythmusteil lieferten McCartney, Harrison und Starr, verstärkt um den Keyboarder Billy Preston, einen überraschend dichten Sound. Schon von der ersten Aufwärmprobe für »Get Back« an kam Ringo genau auf den Punkt und trieb den Beat mit sauberen Schlägen voran. Pauls überschäumende Leadstimme zeigte, welchen Spaß es ihm machte, endlich wieder vor einem Publikum zu stehen, selbst wenn er kaum jemanden sehen konnte. Das Dach als Bühne war Pauls Idee gewesen, ein genialer Befreiungsschlag gegen das Monster Ruhm, das den Beatles nach wie vor auf Schritt und Tritt folgte. Das Apple-Dach war einer der wenigen Orte, wo die Beatles noch spielen konnten, ohne daß die Massenhysterie, die sie von der Weltbühne vertrieben hatte, über ihnen zusammenschwappte.

Die aufrüttelnde Vitalität des Beatles-Auftritts machte ein weiteres Mal klar, daß keiner von ihnen das Gefühl für die Musik verloren hatte, aber es waren doch John und Paul, die mit dem größten Spaß dabei waren. Johns berühmter abschließender Satz, er hoffe, die Band habe das Vorspielen bestanden, war nur einer der Witze, die Paul und er während ihres beinah ununterbrochenen Bühnengeplänkels losließen. Als die Aufwärmproben für »Get Back« vom Begleitteam der Beatles einen etwas schütteren Beifall erhielten, verglich Paul die Reaktion mit der des Publikums bei einem Kricketspiel: »Offenbar hat Ted Dexter [ein damals berühmter englischer Kricketspieler] wieder einen Punkt gemacht.« Um mitzuhalten, fiel John mit seinem lakonischen Singsang ein: »Eine Bitte kommt von Martin und Luther.« Und als während der letzten Wiederholung von »Get Back« die Polizei eintraf, um dem Treiben ein Ende zu machen, veranlaßte das Paul, Loretta, die Heldin des Songs, spontan anzusprechen: »Du hast wieder auf dem Dach gespielt, das ist aber gar nicht schön … [Deine Mutter] wird dich verhaften lassen!« Die nur ihnen verständlichen Witze, die schrägen Wortspiele, das fröhliche Verarschen der Autoritäten – alles machte den Eindruck, als seien die dazwischenliegenden Jahre mit all dem Ruhm und dem Wahnsinn von den Beatles abgefallen und sie spielten wieder im Cavern Club, vier junge Originale, die die Welt erobern wollten und sich einen Heidenspaß davon versprachen.

Doch als »Let It Be« am 13. Mai 1970 endlich in die Kinos kam, waren die Beatles unwiderruflich Vergangenheit. Die vier jungen Originale hatten zwar die Welt erobert und ihren Heidenspaß dabei gehabt, aber nachdem sie »jeden bekannten Gipfel im Showbusiness bezwungen hatten, kamen sie absichtlich nie wieder nach Hause zurück«, wie es McCartney in seiner Parodie einer Presseverlautbarung formulierte, die er während der Dreharbeiten zum Film verlas. **Let It Be** galt deshalb als das letzte Album der Gruppe, obwohl strenggenommen **Abbey Road**, das sie im Sommer 1969 aufnahmen, den Abschluß bildete. Da sowohl das Album **Let It Be** wie der gleichnamige Film herauskamen, nachdem im April 1970 bekanntgeworden war, daß die Beatles sich getrennt hatten, fühlten sich viele Journalisten, Kritiker und andere bemüßigt, den Film und die Platte nicht nur hinsichtlich des musikalischen Gehalts, sondern auf Indizien für die bevorstehende Trennung zu untersuchen. Aus der vereinfachten Perspektive des Rückblicks mußte der Film »Let It Be« unweigerlich als Exposé der persönlichen Spannungen gesehen werden, mit denen die Trennung schließlich unvermeidlich wurde. Wenn man der Mehrheit der Beatles-Bücher Glauben schenkt, so war das ganze Unternehmen **Let It Be**, Film wie Album, nicht mehr als der zusammengeschusterte, uninspirierte Schwanengesang vier ausgebrannter Musiker, die sich kaum noch ertragen konnten.

Lennon bezeichnete die Aufnahmen zu **Let It Be** später als die »jämmerlichsten … der Welt«. Harrison qualifizierte sie als den »absoluten Tiefpunkt« ab, und sogar für das sonnige Gemüt McCartneys waren sie »sehr heikel«. Ähnlich wie beim Weißen Album wurde auch bei **Let It Be** keineswegs jede Session durch Streitereien und Wutausbrüche verdüstert, doch verleitete das Gesamtklima George Martin zu der Schlußfolgerung, daß die Beatles sich selber zerstörten und es für ihn höchste Zeit war, sich davonzumachen: »Ich dachte: ›Das ist das Ende. Ich will da nicht mehr mitmachen.‹«

Ein kleiner, aber aufschlußreicher Hinweis auf die Entfrem-

dung innerhalb der Beatles zeigte sich in ihrer Haltung zur Weihnachtsplatte 1968 für den Fanclub. Seit 1963 hatten alle vier jedes
Jahr viel Arbeit und Mühe in diese Platten investiert, auf denen
Kostproben aus Vorstellungen, aus Songs und einem gemeinsamen Plausch vor dem Mikrofon zusammengestellt wurden, in
dem sie ihren Fans gutgelaunte Weihnachtsgrüße schickten. 1968
aber nahm jeder Beatle seinen Beitrag separat auf. Lennon
schreckte nicht davor zurück, in seinem Beitrag, wenn auch ka-
schiert, seinem Ärger über die Art und Weise Luft zu machen, wie
Paul, George und Ringo Yoko behandelt hatten. Er trug ein absur-
des Gedicht vor, in dem von »zwei Ballons namens Jock und
Yoko« die Rede war, die »battled on against overwhelming oddi-
ties, including some of their beasts friends« (gegen überwältigende Absonderlichkeiten, darunter einige ihrer besten/bösartigen
Freunde kämpften).

Überdies wurde das Management der Firma Apple sehr viel
schwieriger als erwartet. Daraus erwuchsen mehr und mehr Meinungsverschiedenheiten, und Apple verwandelte die Beatles in
etwas, was (mit Ausnahme vielleicht von Paul) keiner von ihnen
sein wollte: Geschäftsleute. Der größte Konflikt barg auch die
meiste Sprengkraft: Wer sollte der neue Manager und Geschäfts-
führer der Beatles werden? Am 3. Februar 1969 wurde auf Betrei-
ben von John, George und Ringo und gegen den hartnäckigen
Widerstand von Paul, dem die Anwälte Lee und John Eastman
(der Vater und der Bruder seiner neuen Verlobten Linda Eastman)
lieber gewesen wären, Allen Klein neuer Apple-Chef. Er war in
seinem Geschäftsgebaren umstritten, hatte aber für die Rolling
Stones und andere Popmusiker einträgliche Verträge ausgehandelt. Die frühere Eintracht der Beatles, alle für einen, einer für
alle – sie war offensichtlich dahin.

Obwohl Paul im Kampf um Klein unterlegen war, fühlte er sich
weiterhin als Manager und Organisator der Beatles, und auch das
sorgte für Konflikte. Wie Ringo später bemerkte: »Paul wollte,
daß wir ständig arbeiteten, nur weil er ein Workaholic war.« Die
anderen Beatles waren mit dem ganzen Unternehmen **Let It Be**
erst einverstanden, nachdem McCartney ihnen »ein wenig zuge-
setzt hatte«. Ende 1968 waren, wie sich Paul an das Treffen erin-

nert, bei dem er mit dem Vorschlag kam, John, George und Ringo »richtig glücklich darüber, nicht arbeiten zu müssen, weil sie lieber die Früchte des Erfolgs ernteten ... Und ich sagte: ›He, Jungs! Los! Wir können doch nicht einfach so rumhängen, wir sind die Beatles!‹«

McCartney wäre gern wieder auf der Bühne gestanden, doch die anderen, allen voran Harrison, wollten von Tourneen nichts mehr wissen. Schließlich einigte man sich auf den Kompromiß, daß die Band ein einziges spektakuläres Konzert geben sollte – vielleicht in einem römischen Amphitheater –, das für eine spätere Auswertung aufgezeichnet werden sollte. Die Proben für dieses Konzert sollten ebenfalls festgehalten werden, so daß das Publikum beim kreativen Prozeß der Beatles Augen- und Ohrenzeuge wurde. Und schließlich bestand John darauf, daß die Songs für dieses Unternehmen so einfach wie möglich gehalten sein sollten; er wollte das Mischen und die anderen Studiotricks, die die vorangegangenen Platten der Beatles geprägt hatten, aufgeben. Die Beatles sollten »nach der Natur ... mit Warzen und allem Drum und Dran« zu sehen sein. Und um dieser Rückkehr zu den Ursprüngen den richtigen Namen zu geben, wurde das Unternehmen provisorisch **Get Back** getauft.

Doch selbst dieses aufwendige Pläneschmieden beseitigte nicht die allgemeine Lethargie, und binnen kurzem gab es neuen Grund zum Ärger. George Martin erinnert sich daran: »Um alles hinzukriegen und vernünftig zu organisieren, benahm sich Paul etwas zu chefmäßig, was den anderen Jungs natürlich mißfiel. Anders jedoch kamen sie nicht mehr zusammen. John trieb mit Yoko fort, George sagte, er würde am nächsten Tag nicht kommen. Allmählich brach alles auseinander.« Das berühmteste Beispiel für Pauls Cheftour ist im Film festgehalten in einer Szene, in der George und er streiten, nachdem er seinem Gitarristen gesagt hat, wie er sein Instrument zu spielen hat. Mit kühler, sarkastischer Stimme sagt George zu Paul: »Ich spiele alles, was ich deiner Meinung nach spielen soll. Ich spiele auch gar nicht, wenn du nicht willst, daß ich spiele. Ganz wie du es haben willst, ich werde mich danach richten.« Bevor der Tag zu Ende war, hatte sich George verabschiedet. Er war innerhalb von fünf Monaten der zweite Beatle, der die Gruppe verließ, wenn er auch, wie zuvor schon Ringo, nach ein paar Tagen wieder in die Band zurückkehrte.

Dennoch hieße es eine komplexe Situation zu vereinfachen, wenn man sich etwa vorstellte, die Beatles seien in jener Phase heillos miteinander zerstritten gewesen oder die Uneinigkeit sei ganz allein ihre Schuld gewesen. In gewisser Weise erwies sich sogar noch in ihren Streitereien, wie sehr sie einander zugetan waren. Mitten im Film erklärt George zum Beispiel Paul: »Wenn du einen Song schreibst, steige ich ganz und gar ein. Mir ist, als hätte ich ihn selber geschrieben.« George sagt noch mehr: »Man kann so viel [Musik] herausholen, und niemand ist dafür besser geeignet als wir.« Das Problem bestand darin, daß der Rest der Welt der gleichen Ansicht war. Die Welt wollte, daß die Beatles weiter Musik machten, immer wieder neue Musik, ganz gleich, was das für die Beatles selber bedeutete. Die ewigen, bewundernden Erwartungen der Außenwelt brachten einen ungeheuren privaten und beruflichen Druck mit sich, dem die Beatles in der Vergangenheit standgehalten hatten, der ihnen jetzt aber zuviel wurde. Harrison schmuggelte eine spitze Bemerkung in seinen Weihnachtsgruß von 1968, wo er mit durchsichtiger Falschheit erklärte, es seien die »treuen Fans« der Beatles, die »unser Leben lebenswert« machten. George und John ärgerten sich vor allem über die Beschränkungen, die ihnen der Beatles-Mythos auferlegte; George sprach davon, daß jeder der Beatles »in eine Schublade gesteckt« werde, eine bestimmte Rolle innerhalb der Band zu spielen habe, und daß es daraus keinen Ausweg gebe. Wenn jeder von ihnen irgendwann »die Gruppe satt hatte«, wie während der Dreharbeiten selbst Paul zugab, dann lag das zum größten Teil »an der furchtbaren Spannung, die sie aneinander gefesselt hielt«, ohne daß Linderung in Sicht war.

Aber ganz gleich, welche Schwierigkeiten die Beatles miteinander hatten, die Vorstellung, die sie an jenem Januarnachmittag auf dem Apple-Dach gaben, führte vor, daß sie musikalisch noch auf der Höhe waren, wenn sie nur wollten. Einen weiteren Beweis dafür erbrachten sie am Tag darauf, als sie vor den Kameras, diesmal aber im Studio, die endgültige Version von »Let It Be«, »The Long And Winding Road« und »Two Of Us« aufnahmen. Allein bei diesen beiden Sessions fiel die Hälfte der zwölf Stücke ab, die sich auf dem Album **Let It Be** finden. Der Vorstellung, daß die Musik der Beatles in der Zeit ihrer persönlichen Schwierigkeiten und vor allem deswegen nachgelassen hätte, schien damit der Boden entzogen.

Leider jedoch ist das nicht die ganze Geschichte. Vor diesen beiden Terminen hatten die Beatles nämlich Dutzende von Stunden mit Proben aufgenommen, von denen viele später auf Raubpressungen auftauchten. Diese Bänder offenbarten, daß dieselbe Band, die die Welt mit der fernsehübertragenen Aufführung von »All You Need Is Love« und »Hey, Jude« gefesselt hatte, auch absolut fürchterlich klingen konnte, wenn den Musikern gleichgültig war, wie sie spielten. Der Gegensatz zwischen den lustlosen, unzusammenhängenden, häufig die Melodie und das Tempo verpatzenden Proben für **Get Back** und dem entschlossenen, gutaufgelegten Professionalismus, den die Beatles während der Jahre davor im Studio gezeigt hatten, war zu dramatisch, als daß man einfach darüber hinweggehen könnte. Als ihre Karriere an diesem Punkt angelangt war, hatte »keiner Lust« zum Proben, wie Lennon später bemerkte, und das spürt man auch.

Das ursprünglich geplante Album **Get Back** enthält mehr als nur eine Andeutung dieser Erschöpfung und Wurstigkeit, womit sich auch erklärt, warum es nie veröffentlicht wurde. Die Zusammenstellung besorgte Glyn Johns, ein Toningenieur, den Paul engagiert hatte, um ihnen beim ersten Album behilflich zu sein, das die Beatles in ihrem neuen Studio im Keller von Apple aufnahmen. Glyn Johns' **Get Back** unterschied sich wesentlich von **Let It Be**, das statt dessen erschien. Die einzigen Überschneidungen waren »The One After 909«, »Let It Be«, »For You Blue«, »Maggie Mae« und »The Long And Winding Road«. Ansonsten fand sich auf **Get Back** eine andere Aufnahme des Titelsongs (die Version, die auch als Single herauskam); man entschied sich für Studioversionen von »Dig A Pony« und »I've Got A Feeling« statt der Aufnahmen vom Dach, die sich auf **Let It Be** finden; verzichtete sowohl auf »I Me Mine« wie auf »Across The Universe«; und füllte den verbleibenden Platz mit Stücken, die nicht auf **Let It Be** zu finden sind, darunter »Don't Let Me Down«, eine Cover-Version von »Save The Last Dance For Me«, ein Instrumentalstück mit dem Titel »Rocker« sowie ein Song, den Paul später auf seinem ersten Solo-Album herausbrachte: »Teddy Boy«.

Außerdem war viel Studiogerede zwischen die verschiedenen Stücke geschnitten; schließlich ging es bei der ganzen Sache um *cinema verité*. Einige dieser Szenen waren sogar recht amüsant. Unmittelbar vor »The Long And Winding Road« fragt beispielsweise ein offensichtlich todernster John seinen Partner Paul: »Sollen wir *wirklich* während des Solos kichern?« Im wesentlichen aber irritiert die unbearbeitete Gestalt von **Get Back** eher, als daß sie mitreißt. Die Idee, eine Platte herauszubringen, die so »live« war, daß auch live entstandene Fehler aufgenommen wurden, mochte sich theoretisch ganz gut anhören, doch in der Ausführung erwiesen sich Lennons ausgedehnte Tiraden bei »Dig It« und McCartneys selbstbezogene Arbeit an »Teddy Boy« als ermüdend. Die lustlose Art, wie die beiden »Save The Last Dance For Me« sangen, war einfach nur noch peinlich.

Als die Beatles die Probepressungen des ursprünglich **Get Back** genannten Albums mit der Post erhielten, wurde Lennon deutlich: »Wir wollten es in diesem wirklich beschissenen Zustand veröffentlichen.« Der Gedanke besaß für Lennon einen perversen Kitzel, weil sich damit »der Mythos zerstören ließ, der Mythos der Beatles: ›So sehen wir aus mit heruntergelassenen Hosen. Würdet ihr jetzt bitte das Spiel abblasen?‹« Aber es kam anders. Irgendwann Anfang 1970, als die Beatles die Aufnahmen zu **Abbey Road** längst abgeschlossen hatten – vermutlich sogar erst, nachdem sie sich auf eine Trennung geeinigt hatten –, luden Lennon und Harrison den berühmten Plattenproduzenten Phil Spector ein, sich an einer neuen Abmischung von **Get Back** zu versuchen. Heraus kam das Album **Let It Be**, das dann im Mai 1970 veröffentlicht wurde.

Let It Be war kein durchgehend gelungenes Album wie seinerzeit **Revolver** oder **Sergeant Pepper**, aber es war auch nicht »der Tiefpunkt in der Laufbahn der Beatles«, wie in einem Buch behauptet wird. Ein Album, das Beatles-Klassiker wie »Get Back«, »The Long And Winding Road«, »Across The Universe« und »Let It Be« brachte, dazu durchaus brauchbare Stücke wie »Two

Of Us«, »I Me Mine« und »I've Got A Feeling«, läßt sich nicht einfach so vom Tisch wischen. Obwohl McCartney und George Martin Spector später vorwarfen, er habe das Album verkitscht, indem er bei drei Stücken Chor und Orchester dazumischte, bewies er in mancher Hinsicht hinsichtlich des ursprünglichen Konzepts von **Get Back** mehr Werktreue als Glyn Johns, weil er mehr von den Live-Aufnahmen auf dem Apple-Dach und im Studio verwendete. Spector war außerdem klug genug, von dem Geplauder im Studio nur gerade soviel zu verwenden, daß die Zuhörer die Illusion hatten, sie würden heimlich eine Beatles-Session belauschen. Damit vermied er gleichzeitig die übermäßige Zurschaustellung, die **Get Back** verdorben hatte.

Das Album begann jetzt mit einer von Lennons Stegreiftiraden, einer schimpfenden Attacke, die darauf hinauslief, daß die Beatles nicht mehr Sgt. Pepper's Lonely Hearts Club Band waren, sondern die noch glücklosere »Charles Hawtrey and the Deaf Aids«. Die Platte glitt dann geschickt in McCartneys mitreißende Akustiknummer »Two Of Us« hinein. Glyn Johns hatte **Get Back** mit »The One After 909« beginnen lassen, offensichtlich, um die jugendlichen Anfänge der Beatles zu beschwören – der Song gehörte zu den ersten, die Lennon überhaupt schrieb –, und »Two Of Us« diente dem gleichen Zweck, selbst wenn McCartney ihn gerade erst geschrieben hatte. Ohne daß Beweise dafür vorgelegt worden wären, wurde »Two Of Us« immer als Song über Linda Eastman beschrieben, doch erinnert die Stimmung eher an die eines Kumpelfilms als an eine Liebesgeschichte. Ähnlich wie bei »Hey, Jude« läßt sich der Text von »Two Of Us« als Anspielung auf Pauls Beziehung zu John verstehen. Die Zeile über »burning matches, lifting latches« (Streichhölzer anreißen, Riegel öffnen) läßt an zwei Jungs denken, die die Schule schwänzen und ihre Scherze treiben, genau das, was Paul und John häufig taten; die Zeile über »spending someone's hard-earned pay« (fremder Leute schwerverdientes Geld ausgeben) erinnert an die »arbeiterklassenmäßige Freude«, die sie Paul zufolge verspürten, als ihnen klar wurde, daß sie mit ihrem Songschreiben reich würden; und die Zeile über »chasing paper, getting nowhere« (ziellose Schnitzeljagd) schließlich entspricht ihrer Erfahrung mit der Firma Apple, die sie bürokratisch bald überforderte. Die ergreifendste Stelle findet sich im Mittelteil, wenn Paul singt: »You and I have memories/ Longer than the road that stretches out ahead« (Wir beide haben Erinnerungen, die weiter zurückreichen als die lange Straße vor uns). Eine solche Gefühlsäußerung paßte nicht zu Linda Eastman, die Paul damals übrigens kaum ein Jahr kannte, möglicherweise handelt es sich um einen (zumindest) unbewußten Appell an John, die alte und enge Freundschaft nicht aufzugeben.

Als wollten sie die langjährige Partnerschaft noch einmal bestätigen, sangen Lennon und McCartney bei »Two Of Us« gemeinsam die Leadstimme. Anders als beim Weißen Album, das die Beatles in weiten Teilen als Solo-Künstler zeigte, sangen John und Paul bei **Let It Be** sechs der zwölf Aufnahmen zusammen, womit das oft kolportierte Bild, die Platte zeige nur noch wildgewordene Uneinigkeit, noch diffuser wird. »Dig A Pony«, der nächste Song auf **Let It Be,** gehört ebenfalls zu diesen sechs Stücken, auch er eher ein Glücksfall. Der Text läßt sich als ein etwas verwirrtes Liebeslied für Yoko lesen, die Melodie ist bestimmt nicht die beste, die Lennon geschrieben hat, doch McCartneys hohe Harmonien sowie Harrisons einfallsreiche Leadgitarre machen den Song dann doch interessant.

Lennon bewunderte Spectors Überarbeitung von **Let It Be** nicht zuletzt deshalb, weil ihm bei »Across The Universe«, dem nächsten Stück, eine brillante Rettungsaktion gelang. Für John war die Beschwörung der grenzenlosen Einheit in der gesamten Schöpfung einer der besten Songs, die er geschrieben hatte. Als ihn die Beatles im Februar 1968 während der Sessions, in denen auch »Lady Madonna« entstand, zum erstenmal aufgenommen hatten, entschied sich John gegen eine Veröffentlichung, weil ihm diese Fassung zu schlecht erschien. Er machte Paul für den Mißerfolg verantwortlich und behauptete später sogar, McCartney wollte »unbewußt einen tollen Song zerstören«, indem er während der Aufnahme für eine »entspannte, unernste, experimentierfreudige Atmosphäre« sorgte. Bei »Strawberry Fields Forever« erhob Lennon den gleichen Vorwurf, bei »Across The Universe« allerdings tat er es mit mehr Recht.

Nachdem die Beatles sieben Takes von »Across The Universe«

304

aufgenommen hatten, scheint jemand den Vorschlag gemacht zu haben, den Song mit sehr hohen Hintergrundstimmen aufzufrischen. Statt aber berufsmäßige Sängerinnen zu engagieren, ging Paul einfach nach draußen, wo ständig eine Masse Fans das Apple-Gebäude belagerte, suchte zwei halbwüchsige Mädchen aus und bat sie herein, um die Beatles zu begleiten. Wie nicht anders zu erwarten, klang das Ergebnis ziemlich dilettantisch. Der Song verlor zusätzlich dadurch, daß er zu schnell gespielt wurde, wodurch der Sound unruhig statt verträumt klang. Als Spector sich an die Wiederbelebung des Songs machte, verlangsamte er das Tempo wesentlich und ergänzte den Hintergrund mit Streichern und einem Chor. Auf diese Weise bewahrte er das bedeutendste verlorene Meisterwerk in der Laufbahn der Beatles vor dem Vergessen.

Auch »I Me Mine« wurde von Spector mit einem Orchester verstärkt, doch machten sich seine Änderungen hier weniger bemerkbar, weil die Beatles bei diesem Stück bereits beeindruckend musizierten. Ein Song, den Harrison abwechselnd als einen »langsamen Walzer« und als Erforschung des »Ich, dieses ewigen Problems« bezeichnet hatte, hätte auch ziemlich langweilig werden können, doch Georges wogende Gitarrengriffe und der kluge Tempowechsel im Mittelteil, in dem Pauls Begleitstimme dominiert, gaben dem Song Kontur. Wie es der Zufall wollte, war »I Me Mine« der letzte Song, den die Beatles als Ganzes aufnahmen. Als die Muster des Films »Let It Be« fertig waren, zeigte sich, daß auch eine Sequenz mit »I Me Mine« dabei war. Man sieht George, der Ringo den Song vorspielt und dabei scherzhaft bemerkt: »Mir doch egal, ob du ihn in deiner Show haben willst«, während John und Yoko im Studio einen Walzer tanzen. George, Paul und Ringo kehrten am 3. Januar 1970 in die Abbey Road zurück, um für die Veröffentlichung des Albums eine brauchbare Fassung von »I Me Mine« aufzunehmen. (John befand sich im Urlaub und verpaßte die Session.)

Nach zwei Studiostücken unterbrach Spector, um das zugrundeliegende Muster des Albums mit zwei weiteren Live-Versuchen anzureichern: mit einer stark gekürzten Version von Lennons »Dig It«, dem Johns ironische, falsettierende Ankündigung für

»Let It Be« folgte: »Hark, The Angels Come« (Höret, die Englein kommen!). Johns Spruch war komisch gemeint, doch rührte er unabsichtlich an den schöpferischen Ursprung von »Let It Be«. McCartney hatte den Song geschrieben, nachdem ihm im Traum seine Mutter Mary erschienen war, die seit über zwölf Jahren tot war. »Sie starb, als ich vierzehn war. Ich hatte also schon länger nichts mehr von ihr gehört, und es war sehr schön«, wie sich Paul erinnert. Er fügte hinzu, daß er einiges durchzumachen hatte in dieser Zeit, und daß das plötzliche Erscheinen seiner Mutter »mir Kraft und Stärke verlieh«.

Für McCartney war es höchst ungewöhnlich, sich in einem Song mit derart intimen Dingen zu beschäftigen, aber daraus entstand einer der besten Songs, den die Beatles je aufgenommen haben. Was John häufig gelungen war, funktionierte jetzt auch bei Paul und »Let It Be«: die Verknüpfung einer persönlichen Situation mit einer größeren allgemeinen Wirklichkeit. Nachdem er geschildert hat, wie ihm seine Mutter »in my hour of darkness« (in meiner dunklen Stunde) beigestanden hatte, sang er in der zweiten Strophe über all »the broken hearted people living in the world« (die Menschen mit gebrochenem Herzen auf der ganzen Welt) und beteuerte, daß »though they may be parted/ There is still a chance that they will see« (sie, obwohl sie vielleicht getrennt voneinander sind, doch noch die Chance haben zu sehen). Seine Stimme klingt perfekt und gibt dem Song eine große Emotionalität, ohne in eine kitschige Selbstfeier abzugleiten. Auch die instrumentale Begleitung der Beatles war überragend. Der Song beginnt ganz leise, Paul allein am Klavier, dann fallen langsam die engelhaften Stimmen ein, dann Ringos gleichmäßiges, fast düsteres Schlagzeug und Pauls vorsichtige Baßbegleitung, ehe sich der Song im Mittelteil mit Georges zupackender Leadgitarre und George Martins Orchester in einen treibenden, jedoch kontrollierten Rocksong verwandelt. Obwohl die zugrundeliegende Tonspur von »Let It Be« bereits am Tag nach dem Konzert auf dem Apple-Dach aufgenommen worden war, kamen die meisten Zuspielungen, die dem Song seine symbolische Fülle verliehen, erst etwa ein Jahr später hinzu, am 4. Januar 1970, während der letzten Aufnahmesession der Gruppe.

Die zweite Seite von **Let It Be** beginnt, wie für das Unternehmen **Get Back** ursprünglich vorgesehen, mit einem weiteren ungeschliffenen Stück – mit einer ungekünstelten, aber amüsanten Version von »Maggie Mae«, einem Volkslied über ein Liverpooler Straßenmädchen, das die Beatles manchmal im Studio sangen, um in Fahrt zu kommen. Die Live-Atmosphäre wurde beibehalten mit den Aufnahmen von »I've Got A Feeling« und »The One After 909«, die beide von Lennon und McCartney im Duett gesungen werden. Schließlich kehrt die Musik mit Pauls »The Long And Winding Road« und Georges »For You Blue« wieder ins Studio zurück. Warum dieses letzte Stück, eine Art Blues-Boogie, überhaupt Aufnahme in dem Album fand, ist ein Rätsel; Harrison wäre mit jeder anderen Komposition, die bereits aufgenommen, aber von den Beatles nicht mehr veröffentlicht worden war, besser bedient gewesen, zum Beispiel mit »All Things Must Pass«, »Not Guilty« oder »Let It Down«, die später alle auf Solo-Platten auftauchten.

Auch »The Long And Winding Road« gehört zu den Songs, die Phil Spector mit Streichern und einem Chor neu arrangierte. McCartney war über das Ergebnis aber so wenig glücklich, daß er es in seiner Klage von 1970, mit der er um die Auflösung der Beatles als Arbeitsgemeinschaft prozessierte, als Beispiel für professionelle Sabotage anführte. Wenn man die ursprüngliche Aufnahme der Beatles von »The Long And Winding Road« mit der Fassung Spectors vergleicht, versteht man, warum Paul schockiert war. Während die ursprüngliche Version ein bescheidenes, fast nacktes Arrangement der Instrumente hören läßt, das dem Song eine kontemplative Würde verleiht, läuft »The Long And Winding Road« in der tobenden, bombastischen Orchestrierung von Spectors Bearbeitung Gefahr, zu einem platten, nostalgischen Rührstück zu mißraten. Zum Glück erweisen sich die Melodie und das Gefühl, das der Song vermittelt, als so stark, daß er trotz dieser Eingriffe nicht vollkommen danebenging.

»The Long And Winding Road« war ein Verwandter von »Let It Be« – eine vor allem auf das Klavier konzentrierte Ballade, die sich mit Trennung, Leid und Verlust beschäftigt; anders als in seinen früheren Songs schien sich McCartney mittlerweile damit abgefunden zu haben, daß das Leben nicht immer besser wurde. Und wiederum legt der Text die Vermutung nahe, daß er sich mit seinem Lied zumindest teilweise auch an John wandte. »You left me standing here/ a long, long time ago« (Du hast mich hier vor langer Zeit allein gelassen), lautet eine besonders wehmütige Zeile. Noch schwermütiger klang seine Bitte: »Don't leave me waiting here« (Laß mich hier nicht allein). Wenn man sich diese Zeile allerdings ganz genau anhört, scheint sie sich in Pauls zweiter Stimme im Hintergrund fortzusetzen: »it's too late« (es ist zu spät): offensichtlich das Eingeständnis, daß John und er nie wieder in den wunderbaren Stand der Gnade zurückfinden würden, in dem sie sich so viele Jahre befunden hatten. Am Ende der Filmversion von »Get Back«, als schon die Titel über die Leinwand laufen, formuliert Paul eine fröhlichere Version seines Wunsches nach Wiedervereinigung. In der Abblende des Songs singt er assoziativ weiter: »Get back, get together/ Ohhh, we got to get together.« Doch der Traum war ausgeträumt, und alle Mächte des Himmels und der Erde hätten nicht ausgereicht, um ihn wieder zusammenzufügen.

22. Kapitel
Ein Bruch, der die Welt erschütterte

Als die Beatles sich trennten, war die Welt schockiert. Die Nachricht kam am 10. April 1970, als Paul McCartney verkündete, er habe die Gruppe verlassen; das Pressebüro bei Apple bestätigte McCartneys Abgang und fügte hinzu, die Tätigkeit der Beatles könnte »auf Jahre hinaus eingestellt« sein. Für die meisten war diese Nachricht nicht bloß ein Schock, sondern auch eine ziemliche Überraschung, weil John, Paul, George und Ringo offensichtlich immer noch herrliche Musik miteinander machen konnten. Sieben Monate zuvor, im September 1969, hatten sie das großartige Album **Abbey Road** herausgebracht. Im Oktober waren zwei der besten Songs auf dieser Platte, »Something« und »Come Together«, als Single erschienen. Und im März, nur einen Monat vor McCartneys verstörender Bekanntmachung, war die Single »Let It Be« erschienen. Die Platten gehörten zum Besten, was die Beatles gemacht hatten; außerdem verkauften sie sich in rauhen Mengen. Sowohl in kreativer wie in kommerzieller Hinsicht befanden sich die Beatles auf der Höhe ihrer Möglichkeiten. Warum mußten sie sich gerade dann trennen?

Diese Frage wurde in den folgenden Monaten und Jahren erschöpfend analysiert und debattiert, und keineswegs nur von Beatles-Fans, denen das Herz brechen wollte. Denn die Beatles waren nicht nur die bekannteste musikalische Formation ihrer Zeit, sie gehörten auch zu den bedeutendsten Kultursymbolen. Ihrem Auseinandergehen kam deshalb eine weit größere historische Bedeutung zu als dem Abtreten irgendeines normalen Popstars; ähnlich wie die Ermordung von Präsidenten oder die Mondlandung im Juli 1969 gehörte die Trennung der Beatles zu den Ereignissen, die die sechziger Jahre definieren. Und weil die Trennung nur vier Monate nach dem Dekadenwechsel kam, gab es genug Auguren in den Medien, die diesen Vorgang als Zeichen dafür lasen, daß die Ära der Sechziger mit ihrem Optimismus und ihrem guten Willen endgültig ihren Abschluß gefunden hatte.

Doch obwohl auf der ganzen Welt intensiv über den Bruch bei den Beatles berichtet wurde, blieb die Wahrheit verborgen. Das lag nicht allein daran, daß die Presse wie üblich nach schnellen und einfachen Antworten suchte. Die Öffentlichkeit schien es nicht fassen zu können, sie war vom Stück fasziniert, bestand aber darauf, daß der Schluß umgeschrieben und mit einem glücklicheren Ausgang versehen werde oder, besser noch, überhaupt nicht stattfand. Schockiert und erbost, hielten viele Journalisten an besonders schlichten Deutungsmustern fest – Yoko Ono oder Linda Eastman trug die Schuld; diese Spekulation war ein besonders beliebter Sport.

Die Beatles selber gaben keine Hilfestellung. Mit Ausnahme von John Lennon, der fast ein Jahr nach der Trennung sein berühmtes *Rolling Stone*-Interview gab, hatte niemand Lust, ausgiebig über das zu sprechen, was sie durchmachten. Die Antworten, die sie gelegentlich doch gaben, waren nichtssagend, einseitig oder unvollständig. Für die Außenwelt bedeutete ihre Trennung das Ende einer Musik, die über alles geliebt wurde. Für die Beatles selber war die Trennung eine schmerzliche Angelegenheit, eine private Krise von ungeheuren Ausmaßen, die am Kern ihrer Identität fraß und sie ihren nächsten Freunden entfremdete. Unweigerlich stellten sich Zorn, Trauer, Angst, Unsicherheit, Erleichterung und das Gefühl ein, endlich frei zu sein. Als wäre das noch nicht genug, mußten die Beatles diese Gefühlsschübe auch noch unter obsessiver Beobachtung durchmachen.

Schlimmer noch, die Außenwelt schien unfähig, sich mit dem Thema auseinanderzusetzen, ohne gleichzeitig mitgeteilt zu bekommen, ob und wann die Beatles wieder zusammengehen würden. Diese einseitige Perspektive machte die Beatles wahnsinnig. »Das ist genauso, als würde man ein geschiedenes Paar fragen: ›Versöhnt ihr euch wieder?‹ … wenn man sich nicht einmal mehr in die Augen schauen kann«, wie McCartney sagte. Auch Lennon verglich die Trennung der Beatles mit einer Scheidung, ein Vergleich, der eine weitere mögliche Interpretation für das Schweigen der vier begünstigte: Sie erklärten ihr Handeln nicht, weil sie sich selber nicht ganz im klaren waren. Ganz im Gegensatz zu dem, was allgemein im Umlauf war und auch im größten Teil der Beatles-Literatur zu finden ist, gibt es jedoch handfeste Beweise dafür, daß die Auflösung der Beatles keineswegs unvermeidlich war und die vier sich eben nicht endgültig und für immer trennen wollten.

Die Scheidung der Beatles zeigte, was bei ihrer mythischen Größe nicht weiter verwundert, einige opernhafte Züge. Sie hatten nie vorgehabt, bis in alle Ewigkeit weiterzumachen, sondern versprochen, wenn es soweit wäre, oben auf dem Gipfel aufzuhören und auf keinen Fall im langsamen schmachvollen Niedergang zu verglimmen. »Zu den wichtigen Dingen, an die wir bei den Beatles immer dachten, gehörte unser Vorhaben, groß rauszukommen und uns irgendwann lachend zu verabschieden«, wie McCartney sich später erinnerte. Aber wie junge Erwachsene, die nicht auf die Idee kommen, ein Testament aufzusetzen, weil der Tod noch sehr fern zu sein scheint, verständigten sich auch die Beatles nie auf einen genauen Plan, wie ihr Abgang aussehen könnte. Ihre Trennung war alles andere als wohlüberlegt und nicht abgesprochen, die Folge war eine chaotische und häufig ziemlich ekelhafte Kettenreaktion, die Egomanen, Anwälte und Bankkonten in Turbulenzen brachte. Auch das verhinderte, daß ihr Publikum verstanden hätte, was eigentlich vor sich ging, denn damit teilte sich die Geschichte nur in Bruchstücken und jenseits der chronologischen Abfolge mit und beschäftigte sich zudem mit flüchtigen Emotionen statt mit handfesten Tatsachen.

Das beste Beispiel dafür ist vielleicht das Ereignis, das alle Alarmglocken schrillen ließ: McCartneys Erklärung, er habe die Beatles verlassen. Diese Ankündigung fiel genau mit der Veröffentlichung von Pauls erstem Solo-Album **McCartney** zusammen. Zwischen die Kopien mit Besprechungen seines Albums war ein gedrucktes Interview mit Paul geheftet, in dem er erklärte, er habe gern allein gearbeitet, sich von den Beatles wegen »persönlicher, geschäftlicher und musikalischer Differenzen« getrennt und könne sich nicht vorstellen, mit Lennon wieder Songs zu schreiben. Außenstehende schlossen daraus messerscharf, daß die Beatles auseinandergegangen seien und Paul für die Trennung gesorgt habe. Wenn man dieses Interview jedoch genau las, zeigte sich, daß McCartney nichts von einer Trennung der Beatles gesagt hatte, sondern nur, daß *er* sich von den Beatles getrennt habe. Die Frage, ob der Bruch vorübergehend oder von Dauer sein würde, ließ er zweimal unüberhörbar offen und sagte: »Das wird man sehen.« Gleichwohl reduzierten die Schlagzeilen der Zeitung die Geschichte auf schrille Variationen von *Paul löst die Beatles auf.*

Das war um so irreführender, als es eigentlich Lennon war, der als erster schon sieben Monate zuvor bei der Band den Stecker herausgezogen hatte, wie er später stolz verkündete. Der Augenblick der Wahrheit kam anläßlich eines Treffens aller vier Beatles, das irgendwann Mitte September 1969 bei Apple stattfand. Lennon war eben aus Toronto zurückgekehrt, wo er am 13. September mit der Plastic Ono Band einen improvisierten Auftritt absolviert hatte. Auf dem Flug von London nach Toronto habe er sich, erklärte John später, endgültig entschlossen, die Band zu verlassen. Allen Klein, der neue Manager der Beatles, der sich mit an Bord befand, war der erste, der diese Nachricht erfuhr. Ganz gleich, was Klein von Johns Mitteilung hielt, er riet ihm, sie aus geschäftlichen Gründen zunächst für sich zu behalten. Genaue Daten sind nicht zu eruieren, aber Klein steckte damals entweder mitten in Neuverhandlungen über die Verträge mit ihrer Plattenfirma EMI oder war eben im Begriff, sie abzuschließen. Er hatte für eine kräftige Steigerung des Tantiemensatzes gesorgt, doch würde noch einige Zeit vergehen, bis die entsprechenden Zahlungen eingingen. Klein wollte sie durch die Meldung, daß John Lennon die Band verlassen habe, nicht gefährden, er wollte nicht einmal, daß John Paul davon erzählte, doch darauf wollte Lennon sich nicht einlassen.

McCartney, der immer der Beatle war, dem der Zusammenhalt der Gruppe am wichtigsten war, hatte während des Treffens bei Apple den Vorschlag gemacht, die Mißstimmung in der Band dadurch zu überwinden, daß sie wieder live spielten und Überraschungsauftritte in kleinen Clubs machten. Nachdem er geendigt hatte, sagte McCartney später, »sah mir John in die Augen und sagte: ›Ich glaube, du spinnst. Ich wollte es dir eigentlich nicht sagen … aber ich verlasse die Band.‹ Meiner Erinnerung nach hat er genau diese Worte gebraucht. Uns fiel die Kinnlade herunter. Und dann redete er weiter, daß ihm jetzt besser sei, wo er es ausgesprochen habe ... Was vielleicht schön für ihn war, nur daß es uns nun keineswegs besser ging«. In den posthum veröffentlichten Erinnerungen schildert Lennon die Vorgänge ähnlich: »Als ich schließlich den Mumm aufbrachte, den anderen drei zu sagen, daß ich, Anführung, die Scheidung wollte, Abführung, wußten sie, daß mir Ernst damit war und ich nicht wie Ringo und George nur damit drohte.«

»Ich habe die Band gegründet. Ich habe sie aufgelöst. So einfach ist das«, fährt Lennon in seinen Erinnerungen fort. Aber so einfach war es nicht. Sicher, wenn es etwas gab, das mehr als alles andere zur Trennung der Beatles führte, dann war es Lennons Entschluß, die Band zu verlassen. Doch war diese Entscheidung offenbar nicht ganz so eindeutig, wie Lennon später gern behauptete.

Obwohl sich die Abfolge der entscheidenden Vorgänge, die zur Trennung der Beatles führten, verläßlich rekonstruieren läßt, bleibt das Warum und Weshalb im wesentlichen Ansichtssache. Nachdem sich die Beatles gegenseitig beschimpft hatten und schmollten, haben sie ihre Ansichten dazu im Lauf der Jahre jedenfalls weiter präzisiert. Paul hat zum Beispiel geäußert, er wünschte, die Beatles hätten sich nie getrennt. Von den anderen war das nie zu hören. Ironischerweise waren es jedoch die anderen drei, die zu Anfang der siebziger Jahre häufig zusammenarbeiteten.

Keiner bestreitet mehr ernsthaft, daß Yoko der Hauptgrund dafür war, daß John die Band verließ. In seinen Erinnerungen (deren Text von Yoko redigiert wurde) lobt John Yoko für das, was sie ihm gegeben habe, die »innere Stärke, mich intensiv mit meiner Ehe auseinanderzusetzen. *Meiner wahren Ehe.* Ich war mit den Beatles verheiratet und also in eine Falle geraten.« Oder, wie Paul es formuliert: »John mußte klar Schiff machen und uns weghaben, damit Platz genug war für ihn und Yoko.« An anderer Stelle sagt er: »John war ein Mann, der mit der Beatles-Periode Schluß machen und die Yoko-Periode einläuten wollte. Von uns durfte sich da keiner einmischen.« Doch wenn Paul weiter erklärt, George und Ringo hätten Johns Trennung von den Beatles als Signal verstanden, ihrerseits die Band zu verlassen, wird klar, wie verwirrend diese Geschichte ist. Natürlich verträgt sich Pauls Interpretation mit dem, *was* George und Ringo taten – hämisch bemerkte John später, daß Pauls Behauptung, er habe die Beatles verlassen, angesichts der Tatsache, daß die anderen drei bereits abgehauen waren, ziemlich lächerlich wirke –, aber nicht unbedingt mit dem *Warum*. Schließlich überging er damit die Tatsache, daß George und Ringo ihre eigenen Gründe dafür hatten, das Weite zu suchen.

Unfreiwillig beteiligt an der Trennung der Beatles waren auch die Millionen Fans, die sie anbeteten. Wie die Motten zur Flamme, so wurden die Beatles-Fans unweigerlich zu den vier jungen Männern hingezogen, deren Musik und Charisma die Welt faszinierte. Weil sie ihre Helden mit der Intensität und Erbarmungslosigkeit ihrer Leidenschaft überwältigten, sorgten sie jedoch auch dafür, daß sich die Beatles zurückzogen und schließlich als Band aufhörten zu bestehen. In der besten und kürzesten Erklärung dafür, warum die Beatles sich schließlich dazu entschlossen, »die Fabrik niederzubrennen«, die ihre kollektive Identität war, sagte Harrison später: »Am Ende war es für uns einfach nicht mehr so lustig wie für euch.« Ringo bestritt, daß Yoko und Linda für die Trennung der Beatles verantwortlich seien, und erklärte Jahre später: »Von 1961, 1962 an bis etwa 1969 waren wir füreinander einfach alles. Plötzlich aber bist zu älter und willst nicht mehr die ganze Zeit in dieses einzelne Objekt investieren ... Wir hörten auf, weil wir genug hatten. Wir waren so weit gegangen, wie wir miteinander gehen konnten.« Auch George bezeichnete die Beatles-Erfahrung als »erstickend« und fügte hinzu, daß sie schließlich einer Situation ähnelte, in der »man zehn Brüder und Schwestern hat, man ist erwachsen geworden und dann vierzig und noch immer nicht ausgezogen ... Wir mußten irgendwie zusammen diesen Beatles-Wahnsinn zerstören, um Raum zum Atmen zu finden, um irgendwie wieder normal zu werden«.

Der bedrängte Raum war nicht zuletzt auch künstlerisch frustrierend. Auf jedem Album stand nur ein begrenzter Platz zur Verfügung, und er reichte nie aus, um alle Songs unterzubringen, die die vier Beatles gegen Ende schrieben. Vor allem Harrison war wenig glücklich über die Quotenregelung, die ihn auf ein bis zwei Songs pro Album beschränkte, und nachdem inzwischen sogar Ringo gelegentlich ein Stück schrieb, verschärfte sich der Konkurrenzkampf noch weiter. Der Druck wurde dadurch keineswegs geringer, daß John, George und Ringo schon länger das Gefühl hatten, Paul betrachte sich als erster unter gleichen. »Du mußtest erst bei neunundfünfzig Songs von Paul mitspielen, ehe er sich überhaupt einen von dir anhörte«, beklagte sich George später. Am Ende verständigten sich die Beatles darauf, so behauptet es jedenfalls Paul, ihre künftigen Alben aufzuteilen, in »vier Paul-Songs, vier John-Songs, vier George-Songs und vier Ringo-Songs, was in keinem Fall funktionieren konnte; es war nicht angemessen. Es wurde einfach zu demokratisch«.

So verwickelt die Lage auch sein mochte, die Beatles mußten sich deshalb nicht unbedingt trennen. Es bot sich sogar eine relativ einfache Lösung an, über die die Beatles nicht bloß sprachen, sondern auch gleich in die Tat umsetzten. Eine Unterhaltung bei der Arbeit an dem Projekt **Get Back** ist auf Band festgehalten, sie läßt die Richtung erkennen. George, der darauf verweist, daß er seine »Quote an Liedern für die nächsten zehn Jahre oder Alben« bereits geschrieben habe, sagt, daß er nach **Get Back** »vielleicht gern ein Album mit Songs … «. – »Allein?« fragt John. »Ja«, erwiderte George. John, der inzwischen schon das erste seiner experimentellen Alben mit Yoko herausgebracht hat, bemerkt, daß ein Solo-Album ohne weiteres neben der Arbeit der Beatles bestehen und »ein Ventil für jede beliebige kleine Note« bieten könne. George fährt fort: »Wir können alle auch Sachen allein machen. Auf die Weise hält sich das, diese Beatles-Sache, besser.« John und Ringo beschäftigten sich im Laufe des Jahres 1969 genau damit, sie veröffentlichten Solo-Alben außerhalb der Gruppe. So hätte es mit allen vier Beatles in den folgenden Jahren auch weitergehen können: daß sie gelegentlich zusammenkamen, um ein Beatles-Album aufzunehmen, und gleichzeitig ihre Solo-Karriere verfolgten. Damit hätte sich »diese Beatles-Sache« retten lassen, während sie gleichzeitig die Unabhängigkeit gehabt hätten, nach der es sie aus begreiflichen Gründen verlangte.

Damit fällt ein etwas anderes Licht auf Johns hochnäsige Behauptung, er habe ganz von sich aus für die Trennung der Beatles gesorgt. Seine nachträglichen und für ihn typischen Schwarz-Weiß-Stellungnahmen lassen dennoch erkennen, daß er selbst noch nach seinem Satz mit der Scheidung bereit und entschlossen war, weiter mit den Beatles zusammenzuarbeiten, wenn auch auf andere Weise als in den vorangegangenen Jahren. Nachdem Paul im April 1970 die Trennung bekanntgemacht hatte, schnarrte John: »Ich habe im vergangenen Jahr vier Alben herausgebracht und kein verdammtes Wort über Aufhören gesagt.« Was stimmt, jedenfalls nicht in der Öffentlichkeit. Auf diese Unterscheidung kommt es an, denn Johns öffentliches Schweigen hielt die Tür für eine künftige Zusammenarbeit offen. Ob er sich damit auch andere Optionen offenhalten wollte, ist nicht bekannt, und zu den unbeantworteten Fragen gehört auch, warum Lennon nicht viel früher bekanntgab, daß er die Beatles zu verlassen gedenke. Wenn er wirklich so wild entschlossen war, die Beatles zu verlassen, wie er später behauptete, warum hat er sich dann so lange damit Zeit gelassen – von September 1969 bis April 1970 –, ehe er es endlich sagte?

Paul und die anderen Beatles hatten gute Gründe, Johns Erklärung über ihre Scheidung mit der gehörigen Vorsicht zu genießen; schließlich war es noch nicht allzu lange her, daß John erklärt hatte, er sei der wiedergeborene Jesus Christus. Seine Zeit verwendete er zum größten Teil auf politische Aktivitäten, und die wenige Musik, die er noch schrieb, schrieb er für die Plastic Ono Band. Dennoch behielt er sein Büro bei Apple, verstand sich in der Öffentlichkeit weiter als Beatle und arbeitete bei zahlreichen Beatles-Projekten mit. Zum Beispiel nahmen Yoko und er ein Band für die Weihnachtsplatte 1969 des Fanclubs auf (wie auch Paul, George und Ringo, die damit zum zweitenmal in Folge für sich allein arbeiteten). Wichtiger noch war die Entscheidung, bei der ihn George unterstützte, Phil Spector für die Bearbeitung des Albums **Let It Be** zu holen. Auch wenn John mit Eifer seine neuen Leidenschaften verfolgte, hatte er dennoch nicht alle Bindungen zu den Beatles gekappt und wollte es aller Wahrscheinlichkeit nach auch nicht, solange diese Verbindungen seinen Solo-Interessen nicht im Wege standen.

Gleichwohl erwies sich nach der globalen Medienexplosion, die mit McCartneys Erklärung vom April 1970 zündete, ein solches Szenario als obsolet. Lennon war ärgerlich über das, was er als McCartneys PR-Trick verstand, vor allem weil sich damit die Anmutung verband, es sei Paul gewesen, der *ihn* verlassen hatte. Wenn es denn Chancen für eine Versöhnung zwischen den beiden langjährigen Partnern gegeben hatte, so waren sie jetzt dahin. McCartney bezeichnete seine Statements vor der Presse später selber als »dummen Schritt«, der im Rückblick »sehr hart und kalt« wirke; nachträglich wäre es ihm lieber gewesen, er hätte vor der Veröffentlichung die Zustimmung der anderen Beatles eingeholt. Gleichzeitig betonte er allerdings, daß er keine Lust hatte, ewig darauf zu warten, daß die anderen zurückkämen, zumal er selber nicht mehr daran glaube. Außerdem sei es wichtig, der Welt endlich die Wahrheit zu sagen: »Die Beatles haben sich von den Beatles getrennt, aber keiner will der sein, der verkündet, daß die Party vorbei ist.«

Mit McCartneys Bekanntgabe drang der Konflikt, der die Beatles seit zwei Jahren entzweite, zum erstenmal nach draußen. Das wiederum setzte eine Kette von Reaktionen in Gang, die den Untergang der Beatles beschleunigte. Sobald der Riß allgemein bekannt war, konnte John, selbst wenn er seinen Zorn hinunterschluckte, nicht mehr mit Paul zusammenarbeiten, ohne das Gesicht zu verlieren. Für die nächste Zukunft war jede Form von Zusammenarbeit unmöglich geworden. Pauls Verhalten hatte die bereits ziemlich kühlen Beziehungen innerhalb der Gruppe noch weiter abgekühlt. Nicht nur Pauls Presseinitiative ärgerte John, George und Ringo, sondern auch das Album **McCartney** und der Umstand, daß es vor **Let It Be** und Ringos Solo-Album **Sentimental Journey** herauskommen sollte. Obwohl Ringos Album schon lange eingeplant war (und dann sollte **Let It Be** folgen), wollte sich Paul nicht mit dem dritten Platz zufriedengeben. Irgendwann Anfang 1970, wahrscheinlich im März, wurde Ringo beauftragt, mit Paul darüber zu diskutieren. Der Drummer war als Unterhändler ausgewählt worden, weil er sich im Unterschied zu John und George noch immer einigermaßen mit Paul vertrug. Das Treffen verlief gleichwohl ziemlich unerfreulich. Weil er fürchtete, die anderen Beatles würden seine Solo-Karriere sabotieren, so steht es jedenfalls in der eidesstattlichen Versicherung, die Ringo niederlegte, »drehte Paul vollkommen durch, schrie mich an, fuchtelte mir im Gesicht herum und sagte: ›Jetzt mach ich euch alle fertig‹ und ›Dafür werdet ihr zahlen!‹«

Der größte Streit jedoch entstand zwischen John und Paul. Ihr Verhältnis hatte sich im Laufe des Jahres 1969 weiter verschlechtert, und das, obwohl der Druck von außen die beiden eigentlich hätte zusammenführen müssen. Firmenräuber hatten es auf Northern Songs abgesehen, den Musikverlag, bei dem die Rechte der Lennon–McCartney-Songs lagen. Der Verlag war plötzlich verwundbar geworden, als sein Gründer Dick James sich im März überraschend dazu entschloß, seinen Anteil an der Firma einem in London ansässigen Firmenkonglomerat namens ATV Music zu verkaufen. McCartney und Lennon waren nach James die zweit- und drittgrößten Anteilseigner bei Northern Songs, und obwohl James im Laufe der Jahre zig Millionen Pfund mit ihren Kompositionen verdient hatte, bot er ihnen die Anteile dennoch nicht als erste an. Ohne Vorwarnung verkaufte er an ATV, was wiederum seitens der Songwriter zu dem heftigen Versuch führte, so viele Anteile zu kaufen, daß sich damit eine Aktienmehrheit herstellen ließ.

Zuerst waren Lennon und McCartney schockiert über James' Verrat, dann jedoch faßten sie sich wieder, um ihre eigene Übernahmekampagne in Gang zu setzen. Sie mißglückte unter anderem, weil John im April feststellte, daß Paul seit einiger Zeit insgeheim zusätzliche Aktien an den Northern Songs aufgekauft hatte, so daß er inzwischen über 751 000 Anteile verfügte, während John 644 000 besaß. Die Unterstellung, McCartney habe eine Aktienmehrheit an Northern Songs erwerben wollen, die ihm die Kontrolle der Firma ermöglichte, ist arithmetisch Unsinn, aber Paul war offenbar nicht in der Lage, John zu erklären, warum er seine Kaufaktion geheimgehalten hatte. John warf Paul sofort vor, er schmiede hinter seinem Rücken Ränke gegen ihn. Dieses Mißtrauen wirkte sich auch insofern ungünstig aus, als sich McCartney weigerte, seine Anteile als Sicherheit einzubringen, als die Beatles das ATV-Angebot mit einem Gegenangebot in Höhe von zwei Millionen Pfund kontern wollten.

Mitte Mai sah alles danach aus, daß ATV zwar 47 Prozent der Aktien von Northern Songs erworben hatte, aber dennoch knapp unterlegen war. Lennon und McCartney brauchten sich nur noch mit dem Konsortium von Anteilseignern zu verständigen, das zusammen über 14 Prozent verfügte (was sie zum Zünglein an der Waage machte). Die Verhandlungen hatten sich vielversprechend entwickelt und die Beatles dem Konsortium versichert, daß der übelbeleumundete Allen Klein nicht im Vorstand von Northern Songs sitzen würde, bis Lennon die Beherrschung verlor und seine potentiellen Verbündeten beleidigte. Er hatte sichtlich keine Lust mehr, wegen der Zukunft einer Firma, die seiner Meinung nach ohnehin ihm gehörte, ständig Kompromisse machen zu müssen, und verkündete, daß er sich »nicht von Männern im Anzug, die mit ihrem fetten Hintern in der City herumhocken, verarschen lassen« wolle. Die Vereinbarung kam daraufhin nicht zustande, das Konsortium schloß sich ATV an, und der Katalog mit den Songs von Lennon und McCartney ging den Komponisten unwiederbringlich verloren. (1986 bot sich McCartney und Yoko Ono erneut Gelegenheit, die Rechte zu kaufen, doch diesmal wurden sie von Michael Jackson überboten.)

Es ist ein Wunder, daß Lennon und McCartney im Kampf um Northern Songs überhaupt so lange gemeinsam operierten, da sie über eine grundsätzliche geschäftliche Frage tief zerstritten waren: Wer sollte die Position von Brian Epstein einnehmen? John wollte Klein haben, und allmählich schlossen sich ihm auch Ringo und George an, während Paul für John Eastman optierte, seinen neuen Schwager. Die beiden Kandidaten hätten unterschiedlicher nicht sein können. Klein war ein New Yorker Buchhalter, der seinen Geldinstinkt hinter dem Habitus eines Straßenkämpfers verbarg. John Eastman (nicht mit Eastman Kodak verwandt) stammte aus einer sehr reichen Familie, sein Vater Lee Eastman war in der Unterhaltungsbranche seit langem ein gesuchter Anwalt, und John folgte ihm in diesen goldenen Fußstapfen.

Eine kurze Zeit bekamen Lennon und McCartney beide ihr Recht. Klein fungierte als geschäftlicher Berater, John Eastman als Anwalt. Doch Klein und Eastman verabscheuten einander von

Anfang an, und weil sie vermutlich genau spürten, daß nur einer von ihnen überleben würde, kritisierten und behinderten sie einander erbarmungslos. Pauls Abscheu vor Klein hinderte ihn keineswegs, ihn während der Verhandlungen mit EMI oder beim Hinauswurf eines Großteils der Apple-Angestellten zu unterstützen. Dennoch mißtraute er ihm grundsätzlich und versuchte, die anderen Beatles gegen ihn einzunehmen. Das gelang ihm nicht, und seine Abneigung gegen Lennons Mann brachte ihn auch mit John immer weiter auseinander.

Vermutlich war es vor allem Klein (und nicht Yoko Ono), der zwischen Lennon und McCartney trat. Als Paul im April 1970 zum Album **McCartney** seine Statements verteilte, legte er größten Wert auf die Feststellung, daß Allen Klein ihn nicht vertrete. Die einzige Möglichkeit, Klein zu entgehen, bestand für McCartney darin, daß er die Gemeinschaft der Beatles verließ. Deshalb verlangte er im Juli von den anderen Beatles, daß sie ihn mit allen rechtlichen Konsequenzen aus ihrer Gemeinschaft entließen, erhielt aber darauf keine Antwort. Weitere Vorstöße in dieser Richtung brachten gleichfalls keinen Erfolg. Nachdem er sich mit Eastman beraten hatte, kam er zu dem Schluß, daß die einzige Möglichkeit, sich von Klein zu befreien, darin bestand, Klage einzureichen. Der Haken bei der Sache war, daß er aus verfahrensrechtlichen Gründen als Prozeßgegner nicht Klein, sondern die anderen drei Beatles benennen mußte.

McCartney erklärte später, die Aussicht habe ihm regelrechte Qualen bereitet, »meine besten Freunde zu verklagen und dabei *beobachtet* zu werden, wie ich meine besten Freunde verklage. Das war das Schlimmste«. Die Klage wurde am 31. Dezember 1970 eingereicht. Der Prozeß begann am 10. Januar 1971 in London, und zwei Monate später verkündete der High Court den Urteilsspruch. Das Gericht stellte sich auf McCartneys Seite, bestimmte einen Sachwalter und entmachtete Klein; es verlangte außerdem eine unabhängige Überprüfung der Finanzen der Band. Doch erst am 9. Januar 1975, fast vier Jahre später, war die Beatles-Partnerschaft auch formal endgültig aufgelöst.

Wenn McCartneys Statements zur Trennung der Nagel waren, mit dem der Sarg der Beatles verschlossen wurde, dann sorgte seine Klage für einen zusätzlichen Zementüberzug. Eine Wiedervereinigung war damit undenkbar geworden. Es entbehrt nicht einer gewissen Ironie, daß sich die anderen Beatles bald selber gegen Klein wandten, John mit den kräftigsten Worten. Als Kleins Managerverträge mit John, George und Ringo 1972 ausliefen, erneuerte sie keiner der Beatles, vielmehr verklagten sie ihn 1973, diesmal unterstützt von Paul, wegen Betrugs. 1974 schrieb John einen Song über Klein, »Steel And Glass«, der eine fast ebenso bösartige Attacke darstellte wie »How Do You Sleep?« gegen Paul. (Die verschiedenen Prozesse zwischen Klein und den ehemaligen Beatles endeten 1975. Im Jahr 1979 schickte ein Richter in New York Allen Klein für zwei Monate ins Gefängnis, weil er sich im Zusammenhang mit Apple eines Steuervergehens schuldig gemacht hatte.)

»Wenn ich mich verabschiede, dann wird das nie so freundlich, wie ich mir das eigentlich gewünscht hätte«, grübelte Lennon Jahre später. Er sei bestimmt nicht traurig darüber, daß die Beatles auseinander gegangen seien, beeilte er sich zu betonen, aber er bedauerte, daß »schlechter Geschmack zurückbleibt«. Auch McCartney fand es »einen Jammer, daß eine so schöne Sache so übel enden mußte ... Ich liebe Märchen. Ich hätte es gern gehabt, wenn die Beatles in einer kleinen Rauchwolke verschwunden wären, wir hätten alle Zauberkleider angehabt und jeder eine Tüte mit seinen Sachen.« Aber die Wirklichkeit, fügte Paul hinzu, war anders. Wenn sie tatsächlich märchenhaft gewesen wäre, die Beatles hätten sich vielleicht nie getrennt.

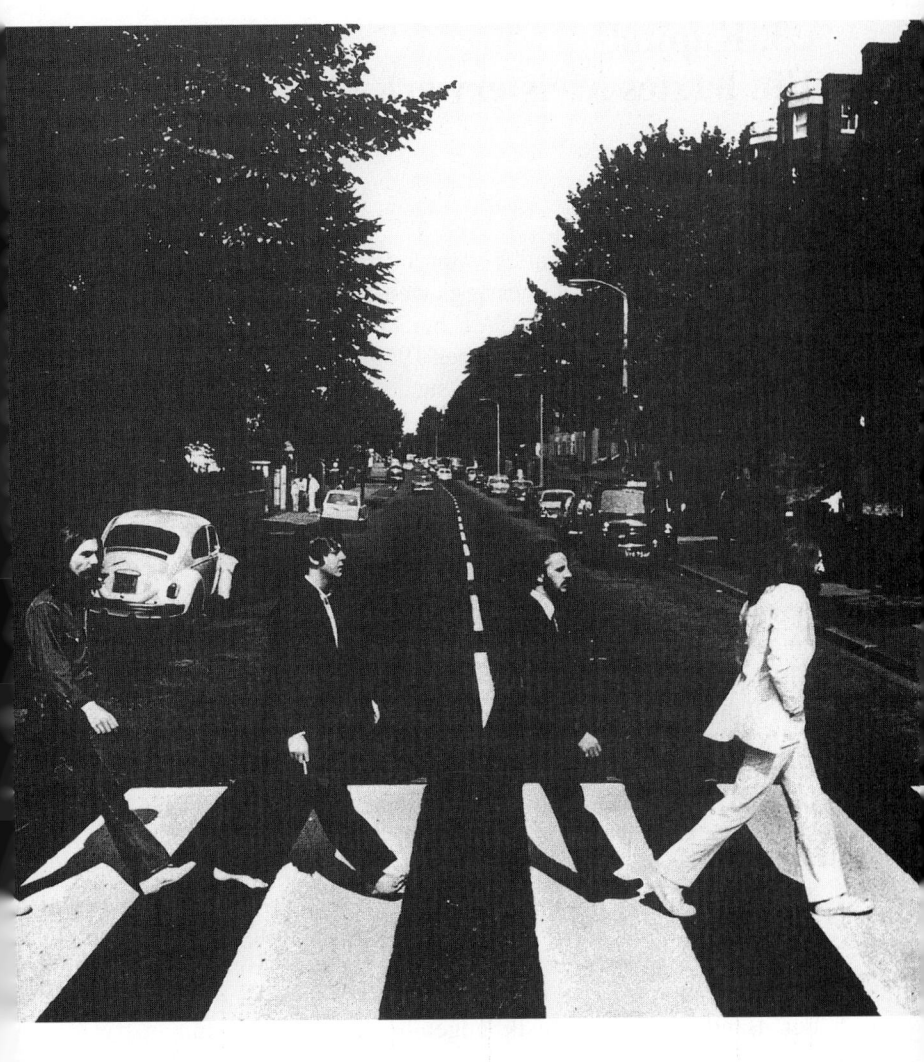

23. Kapitel
Ein letztes Meisterwerk (Abbey Road)

Die Musik, die die Beatles während ihrer letzten gemeinsamen Monate schufen, war keineswegs weniger inspiriert und innovativ als die auf den Alben davor. Was bei **Abbey Road**, ihrer letzten LP, die sie im Frühjahr und Sommer 1969 aufnahmen, vielleicht am meisten beeindruckt, ist die Tatsache, daß sich ihre Musik auch hier noch weiterentwickelte. Das Album bietet eine geradezu unheimliche Präsentation dessen, was die Beatles zu ihrem einzigartigen Ruhm befördert hatte: der Gesang und die Songs von Lennon und McCartney, die musikalische Synergie der vier Beatles, die unsichtbare Hand von George Martin. **Abbey Road** war mehr als eine Reprise vergangener Triumphe. Songs wie »Come Together« und »Here Comes The Sun« waren einzigartige Schöpfungen mit ungewöhnlich raffinierten Instrumentierungen; zudem bewies die Abfolge der Songs auf der zweiten Seite, die fast vollständig zu einem einzigen Musikstück verschmolzen waren, daß die Beatles immer noch Neuland eroberten und sich ihre neuen Regeln erst während der Arbeit gaben. Nach all den Jahren, in denen sie die Popmusik revolutioniert hatten, demonstrierte **Abbey Road**, daß sie immer noch nach neuen Ausdrucksmöglichkeiten suchten.

Obwohl **Abbey Road** als sehr starkes Album gilt – George Martin nennt es seine Lieblings-Beatles-Platte –, wird ihm in der Beatles-Literatur selten besondere Wertschätzung zuteil. In den meisten Berichten über diese letzte Phase der Beatles liegt das Augenmerk so sehr auf der unmittelbar bevorstehenden Trennung der Band, daß die Musik gegenüber den Aufzählungen, wer während der Aufnahmen mit wem kämpfte oder auch nicht, ins Hintertreffen gerät. Dabei ist das eigentlich Bemerkenswerte, wie die Musik von den Spannungen in der Band sogar noch profitierte. Es war während der Aufnahmen für **Abbey Road**, als George Martin die Bemerkung über die »unglaubliche Präsenz«

machte, die man jedesmal in einem Raum spüre, in dem sich alle Beatles aufhielten. Ob die Beatles das mochten oder nicht, am Ende war die Musik doch stärker als sie.

John und Paul lieferten dafür am 14. April 1969 ein anschauliches Beispiel. An diesem Tag schlichen sie sich in die Abbey Road, um »The Ballad Of John And Yoko« allein aufzunehmen. Zehn Wochen waren vergangen seit dem Abschluß der chaotischen Aufnahmen zu **Let It Be**, und nun spielten sie Johns frische, bissige Klage über die Medien ein, die ihn und seine neue Frau »gonna crucify me« (noch kreuzigen wollten). In diesen zehn Wochen waren John und Paul wegen der Rolle, die Allen Klein bei den Beatles spielen sollte, aneinandergeraten, Paul hatte Linda Eastman geheiratet, John hatte Yoko Ono geheiratet und mit ihr die ersten »Bed-Ins für den Frieden« veranstaltet. Das Leben von John und von Paul strebte unzweifelhaft in unterschiedliche Richtungen. Dennoch stand John eines Tages überraschend vor Pauls Tür und wollte »unbedingt«, wie sich Paul erinnert, diesen neuen Song aufnehmen; es gelang ihm tatsächlich, Paul zur Mitarbeit zu bewegen. Die beiden arbeiteten sozusagen hinter Ringos und Georges Rücken: Ringo war mit seinem neuen Film »The Magic Christian« beschäftigt, und George befand sich im Ausland. Für den 16. April war eine reguläre Beatles-Session anberaumt, doch John, der seine Platte wie immer auf der Stelle machen wollte, hatte keine Lust, zwei Tage zu warten.

Die Bänder im Archiv der Abbey Road enthalten ein paar sehr aufschlußreiche Szenen. Die Aufnahme findet im Studio 3 statt, Paul ersetzt Ringo am Schlagzeug, John spielt Akustikgitarre und singt die Leadstimme dazu, und George Martin überwacht den Ablauf vom Kontrollraum aus. Der Song ist einfach und direkt, Rock 'n' Roll mit drei Akkorden, und alles hängt vom Beat ab. Lennon scheint mit McCartneys erstem Versuch, den Beat vorzugeben, einverstanden zu sein. »Das war ordentlich schnell«, bemerkt John nach dem ersten Take. Vor dem zweiten fragt John: »Okay, Paul?«, ehe er sich wieder in den Song stürzt. Paul gibt sich unterwürfig und erwidert: »Yassaa.« Vor dem vierten Take murmelt John: »Ein bißchen schneller vielleicht, Ringo?« Paul kichert: »Okay, George.«

Es fällt freilich auf, daß die beiden auf den Archivbändern erstaunlich gedämpft, fast matt klingen. John und Paul sind nicht unbedingt damit beschäftigt, sich gegenseitig den Kopf abzureißen – sie scheinen sich im Gegenteil alle Mühe zu geben, miteinander auszukommen –, aber ihre Witzeleien haben etwas Gewolltes, formell Höfliches, und man merkt nichts von der begeisterten Elektrizität, wie man sie von früheren Beatles-Sessions kennt (oder von Johns Solo-Sessions vierzehn Monate später). Als sie mit dem elften und letzten Take für den Song fertig sind, wechseln John und Paul kein einziges Wort. Die Stille wird nur unterbrochen, als John zum Kontrollraum hinaufruft: »Wie fandest du's?« Die Aufnahme einer Platte scheint zu einem Job geworden zu sein.

Ein Job allerdings, in dem John und Paul durchaus brillieren. Johns Stimme kommt vom ersten Take an punktgenau, und Paul trommelt präzise und immer dynamisch. Die Aufnahmen müssen dennoch immer wieder unterbrochen werden, weil Paul nicht ganz mit der Pause und dem Wechsel im Schlagrhythmus zurechtkommt, der den Song auf die Zielgerade treibt, unmittelbar nachdem John am Ende des Mittelteils »Think!« (Stell dir vor!) schreit. Doch als die beiden nach dem fünften Take unabhängig voneinander probieren und John erläutert, daß »es nach dem Mittelteil etwas schneller wird«, kapiert Paul sofort, was John will. Er schlägt den Beat vor, John sagt »Yeah«, und Paul antwortet »Okay«. Als Paul im sechsten Take wieder danebenhaut, seufzt John: »Oh, Scheiße.« Doch beim zehnten Take kommt Paul fehlerfrei durch, und die beiden Musiker verbringen den Rest der siebenstündigen Session damit, Baß, Klavier, Leadgitarren, Percussion und Pauls Begleitharmonien aufzunehmen. Sie arbeiten so effizient, daß sie eine Stunde vor der Zeit fertig sind.

Während der Zuspielungen hört sich Paul manchmal falsch an, wenn er verschiedene Harmonien durchprobiert. Aber nur so läßt sich Neues entdecken, und der fertige Song, in dem Paul in der vierten Strophe nur eine einzige Silbe am Ende jeder Zeile singt, ehe er in der abschließenden Strophe eine regelrechte Gegenmelodie singt, rechtfertigt die Methode. Der Song »The Ballad Of John And Yoko« kam sechs Wochen später mit Harrisons »Old

Brown Shoe«, den alle vier Beatles zwei Tage später aufnahmen, als Single heraus und wurde Nummer Eins, obwohl ihn einige amerikanische Sender wegen seines Textes mit Bann belegten – »das Zeug mit Christus«, wie es John in einer Nachricht an einen Apple-Mitarbeiter formulierte.

Daß sich die Beatles während dieser und der anderen Aufnahmen für **Abbey Road** zivilisiert verhielten, ist zum Teil George Martin zu verdanken. Er konnte zwar nicht mehr die Peitsche schwingen, doch gelang es ihm immerhin, die Band auf einen halbwegs anständigen Umgang zu verpflichten, indem er damit drohte, andernfalls zu gehen. Nachdem die Sessions für **Get Back** so unerfreulich verlaufen waren, zeigte sich Martin mindestens so überrascht wie alle anderen bei EMI, als er hörte, daß ein weiteres Album geplant sei, und war nicht auf Anhieb bereit, bei **Abbey Road** mitzuarbeiten. Als McCartney bei ihm anfragte, ob er wieder als Produzent für sie arbeiten wolle, erklärte Martin unmißverständlich, daß er nur dann in den Kontrollraum zurückkehren werde, wenn man ihm die letzte Entscheidung zubilligte und die Beatles aufhörten, sich ständig zu streiten. Wenn die Beatles, wie McCartney vorhatte, ein Album »wie früher« einspielen wollten, dann müßten sie sich auch wie früher benehmen.

Das Verhalten der Beatles während **Abbey Road** erreichte zwar nicht ganz diesen Standard, kam ihm jedoch nahe genug, um ordentlich arbeiten zu können. Die Spannungen waren ja keineswegs ausgestanden, und gelegentlich explodierten sie in Streitereien und gegenseitigem Anschreien. Paul erinnerte sich später, daß ihm während der Aufnahmen für **Abbey Road** sowohl Ringo wie George eine Standpauke hielten, weil er sich im Studio zu sehr wie der Chefdirigent aufführte. Auch der Yoko-Faktor macht sich noch stärker als bisher bemerkbar. Manchmal nahm er einigermaßen bizarre Formen an, etwa wenn John darauf bestand, daß ein Bett ins Studio geschafft würde, damit er sich nicht von seiner schwanger gewordenen Frau trennen müsse, der die Ärzte Bettruhe verordnet hatten. Als Yoko sich eines Tages eines von Georges Biskuits nahm, ohne diesen vorher darum zu bitten, führte das sofort zu einem häßlichen Wortwechsel zwischen den beiden Beatles. Manchmal hatte John auch einfach keine Lust, an den

Sessions teilzunehmen, hinzu kam, daß Yoko und er bei einem Autounfall am 1. Juli verletzt wurden, außerdem drückten sie im Sommer 1969 wieder gelegentlich Heroin –, was bedeutete, daß Teile von **Abbey Road**, besonders die Zuspielungen auf der ersten Seite, ohne John aufgenommen werden mußten.

Doch gab es auch viele freundliche und sogar glückliche Momente, mit John und ohne ihn. Am 8. August, an dem das berühmte Cover-Foto für **Abbey Road** aufgenommen wurde – ein farbiges Profilbild, das die Beatles beim Überqueren des Zebrastreifens vor dem Studiogebäude zeigte –, war der Fototermin früher als geplant zu Ende; den Beatles blieben bis zur Nachmittagssession noch zwei Stunden. Wenn man den meisten Büchern über die Beatles glauben will, dann konnten es John und Paul zum damaligen Zeitpunkt zusammen im selben Raum kaum aushalten, doch in Wahrheit fuhren die beiden zu Pauls Haus, um sich dort die Zeit zu vertreiben, während Ringo einkaufen und George in den Zoo ging. Bei einer anderen Gelegenheit verbrachten John und Paul Stunden damit, in Studio 3 gemeinsam in ein Mikrofon zu singen und schräge Töne und Effekte für »You Know My Name (Look Up The Number)« zu sammeln, ein komödienhaftes Stück, das später als B-Seite der Single »Let It Be« herauskam. Lewisohn berichtet, daß die Beatles auch bei den Aufnahmen zu »Octopus's Garden« und »Here Comes The Sun« gutgelaunt herumalberten.

Zu McCartneys schönsten Erinnerungen an **Abbey Road** gehört eine Session für »Come Together«, jene monumentale Lennon-Hymne, mit der die erste Seite des Albums beginnt. McCartney zufolge geizte Lennon normalerweise mit Lob für die anderen Beatles – »Wenn man nur ein Körnchen, eine Krume abbekam, war man schon sehr dankbar« –, deshalb freute sich Paul besonders, als John das »südstaatensumpfige, rauchige« Klavierstück lobte, das Paul für diesen Song ausgearbeitet hatte. Und Paul war keineswegs der einzige, der gut spielte bei »Come Together«. Der Song ist ein Muster dafür, wie präzise und kraftvoll die vier Beatles als musikalische Einheit auch noch während der **Abbey Road** Phase sein konnten.

In dem wieder besonders auffälligen Auftakt verbinden sich

vier unterschiedliche Strukturen. Er beginnt mit Johns Stimme, dem halb gesungenen, halb gewisperten Befehl »Shoot me« (Erschießt mich) – schon für sich genommen ziemlich unheilverkündend, aber nachgerade gespenstisch, wenn man an Johns Ermordung elf Jahre später denkt. Hörbar ist von Johns Stimme allerdings nur »shoot«; das »me« wird verdeckt durch Pauls aufsteigende Baßlinie. Buchstäblich gleichzeitig mit dem Baß meldet sich ein dritter Sound, ein schnelles, schlagendes Geräusch, das über der Baßlinie vibriert und wie ein Pfeil in einer Zielscheibe zittert. Lennon erzeugte dieses Geräusch, indem er genau in dem Augenblick, als er »me« sang, in die Hände klatschte und während des Abmischens mit Bandecho verstärkte. Schließlich werden diese beiden ansteigenden Rhythmen von Ringos verzögertem Schlagzeug beantwortet, das wie der Donner grollt.

Obwohl die erste Zeile über »ol' flatop« eigentlich aus einem Chuck Berry-Song stammt, hatte Lennon einen politischen Song schreiben wollen, als er mit der Arbeit an »Come Together« begann. Timothy Leary, der LSD-Prophet, ging mit dem Gedanken um, sich als Kandidat der Hippies um das Amt des Gouverneurs von Kalifornien zu bewerben, und bat Lennon, ihm um die Zeile »Come Together« herum einen Wahlkampfsong zu schreiben. Am Ende gab es genau eine Zeile in Lennons fertigem Song, die neben dem Refrain halbwegs politische Obertöne hatte, und zwar »One thing I can tell you is/ You got to be free« (Eins kann ich euch sagen, ihr müßt frei sein). Doch ähnlich wie der Refrain war das ein machtvoller Schrei – einfach, umfassend, direkt. Als Lennon den Song 1972 live im New Yorker Madison Square Garden sang, veränderte er den Refrain in: »Come together/ Stop the war/ Right now!« (Kommt alle, beendet den Krieg – sofort!) Die Menge brüllte vor Begeisterung. Am Ende seines Songs aber brummte John vor sich hin, und offensichtlich meinte er seinen Text: »Ich darf keine so blöden Sätze mehr schreiben.« Lennon scheint über sich selber zu singen, doch am auffälligsten dabei sind die Vertraulichkeit und der trockene Humor von Zeilen wie: »I know you, you know me« (Ich kenn dich, du kennst mich) und »Got to be good lookin'/ Cuz he's so hard to se« (Muß gut aussehen, denn er ist kaum zu sehn).

In musikalischer Hinsicht fällt es schwer, einen einzelnen Aspekt von »Come Together« hervorzuheben; der Song ist – mehr als viele andere Songs – das brillante Ergebnis gemeinsamer Arbeit. »Come Together« ist zudem ein gutes Beispiel für George Martins Argument, daß Ringos zwei größte Stärken darin lägen, daß er ein instinktives Gefühl für einen Song entwickle und einen ganz und gar eigenwilligen Sound biete. Beides merkt man bereits während der ersten Takte in diesem Song, doch den eigentlichen Höhepunkt erreicht er gegen Ende, nachdem John den letzten Refrain gesungen hat. Auf dem Weg zur Ausblende, in der John immer wieder »Come together« singen wird, während George mit hoher Phrasierung auf der Gitarre antwortet, wiederholen die Beatles zunächst die »Shoot me«-Passage viermal hintereinander. Beim vierten Durchgang jagt Ringo die Band förmlich in den Refrain. Auch bei den anderen Stücken auf dem Album bleibt Ringos Schlagzeug so beeindruckend, als wolle er beweisen, daß er trotz McCartneys Kritik auch in musikalischer Hinsicht mit den anderen Beatles mithalten konnte.

Absichtlich oder auch nicht ist es Harrison mit dem nächsten Song auf **Abbey Road** um die Widerlegung des gleichen Vorwurfs zu tun. Dem Vernehmen nach haben sowohl Lennon wie McCartney »Something« als den besten Song auf **Abbey Road** bezeichnet. Frank Sinatra, der eine Cover-Version aufnahm, soll ihn als »das beste Liebeslied der vergangenen fünfzig Jahre« gerühmt haben. Stellt man »Something« an die Seite von »Here Comes The Sun«, dem anderen Harrison-Juwel auf **Abbey Road,** hat man den Beweis dafür, daß sich die Beatles immer noch weiterentwickelten. Inzwischen verfügten sie nämlich nicht nur über die zwei »besten Songwriter, die sich derzeit auf Erden befanden«, wie es Ringo formulierte, sondern gleich noch über einen dritten, ebenfalls von allererster Klasse.

Den Bändern der Aufnahme von »Something« ist zu entnehmen, daß Harrison einige Mühe hatte, den Text hinzukriegen; für kurze Zeit und nicht unbedingt ernst gemeint, lauteten die ersten Zeilen: »Something in the way she moves/ Attracts me like a pomegranate« (Die Art, wie sie sich bewegt, erinnert mich an einen Granatapfel). Musikalisch jedoch durfte sich der Song, so

George, »vermutlich der schönsten Melodie rühmen, die ich je geschrieben habe«. Mit dieser Meinung stand er keineswegs allein. Allein in den ersten zehn Jahren nach der Veröffentlichung von »Something« haben andere Künstler davon nicht weniger als einhundertfünfzig Cover-Versionen aufgenommen; von den Beatles-Songs war damit nur »Yesterday« erfolgreicher. Doch wieder einmal ist das Arrangement der Beatles kaum zu übertreffen. Ringo brilliert am Schlagzeug, Paul zeigt seine gewohnte Virtuosität am Baß, und Georges flüssige Leadgitarre macht aus dem Mittelteil eine Sehnsuchtsarie. Eine von George Martin geschriebene Orchesterbegleitung, die nicht zu süßlich und nicht zu herb ist, markiert und umrahmt den Song.

Wenn es auf **Abbey Road** ein Stück gibt, das zu süßlich ist, dann McCartneys »Maxwell's Silver Hammer«. Paul behauptet, daß diese fröhliche und makabre Geschichte über einen jungen Mann, der leidenschaftlich gern fremden Leuten den Schädel einschlägt, eine Metapher für die unberechenbaren Höhen und Tiefen des Lebens sei. Der Song gehört in die gleiche Kategorie wie »Ob-La-Di, Ob-La-Da« – oder, wie Harrison formulierte, »es ist eine dieser Instant-Melodien zum Mitsingen« –, und wie bei »Ob-La-Di, Ob-La-Da« bestand Paul auch hier darauf, daß Take auf Take aufgenommen wurde, bis John und George streikten. Harrison bezeichnete den Song später als »echte Schmalzstulle«, und ein fröhlicher Lennon sagte, daß die Beatles ihr großes Publikum so lange nicht verlieren würden, wie sie »nette kleine Volkslieder wie ›Maxwell's Silver Hammer‹, das auch die Omis kapierten«, produzierten.

McCartneys nächster Song »Oh! Darling« war nun allerdings ganz und gar nicht für die Oma. John war so begeistert von dem Song, daß er manchmal wünschte, er hätte ihn gesungen. Natürlich fügte er hinzu, daß er ihn sicher noch besser als Paul gebracht hätte. McCartney erzählte später, er sei eine Woche lang früher ins Studio gekommen, um vor dem Eintreffen der anderen so lange zu üben, bis sich der Song anhörte, »als hätte ich ihn eine Woche lang auf der Bühne gesungen«. Beim fünften Versuch nahm er die Version auf, die auf dem Album zu hören ist: eine rohe, kehlige Stimme, deren Hingabe mit dem Schmelz von »Long Tall Sally«

zu vergleichen ist (einschließlich des Little Richard-Falsetts), dabei aber jede einzelne Note präzise traf und auskostete. Seine Stimme wurde ein weiteres Mal durch die Ensemblearbeit unterstützt, vor allem durch Georges brummende Gitarrenlaute am Anfang, die sich im Mittelteil zu springenden Dreiergriffen steigern.

Das Ensemblespiel ist auch bei »Octopus's Garden« entscheidend. In den vorangegangenen Jahren hatten die anderen Beatles Ringo gern damit aufgezogen, daß er mit Songs ankam, die – unbeabsichtigt – Plagiate waren. Obwohl »Octopus's Garden« mehr als nur ein bißchen von Pauls »Yellow Submarine« beeinflußt war, behauptete Ringo später, er habe es geschrieben, als er sich innerlich von den Beatles trennte: »Ich wollte damals einfach abtauchen. Ich wollte eine Zeitlang meine Ruhe haben.« Im Film »Let It Be« kann man sehen, wie Harrison Ringo dabei hilft, die Akkorde auszuarbeiten. Auch sein Gitarrensolo am Anfang sorgt für den Eindruck, daß hinter diesem bescheidenen Song mehr steckt. Pauls fröhliches Klaviergeklimper und die aufsteigenden Harmonien von ihm und George verstärken diese Illusion noch. Hier ist ein weiteres Betriebsgeheimnis der Beatles zu besichtigen: Die Band verstand es vorzüglich, die Schwächen ihrer Mitglieder zu kaschieren. Wie viele andere, eher unauffällige Sänger und Songschreiber konnten sich schon darauf verlassen, daß Paul McCartney und George Harrison mit ihren Begleitharmonien etwas Besonderes aus dem Song machten?

Der abschließende Song der ersten Seite, »I Want You (She's So Heavy)«, ist ein weiteres Beispiel dafür, wie die Beatles einander zuarbeiteten. Kurz nach der Trennung der Band erklärte Lennon, daß er vor allem aus einem Grund bedaure, mit den anderen nicht mehr zusammenspielen zu können, weil es damals »möglich war, einfach nur zu blinzeln oder ein bestimmtes Geräusch zu machen, und die anderen wußten, daß wir ab jetzt etwas improvisieren würden«. Man kann sich vorstellen, wie sehr John auf diese Form unmittelbaren Verständnisses vertrauen konnte, als er seine drei Kollegen durch »I Want You (She's So Heavy)« lotste. Johns Liebeslied an Yoko war im Text nicht sonderlich inspiriert – der Titel, der Dutzende Male wiederholt wurde, war schon der ganze Text –, doch erwies sich das Stück musikalisch als außerordentlich komplex, da es mehrfach die Stimmung und das Tempo änderte. Es brauchte eine präzise arbeitende Band, um mit den Drehungen und Wendungen des Songs zurechtzukommen, doch den Beatles gelang es (mit Hilfe des Keyboarders Billy Preston), die tragende Rhythmusspur am 22. Februar 1969 in einer einzigen Session aufzunehmen.

»I Want You (She's So Heavy)« bewies außerdem, daß die Beatles ihre avantgardistischen Neigungen keineswegs aufgegeben hatten. Das immer gleiche Riff wieder und wieder zu spielen, war riskant, aber der Sound entfaltete sich allmählich zu gewaltigen Dimensionen und gab dem Song Spannung. Lennon und Harrison schichteten zahllose Gitarrenspuren übereinander, und John verstärkte den Sound dann noch weiter, indem er das sogenannte weiße Rauschen hoch ausgesteuert dazuschnitt, wodurch die letzte Minute des Songs klanglich zu einer stürmischen Nacht in der arktischen Wildnis wurde. Und um die Fremdartigkeit noch weiter zu steigern, verschwand dieser Sturm vollkommen unvermittelt, als sei die Sicherung durchgebrannt. Der Schluß von »I Want You (She's So Heavy)« illustriert, was George Martin so beschrieben hat: »Nach einem gewaltigen Sound gibt es nichts Elektrisierenderes als vollkommene Stille.« Es war offenbar John Lennon, der die Idee dazu hatte. Während der Endabmischung für **Abbey Road** hörte sich Lennon das Playback seines Songs an, als er sich plötzlich an den Toningenieur Alan Parsons wandte und sagte: »Da! Schneid das Band genau hier ab!«

Wie sich später herausstellte, war diese Session für die Abmischung am 20. August 1969 das letzte Mal, daß alle vier Beatles gemeinsam im Studio der Abbey Road waren.

Nach der Auflösung der Gruppe drückte George Martin bei mehr als einer Gelegenheit sein Bedauern darüber aus, daß er sich nicht mehr um den Songschreiber George Harrison gekümmert habe. Bei der Menge und der Qualität dessen, was Lennon und McCartney ausstießen, ist es nur zu verständlich, daß Martin die beiden bevorzugte, doch als Folge davon, so Martin, »wurde George, der arme George, lange überhaupt nicht beachtet«. Deutlicher wurde Martin in seiner Zerknirschung nicht, aber »Here Comes The Sun«, mit dem die zweite Seite von **Abbey Road** beginnt, könnte sehr gut zu den Kompositionen gehören, die ihm die Augen und Ohren öffneten. »In vieler Hinsicht ist das einer der besten Songs, die je geschrieben wurden«, äußerte sich Martin später über »Here Comes The Sun«.

Mit Sicherheit jedoch zählt »Here Comes The Sun« zu den besten Songs, die die Beatles aufnahmen, und er ist fast ausschließlich George Harrisons Werk. Er schrieb ihn, als er an einem der ersten Frühlingstage im Jahr durch Eric Claptons Garten spazierte. George komponierte den Song nicht nur, er spielt auch alle Gitarren, die für die Atmosphäre eines ausgelassenen Frühstücks im Freien sorgen. Er spielt außerdem auf dem Harmonium, klatscht und singt den größten Teil (wobei ihm McCartney mit seinen Harmonien zu Hilfe kommt) – von George Martins Partitur, Pauls Baß und Ringos Schlagzeug abgesehen, macht er alles selber. Jahrelang hatten Lennon und McCartney Songs geschrieben, die allgemeinverständlich und zugleich so herausragend waren, daß sie auf der Stelle angenommen und zu Klassikern wurden: »I Want To Hold Your Hand«, »Help!«, »Yesterday«, »Norwegian Wood«, »Eleanor Rigby«, »We Can Work It Out«, »Penny Lane«, »A Day In The Life«, »Hey, Jude«. Und nun war Harrison, nachdem er seinen großen Brüdern jahrelang zugesehen hatte, das gleiche mit »Here Comes The Sun« gelungen.

»Ich hätte nichts dagegen gehabt, George zu sein, der unsichtbare George, und das zu lernen, was er gelernt hat«, sagte Lennon nach der Auflösung der Band. Auch wenn »Here Comes The Sun« Harrisons Komposition ist, weist der Song doch viele der Qualitäten auf, die auch die Meisterwerke von John und Paul auszeichnen.

Die Akkorde folgen im wesentlichen dem I-IV-V-Schema, nur am Ende der ersten Strophe, vor der Zeile »And I said, it's alright«, findet Harrison einen raffinierten Übergang, mit dem sich die Melodie zum Anfang zurückwendet. Im Mittelteil – »Sun, Sun, Sun/ Here it comes« – wird eine einfache zweite Akkordfolge eingezogen, dieses Mal wechseln die Grundharmonie von A-Dur nach G-Dur, und die Reihenfolge ist IV–I–V. Den Wechsel in der Tonart verbindet George mit einem dritten einfachen Kunstgriff – einem unerwarteten, aber vollkommen natürlich klingenden Tempowechsel, wie man ihn sonst von John Lennon kennt. Auch der Text hat eine Kraft der Unschuld. Statt Antworten zu verkünden, werden universelle Wahrheiten beschworen. Wärme der Sonne, der nahende Frühling, das Lächeln in einem menschlichen Gesicht.

Wenn soviel Einfachheit klug zusammengesponnen wird, entsteht eine besondere Form des Raffinements. Wie in den besten Arbeiten der Beatles passiert in »Here Comes The Sun« viel mehr als in den meisten Popsongs, weil es wesentlich mehr Strukturen und Schichtungen gibt. Harrison hatte sich inzwischen zu einem bemerkenswerten musikalischen Architekten entwickelt. Martins Rat, »Denkt symphonisch«, hatte auch ihn dazu bewogen, sich Gedanken darüber zu machen, wie sich innerhalb des gewöhnlichen Popsongs mehr sagen ließ.

Die Beatles haben nicht nur herausragende Songs geschrieben, sie haben auch gültige Interpretationen dafür geliefert. Eine Neuaufnahme eines Beatles-Songs, die besser wäre als das Original, ist schwer vorstellbar. Das Arrangement von »Here Comes The Sun« ist luftig und bleibt gleichzeitig rockig, es ist sanft und zugleich bombastisch – die Kontraste ergeben sich aus der Kombination von Harrisons sorgfältigem Gitarrenspiel und durchscheinender Stimme auf der einen und Martins, McCartneys und Starrs musikalischem Beitrag auf der anderen Seite. Martin fügt mit der allerersten Silbe von Harrisons Stimme Streicher ein, um das Gesamtvolumen des Sounds zu vergrößern, und läßt dann das Orchester im weiteren Verlauf des Songs die Hauptthemen der Melodie verstärken und punktieren. McCartney schleicht sich im ersten Crescendo der Celli ein und spielt eine stürmische Baßlinie, die dem Song einen unwiderstehlichen Schub gibt, den wiederum Starr mit seinen Trommelstöcken akzentuiert. Der Song vermittelt eine sanfte Begeisterung ebenso lebhaft wie »Come Together« ein suchendes Drängen, und der Unterschied zwischen diesen beiden Stimmungen unterstreicht eine weitere Stärke der Beatles, ihre große emotionale und musikalische Bandbreite.

»Here Comes The Sun« ist der einzige Song auf **Abbey Road,** bei dem John mit keinem Ton beteiligt war. Daraus läßt sich ablesen, daß die anderen drei Beatles auch ohne ihn eine ziemlich gute Band gewesen wären. Als Instrumentalisten gehörten Mc-Cartney, Harrison und Starr ohnehin in eine andere Liga als Lennon. Sein Beitrag bestand in etwas völlig anderem – in einer ungestümen, neugierigen, tiefen, poetischen Sensibilität, die sich zufällig am besten musikalisch auszudrücken vermochte. Für jedes »I Am The Walrus« gab es auch ein »Julia«, für jeden »Nowhere Man« ein »Ticket to Ride«. Auf **Abbey Road** sind die kantigen Stücke »Come Together« und »I Want You (She's So Heavy)« durch das hochfliegende »Because« ausgeglichen; diese wunderbare Meditation über die Majestät der Erde und ihres blauen, winddurchtosten Himmels ist vor allem ein Musterbeispiel für den Gesang von John, Paul und George. Seit »This Boy« hatten die Beatles keine derart komplizierten und schönen Dreifach-Harmonien mehr gesungen.

Abbey Road ist immer wieder als sehr professionelles Album bezeichnet worden. Das Kompliment klingt ambivalent, aber es ist in der Tat richtig, daß **Abbey Road** außerordentlich sorgfältig produziert wurde. Im technischen Stab, mit dem die Beatles bei **Abbey Road** arbeiteten, befanden sich einige der besten Toningenieure. George Martin und Geoff Emerick hatten während der Produktion von **Revolver** und **Sergeant Pepper** die Aufnahmetechnik für die Popmusik revolutioniert und waren auf der Höhe ihres Könnens, als sie ins Beatles-Studio zurückkehrten, um an **Abbey Road** mitzuarbeiten.

Es war McCartney, der, wahrscheinlich weil er spürte, daß die Beatles zu sehr mit sich beschäftigt waren und allmählich vom Kurs abkamen, Martin und Emerick für **Abbey Road** gewinnen konnte. Die anderen Beatles, John vor allem, ärgerten sich über Pauls Übereifer, und nachdem er auch **Magical Mystery Tour** auf dem Kerbholz hatte, war seine Weste keineswegs mehr sauber. Doch wenn man der Geschichte der Beatles tatsächlich Gerechtigkeit widerfahren lassen will, wird man zugeben müssen, daß McCartneys Lust am Organisieren für die Arbeitsleistung der Beatles fast unverzichtbar geworden war. Ohne dieses Talent wäre **Abbey Road**, eines der drei oder vier besten Beatles-Alben, so niemals zustande gekommen. Denn es war Paul, der alle wichtigen Leute zusammentrommelte, für das Material sorgte und das gesamte Projekt auch zum Abschluß brachte. Das gilt ganz besonders für das lange Medley auf der zweiten Seite, sechzehn Minuten Musik, die, wie immerhin Ringo sagt, »einige unserer besten Sachen« enthalten.

Die acht Songs, aus denen sich das Medley zusammensetzt, waren zuerst nicht viel mehr als halbfertige Fragmente. Es ist Martins und McCartneys musikalischen Fähigkeiten zu verdanken, daß es ihnen gelang, diese Fragmente trotz der vielen Tonart- und Tempowechsel zu einem Ganzen zu vernähen. Darüber hinaus ist es ein Beispiel für McCartneys klaren organisatorischen Instinkt, weil ihm irgendwann aufging, daß sich das Problem auf diese Weise lösen ließ. Wäre es nach Lennon gegangen, wären die Fragmente vermutlich unvollendet geblieben, was wiederum hieß, daß es kein Album gegeben hätte. Martin und McCartney gelang es jedoch, die Fragmente in eine kleine Symphonie zu überführen und das Album damit zu retten.

Lennon machte kein Geheimnis daraus, daß ihm das Medley auf **Abbey Road** zuwider war. Martin hatte zweifellos recht, wenn er meinte, ein Grund dafür liege darin, daß John gradlinigen Rock 'n' Roll bevorzuge, aber es stimmt auch, daß das Medley McCartneys Projekt war und konzeptuelle Schwierigkeiten mit sich brachte, die Lennons musikalische Phantasie überstiegen. Außerdem darf man nicht ganz übersehen, daß Johns Anteile an diesem Medley bescheiden sind. »Sun King«, »Mean Mr. Mustard« und »Polythene Pam« haben ein paar gute Momente, und letzteres vor allem einen bösen Humor. Doch nie erreichen sie die Höhepunkte der Beiträge McCartneys: die wunderschöne, schmerzliche Traurigkeit in »You Never Give Me Your Money«, die ausgelassene Unbeschwertheit von »She Came In Through The Bathroom Window«, das Weltschmerzsehnen von »Golden Slumbers« und »Carry That Weight«. Dennoch ist das Medley als Ganzes wunderbar beiläufig.

Der ergreifendste Moment des Medleys ist zweifellos »The End«. (Das 23 Sekunden lange Liedchen »Her Majesty« wurde von einem Tontechniker an »The End« drangehängt und von den Beatles aus irgendeinem Grund beibehalten.) Auch wenn man im Rückblick in dieser Phase alle möglichen ominösen Vorzeichen entdecken will, sollte man sich dennoch daran erinnern, daß die Beatles Anfang August 1969, als sie die Aufnahme mit »The End« abschlossen, noch gar nicht wußten, daß sie sich trennen würden. Zumindest war es ihnen nicht bewußt. Aber so wie das Album **Abbey Road** alle Gründe versammelt, warum die Beatles die populärste und vielseitigste musikalische Kraft ihrer Zeit wurden, rückt »The End« noch einmal jeden einzelnen Beatle ins Scheinwerferlicht, ehe dann endgültig der Vorhang fällt.

Als erstes fällt Ringos Schlagzeug-Solo auf, das einzige in seiner gesamten Laufbahn, eine Vorstellung, die ebenso solide und zurückhaltend ist wie der Drummer selber. Dann folgen ein paar Takte glorios splitternder Gitarrenakkorde und ein »Love you«-Refrain, mit dem die Beatles ein letztes Mal zum reinen Rock'n'Roll zurückkehren, dem musikalisch stets ihre größte Liebe galt. Dann gehen sie zurück bis in die Zeit, als John, Paul und George noch keinen festen Drummer hatten und sich damit rühmten, daß »der Rhythmus in den Gitarren« sei: Jeder der drei Gitarristen spielt ein Abschiedssolo. Paul setzt an, pfeilschnell steigt er auf, ihm folgt George mit quecksilbrigen Griffen, bis John schließlich einsteigt und die Sache krachend nach Hause bringt. Ein helles, schnelles Klavier setzt sich durch gegen den Krach, bereitet die Bühne, damit sich die drei ehemaligen Quarrry Men zusammentun und singend eine letzte kleine Weisheit zum besten geben können. Es ist eine Zeile von Paul: »And in the end/ The love you take/ Is equal to the love you make« (Und schließlich ist die Liebe, die du bekommst, nur so groß wie die, die du selber schenkst). Es war eine lange, eine wunderbare Straße für die vier aus Liverpool, doch Pauls »last words« paßten nicht auf die Beatles. Denn sosehr die Welt sie auch liebte, die Liebe, die sie der Welt mit ihrer Musik zurückgaben, war anders, sie gehörte einer höheren Ordnung an – ein außergewöhnliches Geschenk, wie es zuvor keines gegeben hatte.

24. Kapitel
Die Klassiker ihrer Epoche:
Wie die Beatles in die Geschichte eingehen

»Happy birthday to me, happy birthday to me!« Am Abend des
9. Oktober 1970, seinem dreißigsten Geburtstag, sitzt John in
den Abbey Road Studios und nimmt die erste Studioplatte auf,
die er nach der Trennung der Beatles veröffentlichen wird. Im
Hintergrund lachen die Musiker der Band, Ringo Starr und
Klaus Voormann, über Johns ironische Selbstfeier. Doch von der
ausgelassenen Stimmung wird auf der fertigen Platte nichts zu
merken sein. Das Album, das den Titel **John Lennon/ Plastic
Ono Band** trägt, wird die Hörer mit seinem ungeschliffenen
Produktionsstil und seinen direkten, bekenntnishaften Texten
überraschen. Die ersten Zeilen des Albums gelten Johns Mutter,
die ihn verließ, als er klein war: »Mother, you had me, but I
never had you/ I wanted you, but you didn't want me« (Mutter,
du hattest mich, aber dich hatte ich nie. Ich wollte dich, aber du
wolltest nichts von mir wissen). In »Working Class Hero« singt
Lennon über eine Welt, in der »as soon as you're born, they
make you feel small« (sie dich kleinmachen, kaum daß du auf
der Welt bist).

Plastic Ono Band wurde bekannt als Lennons »Urschrei«-
Album, weil er es aufnahm, nachdem er sich einer viermonatigen
Therapie unterzogen hatte, bei der auch Sitzungen mit Schreien
und Weinen vorgesehen waren. John war der Überzeugung, die
Urschrei-Therapie habe ihn geheilt, und vielleicht war es auch so.
Obwohl die Texte auf dem Album oft ziemlich bitter und hart klin-
gen, zeigen die Bänder im Archiv der Abbey Road Studios, daß
Lennon während der Aufnahmen entspannt und heiter war. John
und Ringo frotzeln in herzlicher Fröhlichkeit, witzeln und blödeln
miteinander und tauschen musikalische Ideen mit Klaus Voormann aus, dem alten Freund der Beatles aus der Hamburger Zeit.
John und Ringo scheinen sich aufrichtig zu freuen, als spät an

diesem Abend, dem Abend von Johns Geburtstag, unangemeldet George Harrison ins Studio schneit.

John, Ringo und Voormann sind inzwischen beim vierten Take von »Remember«. John weiß noch nicht genau, wie der Song aufhören soll, die Band improvisiert also weiter. Schließlich hört John zu spielen auf und unterbricht die anderen. »Okay, okay«, sagt er lachend. »Wenn nicht bald einer aufhört – also, ich meine, irgendeiner muß eine Akkordstruktur vorgeben.« Nur einen Augenblick später ruft John mit echter Begeisterung in der Stimme aus: »George!«, und Ringo zirpt beifällig »Toll!«, als ihr Kumpel das Studio betritt. Harrison, der in einem anderen Studio auf demselben Flur an seinem SoloAlbum **All Things Must Pass** arbeitet, hat offensichtlich eine Slide-Gitarre dabei, denn das Band hält ein paar Töne fest, ebenso wie Johns Frage: »Ist sie in E gestimmt?« George antwortet enthusiastisch: »Nein, vermutlich ist es Fis, weil die Saiten vorher zu schlapp gespannt waren.« An dieser Stelle ist das Band zu Ende, die übrige Unterhaltung ist nicht erhalten.

Zu den kraftvollsten Songs auf **Plastic Ono Band** gehört »God«, in dem John eine Litanei der Ikonen anbetet, an die er nicht mehr glaubt, darunter Jesus, Elvis, Dylan und natürlich die Beatles. Aber die Beatles, an die John nicht mehr glaubt, waren ein Mythos, nicht die Menschen – das Gewirr aus anstrengenden Erwartungen, Beschränkungen und Belastungen, nicht die drei Jungs, mit denen zusammen er diesen ganzen Wahnsinn durchmachte. 1980 noch erklärte John: »Ich mag sie immer noch. Die Beatles sind vorbei, aber John, Paul, George und Ringo leben weiter.« Selbst McCartney, mit dem John während der Zeit, als er an **Plastic Ono Band** arbeitete, in erbittertem Streit lag und mit dem er sich sein ganzes restliches Leben privat und öffentlich Kämpfe lieferte, blieb während der Solo-Jahre der beiden Musiker keineswegs immer nur der Feind. Um an Harrisons Metapher über die Trennung der Beatles zu erinnern: Nur weil die vier Brüder ausgezogen waren und jetzt jeder für sich lebten, hieß das noch lange nicht, daß sie sich nicht mehr sahen oder das nicht auch gern taten.

Auch wenn Lennon den Beatles-Mythos hartnäckig leugnete, lebte er weiter und wuchs in den Jahren nach der Auflösung der

Band sogar noch. Weil die Beatles auf der Höhe ihres kreativen und kommerziellen Könnens aufhörten, blieb ihr künstlerisches Ansehen unbeeinträchtigt von mittelmäßigen Arbeiten. Wie in einer Zeitkapsel bewahrte sich deshalb ihre mythische Größe als die beliebteste und vielseitigste musikalische Verbindung ihrer Zeit. Diese mythische Größe erreichte schließlich Märtyrerstatus, als John Lennon von einem verwirrten Fan am 8. Dezember 1980 vor seinem New Yorker Appartementhaus umgebracht wurde.

Doch lange schon vor dieser Tragödie blühte dieser Mythos auf einer sehr viel weltlicheren Ebene. Das zeigte sich nicht zuletzt daran, wie sehr die Öffentlichkeit nach weiteren Informationen über die Trennung der Beatles lechzte und wie sehr es sie danach verlangte, daß sie wieder zusammenkommen würden. Wie nicht anders zu erwarten, hatte das, was die Fans zu wissen glaubten, sehr wenig mit der Wirklichkeit zu tun. Da die Trennung zu großen Teilen vor Gericht, in den Zeitungen und Magazinen verhandelt wurde, lag der Schluß nahe, die Beatles hätten sich unversöhnlich gegeneinander gewandt (obwohl paradoxerweise der Wunsch nach einer Wiedervereinigung der Band eher noch größer wurde). Die Wahrheit war wie üblich komplizierter. Natürlich stritten sich die Beatles auch nach der Trennung, aber sie vertrugen sich auch wieder, und zwar sowohl in der Arbeit wie in der Öffentlichkeit; das Bild, das die Medien von ihnen als unerbittlichen Feinden zeichnete, entsprach ebensowenig der Wahrheit wie seinerzeit in den sechziger Jahren das Image von den unschuldigen Pilzköpfen. »Wir streiten uns manchmal und kämpfen ein bißchen miteinander«, sagte Ringo 1981. »Das war schon so, als wir noch auf Tournee gingen, und daran hat sich nichts geändert. Aber die Zeitungen übertreiben es gewaltig.«

Die entscheidende Kluft tat sich immer wieder zwischen Paul und den anderen drei auf, und das Verhältnis zwischen den beiden Lagern blieb auch unmittelbar nach der Trennung kühl, zumal als die Beatles 1971 formal vor Gericht standen, weil McCartney auf diese Weise die juristische Partnerschaft der Beatles aufkündigen wollte. 1973 jedoch hatte sich die Situation bereits stark verändert. In diesem Jahr taten sich alle vier zusammen, um Klage gegen Allen Klein einzureichen. Auch auf einer Platte waren sie alle vier vertreten: in ihren einzeln eingespielten Beiträgen zu Ringos Solo-Album **Ringo**. Obwohl sich die kollektive Dynamik unverkennbar verändert hatte, schien die grundlegende Freundschaft die Unannehmlichkeiten der Trennung überstanden zu haben. Solange sie sich nicht über die Belange von Apple unterhielten, kamen sie, wie sich McCartney erinnert, miteinander aus.

Ganz gleich, ob den Beatles das paßte oder nicht, sie blieben unweigerlich mit der Beatles-Erfahrung verbunden. Je mehr Zeit nach der Trennung verging, als desto stärker erwies sich das Band, das in langen Jahren zwischen ihnen entstanden war. Der Beatles-Historiker Mark Lewisohn spekuliert, daß die vier »wegen ihrer gemeinsamen Erfahrung über eine Vertrautheit, eine gewissermaßen brüderliche Verbundenheit verfügen, die Fremde niemals begreifen. Wenn sie sich gegenseitig mit Schimpfwörtern belegten, war ich immer froh, wenn ich sah, daß sie es mit einer gewissen Zuneigung taten. Sie waren wie Brüder, die sich zerstritten hatten. Dennoch blieben sie Brüder.« 1979 verkündete Harrison auf einer Pressekonferenz den versammelten Reportern: »Jeder von uns hat den anderen so mit Prozessen überzogen, daß einem das Herz schwer geworden ist dabei. Jetzt sind wir alle gute Freunde … Wir könnten es uns wirklich gutgehen lassen und miteinander feiern, aber ihr mit euren Kameras und Mikrofonen würdet alles verderben.«

»Die Herren von der Presse«, um Lennons Formulierung zu gebrauchen, waren keine große Hilfe, doch die Journalisten waren keineswegs der einzige Grund, warum Außenstehende nie richtig darüber informiert wurden, wie es nun tatsächlich um die Beatles stand; sie sorgten selber oft genug für die größte Verwirrung. In Interviews widersprachen sie einander, gaben absichtlich irreführende und ungenaue Antworten oder änderten im Lauf der Zeit schlicht ihre Meinung. Jeder, der Lennons berüchtigtes Interview mit der Botschaft »Ich bin ein Genie!« gelesen hatte, das Anfang 1971 in *Rolling Stone* erschien, hätte denken können, daß er nie wieder etwas mit den anderen Beatles zu tun haben wollte; gleiches gilt für den bösartigen Ausfall, den er sich mit dem Song »How Do You Sleep« gegen McCartney leistete. Doch nur wenige Jahre später distanzierte sich Lennon von beiden Ausbrüchen.

Auch wenn er Anfang der siebziger Jahre ständig gegen den Beatles-Mythos wetterte, fand er von 1974 an einiges Gefallen daran, sich an die Geschichte der Beatles zu erinnern. Als sich McCartney Mitte 1974 in New York aufhielt, verbrachten die beiden ehemaligen Partner zwei oder drei Abende damit, von den alten Zeiten in Hamburg und Liverpool zu schwärmen.

Etwa zur gleichen Zeit begannen sich Lennon sowohl wie McCartney positiv über die Möglichkeit zu äußern, daß sie irgendwann wieder zusammen spielen könnten. Nicht ausschließlich und nicht ständig, hatte doch inzwischen jeder sein eigenes Leben und seine eigenen Arbeitspläne, aber eine Zusammenarbeit zu viert schien in irgendeiner Form denkbar. In einem Interview, das Anfang 1975 geführt wurde, kurz nachdem die Partnerschaft der Beatles nun auch juristisch beendet war, erklärte Lennon, daß die »Stimmung bei den Jungs gut« sei. »Zwischen uns ist nichts [Negatives] geblieben. Das denken sich die Leute bloß aus.« Auf die Frage, ob auch er wie Harrison zögere, wieder mit McCartney zu spielen, sagte Lennon über seine alten Freunde: »Ich könnte mit allen spielen. George weiß mehr darüber, und er wird seine Meinung vermutlich übermorgen ändern. Wir sind doch alle nur Menschen. Wir können doch unsre Meinung ändern. Deshalb betrachte ich keine einzige meiner Erklärungen oder ihrer Erklärungen als das abschließende Wort in der Sache.«

Als Lennon Anfang 1975 wieder zu Yoko Ono zurückkehrte, waren Überlegungen in dieser Richtung fürs erste beendet, dennoch verschwand die Idee, die Beatles könnten sich wieder zusammentun, nie ganz und gar. Obwohl ihnen die bei Fans umlaufenden Gerüchte über eine Wiedervereinigung zuwider waren – »Dieses dumme Gerede hat nichts mit uns zu tun«, beschwerte sich Ringo im Jahr 1974 –, zögerten die Beatles, die Möglichkeit ihrerseits ganz und gar auszuschließen. »Niemand von uns möchte der erste sein, der sagt: Niemals«, sagte Lennon in einem Interview wenige Wochen vor seinem Tod. »Niemals ist so lang … « Tatsächlich sorgte Lennon kurz vor seinem Tod für eine juristisch gültige Verfügung, die einem Projekt galt, das alle vier Beatles einbezogen hätte, nämlich die Produktion einer gemeinsamen Autobiographie auf Video: Die Beatles sollten ihr Leben vor der Kamera erzählen und als Teil der Show auch spielen. Das Projekt mit dem Arbeitstitel »The Long And Winding Road« blieb während der gesamten achtziger Jahre im Gespräch.

Es wurde aufs neue in Angriff genommen, nachdem 1989 ein umfassender Vergleich zustande gekommen war, der endgültig sämtliche Verfahren beendete, in denen die Beatles während der siebziger Jahre gegen EMI und während der achtziger gegeneinander angetreten waren. Die drei überlebenden Beatles beschlossen, die Autobiographie mit Hilfe ihrer Firma Apple selber zu erstellen. Unter dem neuen Titel »The Beatles Anthology« wird die mehrteilige Videodokumentation im Lauf des Jahres 1995 auf der ganzen Welt im Fernsehen zu sehen sein. Die ehemaligen Beatles entschlossen sich außerdem, die Tresore in der Abbey Road zu öffnen und eine oder auch mehrere CDs mit bislang unveröffentlichtem Material aus ihrer Hoch-Zeit herauszubringen. George Martin wurde gebeten, diese Kompilation eines, wie er es nennt, »historischen Überblicks über die Musik« der Beatles zu betreuen – eine Mischung aus Live-Auftritten, Alternativversionen bereits veröffentlichter Songs sowie einer Auswahl aus der Privatsammlung der Beatles.

Schließlich beschlossen die Ex-Beatles, wieder zusammen zu spielen. Im Februar 1994 gingen Paul, George und Ringo ins Studio und nahmen Stimm- und Instrumentalparts für einen Song auf, den John vor seinem Tod aufgenommen, aber nicht mehr vollendet hatte. »Free As A Bird«, eine gertenschlanke Ballade, die Lennon dem Vernehmen nach geschrieben hat, nachdem er 1975 seinen juristischen Kampf gegen die Abschiebung aus den Vereinigten Staaten gewonnen hatte, erscheint ebenfalls in Verbindung mit der Videoserie »Anthology«.

Derek Taylor zufolge, dem Ex-Pressesprecher der Beatles, ist das Projekt »Anthology« eine Möglichkeit für die Beatles, ihre eigene Geschichte zurückzuerobern. Nachdem sie jahrelang zusehen mußten, wie Außenstehende ihr Vermächtnis in Büchern, Filmen und Magazinbeiträgen verbogen und immer mit absolutem Wahrheitsanspruch auftraten, würden sie nun ihre Geschichte selber erzählen. Die Videoserie und die »Anthology«-CDs wären dann ihr Beitrag zur Geschichte, ihr Versuch, die Dinge zurechtzurücken, ein für allemal Rechenschaft über ihr Tun und dessen Bedeutung abzulegen.

Bleibt anläßlich der »Anthology«-Autobiographie die Frage, was von den Beatles bleiben wird. Wird ihre Musik auch in den kommenden Jahrzehnten und Jahrhunderten kritische Anerkennung finden und jungen Leuten Freude machen? War es Wunschdenken, als McCartney sagte, in hundert Jahren würden sich die Leute die Beatles anhören, so wie sie sich heute Mozart anhörten? Sollen die Beatles wirklich in die gleiche Liga Aufnahme finden wie die Giganten Mozart und Beethoven, oder werden sie aus der Erinnerung verschwinden, wenn die Generation ihrer Fans weggestorben ist?

»Wahrscheinlich ist es ziemlich anmaßend, wenn man sagt, die Beatles seien ebenso bedeutend wie diese Größen der Vergangenheit, und eigentlich kommt uns ein Urteil darüber gar nicht zu«, sagte George Martin, als ich ihn 1993 interviewte. Grinsend fügte er dann allerdings hinzu: »Aber wir tun es trotzdem. Denn die große Bedeutung der Beatles bestand darin, daß sie die Stimme des Volkes waren, daß sie ihrer Zeit Ausdruck verliehen. Die Musik, die wir in den sechziger Jahren zusammen produziert haben, war die beste, die es damals gab. Ich schätze diese Grenzen und Schranken in der Musik nicht. Wenn wir also über zeitgenössische Musik reden, dann meinen wir Boulez ebenso wie die Beatles, und ich behaupte, daß die Beatles die bedeutendsten zeitgenössischen Komponisten waren. Als solche müssen sie anerkannt werden.«

Martin ist unvermeidlich voreingenommen, wenn es um die musikalische Leistung der Beatles geht. Andererseits ist es schwer, jemanden zu finden, der ein unabhängiges Urteil abzugeben vermöchte. Vielleicht stehen wir den Beatles als gesellschaftlichem Phänomen immer noch zu nahe, um uns ein Urteil über ihre Musik in welthistorischen Kategorien zu gestatten. Einerseits kann man ihre Songs noch immer und überall hören, andererseits sind sie mit so vielen Erinnerungen und Gefühlen verknüpft, daß es vielen Leuten schwerfällt, ihre Gefühle von der eigentlichen Qualität dieser Musik zu trennen.

Das Phänomen hat wenigstens zwei Seiten. Bis zum heutigen

Tag werden die Nachrichtenmedien in den Vereinigten Staaten und auch im größten Teil Europas von Redakteuren, Reportern und Produzenten betrieben, die in der Beatles-Ära groß wurden. Ihr persönliches Interesse an der Musik (und an den Beatles selber) hatte möglicherweise eine Berichterstattung zur Folge, die die Bedeutung der Beatles in der Öffentlichkeit über Gebühr vergrößerte. Das umgekehrte gilt andererseits für nachfolgende Generationen. Viele, die mit der Musik der siebziger und achtziger Jahre aufgewachsen sind, wollten von den Beatles nichts wissen. Diese Gegenreaktion war besonders stark während der Siebziger, als die Erinnerung an die Beatles noch sehr frisch war und sich niemand zeigte, der sie auch nur annähernd hätte ersetzen können. Der Trend in der Popmusik wird im wesentlichen von den Jungen bestimmt, für die Musik auch ein Mittel ist, sich von den Erwachsenen abzusetzen. In den siebziger Jahren lehnten die Anhänger von Punk und New Wave die Beatles (und andere Gruppen der sechziger Jahre) vehement als langweilige alte Säcke ab, die man wegputzen müsse, um Platz für Neues zu schaffen; vielen ihrer weniger eifernden Altersgenossen waren die Beatles ohnehin egal; sie hörten ihre Musik nicht. Schließlich waren die Beatles-Songs für die Teenager der siebziger und achtziger Jahre die Musik ihrer Eltern.

In den sechziger Jahren hörten sich die Argumente derjenigen, denen die Rolling Stones lieber waren als die Beatles, nicht viel anders an. Die Stones, hieß es damals, seien ungeschliffener, aggressiver, gewagter, viel eher purer Rock 'n' Roll; die Eltern tolerierten oder mochten vielleicht die Musik der Beatles, doch mit der direkten Sexualität und dem zornigen Trotz von Stones-Klassikern wie »Let's Spend The Night Together« und »Street Fighting Man« konnten sie mit Sicherheit nichts anfangen.

Bands wie die Rolling Stones – oder später die Sex Pistols, Blondie, Talking Heads, Nirvana und andere – galten bei der jeweiligen Generation viel mehr als exklusiver Ausdruck des eigenen Lebensgefühls als die Beatles (wobei das Wort »Generation« in diesem Zusammenhang jeweils zwei bis drei Jahre meint). Außerhalb dieser spezifischen Generation gab es kaum jemanden, der diese Gruppen kannte und mit ihrer Musik etwas anzufangen wußte; ihre Anhänger definierten sich vor allem durch ihr Alter.

Die Beatles lassen sich nur schwer auf eine generationsspezifische Band reduzieren. Für ihre Generation stellten sie natürlich ein Symbol dar, wuchsen aber über diese Generation auch hinaus. Ihre Musik war so universell, daß auch ältere Leute, die Lebensstil und Ansichten der Beatles ablehnten, feststellen mußten, daß sie mit dem Bauch auf ihre Songs reagierten. »Wir haben immer Songs gespielt, die von den Kindern über die Eltern bis zu den Großeltern alle ansprachen … Jeder mag ›Yesterday‹, und die Hälfte mag immerhin auch ›I Am The Walrus‹«, sagte Ringo 1976.

Seit der ersten Platte der Beatles, die die Nummer Eins erreichte, sind inzwischen mehr als dreißig Jahre vergangen. Der Status der Beatles als der wichtigsten musikalischen Kraft am Ende des 20. Jahrhunderts scheint unbestritten. Ihre Musik fing nicht nur auf geradezu perfekte Weise den Zeitgeist ein; genauso wichtig ist, daß die Beatles mit ihrer Leistung repräsentativ für ihre Zeit wurden. Was sie heraushebt, ist der revolutionäre Effekt ihrer Musik, der die gesamte Welt erfaßte. Vor den Beatles war Rock 'n' Roll ausschließlich eine Angelegenheit für Teenager; mehr als jede andere Band waren die Beatles dafür verantwortlich, daß gegen Ende des 20. Jahrhunderts die Rockmusik die beherrschende Form in der Popmusik geworden ist. Und: Sie veränderten schlagartig die Art und Weise, wie Musik aufgenommen und präsentiert wurde, bezweifelten die überlieferte Rolle des Popstars als einer meinungslosen Plastikikone, verbreiterten und vertieften die gängige Vorstellung von Popmusik und sorgten dafür, daß sie Anerkennung als regelrechte Kunstform fand. Kein anderer zeitgenössischer Künstler, keine Künstlergruppe ist auf soviel Resonanz gestoßen, hat sich eine derart beständige Popularität und künstlerische Einmaligkeit erwerben können. Oder, wie es Ringo einmal formulierte: »Wen gibt es denn sonst noch? … Wir waren Monster. Es gab viele Große, aber nur sehr wenige Monster. Das ist der Unterschied.«

Bleibt die Frage, welchen Status die Beatles in *künstlerischer* Hinsicht beanspruchen können. Daß man sich an sie ihrer historischen Bedeutung wegen erinnert, ist das eine, daß man sie zu den größten Musikern in der Geschichte zählt, etwas ganz anderes. Mit Sicherheit wird man die Beatles auch in den kommenden Jahren als »wichtig« bezeichnen. Aber wird man sich ihre Songs nur als kulturelle Artefakte anhören, oder wird man sich um ihrer selbst willen über diese Musik freuen können?

In der Musik des 20. Jahrhunderts gibt es wohl keinen Einzelkünstler, der die Epoche so beherrschte wie Picasso die Malerei; stellte man eine kleine Liste der musikalischen Größen dieses Jahrhunderts zusammen, dürfte es jedoch schwerfallen, dabei auf die Beatles zu verzichten. Sie waren nicht nur herausragende Komponisten, die Dutzende populärer und musikalisch ungewöhnlicher Songs schrieben, sie waren auch spektakuläre Performer, und zwar sowohl auf der Bühne wie im Aufnahmestudio. George Martin führt genau diese Doppelbegabung ins Feld, um eine Grenzlinie zwischen den Beatles auf der einen Seite und einem inspirierten Performer wie Elvis Presley und einem Songschreiber wie George Gershwin auf der anderen Seite zu ziehen. »Die Leute erinnern sich an Elvis Presley nicht wegen ›Heartbreak Hotel‹ oder wegen anderer Songs, sie erinnern sich an Elvis Presley«, behauptet Martin. »Das ist das Wichtigste, und die Songs kommen erst viel später. Die Beatles aber haben dieses dicke Songbook. Wie Gershwin. Gershwin kennt keiner mehr als Performer, aber man erinnert sich an seine Musik. Die Beatles waren imstande, diese beiden Dinge miteinander zu verbinden – sie verfügten wie Gershwin über ein wunderbares Songbook, und sie machten sich wie Presley einen Namen auf der Bühne.«

John Lennon behauptete immer gern, die Songs der Beatles seien nicht mehr oder nicht weniger als die Volkslieder des elektronischen Zeitalters. Wie recht er damit hat, zeigen die Millionen Menschen aus allen Generationen und sozialen Schichten, aus den unterschiedlichsten Kulturen und Ländern, die die Musik der Beatles über die Jahre mit Begeisterung aufgenommen haben. Ein Teil dieser Reaktion verdankt sich der enormen kreativen Bandbreite der Beatles. Ihr Repertoire reichte von schweißtreibenden Rock 'n' Roll-Melodien wie »I Saw Her Standing There« und bewegenden Liebesliedern wie »Here, There And Everywhere« über

Hymnen wie »All You Need Is Love« und Lieder zum Mitsingen wie »Yellow Submarine« bis zu dem Meisterwerk »A Day In The Life«. Die Beatles hörten nie auf, sich der Alltagssprache zu bedienen; anders als die zeitgenössischen Komponisten der »klassischen« Musik verwendeten die Beatles ein Idiom, das auch die große Allgemeinheit verstand. Ihre Musik ermutigte die Menschen, sich ein Herz zu fassen und mitzumachen bei der Propagierung von Werten wie Liebe, Gerechtigkeit, Befreiung. Wie viele Volksdichter waren die Beatles auch soziale Rebellen, doch ihre Musik wurde von allen geliebt.

Die Beatles verfügten über die große Fähigkeit, Einfachheit mit Raffinement zu verbinden, nicht zuletzt deshalb erreichte ihre »Volksmusik« das Niveau bleibender künstlerischer Errungenschaften. Der Hauptgrund dafür, daß die Musik der Beatles »sich durch die Unterschiede von Rasse, Alter, Klasse arbeitete und von der ganzen Welt geliebt wird«, wie es Derek Taylor schon 1964 formulierte, liegt darin, daß sie das innerste Wesen des Menschlichen anrührt. Mit ihrem Text sowohl wie ihrer Musik beschwören die Songs der Beatles Freude, Leid, Kampf, Lachen, Weisheit, Zorn, Liebe, Angst – all die Erfahrungen, aus denen sich das Menschenleben zusammensetzt.

Die Beatles hatten nie Hochtrabendes im Sinn, es scheint ihnen im Gegenteil nicht immer klargewesen zu sein, was sie in ihren Songs zum Ausdruck brachten. Ihre Musik war, wie sie selber anerkannten, etwas das größer war als nur die Summe der vier Bandmitglieder. Als sich John, Paul, George und Ringo zusammenfanden, schienen sie, wie George Martin sagte, in eine neue Dimension einzutreten. Lennon beschrieb dieses Phänomen damit, daß er sich und die anderen als Kanal für die »Sphärenmusik, die Musik, die weit über alles Verständnis hinausgeht«, bezeichnete.

Die Musik der Beatles war große Kunst für ein Massenpublikum. Erstaunlicherweise wurde sie buchstäblich vom ersten Moment an, da sie ein großes Publikum erreichte, so verstanden und angenommen. Wenn Paul McCartney sagt, daß die Menschen in hundert Jahren die Musik der Beatles genauso hören werden wie heute die von Mozart, behauptet er nicht – oder sollte es jedenfalls nicht –, daß die Beatles genauso bedeutend seien wie Mozart. Der

Vergleich wäre so absurd wie der von Äpfeln und Birnen. Dennoch wird man die Beatles vielleicht eines Tages als die Entsprechung Mozarts im 20. Jahrhundert verstehen. Wie Mozart haben sie eine Musik geschaffen, die nicht nur zu ihrer Zeit die erfolgreichste war, sondern auch den höchsten künstlerischen Ansprüchen genügte.

Keine Geschichte der Musik dieses Jahrhunderts käme umhin, den Beatles einen besonderen Rang einzuräumen. Was Einfluß, Wucht, Orginalität, Beliebtheit, Bedeutung und herausragende Qualität betrifft, ist ihre Musik ohne zeitgenössischen Vergleich. McCartney hat vielleicht recht, wenn er sagt, die Musik der Beatles werde Zeit und Raum überwinden und auch noch in späteren Jahrhunderten gern gehört werden. Ein Urteil darüber werden wir wohl oder übel der Zukunft überlassen müssen. Die wichtigste Botschaft der Beatles, so formulierte es John Lennon kurz vor seinem Tod, ist sehr schlicht: »Sei jetzt da.« Und hier und jetzt klingt ihre Musik so frisch wie eh und je, und so wird es auch bleiben.

Nachwort zur Taschenbuchausgabe

»Musik gehört allen«, sagte John Lennon kurz vor seinem Tod, »nur die Musikverleger halten sich für ihre Alleinbesitzer.«

Ein schlagendes Beispiel sind die archivierten Studioaufnahmen der Beatles zwischen 1962 und 1970: vierhundert Stunden Musik. Im Vergleich dazu sehen die 14 Langspielplatten und 22 Singles der Band, insgesamt nur zehneinhalb Stunden, geradezu mickrig aus. Schon durch ihren Umfang ist dieses Archiv ein einzigartiges historisches Dokument zur Revolution der Popmusik. Und trotzdem blieben die Aufnahmen länger als ein Vierteljahrhundert lang weggesperrt. Währenddessen lieferten sich die vier Musiker untereinander und gegen ihre Plattenfirma EMI eine Serie von Klagen und Prozessen um die Rechte am Beatles-Gesamtkatalog. All you need is love? Anscheinend nicht.

Ich sollte vielleicht zugeben, daß ich zweimal das Glück hatte, mir ein paar jener Aufnahmen im Innern der Londoner Abbey-Road-Studios anzuhören, bevor ich dieses Buch schrieb. Und im November 1995, neun Monate nach der ersten Auflage des Buches, wurde der staunenden Welt immerhin ein winziger Ausschnitt des Abbey-Road-Materials zugänglich gemacht: die schon im voraus gerühmte **Anthology** Folge 1.

Anthology war nicht, wie einige Medien es hinstellten, die Wiedervereinigung der Beatles. Das war nach dem Tod Lennons eine Unmöglichkeit, die McCartney, Harrison und Starr schmerzlicher als jeder andere empfanden. Aber **Anthology** war eine Art Zusammenfassung, ein abschließendes Statement der drei überlebenden Beatles, der Anspruch auf das Vermächtnis der Band und ihre Aussage zur Musikgeschichte. Dreißig Jahre lang hatten die Beatles schweigend zugehört, während Fans, Journalisten und andere sich ausließen über ihren Lebensstil und die Bedeutung ihrer Songs. Meistens waren diese Verkündigungen nichts anderes als Fehlinformation, Gerücht und spekulative Erfindung (letztlich waren es die schlampig recherchierten und sensationsorientierten Beatles-Bücher, die mich dazu brachten, mein eigenes zu schreiben). Jetzt aber drehten die Beatles den Spieß um. Jetzt, gemeinsam und mit einer Stimme, wollten sie uns sagen, wie ihr Leben wirklich war und was es für sie hieß, diese von allen bejubelte und gleichzeitig vollkommene Musik für unser Jahrhunderts geschaffen zu haben. Und nicht nur das: Sie wollten endlich auch das geheimnisvolle Abbey-Road-Archiv öffnen und wenigstens einige der zahlreichen Aufnahmen freigeben, die noch kein Publikum gehört hatte.

So baute sich eine gewisse Erwartung auf, wie vor einem großen geschichtlichen Ereignis, und auch ich war gespannt darauf. Zwar hatte ich schon ungefähr fünfzig Tonband-Stunden kennengelernt, aber das waren zumeist Solos von John Lennon gewesen. Außerdem hatte ich Zugang zu »schwarzen Bändern«, Raubkopien der Abbey-Road-Aufnahmen, die jenseits des Urheberrechts zirkulieren und mir von einem privaten Sammler geliehen wurden. Diese nichtgenehmigten Aufnahmen waren faszinierend, ungeglättet, höchst vergnüglich, einfach schön. Sie schenkten mir einen kostbaren Einblick in die kreativen Vorgänge und die Gruppendynamik der Band. Deshalb erwartete ich, daß die nun erschienene Beatles-Rückschau auch allen anderen diese Freude machen würde.

Und das schaffte sie auch, oder um genau zu sein: Die Musik schaffte es. Den dokumentarischen Fernsehfilm **Die Beatles** fand ich im ganzen weniger gelungen, trotz mancher Glanzlichter. Ob man ihn als historisches Dokument oder als reine Unterhaltung ansah, man hätte ihm doch etwas mehr Tiefgang gewünscht, wohl auch eine frische, spannendere Erzählweise. So aber bot er dem Kenner über die bekannten Beatles-Fakten hinaus wenig Neues und ließ die wirklich entscheidenden Fragen ihrer Musik-Geschichte weiter im Dunkeln. Das lag natürlich daran, daß John Lennon nicht mehr dabei war. Technisch geschickt haben sich die Filmmacher um das Problem herumgetrickst, indem sie Kommentare aus alten Lennon-Interviews einbauten. Aber das bringt kaum den magischen Zauber von damals hervor, als die Beatles zusammen auftraten. Der Funke, der im Film nicht übersprang, bestätigt leider die Aussage von George Martin (siehe auch Kapitel 12) über die jedem spürbare »unerklärliche Präsenz«, wenn die Beatles einen Raum betraten: »Ein Beatles ist da, gut. Zwei Beatles, toll. Drei Beatles, großartig. Aber in dem Augenblick, in dem alle vier da sind, entsteht dieses unbeschreibliche, Charisma, diese ganz besondere Magie, die bisher niemand erklären konnte.«

Wenn die TV-Dokumentation, wie McCartney sagte, erklären sollte, wie es wirklich war, dann verwunderte es doch ein wenig, daß die drei Beatles so wenig in die Kamera sprachen, besonders in den ersten Abschnitten des Films. Schließlich hatten sie ausgedehnte Interview-Sitzungen absolviert. Harrison zum Beispiel durfte sich dabei ganze zwei Stunden lang allein an seine Jugend vor den Beatles erinnern. Aber dort, wo der Film sich länger mit einem der Beatles befaßt, kam dem Informierten vieles bekannt vor. So auch das beißende Urteil Harrisons, die Welt habe die Beatlemania nur als Ausrede benützt, verrückt zu spielen, und diese Verrücktheit dann der Band vorgeworfen.

Richtig in Schwung kam der Dokumentarfilm später, speziell bei den Jahren 1965 bis 1967, jenem ungewöhnlich kreativen Zeitraum, der **Rubber Soul**, **Revolver** und **Sgt. Pepper's Lonely Hearts Club Band** hervorbrachte. Die Aufnahme des Konzerts am 15. August 1965 im New Yorker Shea Stadium war einfach wundervoll: Wie Lennon unter einem irren Lächeln bei »I‹m Down« die Tasten mit den Ellbogen anschlägt, worüber Harrison so ins Lachen kam, daß er die Begleitung zu McCartneys genau einsetzendem Hauptsong unwillkürlich selber mitsang, während das größte Publikum in der Geschichte des Show-Business in orgiastische Ekstase geriet – da konnte man wiedersehen, wieviel Freude die Beatlemania machte, sogar den Beatles. Ebenso zeigte der Film den immer wieder aufblitzenden Humor der Beatles, etwa in der Szene, wo zuerst George, dann Paul, dann George Martin und zuletzt Ringo prompt, aber hoffnungslos widersprüchlich die Frage beantworten, ob John »All You Need Is Love« tatsächlich für die Sendung 1967 geschrieben hat (übrigens die erste weltweit ausgestrahlte Live-Fernsehsendung); und außerdem noch ein paar wertvolle und neue Informationen, wenn beispielsweise McCartney die Kritik am Weißen Album (zu lang, von schwankender Qualität) ungehalten zurückweist.

An anderen Stellen dagegen wärmen die Beatles nur die schon oft erzählten Anekdoten noch einmal auf. Ein wenig vermißt man eine Klärung der recht widersprüchlichen Darstellungen wichtiger Episoden, zum Beispiel das Auftauchen von Yoko Ono oder das darauf folgende Auseinanderbrechen der Band. Dazu sagte jeder, was er wollte, dabei blieb's dann auch schon, und die Teile fügten sich kaum zu einem geschlossenen Bild zusammen. Vielleicht war auch das unvermeidlich, da sich jeder der vier (Yoko Ono sprach für John) vor dem endgültigen Schnitt ein Veto-Recht ausbedungen hatte. Aber Geschichte wird nicht von einem Kommittee geschrieben. Das Ergebnis war denn auch als Dokumentation nicht recht überzeugend, manchmal beliebig, eine verpaßte Gelegenheit. Die Zuschauerzahlen in den USA waren vielleicht auch daher nicht gerade überwältigend: Am ersten Abend des Dreiteilers rangierte die Sendung noch auf Platz 6, am dritten Abend fiel sie auf Platz 36 zurück. Aber was soll's: Die Beatles machten immer schon bessere Songs als Filme.

Eine Zwischenbemerkung vor dem musikalischen Teil der Dokumentation. Eine bestimmte Frage verdient schon deshalb Aufmerksamkeit, weil auf Grund falscher Informationen dazu eine Menge Druckerschwärze vertan wurde. Insbesondere einige Journalisten stellten dunkel raunend ein Problem auf: Hätte John Lennon wohl zugestimmt, daß seine Mitmusiker die Geschichte der Band ohne ihn erzählen und sogar so weit gehen, seine Stimme aus dem Grab zu holen, um damit einen »neuen« Beatles-Song nachzubauen? War es nicht geschmacklos, hinter seinem Rücken aus der glorreichen Vergangenheit noch einmal Kapital zu schlagen? Die Wahrheit liegt wohl etwas anders. Wie viele Beatles-Bücher (auch dieses) belegen, planten nämlich die Beatles schon in den letzten Jahren der Band, ihre Lebensgeschichte in einem Film zu erzählen. Außerdem hatte Lennon in einer eidesstattlichen Erklärung kurz vor seiner Ermordung 1980 festgehalten, daß dieses Filmprojekt noch immer geplant sei. Rechtsstreitigkeiten zwischen den Beatles und EMI und zwischen den Beatles untereinander legten die Realisierung jedoch bis 1989 auf Eis, als ein umfassender Vergleich mit der Beatles-Holding Apple Corporations endlich erlaubte, wieder etwas Kreatives zu produzieren. Nun kam auch das drei- oder vierteilige Anthology-Projekt zustande (eine Audio-, eine TV- und eine Video-Publikation sowie vielleicht Ende 1996 eine Buchveröffentlichung, offenbar ein Querschnitt durch die Dokumentation). Deshalb ist das Gebuhe und Gezische einiger Journalisten ebenso kritisch zu bewerten wie die dreiste und selbstsüchtige Behauptung Yoko Onos in einem Newsweek-Interview, der gemeinsame Wiederauftritt der Beatles sei ihr zu verdanken.

Immerhin erzeugte die posthume Zusammenarbeit zwei »neue« Singles, »Free As A Bird« und »Real Love«. Beide Songs hat Lennon während seiner Solo-Karriere in den 70er Jahren komponiert. Die anderen Beatles schrieben weiteren Text und das Arrangement hinzu, 1994 für »Free As A Bird« und ein Jahr später für »Real Love«. Sie überwachten auch die Produktion der herrlich einfallsreichen Videoclips zu den zwei Songs. Als erster kam »Free As A Bird« heraus, der schwächere der beiden, als Single neben der Anthology-I-CD, vermutlich in Hinblick auf Vermarkungspläne für »Real Love«, das am Valentinstag 1996 (am 14. Februar) als Begleit-Single zu **Anthology II** erscheinen sollte. Folge III schließlich war für den Frühsommer 1996 geplant.

»Free As A Bird« steht zwar nicht auf einer Stufe mit den Meisterwerken der Beatles (»Leichtgewicht«, meinten Kritiker), aber es ist auf jeden Fall ein schöner, anmutiger Song und eine geglückte Reprise des Beatles-Sounds. Es wächst einem ans Herz, speziell die acht mittleren, bittersüßen McCartney-Takte und Harrisons langsamer Gitarrenpart.

»Real Love« jedoch war gleich beim ersten Mal ein Hörvergnügen. In diesem Song ist Lennons melodische Linie lebendiger, sein Text reifer, so daß seine Mit-Beatles ein fruchtbares Material unter den Händen hatten. Im »Real Love«-Video sind Paul, George und Ringo in strahlender Laune bei der Arbeit an dem Song zu beobachten, nach der Ankunft am Studio in Harrisons futuristischem Wagen, zu dem Paul immer nur bewundernd »Hübscher Motor, hübscher Motor!« murmelt. Mit Johns wundervoller ohrwurmartiger Melodie und der Begleitung der drei anderen Beatles verdient »Real Love« ebenso zu einem Hit zu werden wie schon **Anthology I**, die nur sechs Wochen vor dem Ende des Jahres 1995 erschien, aber in der Liste der meistverkauften CDs dieses Jahres den achten Rang einnahm. Die Doppel-CD ging übrigens schneller weg als jede andere Platte der Musikgeschichte: In den ersten 48 Verkaufsstunden wanderten eine halbe Million Exemplare über die Ladentische.

Insgesamt wurden auf den drei Anthology-Doppel-CDs 125 Nummern aufgenommen, und zwar in chronologischer Reihenfolge. Folge I reichte von 1958 bis August 1964, Folge II von Ende 1964 bis Mitte 1968 und Folge III von 1968 bis 1969. Erst auf den zweiten Blick erkennt man, daß in allen dreien sowohl mehr als auch weniger steckt, als man ihnen ansieht. Einerseits sind nicht alle Stücke völlig neu. Sechs Lennon-McCartney-Songs hatten die Beatles schon vorher aufgenommen, aber nie freigegeben (wer sie sich anhört, weiß warum). Andererseits sind die weitaus meisten Anthology-Nummern Alternativversionen gerade der Songs, mit denen die Beatles überhaupt zu so beliebten und zugleich einflußreichen Musikern wurden. Abgesehen von einer kleinen Prise Liveaufnahmen stammen fast alle Stücke aus dem Archivmaterial der Abbey Road. Es sind unbekannte Arrangements sowohl von Klassikern wie »Norwegian Wood«, »Penny Lane« oder »Hey Jude«, als auch von mehr esoterischen Stücken wie »Can You Take Me Back« oder »And Your Bird Can Sing«.

Das klingt womöglich nicht großartig, aber die CDs hören sich anders an. Sie sprudeln vor Lust, Energie und Entdeckerfreude, und gleichzeitig beweisen sie musikalisch perfekte Sicherheit. Sie sind ein Vergnügen und eine Erleuchtung. Viele Beatles-Songs nahmen oft wechselnde Formen an zwischen dem ersten Durchgang und der endgültigen Aufnahme. Wer diesen Wandlungen nachhört, dem öffneten sich Einblicke in das künstlerische und emotionale Innere der Band. So wurde **Anthology** zu einem unverzichtbaren Bestandteil einer gültigen Beatles-Sammlung.

Die Konzert-Varianten von »I Saw Her Standing There« oder »Help!« verkörpern nicht bloß das massenweise Schluchzen der

Teenager in den Fängen der Beatlemania, sie erledigen auch ein für allemal das verbreitete Märchen, die Beatles könnten nicht live spielen. Ein Dutzend Aufnahmen aus der Zeit vor Ringo laden dazu ein, den Unterschied zwischen seinem Drumming und dem seines Vorgängers Pete Best herauszuhören. Und bei den fünf Stücken aus dem mißglückten Vorspielen bei Decca können sich die Zuhörer schlauer vorkommen als Dick Rowe, der glücklose Firmenchef, der die Beatles ohne Vertrag wegschickte, weil gitarrengestützte Bands »bald nicht mehr gefragt« seien.

Das Sahnestück der **Anthology** sind jedoch die Arbeitsbänder aus dem Studio. Das beste davon: die allererste Aufnahme von »While My Guitar Gently Weeps«, ein Solo des Komponisten George Harrison auf der akkustischen Gitarre. Die Aufnahme enthält eine Textstelle, die später, bei der elektrischen Gitarre im Weißen Album, gestrichen wurde. Darin standen die zwei lyrischsten Zeilen, die Harrison je geschrieben hatte: »I look from the wings at the play you are staging … As I‹m sitting here doing nothing but aging.« (Aus den Kulissen schaue ich Deinem Spiel auf der Bühne zu … Und hier im Sitzen tu ich nichts, außer daß ich älter werde.)

In der Sammlung stecken auch drei verschiedene Band-Aufnahmen von »Strawberry Fields Forever«, darunter Lennons Solovorführung, die so weit wie möglich entfernt von der psychedelischen Studio-Version einen sanften, melancholischen Ton anschlug. Andere herausragende Stücke sind nicht verwendete Aufnahmen von »Can‹t Buy Me Love«, »Tomorrow Never Knows«, »Come Together«, »And I Love Her«, »I‹m Looking Through You«, »Yellow Submarine«, »Let It Be«, »Across The Universe« und »Here Comes The Sun.« Sie zeigen einen Weg, den die Beatles nicht gegangen waren, und werden gerade deshalb zu einem faszinierenden Klangerlebnis. Wichtiger noch: Sie beweisen, wie verläßlich das kollektive künstlerische Urteil der Beatles war. Ob auf Anhieb oder erst im Detail erkennbar, die von den Beatles schließlich zur Veröffentlichung ausgewählte Version stellte jeden vorherigen Entwurf in den Schatten und verbannte ihn mit Recht ins Archiv.

Eine der wenigen Ausnahmen von dieser Regel war »Leave My

Kitten Alone« aus dem Jahr 1964. Wie in den früheren »Money« and »Slow Down« trat darin ein stimmgewaltiger Sänger Lennon vor einem übermütig lauten Begleithintergrund auf. Es war für **Beatles for Sale** vorgesehen, wurde aber nicht berücksichtigt. Glücklicherweise kam es nun in der **Anthology** zu einem neuen Leben. Beatles-Fanatiker, von denen viele längst Raubkopien von Anthology-Bruchstücken besaßen, finden begeisternde 15 Ausschnitte aus den sonst unzugänglichen Arbeiten an **Revolver** und **Sgt Pepper**. Auch das Weiße Album war mit 23 Soundtracks vertreten. Die unvergeßliche 27-Minuten-Sequenz von »Helter Skelter« wurde zwar fallengelassen, nicht aber ein entzückendes »Ob-La-Di, Ob-La-Da«. Die offizielle Version dieses McCartney-Songs begann mit Johns metallisch klirrendem Klavier, bevor Pauls federnde, derbe Bassmelodie auftritt. Die Anthology-Version ist jedoch viel schneller, stützt sich auf Gitarren und bizarre Soundeffekte und macht damit den Song zu einer ansteckenden Kinder-Tollerei.

Man kennt den Hang der Beatles zu boshaften Improvisationen, und die CDs liefern dafür manche Kostprobe. In »Dear Prudence« zum Beispiel, dieser entzückenden Ballade, die Lennon in Indien geschrieben hatte: Auf dem Vorführband kommentierte er süffisant, der Song handle von einem Mädchen, »das einen Meditationskurs in Rishikesh besuchte«. Paul antwortete mit einer Begleitmelodie, die verdächtig wie »cuckoo« klang (»bescheuert«). John gluckste einmal kurz und sagte: »Wer konnte denn ahnen, daß sie unter dem fürsorglichen Maharishi Maheshi Yogi völlig durchdreht?«

Das Abbey-Road-Archiv ist voll von solchen Randbemerkungen aus der Arbeit der Beatles. Und wenn man der Anthology-Auswahl einen Vorwurf machen möchte, dann das Versäumnis, nicht noch viel mehr davon mitzunehmen. Angefangen beim 9. November, bei der Aufnahme von **Rubber Soul**, beschrieben in diesem Buch (Kapitel 12). Die Wortspiele und Parodien auf dem Tonband dieses Abends sind nicht nur zum Schreien komisch; ans Licht kommt überdies der menschliche Zusammenhalt der Gruppe und jene gemeinsame Energie, die den magischen Zauber der Beatles in Bewegung hielt: der Bandleader John, der klare

Kopf; Paul, der Perfektionist und Workaholic; George, der ehrgeizige kleine Bruder; Ringo, der zuverlässige Freund.

Oder auch das Gespräch zwischen George und John im Januar 1969, bei den Aufnahmen zu **Let It Be**. George erzählt, er dächte gerade an eine Solo-Platte, um einen ganzen Haufen von Kompositionen aufzuarbeiten, die bei einigen Beatles-Alben herausgefallen waren. John ist von der Idee begeistert, und beide vertiefen sich in eine Diskussion, wie die Beatles weiterhin als Gruppe auftreten und daneben Solo-Projekte verfolgen könnten. Auf diese Weise, erklärt George, »bleibt das Beatles-Typische besser erhalten«. Ein solcher Meinungsaustausch beweist vielleicht nicht viel, aber er widerlegt auf jeden Fall die verbreitete Aufassung vom Auseinanderbrechen der Gruppe. Schließlich war das ja schon zu der Zeit, als sich die Beatles, kaum standen sie zusammen in einem Raum, angeblich sofort in die Haare gerieten über Freundinnen, Manager oder künstlerische Entscheidungen. So wurde, fabelte man weiter, der Bruch unvermeidlich. In Wahrheit aber hören wir George und John im optimistischen freundschaftlichen Gespräch über die künftige Zusammenarbeit der Band. Schon um derartige Kontroversen über die Gruppen-Biographie der Beatles zu beenden, sollten die Abbey-Road-Archive zugänglich gemacht werden, wenigstens für Autoren, Journalisten und andere, die ein berechtigtes Forschungsinteresse vorweisen können. Das überreiche Material enthält Vorstufen und Entwürfe einer Musik, die eine der bedeutendsten Kunstformen dieses Jahrhunderts ist. Deshalb darf es nicht nur mit privater Gewinnerzielungsabsicht behandelt werden, sondern sollte auch zu einem öffentlichen Museum werden. Ich weiß: Weder EMI noch die Beatles werden mir zustimmen. Aber ich würde darauf mit John antworten, daß die Musik uns allen gehört. Die Musik in diesem Buch jedenfalls können Sie genießen. Sie gehört Ihnen.

Mark Hertsgaard, Februar 1996

Anhang

Notizen zur Dokumentation

Dieses Buch begann mit einem Artikel für den *New Yorker*. Er erschien am 24. Januar 1994, und durch ihn erfuhr die Welt, daß die drei noch lebenden Beatles – Paul McCartney, George Harrison und Ringo Starr – zum erstenmal seit der Auflösung der Gruppe im Jahr 1970 wieder an einem gemeinsamen Projekt arbeiteten: Die drei ehemaligen Beatles waren dabei, eine mehrstündige Video-Autobiographie der Gruppe mit dem Titel *The Beatles Anthology* zu produzieren, die 1995 zusammen mit vier bis sechs CDs mit bislang unveröffentlichten Aufnahmen aus dem Beatles-Archiv der Abbey Road Studios erscheinen sollte. Außerdem stand in dem Artikel, daß sie neues Material aufnehmen wollten, das möglicherweise zum selben Zeitpunkt wie die *Anthology* veröffentlicht werden würde.

Von dem *Anthology*-Projekt erfuhr ich erst, nachdem ich den Auftrag für den Artikel bekommen hatte; er sollte ursprünglich ein Porträt von Mark Lewisohn sein, einem Autor und Musikpublizisten, der als der beste Beatles-Fachmann gilt. Lewisohn ist (abgesehen von den Beatles und den Mitarbeitern der Abbey Road Studios) der einzige, der alle Studiobänder der Beatles – mehr als vierhundert Stunden – gehört hat, die im Archiv der Abbey Road Studios in London liegen, und zwar 1987, im Auftrag von EMI Records, der Plattengesellschaft der Beatles und Eigentümerin der Bänder. Im Verlauf meiner Recherchen für den Artikel über Lewisohn gewährten mir die Verantwortlichen von EMI zweimal Zugang zu den Archiven von Abbey Road Studios. Ich war der erste Journalist, dem dieses Privileg zuteil wurde, und ich hörte mir etwa fünfzig Stunden Archivmaterial zu Beatles-Platten und den Solo-Alben von John Lennon an. Später ergänzte ich die so gesammelten Informationen dadurch, daß ich mir ein Dutzend Stunden sogenannte Bootleg-Tapes anhörte – Kopien von Studiobändern, die seit langem im Umlauf sind. Wie ich im Vorwort erwähnt habe, waren diese Aufnahmen und die offiziell veröffentlichten Platten der Beatles die Hauptquellen für dieses Buch.

Erst nachdem ich den Artikel für den *New Yorker* abgeschlossen hatte, beschloß ich, *The Beatles. Die Geschichte ihrer Musik* zu schreiben. Während meiner Recherchen für den Artikel hatte ich alle Bücher über die Beatles gelesen, die lieferbar oder in Bibliotheken verfügbar waren. Es war eine geisttötende, aber erhellende Erfahrung, und am Ende war mir klar, daß es unter all diesen Büchern, die Regale füllten, kein einziges gab, das dem gerecht wurde, was am wichtigsten ist: der Musik der Beatles. Die meisten Bücher über die Beatles konzentrieren sich mehr auf das aufsehenerregende Privatleben der »Fab Four«

als auf ihre Kunst. Unter den Büchern, die sich mehr mit der Musik befassen, gewähren kritische Analysen wie Wilfrid Mellers' *Twilight of the Gods* und Tim Rileys *Tell Me Why* manchmal nützliche Einblicke, doch sind diese Abhandlungen in einer Sprache verfaßt, die nur versteht, wer Musiktheorie studiert hat. Die Autobiographie *All You Need Is Ears* des Beatles-Produzenten George Martin und sein Buch *The Summer of Love,* in dem er sich an die Aufnahmen für *Sgt. Pepper's Lonely Hearts Club Band* erinnert, enthalten wertvolle Informationen und Bemerkungen, doch auch ihr Nutzen ist begrenzt: Martin steht den Beatles zu nahe, um sie in einem größeren Zusammenhang zu sehen; er sagt wenig über die Texte ihrer Lieder, und seine Bücher decken nur einen kleinen Teil des Beatles-Kanons ab. Mark Lewisohns Katalogisierung des Inhalts der Archivbänder in den Abbey Road Studios *(The Beatles: Recording Sessions)* ist hervorragend, allerdings auf enzyklopädische Art: *Recording Sessions* enthält weit mehr Details, als der durchschnittliche Leser erfahren will, und konzentriert sich stärker auf die Bäume als auf den Wald.

Ich wollte ein Buch schreiben, das die Musik der Beatles ernst nimmt und trotzdem lesbar ist, ein Buch, das den kreativen Prozeß hinter einer Kunst, die das Leben von Millionen verändert hat, beleuchtet und diese Kunst dabei in einen größeren historischen Zusammenhang stellt. Dazu war es unumgänglich, die Mauer aus Mythen und Fehlinformationen einzureißen, die um die Beatles und ihr Werk entstanden ist. Die zweite Erkenntnis, die ich aus meiner Marathonlektüre gewonnen hatte, war, daß es trotz der vielen Bücher, deren Klappentext versprach, »die Irrtümer zu korrigieren«, kein einziges gab, das eine lesbare – und wirklich zuverlässige – Version der Wahrheit über Leben und Werk der berühmtesten Musikgruppe unserer Zeit vermittelte.

Als Reporter, der gewohnt ist nachzuforschen, war ich schockiert, wie unzuverlässig die meisten Bücher über die Beatles in sachlicher Hinsicht sind. Das Problem ist, daß man die Fakten gewöhnlich nicht überprüfen kann, weil die Informationsquelle nicht genannt wird (nur sehr wenige Beatles-Bücher stützen ihre Behauptungen durch eine Dokumentation der Quellen) – vom Leser wird erwartet, diese Behauptungen einfach zu glauben. Allerdings hält sich die daraus resultierende Verzerrung der Wahrheit manchmal in Grenzen. Ein einfaches Mittel, um die Zuverlässigkeit eines Buches zu überprüfen, ist der Vergleich eines dort wiedergegebenen Beatles-Zitates mit der entsprechenden Film- oder Tonbandaufnahme. So wurde beispielsweise John Lennon 1966, nach seiner berühmten Bemerkung, die Beatles seien »populärer als Jesus«, in Chicago von Reportern interviewt und erklärte seine Aussage so: »Ich bin nicht gegen Gott oder gegen das Christentum oder gegen Religion. Ich wollte damit nicht sagen, daß wir größer oder besser sind. Ich glaube an Gott, aber ich glaube nicht, daß er dinglich ist, daß er ein alter Mann im Himmel ist und einen Bart hat. Ich glaube, das, was man Gott nennt, ist etwas, das in uns allen ist.« Auf S. 333 seines Buches *Shout!* gibt Philip Norman dieses Zitat so wieder: »Es tut mir leid, daß ich das gesagt habe. Ich bin nicht gegen Gott oder gegen das Christentum oder gegen Religion. Ich würde so was nicht kritisieren. Ich wollte damit nicht sagen, daß wir größer oder besser sind.« Solche Unterschiede mögen unbedeutend erscheinen, und manchmal sind sie es auch. Doch selbst kleine Unterschiede können eine Aussage erheblich verändern. Außerdem stellt sich angesichts solcher Abweichungen die Frage, ob es im Zusammenhang mit wichtigeren, komplexeren oder komplizierteren Dingen zu ähnlichen Ungenauigkeiten gekommen ist.

Es geht hierbei nicht nur um Genauigkeit, sondern auch um journalistische Fairness und Ehrlichkeit. Viele Autoren von Beatles-Büchern setzen scheinbar unumstößliche Fakten irreführend ein – zum Beispiel, indem sie Quellen zitieren, die den Standpunkt des jeweiligen Autors unterstützen, und andere, die ihm widersprechen, unerwähnt lassen, oder indem sie die Ansicht eines Informanten über eine Begebenheit oder eine Situation so darstellen, als wäre das die *Wahrheit* über diese Begebenheit oder Situation, während es in Wirklichkeit eben nur die persönliche Meinung einer Person ist. Mit einem Wort: Bei der Beweisführung hängt die Latte erschreckend tief. Bei den meisten Büchern über die Beatles kann man sich einfach nicht darauf verlassen, daß die »Tatsachen« aus mehr als Spekulationen, Gerüchten und persönlichen Meinungen bestehen. Infolgedessen ist, um George Martins Vorwort zu Mark Lewinsohns *The Complete Beatles Chronicle* zu zitieren, »eine Menge falscher Mist begierig verschlungen worden«.

Eines der kontroversesten Bücher in dieser Hinsicht war Albert Goldmans *The Lives of John Lennon*. Wie aus einem Reflex heraus schien Goldman getrieben, alles und jedes möglichst sensationell zu interpretieren. Eines von vielen Beispielen dafür ist seine Behauptung (die er jedoch in typischer Weise als Tatsache präsentiert), John Lennon sei homosexuell gewesen und habe eine lange, intensive Beziehung mit Brian Epstein, dem Manager der Beatles, gehabt (der tatsächlich schwul war). Bei sorgfältigem Studium der betreffenden Passagen von Goldmans Buch stellt man fest, daß der Beweis für diese Behauptung zum größten Teil auf der Ebene von »So muß es wohl gewesen sein« oder »Nach Auskunft von jemandem, der es von jemand anderen gehört hat« geführt wird. Peter Brown, Epsteins ehemaliger Assistent und langjähriger Beauftragter für die Beatles, wiederholt diese Behauptung in seiner indiskreten Schilderung der Geschichte der Beatles (Peter Brown und Steven Gaines: *The Love You Make*) – weniger spektakulär und ohne schmutzige Details, aber auch ohne überprüfbare Beweise anzuführen. Die einzige verläßliche Aussage zu diesem Thema stammt von Pete Shotton, Lennons bestem Freund von Kindheit an. In Shottons Erinnerungen an ihre Freundschaft (Pete Shotton und Nicholas Schaffner: *John Lennon In My Life*) schildert er ein einziges Ereignis dieser Art. Shotton schreibt, Lennon habe ihm erzählt, er habe sich einmal von Epstein mit der Hand befriedigen lassen. Der Unterschied zwischen einer solchen flüchtigen Episode und einer homosexuellen Beziehung ist gewaltig, doch insbesondere Goldman scheint diese Feinheiten nicht zu erkennen.

Am anderen Ende des Spektrums steht Lewisohn, dessen Bücher über die Beatles mustergültige Beispiele für gründlich recherchierte und sorgfältig präsentierte Informationen sind. Als ich an meinem Artikel für den *New Yorker* arbeitete, hatte ich ausführlich mit Lewisohn gesprochen, und mir gefiel, wie entschlossen und zäh er sich um beweisbare Tatsachen bemüht. Bei ihm steht nichts, was nicht schwarz auf weiß dokumentiert ist; seine Maxime scheint zu sein, daß es besser ist, nichts zu sagen, als Vermutungen anzustellen. Tatsächlich verdanken wir Lewisohn das genaue Datum, an dem John Lennon und Paul McCartney sich kennengelernt haben, und die Geschichte, wie er das herausgefunden hat, wirft ein bezeichnendes Licht auf die Qualität der Recherchen, auf die sich viele erfolgreiche Bücher über die Beatles stützen. Vor Lewisohns Nachforschungen hatten die meisten Autoren ganz richtig geschrieben, die beiden Schüler hätten sich bei einer Wohltätigkeitsveranstaltung der Kirche kennengelernt, bei der John mit seiner Band The Quarry Men auftrat, doch das Jahr, in dem diese schicksalhafte Begegnung stattfand, wurde mal mit 1956, mal mit 1958 angegeben. (In der von den Beatles autorisierten Biographie steht das – falsche – Datum 15. Juni 1956.) Eines Tages ging Lewisohn in London mit mir in das Zeitungsarchiv der British Library, das sich nördlich der Innenstadt befindet, und zeigte mir, wie er das tatsächliche Datum herausgefunden hatte: indem er akribisch die Sommerausgaben des *South Liverpool Weekly* Seite um Seite, Spalte um Spalte studiert hatte, und zwar zunächst die Jahrgänge 1956 und 1958 und schließlich den Jahrgang 1957, wo er dann auf die kleine Notiz über die Veranstaltung gestoßen war.

Dank Lewisohns Quellenmaterial und unermüdlichen Recherchen werden seine Bücher höchstwahrscheinlich Standard-Nachschlagewerke bleiben, solange es Menschen gibt, die sich für die Beatles interessieren. Noch lange nachdem Dutzende anderer Bücher – halbgare Biographien, angebliche Insider-Berichte, gutgemeinte Würdigungen ihrer Musik – aus den Regalen der Buchhandlungen und Bibliotheken verschwunden sind, werden Lewisohns Bücher zum festen Bestandteil der Dokumente zur populären Kultur zählen. Besonders *Recording Sessions* und *The Complete Beatles Chronicle* sind unerläßlich für jeden, der sich ernsthaft mit den Beatles beschäftigen will. Und ohne das Archivmaterial, das *Recording Sessions* bietet, hätte ich dieses Buch nicht schreiben können.

In den folgenden Anmerkungen zitiere ich oft aus Lewisohns Büchern, beziehe mich aber auch auf andere Bücher und Artikel sowie auf Radio-, Fernseh- und Filmaufnahmen. Wo immer es möglich war, habe ich der Originalquelle den Vorrang gegeben und mich an die Berichte von Augenzeugen gehalten, die ich gründlich mit anderen, abweichenden Versionen des betreffenden Ereignisses verglichen habe. Die Beatles selbst sind im Lauf der Jahre oft und lange interviewt worden, insbesondere von *Playboy* und *Rolling Stone*. Auf ihre Aussagen habe ich, soweit möglich, zurückgegriffen, wobei mir klar war, daß auch jedes Mitglied der Beatles vielleicht nur seine persönliche Meinung wiedergibt, die sich im Lauf der Zeit ändern kann. Was die anderen Bücher betrifft, so habe ich diejenigen bevorzugt, die etwas Selbsterlebtes schildern – wie George Martins *The Summer of Love* und Shottons und Schaffners *John Lennon In My Life* –, sowie jene, die auf persönlichen Gesprächen mit den Beatles beruhen – wie die 1968 von Hunter Davies geschriebene offizielle Biographie der Beatles *The Beatles* und die 1984 erschienene zweibändige John-Lennon-Biographie *Lennon,* die Lennons Freund, der Journalist Ray Coleman, verfaßt hat. Den meisten anderen Quellen habe ich mich aus den oben genannten Gründen mit Vorsicht genähert. Auf die dort aufgeführten Tatsachen habe ich nur zurückgegriffen, wo die besonderen Umstände sie glaubwürdig erscheinen ließen, und mein Vorgehen an der entsprechenden Stelle der Anmerkungen erläutert.

In den Anmerkungen werden nur Titel und Verfasser jener Bücher aufgeführt, aus denen ich zitiere. Die nachstehende Bibliographie führt sämtliche verwendeten Bücher auf. In manchen (in der Bibliographie angegebenen) Fällen bezieht sich die Seitenangabe auf die Taschenbuchausgabe. Sämtliche Seitenangaben beziehen sich stets auf die englischsprachigen Ausgaben. Zeitschriftenartikel sind in den Anmerkungen jeweils vollständig angegeben. Während der Arbeit an dem Artikel für den *New Yorker* habe ich mit zahlreichen Beatles-Freunden und -Kennern Interviews gemacht, unter anderem mit George Martin, Derek Taylor, Ken Townsend und Mark Lewisohn; aus diesen Gesprächen habe ich in diesem Buch natürlich zitiert. Darüber hinaus habe ich mich auch um Gespräche mit Paul McCartney, George Harrison und Ringo Starr bemüht; alle drei haben jedoch abgelehnt.

Bibliographie, Filme

David Bennahum: *in their own words: the beatles ... after the break-up.* Omnibus Press, London 1991, Taschenbuchausgabe.

Pete Best: *Beatle!: The Pete Best Story,* Plexus, London 1985.

John Blake: *All You Needed Was Love: The Beatles After The Beatles.* Perigee Books, New York 1981.

Peter Brown und Steven Gaines: *The Love You Make: An Insider's Story of the Beatles.* Penguin Books, New York 1984, Taschenbuchausgabe.

Ray Coleman: *Lennon: The Definitive Biography.* Harper Perennial, New York 1992, Taschenbuchausgabe. Deutsche Ausgabe unter dem Titel: *John W. Lennon. Eine Biographie.* Aus dem Amerikanischen von Uschi Gnade. Droemer Knaur, München 1985.

Hunter Davies: *The Beatles.* McGraw-Hill, New York 1985, Taschenbuchausgabe zweite revidierte Auflage. Deutsche Ausgabe unter dem Titel: *Die Geschichte der Beatles.* Erweiterte Taschenbuchausgabe. Aus dem Englischen von Werner von Grünau. Droemer Knaur, München 1978.

Richard DiLello: *The Longest Cocktail Party.* Playboy Press, New York 1972.

William J. Dowlding: *Beatlesongs.* Simon & Schuster, New York 1989, Taschenbuchausgabe.

Brian Epstein: *A Cellarful of Noise.* Doubleday, New York 1964.

Vic Garbarini und Brian Cullman (mit Barbara Graustark): *Strawberry Fields Forever: John Lennon Remembered.* Bantam, New York 1980, Taschenbuchausgabe.

Albert Goldman: *The Lives of John Lennon.* William Morrow, New York 1988. Deutsche Ausgabe unter dem Titel: *John Lennon. Ein Leben.* Aus dem Amerikanischen von Jürgen Abel u.a.. Wunderlich, Reinbek 1989.

John Green: *Dakota Days.* St. Martin's Press, New York 1983, Taschenbuchausgabe.

Edward Gross: *Paul McCartney: Twenty Years on His Own.* Pioneer Books, Las Vegas 1990, Taschenbuchausgabe.

Geoffrey Guiliano: *The Beatles: A Celebration.* Methuen, Toronto 1986.

Geoffrey Guiliano: *Blackbird.* Penguin, New York 1992, Taschenbuchausgabe.

Geoffrey Guiliano: *Dark Horse: The Secret Life of George Harrison.* Stoddart, Toronto 1989; Taschenbuchausgabe.

George Harrison: *I Me Mine.* Simon & Schuster, New York 1980.

Cynthia Lennon: *A Twist of Lennon.* Star Books, London 1978.

John Lennon: *In His Own Write* und *A Spaniard in the Works.* New American Library, New York 1967, Taschenbuchneuausgabe 1980. Deutsche Ausgabe unter dem Titel: *John Lennon in seiner eigenen Schreibe. (In seiner eigenen Schreibe / Ein Spanier macht noch keinen Sommer).* Aus dem Englischen von Helmut Kossodo und Wolf D. Rogosky. Zeichnungen von John Lennon. Rowohlt, Reinbek 1981.

John Lennon: *Skywriting by Word of Mouth.* Harper & Row, New York 1986.

Hal Leonard: *The Complete Beatles.* Hal Leonard Publishing, Milwaukee 1988, 2 Bde.

Mark Lewisohn: *The Beatles: Recording Sessions.* Harmony Books, New York 1990, Taschenbuchausgabe.

Mark Lewisohn: *The Complete Beatles Chronicle.* Harmony Books, New York 1992.

Mark Lewisohn, Piet Schreuders und Adam Smith: *The Beatles London.* Hamlyn, London 1994.

Ian MacDonald: *Revolution in the Head: The Beatles' Records and the Sixties.* Fourth Estate, London 1994.

Paul McCartney: *The Paul McCartney World Tour.* Privatveröffentlichung 1990.

George Martin (mit Jeremy Hornsby): *All You Need Is Ears.* St. Martin's Press, New York 1979, Taschenbuchausgabe.

George Martin (mit William Pearson): *The Summer of Love.* Pan Macmillan, London 1984.

Wilfrid Mellers: *The Twilight of the Gods: The Music of the Beatles.* Macmillan, New York 1973, Taschenbuchausgabe.

Pearce Marchbank Miles: *The Beatles: In Their Own Words.* Omnibus Press, London 1978, Taschenbuchausgabe. Deutsche Ausgabe: *Die Beatles, wie sie sich selbst sehen.* Aus dem Englischen von Eva Maria Brunner und Rainer Moers. Lübbe, Bergisch Gladbach 1981.

Scott Muni et al.: *Ticket To Ride.* Macdonald, London 1989.

Philip Norman: *Shout!: The Beatles In Their Generation.* Warner Books, New York 1981, Taschenbuchausgabe. Deutsche Ausgabe unter dem Titel: *Shout! Die wahre Geschichte der Beatles.* Aus dem Englischen von Hermann Völkel und Barbara Scheibe. Goldmann, München 1982.

May Pang: *Loving John: The Untold Story.* Warner Books, New York 1983, Taschenbuchausgabe. Deutsche Ausgabe unter dem Titel: *Geliebter John. Bewegte Jahre mit John Lennon.* Von May Pang und Henry Edwards. Deutsch von Sylvia Madsack und Hartmut Zahn. Heyne, München 1984.

Tim Riley: *Tell Me Why: The Beatles: Album by Album, Song by Song, The Sixties and After.* Vintage Books, New York 1989, Taschenbuchausgabe.

Die Herausgeber des *Rolling Stone: The Ballad of John and Yoko.* Rolling Stone Press, Garden City, N.Y. 1982, Taschenbuchausgabe.

Chris Salewicz: *McCartney.* St. Martin's Press, New York 1986, Taschenbuchausgabe.

Nicholas Schaffner: *The Beatles Forever.* Stackpole Books, Harrisonburg, Pennsylvania 1977.

Frederic Seaman: *The Last Days of John Lennon.* Dell, New York 1991, Taschenbuchausgabe. Deutsche Ausgabe: *John Lennon – Geborgte Zeit. Eine persönliche Erinnerung.* Aus dem Amerikanischen von Clara Drechsler. vgs, Köln 1992.

David Sheff und G. Barry Golson: *The Playboy Interviews with John Lennon and Yoko Ono.* Playboy Press, New York 1981.

Pete Shotton und Nicholas Schaffner: *John Lennon In My Life.* Stein & Day, New York 1983, Taschenbuchausgabe.

Derek Taylor: *As Time Goes By.* Davis-Poynter, London 1973.

Derek Taylor: *It Was Twenty Years Ago Today.* Simon & Schuster (Fireside), New York 1987, Taschenbuchausgabe.

Elizabeth Thompson und David Gutman (Hg.): *The Lennon Companion: Twenty-five Years of Comment.* Macmillan, New York 1987.

Jann Wenner: *Lennon Remembers.* Popular Library, New York 1971, Taschenbuchausgabe. Deutsche Ausgabe: *Abschied von den Beatles. The Rolling Stone Interviews. John Lennon und Yoko Ono im Gespräch mit Jann Wenner.* Übersetzung und Vorwort von Niko Hansen. Rowohlt, Reinbek 1981.

Jon Wiener: *Come Together: John Lennon In His Time.* Random House, New York 1984, Taschenbuchausgabe.

Zwei weitere deutsche Ausgaben sollten nicht unerwähnt bleiben:

John Lennon: *Gimmie some truth. Das komplette Songbuch.* Herausgegeben und übersetzt von Thomes Rehwagen in Zusammenarbeit mit Knut Erlemann. Pendragon, Bielefeld 1989. Taschenbuchausgabe: Lübbe, Bergisch Gladbach 1991.

Alan Aldrige (Hg.): *The Beatles Songbook.* Deutsche Ausgabe. Mit den legendären Übersetzungen von Peter Zentner. dtv, München 1971 (Anm. d.Ü.).

Filme:

It Was Twenty Years Ago Today. Granada Television, 1987.

Let It Be. Regie: Michael Lindsay-Hogg. Ausführende Produzenten: The Beatles. Im Verleih der United Artists, 1970.

The Compleat Beatles. Regie: Patrick Montgomery. Delilah Films, 1982.

The Making of Sergeant Pepper. Regie: Alan Benson. Produzent: George Martin, A Really Useful Group, 1992.

Anmerkungen

1. Kapitel: »A Day In The Life«

Seite 11: Die Beschreibung des Archivraums in den Abbey Road Studios, in dem die Bänder mit Aufnahmen von den Beatles lagern, basiert auf Gesprächen, die der Verfasser bei Besuchen des Studios im Dezember 1992 und April 1993 mit verschiedenen Mitarbeitern geführt hat.

Zehneinhalb Stunden ist die Summe der Dauer aller Stücke, die die Beatles veröffentlicht haben. Die Angabe von vierzehn Alben bezieht sich auf die zwölf Alben der Gruppe sowie auf die beiden EPs *Long Tall Sally* und *Magical Mystery Tour,* nicht aber auf das 1966 veröffentlichte Album *A Collection of Beatles Oldies,* da dieses – mit Ausnahme von »Bad Boy« – ausschließlich Aufnahmen enthält, die bereits als Singles oder auf anderen LPs veröffentlicht worden waren.

Die Angabe, in den Archiven lagerten vierhundert Stunden unveröffentlichter Aufnahmen, wurde vom Archivar der Abbey Road Studios in einem Gespräch mit dem Verfasser gemacht.

Die Aufnahmedaten sind Lewisohns Buch *The Beatles: Recording Sessions* entnommen. Die Behälter, in denen die Bänder aufbewahrt werden, hat der Verfasser selbst in Augenschein genommen.

Lennons Aussage, *Sergeant Pepper* sei ein Höhepunkt in der Karriere der Beatles gewesen, findet sich auf S. 138 von Jann Wenners Buch *Lennon Remembers.*

Seite 12 f.: Lennons Behauptung, er habe viele Songs »Auge in Auge« mit McCartney geschrieben, steht auf S. 117 von *Playboy Interviews.* Das Zitat (»Mir fehlte der Mittelteil …«) stammt von S. 49 von *The Ballad of John and Yoko.*

Seite 13: Lennons Zitat (»Ich blätterte einmal in der Zeitung …«) findet sich auf S. 155 von *Playboy Interviews.*

Die Bemerkung, der Text beziehe sich auf den Erben des Guinness-Vermögens, beruht auf einer Analyse des Verfassers.

Wilfrid Mellers macht diese Bemerkung auf S. 98 seines Buches *The Twilight Of The Gods.*

Lewisohns Aussage (»Paul oder George …«) steht auf S. 139 von *Recording Sessions.*

Daß das Vierspurgerät das einzige in den Abbey Road Studios verfügbare ist, auf dem die Vierspurbänder mit den Aufnahmen aus den sechziger Jahren abgespielt werden können, wurde dem Verfasser von Mitarbeitern des Studios bestätigt.

Die Erklärung für den Ausdruck »sugarplum fairy« stammt von George Martin, *The Summer of Love,* S. 52.

Seite 16 f.: Die Anzahl und die Daten der Studioaufnahmen von »A Day In The Life« sind auf S. 94 von Lewisohns *Recording Sessions* dokumentiert. George Martins Bemerkung (»Wir haben ihn drin gelassen …«) steht auf S. 208 seiner Autobiographie *All You Need Is Ears.*

Die Gründe, warum die BBC sich weigerte, »A Day In The Life« zu spielen, sind auf S. 225 von Lewisohns *Chronicle* aufgeführt. McCartneys Aussage, sie hätten »die Leute bewußt provozieren« wollen, steht auf S. 92 von Miles' *The Beatles: In Their Own Words.* Harrisons Zitat (»so viele Leute wie möglich wachzurütteln«) findet sich auf S. 150 von Derek Taylors Buch *It Was Twenty Years Ago Today.* McCartneys Zitat (»Das war keine Arroganz …«) steht auf S. 13 von Lewisohns *Recording Sessions.*

Seite 18: McCartneys Verweis auf Stockhausen stammt aus dem Interview des *Playboy* vom Dezember 1964. Martins Aussage (» [ein] riesiges Anwachsen«) findet sich auf S. 209 von *All You Need Is Ears.*

Daß Lennon und McCartney keine Noten lesen oder schreiben konnten, schreibt Martin auf S. 138–139 desselben Werkes.

Auf S. 209–211 seines Buches erinnert sich Martin an die Aufnahmen für »A Day In The Life«. Das Zitat (»Und egal, was Sie spielen …«) steht auf S. 96 von Lewisohns *Recording Sessions.* Dort wird auch das Datum (10. Februar) bestätigt. McCartneys Zitat (»Es war schon interessant …«) steht auf S. 14 desselben Werkes.

Auf S. 210–211 von *All You Need Is Ears* schreibt Martin, die Beatles hätten verlangt, daß die Orchestermusiker im Frack erschienen. Das wird auf S. 244–245 von Lewisohns *Chronicle* bestätigt, wo auch auch die Gäste vermerkt sind und auf die Existenz eines Films von diesem Ereignis hingewiesen wird. Dieser Film ist dem Verfasser vorgeführt worden. Die anderen, zuvor produzierten Filme werden auf S. 221–222 und 243 desselben Werkes beschrieben.

Seite 19 f.: McCartneys Zitat (»In Zukunft werden alle Platten …«) steht auf S. 111 von Miles' *The Beatles: In Their Own Words.*

Der Beifall und Martins Zitat (»Als wir mit dem Orchesterteil fertig waren …«) sind auf S. 97 von Lewisohns *Recording Sessions* vermerkt. Die Bänder mit den Aufnahmen des langen Summtons hat der Verfasser selbst gehört. Lennons Bemerkung (»Sound wie beim Weltuntergang«) wird auf S. 181 von William Dowldings *Beatlesongs* nach einem Artikel der Londoner *Times* vom 30. Mai 1987 zitiert.

Seite 21 f.: Tim Rileys Urteil (»letztlich auch voller Hoffnung«) findet sich auf S. 299 seines Buches *Tell Me Why.*

McCartneys Zitat (»In hundert Jahren …«) steht im *New Yorker* vom 24. Januar 1994. Die Richtigkeit wurde durch eine Anfrage bei Geoff Baker, dem Pressesprecher in McCartneys Londoner Büro, überprüft. Lennons Behauptung, die Beatles seien populärer als Jesus, ist ausgiebig zitiert worden – siehe S. 212 von

Lewisohns *Chronicle* – und wird in Kapitel 16 dieses Buches eingehend erörtert. Krolls in *Newsweek* abgedruckte Bemerkung steht auf S. 155 von Martins *The Summer of Love.*

2. Kapitel: Vier Jungs aus Liverpool

Seite 24: Lennons Bemerkungen über seine Identifikation mit Schriftstellern und Künstlern stehen auf S. 133–134 der *Playboy Interviews.* Daß er als Kind Gott am Kamin habe sitzen sehen, berichtet Coleman auf S. 114 von *Lennon.* Lennons Vorliebe, Yoko Ono »Mutter« zu nennen, kündigte sich schon in seiner Komposition »Happiness Is A Warm Gun« von 1968 an, wo es heißt: »Mother Superior jumps the gun«. Später, in dem *Playboy*-Interview, das zwei Monate vor seinem Tod entstand, nennt er Yoko Ono wiederholt »Mutter«. Auf S. 110 von *Playboy Interviews* gesteht er ein, daß das eine Gewohnheit ist. Pete Shottons Aussage (»Unser Verhältnis ähnelte ...«) findet sich auf S. 21 und 24 seines Buches *John Lennon In My Life.* Lennons Zitat (» ... eine kleine Gang«) steht auf S. 136 der *Playboy Interviews.*
Seite 25f.: Die Schilderung der Umstände von Lennons Geburt während eines Luftangriffs geht auf die Erinnerungen seiner Tante Mimi zurück. Diese wird auf S. 98 von Colemans *Lennon* und auf S. 6–7 der durch die Beatles autorisierten Biographie *The Beatles* von Hunter Davies zitiert.
Die Geschichte, wie Ringo Starrs Mutter ihn verkehrt herum gehalten hat, steht auf S. 142 von Davies' Buch. Die Geburtsdaten von McCartney und Harrison sind auf S. 22 bzw. S. 35 angegeben.
Auf die Aufhebung der allgemeinen Wehrpflicht in Großbritannien im Jahr 1960 wird auf S. 37 von Chris Salewicz' Buch *McCartney* hingewiesen. In dem Interview, das McCartney dem *Rolling Stone* am 10. Dezember 1987 gab, nennt er die Aufhebung der Wehrpflicht ein Wunder, »wie das von Moses, als er das Meer teilte«.
Einzelheiten über Starrs Kindheit finden sich in Kapitel 18 von Davies' Biographie.
Die Passage über Harrisons Jugend stützt sich auf S. 4–11 von Geoffrey Guilianos *Dark Horse* und S. 35–40 von Davies' Biographie.
Seite 26f.: Die Passage über McCartneys Eltern stützt sich auf S. 7–21 von Salewicz' *McCartney,* mit Ausnahme des Spitznamens »Fatty«, auf den auf S. 26 von Davies' Biographie und – in ausführlicherer Form – auf S. 115 von Geoffrey Guilianos *Blackbird* eingegangen wird. McCartneys Bemerkung, es sei »viel gesungen« worden, steht auf S. 176 von Bennahums *in their own words: the beatles ... after the break-up.*
Das Zitat von McCartneys ehemaligem Lehrer (»[Er war] vollkommen natürlich ...«) findet sich auf S. 66–67 von Salewicz' Buch. McCartney erinnert sich an seine Bemerkung über das Geld seiner Mutter auf S. 27 von Davies' Bio-

graphie. Dort steht auch der Satz seines Bruders Michael, sie hätten sich deswegen »monatelang geschämt«. Davies schreibt auch, die Jungen hätten sich in den Schlaf geweint.

Onkel Georges Tod wird in Colemans *Lennon,* S. 104, beschrieben. An anderer Stelle geht Coleman auf Lennons inniges Verhältnis zu Onkel George ein, der sehr viel sanfter war als Lennons Tante Mimi, oft mit ihm spazierenging und ihm Gutenachtgeschichten vorlas. Lennon selbst erzählte Hunter Davies (S. 16), daß seine Cousine Lelia in der Nacht von Onkel Georges Tod zu ihnen gekommen sei. Sie seien nach oben gegangen und hätten ununterbrochen hysterisch gelacht – eine nervöse Reaktion, für die er sich nachher »sehr schuldig« gefühlt habe.

Seite 28 f.: Lennons erste Lebensjahre und die Beziehung zwischen seinen leiblichen Eltern werden auf S. 86–89 von Colemans *Lennon* und auf S. 29–34 von Albert Goldmans *The Lives of John Lennon* geschildert. Goldmans Buch ist zu Recht wegen seines tadelnden Tons und seiner zahlreichen nicht fundierten und einseitigen Schlußfolgerungen kritisiert worden. In diesem Fall jedoch gewährt es eine interessante zusätzliche Perspektive – vorausgesetzt, der Leser vergleicht es mit den Schilderungen Colemans und anderer –, da es Freddy Lennons Version der Ereignisse eine größere Glaubwürdigkeit verleiht und andere, unbezweifelte Fakten (wie beispielsweise die Tatsache, daß Julia den kleinen John Mimi übergab) in einem anderen Licht darstellt. Während Mimi die Schuld daran Julias neuem Mann Dykins gab (auf S. 25 von Philip Normans *Shout!* behauptet sie: »Kein Mann will das Kind eines anderen«), äußert Goldman die Vermutung, es sei vielleicht die lebenslustige Julia gewesen, die diese Entscheidung getroffen habe, weil sie sich nicht mit der Verantwortung für das Kind habe belasten wollen.

Daß Lennon sich zwischen seinem leiblichen Vater und seiner Mutter entscheiden mußte, wird auf S. 7–9 von Davies' Biographie, auf S. 89–94 von Colemans *Lennon* und auf S. 33–37 von Goldmans *Lives* beschrieben. Als Lennon schließlich Mimis Haus, das Mendips hieß und im Liverpooler Stadtteil Woolton in der Menlove Avenue 251 stand, verließ, zog er in die Wohnung seines College-Freundes und zukünftigen Mit-Beatles Stuart Sutcliffe ein. Dieses Arrangement war nur von kurzer Dauer, denn die Beatles fuhren bald darauf nach Hamburg, und als sie im Dezember 1960 zurückkehrten, zog Lennon wieder bei Mimi ein; Stuart war bei seiner Verlobten Astrid Kirchherr in Deutschland geblieben.

Seite 29 f.: Lennons Bemerkung, er habe seine Mutter nur sporadisch gesehen, stammt aus den *Playboy Interviews,* S. 137. Daß er ganz in der Nähe seiner Mutter wohnte, war ihm, wie sein bester Freund Pete Shotton auf S. 23 von *John Lennon In My Life* schreibt, nicht bewußt. Shotton beschreibt auch Mimis Persönlichkeit und ihre Wertvorstellungen, ebenso wie Davies in Kapitel 1 seiner autorisierten Biographie und Coleman in Kapitel 1 von *Lennon.* Dort findet sich auf S. 91 das Zitat »Aber du kannst doch keine zwei Mummies haben«. Beispiele für Lennons Behauptung, der Arbeiterklasse zu entstammen, finden sich sowohl in einem Interview vom März 1971, das er *Red Mole,* einer linksorientierten Londoner Zeitschrift, gab und das auf S. 165–185 von *The Lennon Companion* (Hg. Elizabeth Thompson und David Gutman) abgedruckt ist, als auch auf S. 15 seines eigenen Buches *Skywriting by Word of Mouth*. Die Gegend, in der er aufwuchs, beschreibt Lennon auf S. 131 der *Playboy Interviews*. Pete Shotton schreibt auf S. 19 seines Buches, daß »eine Doppelhaushälfte damals ein Zeichen beeindruckenden bürgerlichen Wohlstands war«. Dieser Wohlstand rührte daher, daß Onkel George der Besitzer eines auf Milchwirtschaft spezialisierten Bauernhofes war. Philip Norman schreibt auf S. 27 von *Shout!*, daß einer von Georges Angestellten zweimal pro Woche kam, um Arbeiten im Garten zu erledigen. Daß George auch Mietwohnungen besaß, berichtet Goldman auf S. 41 von *Lives*. Nach einer Geschichte, die Mimi dem Biographen Hunter Davies erzählte, besaß Lennon schon in jungen Jahren ein Gespür dafür, daß die britische Gesellschaft eine Klassengesellschaft ist. Als sie versuchte, John den Wert des Geldes beizubringen, indem sie sagte, Onkel George müsse für sein Geld arbeiten, erwiderte er: »Nein, muß er nicht. Die Arbeit erledigen seine Leute.« (S. 10)

Seite 30: Shottons Bemerkungen über Lennon und seine Tante Mimi finden sich auf S. 23 seines Buches, dessen zweites Kapitel viele witzige und warmherzige Geschichten über die Streiche der beiden Jungen in der Quarry Bank Grammar School enthält, darunter auch Beschreibungen ihrer Bestrafungen durch die Lehrer und Bemerkungen über Lennons Geschmack in bezug auf Bücher. Shotton ging nicht in dieselbe Grundschule wie Lennon, doch sowohl Lennons Zeit in der Dovedale Primary School als auch die Jahre in der Quarry Bank Grammar School werden auf S. 103–113 von Colemans *Lennon* beschrieben. Sowohl Shotton (S. 37) als auch Coleman (ebenfalls S. 37) bestätigen den Spitznamen »Twitchy«, ebenso Lennon selbst auf S. 16 der autorisierten Biographie. Allerdings behauptet nur Coleman, der Name sei nie in Dykins Hörweite gebraucht worden. Shotton und Coleman erwähnen auch Lennons Faszination für körperliche Behinderungen – Shotton auf S. 34 und Coleman in verschiedenen Passagen, unter anderem auf S. 176. Dort steht auch das Zitat von Thelma Pickles.

Lennons Aussage, Rock ’n’ Roll sei das einzige gewesen, was ihn »noch erreichte«, steht auf S. 100 von Wenners *Lennon Remembers*.

Lennons Geschichte über Elvis und Little Richard findet sich auf S. 63 von Goldmans *Lives*.

Es herrscht keine Einigkeit darüber, welchen Song Lennon als ersten lernte. Auf S. 20 der autorisierten Biographie schreibt Davies, es sei Buddy Hollys »That’ll Be The Day« gewesen. Pete Shotton behauptet, es habe sich um Fats Dominos »Ain’t That A Shame« gehandelt, und fügt hinzu, er sei sich ganz sicher, daß nicht Mimi Lennon seine erste Gitarre geschenkt habe, wie einige Biographen behaupten, sondern Julia.

Seite 32f.: Die Geschichte, wie Lennon und McCartney sich kennenlernten, steht auf S. 31–33 der autorisierten Biographie, S. 145–147 von Colemans *Lennon*, S. 53–56 von Shottons und Schaffners *John Lennon In My Life* sowie auf

S. 9 von Miles' *The Beatles: In Their Own Words*, wo McCartney mit »Mann, der ist gut« zitiert wird.

McCartneys musikalischer Hintergrund wird auf S. 29–31 von Davies' Biographie und auf S. 9–10 von Miles' *The Beatles: In Their Own Words* geschildert. Die Kommentare seines Bruders stammen von S. 28 und 31 von Davies' Biographie. McCartneys Aussage, er und Harrison hätten sich das Gitarrespielen nach demselben Buch beigebracht, findet sich auf S. 20 von Geoffrey Guilianos *Dark Horse*.

Seite 33: Lennons Bemerkung, alles habe nach seiner Pfeife getanzt, stammt von S. 33 von Davies' Biographie. Seine Entscheidung, die Gruppe stärker zu machen, wird auf S. 160 von Wenners *Lennon Remembers* behandelt; in derselben Passage spricht Lennon auch darüber, wie es dazu kam, daß Harrison in die Gruppe aufgenommen wurde. Auf Harrisons Verehrung für Lennon geht Coleman auf S. 161 von *Lennon* ein; Lennon selbst hat es auf S. 126–127 der *Playboy Interviews* erwähnt.

Der genaue Zeitpunkt, zu dem Harrison, McCartney und Lennon begannen, regelmäßig zusammen zu spielen, ist unbekannt. In seinem Buch *The Complete Beatles Chronicle* nennt Lewisohn als Datum den 6. Februar 1958. An diesem Tag hat Harrison die Quarry Men wahrscheinlich kennengelernt (obgleich er McCartney schon seit Jahren kannte). Lewisohn merkt jedoch an, daß ebenso der 13. März in Frage kommt. An diesem Tag traten die Quarry Men auf – ob mit oder ohne Harrison, ist unklar. Der erste unzweifelhaft belegte öffentliche Auftritt fand jedenfalls am 20. Dezember 1958 bei der Hochzeitsfeier von Harrisons Bruder statt. Daß die Demo-Platte um die Mitte des Jahres 1958 aufgenommen wurde, schreibt Lewisohn auf S. 13 von *Chronicle*. Diese Aufnahme tauchte später auf Raubpressungen auf, die der Verfasser gehört hat.

Auf S. 143 seines Buches *Lennon* schreibt Coleman, Mimi habe Lennon ständig in den Ohren gelegen, die Gitarre wegzustellen und lieber zu lernen: »Gitarre spielen ist ja schön und gut, aber du wirst nie davon leben können.« Julia Baird wird auf S. 22 von Guilianos *Dark Horse* aus ihrem Buch *John Lennon, My Brother* (Grafton Books, London 1988) zitiert.

Die Passage über Julias Tod stützt sich auf die Schilderungen in Davies' Biographie (S. 48), in Colemans *Lennon* (S. 169–170) und in Goldmans *Lives* (S. 76–78), in dem auch, basierend auf Polizeiangaben, der Zeitpunkt ihres Todes angegeben wird.

Shottons Erinnerungen an Lennons Verhalten nach dem Tod seiner Mutter finden sich auf S. 61 seines Buches.

Isaacson ist nur einer von Lennons ehemaligen Klassenkameraden, die auf S. 61 und 152 von Colemans *Lennon* mit derselben Aussage zitiert werden.

Lennons Bemerkung, er hätte wie sein Vater enden können, steht auf S. LXXV des Vorwortes zur 1985 aktualisierten Ausgabe von Hunter Davies' Biographie.

Seite 24: McCartneys Zitat (»Komm mir doch nicht sächlich …«) stammt von S. 76 von Bennahums *in their own words: the beatles … after the break-up*.

Cynthia Lennon wird auf S. 190 von Colemans *Lennon* zitiert.

3. Kapitel: So wird man berühmt (Please Please Me)

Seite 37: Die Stücke, die Lennon bei seinem Auftritt im Madison Square Garden spielte, und seine Bemerkung, er habe »bloß ein bißchen Spaß« haben wollen, finden sich auf S. 614–615 von Colemans *Lennon.* Über Lennons Wunsch, »ganz weit zurück« zu gehen, und die Bereitwilligkeit, mit der er auf Elton Johns Vorschlag einging, berichtet seine damalige Freundin May Pang auf S. 270–271 ihres Buches *Loving John: The Untold Story.*

Lewisohn weist auf S. 24 von *Recording Sessions* darauf hin, daß *Please Please Me* die Nummer eins in drei englischen Hitparaden wurde – nämlich denen von *Melody Maker, New Musical Express* und *Disc* –, während es in den Hitparaden von *Record Retailer* und *New Record Mirror* nur auf Platz zwei kam. Die erste Single der Beatles – »Love Me Do« – kam nur auf Platz siebzehn.

Auf S. 4 von Lewisohns *Recording Sessions* wird als Datum der Aufnahme von »I Saw Her Standing There« der 11. Februar 1963 angegeben. Daß dieses Stück zum Bühnenrepertoire der Beatles gehörte, wird durch das Album *The Beatles At the Star Club Live!* belegt, das am 31. Dezember 1962 mit einem Amateurgerät aufgenommen und 1977 gegen den Wunsch der Beatles veröffentlicht wurde. Auch auf der in Nicholas Schaffners *The Beatles Forever* (S. 15) verzeichneten Liste von Songs, die die Beatles live spielten, ist dieses Stück aufgeführt.

McCartney erzählt auf S. 9 von Lewisohns *Recording Sessions,* wie er diesen Song zusammen mit Lennon schrieb.

Auf S. 163–164 der *Playboy Interviews* sagt Lennon über »I Saw Her Standing There«: »Da hat Paul auf seine gewohnt fähige Art was produziert, das George Martin ›ein heißes Ding‹ zu nennen pflegte.«

Seite 28: »Twist And Shout« wurde von Bert Berns unter dem Pseudonym »Medley/Russell« geschrieben. Es wurde, nach Dowldings *Beatlesongs* (S. 39), zuerst von den Isley Brothers aufgenommen und im Mai 1962 veröffentlicht. Demselben Werk ist zu entnehmen, daß die Beatles dieses Stück von 1962 bis 1965 live spielten. Dowlding zitiert Lennon aus Colemans Biographie und aus dem 1971 erschienenen Interview der Zeitschrift *Red Mole,* das in *The Lennon Companion: Twenty-five Years of Comment* abgedruckt ist.

Seite 41: Lennons Zitat (»Was wir damals machten […]war phantastisch«) steht auf S. 45 von *Lennon Remembers.*

Über die Weigerung der Beatles, »How Do You Do It« aufzunehmen, berichtet Lewisohn auf S. 7, 8 und 18 von *Recording Sessions.* Ein Zitat von McCartney auf S. 7 läßt vermuten, daß die Beatles dieses Stück trotz ihrer Abneigung auf ein höheres Niveau hoben, wovon später Gerry and the Pacemakers profitierten, die das Arrangement der Beatles übernahmen.

Daß McCartney »Love Me Do« geschrieben hat, wird von Lennon auf S. 129 der *Playboy Interviews* bestätigt. George Martins Mangel an Begeisterung für diesen Song kommt in seinem 1992 gedrehten Dokumentarfilm *The Making of Sgt. Pepper* zum Ausdruck.

Die Schilderung der Aufnahmen von »Love Me Do« und des kommerziellen Erfolges stammen von S. 8, 18, 20 und 22 von *Recording Sessions.* McCartneys Bemerkung, er habe gespürt, daß die Beatles es schaffen würden, findet sich auf S. 34 von Dowldings *Beatlesongs.*

Seite 43: Lennons Aussage, zu »Please Please Me« habe ihn Ray Orbison inspiriert, steht auf S. 142 der *Playboy Interviews.* George Martins Kritik der ursprünglichen Version wird auf S. 20 von *Recording Sessions* zitiert. McCartneys Zitat über Martin stammt von S. 79 von Miles' *The Beatles: In Their Own Words.* Martins Zitat (»Gentlemen, Sie haben soeben ...«) ist seinem Buch *All You Need Is Ears* (S. 130) entnommen.

Das Datum der Veröffentlichung der Single »Please Please Me« und die Plätze, die sie in den Hitparaden erreichte, sind auf S. 27 von Dowldings *Beatlesongs* angegeben. Der gedrängte Terminplan der Beatles ist in Lewisohns *Chronicle* verzeichnet, in dem auf S. 100 die Orte ihrer Auftritte aufgelistet sind. George Martins Bemerkungen über ein Album, das diesem Hit folgen sollte, stehen auf S. 24 von Lewisohns *Chronicle.*

Lennon bezeichnete *Please Please Me* auf S. 161 der *Playboy Interviews* als sein Lieblingsalbum der Beatles. Das Zitat von Norman Smith steht auf S. 24 von Lewisohns *Recording Sessions.*

Die Beschreibung der Marathon-Studioaufnahme für *Please Please Me* sowie die Zitate von Norman Smith und Lewisohn finden sich auf S. 24 und 26 von Lewisohns *Recording Sessions.* Eine Auflistung der verschiedenen Schätzungen, wie lange die Aufnahmen am 11. Februar gedauert haben, bietet Dowldings *Beatlesongs* (S. 18). Hier zeigt sich auch, daß selbst sorgfältige Verfasser irren können. An Lewisohns Angabe, die Aufnahme habe 585 Minuten (also neundreiviertel Stunden) gedauert, kann nicht gezweifelt werden, da sie sich auf die Unterlagen des Studios stützt. Dennoch behauptet Coleman, dessen zweibändige Lennon-Biographie auf einer beeindruckenden Menge von Angaben aus erster Hand basiert, sie habe elf Stunden gedauert, und George Martin, der selbstverständlich persönlich anwesend war, erinnert sich in seiner Autobiographie an dreizehn Stunden.

Seite 46: Lennon erinnerte sich auf S. 140 der *Playboy Interviews,* dieser Disney-Film habe ihn zu »Do You Want To Know a Secret« inspiriert. Wie weit dieser Song in den Hitparaden aufstieg, ist auf S. 37 von Dowldings *Beatlesongs* vermerkt.

Die Beschreibung des Abends im Aufnahmestudio, einschließlich der Zitate, stützt sich auf S. 26 von Lewisohns *Recording Sessions,* mit Ausnahme des Zitats von George Martin (» ... als würde er jemanden zerfleischen«), das seiner Autobiographie (S. 131) entnommen ist.

Seite 46ff.: Das Datum der Veröffentlichung von *Please Please Me* und die Plätze, die das Album in den Hitparaden belegte, finden sich in Lewisohns *Recording Sessions* und in Dowldings *Beatlesongs.* Auf S. 159–160 seiner Autobiographie erinnert sich George Martin an die Weigerung von Capitol Records, das erste Album und die ersten drei Singles der Beatles zu veröffentlichen, mit der Begründung, so etwas werde sich in Amerika nicht verkaufen. Die Rolle, die Vee Jay Records spielte, wird von Martin erwähnt und von Lewisohn auf S. 200–201 seines Buches *Recording Sessions* dokumentiert. Lewisohn listet auch die folgenden Singles auf, die es auf den ersten Platz der Hitparaden schafften.

4. Kapitel:
»Mach Schau!«: Lehrzeit in Hamburg und Liverpool

Seite 50: Über die Ablehnung durch HMV und Columbia berichtet Lewisohn auf S. 16 von *Recording Sessions*, wo er »vertrauliche Briefe aus den Archiven« von EMI zitiert. Aus ihnen geht hervor, daß Angestellte dieser beiden Gesellschaften zwar die Platte (»My Bonnie«) gehört hatten, die die Beatles in Hamburg als Begleitgruppe von Tony Sheridan aufgenommen hatten, jedoch nicht beeindruckt genug gewesen waren, um einen Vorspieltermin zu vereinbaren. Weitere Einzelheiten finden sich auf S. 121 von George Martins Autobiographie *All You Need Is Ears*.

Seite 50f.: Die Rowe zugeschriebene Behauptung, die Zeit für Gitarrengruppen sei vorbei, stammt nicht von Rowe selbst, sondern ist Epsteins Version dessen, was Rowe ihm als Begründung für seine Ablehnung der Beatles sagte; Rowe hat diese Aussage, die auf S. 131 der von den Beatles autorisierten Biographie von Davies steht, jedoch nie dementiert. McCartneys und Lennons Kommentare finden sich auf S. 20 von Miles' *The Beatles: In Their Own Words*. Martins Zitate zu seinem negativen Urteil über die Demo-Platte sind seiner Autobiographie (S. 122) entnommen.

Sowohl die Frage, ob der Termin am 6. Juni ein Probetermin oder ein Aufnahmetermin war, als auch die Lösung dieses Rätsels finden sich auf S. 56 von Lewisohns *The Complete Beatles Chronicle*. Es sei darauf hingewiesen, daß Martin auf S. 27–30 seines Buches *The Summer of Love* eine andere Darstellung gibt und die Vermutung äußert, die Beatles hätten schon im März 1962, drei Monate früher als bisher angenommen, einen Vorspieltermin gehabt. Diese Behauptung untermauert er durch die Aussage, daß er niemals einen Plattenvertrag mit einer Gruppe gemacht hätte, die er nicht vorher kennengelernt habe. Martin geht jedoch nicht auf Lewisohns Feststellung ein, der Vertrag, den man Epstein geschickt hatte, sei kein echtes Angebot gewesen, da er nicht von einem Verantwortlichen von EMI unterschrieben gewesen sei. Wenn es im März 1962 tatsächlich einen Vorspieltermin gegeben hätte, so wäre Lewisohn vermutlich im Verlauf seiner Recherchen für *Chronicle* und *Recording Sessions* auf diese Aufnahme gestoßen, doch er erwähnt sie mit keinem Wort.

Seite 52: Martins Zitat zur »kommerziellen Zukunft« der Beatles steht auf S. 123 seiner Autobiographie.

Daß an jenem Abend vier Songs aufgenommen wurden, von denen nur »Besame Mucho« noch erhalten ist, schreibt Lewisohn auf S. 17 von *Recording Sessions*. Das Band mit der Aufnahme von »Besame Mucho« hat der Verfasser gehört.

Martins Zitat (»Es war Liebe auf den ersten Blick …«) stammt aus seiner Autobiographie (S. 122–123). Das erste Zitat von Smith steht auf S. 17 von *Recording Sessions*, das zweite auf S. 35 von *Beatlesongs*.

Seite 52ff.: Was die Einzelheiten des Vertrags betrifft, so gibt Martin auf S. 123–124 seiner Autobiographie zu, daß die Bedingungen des ersten Plattenvertrags, den die Beatles bekamen, schändlich waren.

Eine Liste der Reisen der Beatles nach Hamburg sowie der Daten und der Anzahl der Stunden, die sie dort auftraten, findet sich in Lewisohns *Chronicle*, insbesondere auf S. 62 und 86.

Lennons Zitat (»In Hamburg schafften wir den Durchbruch«) steht auf S. 93 von Davies' Biographie.

Seite 54f.: McCartneys Zitat (»An der Tür des Clubs …«) ist einem Interview der Zeitschrift *Musician* (August 1980) entnommen, das in voller Länge und ohne die Änderungen, welche die Redaktion vorgenommen hatte, in *Beatlefan*, Jg. II, Nr. 5, abgedruckt ist.

Auf S. IX seiner Biographie spricht Hunter Davies vom »entscheidenden Jahr« der Beatles.

Die Probleme der Quarry Men und wie es dazu kam, daß Harrison in die Gruppe aufgenommen wurde, werden auf S. 13 und 16 von Lewisohns *Chronicle* beschrieben.

Das Datum, an dem Stuart Sutcliffe sich den Beatles anschloß, wird auf S. 18 von Lewisohns *Chronicle* genannt. Auch sein Mangel an musikalischem Können wird dort beschrieben, wie auch auf S. 187 von Colemans *Lennon* und S. 162 von Shottons und Schaffners *John Lennon In My Life*. Sowohl Shotton und Schaffner als auch Lewisohn merken an, daß Sutcliffe sich seine Baßgitarre mit den 65 Pfund kaufte, die er im Januar erhalten hatte, als ein örtlicher Sammler eines seiner Bilder gekauft hatte. Shotton sah in Lennons Drängen, Sutcliffe solle sich den Beatles anschließen, einen weiteren Beweis für dessen Wunsch, Freunde zu musikalischen Partnern zu machen: »John lag die Musik so sehr im Blut, daß er gar nicht auf den Gedanken kam, es könnte bei *irgend jemandem*, der ihm nahestand, anders sein.«

Das Zitat (»Bei uns kommt der Rhythmus von den Gitarren«) stammt aus dem Interview, das McCartney im August 1980 der Zeitschrift *Musician* gab, in der in *Beatlefan*, Jg. II, Nr. 5, abgedruckten Version. Lewisohn beschreibt die Schottland-Tournee und die Zeit danach detailliert auf S. 18–22 im *Chronicle*.

Auf S. 18ff. des *Chronicle* verfolgt Lewisohn die Entwicklung der Namen, die die Beatles sich gaben, anhand von Handzetteln, Verträgen, Zeitungsmeldungen usw. und zitiert Sutcliffs Brief von 1960, der auf S. 18 abgedruckt ist. Lewisohn merkt an, daß Lennon, McCartney, Harrison und die anderen Mitglieder der Band sich Ende 1959 für kurze Zeit Johnny and the Moondogs nannten, diesen Namen jedoch bald wieder verwarfen, und daß Lennon und McCartney zweimal – am 23. und 24. April 1960 – als Duo unter dem Namen The Jerk Twins auftraten. Lewisohns Recherchen haben ergeben, daß sich der Name Beatles erst bei ihrem ersten Aufenthalt in Hamburg fand. Die Rollen, die Sutcliffe und Lennon bei der Wahl dieses Namens gespielt haben, werden unter anderem auf S. LXVII von Davies' Biographie, auf S. 195–196 von Colemans *Lennon* und auf S. 63 von Shottons und Schaffners *John Lennon In My Life* erörtert. Von allen Autoren wird Lennons Interesse für das Wort »beat« erwähnt. Daß es seine Absicht gewesen sein könnte, die Worte »beatnik« und »rock 'n' roll beat« mitschwingen zu lassen, ist Spekulation des Verfassers.

Seite 56 f.: Die Information über Alan Williams und Pete Best stützt sich auf Lewisohns *Chronicle* (S. 21–22).

Der *Chronicle* ist die beste Quelle für die Daten, an denen die Beatles in verschiedenen Hamburger Clubs auftraten. Die Atmosphäre an der Reeperbahn wird am besten in den Kapiteln 11, 12 und 14 von Davies' Biographie sowie auf S. 107–129 von Normans *Shout!* wiedergegeben. Harrisons Bemerkung über die britischen Marinesoldaten findet sich auf S. 132 von Guilianos *Darke Horse*; Lennons Zitat (»Ich hab noch nie solche Killer gesehen«) stammt von S. 80 von Davies' Biographie.

Seite 56 ff.: Auf S. 53–56 seines Buches *Beatle! The Pete Best Story* erinnert Best sich an die Groupie-Szene in Hamburg. Lennon wird auf S. 38 von *Blackbird* zitiert. Wie Lennon versuchte auch McCartney ein paar der wilderen Geschichten aus der Hamburger Zeit herunterzuspielen, wie zum Beispiel die Behauptung, einmal habe Lennon vom Dach des Hauses auf eine Gruppe von Nonnen gepinkelt, die auf dem Bürgersteig vorbeigingen. Er erzählte dem Lennon-Biographen Ray Coleman, Lennon habe tatsächlich einmal »über die Kante gepinkelt«, aber da sei die Straße leer gewesen. Es handle sich, so McCartney, um eine Verwechslung mit einem anderen Ereignis: Einmal hätten sie ein paar Nonnen etwas hinuntergerufen. »Die beiden Geschichten sind miteinander vermischt worden, und dabei ist diese unerhörte Geschichte herausgekommen, daß John ein paar Nonnen vollgepinkelt hat. Dabei war es in Wirklichkeit ganz anders«, sagt McCartney auf S. 258 von Colemans Buch.

Laut Lewisohns *Chronicle* (S. 21) kam der Protest in Form eines Briefes von der Band Derry and the Seniors; auf S. 25 findet sich eine Schilderung des Auftritts im Litherland Town Hall Ballroom. Siehe auch Davies' Biographie, insbesondere S. 92–93.

Seite 57 ff.: Die Daten der Auftritte der Beatles nach dem Auftritt im Litherland Town Hall Ballroom und aus der Anfangszeit im Cavern Club stammen aus Lewisohns *Chronicle* (insbesondere S. 30–51).

Zumindest Lennon setzte, nach Aussage von Pete Shotton, die sexuellen Eskapaden, an die sich die Beatles in Hamburg gewöhnt hatten, auch in der Zeit fort, in der sie im Cavern Club auftraten. Auf S. 69 seines Buches schreibt Shotton: »Die Begeisterung von Johns vorwiegend weiblichem Publikum ließ sich oft besonders gut umsetzen.« Er merkt an, daß »die Mädchen im Cavern Club meist zu zweit kamen« und Lennon immer darauf achtete, daß die Mädchen, mit denen sie den Club verließen, nicht nur ihm selbst, sondern auch Shotton gefielen. »Oft genug teilten diese Mädchen sich nicht nur die Wohnung, sondern auch ein Doppelbett, und in dem kugelten wir dann glücklich und ausgelassen herum und vervögelten den Nachmittag.«

Seite 59: Harrisons Zitat (»Wir spielten für unsere Fans ...«) steht auf S. 99 von Davies' Biographie.

Auf S. 39 des *Chronicle* betont Lewisohn, daß die *wahrscheinlichen* Daten der Aufnahmen mit Tony Sheridan der 22. und 23. Juni 1961 sind, merkt jedoch an, daß die Informationen über diese Aufnahmen unklar und widersprüchlich sind. Diese Aufnahmen sind auf einer CD erschienen, die der Verfasser gehört hat.

Der Wortlaut von Epsteins Telegram findet sich auf S. 56 von Lewisohns *Chronicle*.

George Martins erste Verhandlungen mit Epstein und seine Reaktion auf die Beatles werden auf S. 120–124 seiner Autobiographie eingehend beschrieben.

Auf S. 71 seines Buches *John Lennon In My Life* erinnert sich Pete Shotton daran, daß Pete Best beim Publikum des Cavern Clubs sehr beliebt war. Dies und der Hergang der Geschichte wird auf S. 137–140 von Davies' Biographie bestätigt, ebenso wie auf S. 371 McCartneys Zitat (»Das ist doch Quatsch«). Siehe auch Bests eigene Schilderung auf S. 165–176 seines Buches, die im großen und ganzen auch mit anderen Aussagen übereinstimmt. McCartneys Zitat (»Wir waren das durchgeknallte Trio ...«) steht auf S. 6 der *Recording Sessions*.

Als Lennon von Epstein erfuhr, daß Martin für die Studioaufnahmen einen anderen Schlagzeuger wollte, sah er die Gelegenheit, Best loszuwerden, auf die er und die anderen gewartet hatten. »Na gut«, sagte er zu Epstein, »aber du sagst Pete, daß er draußen ist, und ich spreche mit Ringo.« Später war Lennon der einzige, der zugab, daß er und die anderen Beatles sich schoflig und gemein verhalten hatten. »Wir waren Feiglinge«, sagte er zu ihrer Entscheidung, die schmutzige Arbeit Epstein zu überlassen. Der Manager der Beatles bezeichnete Bests Entlassung als »das erste wirkliche Problem«. Siehe auch S. 140 von Davies' Biographie.

Seite 60f.: Bests Ärger darüber, daß man ihn nicht gut genug fand, und seine Gekränktheit, weil er beim Aufstieg zum großen Erfolg nicht dabei war, kommen auf S. XXXV–XXXVI von Davies' Biographie sowie auf S. 165–176 seines eigenen Buches *Beatle!* zum Ausdruck.

George Martins Zitat (»Ich war ihre letzte Chance«) stammt von S. 124 seiner Autobiographie.

Der Plan, bei Philips vorzusprechen, falls Martin die Beatles ablehnen sollte, wird auf S. 16 der *Recording Sessions* erwähnt.

Auf S. 70 von *Lennon Remembers* bestätigt Lennon, die Beatles hätten »größer rauskommen wollen als Elvis«. Das Zitat (»Noch bevor irgend jemand in Hamburg und Liverpool ...«) steht auf S. 60 der *Playboy Interviews*.

5. Kapitel: »Wo die Musik hin mußte« (With the Beatles)

Seite 63: Das Lennon-Zitat (» ... Gott der Allmächtige«) steht auf S. 165 der *Playboy Interviews*. Die Bemerkung über »die beste Band der Welt« steht auf S. 60. Im selben Interview gebrauchte er sechsmal den Ausdruck »Mist« (oder »Müll«) für die Songs, die er allein oder mit Paul McCartney für die Beatles geschrieben hatte. Die Behauptung, sie hätten »Little Child« nur »herausgehauen«, stammt aus einem Interview mit der Zeitschrift *Hit Parader* aus dem Jahr 1972, zitiert in Dowldings *Beatlesongs*, S. 51; die Bemerkung zu »Tell Me Why« steht auf S. 164 der *Playboy Interviews*. Der Vergleich mit Buddy Holly steht auf S. 129.

McCartneys Bemerkung über »Arbeitssongs« steht auf S. 10 der *Recording Sessions*. Das Zitat »Man hatte von Big Bill Broonzy ...« stammt aus einem Interview auf einem privaten Video mit Material über die Beatles, das der Verfasser gesehen hat. Das Zitat »Wenn die Beatles je irgend etwas wollten ...« steht auf S. 7 der *Recording Sessions*.

Seite 64 f.: Das Zitat von Bob Dylan in Colorado stammt aus Anthony Scadutos Buch *Bob Dylan* (Abacus, London o. J.), S. 203–204.

Das McCartney-Zitat (»Deshalb richteten sich viele unserer Songs ...«) steht auf S. 9 der *Recording Sessions*, sein Zitat über den Wechsel zu g-Moll steht auf S. 10.

Datum und Ort der Entstehung von »She Loves You« werden in Lewisohns *Chronicle*, S. 14, angegeben. McCartney erinnert sich auf S. 10 der *Recording Sessions* daran, daß dieser Song auf einem Doppelbett geschrieben wurde.

Das Zitat von Norman Smith steht auf S. 32 der *Recording Sessions*.

Lennons Zitat »Das war der Catcher, die Zeile, der Sound« stammt aus den *Playboy Interviews*, S. 118.

Seite 67: Daß Lennon und McCartney zu dieser Zeit auch allein Songs geschrieben hatten, ist zum Beispiel durch Lennons Aussage belegt, »Please Please Me« sei »ganz und gar mein Song« gewesen (*Playboy Interviews*, S. 142). Auf S. 12 von Lewisohns *Recording Sessions* sagt McCartney dasselbe über »I'll Follow The Sun«, einen Song, den er mit sechzehn Jahren geschrieben hatte.

McCartneys Eingeständnis, »She Loves You« sei von ihnen beiden gemeinsam geschrieben worden, steht auf S. 10 der *Recording Sessions*. Lennon bestätigte das auf S. 143 der *Playboy Interviews*.

Das Lennon-Interview 1971 war für den *Rolling Stone*. Das Zitat steht auf S. 124 von *Lennon Remembers*. Seine Erinnerungen an die Entstehung von »I Want To Hold Your Hand« stehen auf S. 117 der *Playboy Interviews*.

Zur mangelnden Direktheit der deutschen Version von »I Want To Hold Your Hand«: George Martin und die Beatles hatten beschlossen, auf die bereits existierenden Rhythmusspuren der englischen Version lediglich eine neue Gesangsspur zu legen. Es mußten also die Rhythmusspuren von vier auf zwei Spuren »heruntergemischt« werden, so daß Raum für den deutschen Gesang geschaffen wurde. Bei »She Loves You« kam es nicht zu einem solchen Verlust an Soundpräzision, weil die Beatles erst eine ganz neue Instrumentalaufnahme machten, bevor sie den deutschen Gesang darüberlegten. Für weitere Details siehe Lewisohn, *Recording Sessions*, S. 38.

Seite 69: Für das Dylan-Zitat siehe Scaduto, *Bob Dylan*, op. cit. Rileys Bemerkung steht auf S. 63 von *Tell Me Why*. George Martin kommentiert den mehrstimmigen Gesang der Beatles auf S. 36 der *Recording Sessions*.

Lennons Bemerkungen über »This Boy« stehen auf den S. 117 und 163 der *Playboy Interviews*. McCartneys Zitat steht auf S. 10 der *Recording Sessions*; auf S. 36 desselben Werks wird der 17. Oktober 1963 als Aufnahmetermin für »This Boy« und »I Want To Hold Your Hand« genannt.

Die Verkaufszahlen von »I Want To Hold Your Hand« und die Plätze, die dieser Song in den Hitparaden erreichte, sind auf S. 136 von Lewisohns *Chronicle* und auf S. 37 der *Recording Sessions* sowie auf S. 59 von Dowldings *Beatlesongs* verzeichnet.

Der Geschäftsplan, den George Martin und Brian Epstein ausgearbeitet hatten, wird in einem Zitat von Martin auf S. 28 der *Recording Sessions* erläutert.

Die Termine der Beatles 1963 sind in Lewisohns *Chronicle*, S. 88–135, dokumentiert.

Seite 71: Derek Taylors Zitat stammt aus einem Interview, das der Verfasser mit ihm geführt hat. McCartneys Zitat über die Baumwollsocken findet sich auf S. 10 der *Recording Sessions*.

Seite 72: Die Akkordmuster von »It Won't Be Long« sind in dem Songbook *The Complete Beatles*, Hal Leonard Publishing Corporation, Milwaukee 1988, Bd. 2, S. 4–7, wiedergegeben.

McCartneys Erinnerungen an die Entstehung von »All My Loving« finden sich auf S. 10 der *Recording Sessions*. Lennons Bemerkung steht auf S. 145 der *Playboy Interviews*.

Wie wenig begeistert Lennon und McCartney von »Little Child« und »Hold Me Tight« waren, ist bereits erwähnt worden. Über »All I've Got To Do« sagte Lennon (auf S. 163 der *Playboy Interviews*) nur: »Da wollte ich wiedermal Smokey Robinson sein.« Auf S. 145 tat er »I Wanna Be Your Man« als »Abfallprodukt« ab und bemerkte, der Song sei aus einem Melodiestück entstanden, das McCartney verworfen hatte. Als die Beatles zum erstenmal mit den Rolling Stones zusammenkamen, spielten Lennon und McCartney ihnen das unfertige Stück vor. Als die Stones sagten, das Stück passe zu ihrem Stil, zogen Lennon und McCartney sich in eine Ecke zurück und schrieben es vor den Augen der Stones zu Ende, was – laut Lennon – Mick Jagger und Keith Richards dazu inspirierte, ebenfalls eigene Stücke zu schreiben. »I Wanna Be Your Man« war der erste Song, den die Stones aufnahmen, aber die Tatsache, daß Lennon und McCartney ihn verschenkt hatten, zeigt, wie Lennon sagte, »wieviel Bedeutung wir ihm beimaßen: Wir wollten denen doch nichts *wirklich* Gutes geben«.

In seiner Autobiographie *I Me Mine* schreibt Harrison, »Don't Bother Me« sei

»mein erster Song gewesen – eine Übung, um zu sehen, ob ich tatsächlich Songs schreiben konnte«. Er habe damals krank im Bett gelegen und später das Gefühl gehabt, daß es »kein ausgesprochen gutes Stück« gewesen sei, aber immerhin habe es ihn davon überzeugt, daß er, wenn er weiterhin daran arbeitete, »irgendwann einmal etwas Gutes schreiben« werde.

Seite 73f.: Die Erscheinungsdaten von »I Want To Hold Your Hand«, *Please Please Me* und *With The Beatles* sind in Dowldings *Beatlesongs*, S. 47–59, dokumentiert.

Das Datum der Royal Variety Performance sowie eine Liste der bei diesem Auftritt gespielten Songs findet sich in Lewisohns *Chronicle*, S. 127–128. Das war, wie man weiß, der Auftritt, bei dem Lennon das Publikum mit der Bitte begeisterte: »Bei unserem letzten Stück brauchen wir ein bißchen Hilfe. Würden die Leute auf den billigen Sitzen bitte mitklatschen – die anderen können ja mit ihrem Schmuck klimpern.« Die Reaktion war freundliches Gelächter und Applaus, und Brian Epstein, der Manager der Beatles, war sehr erleichtert, denn vor dem Auftritt hatte Lennon gedroht, er werde den Leuten sagen, »sie sollen mit ihrem Scheiß-Schmuck klappern«.

Ausführliche Auszüge aus dem Artikel der Londoner *Times* finden sich in Nicholas Schaffners *The Beatles Forever*, S. 23.

Seite 74f.: Lennons Bemerkung über die Akkorde in »Not a Second Time« steht auf S. 79 von Miles' *The Beatles: In Their Own Words*. Das Zitat über die exotischen Vögel findet sich auf S. 74 des *Playboy Interviews*.

Der Artikel der Londoner *Sunday Times* vom 29. Dezember 1963 wird auf S. 188 von Davies' Biographie *The Beatles* zitiert.

Alexander Kendrick wird auf S. 129 von Lewisohns *Chronicle* zitiert.

Das Dylan-Zitat stammt aus Scadutos *Bob Dylan*, S. 203–204.

6. Kapitel:
Das Leben mit Brian: Der Manager Brian Epstein

Seite 77: Das Nachttopf-Foto ist in Davies' Biographie abgedruckt. Die Bildunterschrift, die besagt, das Essen habe im Januar 1963 stattgefunden, ist falsch.

Epsteins geschäftliche Ungeschicklichkeit und die Auswirkungen, die das auf sein Verhältnis zu den Beatles hatte, werden in diesem Kapitel noch im einzelnen erörtert. Das Zitat von George Martin stammt von dem Video *The Complete Beatles*. Das Lennon-Zitat stammt von S. 32 von Miles' *The Beatles: In Their Own Words*.

Seite 79: Epsteins Eindruck vom Cavern Club und seine Reaktion auf den Vorfall in seinem Laden sind der Biographie von Davies, S. 124–129, entnommen. Das Harrison-Zitat steht im selben Werk auf S. 125.

Epsteins »Hobby«-Zitat findet sich auf S. 125 von Davies' Biographie.

Es gibt einige Bücher, in denen behauptet wird, das Motiv für seine geschäftliche Verbindung mit den Beatles sei Epsteins Homosexualität gewesen: Peter Brown und Steven Gaines: *The Love You Make*, S. 60–61; Philip Norman: *Shout!*, S. 171; am sensationslüsternsten ist die Darstellung von Albert Goldman in *Lives*, S. 110–116 und 139–142.

Lennons Bemerkung, Epstein sei in ihn verliebt gewesen, findet sich auf S. 76 der *Playboy Interviews*. Pete Shotton schildert die Episode zwischen Lennon und Epstein auf S. 73 seines Buches *John Lennon In My Life*. Ray Colemans Bemerkung findet sich auf S. 245 seiner Biographie *Lennon*.

Die Gründe, warum die Beatles sich von Alan Williams trennten und die Termine ihrer Auftritte selbst aushandelten, werden auf S. 30–32 von Lewisohns *Chronicle* behandelt. Eigentlich erledigten Pete Best und seine Mutter Mona die Hauptarbeit. Sie verfügten über die nötige Erfahrung, weil Petes Vater als Impresario tätig war. Das Zerwürfnis mit Alan Williams rührte von der Weigerung der Beatles, ihm bei ihrem zweiten Aufenthalt in Hamburg für ihre Auftritte im Top Ten Club eine Beteiligung zu bezahlen. Da sie den Vertrag selbst ausgehandelt hatten, waren sie offenbar der Meinung, Williams habe keine Bezahlung verdient. Dieser sah das natürlich ganz anders und wies die Beatles in einem scharf formulierten Brief, der im *Chronicle* abgedruckt ist, darauf hin, sie hätten »Hamburg nicht einmal von weitem gesehen, wenn ich nicht die nötigen Kontakte hergestellt hätte«. Außerdem drohte er ihnen, er werde dafür sorgen, daß sie ausgewiesen werden würden. McCartneys Vater war übrigens ebenfalls der Meinung, daß die Beatles in ihrem Streit mit Williams »im Unrecht« waren; ein Brief an seinen Sohn ist auf S. 39 des Konzertprogramms von McCartneys World Tour 1989 abgedruckt.

Seite 78 ff.: Die Änderungen, die Epstein bei der Organisation der Geschäfte vornahm, sind ausführlich erörtert worden. Siehe insbesondere S. 128–129 von Davies' Biographie und S. 247–250 von Colemans *Lennon*.

Epsteins Zitat (»Wenn man den Leuten etwas Nettes zeigt …«) findet sich auf S. 115 von Davies' Biographie; das zweite Zitat (»Ich habe sie nicht verändert«) steht auf S. 129.

Seite 81 f.: Daß Lennon gegen Epsteins Änderungswünsche rebellierte, wird in Colemans *Lennon*, S. 247–250, vermerkt.

Die Vorbereitungen für den Vorspieltermin bei Decca werden in Davies' Biographie auf S. 130–132 beschrieben. Die fünfzehn Songs, die die Beatles an jenem Tag, dem 1. Januar 1962, spielten, sind auf S. 63 von Lewisohns *Chronicle* angegeben. Lennons Wut auf Epstein wird auf S. 59 des *Chronicle* und ausführlicher auf S. 299 von Colemans *Lennon* geschildert.

Seite 82: Epsteins großspurige Behauptung, die Beatles würden »größer rauskommen als Elvis«, ist auf S. 131 von Davies' Biographie wiedergegeben. Eine umfassende Liste der Auftritte der Beatles steht in Lewisohns *Chronicle*. Das am häufigsten angegebene Datum für den Beginn der »Beatlemania« ist der 13. Oktober 1963. An diesem Tag traten die Beatles im Londoner Palladium auf; allerdings stellt Lewisohn auf S. 88 des *Chronicle* fest, daß »aus der Berichterstattung der örtlichen Zeitungen [hervorgeht], daß die durch die Beatles ausgelöste Hysterie eindeutig schon im späten Frühjahr begonnen hatte, etwa sechs Monate, bevor man durch die überregionalen Londoner Zeitungen landesweit darauf aufmerksam wurde«.

Die drei Auftritte der Beatles in der *Ed Sullivan Show* fanden am 9., 16. und 23. Februar 1964 statt. Die Einschaltquote und andere Einzelheiten finden sich auf S. 144–147 von Lewisohns *Chronicle*. Auf S. 257–258 von *Shout!* schreibt Philip Norman, Sullivan habe die »Beatlemania« aus eigener Anschauung gekannt. Die Beatles hätten 3500 Dollar für jeden Auftritt und zusätzlich 3000 Dollar für die Rechte an dem Mitschnitt erhalten, und er zitiert den Produzenten der Show mit den Worten: »Selbst für eine unbekannte Gruppe war das das mindeste.«

Seite 83: George Martins Zitat (»Er liebte die wilde Hektik des Geschäftslebens …«) stammt von S. 6 seines Buches *The Summer of Love*. Lennons Zitat (»Am Anfang hat Brian …«) findet sich auf S. 32 von Miles' *The Beatles: In Their Own Words*. Pete Shottons Bemerkungen stehen auf S. 71 und 116 seines Buchs *John Lennon In My Life*.

Die Verhandlungen zu *A Hard Day's Night* werden auf S. 121 von Peter Browns *The Love You Make* und auf S. 248 von Normans *Shout!* beschrieben.

Die Abmachung bezüglich der Merchandising-Rechte wird auf S. 334–335 von Goldmans *Lives* und eingehender auf S. 260–264, 285–287 und 315–316 von Normans *Shout!* behandelt. Brian Epsteins Überschreibung von zehn Prozent seiner Firma NEMS an die Beatles wird von seinem Finanzberater Dr. Walter Strach in *Shout!* bestätigt. Weitere Einzelheiten dazu finden sich auf S. 253 von Davies' Biographie, in der auch steht, daß von den zehntausend Anteilen im Wert von je einem Pfund Brian siebentausend, seinem Bruder Clive zweitausend und den Beatles je zweihundertfünfzig gehörten. Auf S. 149 von *The Love You Make* beziffert Peter Brown den Verlust auf 100 Millionen Dollar.

McCartneys Zitat (»Wir wurden um Millionen betrogen …«) stammt aus der Biographie von Davies, S. 371.

Epsteins schwieriges Verhältnis zu McCartney wird auf S. 224 von Davies' Biographie und auf S. 306–309 von Colemans *Lennon* erwähnt. Lennons gutes Verhältnis zu Epstein wurde von Lennon selbst bestätigt, und zwar auf S. 32 von Miles' *The Beatles: In Their Own Words*. Seine scharfen Erwiderungen an Epstein werden auf S. 298–299 von *Lennon* und S. 348 von Normans *Shout!* zitiert.

Derek Taylors Zitat zur ersten Pressekonferenz stammt aus Normans *Shout!*, S. 313.

Seite 86 f.: Daß Epstein ein unsicherer und unglücklicher Mensch war, wird von Taylor in seinem Interview auf dem Video *Yesterday* bestätigt, ebenso von Martin in seiner Autobiographie, S. 174–178, von Brown in Davies' Biographie, S. 221, sowie in seinem eigenen Buch *The Love You Make*, insbesondere auf S. 38, 174–175 und 219–221.

Der Flug der Beatles von New Delhi nach London, auf dem Epstein Nesselausschlag bekam, ist auf S. 189–190 von Browns Buch beschrieben. Brown behauptet auf S. 194–197, Epstein sei beim letzten Konzert der Beatles in San Francisco nicht dabeigewesen. Er habe einen Anfall von Depression gehabt, weil er von einem Strichjungen, mit dem er eine lange und unglückliche sexuelle Beziehung gehabt habe, bestohlen und erpreßt worden sei. Laut Brown war auch Nat Weiss von diesem Jungen bestohlen worden, obwohl er keine Beziehung zu ihm gehabt und Epstein dringend geraten habe, sich von ihm fernzuhalten.

Weiss' Aussage, Epstein habe »mitleiderregend« ausgesehen, findet sich auf S. 211 von Davies' Biographie. Auf S. 197–198 seines Buchs gibt Brown einen Augenzeugenbericht von Epsteins Selbstmordversuch.

In Goldmans *Lives* und in anderen Werken wird als Datum, an dem der erste ordnungsgemäße Managementvertrag zwischen Epstein und den Beatles unterzeichnet wurde, der 9. Oktober 1962 genannt. Die Beatles hatten am 24. Januar 1962 eine Vereinbarung mit Epstein getroffen, die jedoch nicht bindend war, da McCartney und Harrison noch nicht volljährig waren und Epstein diesen Vertrag nicht unterschrieben hatte, weil er nicht wollte, daß »die Jungs« sich an ihn gebunden fühlten, bevor er sie produziert hatte. Zu weiteren Einzelheiten siehe Davies, S. 126–127.

Daß die Beatles mit der Art, wie Epstein ihren ersten Vertrag mit EMI behandelte, unzufrieden waren, wird von George Martin in seiner Autobiographie, S. 177–178, und von Brown, S. 225–226, bestätigt. Brown fügt hinzu, McCartney habe, als er später gefragt wurde, welchen Augenblick in der Beziehung zu Epstein er am meisten bedaure, geantwortet, das sei der Wortwechsel, in dessen Verlauf er in Anwesenheit der anderen Beatles zu Epstein gesagt habe: »Klein hat für die Stones eineinviertel Millionen rausgeholt, oder? Und was ist mit uns?«

Auf S. 123–124 und 177 seiner Autobiographie bestätigt George Martin, daß die Bedingungen des ersten EMI-Vertrags für die Beatles schändlich ungünstig waren; das amerikanische Äquivalent hierzu findet sich in Goldmans *Lives*, S. 331–332. Über Epsteins Unvermögen, sogleich neue Verhandlungen über diesen Vertrag zu beginnen, sowie über das Datum und die Bedingungen des neuen Vertrags vom November 1966 berichten Brown in *The Love You Make*, S. 224–226, und Goldman in *Lives*, S. 331–332.

Daß Epstein eine Klausel einfügte, nach der ihm über seine Gesellschaft NEMS auch weiterhin EMI-Tantiemen zuflossen, wird auf S. 226 von Browns *The Love You Make* berichtet.

Seite 87 f.: Epsteins Aufputsch- und Schlafmittelsucht ist ausführlich belegt. Siehe hierzu besonderes S. 224–225 von Davies' Biographie, S. 177 von George Martins Autobiographie und S. 114, 164, 174, 196–198, 212–213 und 244 von *The Love You Make*. Lennons Besorgnis darüber und über das Band, das Epstein ihm geschickt hatte, werden auf S. 142 von Shottons Buch beschrieben.

Die Umstände von Brian Epsteins Tod und das Ergebnis der amtlichen Untersuchung sind auf S. 244–248 von Browns *The Love You Make* und auf

S. 216–226 von Davies' Biographie dokumentiert. Davies' Zitat (»Für mein Gefühl war es Selbstmord …«) findet sich auf S. 1 seiner Biographie. Martins Zitat steht auf S. 178 seiner Autobiographie.

Lennons und Harrisons Reaktion ist in *The Compleat Beatles* nachzulesen. Lennons vertrauliche Bemerkung zu Shotton steht auf S. 143 von Shottons Buch, die zu Coleman auf S. 430–432 von Colemans *Lennon*. Lennons Aussage, für die Beatles sei es nach Epsteins Tod schwierig geworden, findet sich auf S. 52 von *Lennon Remembers*.

7. Kapitel: »Ich habe einen komischen Akkord gehört« (A Hard Day's Night)

Seite 90: Lennons Bemerkung, er habe Songs geschaffen, »ohne überhaupt zu merken, wie es passierte«, steht auf S. 120 von *Playboy Interviews*.

Daß es Ringo gewesen war, der gesagt hatte: »Es war die Nacht eines schweren Tages« wird von vielen Quellen berichtet, darunter auch von Lewisohn in *Recording Sessions*, S. 43. Auf S. 148 der *Playboy Interviews* bezeichnete Lennon diese Bemerkung als »einen echten Ringoismus: Er hatte es gar nicht witzig gemeint – er hatte es bloß so gesagt«. Das Eigenartige an diesem Ringoismus war, wie Lennon erklärte, daß er selbst denselben Ausdruck schon einige Monate zuvor verwendet hatte, als er *In His Own Write*, ein Buch voller Nonsense-Prosa, geschrieben hatte. Dort heißt es auf S. 37: »He'd had a hard day's night that day, for Michael was a Cocky Watchtower.« Ringo könnte den Satz natürlich gelesen und sich später aus dem Unterbewußtsein heraus daran erinnert haben, doch da Ringo nie ein großer Leser gewesen ist, erscheint das unwahrscheinlich.

Wie es dazu kam, daß man Starrs Satz als Titel für den Film übernahm, ist auf S. 345 von Colemans *Lennon* vermerkt.

Auf S. 148 der *Playboy Interviews* erinnert Lennon sich daran, daß er den fertigen Song am nächsten Morgen mitbrachte.

Daß die Beatles den Song »A Hard Day's Night« in neun Takes aufnahmen, wird auf S. 43 der *Recording Sessions* berichtet. Die Beschreibung der Atmosphäre und der Gespräche im Studio basiert auf den Originalbändern, die der Verfasser gehört hat.

Seite 92 f.: Auf S. 43 von *Twilight of the Gods: The Music of the Beatles* schreibt Wilfrid Mellers, daß »der Eröffnungsakkord ein Dominantnonakkord von F-Dur« ist, während Tim Riley auf S. 99 von *Tell Me Why* schreibt, der Akkord sei »G 7 mit hinzugefügter None und vorgehaltener Quart«.

Die Beatles rauchten erst im August 1964 zum erstenmal Marihuana (siehe 14. Kapitel).

Martins Bemerkung über *A Hard Day's Night* und die zweite Ära der Beatles-Musik findet sich auf S. 132 seiner Autobiographie.

S. 36 der *Recording Sessions* ist zu entnehmen, daß die Beatles für die Aufnahme von »I Want To Hold Your Hand« am 17. Oktober 1963 zum erstenmal ein Vierspurgerät benutzten.

Es erübrigt sich zu sagen, daß das Urteil über die Qualität der Kompositionen der Beatles das des Verfassers ist.

Das Erscheinungsdatum der EP *Long Tall Sally* sowie die Daten der Reisen nach Amerika und in andere Länder sind Lewisohns *Chronicle* (S. 136–165) entnommen.

Daß Lennon der Autor von zehn der dreizehn Songs auf *A Hard Day's Night* war, ist am knappsten auf S. 67–79 von Dowldings *Beatlemania* belegt. Dowldings Darstellung basiert auf Aussagen von Lennon und McCartney, die er aus verschiedenen Quellen, insbesondere Lennons Interview mit dem *Playboy*, zusammengesucht hat.

Es ist verschiedentlich gesagt worden, die Songs auf *A Hard Day's Night* seien im Januar 1964 auf einem gemieteten Flügel im Hotel George V. in Paris komponiert worden. Diese Behauptung gründet sich auf den von Tony Barrow, dem Pressesprecher der Beatles, verfaßten Text auf der Plattenhülle. Weder Lennon noch McCartney haben später erwähnt, sie hätten in diesem Hotel Songs geschrieben, obgleich sie (wie Lennons Geschichte über das Stück »A Hard Day's Night« beweist) andere Orte sehr wohl genannt haben.

Seite 95f.: Auf S. 164 und 140 der *Playboy Interviews* beschreibt Lennon, wie er »I'm Happy Just To Dance With You« schrieb. Seine Bemerkungen über »And I Love Her« stammen von S. 146. Daß Ringo statt des üblichen Schlagzeugs Bongos spielte, steht auf S. 140 der *Recording Sessions*, wo auf S. 39 auch angemerkt wird, die ersten zwei Takes dieses Songs seien »viel schwerfälliger gewesen als die Endfassung, mit einem anderen Gitarrenintro ... und einem Gitarrensolo im Mittelteil«. McCartneys Bemerkung über »And I Love Her« stammt aus dem Interview mit dem *Playboy*, das er im Dezember 1984 gab.

Lennons abfällige Bemerkung über »Tell Me Why« steht auf S. 160 der *Playboy Interviews*.

Die Aufnahme von »Can't Buy Me Love« am 29. Januar 1964 wird auf S. 38 der *Recording Sessions* beschrieben. George Martins Kommentar steht auf S. 133 seiner Autobiographie. Die Passage über die ersten Takes dieses Songs basieren auf den Originalbändern, die der Verfasser gehört hat.

Das Erscheinungsdatum und die Verkaufszahlen von »Can't Buy Me Love« sind auf S. 43 der *Recording Sessions* dokumentiert.

Das Zitat von Mellers steht auf S. 47 von *Twilight of the Gods*. Das Lennon-Zitat steht auf S. 164 der *Playboy Interviews*.

Welche Plätze die Single und das Album »A Hard Day's Night« auf den Hitparaden belegten, ist auf S. 66–67 von Dowldings *Beatlesongs* verzeichnet. Daß die englische und die amerikanische Fassung von *A Hard Day's Night* voneinander abwichen, ist auf S. 200–201 der *Recording Sessions* dokumentiert.

Seite 97f.: Die Dreharbeiten zu *A Hard Day's Night* – sie begannen am 2. März

1964 und endeten am 24. April 1964 – sind auf S. 149–158 der *Recording Sessions* beschrieben.

Lennons Bemerkung in Paris wird nach S. 54 von Miles' *The Beatles: In Their Own Words* zitiert. Ringos Bemerkung über die Fanpost steht auf S. 47 desselben Werkes.

Harrisons Zitat (»Der Ruhm macht Beziehungen schwierig«) stammt aus einem Interview, das Mitte der achtziger Jahre im *Hollywood Reporter* erschien und auf S. 185 von Geoffrey Guilianos Harrison-Biographie *Dark Horse* abgedruckt ist.

Daß dem Konzept des Films eine Bemerkung Lennons über die Tournee durch Schweden zugrunde lag, schreibt Coleman auf S. 344 von *Lennon*. Der ursprüngliche Arbeitstitel des Films lautete, wie Brown und Gaines auf S. 120 von *The Love You Make* anmerken, *Beatlemania*.

Seite 99: Lennons Beschwerde, die Persönlichkeiten der einzelnen Beatles seien in *A Hard Day's Night* verzerrt dargestellt worden, stammt aus *The Beatles in Richard Lester's »A Hard Day's Night«*, herausgegeben von J. Philip Di Franco (Chelsea House, New York 1977), S. 107, zitiert nach Jon Wieners *Come Together*, S. 29. Lennon gab jedoch zu, daß der Film so erfolgreich war, »weil wir so waren, wie wir waren«. Dieselbe Passage enthält auch ein wichtiges Zitat von McCartney, die ein weiterer Beleg für die These des Autors ist, nach der die Karikaturen in diesem Film mehr richtige als falsche Darstellungen enthielten. Denselben Eindruck vermittelt George Martin auf S. 161 und 166 seiner Autobiographie *All You Need is Ears*.

Auf S. 46 der *Recording Sessions* wird festgestellt, die Beatles hätten vorher schon vier EPs veröffentlicht, doch sei *Long Tall Sally* die erste EP gewesen, die ausschließlich neues Material enthalten habe: Lennons »I Call Your Name« sowie Cover-Versionen von drei amerikanischen Songs, die die Beatles bei Konzerten spielten. Lewisohn schreibt auch, daß die Beatles »Long Tall Sally« in einem einzigen Take aufnahmen.

Wie die Hitparaden auf »Long Tall Sally« in der Version der Beatles und der 1956 veröffentlichten Version von Little Richard reagierten, wird auf S. 62 von Dowldings *Beatlemania* ausführlich dargestellt.

In dem Interview mit dem *Playboy*, das McCartney im Dezember 1984 gab, erinnert er sich daran, dieses Stück an dem Tag gespielt zu haben, an dem er Lennon kennenlernte. Er fügte hinzu: »All diese geschrienen Songs, diese frühen Beatles-Songs mit ihrem Geschrei – das war ich als Little-Richard-Imitator. Ich hielt mich oft noch ein bißchen zurück – mir fehlte der letzte Kick, das letzte Stück Soul –, und dann sagte John: ›Na, komm schon, du kannst besser singen! Komm, komm! Jetzt zeig mal, was du drauf hast!‹ Und dann sagte ich: ›Okay, okay, John … ‹«

Ringos Zitat (» … die größten Songschreiber auf Erden«) stammt von S. 96 von Bennahums *in their own words: the beatles … after the break-up*.

8. Kapitel: Die Schattenseiten des Ruhms: Beatlemania

Seite 104f.: Harrisons Zitat (»Natürlich meinten wir zuerst ...«) stammt von S. 40 von Guilianos *Dark Horse*.

Die Ansicht, Tourneen seien eine unabdingbare Voraussetzung für eine erfolgreiche Karriere im Popmusikgeschäft gewesen, wird auf S. 214 von Lewisohns *Chronicle* wiedergegeben. Auch auf die Spekulationen in den Medien, die Beatles hätten vor, sich zu trennen, wird in dieser Passage eingegangen, wie auch in dem Film *It Was Twenty Years Ago Today.* In George Martins 1992 gedrehtem Dokumentarfilm *The Making of Sgt. Pepper* erläutert McCartney seine Idee, anstatt der Beatles das *Sgt. Pepper*-Album auf Tournee zu schicken.

Ringo Starrs Zitat (»Unser Spiel ging völlig vor die Hunde«) findet sich auf S. 214–215 von Davies' Biographie. Lennons Zitat (»Ich schätze, wir hätten auch vier Wachsnachbildungen ...«) steht auf S. 210 in Lewisohns *Chronicle*.

Seite 105f.: Obwohl die eigentliche Beatlemania wohl 1963 einsetzte, muß man sagen, daß die Beatles ihr Publikum auch schon früher – wenn auch mehr auf lokaler Ebene – zu Begeisterungsstürmen hingerissen hatten. Im *Chronicle* merkt Lewisohn an, die Beatlemania habe sich zum erstenmal am 27. Dezember 1960 gezeigt, und zwar bei ihrem Auftritt im Liverpool Townhall Ballroom. Sein Buch enthält die detaillierteste Beschreibung, wie die Hysterie im Lauf der Zeit zunahm, bis sie schließlich ein gesellschaftliches Phänomen darstellte, das man nicht mehr ignorieren konnte.

Für eine ausführlichere Darstellung des Auftritts im Londoner Palladium siehe S. 124 des *Chronicle.* Aus diesem Theater wurde einmal wöchentlich *Val Pernell's Sunday Night at the London Palladium* gesendet, die insofern das britische Äquivalent der amerikanischen *Ed Sullivan Show* war, als sie eine Show mit hoher Einschaltquote war, die für die weitere Karriere eines Unterhaltungskünstlers entscheidend sein konnte. Die Berichterstattung über den Auftritt im Palladium wird in *Chronicle*, auf S. 180–181 von Davies' Biographie sowie auf S. 237–238 von Normans *Shout!* erwähnt.

Die Behauptung, die Menge vor dem Palladium sei in Wirklichkeit sehr klein gewesen, stammt von dem Fotografen Dezo Hoffman in Normans *Shout!*, S. 238. Hoffman, der die Beatles damals mit ihrem Einverständnis seit Wochen begleitet und fotografiert hatte, wird mit den Worten zitiert: »Es gab *keine* Tumulte. Ich war schließlich dabei. Es waren acht Mädchen da – nein, sogar weniger als acht.« Der Journalist Norman schreibt weiter, die am nächsten Tag in den Zeitungen abgedruckten Fotos seien ausnahmslos sorgfältig bearbeitet gewesen, so daß nur ein paar von angeblich tausend »kreischenden Teenagern« zu sehen gewesen seien, und kommt auf S. 241 zu dem Schluß, die Tumulte seien »erfunden« gewesen.

Lewisohn faßt den Tenor der Berichterstattung auf S. 88 des *Chronicle* zusammen.

Daß die Beatles die Begrüßung auf dem Flughafen Heathrow am 31. Oktober als den Beginn der Beatlemania betrachteten, steht auf S. 182 der von ihnen autorisierten Biographie. Auf S. 183 desselben Werkes und in verschiedenen anderen Berichten über ihr Leben wird erwähnt, daß die Medien in den folgenden Jahren über alle Aktivitäten der Beatles berichteten; siehe beispielsweise die Fotos auf S. 136 und 181 von Lewisohns *Chronicle*.

Lennons Scherz in Anwesenheit der königlichen Familie ist in verschiedenen Büchern leicht abgeändert zitiert worden. Die hier wiedergegebene Version ist dem Film ihres Auftritts entnommen, der auch Lennons Gesichtsausdruck nach seinem berühmten Bonmot zeigt: Es ist eine Mischung aus hintersinnigem Humor und selbstzufriedener Freude.

Lewisohns *Chronicle* bietet die zuverlässigste Darstellung der Tournee-Daten der Beatles von 1964 bis 1966. In diesem Werk findet sich auch die Angabe, in Adelaide hätten sich dreihunderttausend Fans vor dem Hotel der Beatles versammelt. Daß Männer mittleren Alters Beatle-Perücken trugen, geht aus zeitgenössischen Zeitungsartikeln hervor und wird auf S. 160 von George Martins Autobiographie erwähnt.

Seite 107: Harrisons Zitat (»Wir verfielen in einen Trott ...«) steht auf S. 214 von Davies' Biographie. Lennons Zitat (»Immer und ewig das gleiche ...«) findet sich auf S. 215 desselben Werkes.

Die Zahlen zu dem Auftritt im Shea Stadium finden sich auf S. 208 von Davies' Biographie und auf S. 199 von Lewisohns *Chronicle*. Daß regelmäßig undeklariertes Geld kassiert wurde, enthüllt Epsteins Assistent Peter Brown in seinem Buch *The Love You Make* (S. 38 und 189). Brown merkt auch an, Epstein habe gewöhnlich eine offizielle Gage von 25000 bis 50000 Dollar und mehr als fünfzig Prozent der Bruttoeinnahmen verlangt. Die Anekdote über den Millionär Finley findet sich (unter anderem) auf S. 145 von *The Love You Make*.

George Martins Zitat (» ... das Publikum begann mitzusingen ...«) findet sich auf S. 161 seiner Autobiographie. Ringo Starrs Zitat (»Manche warfen Gummibärchen ...«) findet sich auf S. 22 von Miles' *The Beatles: In Their Own Words*.

Es existieren zahlreiche Aufnahmen von Auftritten der Beatles, und zweifellos läßt die Qualität ihrer Auftritte in dieser Zeit gelegentlich zu wünschen übrig, doch sollte man sich beispielsweise die Aufnahmen von ihrem Auftritt in der *Ed Sullivan Show* am 14. August 1965 anhören oder die der Konzerte im Dezember 1965 in London, oder auch das letzte Konzert im August 1966 in San Francisco: Die kreischende Menge ist immer zu hören, doch die Beatles geben – mit Routine, Instinkt oder einfach mit Glück – solide Vorstellungen, bei denen die mehrstimmigen Passagen stimmen, die Solos an den richtigen Stellen kommen und zwischen den Stücken bemerkenswert gutgelaunte Kommentare zum besten gegeben werden.

Die australische Akustikexpertin war Anita Lawrence von der New South Wales University in Sidney; über das Ergebnis ihrer Messungen berichtet ein Zeitungsartikel, der auf S. 163 von Lewisohns *Chronicle* abgedruckt ist.

Lennons Zitat (»Wenn die Beatles eine Tournee machten ...«) findet sich auf

S. 610 von Colemans *Lennon*, seine Bemerkung, ihm habe das alles gefallen, auf S. 22 von Miles' *The Beatles: In Their Own Words*. Auf die Angewohnheit der Beatles, so zu tun, als wäre ihnen ihr Ruhm gleichgültig, geht Shotton auf S. 79 von *John Lennon In My Life* ein. Der in der Limousine gedrehte Film wurde von einem Team gedreht, das mit dem Einverständnis der Beatles die gesamte Amerikatournee dokumentierte, wobei Epsteins Gesellschaft NEMS sich die Kontrolle über die Endfassung vorbehalten hatte. Der Film wurde später in England und Amerika gesendet. Für weitere Details siehe Lewisohns *Chronicle*, S. 144. Daß der Radiosprecher die fixe Idee hatte, Uhrzeit und Temperatur mit den Beatles in Zusammenhang zu bringen, ist dem Film zu entnehmen und wird auch in anderen Berichten über diese Tournee erwähnt, so auf S. 194 von Davies' Biographie und auf S. 107 von Browns *The Love You Make*.

Seite 109f.: Shotton erzählt die Cadillac-Geschichte auf S. 96 seines Buches und merkt an, daß die Beatles für die Wagen, die sie demolierten, nie etwas zu bezahlen brauchten. Laut Shotton war es typisch, daß sie für das, was sie taten, nicht zur Rechenschaft gezogen wurden.

Die Rolle, die Mal Evans als Beschaffer von Mädchen für die Beatles spielte, wird auf S. 79 von Shottons Buch und auf S. 141 von Browns *The Love You Make* erörtert. Im letzteren wird auch Aspinall erwähnt. Brown war ein Kollege von Aspinall und Evans und hatte diese Dinge daher nicht nur mit eigenen Augen gesehen, sondern erhielt bei den Interviews, die er für sein Buch mit diesen beiden machte, auch freimütige Antworten wie die hier zitierte (»Natürlich gab es Orgien«) auf S. 134. Laut Brown gab es manchmal bis zu fünfzehn Mädchen, die darauf warteten, die Beatles »kennenzulernen«, und einige von ihnen vertrieben sich die Wartezeit damit, in Evans' oder Aspinalls Zimmern die Kleider zu bügeln, die die Beatles bei ihren Auftritten trugen.

Lennons Geschichte über die Party mit Starlets und Models stammt von S. 194 von Shottons Buch. Die beiden anderen Zitate (»Ganz gleich, wo wir hinkamen …« und »Wir waren die Kings«) stammen von S. 84–88 von *Lennon Remembers*.

Seite 110f.: Daß die Beatles vor ihrer Ernennung zu Members of the British Empire im Buckinghampalast Marihuana geraucht hatten, wurde später von Lennon in einem Interview mit *L'Express* enthüllt und ist auf S. 403 und 712 von Colemans *Lennon* erwähnt. Browns *The Love You Make* (S. 167), Normans *Shout!* (S. 311) und andere Quellen behaupten, McCartney, Harrison und Starr seien auf diese Auszeichnung sehr stolz gewesen, wohingegen Lennon anfangs mit dem Gedanken gespielt habe, sie abzulehnen, weil er diese Kooperation mit dem Establishment als heuchlerisch empfunden habe. Shotton dagegen schreibt auf S. 96–97 seines Buches, sein Freund John habe sich ursprünglich ebenfalls über diese Ehre gefreut und sich erst im Rückblick abfällig darüber geäußert.

Harrisons Zitat (»Diese Jahre schienen tausend Jahre zu dauern«) stammt aus seinem Interview mit dem *Rolling Stone* vom 10. Dezember 1987. Lennons

Bemerkung, man habe die Bewunderung nicht mehr abstellen können, steht auf
S. 79 der *Playboy Interviews*.

Daß die Beatles sich eines Codes bedienten, wird von Lennon auf S. 290 von
Davies' Biographie enthüllt. Das Wort »Krüppel« wird in zahlreichen Büchern
erwähnt, unter anderem in *Lennon Remembers* (S. 16) und in George Martins
Autobiographie (S. 165).

Lennon, Harrison und Starr zogen sich 1964 in teure Vororte zurück, wo sie
nicht weit voneinander entfernt wohnten. Die Häuser sind in den Kapiteln 31,
33 und 34 von Davies' Biographie beschrieben. McCartney blieb in London
und wohnte zunächst bei seiner damaligen Freundin Jane Asher, bevor er ein
Haus in St. John's Wood kaufte, ganz in der Nähe der Abbey Road Studios.

Derek Taylors Geschichte über die Bürgermeistergattin findet sich auf S. 16–18
seines Buches. Er nennt die Stadt, in der sie sich zutrug, zwar verschämt »M.«,
doch es kann sich nur um Milwaukee handeln. Laut dem auf S. 139 von Lewisohns *Chronicle* abgedruckten Plan der Tournee 1964 war Milwaukee die
einzige Stadt, die mit einem M beginnt, mit Ausnahme von Montreal. Der entscheidende Hinweis auf Milwaukee ist die hochnäsige Bemerkung der Frau,
mit der sie nachdrücklich auf den Unterschied zwischen ihrer Stadt und dem
nahen Chicago hinweist, das »eine schmutzige, verdorbene und schlecht
regierte Stadt« sei. Lennon erzählt dieselbe Geschichte auf S. 18 von *Lennon
Remembers*.

Seite 112ff.: Lennons Zitat (»Je größer wir wurden …«) steht auf S. 18–25 von
Lennon Remembers.

Die Beschreibung des Fiaskos in Manila basiert hauptsächlich auf der Darstellung des Augenzeugen Peter Brown auf S. 185–190 seines Buches *The Love
You Make*, die durch S. 211–212 von Lewisohns *Chronicle* und S. 127 von
Shottons *John Lennon In My Life* (dem auch das Lennon-Zitat entnommen ist)
gestützt und ergänzt wurde.

Daß die Beatles manchmal mitten im Auftritt die Bühne verlassen mußten, wird
in Lewisohns *Chronicle* erwähnt. Auf S. 171 beschreibt er als Beispiele die
Auftritte in Cleveland und Kansas City im September 1964. An das einge-
drückte Dach der Limousine erinnert sich Ringo Starr auf S. 214 von Davies'
Biographie; dort sagt er, der Zwischenfall habe sich in San Francisco zugetra-
gen, während andere Beatles behaupten, es habe sich um Seattle gehandelt. Die
Ereignisse am Flughafen von Houston beschreibt Harrison im Interview mit
dem *Rolling Stone* vom 10. Dezember 1987. Der Zwischenfall in Memphis
wird nicht nur auf S. 213 von Lewisohns *Chronicle* geschildert, sondern auch
von Lennon selbst (in einem auf S. 13 von Jon Wieners Buch *Come Together*
abgedruckten Radiointerview) sowie auf S. 129 von Shottons *John Lennon In
My Life*.

Starrs Zitat (»Wir sind insgesamt vier …«) steht auf S. 54 von Miles' *The
Beatles: In Their Own Words*.

Lennons Zitat (»Das ist kein Showbusiness mehr …«) findet sich auf S. 54 von
Miles' *The Beatles: In Their Own Words*. Das Konzert am 29. August 1966 in

San Francisco, das als der letzte Live-Auftritt der Beatles gilt, wird auf S. 235 von Lewisohns *Chronicle* geschildert; die Zahl von insgesamt 1400 Auftritten stammt von S. 214. Harrisons Zitat (»Ringo kam von seinem Platz am Schlagzeug herunter ...«) stammt aus dem Interview mit dem *Rolling Stone* vom 10. Dezember 1987.

Seite 114: Lennons Zitat (»Wir leben in einem Treibhaus auf Rädern ...«) findet sich auf S. 28 von Miles' *The Beatles: In Their Own Words.* McCartneys Zitat (»Mir wäre der Gedanke fürchterlich ...«) findet sich auf S. 179 von Chris Salewicz' *McCartney.*

9. Kapitel: Abgekämpft (Beatles For Sale)

Seite 116ff.: Was die Interpretation der Fotos auf dem Cover von *Beatles For Sale* betrifft, so könnte ein Advocatus diaboli einwenden, auf ihnen sei lediglich die Stimmung festgehalten, in der die Beatles am Tag des Fototermins zufällig gewesen seien. Das mag sein. Andererseits deuten die in diesem Buch zitierten Aussagen der Beatles und anderer Personen so sehr auf ihre Niedergeschlagenheit in dieser Zeit hin, daß die Interpretation gerechtfertigt erscheint. Zu den Büchern, die Derek Taylor geschrieben hat, gehören *As Time Goes By; It Was Twenty Years Ago Today* und *Fifty Years Adrift in an Open-Necked Suit.* Keines davon behandelt ausschließlich die Beatles, auch wenn die Gruppe in jedem eine wichtige Rolle spielt. Taylor war zweimal Pressesprecher der Beatles: das erstemal 1964, das zweitemal von 1968–1970. 1965 zog er nach Kalifornien, wo er unter anderem die Byrds, die Beach Boys und die Doors betreute und bei der Organisation des Monterey Pop Festivals half, bevor er zurückkehrte, um in der Apple-Zeit wieder für die Beatles zu arbeiten. Trotz seiner Unstetigkeit wurde Taylor auf der musikalischen Ebene nach und nach zu einem Epizentrum eines Großteils der Gegenkultur-Revolution, die in den sechziger Jahren stattfand, und in seinen Büchern beschreibt er diese Zeit und die Menschen, die sie gestaltet haben, mit Scharfblick und Einfühlungsvermögen. Er war der perfekte Botschafter der Beatles.

George Martins Zitat über *Beatles For Sale* findet sich auf S. 53 von Lewisohns *Recording Sessions*, in dem auch vermerkt ist, daß diese LP allgemein als die schwächste der Beatles gilt. Dieser Ansicht ist auch Tim Tiley in *Tell Me Why* (in dem er schreibt, die LP sei »bedenklich unpopulär«, jedoch auch etwas zu nachdrücklich behauptet, sie enthülle eine »sehr wichtige« Seite der musikalischen Persönlichkeit der Beatles).

Die Erscheinungsdaten und Hitparadenplätze von »I Feel Fine« und *Beatles For Sale* sind auf S. 52–53 von Lewisohns *Recording Sessions* sowie auf S. 80 und 82 von Dowldings *Beatlesongs* dokumentiert.

George Martins Überlegungen, andere Singles auszukoppeln, sind dem Begleittext auf der Hülle von *Beatles For Sale* zu entnehmen. In den folgenden

Jahren nahmen die Beatles nur noch eigene Kompositionen auf – mit vier Ausnahmen: Starrs Version von »Act Naturally« und Lennons Version von »Dizzy Miss Lizzy« auf *Help!*, Lennons Version von »Bad Boy« (in England im Dezember 1966 auf der LP *Collection of Beatles Oldies* und in Amerika im Juni 1965 auf der LP *Beatles VI* erschienen) und Lennons Aufnahme von »Maggie Mae« auf *Let It Be*.

Die Aufnahmetermine und der Terminplan für die zweite Hälfte des Jahres 1964 sind auf S. 166–176 von Lewisohns *Chronicle* dokumentiert.

Lennons Zitat über das Feedback auf »I Feel Fine« steht auf S. 147 der *Playboy Interviews*.

Seite 120f.: Lewisohn erwähnt die Pressespekulationen über einen »elektronischen Unfall« auf S. 50 der *Recording Sessions*, verwirft diese Spekulationen jedoch. Die Geschichte mit der Weinflasche findet sich auf S. 159 der *Recording Sessions*. Die anderen beiden »Unfälle« werden auf S. 116 und 183 beschrieben.

Seite 77: Lennons Zitat über Marihuana und »She's A Woman« steht auf S. 147 der *Playboy Interviews*.

Die Behauptung, daß »Eight Days A Week« die herausragende Single in dieser Zeit gewesen wäre, wenn es »I Feel Fine« nicht gegeben hätte, ist eine Spekulation des Verfassers, die sich auf folgende Anhaltspunkte stützt: 1. In dem Begleittext zu *Beatles For Sale* steht, »Eight Days A Week« sei eines von drei Stücken gewesen (neben »No Reply« und »I'm A Loser«), die man für eine Auskoppelung in Erwägung gezogen habe. 2. Nicht die beiden anderen Songs, sondern »Eight Days A Week« wurde in Amerika als Single auf den Markt gebracht. 3. »Eight Days A Week« hat ein schnelleres Tempo und einen optimistischeren Text – beides Eigenschaften, die bei Hitsingles eine Rolle spielen.

McCartneys Erinnerung an Starrs Bemerkung stammt aus dem *Playboy*-Interview vom Dezember 1984. Lennons Urteil, »Eight Days A Week« sei »miserabel« gewesen, stammt aus *seinem* Interview dieser Zeitschrift (*Playboy Interviews*, S. 147–148). Man muß jedoch anmerken, daß Lennons Erinnerung in dieser Hinsicht lückenhaft war: Er behauptet, McCartney habe »eine Single zu dem Film« haben wollen, der später den Titel »Help!« erhielt. Lennon sagt, »Eight Days A Week« sei der Arbeitstitel des Films gewesen, doch das stimmt nicht: Der Arbeitstitel war »Eight Arms to Hold You«. Außerdem begann die Arbeit an dem Film erst im Februar 1965, vier Monate nachdem die Beatles die Aufnahme von »Eight Days A Week« abgeschlossen hatten. Für weitere Einzelheiten siehe Lewisohns *Chronicle*, S. 173–174 und 183.

Daß »Eight Days A Week« der erste Popsong mit einer Aufblende war, wird auf S. 49 der *Recording Sessions* angemerkt. Das Zitat von George Martin findet sich auf S. 83 desselben Werkes und bezieht sich eigentlich auf die mehrstimmigen Passagen, die er die Beatles in dem wunderschönen »Here, There and Everywhere« auf der LP *Revolver* singen ließ.

Lennons Bemerkung, »I'm A Loser« stamme aus seiner Dylan-Periode, findet sich auf S. 165 der *Playboy Interviews* und bildet die Grundlage für die Urteile der Kritiker.

Seite 123: McCartneys Zitat über »I'll Follow The Sun« steht auf S. 12 der *Recording Sessions*.

Informationen über die ursprünglichen Fassungen von »Mr. Moonlight« und »Leave My Kitten Alone« finden sich auf S. 48 der *Recording Sessions*. Dem Verfasser wurde ein unautorisierter Mitschnitt von »Leave My Kitten Alone« aus dem Besitz eines privaten Sammlers zugänglich gemacht. George Martins Zweifel bezüglich »Baby's In Black« werden auf S. 47 der *Recording Sessions* zitiert.

10. Kapitel:
Die Naturtalente: Das Team Lennon–McCartney

Seite 126: Starrs Zitat (»Der Song ist das, was bleibt …«) steht auf S. 297 von Dowldings *Beatlesongs*. George Martins Bemerkung, es sei nicht zu erkennen gewesen, daß Lennon und McCartney einmal große Songwriter sein würden, stammt aus einem Interview, das er dem Verfasser des vorliegenden Buches gegeben hat.

Die Informationen über die Entstehung von »From Me To You« stehen auf S. 28 der *Recording Sessions*. Die hier zitierten Takes hat der Verfasser persönlich gehört.

Seite 127 f.: Die gutmütigen Frotzeleien zwischen den beiden wichtigsten Beatles bei den Aufnahmen für »From Me To You« waren nichts Neues. Als sie noch die Silver Beatles waren, »zogen John und Paul sich ständig auf und versuchten auf der Bühne immer, sich gegenseitig zu überbieten«, erinnert sich der Schlagzeuger Tommy More auf S. 94 von Philip Normans *Shout!*. Auf S. 106 von Chris Salewicz' *McCartney* betont der Liverpooler Promoter Sam Leach jedoch, die Rivalität zwischen den beiden sei immer »sehr gesund« gewesen. Lennon und McCartney, sagt er, seien »Kumpel« gewesen, die nie versucht hätten, »sich auf der Bühne gegenseitig in den Hintergrund zu drängen. Wenn der eine vorne stand, unterstützte ihn der andere aus dem Hintergrund. Aber der, der die erste Stimme sang, legte sich so ins Zeug, daß es war, als wollte er dem anderen sagen: ›Jetzt zeig mal, ob du mithalten kannst!‹ Das war die Rivalität, die zwischen den beiden bestand: Sie spornten sich gegenseitig an.«

George Martins Zitat (»Man muß sich zwei Leute vorstellen …«) steht auf S. 364 von Ray Colemans *Lennon*. Lennons Vergleich seines Verhältnisses zu McCartney mit einer Liebesbeziehung und das Zitat (»Es war nicht Neid …«) stammen aus den *Playboy Interviews*, S. 120 und 148. Martins Zitat (»Weil er John begegnete …«) steht auf S. 280 von Davies' Biographie. McCartneys Zitat (»Er schrieb ›Strawberry Fields‹ …«) stammt aus Martins 1992 gedrehtem Film *The Making of Sgt. Pepper*.

George Martin weist auf S. 363–364 von Colemans *Lennon* auf die Ähnlichkeiten im Temperament von Lennon und McCartney hin: »Manche betonten die Unterschiede zwischen ihnen: John war der bittere, beißende Beatle, während Paul der warmherzige war. Eigentlich war das ein Image, das die Presse aufgebaut hatte. In Wirklichkeit waren sie sich im Grunde sehr, sehr ähnlich. Beide hatten ihre ungeschützten Stellen, beide konnten durch gewisse Dinge sehr tief verletzt werden. John konnte sehr sanft sein. Aber beide hatten eine spitze Zunge und konnten zueinander ziemlich gemein sein, und damit mußte man in gewissen Augenblicken rechnen. Solange ich mit ihnen im Studio zusammengearbeitet habe, mochten sie sich sehr gern. Aber die Spannung war da, weil sie nie wirklich zusammenarbeiteten.« Die Ansicht, jeder der beiden habe ein guter, wenn auch kein »mörderisch guter« Songschreiber werden können, äußert Martin auf S. 98 seines Buches *The Summer of Love*.

Seite 130f.: Pete Shottons Zitat (»Pauls Gegenwart verhinderte ...«) findet sich auf S. 121 seines Buches *John Lennon In My Life*.
Lennon erzählt die Geschichte der Entstehung von »Michelle« auf S. 116 der *Playboy Interviews* und sagt auf S. 150, der Mittelteil von »We Can Work It Out« stamme von ihm. Sein Beitrag zum Mittelteil von »She's Leaving Home« wird auf S. 170–171 von Dowldings *Beatlesongs* erwähnt.
George Martins Zitat (»Genausogut könnte man fragen ...«) stammt von S. 371 von Colemans *Lennon*. Lennons Bemerkung, McCartney sei »kein ganz schlechter Texter« gewesen, steht auf S. 118 der *Playboy Interviews*, ebenso wie sein Verweis auf »Yesterday«. Die Verweise auf »The Fool On The Hill« und »Fixing A Hole« finden sich auf S. 157 und 166. Zu Lennons Angriffen auf McCartney gehören sein Vergleich mit dem schmalzigen Popsänger Engelbert Humperdinck (auf S. 629–630 von Colemans *Lennon*) und sein bitterer Song »How Do You Sleep« auf der LP *Imagine*. McCartneys Zitat (»Ich wurde der Kitschbruder ...«) steht auf S. 11 der *Recording Sessions*. Daß McCartney »Yesterday« und »I'm Down« am selben Tag aufgenommen hat, wird auf S. 59 desselben Werkes vermerkt.
Seite 132ff.: McCartneys Zitat (»Als wir uns in ein kleines Zimmer setzten ...«) steht auf S. 85 des Programmheftes zu seiner Welttournee 1989–1990. Die Feststellung, Lennon hätten McCartneys Songs besser gefallen als seine eigenen, stammt aus dem *Playboy*-Interview vom Dezember 1984.
Lennons Zitat (»Ja, das habe ich gesagt ...«) steht auf S. 117 der *Playboy Interviews*; das Zitat, auf das er sich dort bezieht, findet sich auf S. 55 von *Lennon Remembers*. Die Aussage, der Druck sei »so gewaltig« gewesen, findet sich auf S. 118 der *Playboy Interviews*. Auf S. 80 von Miles' *The Beatles: In Their Own Words* gesteht er, die frühen Songs mit viel Routine geschrieben zu haben. McCartneys Zitat (»Wir haben sie einfach rausgehauen ...«) steht auf S. 8 der *Recording Sessions*. Lennons Bemerkung über Tin Pan Alley findet sich auf S. 80 von *The Beatles: In Their Own Words*.
Lennons Bemerkungen über Dylan und seine eigene »Dylan-Periode« stammen von S. 343 und 383 von Colemans *Lennon*.
Martins Zitat (»Der eine hatte einen Song ...«) stammt von S. 364 von Cole-

mans *Lennon*. Shottons Schilderung der Entstehung von »Eleanor Rigby« steht auf S. 123–124 seines Buches *John Lennon In My Life*.

Hunter Davies' Augenzeugenbericht über die Entstehung von »Magical Mystery Tour« und »With A Little Help From My Friends« findet sich in Kapitel 30 seines Buches, ebenso wie die Reproduktionen der handschriftlichen Texte von »Yesterday« und »I Want To Hold Your Hand«.

Auf S. 10 der *Recording Sessions* sagt McCartney, er und Lennon hätten eine hohe Meinung von ihren Qualitäten als Songschreiber gehabt. Die Zitate (» ... normalerweise in einem Rutsch ...«; » ... das Gute an der Zusammenarbeit ...« und » ... fast immer ein Zeichen ...«) stehen auf S. 78 des Programmheftes seiner Welttournee. Lennons Zitat (»Am liebsten ist es mir ...«) stammt aus dem Interview, das Alan Peebles am 6. Dezember 1980 für die BBC machte. Lennons Verweise auf »Nowhere Man«, »In My Life« und »Across The Universe« sowie das Zitat über den letzteren Song finden sich auf S. 163 der *Playboy Interviews*; McCartneys Geschichte über »Yesterday« in seinem *Playboy*-Interview vom Dezember 1984.

Seite 136 f.: Lennons Bemerkung, er und McCartney seien Egomanen gewesen, stammt von S. 162 von *Lennon Remembers*. Die Zitate (»Sphärenmusik ...« und »Man muß im Einklang sein«) stehen auf S. 103 und 120 von Garbarinis und Cullmans *Strawberry Fields Forever: John Lennon Remembered*. Sein Zitat (» ... nachdem man sie verlassen hat ...«) steht auf S. 47 von *The Ballad of John and Yoko*.

McCartneys Zitat (» ... nicht unbedingt schlechter ...«) steht auf S. 274 von Davies' Biographie, wo McCartney hinzufügt: »Die letzten vier Stücke für eine LP sind meistens harte Arbeit. Wenn wir noch vier Stücke brauchen, müssen wir uns eben hinsetzen und sie machen.« In Verbindung mit der Information auf S. 263, Lennon und McCartney hätten dieses Stück am Ende von *Sgt. Pepper* geschrieben, weil sie einen Song für Ringo brauchten, deutet dieses Zitat darauf hin, daß dies eines der »bestellten« Stücke war.

McCartneys Zitat (»Das ist das Tolle ...«) findet sich auf S. 82 von Miles' Buch. Die Studiogespräche bei den Aufnahmen zu *Let It Be* hat der Verfasser transkribiert. McCartneys Zitat (»Das Schöne an unserer Arbeit war ...«) stammt von S. 14 der *Recording Sessions*. George Martins Zitat (»Ich bin oft gefragt worden ...«) steht auf S. 137 seiner Autobiographie.

Martins Zitat (»Sie waren die Cole Porters und George Gershwins ...«) steht auf S. 167 seiner Autobiographie.

Dick James' Urteil über die Songs von Lennon und McCartney steht auf S. 365 von Colemans *Lennon*. McCartneys Zitat (»Es wäre schwer, sich jemanden vorzustellen ...«) stammt aus dem *Playboy*-Interview vom Dezember 1984.

11. Kapitel: Neue Töne (Help!)

Seite 141: Das Zitat »Komponieren wir einen Swimming-pool« findet sich auf S. 9 von Bennahums *in their own words: the beatles ... after the break-up,* in dem McCartney die Vorstellung, die Beatles seien nicht materialistisch gewesen, als »einen riesigen Mythos« abtut. Er behauptet, Lennon und er hätten Bemerkungen wie diese »in aller Unschuld [gemacht], aus der ganz normalen Freude heraus, die wir als Leute, die der Arbeiterklasse entstammten, darüber empfanden, daß wir uns einen Swimming-pool zusammenschreiben konnten. Zum erstenmal in unserem Leben konnten wir etwas tun und Geld damit verdienen«.

Was das »Aussteigen« betrifft, so ist es zwar richtig, daß die Beatles 1968 nach Indien fuhren, doch war dies notwendigerweise eine sehr verkürzte Form des Aussteigens. In ihrem Plattenvertrag mit EMI stand nämlich, daß sie bis 1970 zwei LPs und drei Singles pro Jahr produzieren mußten, und das war eine Verpflichtung, die kaum Zeit für ausgiebige Entspannung, geschweige denn einen ausgedehnten Rückzug aus der materiellen Welt ließ.

Lennons Zitat (»Während alle nur einfach rumblödelten ...«) stammt aus den *Playboy Interviews,* S. 79. Die Zeilen aus »Watching The Wheels« stammen von der LP *Double Fantasy* (1980).

Daß Lennon »Help!« erst im Frühjahr 1965 schrieb, geht daraus hervor, daß er sich erinnerte, den Song »bam! bam! einfach so« geschrieben zu haben, nachdem der Regisseur Richard Lester ihm mitten in den Filmarbeiten gesagt hatte, der Film, den die Beatles im Frühjahr 1965 machten, solle »Help!« heißen. Diese Geschichte erzählt Lennon auf S. 148–149 der *Playboy Interviews.* Daß die Idee zu dem Stück von Lennon selbst stammte, ist nicht gesichert, aber höchst wahrscheinlich. Auf S. 345 seiner Biographie *Lennon* behauptet Coleman das Gegenteil, ohne allerdings einen Beweis für seine These zu liefern. Andererseits sagt Lennon in dem Interview, er sei »beauftragt« worden, den Song zu schreiben. Auf die Frage, warum der Titel des Films von *Eight Arms To Hold You* in *Help!* geändert worden sei, beansprucht er diese Idee nicht für sich, sondern erklärt, »Help!« sei ein besserer Titel gewesen.

Daß »Help!« der erste Beatles-Song war, bei dem der Text mindestens ebenso bedeutsam war wie die Musik, ist die persönliche Meinung des Verfassers.

Laut Dowldings *Beatlesongs,* S. 97, erschien »Help!« auf Platz eins der englischen Hitparade und blieb vier Wochen dort, während es in den USA drei Wochen auf Platz eins stand.

Lennons Bemerkungen über seine »Fetter-Elvis-Periode« und seinen körperlichen und seelischen Zustand zu dieser Zeit finden sich auf S. 149 der *Playboy Interviews,* mit Ausnahme des Zitats über Weybridge, das aus Colemans Buch, S. 348, stammt.

Seite 143: Die Unzufriedenheit der Beatles mit dem Film *Help!* ist unter anderem auf S. 180 von Lewisohns *Chronicle* vermerkt.

Lennons Zitat (» ... weil es mir Ernst war ...«) steht auf S. 115 von *Lennon*

Remembers. McCartneys Erinnerung an die Entstehung des Songs findet sich auf S. 112 von *in their own words: the beatles ... after the break-up.* Daß er nach Weybridge hinausgefahren war, sagt McCartney in seinem *Playboy*-Interview vom Dezember 1984.

Lennons Unbehagen darüber, daß das Tempo des Stücks beschleunigt wurde, findet sich auf S. 115 von *Lennon Remembers.*

Der Aufnahmetermin von »Help!« ist in den *Recording Sessions* verzeichnet. Die Bänder hat der Verfasser persönlich gehört.

McCartneys Satz aus der Zeit der Silver Beatles (»Den Rhythmus liefern die Gitarren«) stammt aus dem Interview mit der Zeitschrift *Musician* (August 1980), nachgedruckt in *Beatlefan*, Jg. II, Nr. 5.

Seite 145f.: Lennons Bemerkungen zu seiner »Fetter-Elvis-Periode« sind bereits erwähnt worden, die zu seiner »Dylan-Periode« finden sich unter anderem auf S. 165 der *Playboy Interviews.* Auf S. 343–344 und 383–384 von *Lennon* beschreibt Coleman die Begeisterung und Bewunderung für Bob Dylan, die Lennon 1964–1965 empfand, und merkt an, er (Coleman) und Lennon hätten viel Zeit darauf verwendet, den Text von Dylans 1965 erschienener Single »Subterranean Homesick Blues« abzuhören.

Auf S. 50 des Programmheftes zu seiner Welttournee 1989 schreibt McCartney: »Wir waren sehr von ihm beeinflußt, und er von uns ebenfalls.« Harrisons Bewunderung für Dylan wird von Shotton auf S. 105 seines Buches erwähnt, von Lennon auf S. 103 der *Playboy Interviews* (wo er sagt, Harrison habe ihn regelrecht aufgefordert, sich hinzusetzen und sich Dylans Songs anzuhören) und von Harrison selbst in seinem Interview mit dem *Rolling Stone* (Dezember 1987), in dem er sagt: »Wenn die Leute in fünfhundert Jahren zurückblicken, wird er immer noch der herausragende Mann sein. Bob ist einfach absolute Spitzenklasse.«

Lennons Urteil über »It's Only Love« findet sich auf S. 150 der *Playboy Interviews.*

Shotton schreibt, Lennon habe den Text von »You've Got To Hide Your Love Away« geändert, und fügt hinzu, dies sei das erste Stück der Beatles gewesen, das in seiner Anwesenheit komponiert worden sei. Er merkt an, er selbst habe »die langgezogenen ›Hey's‹, die den Refrain einleiten, beigetragen«. Siehe S. 122 seines Buches.

Die Behauptung, »You've Got To Hide Your Love Away« sei das erste schwule Liebeslied gewesen, wird auf S. 302 von Colemans *Lennon* Tom Robinson zugeschrieben, einem schwulen Sänger und Anführer einer Rockband, der glaubte, dieses Lied sei eine Botschaft von Lennon an Epstein.

McCartneys Zitat (»Jeder legt auf seiner Ebene ...«) bezieht sich auf »Doctor Robert« und findet sich auf S. 88 von *in their own words: the beatles ...*

Daß für das Flötensolo auf »You've Got To Hide You Love Away« zum erstenmal ein außenstehender Musiker hinzugezogen wurde, ist auf S. 54 von Lewisohns *Recording Sessions* vermerkt. Dasselbe Werk führt auch die anderen neuen Instrumente auf, die die Beatles bei den Aufnahmen zu *Help!* spielten, mit Ausnahme von Harrisons Sitar, die auf S. 228 von Davies' Biographie erwähnt wird.

Aufnahmen von »If You've Got Trouble« und »That Means A Lot« hat der Verfasser persönlich gehört. Die Aufnahmetermine und andere Informationen sowie die Tatsache, daß diese Bänder im Archiv der Abbey Road Studios eingeschlossen sind, sind auf S. 55–56 von Lewisohns *Recording Sessions* vermerkt. McCartneys Satz, man habe mit dem Song nichts anfangen können, findet sich auf S. 12 desselben Werkes.

In einem Interview mit dem Verfasser versicherte Lewisohn, daß im Archiv der Abbey Road Studios keine bislang unentdeckten Meisterwerke der Beatles lagern.

»Ticket To Ride« stand laut Dowldings *Beatlesongs* (S. 101) in England fünf Wochen lang auf Platz eins der Hitparade, in den USA eine Woche lang.

Lennons Bemerkung über »eine der ersten Heavy-metal-Stücke überhaupt« steht auf S. 165 der *Playboy Interviews*, wo er auch sagt, McCartney habe den Schlagzeugrhythmus des Songs geändert. Daß McCartney auch das Intro gespielt hat, steht auf S. 54 der *Recording Sessions*.

Seite 150 f.: Dowlding schreibt auf S. 107 von *Beatlesongs*, bis 1980 sei »Yesterday« in über 2500 Versionen aufgenommen worden. Auf S. 105 merkt er an, dieser Song sei in England erst 1976 als Single veröffentlicht worden (obwohl es die Single in den USA schon seit 1965 gab).

McCartneys Erinnerung, »Yesterday« geträumt zu haben, findet sich in seinem *Playboy*-Interview vom Dezember 1984. Das Hotel George V. erwähnt er dabei nicht, aber da George Martin auf S. 59 der *Recording Sessions* mit der Aussage zitiert wird, dort habe er den Song im Januar 1964 zum erstenmal gehört, und es bekannt ist, daß dort ein Konzertflügel stand, damit die Beatles komponieren konnten, nimmt der Verfasser an, daß McCartney die Melodie zu »Yesterday« in diesem Hotel geschrieben hat.

Daß »Yesterday« am 14. Juni 1965 aufgenommen wurde, ist Lewisohns *Recording Sessions* (S. 59) zu entnehmen. McCartney enthüllt den Arbeitstitel und den Wortlaut der ersten Zeile auf S. 78 des Programmheftes zu seiner Welttournee 1989, wo er auch schreibt, er habe nur zwei Wochen für den Text gebraucht und die Melodie sei zu schön gewesen, um sie mit einem albernen Text über Eier zu belasten. Daß die Beatles der Meinung waren, Songs wie »Yesterday« und »Michelle« paßten nicht zu ihrem Image, steht auf S. 12 von Lewisohns *Recording Sessions*.

McCartneys Zitat (»›Yesterday‹ ist das vollendetste Stück, das mir je gelungen ist«) findet sich auf S. 174 von Salewicz' *McCartney*.

Auf S. 59 der *Recording Sessions* erinnert George Martin sich daran, wie ihm die Idee kam, für »Yesterday« ein Streichquartett aufzunehmen, und fügt hinzu, daß McCartney eng mit ihm zusammenarbeitete und eigene Ideen einbrachte. Auf derselben Seite sind McCartneys Aufnahmetermine für den 14. Juni 1965 wiedergegeben.

12. Kapitel:
Synergetische Effekte: »Unbeschreibliches Charisma«

Seite 154: George Martins Zitat (»Natürlich war die Summe der vier …«) stammt aus einem Interview des Verfassers. Daß die Beatles sich als vier Aspekte einer einzigen Person betrachteten, ist auf S. 45 von *Lennon Remembers* und auf S. 310 von Davies' Biographie belegt. Ein Teil des dort zitierten Satzes von McCartney (»Wir sind Individuen …«) ist hier wiedergegeben. Harrisons Zitat (»Wenn man die jeweilige Persönlichkeit …«) stammt aus *Beatlefan*, Jg. I, Nr. 3. Lennons Zitat (»Beatles-Musik entsteht …«) findet sich auf S. 75 von Miles' *The Beatles: In Their Own Words.*

Der Umfang des Materials mit Aufnahmen der Beatles, das im Archiv der Abbey Road Studios lagert, wurde dem Verfasser von Lewisohn in einem Interview bestätigt.

Zur Aufnahmemethode siehe S. 67, 70 und insbesondere 54 der *Recording Sessions*; letztere Passage erklärt, daß die Beatles 1965 begannen, »bei den Proben ein Band mitlaufen zu lassen, das nach der Endfassung gelöscht wurde«. Die Proben wurden aufgenommen, aber nicht archiviert: Jeder Take wurde mit dem nächsten Take gelöscht. Darum ist die »Think For Yourself«-Session so ungewöhnlich, denn hier wurden die einzelnen Takes nicht gelöscht, sondern aufbewahrt.

Martins Zitat (»Ich war einfach sparsam«) stammt aus einem Interview des Verfassers.

Daß bei den Proben zu »Think For Yourself« die Weihnachtsplatte aufgenommen wurde, erwähnt Lewisohn auf S. 67 der *Recording Sessions.*

Seite 155 f.: Die Bänder mit den Gesprächen während der Proben zu »Think For Yourself« sowie die Weihnachtsplatten hat der Verfasser persönlich gehört.

Seite 158 f.: Ringos Verwunderung über sein Glück wird auf S. 335 von Hunter Davies' autorisierter Biographie erwähnt. Lennons Urteil, Ringo wäre »auch als Individuum herausgekommen«, steht auf S. 141 der *Playboy Interviews.*

Maureen Cleave vom Londoner *Evening Standard* war, wie Davies auf S. 174 seiner Biographie feststellt, die erste, die die Beatles mit den Marx Brothers verglich, doch im Lauf der Zeit hörte man diesen Vergleich öfter; siehe S. 29 von Jon Wieners *Come Together.*

Martins Zitat (»John, das ist Mist«) stammt von S. 100 seines Buches *The Summer of Love.*

McCartneys Zitat (»Wenn meine Laune schlecht genug war!«) stammt aus dem *Playboy*-Interview vom Dezember 1984.

Die Geschichte mit den Zuckererbsen findet sich in *Shout!* (S. 226) von Philip Norman, der sie mit George Martin in Verbindung bringt. Johns Lufthansa-Witz zitiert Coleman auf S. 345 von *Lennon.*

McCartneys Zitat (»Er war in der Band …) stammt aus dem *Playboy*-Interview vom Dezember 1984.

Seite 160 ff.: Starrs Zitat (»Sie sind eigentlich meine Brüder ...«) findet sich auf S. 109 von Bennahums *in their own words: the beatles ... after the break-up.*

Astrid Kirchherr wird auf S. 33 von Geoffrey Guilianos *Dark Horse* zitiert.

McCartneys Zitat über das, was in der Limousine passierte, stammt aus dem Interview in der Ausgabe vom 10. Dezember 1987 des *Rolling Stone.*

Pete Shottons Zitat findet sich auf S. 105 seines Buches *John Lennon In My Life.*

Jeff Jarrets Zitat stammt von S. 174 von Lewisohns *Recording Sessions.*

George Martins Zitat (»Es war eine Bruderschaft ...«) stammt aus einem Interview des Verfassers.

McCartneys Zitat (»Wenn wir alle vier zusammenspielten ...«) stammt aus dem *Playboy*-Interview vom Dezember 1984. Seine Bemerkung über das Spielen vor »einem echten Publikum« stammt aus dem Film *Let It Be.*

Seite 163: Ringos Zitat (»Wir konnten gut miteinander spielen ...«) findet sich auf S. 34 von Bennahums *in their own words: the beatles ... after the break-up.*

McCartneys Zitat (»Ich glaube, es war John ...«) stammt aus dem *Rolling Stone*-Interview vom Dezember 1987.

Ringos Bemerkung über die schlechteste Band der Welt steht auf S. 48 von *in their own words: the beatles ... after the break-up.*

Zur demokratisch-meritokratischen Dynamik der Beatles siehe McCartneys Bemerkung auf S. 303 von Colemans *Lennon,* daß »John wohl die entscheidende Stimme hatte«, aber »wir alle irgendwie Anführer« waren. Vergleiche auch Lennons Bemerkung auf S. 279–280 von DiLellos *The Longest Cocktail Party,* daß es bei den Beatles üblich war, das zu tun, »auf das drei von uns sich geeinigt hatten«.

Lennons Zitat (»Keiner von uns war ein technischer Musiker ...«) steht auf S. 142 der *Playboy Interviews.* George Martins Bemerkung, McCartney sei ein »ausgezeichneter musikalischer Alleskönner«, findet sich auf S. 137 seiner Autobiographie; auf S. 86 seines Buches *The Summer of Love* schreibt er sogar, McCartney habe technisch besser Schlagzeug gespielt als Ringo, wenn auch ohne dessen charakteristischen Sound. Lennons Beschreibung seiner selbst als musikalischen Primitiven und seine Einschätzung seines Gitarrenstils stehen auf S. 46 von *Lennon Remembers.* Martins Bemerkung über Ringos Schlagzeugspiel findet sich auf S. 127 seiner Autobiographie.

Seite 164: Martins Bemerkung, George und Ringo hätten »unbedingt zu diesem Zauber dazugehört«, stammt aus einem Interview des Verfassers. Lennons Zitat (»Ich kann mir schon vorstellen ...«) findet sich auf S. 142 der *Playboy Interviews.*

Seite 165: McCartneys Zitat (»Inzwischen gibt es ein paar Leute ...«) steht auf S. 85 des Programmheftes seiner Welttournee 1989–1990. Daß Lennon die anderen drei Beatles aufgefordert hatte mitzumachen, ist bereits in Kapitel 2 und 4 erläutert und belegt worden. Lennons Zitat (»Wir dachten uns, wir könnten es schaffen ...«) stammt von S. 22 von Miles' *The Beatles: In Their Own Words.*

13. Kapitel: Wir werden erwachsen (Rubber Soul)

Seite 167: Van Goghs Brief an Gauguin ist abgedruckt in *Vincent by Himself* (Hg. Bruce Bernard), Macdonald & Co., London 1985, S. 213.

Auf S. 69 der *Recording Sessions* wird als Veröffentlichungsdatum von *Rubber Soul* und der Single »We Can Work It Out« / »Day Tripper« der 3. Dezember 1965 genannt.

Unter den Kritikern, die *Rubber Soul* priesen, sind auch die Amerikaner Robert Christgau und John Piccarella, die die LP auf S. 248 von *The Ballad of John and Yoko* als den »größten Triumph der Beatles« bezeichnen, als »die Platte, die sowohl von der *Sergeant Pepper*-Fraktion als auch von der Hamburg-Fraktion ihrer Fans beansprucht werden konnte«.

Seite 105–106: Daß McCartney den Text und Lennon den Mittelteil von »We Can Work It Out« schrieb, wird von Lennon auf S. 150 der *Playboy Interviews* bestätigt. Die Schilderung, wie die Akkorde dieses Stücks entwickelt wurden, beruht auf Spekulationen des Verfassers, die sich auf die Platte und die auf S. 315–317 von *The Complete Beatles* abgedruckten Noten stützen.

Die Anzahl der Takes und das Aufnahmedatum von »We Can Work It Out« sind auf S. 64 der *Recording Sessions* angegeben. Der Verfasser hat Mitschnitte persönlich gehört.

Seite 171: Daß »We Can Work It Out« und »Day Tripper« als Single mit zwei A-Seiten veröffentlicht wurden, wird auf S. 69 der *Recording Sessions* bestätigt, wo auch vermerkt ist, daß dies das erste Mal war, daß eine Single mit zwei A-Seiten veröffentlicht wurde. Lennons und McCartneys Bemerkung, sie seien zu »Day Tripper« »gezwungen« worden, steht auf S. 64 desselben Werkes.

Lennons Aussage, er habe »Day Tripper« geschrieben, sowie die Bemerkung, der Text beziehe sich auf »Wochenendhippies«, finden sich auf S. 150 der *Playboy Interviews*, ebenso wie die, die Beatles hätten anstelle des Frühstücks einen Joint geraucht (S. 149). Zum damaligen Umgang der Beatles mit Haschisch und LSD siehe Kapitel 16 des vorliegenden Buches.

Auf S. 163 der *Playboy Interviews* erinnert Lennon sich daran, wie er »Nowhere Man« schrieb.

Seite 174f.: Martins Harmonium-Beitrag zu »The Word« ist auf S. 68 der *Recording Sessions* vermerkt. Daß er dieses Instrument auch auf »If I Needed Someone« gespielt hat, ist nicht belegt, da in *Recording Sessions* nicht ausdrücklich davon die Rede ist – im entsprechenden Passus auf S. 64 heißt es nur »zusätzliche Instrumente« –, auch wenn es auf S. 125 von Dowldings *Beatlesongs* erwähnt wird.

McCartneys Bemerkung, die Beatles hätten »dieses klimpernde Etwas« von den Byrds entliehen, stammt aus dem Film *It Was Twenty Years Ago Today*, der auf Derek Taylors gleichnamigem Buch basiert.

Lennons Bemerkung über »In My Life« steht auf S. 151 der *Playboy Interviews*, McCartneys Behauptung stammt aus dem *Playboy*-Interview vom Dezember 1984.

Die Informationen über das Piano-Solo in »In My Life« basieren auf S. 65 der *Recording Sessions* sowie auf Martins Interview in *Musician* (Juli 1987).

Die auf *Rubber Soul* eingesetzten Instrumente sind in den entsprechenden Passagen der *Recording Sessions* angegeben. Tim Rileys Zitat findet sich auf S. 154 seines Buches *Tell Me Why*.

Seite 176: Die Information, daß »Drive My Car« umgeschrieben wurde, finden sich auf S. 114 von Dowldings *Beatlesongs* und S. 78 des Programmheftes zu McCartneys Welttournee, wo auch der ursprüngliche Text abgedruckt ist.

Die Anzahl der Fassungen von »I'm Looking Through You« wird auf S. 65–68 der *Recording Sessions* genannt. Dort finden sich auch eine Liste der verwendeten Instrumente sowie Lewisohns Urteil über den ersten Take.

Seite 178: Die Rekonstruktion von Lennons Akkordschema in »Norwegian Wood« ist Spekulation des Verfassers und basiert auf Informationen über die verwendeten Instrumente und Capos, die Dowlding auf S. 115 von *Beatlesongs* gibt, sowie auf den Noten in *The Complete Beatles*.

Der Verfasser hat die Takes 1 und 4 von »Norwegian Wood« persönlich gehört. Die Takes 2 und 3 sind auf S. 65 der *Recording Sessions* beschrieben.

Auf S. 150 der *Playboy Interviews* sagt Lennon, »Norwegian Wood« habe auf einer Affäre beruht, die er mal gehabt habe.

McCartney sagt in seinem Interview mit *Musician* vom Februar 1985, die Idee mit der Brandstiftung habe von ihm gestammt.

14. Kapitel:
»Denkt symphonisch«: Der Produzent George Martin

Seite 183f.: McCartneys Aufzählung der Musiker, von denen die Beatles beeinflußt waren, stammt aus einem Interview in einer unbetitelten Sammlung von Video-Mitschnitten, die dem Verfasser zugänglich gemacht wurde.

Derek Taylors Bemerkung stammt aus einem Interview mit dem Verfasser. Daß die Beatles Noten weder lesen noch schreiben konnten, ist S. 137–148 von Martins Autobiographie zu entnehmen. Martins Studium an der Guildhall School wird auf S. 27, sein familiärer Hintergrund auf S. 13–15 desselben Werkes erwähnt.

Martin hatte seine Bereitschaft, Konventionen abzustreifen, bereits in einer seiner ersten Entscheidungen in bezug auf die Beatles bewiesen. Gleich nach seiner Entscheidung im Jahr 1962, die Beatles unter Vertrag zu nehmen, hatte er sich gefragt, welcher der vier der Anführer und Sänger der Band sein sollte. Damals bestand jede Popgruppe aus einem Frontman und einigen Musikern im Hintergrund: Buddy Holly and the Crickets zum Beispiel. Martin neigte dazu, McCartney zum Anführer zu machen, merkte aber, daß er damit die Attraktivität der Beatles schmälern würde. »Warum sollte ich sie nicht so lassen, wie sie waren? Das hatte es noch nie gegeben – aber andererseits hatte ich ja auch schon eine Menge Platten produziert, die es bis dahin ›noch nie gegeben‹ hatte.« (Siehe S. 124 von Martins Autobiographie.)

Martin war 1950 bei EMI eingetreten und hatte sich einen Ruf als Außenseiter erworben. Wie er in seiner Autobiographie beschreibt, hatte er mit neunundzwanzig Jahren EMIs dahinkümmerndes Parlophone-Label übernommen und ihm, entgegen der Zweifel seiner Vorgesetzten, ein Gesicht gegeben, indem er witzige und satirische Platten mit Peter Sellers und anderen aufgenommen hatte. Er hatte auch Klassik, Jazz und Popmusik produziert und Aufnahmen mit Stars wie Sophia Loren und Peter Ustinov gemacht. (Nachdem die Beatles sich getrennt hatten, zeigte sich Martin manchmal verärgert, daß man die Bandbreite, die er vor und nach den Beatles bewiesen hatte, nicht zu kennen schien. 1993, in einem Interview mit dem Verfasser, erklärte er: »Ich dachte: ›Du liebe Zeit, wissen diese Leute denn nicht, daß ich auch noch andere Sachen gemacht habe?‹ Das mit den Beatles war natürlich das wichtigste, aber nicht unbedingt das interessanteste, was ich gemacht habe.«)

Ringos Bemerkung, Martin sei »sehr zwölf-inchig« gewesen, steht auf S. 69 von Martins *The Summer of Love*. Johns Zitat (»Wir haben *miteinander* sehr viel gelernt …«) stammt aus einem Fernsehinterview aus den frühen siebziger Jahren, das in einer Sammlung von Video-Mitschnitten enthalten ist, die dem Verfasser zugänglich gemacht wurde.

Seite 185: Das Datum, die Instrumentierung und Martins Erinnerungen an die Aufnahmen von »I Am The Walrus« finden sich auf S. 122–123 und 127 der *Recording Sessions*. Die Mitschnitte hat der Verfasser im Verlauf seiner Recherchen zu diesem Buch gehört.

Martins Mißbilligung von Drogen findet sich auf S. 206 seiner Autobiographie, wo er auch vermerkt, daß die Beatles davon wußten.

Seite 186: Martins Bemerkung über das »organisierte Chaos« findet sich auf S. 122 der *Recording Sessions*, Ken Scotts Zitat steht auf S. 126 desselben Werkes.

Auf S. 6–8 der *Recording Sessions* beschreibt McCartney, wie die Beatles sich in ihrer Anfangszeit bemühten, B-Seiten für Konzerte einzustudieren. Sein Zitat (»Wir setzten einen komischen Hut auf …«) stammt von S. 283 von Davies' Biographie.

Lennons Zitat zu *Rubber Soul* steht auf S. 83 von *Lennon Remembers*. McCartneys Zitat (»Wir wollten immer noch weiter …«) findet sich auf S. 13 der *Recording Sessions*.

Martins Aussage, ihr wechselseitiges Verhältnis habe sich »in zwei Richtungen gleichzeitig« bewegt, findet sich auf S. 133 seiner Autobiographie.

Martin erzählt die Geschichte von Lewis Carroll auf S. 12–13 seines Buches. Sie ist erwähnenswert als ein weiteres Beispiel dafür, wie unzuverlässig das Gedächtnis ist, denn Martin hat Lewisohn eine etwas andere Version dieser Geschichte erzählt. Auf S. 38 der *Recording Sessions* steht, die Beatles hätten sich, nach »schalkhaften Entschuldigungen«, auf den Weg ins Aufnahmestudio gemacht, um die deutsche Fassung von »I Want To Hold Your Hand« aufzunehmen. In seinem Buch schreibt Martin jedoch, diese Aufnahmen seien erst am nächsten Tag entstanden, denn wenn die Beatles »ihren Charme so spielen ließen, wie sie es bei dieser Gelegenheit taten, war es unmöglich, ihnen länger böse zu sein, und so hatte ich mich nach wenigen Minuten wieder beruhigt und schloß mich ihrer Teeparty an, auch wenn ich nicht sagen kann, in welcher Verkleidung – als der verrückte Hutmacher vielleicht«.

Martins Zitat über das »Weiße Album« findet sich auf S. 163 der *Recording Sessions*.

Seite 188: Martins Verweise auf *Help!* und insbesondere »Yesterday« als Wendepunkt in seiner Karriere finden sich auf S. 166–167 seiner Autobiographie. Daß »You've Got To Hide Your Love Away« der erste Beatles-Song war, bei dem ein zusätzlicher Musiker (der Flötist John Scott) eingesetzt wurde, ist auf S. 55 der *Recording Sessions* vermerkt. Lewisohn weist allerdings akribisch darauf hin, bereits 1962 sei der Session-Schlagzeuger Andy White für die Debüt-Single der Beatles »Love Me Do« hinzugezogen worden. Ken Townsends Zitat (»Mit der Vier-Spur-Maschine …«) findet sich auf S. 36 der *Recording Sessions*.

Martins Beschreibung der Zusammenarbeit im Studio während der ersten Jahre steht auf S. 132–133 seiner Autobiographie.

Seite 189: Martin beschreibt seinen Entschluß, EMI zu verlassen, sowie das geldgierige Verhalten seiner Kollegen und Vorgesetzten, das ihn zu diesem Entschluß bewog, auf S. 179–183 seiner Autobiographie. Daß die Beatles darauf bestanden, ihn als Produzenten zu behalten, wird auf S. 209 von Lewisohns *Chronicle* erwähnt.

Martins und McCartneys Zitate über »She Loves You« finden sich auf S. 10 und 32 der *Recording Sessions*.

Die Studiogespräche bei den Aufnahmen von »Think For Yourself« hat der Verfasser transkribiert.

Seite 190 f.: Martins Versuche, Gitarre zu lernen, und Lennons Verwirrung über die Saxophone werden in Martins Autobiographie, S. 138–139, geschildert. Daß es sich um »Good Morning Good Morning« handelte, steht auf S. 74 von Martins Buch *The Summer of Love*, wenn auch einige Dialoge dort leicht abgeändert sind.

Die Kritik anderer Musikprofis wird auf S. 201–202 von Martins Autobiographie vermerkt. Sein Lob, die Beatles seien ihm überlegen gewesen, findet sich auf S. 167, sein Zitat zu »Penny Lane« auf S. 259.

Seite 119: McCartneys Zitat (»Wir haben sie immer zu Sachen gezwungen …«) findet sich auf S. 13 der *Recording Sessions*.

McCartney beschreibt auf S. 11 der *Recording Sessions*, wie er bei der Aufnahme von »Ob-La-Di, Ob-La-Da« eine akustische Gitarre so präparierte, daß sie wie eine elektrische klang. Die rückwärts abgespielte Aufnahme eines Beckens ist auf *Sgt. Pepper's Lonely Hearts Club Band* ausgiebig eingesetzt worden; wie der Trick funktioniert, ist am besten von George Martin in seinem 1992 gedrehten Dokumentarfilm über die Beatles demonstriert worden. »Rain«

war nur einer von vielen Songs, bei denen die Beatles Gesang und Instrumente mit schneller Bandgeschwindigkeit aufgenommen und langsam abgespielt hatten; siehe S. 74 der *Recording Sessions*. Auf S. 150 findet sich die Geschichte, wie McCartney bei den Aufnahmen von »Mother Nature's Son« das Schlagzeug in den Korridor der Abbey Road Studios stellen ließ. Das Zitat von Geoff Emerick stammt von S. 114.

Die Geschichten über Lennon und seine Bemühungen, den Klang seiner Stimme zu verändern, stammen aus den *Recording Sessions*. Die Milchflasche und die Aufnahme von »Revolution I« sind auf S. 114 bzw. 136 erwähnt. Ken Townsends Erfindung des »Automatic Double Tracking« oder ADT wird auf S. 70 beschrieben, Lennons Wunsch, wie jemand vom Mond zu klingen, auf S. 144, und Martins Bemerkung über die erforderliche Halsoperation auf S. 95. Martins Zitat über Harrisons »Einfluß« steht auf S. 104 seines Buches *The Summer of Love*. Harrisons Zitat (»Ein großer Teil der Zeit ...«) findet sich auf S. 27 von Derek Taylors Buch *It Was Twenty Years Ago Today*. Martins Zitat über die Zusammenfügung digitaler Informationen stammt aus seinem Interview mit der Zeitschrift *Q* vom 14. Mai 1993.

Seite 193: Martins Bemerkung über »hörbare Bilder« findet sich auf S. 280 von Davies' Biographie. Sein Vergleich mit Picasso steht auf S. 278 desselben Werkes. Sein Zitat über die historische Bedeutung von *Sgt. Pepper's Lonely Hearts Club Band* findet sich auf S. 214 seiner Autobiographie.

McCartneys Zitat (»Ich habe doch nichts dagegen ...«) steht auf S. 93 von Miles' Buch *The Beatles: In Their Own Words*. Lennons wütende Bemerkungen über Martin stammen von S. 27 und 62 von *Lennon Remembers*. Martins Antwort findet sich auf S. 114 der *Recording Sessions*.

McCartneys Bemerkung über die »Werkzeuge« steht auf S. 6 der *Recording Sessions*, Ken Scotts Aussage, er sei mehr ihre als Martins rechte Hand gewesen, steht auf S. 126.

Martins Abwesenheit während vieler Aufnahmen für *The Beatles* wird auf S. 135 und 149 der *Recording Sessions* vermerkt. Auf S. 143 ist auch McCartneys wütende Reaktion auf Martins Kritik an seinem Gesang auf »Ob-La-Di, Ob-La-Da« wiedergegeben. Emerick erinnert sich, daß Martin vorgeschlagen hatte, McCartney solle sich doch »an den Half-Beats orientieren, und Paul sagte ziemlich grob irgendwas in der Art von: ›Komm du doch runter und sing es.‹« Am selben Tag beendete Emerick seine Zusammenarbeit mit den Beatles. Auf dem Video *The Compleat Beatles* erinnert sich Martin, nach *Let It Be* den Wunsch gehabt zu haben, die Zusammenarbeit mit den Beatles zu beenden. Dort erwähnt er auch McCartneys Bemühungen, ihn für *Abbey Road* wiederzugewinnen. Seinen Stolz auf die zweite Seite der LP bringt er auf S. 192 von Lewisohns *Recording Sessions* zum Ausdruck.

Martins Zitat (»Wichtiger als die einzelnen Individuen ...«) steht auf S. 259 seiner Autobiographie.

15. Kapitel:
»Hör auf die Farbe deines Traums« (Revolver)

Seite 196: McCartney beschreibt seine Begegnung mit Bob Dylan im Hotel Mayfair auf S. 50 des Programmheftes zu seiner Welttournee 1989–1990. McCartneys Behauptung, auf *Revolver* gebe es Klänge, »die noch nie ein Mensch je gehört« habe, findet sich auf S. 60 von Schaffners Buch *The Beatles Forever.*

Seite 197ff.: Die Kompilation von »Taxman« wird auf S. 76 der *Recording Sessions* beschrieben.

Daß für die Beatles ein Steuersatz von 96 Prozent galt, ist durch ihren Assistenten Peter Brown auf S. 253 von *The Love You Make* belegt. Was das Lob für Harrisons »Taxman« betrifft, so muß man anmerken, daß die Zeile »Declare the pennies …« möglicherweise von Lennon stammt. Auf S. 127 der *Playboy Interviews* behauptet Lennon, an diesem Song mitgearbeitet zu haben, doch ist dies nicht zweifelsfrei zu belegen.

Das Aufnahmedatum und die Studiotechnik, die bei »Tomorrow Never Knows« eingesetzt wurde, sind auf S. 70–72 der *Recording Sessions* dokumentiert. Geoff Emericks Zitat (»*Revolver* wurde das Album …«) steht auf S. 74.

Daß sich die Beatles Anfang 1966 drei Monate freinahmen, ist auf S. 210 und 215–216 von Lewisohns *Chronicle* dokumentiert. Dem Vergleich mit dem Terminplan der Quarry Men liegt eine Auflistung der Termine der Band von Ende 1959 bis 1966 zugrunde (siehe Lewisohns *Chronicle*).

Unter anderen erinnert sich Peter Shotton auf S. 118 seines Buches *John Lennon In My Life* daran, daß Lennon in den Monaten vor und während der Aufnahmen von *Revolver* ausgiebig mit LSD befaßt war. Die versteckten Hinweise auf Drogen in den sechs Stücken, die Lennon zu *Revolver* beigetragen hatte, werden in den entsprechenden Passagen dieses Kapitels erörtert. Bei diesen sechs Songs fehlt nur in »And Your Bird Can Sing« eine direkte Anspielung auf Drogen.

Angeblich hat Lennon den Text von »Tomorrow Never Knows« aus dem *Tibetanischen Totenbuch* abgeschrieben – jedenfalls hat er das auf S. 153 der *Playboy Interviews* gesagt –, doch die erste Zeile ist, wie Goldman auf S. 197–198 von *The Lives of John Lennon* feststellt, ein wörtliches Zitat aus Learys Buch (das seinerseits teilweise auf dem *Tibetanischen Totenbuch* beruht).

Seite 200: Lennons Bemerkung, er habe wie »der Dalai Lama« klingen wollen, steht auf S. 72 der *Recording Sessions.* Auf derselben Seite werden Martins Aufnahmetechnik sowie das Erstaunen und die Bitten beschrieben, diese Technik auch an anderen Stellen einzusetzen. Lennons Bemerkung über tibetanische Mönche findet sich auf S. 278 von Davies' Biographie.

Martins Zitat (»Schließlich hörte es sich …«) steht auf S. 370 von Colemans *Lennon.*

Die rückwärts abgespielte Aufnahme der Leadgitarre wird auf S. 70 der *Recor-*

ding Sessions erwähnt; die Präparation von Bandschleifen wird auf S. 72 beschrieben.

Seite 201: Lewisohns Beschreibung von Take 1 von »Tomorrow Never Knows« findet sich auf S. 70 der *Recording Sessions*, ebenso wie die Würdigung Geoff Emericks. Die Änderung der Technik bei der Aufnahme des Schlagzeugs wird auf S. 72 beschrieben.

Die Feststellung, es sei Emerick gelungen, den Baß freizusetzen, findet sich auf S. 74 der *Recording Sessions*. McCartneys neue Art zu spielen wird von ihm selbst in einem Interview mit Lewisohn auf S. 13 desselben Werkes beschrieben.

Lennons Bemerkung über McCartneys innovativen Stil findet sich auf S. 142 der *Playboy Interviews*.

Seite 202 f.: Lennons Vergleich von »Paperback Writer« und »Day Tripper« findet sich auf S. 151 der *Playboy Interviews*.

Starrs Bemerkungen in bezug auf »Rain« stammen aus einem Gespräch mit Max Weinberg und sind in Weinbergs *The Big Beat* wiedergegeben, das auf S. 130 von Dowldings *Beatlesongs* zitiert wird.

Lennon behauptet auf S. 167 der *Playboy Interviews*, die Idee, seine Stimme in »Rain« rückwärts abzuspielen, habe von ihm selbst gestammt, doch George Martin verrät Lewisohn auf S. 74 der *Recording Sessions*, er sei es gewesen, der diesen Einfall gehabt habe. Welche dieser beiden Versionen der Wahrheit näher ist, kann nicht festgestellt werden.

Geoff Emericks Erklärung des Einsatzes verschiedener Aufnahmegeschwindigkeiten findet sich auf S. 74 der *Recording Sessions*. Daß die Beatles von nun an bei den Abmischterminen in den Abbey Road Studios anwesend waren, steht auf S. 77 desselben Werkes.

Lennons Bemerkung über »langweilige Leute« findet sich auf S. 166 der *Playboy Interviews*.

Lennons Ablehnung der Führerrolle, die die Beatles in den sechziger Jahren spielten, kommt auf S. 32, 70–73 und 78–79 der *Playboy Interviews* zum Ausdruck.

Seite 204: Die Rekonstruktion der gemeinsamen Arbeit an »Eleanor Rigby« basiert auf einem Vergleich, den der Verfasser zwischen den von Lennon, McCartney und Lennons Freund Pete Shotton erzählten Versionen dieser Geschichte angestellt hat. Lennon und McCartney weichen, was die Urheberschaft des Songs betrifft, erheblich voneinander ab, und das Problem wäre schwierig zu lösen, wenn Pete Shotton nicht mit einem Augenzeugenbericht aufwarten würde. Lennons Version findet sich auf S. 123 von *Lennon Remembers* und auf S. 128–130 der *Playboy Interviews*. McCartneys Version steht auf S. 82 von Miles' *The Beatles: In Their Own Words*; zusätzliche Informationen enthält das *Playboy*-Interviews vom Dezember 1984. Pete Shottons Version ist auf S. 122–124 seines Buches *John Lennon In My Life* wiedergegeben. Shottons Schilderung ist überzeugend, nicht nur, weil er ein unbeteiligter Dritter ist, sondern auch, weil sein Buch eine liebevolle Erinnerung an seinen Freund John

Lennon ist, ohne dabei dessen ganze charakteristische Bandbreite zu verschweigen. In diesem Fall widerspricht Shotton Lennons Behauptung, den größten Teil des Textes von »Eleanor Rigby« geschrieben zu haben. Er merkt an, das Gedächtnis seines Freundes sei manchmal »äußerst lückenhaft« gewesen, und fügt hinzu, Lennons Beitrag zu diesem Song sei »praktisch gleich Null gewesen«.

Es gibt keinen Zweifel, daß McCartney die Melodie und die erste Strophe dieses Songs geschrieben hat. Auch Lennon gibt das zu, und Shottons Bericht stützt diese Ansicht. McCartney hat die Entstehung von »Eleanor Rigby« in Miles' Buch beschrieben. Daß er den Namen der Hauptperson von Daisy Hawkins in Eleanor Rigby geändert hat, wird in Miles' Buch und im *Playboy*-Interview von 1984 erwähnt. Die gemeinsame Arbeit in Lennons Haus wird von Shotton bestätigt und stimmt mit Lennons Version überein. Gestützt wird diese Erinnerung auch durch McCartneys auf S. 134 von Dowldings *Beatlesongs* zitierte Bemerkung, er habe diesen Song bei einem Besuch in Lennons Haus mitgebracht, und sie hätten während der Arbeit daran Joints geraucht und viel gelacht.

Die Geschichte hat noch eine Lücke, und zwar zwischen der Session in Lennons Haus und dem letzten Schliff, den das Stück in den Abbey Road Studios bekam. Möglicherweise kommt hier Lennons Version zum Zuge: McCartney übergab den Text des teilweise fertigen Songs Lennon und den beiden Assistenten der Beatles, Mal Evans und Neil Aspinall, und bat sie, ihn zu Ende zu schreiben. Doch selbst in Lennons Schilderung wurde der Song nicht von Lennon allein, sondern von Lennon und McCartney vollendet, und das stimmt mit McCartneys Version in Miles' Buch überein.

Seite 205: Daß es Martin war, der, nach McCartneys Idee, die Instrumentalbegleitung zu »Eleanor Rigby« schrieb, ist durch McCartneys Bemerkung auf S. 135 von Dowldings *Beatlemania,* durch Lennons Bemerkung auf S. 119 der *Playboy Interviews* und Martins Aussage gegenüber Lewisohn auf S. 77 der *Recording Sessions* (in der er auch *Fahrenheit 451* erwähnt) belegt.

Seite 207: Daß »Here, There And Everywhere« McCartney von all den Songs, die er geschrieben hat, am besten gefällt, wird von Lewisohn, der nicht nur ein umfassendes Wissen über die Beatles besitzt, sondern auch für McCartney arbeitet, auf S. 83 der *Recording Sessions* vermerkt. Der Verfasser hat Lennons Urteil über den Song nur deshalb mit einem einschränkenden »vermutlich« versehen, weil Lennon nie ausdrücklich gesagt hat, »Here, There And Everywhere« sei ihm von allen Stücken, die McCartney geschrieben hat, das liebste. Auf S. 152 der *Playboy Interviews* kommt er dieser Aussage jedoch sehr nahe. Dort heißt es, das Stück sei »eines meiner Lieblingslieder der Beatles«.

McCartneys Erinnerung, den Song am Swimming-pool von Lennons Haus geschrieben zu haben, während er darauf wartete, daß Lennon aufwachte, findet sich im *Playboy*-Interview von 1984.

Der »Frère Jacques«-Hintergrundchor auf »Paperback Writer« ist deutlich zu hören, wird aber auch auf S. 73 der *Recording Sessions* erwähnt.

Die Sorgfalt, mit der Lennon und Starr darauf achteten, daß »Yellow Submarine« keine Anspielungen enthielt, ist auf S. 82–84 von Miles' *The Beatles: In Their Own Words* vermerkt. Einzelheiten über die Spezialeffekte der Aufnahme von 1. Juni 1966 sind auf S. 81 der *Recording Sessions* dokumentiert. Die Schilderung der Entstehung von »She Said She Said« findet sich auf S. 76 von *Lennon Remembers* und auf S. 152 der *Playboy Interviews*. Fondas Erinnerung an den fraglichen Tag findet sich auf S. 217–218 von *The Ballad of John and Yoko*. Die Beschreibung von Lennons Arbeit an dem Song gründet sich auf das Kompositionsband, das dem Verfasser zugänglich gemacht wurde.

Seite 128–129: Lennons Erklärung zum Mittelteil von »She Said She Said« stammt aus einer Ausgabe des *Rolling Stone* des Jahres 1968 und wird auf S. 140 von Dowldings *Beatlesongs* zitiert.

McCartneys Aussage, er schreibe seine besten Songs »auf einen Sitz«, stammt von S. 78 des Programmheftes zu seiner Welttournee 1989–1990. Im *Playboy*-Interview vom Dezember 1984 sagte er, er habe »Good Day Sunshine« an Lennons Swimming-pool geschrieben. Lennons Bemerkung, er und McCartney seien »Kanäle« für »Sphärenmusik«, wird auf S. 103 und 120 von Garbarinis und Cullmans *Strawberry Fields Forever: John Lennon Remembered* zitiert.

Seite 209: Meller's Zitat steht auf S. 76 seines Buches *Twilight of the Gods*. Lennons Feststellung, »And Your Bird Can Sing« sei »schrecklich«, wird auf S. 141 von Dowldings *Beatlesongs* wiedergegeben. Der Hintergrund von »Doctor Roberts« wird von McCartney auf S. 88 von *The Beatles: In Their Own Words* erläutert. Das Zitat von Pete Shotton stammt von S. 122 seines Buches.

Lennons Aussage, »For No One« sei eine seiner liebsten McCartney-Kompositionen, findet sich auf S. 152 der *Playboy Interviews*.

Die auf »For No One« verwendeten Effekte werden auf S. 78–79 der *Recording Sessions* beschrieben. Der Satz über die Mitwirkung McCartneys bei »I Want To Tell You« stützt sich auf die Informationen auf S. 81–82 desselben Werkes und auf S. 144 von Dowldings *Beatlesongs*; daß McCartney auch die Idee zu der Aufblende hatte, ist Spekulation und gründet sich auf die Tatsache, daß es McCartney war, der die meisten Ideen zu Produktion und Arrangement der Beatles-Songs beisteuerte. Dies wird unter anderem von Norman Smith, einem Toningenieur der Abbey Road Studios, auf S. 178 von Salewicz' *McCartney* bestätigt.

Lennons Bemerkung über »Got To Get You Into My Life« findet sich auf S. 153 der *Playboy Interviews*.

McCartneys Idee, bei »Got To Get You Into My Life« einen Bläsersatz einzusetzen, wird auf S. 79 der *Recording Sessions* vermerkt, ebenso wie die Namen und die Londoner Clubs, in denen diese Musiker auftraten. Auch die Aufnahmetechnik von Geoff Emerick wird erörtert. Zu Informationen über »Eleanor Rigby« siehe S. 77 desselben Werkes.

McCartneys Zitat (»Das war wirklich ein LSD-Song«) stammt aus dem *Playboy*-Interview vom Dezember 1984. Lennons Bemerkung, man merke »erst später, was sie bedeuten«, steht auf S. 47 von *The Ballad of John and Yoko*. Auf S. 153 der *Playboy Interviews* erklärt Lennon, er habe Ringos schiefen Ausdruck als Titel des Songs gewählt, um den bedeutungsschwangeren Text etwas abzumildern.

Lennons Freund Elliot Mintz erinnert sich auf S. 173–176 von *The Ballad of John and Yoko* an Lennons Interesse für Reinkarnation. Lennon selbst spricht darüber auf S. 14 der *Playboy Interviews*, wenn auch unter Verwendung des Begriffs »Karma«.

16. Kapitel: »Wir alle wollen die Welt ändern«: Drogen, Politik und Spiritualität

Seite 214: Derek Taylors Bemerkung, die Beatles seien eine »Abstraktion, so ähnlich wie Weihnachten«, stammt aus einem Interview, das er gab, nachdem die Band sich aufgelöst hatte. Es ist in einer privaten Sammlung von Mitschnitten enthalten, die dem Verfasser zugänglich gemacht wurde.

Die Bemerkungen der Beatles über Geld und Atomkrieg finden sich auf S. 58 von Miles' *The Beatles: In Their Own Words*.

Harrisons Zitat (»Eine Zeitlang glaubten wir ...«) steht auf S. 136 von Derek Taylors *It Was Twenty Years Ago Today*. Über sein »Verlangen, etwas zu entdecken« spricht er in einem Interview mit dem *Rolling Stone* (Ausgabe vom 22. Oktober 1987).

Seite 215: McCartneys Bemerkung über die »Wende« steht auf S. 58 des Programmheftes zu seiner Welttournee 1989–1990, wo er auch beschreibt, wie Marihuana die Beatles dazu brachte, Tabletten und Alkohol aufzugeben. Lennons Bemerkung über Alkohol steht auf S. 82 von *Lennon Remembers*.

Dylans Verwirrung durch den Text von »I Want To Hold Your Hand« wird von McCartney im Programmheft zu seiner Welttournee geschildert. Seine Darstellung wird durch Coleman gestützt, der sich auf S. 343 seines Buches *Lennon* an ein Interview erinnert, das er 1964 mit Dylan führte und in dem Dylan sich verblüfft zeigte, daß »I Want To Hold Your Hand« kein Drogensong war und die Beatles noch nie Marihuana geraucht hatten. Die Geschichte des Zusammentreffens der Beatles mit Bob Dylan, bei dem die Beatles zum erstenmal Marihuana rauchten, wird am ausführlichsten von Brown und Gaines auf S. 143–144 ihres Buches *The Love You Make* erzählt. Man muß jedoch anmerken, daß keiner der beiden Verfasser behauptet, an jenem Abend anwesend gewesen zu sein, und daß sie für ihre detaillierten Beschreibungen und ausführlich zitierten Dialoge keine Quellen angeben. Dennoch werden die zentralen Elemente ihrer Geschichte durch Lennons Bemerkungen auf S. 52 von *The Ballad of John and Yoko* gestützt. Dort findet sich auch sein Zitat: »Wir verdanken ihm viel.«

Seite 216: Daß die Beatles während der Dreharbeiten zu *Help!* täglich rauchten und daß die Aufnahmen deswegen manchmal wiederholt werden mußten, erzählt Lennon auf S. 144 der *Playboy Interviews*. Dort findet sich auch das Wort von »unserer eigenen Welt«. Das Codewort »Lachen wir uns einen!« wird mit Einschränkung wiedergegeben, weil es nicht durch eine direkte Aussage der Beatles, sondern nur durch eine Erwähnung in *The Love You Make* belegt ist. McCartneys Zitat (»Wir entfernten uns ...«) steht auf S. 50 des Programmheftes der Welttournee und wird von einem Zitat Harrisons im *Rolling Stone* vom 22. Oktober 1987 gestützt, in dem dieser sagt, die Beatles seien vor Marihuana und LSD zu hektisch gewesen und hätten keine Zeit gehabt, darüber nachzudenken, was eigentlich mit ihnen geschah.

Derek Taylors Bemerkung steht auf S. 88 seines Buches *It Was Twenty Years Ago Today*. Harrisons Zitat (»Es war, wie wenn ein Tor aufgestoßen wurde ...«) stammt aus dem *Rolling Stone* vom 5. November 1987. Dort steht auch, 1966 sei das LSD-Jahr der Beatles gewesen.

Die genaueste Schilderung jenes Abends bei dem Zahnarzt, der ihnen LSD verabreichte, stammt von Lennon selbst und steht auf S. 73–75 von *Lennon Remembered*. Daß sie von dem LSD nichts gewußt hatten, wird von Harrison auf S. 120 von Miles' *The Beatles: In Their Own Words* bestätigt.

Die Beschreibung des zweiten LSD-Trips in Los Angeles basiert auf der oben zitierten Erinnerung Lennons sowie auf Peter Fondas Bemerkungen auf S. 217–218 von *The Ballad of John and Yoko* und Lennons Bemerkungen in den *Playboy Interviews*. Die Tatsache, daß McCartney sich an jenem Tag weigerte, LSD zu nehmen, wird sowohl durch Lennons Erinnerungen als auch durch das Interview mit McCartney im *Rolling Stone* (11. September 1986) bestätigt.

Daß McCartney seinen ersten Trip mit John nahm, nachdem dieser eines Nachts im Studio versehentlich einen genommen hatte, ist durch das oben zitierte Interview mit McCartney belegt. Das Datum und die anderen geschilderten Einzelheiten werden durch verschiedene Berichte bestätigt, nämlich unter anderem durch das erwähnte Interview, Lennons Bemerkungen auf S. 76 von *Lennon Remembers*, George Martins Erinnerung auf S. 206–207 seines Buches *All You Need Is Ears*, Hunter Davies' Augenzeugenbericht auf S. 270–271 seines Buches *The Beatles* und die Schilderung auf S. 104 von Lewisohns *Recording Sessions*.

Seite 218: McCartneys Bemerkungen über seinen ersten LSD-Trip finden sich auf S. 21 von Taylors *It Was Twenty Years Ago Today*. Seine Aussage, LSD habe ihm »die Augen geöffnet«, ist auf S. 136 von Pete Shottons Buch *John Lennon In My Life* wiedergegeben. Auf S. 118 desselben Buches schreibt Shotton, LSD habe Lennons Enthusiasmus wiederaufleben lassen.

Als Mensch der Extreme ging Lennon später zu weit und nahm so oft LSD, daß die gute Wirkung dieser Droge auf der Strecke blieb und die Schläge, denen sein Ego ausgesetzt war, unerträglich wurden. Darum hörte er im Sommer 1967 damit auf und nahm den nächsten Trip erst an einem Wochenende im Frühjahr darauf, und zwar unter der Anleitung von Derek Taylor, der Lennon versicherte, er habe allen Grund, an sich zu glauben. Diese Geschichte findet sich auf S. 77–78 von *Lennon Remembers* und auf S. 322–323 von Colemans *Lennon*. Wie S. 116–119 von *The Beatles: In Their Own Words* zu entnehmen ist, sagte Lennon später, Taylor habe ihm geholfen, seine quälenden Depressionen zu überwinden und sein Selbstvertrauen wiederzufinden. Dieser Prozeß sei noch beschleunigt worden, als Yoko Ono in sein Leben getreten sei. Das Datum (Frühjahr 1968) leitet sich aus Lennons Erwähnung von Yoko Ono (die Beziehung begann im Mai 1968, laut Lewisohn auf S. 283 das *Chronicle* am 19. Mai 1968) und aus Taylors Erinnerung auf S. 62–63 seines Buches *As Time Goes By* ab.

Taylors Zitat (»Wir fühlten uns befreit …«) stammt aus der Video-Dokumentation *The Compleat Beatles*.

McCartneys Zitat (»Es sickerte allmählich in alles ein …«) steht auf S. 88 von Taylors *It Was Twenty Years Ago Today*.

Die Behauptung, daß »She's A Girl« die erste direkte Anspielung auf Drogen enthält, basiert auf Lennons Bemerkung auf S. 147 der *Playboy Interviews* sowie auf der Tatsache, daß es nichts gibt, was auf frühere Anspielungen hindeutet. Auf spätere Andeutungen wird in diesem Buch in zeitlicher Reihenfolge hingewiesen.

Lennons Bemerkung, die Drogen hätten »die Musik nicht geschrieben«, steht auf S. 78 von *Lennon Remembers*.

Starrs Zitat (»Wir haben schon sehr früh gemerkt …«) findet sich auf S. 110 in Martins Buch *The Summer of Love*.

Lennons Aussage, »The Word« habe davon gehandelt, »mit der Zeit zu gehen«, findet sich auf S. 173 der *Playboy Interviews*.

Daß Martin nicht wußte, daß die Beatles »mit LSD zu tun hatten«, steht auf S. 207 von *All You Need Is Ears*.

Seite 220ff.: Das Sendeverbot der BBC für »A Day In The Life« sowie McCartneys Geständnis, er habe LSD genommen, werden auf S. 255–256 von Lewisohns *Chronicle* erwähnt.

Daß McCartney sich nicht schämte, wird durch seine auf S. 136 von Shottons *John Lennon In My Life* zitierte Bemerkung gestützt, LSD habe ihm »die Augen geöffnet«. Angesichts der Kritik durch Politiker und Medien drückte er sich jedoch bald anders aus. Er schwor dem LSD nie ab, warf den Medien aber vor, sein Zitat aufgebauscht zu haben. In einem gereizten Wortwechsel mit einem englischen Fernsehreporter (zitiert auf S. 116 von Taylors *It Was Twenty Years Ago Today*) bestritt McCartney den Vorwurf, er werbe für LSD, und sagte, es seien die Medien, die das täten. Auf die Frage, ob auf ihm als Person des öffentlichen Interesses denn keine besondere Verantwortung ruhe, entgegnete McCartney: »Ich nehme an, Sie senden das hier jetzt, *in diesem Augenblick*. Das wird in alle englischen Haushalte gesendet, und ich fände es besser, wenn dem nicht so wäre. Sie fragen mich was und wollen eine ehrliche Antwort, also werde ich Ihnen eine ehrliche Antwort geben. Aber die Verantwortung dafür, daß das gesendet wird, liegt bei Ihnen.« (Taylors Bericht ist auch

die Quelle für die späteren Bestätigungen von Lennon, Harrison und Epstein.)
Daß zwei der Beatles bei den Fototerminen für das Cover von *Sgt. Pepper's Lonely Hearts Club Band* »schwebten«, erzählt Lennon in einem Interview, das auf einem unveröffentlichten Video-Mitschnitt zu sehen ist. Mit einem schiefen Lächeln in die Kamera sagt Lennon, zwei der Beatles hätten geschwebt, die anderen beiden nicht. Auch wenn der andere McCartney oder Starr gewesen sein könnte, ist es doch am wahrscheinlichsten, daß es Harrison war, da er derjenige war, der in dieser Zeit am meisten mit LSD experimentierte. Bei McCartney ist nicht anzunehmen, daß er vor einem so wichtigen Fototermin LSD genommen hätte.

Von Lennons und Harrisons Festnahmen wegen Drogenbesitzes wird auf S. 288–291 und 308–310 von Browns *The Love You Make* sowie auf S. 458–459 von Colemans *Lennon* und S. 62–65 von Geoffrey Guilianos *Dark Horse* berichtet. In Guilianos Buch findet sich auch die Information über Sergeant Pilcher.

Die Anzeige in der *Times* wird auf S. 78–79 von *Dark Horse* beschrieben, ebenso auf S. 117 von *It Was Twenty Years Ago Today*.

Die Abkehr von Drogen ist auf S. 32 und 36 von *The Beatles: In Their Own Words* dokumentiert, ebenso auf S. 243 von *The Love You Make* (wo sich auf S. 239–244 auch eine Schilderung ihres Verhältnisses zum Maharishi findet) und auf S. 703 von Colemans *Lennon*.

McCartneys Bemerkung, Drogen könnten »ein paar Türen öffnen« sowie die Bemerkungen von Lennon und Harrison im selben Absatz, finden sich auf S. 37 bzw. S. 115 von Miles' *The Beatles: In Their Own Words*.

Lennons Zitat (»In gewisser Weise spielten wir Trojanisches Pferd ...«) stammt von S. 123 von Miles' *The Beatles: In Their Own Words*.

Die Geschichte um Lennons Bemerkung, die Beatles seien »populärer als Jesus«, basiert auf S. 404–409 von Colemans *Lennon*, S. 212–213 von Lewisohns *Chronicle*, S. 191–194 von Browns *The Love You Make* und S. 28 und 32 von Miles' *The Beatles: In Their Own Words*. Coleman und Brown zitieren auch Lennons anschließende Bemerkungen über Vietnam.

Die Feststellung, daß die Beatles 1966 begannen, sich für soziale und politische Belange zu interessieren, findet sich auf S. 164 von Taylors *It Was Twenty Years Ago Today* und auf S. 117 von Shottons *John Lennon In My Life*.

Lennons Begründung, warum die Beatles sich zum Vietnamkrieg äußerten, steht auf S. 123 von *The Beatles: In Their Own Words*. Unter vielen anderen Erklärungen, die die Beatles zu diesem Thema abgaben, sind die vom 24. August 1966 (bei der sich, wie auf S. 17 von Jon Wieners *Come Together* vermerkt, alle vier äußerten), die von McCartney im Januar 1967 (S. 164 von Taylors Buch) und die von Lennon im April 1968 (S. 73–74 von Wieners Buch). In Wieners Buch findet sich an dieser Stelle auch die Aussage über das Establishment.

Seite 223: Harrisons Zitat (»Wir wußten natürlich ...«) steht auf S. 150 von Taylors Buch, das auf S. 165 Abbie Hoffman mit »Beethoven kommt in den Supermarkt! ...« zitiert. Ginsbergs Zitat (»Sie wußten, daß die Welt und das menschliche Bewußtsein ...«) findet sich auf S. 24 desselben Werkes.

Seite 224f.: Lennons Zitat (»Die Beatles hockten vielleicht oben ...«) findet sich auf S. 78 der *Playboy Interviews*, ebenso wie Yoko Onos Aussage, die Beatles seien wie ein »Medium« gewesen. In dieselbe Richtung gehen die Bemerkungen, die Harrison in seinem Interview im *Rolling Stone* (5. November 1987) machte. Martins Zitat (»Das wirklich Tolle an den Beatles ist ...«) stammt aus der Video-Dokumentation *The Compleat Beatles*.

17. Kapitel: Rock 'n' Roll als Kunst (Sgt. Peppers's Lonely Hearts Club Band)

Seite 227: Lennons Zitat (»Genie ist eine Art Wahnsinn«) steht auf S. 64 in *Lennon Remembers*. Über seine Kindheitserinnerungen und die Fähigkeit, »durch Wände zu sehen«, spricht er auf S. 132–134 der *Playboy Interviews*. Daß er auf die Knie gefallen war, schreibt Shotton auf S. 117 von *John Lennon In My Life*. George Martin schreibt auf S. 202 von *All You Need Is Ears*, EMI habe in der Zeit, als *Sergeant Pepper* produziert wurde, auf einer Single bestanden. Daß *Sgt. Pepper's Lonely Hearts Club Band* ursprünglich als Platte über die Kindheit konzipiert gewesen war, wird auf S. 147 von Dowldings *Beatlesongs*, auf S. 359 von Normans *Shout!* und von Lennon in einem auf S. 49–50 von *The Ballad of John and Yoko* abgedruckten Interview vermerkt. McCartneys Zitat (»[Strawberry Fields] lag [Johns Haus] genau gegenüber«) stammt aus dem 1992 von George Martin gedrehten Dokumentarfilm *The Making of Sgt. Pepper*.

Das Datum, an dem die Beatles mit den Aufnahmen von »Strawberry Fields Forever« begannen, ist auf S. 87 der *Recording Sessions* dokumentiert. Martins Bemerkung, damit sei »der Ton für das ganze *[Sergeant Pepper]* Album festgelegt« gewesen, findet sich auf S. 13 seines Buches *The Summer of Love*. Daß Lennon fand, das Stück sei »schlecht aufgenommen« worden, und daß er McCartney die Schuld dafür gab, steht auf S. 162 der *Playboy Interviews*.

Seite 228: Martins Aussage, Lennon habe sich ein »sanftes Traumlied« vorgestellt, findet sich auf S. 278 von Davies' Biographie.

Der Verfasser hat die Demo-Fassungen von »Stawberry Fields Forever« gehört, die 1987 von Yoko Ono veröffentlicht wurden.

Lennon beschreibt die Entstehung des Songs in Spanien auf S. 130 der *Playboy Interviews*.

Seite 229: Lennons Erklärung der Passage »No one I think ...« auf »Strawberry Fields Forever« findet sich auf S. 133 der *Playboy Interviews*. Zur Diskussion über den restlichen Text und die darin enthaltenen Wortspiele siehe das Faksimile einer alten, handschriftlichen Fassung auf S. LIX von Davies' *The Beatles*.

George Martins Reaktion (»Absolut wunderbar«) steht auf S. 89 der *Recording Sessions*. Seinem späteren Bedauern darüber, diese Version nicht aufgenommen und veröffentlicht zu haben, gibt er auf S. 14 seines Buches *The Summer of Love* Ausdruck.

Daß Lennon eine letzte Strophe angehängt hat, ist eine Schlußfolgerung aus der Tatsache, daß diese Strophe auf Lennons Demo-Version nicht zu hören ist, wohl aber auf dem am 24. November 1966 aufgenommenen Take 1 der Beatles. Die anderen Bemerkungen über den Text dieses Stückes basieren auf Analysen des Verfassers. Der letzte Satz über das Ausbrechen in endlose Felder voller Erdbeeren wird durch Lennons Bemerkung gestützt, er habe »Visionen von Erdbeerfeldern«, die auf S. 47 von *The Ballad of John and Yoko* zitiert wird.

Seite 231: Die Möglichkeiten, die der Mellotron-Synthesizer eröffnete, und die Tatsache, daß McCartney darauf spielte, werden auf S. 87 der *Recording Sessions* beschrieben. Martins Bemerkung, Lennon habe die Idee gehabt, ein Mellotron zu benutzen, findet sich auf S. 16 seines Buches *The Summer of Love*. Sein Zitat, schon mit der Einführung sei das Stück »sofort ›Strawberry Fields‹«, stammt aus seinem Dokumentarfilm *The Making of Sgt. Pepper*.

Die Beschreibung der Veränderungen, die der Song im Verlauf der verschiedenen Takes durchlief, basiert auf den Demo-Bändern sowie den Takes 1–7, 15 und 24–26, die dem Verfasser vorgespielt wurden.

Lennons Bitte an Martin, »Strawberry Fields« noch einmal aufzunehmen, und die Tatsache, daß es fünfzehn zusätzliche Takes brauchte, um die zweite Rhythmusspur fertigzustellen, sind auf S. 89–90 der *Recording Sessions* und S. 199–201 von Martins Buch *All You Need Is Ears* belegt.

Seite 233ff.: Daß Lennon »cranberry sauce« singt, ist auf der Platte zu hören und wird durch seine Aussage auf S. 74 der *Playboy Interviews* bestätigt.

Daß Martin auf Lennons Bitte die zwei Versionen von »Strawberry Fields« miteinander verband, geht aus S. 90–91 der *Recording Sessions* und S. 200–201 von Martins *All You Need Is Ears* hervor. Phil McDonalds Zitat (»Eins haben sie immer wieder gesagt …«) findet sich auf S. 114 der *Recording Sessions*.

Seite 144: Auf S. 23 von *The Summer of Love* erklärt Martin, die vorzeitige Ausblende auf »Strawberry Fields Forever« habe verbergen sollen, daß die Rhythmussektion in der herausgeschnittenen Passage aus dem Takt gekommen war.

Martins Urteil, »Strawberry Fields« / »Penny Lane« sei die beste Platte, die die Beatles je gemacht hätten, findet sich auf S. 202 von *All You Need Is Ears*. Zu der Ansicht, diese Platte sei die beste Single aller Zeiten, siehe S. 98 der *Recording Sessions*.

Daß »Penny Lane« im November 1965 entstand, ist auf S. 91 der *Recording Sessions* belegt. Daß McCartney einen »Stupser« von Lennon gebraucht hat, ist Spekulation des Verfassers, die sich auf die im 10. Kapitel zitierte und belegte Aussage von McCartney stützt: »Er schrieb ›Strawberry Fields‹, ich zog mich zurück und schrieb ›Penny Lane‹ … Weil wir in einem Wettbewerb standen.«

George Martin erinnert sich auf S. 14 seines Buches *The Summer of Love,* daß McCartney »Penny Lane« schrieb, gleich nachdem Lennon »Strawberry Fields Forever« geschrieben hatte.

Lennons Bemerkung, McCartney sei voller Selbstvertrauen gewesen, findet sich auf S. 118 von Miles' *Beatles: In Their Own Words.*

Daß Lennon beim Text von »Penny Lane« geholfen hat, geht aus McCartneys Zitat auf S. 88 von *Beatles: In Their Own Words* hervor, in dem er das Pronomen »wir« benutzt, als er die Entstehung der Zeilen über den Banker und die Finger Pies beschreibt. Auch Lennon benutzt auf S. 150 von *The Ballad of John and Yoko,* wo er die Entstehung von »Penny Lane« schildert, das Wort »wir«.

Seite 236 f.: Die Anzahl der Aufnahmetermine für »Penny Lane« sowie eine Liste der benutzten Instrumente finden sich auf S. 91–93 der *Recording Sessions.* Die Passage über die Pikkolo-Trompete beruht auf S. 91 der *Recording Sessions* und S. 201–202 von Martins *All You Need Is Ears.* Masons Zitat (»unglaublich hohe Noten«) finden sich auf S. 93 der *Recording Sessions.*

Nach Lewisohns *Chronicle* (S. 214) erschienen Beiträge über die bevorstehende Auflösung der Beatles in der Londoner *Sunday Times* und im Programm der BBC. Fairerweise muß man sagen, daß die Journalisten Grund zu diesen Spekulationen hatten: Keine andere Gruppe hatte es je geschafft, nur mit Plattenaufnahmen im Geschäft zu bleiben – der Schwerpunkt hatte immer auf Live-Auftritten gelegen. Die Beatles ließen sich von solchen Erwägungen jedoch nicht aufhalten. Es gibt ein paar interessante Mitschnitte von Fernsehinterviews, die Reporter mit Harrison, Lennon und Starr machten, als diese getrennt in den Abbey Road Studios eintrafen, um *Sergeant Pepper* aufzunehmen. Auf die Frage, ob die Beatles vorhätten, sich zu trennen, sagt Lennon: »Ich könnte mir vorstellen, daß wir für eine Weile nicht an einem gemeinsamen Projekt arbeiten würden, aber wir würden uns immer wieder aus irgendwelchen Gründen zusammenfinden. Ich meine, man braucht andere Leute ja auch als Anregung.« Harrison zeigt angesichts dieser Frage, die offenbar schon zu oft gestellt worden ist, weniger Geduld und bleibt nicht wie Lennon stehen, sondern sieht sich nur über die Schulter um und ruft einigermaßen genervt: »Nein!« Starr bleibt wie immer ruhig und gut gelaunt. Auch er dementiert eine bevorstehende Trennung und fügt hinzu, mit ein wenig Glück werde er wohl gerade noch rechtzeitig zur Teepause kommen.

Daß das Studio zum Clubraum der Beatles geworden war, sagt Harrison auf S. 27 von Derek Taylors *It Was Twenty Years Ago Today.*

Zu den Pressereaktionen auf »Strawberry Fields« und »Penny Lane« schreibt Derek Taylor in *It Was Twenty Years Ago Today,* Schlagzeilen wie »IST DIE SEIFENBLASE GEPLATZT« hätten für ziemlichen »Wirbel« gesorgt. Auf S. 21 notiert er, die Beatles seien ganz gelassen geblieben und Lennon im Studio sehr zufrieden gewesen. Shottons Bemerkung, er habe das Gefühl gehabt, diese Platte werde »das bei weitem Beste [werden], was die Beatles je unternommen hatten«, steht auf S. 135 seines Buches *John Lennon In My Life.* Mc-

Cartneys Zitat (»Und ich saß da, rieb mir die Hände …«) findet sich auf S. 111 von Martins *The Summer of Love.*

S. 93–94 der *Recording Sessions* ist zu entnehmen, daß die Beatles am 19. Januar 1967, zwei Tage nach Fertigstellung von »Penny Lane«, mit den Aufnahmen zu »A Day In The Life« begannen.

Die Filme zu »Strawberry Fields« und »Penny Lane« wurden laut Lewisohns *Recording Sessions,* S. 242–243, am 30. und 31. Januar bzw. am 5. und 7. Februar 1967 gedreht. Diese Filme stellten einen weiteren künstlerischen Durchbruch dar, denn sie zeigten keine einzige Einstellung, in der die Beatles Musik machten; die Songs dienten als Soundtrack für Bilder, die die Aussage der Musik verstärken oder kommentieren sollten. Im »Strawberry Fields«-Film gibt es eine Szene auf einer Wiese mit einer großen Eiche. McCartney springt von einem Klavier, rennt zu dem Baum und springt auf einen Ast weit über seinem Kopf. Für diese Szene wurde er gefilmt, wie er von dem Ast sprang – die Sequenz wurde dann rückwärts in den Film eingefügt. In den fesselndsten Szenen aus »Penny Lane« geht Lennon an einem sonnigen Tag durch eine belebte Straße, die Beatles reiten auf Schimmeln durch einen Bogengang und sitzen später mitten auf einem Feld an einem festlich gedeckten Tisch, wo ihnen, obwohl es offensichtlich bitter kalt ist, Tee serviert wird.

Die Idee zu *Sgt. Pepper's Lonely Hearts Club Band* ist von verschiedenen Quellen McCartney, Neil Aspinall und Mal Evans zugeschrieben worden. Auf S. 133 seines Buches behauptet Shotton, der Gedanke gehe auf Evans zurück, doch einen Beleg dafür gibt er nicht an. Auf S. 159 von Dowldings *Beatlesongs* wird Starr mit derselben Aussage zitiert. George Martin schreibt jedoch auf S. 64 von *The Summer of Love,* die Idee sei McCartneys »reger Phantasie« entsprungen. Das ist auch die Version, an die McCartney sich erinnert. In dem *Playboy*-Interview vom Dezember 1984 sagt er, es sei »eine Idee von mir [gewesen, daß] es gut sein würde, unsere Identität zu verlieren und in der Persona einer erfundenen Gruppe aufzugehen«. Auch Lewisohn, der in diesen Dingen der verläßlichste Schiedsrichter ist, schreibt den Gedanken auf S. 95 der *Recording Sessions* McCartney zu.

Zu der Tatsache, daß McCartney für das Konzept des Covers verantwortlich war, siehe die Bemerkungen von Peter Blake, dem Künstler, der die Cover-Collage entworfen hat, auf S. 37–38 von Taylors *It Was Twenty Years Ago* Today sowie S. 117–118 von Martins *The Summer of Love.* Bei Martin wird erwähnt, daß Sir Joseph Lockwood, der Vorstandsvorsitzende von EMI, zunächst sein Veto gegen das Cover eingelegt und dann, als die Beatles darauf beharrten, verlangt habe, daß das Einverständnis aller abgebildeten Personen oder ihrer Erben eingeholt werden müsse. Allerdings dürfe Gandhi unter keinen Umständen abgebildet werden, denn EMI wollte auf dem indischen Markt keinen Ärger bekommen. Laut Martin reagierte McCartney mit dem Satz: »Na gut, ich geb ihm zwei Marlon Brandos für einen Gandhi.«

Obgleich sie auch an anderer Stelle erwähnt werden, beschreibt McCartney seine Avantgarde-Aktivitäten am ausführlichsten selbst, und zwar auf S. 50–51 des Programmheftes zu seiner Welttournee 1989–1990, in dem er auch auf den Unterschied hinweist, der in Hinblick auf das Verhältnis zur breiten Masse zwischen Lennon und ihm bestand.

Seite 238: Coplands Zitat (»Wenn Sie etwas über die sechziger Jahre erfahren wollen ...«) steht auf S. 1 von Ian Macdonalds *Revolution In The Head.* Laut Dowldings *Beatlesongs* (S. 161) stammt die Aussage, *Sergeant Pepper* sei »ein entscheidender Moment in der Geschichte der westlichen Zivilisation« von dem britischen Kritiker Kenneth Tynan. Martins Ansicht, diese Platte habe die Beatles in »entscheidende Mitwirkende in der Geschichte der künstlerischen Ausdrucksformen« verwandelt, findet sich auf S. 214 von *All You Need Is Ears.* Lennons Aussage, seine eigenen Songs hätten »absolut nichts mit dieser Idee von *Sergeant Pepper* und seiner Band zu tun« gehabt, steht auf S. 166–167 der *Playboy Interviews.* Starrs Zitat stammt aus der Zeitschrift *Musician* (Februar 1982) und wird auf S. 160 von Dowldings *Beatlesongs* wiedergegeben.

Seite 241 f.: Die Komposition von »With A Little Help From My Friends« wurde im 10. Kapitel dieses Buches beschrieben. Mellers' Zitat (»Ringo ist das am wenigsten begabte ...«) findet sich auf S. 88 seines Buches *Twilight of the Gods.* Lennons Erklärung für »Lucy In The Sky With Diamonds« steht auf S. 153–154 der *Playboy Interviews.* Das Sendeverbot der BBC wird auf S. 167 von Dowldings *Beatlesongs* erwähnt. Die Orgel, die wie eine Celesta klang, und die Tatsache, daß Harrison Tamburin spielte, sind auf S. 100 der *Recording Sessions* vermerkt. Martins Bemerkung, die ersten Takte von »Lucy In The Sky« seien eine »wunderbare Phrase«, stammt aus seinem 1992 gedrehten Dokumentarfilm *The Making of Sgt. Pepper.* McCartneys Bemerkungen über den Text stehen auf S. 89 von Miles' *Beatles: In Their Own Words.* Geoff Emericks Lob für *Sergeant Pepper* stammt aus seinem Interview in der Zeitschrift *Musician* (Juli 1987).

Jerry Boys' Aussage, einige der Geräusche auf *Sergeant Pepper* könne man auch heute nicht produzieren, findet sich auf S. 114 der *Recording Sessions.* George Martin beschreibt auf S. 108 von *The Summer of Love,* wie er den Sound für die ersten Takte von »Getting Better« schuf.

McCartneys Bemerkung (» ... typisch für John ...«) stammt aus dem *Playboy-* Interview vom Dezember 1984. Martins Behauptung, Lennon habe »it can't get no worse« im Studio geschrieben, steht auf S. 112 von *The Summer of Love.* Das Problem ist, daß Hunter Davies auf S. 268–269 seiner autorisierten Biographie anscheinend als Augenzeuge beschreibt, wie Lennon und McCartney diesen Song eines Nachmittags in McCartneys Haus geschrieben haben. Das würde auch erklären, daß Lennon in Studio 2 spazieren und diese Zeile aus dem Stegreif singen konnte, ohne den Song je gehört zu haben. Andererseits könnte es sein, daß Martin recht hat und Davies eine Version wiedergegeben hat, die auf Lennons und/oder McCartneys nicht gerade sehr zuverlässigen Erinnerungen beruht.

Seite 243: Die ursprüngliche Anordnung der Titel auf Seite 1 von *Sergeant Pepper* steht auf S. 108 der *Recording Sessions.* Nach dem Titelstück kommt

»With A Little Help From My Friends«, doch dann sollten diese Stücke folgen: »Being For The Benefit Of Mr. Kite«, »Fixing A Hole«, »Lucy In The Sky With Diamonds«, »Getting Better«, »She's Leaving Home«. Diese Reihenfolge stammt vom 6. April 1967; am 21. April schlug Martin, wie auf S. 113 der *Recording Sessions* dokumentiert, EMI die neue, endgültige Reihenfolge vor. Martins Lob für die Gitarren in »Fixing A Hole« findet sich auf S. 85–87 von *The Summer of Love*. Lennons Lob für den Text findet sich auf S. 166 der *Playboy Interviews*.

Auf S. 89 von Miles' *Beatles: In Their Own Words* sagt McCartney, daß er durch einen Artikel im *Daily Mirror* zu »She's Leaving Home« inspiriert worden war.

Wie es scheint, hatte McCartney es eilig, »She's Leaving Home« aufzunehmen, und bat Martin, einen Vertrag mit einem anderen Musiker zu kündigen, um die Partitur für ihn zu schreiben. Als Martin das ablehnte, engagierte McCartney den unabhängigen Arrangeur Mike Leander. Martin erinnert sich Jahre später auf S. 207–208 seiner Autobiographie *All You Need Is Ears* mit einer gewissen Bitterkeit an diesen Vorfall und bezeichnet ihn als »eine der größten Kränkungen meines Lebens«. Auf S. 134 von *The Summer of Love* stellt Martin auch die Frage, ob Leanders Arrangement nicht etwas »stringenter« hätte sein sollen. McCartney entschuldigte sich in dem *Playboy*-Interview vom Dezember 1984 und sagte, er habe nicht gewußt, daß Martin gekränkt sein würde.

Seite 244: Daß Martin »Being For The Benefit Of Mr. Kite« besonders schätzte, ist auf S. 149 von *The Summer of Love* vermerkt, ebenso wie seine Theorie über die Reihenfolge der Stücke auf *Sergeant Pepper*. Lennons mangelnde Begeisterung für »Mr. Kite« kommt auf S. 275 und 284 von Hunter Davies' autorisierter Biographie *The Beatles* zum Ausdruck. In den *Playboy Interviews* zeigte er sich weniger kritisch und sagt auf S. 155, der Song sei »rein wie ein Gemälde«. Martins Beschreibung der Aufnahme dieses Stücks steht auf S. 203–205 von *All you Need Is Ears* und auf S. 90–93 von *The Summer of Love*.

Seite 245: Martin bezeichnet »Within You And Without You« auf S. 203 von *All You Need Is Ears*« als »langweilig« und auf S. 124 von *The Summer of Love* als »Klagegesang«. In der letzteren Passage erwähnt er auch, die Beatles seien von dem Song beeindruckt gewesen. Das wird durch die sehr positiven Bemerkungen, die Lennon auf S. 157 der *Playboy Interviews* darüber macht, bestätigt. Martins Aussage, es sei »der größte Fehler seines Lebens« gewesen, »Strawberry Fields Forever« und »Penny Lane« nicht in *Sergeant Pepper* aufgenommen zu haben, stammt aus dem 1992 gedrehten Dokumentarfilm *The Making of Sgt. Pepper*. Sein Eingeständnis, er sei bereit gewesen, »When I'm Sixty-Four« und »Lovely Rita« dafür zu opfern, findet sich auf S. 150 seines Buches *The Summer of Love*. McCartney beschreibt im *Playboy*-Interview vom Dezember 1984 die Entstehung des Songs. Die beschleunigte Gesangsspur wird auf S. 91 der *Recording Sessions* erwähnt. Martins Bemerkung über die Klarinetten steht auf S. 34 von *The Summer of Love*.

Die Aufnahme von »Lovely Rita« und die dabei verwendeten Effekte werden auf S. 95–97 der *Recording Sessions* beschrieben. Daß Lennon von einer Cornflakes-Reklame zu »Good Morning Good Morning« inspiriert wurde, steht auf S. 155 der *Playboy Interviews*. Das Demo-Band des Songs ist dem Verfasser zugänglich gemacht worden. Daß es McCartney war, der die Sologitarre spielte, wird auf S. 105 der *Recording Sessions* vermerkt. Martins Zitat (»Sergeant Pepper persönlich ...«) findet sich auf S. 109 desselben Werkes. Auf S. 159 seines Buches *The Summer of Love* äußert er die Überzeugung, *Sergeant Pepper* sei zwar musikalisch nicht das stärkste Album der Beatles gewesen, wohl aber ihr wichtigstes.

18. Kapitel: Organisiertes Chaos (Magical Mystery Tour)

Seite 250 ff.: Das Datum und die Programmpunkte der Sendung *Our World* sind auf S. 259 von Lewisohns *Chronicle* dokumentiert, darunter auch die Länder und Sender, die daran beteiligt waren. Praktisch ganz Westeuropa sowie die USA, Kanada, Mexiko, Japan und Australien waren angeschlossen. Sieben Staaten des Ostblocks wollten sich ebenfalls beteiligen, zogen ihre Zusage aber im letzten Augenblick zurück.

Die Zahl der Zuschauer ist auf zwischen 200 und 400 Millionen geschätzt worden. Lewisohn, der dieses Ereignis mit der ihm eigenen Gründlichkeit untersucht hat, revidierte seine ursprüngliche Schätzung von 400 Millionen in seinem 1987 erschienenen Buch *Recording Sessions* auf 350 Millionen im *Chronicle* (S. 237).

Lennons Zitat (»Was, schon so spät ...«) findet sich auf S. 116 der *Recording Sessions*. Daß sowohl er als auch McCartneys Songs für die Sendung geschrieben hatten, wird auf S. 257 des *Chronicle* erwähnt, wo auch die Möglichkeit erörtert wird, daß es sich bei dem anderen Stück um »Your Mother Should Know« gehandelt haben könnte. Lewisohn sagt vorsichtig, man könne dies »nicht mit Sicherheit« sagen – daher die Einschränkung, mit der diese Information im Hauptteil dieses Buches weitergegeben wird –, doch erscheint dies am wahrscheinlichsten, besonders da »Your Mother Should Know« der erste Song war, den die Beatles nach der *Our World*-Sendung, nach achtwöchiger Abwesenheit vom Studio, im Sommer 1967 aufnahmen.

Daß der Song schon beim ersten Take mit der Marseillaise begann, steht auf S. 116 der *Recording Sessions*. Harrisons Bemerkung (»Aber wenn man John fragt ...«) stammt aus Geoffrey Guilianos *The Beatles: A Celebration* und wird von Dowlding auf S. 187 von *Beatlesongs* zitiert.

Seite 154: Eine der ersten, die Lennons Lieder als »hubbelig« bezeichnete, war die Hamburger Fotografin und Freundin der Beatles, Astrid Kirchherr. Sie wird auf S. XLIII des Vorwortes zur autorisierten Biographie (1985) von Hunter Davies zitiert.

Die Aufnahme von »All You Need Is Love« wird auf S. 116–121 der *Recording Sessions* beschrieben. Daß Harrison vor dem 14. Juni noch nie Geige gespielt hatte, wird von George Martin in *The Summer of Love* vermerkt.

Richard Lushs Zitat (»Sogar Lennon war an diesem Tag sehr nervös ...«) steht auf S. 120 der *Recording Sessions*.

Der Verfasser hat sich den BBC-Film mit dem Beatles-Auftritt für *Our World* angesehen. Zusätzliche Fotos und Informationen finden sich auf S. 120–121 der *Recording Sessions*. Derek Taylors Zitat (»Die Popmusik hat nie einen schöneren Augenblick erlebt«) stammt aus einem Interview, das auf einer unveröffentlichten Sammlung von Video-Mitschnitten enthalten ist.

Seite 154–155: Epsteins Aussage, der Song könne nicht mißverstanden werden, stammt aus der Zeitschrift *Melody Maker* und wird auf S. 188 von Dowldinds *Beatlesongs* zitiert. Derek Taylors Satz (»Leute, die die Beatles noch nie geschätzt hatten ...«) stammt aus dem oben erwähnten Interview. Daß »All You Need Is Love« ein weltweiter Hit war, ist auf S. 121 der *Recording Sessions* dokumentiert.

Für Beispiele ablehnender Urteile über »All You Need Is Love« siehe S. 368–369 von Normans *Shout!*; S. 228 von Browns *The Love You Make* und S. 233–234 von Rileys *Tell Me Why*. Auf S. 103–104 von Meller's *Twilight of the Gods* wird das Stück zwar nicht verrissen, aber fehlinterpretiert als ein »unendlich trauriges« Lied, das nahelege, daß wirkliche Liebe letztlich unerreichbar sei.

Seite 254: Lennons Verweis auf Elvis Costello findet sich auf S. 191 von *The Ballad of John and Yoko*. Seine Aussage (»Wir waren vielleicht naiv in den Sechzigern ...«) stammt aus einem Interview mit dem Sender RKO und wird auf S. 305–306 von Wieners *Come Together* zitiert. Václav Havels Satz (»Ich bin keineswegs der Meinung ...«) stammt aus einem Artikel von Jefferson Morley, der in *The Nation* (19. März 1990) erschienen ist.

Seite 256: McCartneys Satz (»Wir haben nur rumgesponnen«) stammt aus einem Interview mit dem Journalisten Ray Connolly vom Londoner *Evening Standard* und findet sich auf S. 253 von *The Love You Make*, in dem auch andere, äußerst kritische Pressestimmen zu dem Film zitiert werden.

Die Liste der Songs, die die Beatles zwischen *Sergeant Pepper* und ihrer Reise nach Indien aufnahmen, wo sie einen großen Teil des Materials für ihr nächstes Album schrieben, basiert auf S. 97 und 109–134 der *Recording Sessions*.

George Martins Zitat (»Wollte man die berufliche Laufbahn der Beatles graphisch darstellen ...«) steht auf S. 159 seines Buches *The Summer of Love*.

Daß Epstein hoffte, mit *Yellow Submarine* könnten die Beatles den Vertrag mit United Artists erfüllen, wird von seinem Assistenten Peter Brown auf S. 199 von *The Love You Make* und von Lennon auf S. 172 von *Playboy Interviews* erwähnt.

Martins Zitat (»nur zweitklassige Songs«) steht auf S. 266 seines Buches *All You Need Is Ears*. Daß »Only A Northern Song« bei *Sergeant Pepper* unter den Tisch gefallen war, schreiben Lewisohn auf S. 276 des *Chronicle* und Martin auf S. 124 von *The Summer of Love*. Dabei war, wie auf S. 96 der *Recording Sessi-*

ons erwähnt ist, »Only A Northern Song« eines der ersten Lieder, die für *Sergeant Pepper* aufgenommen worden waren. Lennon beschreibt die gemeinsame Arbeit an »Baby, You're A Rich Man« auf S. 155 der *Playboy Interiews* und sagt, der Text sei von ihm, die Melodie von McCartney. Die Aufnahme von »Hey Bulldog« war laut *Recording Sessions* (S. 134) am 11. Februar 1968. In derselben Passage findet sich auch die Aussage von Emerick, das sei ein »echter Spaß« gewesen. An diesem Tag wurden die Beatles bei den Aufnahmen gefilmt. Das Material sollte als Reklame für »Lady Madonna« dienen, womit erklärt ist, warum Soundtrack und Lippenbewegungen nicht übereinstimmen.

Wie McCartney auf die Idee zu *Magical Mystery Tour* kam, ist verschiedentlich beschrieben worden, am verläßlichsten und genauesten aber auf S. 253 von Lewisohns *Chronicle*, wo auch ein Faksimile der Notizen für die Dreharbeiten abgedruckt ist, die McCartney auf dem Rückflug von den USA machte. Die Aufnahmedaten zu *Magical Mystery Tour* sind auf S. 110–111 der *Recording Sessions* dokumentiert. Die fehlenden Einträge für die Zwischenzeit auf S. 260–261 des *Chronicle* deuten darauf hin, daß die Beatles erst gegen Ende des Sommers die Arbeit wiederaufnahmen. In derselben Passage wird auch das Treffen am 1. September in McCartneys Haus erwähnt. Das Ergebnis der ersten zwei Arbeitstage wird auf S. 122–123 der *Recording Sessions* beschrieben.

Seite 258f.: Auf S. 268 seiner Biographie schildert Hunter Davies, daß er hörte, wie McCartney Lennon »The Fool On The Hill« auf der Gitarre vorspielte. Die am 6. November entstandene Demo-Version dieses Stücks ist dem Verfasser zugänglich gemacht worden. Lennons Kritik des Textes von »Yesterday« findet sich auf S. 118 der *Playboy Interviews*.

Daß Lennon auf einem LSD-Trip zu den ersten Zeilen von »I Am The Walrus« inspiriert worden war, steht auf S. 156 der *Playboy Interviews*, ebenso die Bemerkungen über Lewis Carroll und Allen Ginsberg. Die Geschichte um den Kinderreim »Dead Dog's Eye« wird auf S. 124 von Shottons Buch *John Lennon In My Life* erzählt.

Auf S. 281 von Davies' Biographie sagt George Martin, Lennon habe ihm einmal erzählt, Songschreiben bedeute für ihn, »kleine Sachen [zu] machen, die man dann miteinander verbindet«. Daß eine Polizeisirene die Inspiration zur Melodie von »I Am The Walrus« geliefert hatte, steht auf S. 276 desselben Werkes, wie auch auf S. 51 von *The Ballad of John and Yoko*.

Der Ausschnitt aus dem Shakespeare-Drama *König Lear* ist am umfassendsten auf S. 128–129 der *Recording Sessions* dokumentiert, wo Lewisohn nicht nur das Programm der BBC für diesen Abend, sondern auch die Shakespeare-Passage – *König Lear*, 4. Aufzug, 6. Szene – wiedergibt, die Lennon in den Song einfügte. Daß Lennon diese Einfügung nicht geplant hatte, ist durch sein Zitat auf S. 156 der *Playboy Interviews* bestätigt. Außerdem ist es unwahrscheinlich, daß er von einer Ausstrahlung des Dramas im Radio gewußt hatte. Eine Beschreibung der Neuerungen, die Picasso und Braque einführten, findet sich auf S. 126–137 von Pierre Daix' *Picasso: Life And Art* (Harper Collins, New York

1994) sowie auf S. 118–120 von Timothy Hiltons *Picasso* (Thames and Hudson, London 1976).

Lennons Verärgerung darüber, daß »I Am The Walrus« auf der B-Seite von »Hello, Goodbye« veröffentlicht wurde, wird von Pete Shotton auf S. 180 seines Buches *John Lennon In My Life* erwähnt. McCartneys Bemerkung, der Song habe sich »fast von allein« geschrieben, findet sich auf S. 15 der *Recording Sessions*. Die Marketingstrategie hinter der Veröffentlichung von »Lady Madonna« wird auf S. 132 desselben Werkes erläutert.

Seite 260: Zu denen, die *Magical Mystery Tour* für den Anfang vom Ende der Beatles hielten, gehörte – wie aus S. 51–54 von *Lennon Remembers* hervorgeht – auch Lennon selbst. Diese Aussage hat nachfolgende Analysen stark beeinflußt. Die Pläne der Beatles, eine griechische Insel zu kaufen, werden auf S. 235–237 von *The Love You Make* erörtert.

19. Kapitel: Die Ballade von John und Yoko

Seite 263: Lennons Zitat (»Keine schlechte Wahl«) stammt vom Dezember 1980 und ist auf S. 187 von *The Ballad of John and Yoko* belegt. Seine Bemerkungen, über ihre »Sechzehn-Spur-Stimme« und »ihr Talent«, das er »anbetete«, stammen aus dem Jahr 1971 und werden auf S. 114–115 desselben Buches zitiert.

Shottons Aussage, Yoko Ono sei »das Beste, was John je passiert« ist, findet sich auf S. 171 seines Buches *John Lennon In My Life.*

McCartneys Zitat (»Sie verlangte einfach mehr …«) steht auf S. 53 des Programmheftes zu seiner Welttournee.

Lennons Zitat (»Ich weiß auch, daß sich das wie bei einem Fan anhört …«) findet sich auf S. 157–158 der *Playboy Interviews.*

Seite 265: McCartney beschreibt in einem Interview mit der Zeitschrift *Musician* (Oktober 1986) seine Begegnung mit Yoko Ono auf einer Wohltätigkeitsveranstaltung.

Lennon spricht auf S. 173–176 von *Lennon Remembers* über seine erste Begegnung mit Yoko Ono.

Cynthia Lennons Erinnerungen an die Art, wie Ono Lennon verfolgte, finden sich auf S. 428–429 von Colemans *Lennon.* Shottons Schilderung seiner Begegnung mit Yoko Ono in den Räumlichkeiten von Apple steht auf S. 161 von *John Lennon In My Life.*

Shottons Schilderung des »Morgens danach« stammt von S. 168–169 seines Buches *John Lennon In My Life,* die Christus-Geschichte findet sich auf S. 167–168 desselben Werkes.

Auf S. 283 des *Chronicle* gibt Lewisohn an, die erste Nacht, die Lennon und Ono miteinander verbrachten, sei die des 19. Mai 1968 gewesen, betont jedoch, dabei handle es sich um eine Schätzung. Shotton bestätigt ein Datum Ende Mai, doch die Einzelheiten seiner Schilderung schließen den 19. Mai, einen Sonntag, aus. Die Aussage, daß diese Nacht im Mai tatsächlich die erste war, die sie gemeinsam verbrachten, ist im Text mit einer Einschränkung versehen, weil sowohl Lennon als auch Ono später sagten, vorher hätten sie sich, obwohl sie beide zu diesem Zeitpunkt verheiratet waren, »heimlich getroffen«. Die entsprechende Bemerkung Lennons findet sich auf S. 21, die von Ono auf S. 88 der *Playboy Interviews*.

Daß Lennon von diesem Zeitpunkt an darauf bestand, Yoko Ono im Aufnahmestudio an seiner Seite zu haben, wird auf S. 135 der *Recording Sessions* erwähnt, wo auch die Aufnahmen zu »Revolution« beschrieben werden, die an diesem Tag gemacht wurden.

Seite 267: Lennon schreibt auf S. 159 der *Playboy Interviews* die Collage auf »Revolution« Yoko Ono zu; auf S. 150 sagt er, es sei sein Wunsch gewesen, daß dieses Stück auf einer Single erschien.

Lewisohn beschreibt die Aufnahme des Demo-Bandes in Harrisons Haus auf S. 283–284 des *Chronicle*. Kopien dieses Bandes sind dem Verfasser zugänglich gemacht worden.

Die Daten der Aufnahmen zu »Revolution« und der Anteil, den die anderen Beatles daran hatten, sowie McCartneys Ablehnung von »Revolution 9« sind auf S. 136, 138 und 142 der *Recording Sessions* vermerkt.

George Martins Zitat (»Yoko ist jetzt ein Teil von mir ...«) stammt aus dem 1988 entstandenen, von Andrew Solt und David Wolper produzierten Film *Imagine*.

Seite 268: Daß Yoko Ono nichts von Rock 'n' Roll verstand, ist durch Lennons Bemerkung auf S. 174 von *Lennon Remembers* belegt, der einzige Beatle, von dem sie vor der Begegnung mit Lennon gehört habe, sei Ringo Starr gewesen. Auch ihre eigenen Aussagen auf S. 114 von *The Ballad of John and Yoko* und S. 47 der *Playboy Interviews* bestätigen das. Über ihre Angewohnheit, die Beatles während der Aufnahmen zu kritisieren, ist vielfach berichtet worden: von Shotton auf S. 175, von Brown auf S. 269, von Coleman auf S. 454, von Lewisohn auf S. 277 des *Chronicle*. Lennons Zitat (»Ja, vielleicht kann *ich* es besser machen«) stammt von S. 144 der *Recording Sessions*.

Martins Kommentar über Yoko Ono und Linda Eastman findet sich auf S. 488 von Colemans *Lennon*.

Daß Außenstehende keinen Zutritt zum Studio hatten, ist vielfach belegt, beispielsweise auf S. 453 von Colemans *Lennon*. Aus irgendeinem Grund erwecken viele Autoren den Eindruck, es habe sich hierbei um männlichen Chauvinismus gehandelt, wohingegen Coleman keinen Zweifel daran läßt, daß diese Anweisung für Männer und Frauen gleichermaßen galt.

Seite 269: Lewisohns Bemerkung, die Verbindung zwischen Lennon und Yoko Ono habe »unzweifelhaft negative Folgen für das Funktionieren der Beatles als Einheit« gehabt, steht auf S. 277 des *Chronicle*.

Taylors Zitat (»Kein einziger in diesem Gebäude ...«) steht auf S. 321 von Browns *The Love You Make*.

McCartney erinnert sich in dem *Playboy*-Interview vom Dezember 1984, daß Lennon ihn gewarnt habe, sich Yoko Ono zu nähern.

Yoko Onos Erklärung für Lennons Eifersucht findet sich als Postscriptum auf S. 498 von Normans *Shout!*.

Lennons Bemerkung über die »Liebesgöttin« findet sich auf S. 142 der *Playboy Interviews*. Die beiden anderen Aussagen (»... genauso bescheuert war wie ich« und »... ich in Frauenkleidern«) finden sich auf S. 169 von Shottons *John Lennon In My Life*.

Yoko Onos Bemerkung, sie hätten »das tiefe Bedürfnis« gehabt, ihren Wahnsinn auszudrücken, steht auf S. 117 von *The Ballad of John and Yoko*.

Cynthia Lennons Erinnerung, sie habe sogleich gewußt, daß Lennon und Ono »füreinander bestimmt« waren, findet sich auf S. 440 und 446 von Colemans *Lennon*.

Lennons Zitat (»Sie kapierte es ...«) steht auf S. 88 der *Playboy Interviews*, die Bemerkung, er sei seinem »Don Juan« begegnet, findet sich auf S. 85.

Onos Gefühl, von Lennon verstanden zu werden, wird auf S. 113–125 von *The Ballad of John and Yoko* (insbesondere auf S. 125) und auf S. 102 von Garbarinis, Cullmans und Graustarks Buch *Strawberry Fields Forever* beschrieben.

Seite 271: Onos Zitat (»Vermutlich trat ich die Nachfolge ...«) steht auf S. 419 von Colemans *Lennon*.

Lennons Eingeständnis, »Getting Better« sei autobiographisch gewesen, findet sich auf S. 154 der *Playboy Interviews*. Auf S. 33 von Colemans *Lennon* sagt Ono, Lennon habe sie nie geschlagen. Eine Frau, die dieses Glück offenbar nicht gehabt hat, ist May Pang, die auf S. 201 ihres Buches *Loving John* ohne jede Sensationshascherei schildert, wie der wütende, vollkommen betrunkene Lennon nicht nur einmal, sondern sogar zweimal versuchte, sie zu erwürgen, wobei er schrie, er hasse Yoko, weil sie ihn verlassen habe.

Onos familiärer Hintergrund und ihr Verhalten in der Schule werden in einer sehr positiven Darstellung ihrer Person auf S. 14–29 und insbesondere 22 und 27 von *The Ballad of John and Yoko* beschrieben.

Shottons Charakterisierung Onos als »entschlossene, dominierende Tigerin« und die erläuternde Geschichte finden sich auf S. 172, 179, 185, 198 und 200 von *John Lennon In My Life*.

Seite 272: Lennons Behauptung, Ono habe ihn nie gegängelt, findet sich auf S. 42 der *Playboy Interviews*.

Christgaus Zitat (»Wie beide bereitwillig vor Annie Leibovitz' Kamera erklärten ...«) steht auf S. 302 von *The Ballad of John and Yoko*.

Lennons Eingeständnis, Ono habe ihn 1973 hinausgeworfen, findet sich auf S. 19 der *Playboy Interviews* und auf S. 85, sie habe ihm »alles beigebracht«.

Lennons Zitat (»So ging es mit den Beatles zu Ende ...«) findet sich auf S. 101 von Garbarinis, Cullmans und Graustarks *Strawberry Fields Forever*.

Lennons Erklärung gegenüber Shotton findet sich auf S. 187 von *John Lennon in My Life.* Starrs Ansicht, John sei nur »er selbst« gewesen, wird auf S. 292 von Browns *The Love You Make* zitiert.

Seite 273f.: McCartneys Zitat (»Im Rückblick war es vor allem John …«) steht auf S. 473 von Colemans *Lennon*.

Lennons Zitat (»Mit den alten Kumpels war es in dem Augenblick vorbei …«) steht auf S. 41 der *Playboy Interviews*.

Das Filmmaterial mit den Aufnahmen der Proben und des Live-Auftritts mit »Hey, Jude« ist dem Verfasser zugänglich gemacht werden. Die Daten finden sich auf S. 291 und 296–297 von Lewisohns *Chronicle*.

Lennons Zitat (»Wissen Sie, ich dachte, ich könnte einfach weitermachen …«) steht auf S. 66 von *Lennon Remembers*.

20. Kapitel:
Innerer Aufruhr, kreativer Überschwang (The Beatles)

Seite 276: Die Gründung der Gesellschaft Apple ist vielfach beschrieben worden; siehe S. 253–257 von Browns *The Love You Make* und S. 145–154 von Shottons *John Lennon In My Life*.

McCartney nannte das »Weiße Album« in einem Interview mit der Zeitschrift *Musician* (Februar 1985) das »Spannungsalbum« und fügte hinzu: »Es war eine äußerst schräge Erfahrung, denn wir standen kurz davor, uns zu trennen.« Das entsprechende Zitat von Lennon findet sich auf S. 221 von Dowldings *Beatlesongs*.

Daß Starr die Band für zwei Wochen verließ, wird weiter unten ausführlich beschrieben. Das Datum der Veröffentlichung von *Yellow Submarine* findet sich auf S. 289 von Lewisohns *Chronicle*.

Der Verfasser hat die Clips zu »Hey, Jude« und »Revolution« gesehen. Details über Datum und Ort der Aufnahmen finden sich auf S. 296–297 von Lewisohns *Chronicle*.

Zur Kritik der radikalen Linken an »Revolution« siehe S. 60–61 von Wieners *Come Together*, in dem die amerikanische Zeitschrift *Rampart* mit dem Urteil, der Song sei »ein Verrat«, zitiert wird mit der Anmerkung, die Londoner *New Left Review* habe das Stück als »einen beklagenswerten kleinbürgerlichen Angstschrei« bezeichnet.

Seite 277f.: Lennons Schwanken, ob man bei einer gewaltsamen Revolution auf ihn zählen könne oder nicht, ist den Demo-Bändern vom Mai 1968 (die dem Verfasser zugänglich gemacht wurden) sowie den Beschreibungen der folgenden Aufnahmen zu entnehmen, die sich auf S. 136 und 141 der *Recording Sessions* finden. Der Fernsehauftritt im September wird auf S. 297 im *Chronicle* beschrieben.

Lennons Urteil, »Hey, Jude« sei ein »Meisterwerk«, steht auf S. 157 der *Playboy Interviews*. Daß alle außer Lennon fanden, es solle auf der A-Seite der nächsten Single sein, steht auf S. 180 von Shottons *John Lennon In My Life*. Die gewaltigen Verkaufszahlen von »Hey, Jude« sind auf S. 203 von Dowldings *Beatlesongs* dokumentiert, wo auch vermerkt ist, daß der Song auf Platz zwei einer Liste der Zeitschrift *Billboard* stand, in der die größten Hits der letzten beiden Jahrzehnte aufgeführt waren; Chubby Checkers »The Twist« stand auf Platz eins. Lennons Beharren auf der Zeile »the movement you need is on your shoulder« wird auf derselben Seite beschrieben. Dort findet sich auch ein Zitat von McCartney aus dem *Rolling Stone*-Interview, das in der Ausgabe vom 31. Januar 1974 erschien. Die Akkorde von »Hey, Jude« stehen in *The Complete Beatles*, dem 1988 von der Hal Leonard Publishing Company verlegten Songbook. Dieser Verlag hatte damals die Rechte an den Noten für die Songs der Beatles.

Lewisohn gibt die Länge von »Hey, Jude« auf S. 145 der *Recording Sessions* mit sieben Minuten und elf Sekunden an und bemerkt, dies sei der längste Song gewesen, den die Beatles je produziert hätten. (»Revolution 9« auf dem Weißen Album war natürlich länger, aber eigentlich kein Song.) Das 36köpfige Orchester wird auf S. 146 beschrieben.

Daß dreihundert Zuschauer in das Studio eingelassen wurden, steht auf S. 296 des *Chronicle*.

Seite 280: Die Vorgänge, die zu Starrs Entscheidung führten, die Beatles zu verlassen, und die Gründe für seine Rückkehr sind dokumentiert auf S. 151 der *Recording Sessions*, auf S. 218 von Dowldings *Beatlesongs* (wo Starr zitiert wird), auf S. 176 von Shottons *John Lennon In My Life* (Shotton war bei der Versöhnung zwischen Starr und den anderen Beatles anwesend) und auf S. 287 von Browns *The Love You Make*. Was das Datum von Starrs Rückkehr betrifft, so gibt es Diskrepanzen: In *Recording Sessions* wird behauptet, es sei der 4. September gewesen – an diesem Abend wurde der Film in Twickenham gedreht –, während im *Chronicle* der Abend des 3. September angegeben ist. Da *Chronicle* vier Jahre nach *Recording Sessions* erschien und diverse kleine Fehler des früheren Buches korrigiert, bezieht sich der Verfasser auf den 3. September.

Harrisons Zitat (»Vom Weißen Album an ...«) steht auf S. 114 von Bennahums *in their own words: the beatles ... after the break-up*.

Die Veränderung der Stimmung bei den Aufnahmen für das Weiße Album wird auf S. 141 der *Recording Sessions* beschrieben, das als Beleg die übereinstimmenden Aussagen der Studiomitarbeiter zitiert. Emericks Kündigung wird auf S. 143 erwähnt. Ein weiterer Beleg sind die oben zitierten Aussagen von Lennon und McCartney sowie Shottons Erinnerungen auf S. 175–176 von *John Lennon In My Life*.

Wie fruchtbar diese Zeit für Lennon war, zeigt sich daran, daß er dreizehn der Songs auf dem Weißen Album schrieb (sofern man »Revolution 9« als Song bezeichnen kann) und damit zum erstenmal seit *Rubber Soul* McCartney ausstach, der zwölf schrieb. Der Text bezieht sich auf *A Hard Day's Night*, weil Lennon und McCartney auf *Rubber Soul* und *Help!* mehr oder weniger gleich stark vertreten waren.

432

Eine vollständige Aufstellung der Songs, die im Mai 1968 in Harrisons Haus aufgenommen wurden, findet sich auf S. 283–284 des *Chronicle*. Harrisons Zitat (»Einmal habe ich ...«) steht auf S. 229 in Dowldings *Beatlesongs*.

Seite 282f.: Einzelheiten über die Aufnahmen am 25. Juli und die Zuspielungen an den folgenden Tagen stehen auf S. 145, 149 und 153–154 der *Recording Sessions*; auf S. 154 wird Harrisons Einladung an Clapton erwähnt, wie auch auf S. 229 von *Beatlesongs*. Die Aufnahme vom 25. Juli ist dem Verfasser zugänglich gemacht worden.

Eine Schilderung von Martins Bestrebungen, die Anzahl der Stücke auf dem Weißen Album zu begrenzen sowie sein Zitat über »ein wirklich tolles Album« finden sich auf S. 163 der *Recording Sessions*. Lennons Zitat (»Es waren bloß ich ...«) steht auf S. 51 von *Lennon Remembers*.

Seite 173: Harrisons Bemerkung über McCartney findet sich auf S. 115 von Bennahums *in their own words: the beatles ... after the break-up*.

Martins Einschätzung, McCartney sei ein besserer Schlagzeuger als Starr, findet sich auf S. 86 von *The Summer of Love*.

Die Daten und Stunden der Aufnahmen von »Back In The U.S.S.R.« und »Dear Prudence« sind auf S. 151–152 der *Recording Sessions* angegeben.

McCartneys Anspielung auf die Beach Boys stammt aus dem *Playboy*-Interview vom Dezember 1984.

Die Demo-Bänder sämtlicher in diesem Kapitel behandelter Songs sind dem Verfasser zugänglich gemacht worden.

Lennons Bemerkung über Prudence Farrow steht auf S. 168 der *Playboy Interviews*.

Seite 287: Auf S. 141 von *John Lennon In My Life* schreibt Shotton, Lennon habe »Ob-La-Di, Ob-La-Da« gehaßt. Auf S. 141 der *Recording Sessions* werden Mitarbeiter der Abbey Road Studios mit Aussagen zitiert, die diese Behauptung bestätigen.

Daß Lennon, Harrison und McCartney »Happiness Is A Warm Gun« sehr gut gefiel, ist auf S. 231 von Dowldings *Beatlesongs* dokumentiert. Auf S. 157 der *Recording Sessions* wird erwähnt, daß für diesen Song siebzig Takes erforderlich waren. Lennon erinnert sich auf S. 159 der *Playboy Interviews*, durch einen Artikel in einer Zeitschrift für Waffen zu dem Titel inspiriert worden zu sein. Derek Taylor hat seinen Beitrag zu diesem Stück in einem Gespräch mit dem Verfasser erläutert.

Die verläßlichsten und unvoreingenommensten Informationsquellen über Lennons Heroinsucht sind Lennon selbst, der auf S. 38 von *Lennon Remembers* sagt, Heroin mache »nicht sehr viel Spaß«, Yoko Ono, die auf S. 275 von Browns *The Love You Make* zugibt, Lennon mit dieser Droge bekanntgemacht zu haben, sich jedoch gegen Harrisons Vorwurf verteidigte, es sei ihre Schuld, daß Lennon Heroin genommen habe; Pete Shotton, der Lennons Heroinsucht auf S. 194 von *John Lennon In My Life* beschreibt; McCartney auf S. 52 des Programmheftes zur Welttournee 1989–1990 und im *Playboy*-Interview vom Dezember 1984; und wieder Lennon selbst, der auf S. 18 seines posthum veröffentlichten privaten Tagebuchs *Skywriting by Word of Mouth* das 1968 entstandene Coverfoto, auf dem er und Yoko Ono nackt posieren, »den Anblick von zwei leicht übergewichtigen Ex-Junkies« nennt.

Daß Lennon das Weiße Album besser fand als *Sergeant Pepper*, steht auf S. 138 von *Lennon Remembers*.

Seite 289f.: Daß McCartneys Songs auf Seite zwei des Weißen Albums praktisch Ein-Mann-Stücke waren, ist auf S. 137, 155 und 159–161 der *Recording Sessions* dokumentiert.

McCartneys Aussage, »Why Don't We Do It In The Road« sei »ein Abpraller von John« gewesen, findet sich auf S. 369 von Davies' *The Beatles*.

Daß »Julia« das einzige Beatles-Stück ist, das Lennon allein aufnahm, wird von Lewisohn auf S. 161 der *Recording Sessions* vermerkt, wo auch festgehalten ist, daß das Lied am 13. Oktober aufgenommen wurde. Auf S. 160 und 168 der *Playboy Interviews* sagt Lennon, er habe dieses Stück und »I'm So Tired« in Indien geschrieben. Das wird durch die Tatsache gestützt, daß beide Songs während der Demo-Sessions im Mai 1968 in Harrisons Haus aufgenommen wurden.

Auf S. 448 von *Lennon* schreibt Coleman, daß »Yoko« das japanische Wort für »Meereskind« sei.

Daß die Zeile »Half of what I say is meaningless« aus »Der Prophet« von Kahlil Gibran stammt, verrät McCartney in einem Interview, das auf S. 85 von Edward Gross' Buch *Paul McCartney: Twenty Years on His Own* abgedruckt ist. Die Häufigkeit der Moll-Akkorde in »Julia« geht aus den Noten des Stücks auf S. 16–21 in *The Complete Beatles* hervor. McCartneys Aussage (»der lauteste, unanständigste, der verschwitzte Rock-Song«) stammt aus dem Interview im *Musician* (Februar 1985).

Die Daten und die Längen der einzelnen Aufnahmen von »Helter Skelter« sowie Informationen darüber, was die Beatles dabei taten, finden sich auf S. 143 und 154 der *Recording Sessions*.

Lennons Bemerkung zu Dylan steht auf S. 383 von Colemans *Lennon*.

Auf S. 51 von *The Ballad of John and Yoko* erinnert sich Lennon, die Beatles hätten die unkomplizierte Musik des Weißen Albums sehr genossen. Er bezeichnete sie als »große Befreiung«.

Seite 291: Die Information, daß »Birthday« erst im Studio entstanden ist, beruht auf Lennons Aussage auf S. 160 der *Playboy Interviews*. Dasselbe sagt auch Chris Thomas, Mitarbeiter der Apple Studios und De-facto-Produzent des Weißen Albums, auf S. 156 der *Recording Sessions*.

Lennons Erklärung zur Entstehung von »Everybody's Got Something To Hide Except Me And My Monkey« und »Sexie Sadie« findet sich auf S. 161 der *Playboy Interviews*.

Seite 292: Auf S. 169 der *Playboy Interviews* bestreitet Lennon, »Cry Baby Cry« geschrieben zu haben. Daß dieses Stück jedoch sehr wohl von ihm ist, geht aus den Demo-Bändern vom Mai 1968 und aus seiner auf S. 277 von Davies' Biographie erwähnten Bearbeitung des Songs hervor.

Das Datum der Veröffentlichung von »The Beatles« findet sich S. 163 der *Recording Sessions*.

Rileys Zitat (»... kein musikalischer Anfänger wäre auf diese Kombinationen ... verfallen«) steht auf S. 286 seines Buches *Tell Me Why*.

Lennons Bemerkung über »Good Night« steht auf S. 169 der Playboy Interviews. Seine Anweisung an Martin, es »wie Hollywood« zu arrangieren, wird auf S. 250 von Dowldings *Beatlesongs* erwähnt.

Daß die Beatles den Titel »A Doll's House« (»Nora oder Ein Puppenheim«) erwogen, steht auf S. 163 der *Recording Sessions*.

21. Kapitel: »In meiner Stunde der Dunkelheit« (Let It Be)

Seite 295 f.: Die Daten und andere Einzelheiten zu den Aufnahmen von *Abbey Road* und *Let It Be* sowie zu dem Konzert auf dem Dach der Apple Studios und McCartneys Bekanntgabe der Trennung finden sich in Lewisohns *Chronicle* – insbesondere auf S. 230, 312, 332 und 349 – und in *Recording Sessions*, S. 192, 193 und 196.

Die Beschreibung des Konzertes auf dem Dach und des Verhaltens der Beatles basiert auf dem Film *Let It Be* und den Mitschnitten des Konzertes.

Daß das Konzert McCartneys Idee war, geht aus S. 169 der *Recording Sessions* hervor.

Seite 297: McCartneys Behauptung, die Beatles hätten »jeden bekannten Gipfel im Showbusiness« bezwungen, findet sich in dem Begleitheft zum Album *Let It Be*.

Lennons Aussage, die Aufnahmen zu *Let It Be* seien die »jämmerlichsten ... der Welt« gewesen, findet sich auf S. 133 von Miles' *Beatles*; Harrisons Bemerkung, sie seien der »absolute Tiefpunkt« gewesen, finden sich auf S. 165 der *Recording Sessions*; McCartneys Bemerkung, sie seien »sehr heikel« gewesen, stammt aus einem *Rolling Stone*-Interview (16. September 1986).

Martins Zitat (»Ich dachte: ›Das ist das Ende ...‹«) stammt aus dem Film *The Compleat Beatles*.

Daß 1967 das letzte Jahr war, in dem die Beatles eine gemeinsame Weihnachtsplatte aufnahmen, wird auf S. 131 der *Recording Sessions* erwähnt. Das Zitat von Lennon wurde von der Weihnachtsplatte 1968 transkribiert und mit der Version auf S. 39 seines Tagebuches *Skywriting by World of Mouth* verglichen. Welche Absicht Lennon mit diesem Zitat verfolgte, geht aus S. 69 von *Lennon Remembers* hervor.

Das Datum von Allen Kleins Ernennung findet sich auf S. 705 von Colemans *Lennon*; sein Hintergrund und McCartneys Widerstand gegen seine Ernennung werden auf S. 475–476 und 301–303 von Browns *The Love You Make* beschrieben.

Starrs Zitat (»Paul wollte, daß wir ständig arbeiteten ...«) stammt aus dem 1992 gedrehten Film *The Making of Sgt. Pepper.*

McCartneys Bemerkung, er habe den anderen ein wenig zusetzen müssen, weil sie »richtig glücklich« gewesen seien, »nicht arbeiten zu müssen«, findet sich auf S. 59 des Programmheftes zur Welttournee 1989–1990.

Die Ansichten der einzelnen Bandmitglieder über *Get Back* sind verschiedentlich dokumentiert worden, unter anderem im oben erwähnten Programmheft, auf S. 306–308 von Lewisohns *Chronicle,* auf S. 253–256 von Dowldings *Beatlesongs,* auf S. 118–119 von *Lennon Remembers* sowie auf dem Soundtrack und dem dazugehörigen Begleitheft des Films *Let It Be.*

Seite 299: Martins Zitat (»Um alles hinzukriegen ...«) stammt aus dem Film *The Compleat Beatles.*

Daß Harrison nach einem Streit mit McCartney die Beatles verließ, ist auf S. 306–307 von Lewisohns *Chronicle* dokumentiert. In derselben Passage werden auch Presseberichte erwähnt, nach denen Harrison an jenem Tag einen heftigen Streit mit McCartney hatte, doch gibt es hierfür keine unabhängige Bestätigung.

Harrisons Zitat (»Wenn du einen Song schreibst ...«) steht in dem Begleitheft zum Album *Let It Be,* ebenso wie McCartneys Feststellung, er habe »die Gruppe satt«, und zwar wegen der »furchtbaren Spannung«. Harrisons Bemerkung, er fühle sich »in eine Schublade gesteckt«, stammt aus der Zeitschrift *Crawdaddy* (Ausgabe vom Februar 1977).

Die am Tag nach dem Konzert auf dem Dach aufgenommenen Songs sind auf S. 170 der *Recording Sessions* aufgeführt.

Seite 300f.: Der Verfasser hat viele Stunden lang das Bandmaterial mit den Aufnahmen der Proben angehört. Lewisohn beschreibt die Proben in *Recording Sessions,* insbesondere auf S. 170.

Lennons Bemerkung, niemand habe Lust gehabt zu proben, findet sich auf S. 118 von *Lennon Remembers.*

Was die ursprüngliche Version des von Glyn Johns zusammengestellten Albums *Get Back* betrifft, so muß man bemerken, daß Johns zwei leicht unterschiedliche Versionen herausgab, die der Verfasser miteinander verglichen hat. Auf S. 176 der *Recording Sessions* ist der Inhalt der ersten, am 28. Mai 1969 fertiggestellten Version von *Get Back* aufgelistet. Als diese jedoch nicht die Zustimmung aller Beatles fand, stellte Johns eine zweite Version zusammen, die am 5. Januar 1970 fertig war; siehe S. 196 desselben Werkes.

Seite 302: Lennons Zitat (»Wir wollten es in diesem wirklich beschissenen Zustand veröffentlichen«) steht auf S. 120 von *Lennon Remembers.*

Daß Lennon und Harrison Phil Spector gebeten hatten, die Aufnahmen zu *Get Back* zu bearbeiten, geht auf S. 199 der *Recording Sessions* hervor.

Die Behauptung, *Let It Be* sei der Tiefpunkt der Karriere der Beatles gewesen, steht auf S. 252 von Dowldings *Beatlesongs.* Ein ähnliches Urteil über *Let It Be* gibt Lewisohn auf S. 199 der *Recording Sessions* ab. McCartneys und Martins Kritik an Spector wird auf derselben Seite sowie auf S. 197 erwähnt.

Die drei Stücke, bei denen Spector etwas hinzufügte, sind »The Long And Winding Road«, »I Me Mine« und »Across The Universe«. Das geht aus S. 197–199 der *Recording Sessions* hervor, wo auch darauf hingewiesen wird, daß diese Stücke und »She's Leaving Home« auf *Sergeant Pepper* die einzigen waren, die nicht von Martin orchestriert worden waren.

Der Vergleich zwischen Johns' *Get Back* und Spectors *Let It Be* beruht auf der persönlichen Anschauung des Verfassers.

Seite 303: Lennons Behauptung, er habe »The One After 909« geschrieben, findet sich auf S. 172 der *Playboy Interviews*.

Auf S. 555 von *Lennon* stellt Coleman die Vermutung an, daß McCartney »The Two Of Us« für Linda Eastman schrieb. Auf S. 172 der *Playboy Interviews* sagt Lennon, dieser Song stamme von ihm, doch ist dies äußerst zweifelhaft. Lennon machte diese Bemerkung, als er mit den Gedanken ganz offenbar bei etwas anderem war, und in dem Film *Let It Be* ist McCartney der Sänger, was nicht der Fall gewesen wäre, wenn Lennon das Lied geschrieben hätte.

McCartneys Bemerkung über die »arbeiterklassenmäßige Freude« steht auf S. 19 von Bennahums *in their own words: the beatles ... after the break-up.*

Seite 304: Wie sehr Lennon »Across The Universe« gefiel, geht auf S. 162 der *Playboy Interviews* und S. 259 von Dowldings *Beatlesongs* hervor. Die erstere Passage enthält auch eine Aussage über die »entspannte Atmosphäre«. Daß McCartney bei der ursprünglichen Aufnahme von »Across The Universe« am 4. Februar 1968 hinausging und ein paar Fans zum Mitsingen holte, wird auf S. 133 der *Recording Sessions* vermerkt. Spectors Version vom 11. April 1970 wird auf S. 198–199 beschrieben. Lennon äußert sich auf S. 555 von Colemans *Lennon* positiv darüber.

Spectors Orchesterverstärkung für »I Me Mine« wird auf S. 198–199 der *Recording Sessions* beschrieben. Harrisons Bemerkung über den »langsamen Walzer« stammt aus dem Film *Let It Be*; sein Zitat über das »Ich, dieses ewige Problem« findet sich in seiner auf S. 261 von *Beatlesongs* zitierten Autobiographie *I Me Mine.* Das Datum der Aufnahme von »I Me Mine« sowie die Tatsache, daß dies die letzte eines ganzen Songs war, ist auf S. 195 der *Recording Sessions* vermerkt.

Seite 306: McCartneys Erklärung des Titels »Let It Be« und sein Zitat (»Sie starb, als ich vierzehn war ...«) stammen aus einem Interview der Zeitschrift *Musician* (Ausgabe von Oktober 1986).

Seite 307: Die Daten und andere Einzelheiten der Zuspielungen zu »Let It Be« sind auf S. 196 der *Recording Sessions* dokumentiert.

Die Auflistung der Songs von Harrison, die die Beatles vor oder während der *Get Back*-Sessions aufnahmen, basiert auf den entsprechenden Raubmitschnitten, die dem Verfasser zugänglich gemacht wurden.

McCartneys Unzufriedenheit mit Spectors Arrangement von »The Long And Winding Road« sowie die Tatsache, daß er dieses Stück 1970 in seiner gerichtlichen Klage als Beweis anführte, sind auf S. 197–199 der *Recording Sessions* vermerkt.

22. Kapitel: Ein Bruch, der die Welt erschütterte

Seite 310: Das Datum von McCartneys Trennung von den Beatles ist auf S. 712 von Colemans *Lennon* dokumentiert. Die Mitteilung des Pressebüros, die Tätigkeit der Beatles sei »auf Jahre hinaus eingestellt«, wird auf S. 223 von Salewicz' *McCartney* zitiert.

Das Veröffentlichungsdatum von *Abbey Road* und den nachfolgenden Singles findet sich auf S. 200–202 von Salewicz' *McCartney*. Die Verkaufszahlen sind auf S. 272 von Dowldings *Beatlesongs* nachzulesen.

Lennons Analyse der Trennung der Beatles findet sich in seinem berühmten *Rolling Stone*-Interview, das am 8. Dezember 1970 geführt wurde. Es erschien, wie Coleman auf S. 712–713 seines Buches *Lennon* dokumentiert hat, in zwei Folgen (Ausgaben vom 21. Januar und 10. Februar 1971) und wurde schließlich als Buch *(Lennon Remembers)* veröffentlicht. Dieses Interview ist ein faszinierendes Dokument, muß jedoch mit skeptischer Sorgfalt analysiert werden, denn wie George Martin dem Verfasser im Verlauf eines Interviews erzählte, gab Lennon ihm gegenüber später zu, er sei damals aufgrund seines Drogenkonsums und seiner gerade begonnenen Primärtherapie »nicht ganz bei sich« gewesen. Später entschuldigte er sich bei Martin und anderen für seine Bemerkungen. Siehe auch Lennons Erklärungen für seine Aussagen in einem zweiten Interview mit dem *Rolling Stone* (Ausgabe vom 5. Juni 1975).

Ironischerweise erklärte Lennon später, keiner der Beatles, er selbst eingeschlossen, sei bereit gewesen, über eine Trennung zu sprechen. Siehe sein 1980 gegebenes Interview mit Barbara Graustark auf S. 125–126 von Garbarinis und Cullmans *Strawberry Fields Forever: John Lennon Remembered*.

Seite 311ff.: McCartneys Zitat (»Das ist genauso, als würde man ein geschiedenes Paar fragen …«) steht auf S. 482 von Colemans *Lennon*. Das zweite Zitat (»Zu den wichtigen Dingen, an die wir bei den Beatles immer dachten …«) findet sich auf S. 123 von Bennahums *in their own words: the beatles … after the break-up*.

Auszüge aus dem Interview mit McCartney sind in zahlreichen Büchern abgedruckt worden; eine bemerkenswert vollständige Fassung findet sich auf S. 224–225 von Salewicz' *McCartney*.

Die Überreaktion der Medien wird auf S. 341 von Lewisohns *Chronicle* erwähnt.

Das Datum des Konzertes in Toronto, bei dem die Plastic Ono Band (zu der zu diesem Zeitpunkt Lennon, Ono, Eric Clapton, Klaus Voormann und Alan White gehörten) auftrat, ist auf S. 708 von Colemans *Lennon* dokumentiert. Alle Quellen stimmen darin überein, daß das Treffen bei Apple kurz nach Lennons Rückkehr stattfand; das Datum ist jedoch nirgends genau belegt.

Lennons eigene Darstellung des Treffens im September 1969 findet sich auf S. 60–61 von *Lennon Remembers*. Diese Darstellung ist eine der Grundlagen für den entsprechenden Abschnitt des vorliegenden Buches. Zu den anderen

Quellen gehören McCartneys *Playboy*-Interview vom Dezember 1984 und
S. 329 von Browns *The Love You Make*.

Laut Goldmans *The Lives of John Lennon* (S. 340) war das Datum, an dem der
von Allen Klein ausgehandelte neue Vertrag mit EMI und ihrer amerikanischen
Tochterfirma Capitol in Kraft trat, der 1. September 1969. Dasselbe Werk beziffert auch die Erhöhung der Tantiemen. Goldmans Darstellung widerspricht
insofern denen in den meisten anderen Büchern über die Beatles, als er behauptet, der Vertrag mit EMI sei bereits vor Lennons Forderung einer Trennung
in Kraft gewesen. Es ist natürlich möglich, daß der Vertrag erst nach dem
1. September unterschrieben wurde. Das würde erklären, warum Klein um
Stillschweigen bat. Auch die Tatsache, daß noch keine Tantiemen gezahlt worden waren, deutet darauf hin.

McCartneys Zitat (»sah mir John in die Augen ...«) stammt aus dem Interview
im *Rolling Stone* (Ausgabe vom 11. September 1986).

Seite 314 f.: Lennons Zitate (»Als ich schließlich den Mumm aufbrachte ...«
und »Ich habe die Band gegründet ...«) finden sich auf S. 18 von *Skywriting by
Word of Mouth*.

McCartney sagte in seinem *Playboy*-Interview vom Dezember 1984, er wünsche sich, die Beatles hätten sich nie getrennt.

Bei den Aufnahmen der ehemaligen Beatles in den frühen siebziger Jahren
spielte Starr auf den beiden ersten Solo-Alben von Lennon und bei dem ersten
Solo-Album von Harrison Schlagzeug. Harrison spielte auf Lennons erstem
Solo-Album. Lennon, McCartney und Harrison spielten (wenn auch getrennt)
auf Starrs Album von 1973 *(Ringo)*. Für Einzelheiten siehe besonders Schaffners *The Beatles Forever*, Kapitel 6 und 7.

Lennons Aussage, Yoko Ono habe ihm »innere Stärke« gegeben, findet sich auf
S. 17 von *Skywriting by Word of Mouth*. Daß Ono den Text des Buches redigiert
hat, geht aus dem Copyrightvermerk und aus ihrem selbstgefälligen Nachwort
auf S. 199–200 hervor.

McCartneys Zitat (»John mußte klar Schiff machen ...«) stammt aus dem *Rolling Stone*-Interview (Ausgabe vom 5. November 1987). Das Zitat (»John war
ein Mann ...«) stammt aus dem *Playboy*-Interview vom Dezember 1984.
Seine Bemerkung, Lennons Trennung sei ein Signal für Harrison und Starr
gewesen, findet sich auf S. 10 von in *their own words: the beatles ... after the
break-up*.

Lennons hämische Bemerkung über McCartneys Behauptung, er sei es gewesen, der die Beatles verlassen habe, stammt aus einem Interview mit dem *Rolling Stone* (Ausgabe vom 14. Mai 1970).

Harrisons Bemerkung (»Am Ende war es für uns einfach nicht mehr so lustig
wie für euch«) fiel auf einer Pressekonferenz im Jahr 1979 und wird in der Zeitschrift *Beatlefan*, Jg. I, Nr. 3, zitiert. Starrs Zitat (»Von 1961, 1962 an bis etwa
1969 ...«) steht auf S. 116 von in *their own words: the beatles ... after the
break-up*.

Harrisons Aussage, die Situation sei so gewesen, als habe man »zehn Brüder und Schwestern«, stammt von einer Pressekonferenz im Jahr 1979 und wird in der Zeitschrift *Beatlefan*, Jg. I, Nr. 3, zitiert. Seine Unzufriedenheit mit der Quotenregelung und das Zitat (»Du mußtest erst bei neunundfünfzig Songs von Paul mitspielen ...«) findet sich in einem *Rolling Stone*-Interview (Ausgabe vom 22. Oktober 1987).

McCartneys Bemerkung über die Aufteilung der zukünftigen Alben findet sich auf S. 59 des Programmheftes zur Welttournee 1989–1990.

Seite 316: Das Gespräch zwischen Lennon und Harrison findet sich auf einem der zahlreichen Bänder mit Aufnahmen zu *Get Back*, die dem Verfasser zugänglich gemacht wurden.

Zu Lennons 1969 aufgenommenen Solo-Alben gehören *Unfinished Music No. 2: Life With The Lions* und *The Plastic Ono Band – Live Peace In Toronto* sowie die Singles »Give Peace A Chance« und »Cold Turkey«. Siehe S. 706–710 von Colemans *Lennon*. Lewisohn beschreibt auf S. 334–339 des *Chronicle* Starrs Projekte, darunter den Film *The Magic Christian* und das Album *Sentimental Journey,* sowie Harrisons Auftritte mit der Band Delaney, Bonnie and Friends.

Lennons Zitat (»Ich habe im vergangenen Jahr vier Alben herausgebracht ...«) stammt aus einem *Rolling Stone*-Interview (Ausgabe vom 14. Mai 1970). Die beste Darstellung seiner Aktivitäten Ende 1969 und Anfang 1970 findet sich in Colemans *Lennon*, insbesondere in der Chronologie auf S. 708–712. Ein Beweis, daß Lennon sich noch immer als Beatle fühlte, sind seine auf S. 66–73 von *The Ballad of John and Yoko* wiedergegebenen Bemerkungen zu Reportern nach seinem Treffen mit dem kanadischen Premierminister Pierre Trudeau im Dezember 1969.

Daß Lennon und Ono, wie auch die anderen Beatles, 1969 ihre eigene Weihnachtsplatte aufnahmen, ist aus den Platten selbst ersichtlich und auf S. 131 von Lewisohns *Recording Sessions* belegt.

Lennons Wut über McCartneys Bekanntgabe im April 1970 wird unter anderem von Coleman auf S. 480 seines Buches *Lennon* erwähnt. Coleman bemerkt, Lennon habe ihm damals telefonisch mitgeteilt (und diese Aussage für ein Zitat in der Zeitschrift *Melody Maker*, deren Herausgeber Coleman war, freigegeben), McCartney sei nicht gegangen; vielmehr habe er, Lennon, ihn hinausgeworfen. Daß Lennon über McCartneys Statements wütend gewesen sei, bestätigt dieser im *Playboy*-Interview vom Dezember 1984 und auf S. 9 von *in their own words: the beatles ... after the break-up*, in dem sich auch die Bemerkung findet, das sei ein »dummer Schritt« gewesen. Das Zitat (»Die Beatles haben sich von den Beatles getrennt ...«) steht auf S. 8 *in their own words.*

Seite 190–191: Der Hintergrund der Auseinandersetzung über die Veröffentlichung von McCartneys Album *McCartney* ist verschiedentlich erörtert worden, so zum Beispiel auf S. 341–344 von Browns und Gaines' *The Love You Make*. Starrs eidesstattliche Erklärung wird auf S. 252 von Dowldings *Beatlesongs* zitiert.

Seite 319: Die beste Darstellung des Kampfes um Northern Songs findet sich auf S. 311–315 von *The Love You Make* und S. 358–364 von Normans *Shout!*.

Zu Lennons Verdacht, McCartney habe versucht, Northern Songs heimlich zu kaufen, siehe 369–370 von Davies' *The Beatles*.

Michael Jacksons Erwerb der Rechte an den Songs für 47,5 Millionen Dollar im Jahr 1986 wird auf S. 339 von Goldmans *The Lives of John Lennon* erwähnt. In einem Interview mit dem *Rolling Stone* (Ausgabe vom 5. November 1987) deutet McCartney an, Ono habe ihre gemeinsamen Anstrengungen, die Rechte zu erwerben, scheitern lassen: sie habe ein sehr niedriges Angebot gemacht, von dem er gewußt habe, daß es nicht akzeptiert werden würde. Warum er selbst kein eigenes Angebot machte, erklärt er nicht.

Seite 320ff.: Die Charakterisierungen von Eastman und Klein sowie die Schilderung der Ereignisse um ihre Person basieren auf den Darstellungen in *The Love You Make, Shout!* und *The Lives of John Lennon* sowie auf den Bemerkungen von Lennon und McCartney in *Lennon Remembers* und in der Nachschrift von 1985 in Davies' Biographie.

Die Anträge und die Beweisführung in McCartneys Zivilklage werden in seinem Interview in der Zeitschrift *Musician* (Ausgabe vom Oktober 1986), auf S. 343–344 von *The Love You Make* sowie auf S. 149–150 von Guilianos *Blackbird* beschrieben.

McCartneys Bemerkung, es habe ihm Qualen bereitet, seine »besten Freunde« zu verklagen, findet sich auf S. 482 von Colemans *Lennon*. Die Termine der Verhandlung und die Entscheidung des Gerichts sind am verläßlichsten auf S. 713 und 720 desselben Werkes sowie auf S. 344–346 von *The Love You Make* angegeben.

Die Gerichtsverfahren gegen Klein werden auf S. 718 von *Lennon* und auf S. 379–380 von *The Love You Make* beschrieben. In letzterem wird Kleins Gegenklage auf Schadenersatz in Höhe von über 100 Millionen Dollar erwähnt. Auf S. 722 von *Lennon* wird berichtet, daß 1977 ein Vergleich zustande kam, der Apple fünf Millionen Dollar und Klein 800000 Dollar kostete.

Lennons »Steel And Glass« erschien 1974 auf dem Album *Walls And Bridges*; »How Do You Sleep« erschien 1971 auf dem Album *Imagine*. Kleins Gefängnisstrafe wird auf S. 492 von Normans *Shout!* erwähnt.

Lennons Zitat (»Wenn ich mich verabschiede …«) findet sich auf S. 161 der *Playboy Interviews*. Seine Bemerkung, es sei »ein schlechter Geschmack« zurückgeblieben, findet sich auf S. 128 von *Strawberry Fields Forever: John Lennon Remembered*.

McCartneys Aussage, es sei »ein Jammer, daß eine so schöne Sache so übel enden mußte«, steht auf S. 150 von Guilianos *Blackbird*.

23. Kapitel: Ein letztes Meisterwerk (Abbey Road)

Seite 324: Auf S. 170–191 der *Recording Sessions* ist dokumentiert, daß die Aufnahmen zu *Abbey Road* am 16. April 1969 begannen und am 10. August 1969 abgeschlossen waren. Eine erste Aufnahme fand bereits am 22. Februar statt.

Martins Bemerkung, *Abbey Road* sei seine liebste Platte der Beatles, steht auf S. 159 von *The Summer of Love*.

Martins Bemerkung über die »unglaubliche Präsenz« findet sich auf S. 174 der *Recording Sessions* und bezieht sich auf die Aufnahmesession am 26. April 1969, in der »Oh! Darling« und »Octopus's Garden« aufgenommen wurden.

Datum und Ort der Aufnahme von »The Ballad Of John And Yoko« sowie die Aktivitäten von Harrison und Starr sind auf S. 174 der *Recording Sessions* angegeben. McCartneys Aussage, Lennon habe den Song »unbedingt« sofort aufnehmen wollen, findet sich auf S. 14. Der Verfasser hat alle elf Takes dieses Songs sowie die Zuspielungen im April 1993 in den Abbey Road Studios gehört.

Seite 327: Die Aufnahme von »Old Brown Shoe« am 16. April wird auf S. 173 der *Recording Sessions* beschrieben; daß »The Ballad Of John And Yoko« Platz eins in den Hitparaden erreichte, wird auf S. 177 erwähnt. Lennons Bemerkung über »das Zeug mit Christus« steht in einer Notiz an den Studiomitarbeiter Tony Bramwell, deren Faksimile auf S. 319 in Lewisohns *Chronicle* abgedruckt ist. Dort wird auch die Tatsache erwähnt, daß einige Sender diesen Song nicht spielten.

Martins Einstellung zur Arbeit an *Abbey Road* wird aus seinen Bemerkungen in dem Film *The Compleat Beatles* und in seinem Zitat auf S. 177 der *Recording Sessions* deutlich.

McCartney erinnert sich in einem Interview in der Zeitschrift *Musician* (Ausgabe vom Oktober 1986) daran, von Harrison und Starr zusammengestaucht worden zu sein.

Daß für Yoko Ono ein Bett im Studio aufgestellt wurde, ist vielfach berichtet worden, insbesondere auf S. 179 und 193 der *Recording Sessions*, wo auch Mitarbeiter der Abbey Road Studios zitiert werden.

Lennons und Onos Autounfall wird auf S. 177 der *Recording Sessions* sowie auf S. 707 von Colemans *Lennon* geschildert. Lewisohn merkt an, Lennon und Ono seien am 9. Juli ins Studio gekommen, doch auf der Liste der vom 11. bis 21. Juli anwesenden Musiker fehlt Lennon. In dieser Zeit nahmen die anderen Beatles Zuspielungen zu »Maxwell's Silver Hammer«, »You Never Give Me Your Money«, »Here Comes The Sun«, »Something«, »Oh! Darling« und »Octopus's Garden« auf.

Zu Lennons und Onos Rückfall in die Heroinsucht im Sommer 1969 siehe zunächst die Anmerkungen zu Kapitel 20. Für das Jahr 1969 siehe S. 326–327 von *The Love You Make,* wo Ono ihre und Lennons Entscheidung erläutert, ihre

Sucht ohne medizinische Hilfe zu überwinden. Ihre Aussage ist glaubhaft, weil Brown und sie eng befreundet waren (siehe S. 383–384), aber auch, weil Lennon später in diesem Sommer seine Heroinsucht mit drastischen Worten beschrieb, und zwar in dem Song »Cold Turkey«, der mit der Plastic Ono Band aufgenommen wurde.

Der Fototermin für das Cover von *Abbey Road* wird auf S. 186 der *Recording Sessions* und später noch einmal und genauer auf S. 328–329 im *Chronicle* beschrieben. Die ausgelassene Stimmung bei den Aufnahmen zu »You Know My Name (Look Up The Number)« wird auf S. 175 der *Recording Sessions* geschildert. Eine Beschreibung der Aufnahmen zu »Octopus's Garden« und »Here Comes The Sun« findet sich auf S. 174 und 178.

Seite 328: McCartneys Zitat (»Wenn man nur ein Körnchen …«) stammt aus dem *Playboy*-Interview vom Dezember 1984.

Die Aufnahmetricks, die bei »Come Together« angewendet wurden, werden auf S. 181 der *Recording Sessions* beschrieben.

Lennon schildert den Ursprung von »Come Together« auf S. 169–170 der *Playboy* Interviews.

Den Film mit Lennons Auftritt im Madison Square Garden im August 1972 hat der Verfasser gesehen. Er wird auch auf S. 248–250 von Jon Wieners *Come Together* beschrieben.

Martins Bemerkungen über Starrs Qualitäten als Schlagzeuger finden sich auf S. 127 seines Buches *All You Need Is Ears* und auf S. 95 der *Recording Sessions*.

Seite 331 f.: McCartneys Lob für »Something« findet sich auf S. 193 von *Recording Sessions*, Lennons und Sinatras Urteil steht auf S. 124–125 von Schaffners *The Beatles Forever*.

Ringos Ansicht, Lennon und McCartney seien »die besten Songwriter, die sich derzeit auf Erden befanden«, wird auf S. 196 von Bennahums *in their own words: the beatles … after the break-up* zitiert. Die Zeile, in der ein Granatapfel erwähnt wird, hat der Verfasser selbst auf den Arbeitsbändern gehört. Harrisons Ansicht, »Something« sei »vermutlich die schönste Melodie«, die er je geschrieben habe, stammt von S. 279 von Dowldings *Beatlesongs,* ebenso wie die Angabe, es existierten 150 Cover-Versionen dieses Songs (die Dowlding aus Harrisons Autobiographie *I Me Mine* zitiert).

McCartneys Erläuterungen zu »Maxwell's Silver Hammer« finden sich auf S. 102 von Miles' *Beatles: In Their Own Words.* Harrisons Zitat (»Es ist eine dieser Instant-Melodien …« und » … echte Schmalzstulle«) findet sich auf S. 281 von *Beatlesongs.* Lennons Urteil, dieser Song sei ein nettes kleines Volkslied stammt von S. 125 von Schaffners *The Beatles Forever.* Auch auf S. 171 der *Playboy Interviews* macht sich Lennon über dieses Stück lustig.

Lennons Bemerkungen über »Oh! Darling« stehen ebenfalls auf S. 171 der *Playboy Interviews.* McCartney erinnert sich auf S. 102 von Miles' *Beatles: In Their Own Words,* er sei früher als die anderen ins Studio gekommen, um diesen Song zu singen, und dies wird vom Toningenieur Alan Parsons auf S. 180 der *Recording Sessions* bestätigt. Auf S. 181 wird vermerkt, die endgültige Fassung habe McCartney am 23. Juli aufgenommen. Aus den vorhergehenden Einträgen geht hervor, daß dies der 5. Take war.

Starrs Bemerkungen über die Hänseleien der anderen Beatles und die Entstehung von »Octopus's Garden« finden sich im *Rolling Stone* (Ausgabe vom 30. April 1981). Die Beiträge von McCartney und Harrison werden auf S. 174 und 180 der *Recording Sessions* erwähnt.

Lennons Aussage, mit den Beatles sei es leicht gewesen zu improvisieren, findet sich auf S. 70 von *Lennon Remembers*.

Seite 333f.: Billy Prestons Mitarbeit und die Anzahl der Takes für »I Want You (She's So Heavy)« sind auf S. 170 der *Recording Sessions* dokumentiert. Die Zuspiel- und Mischtechnik wird auf S. 173 und 191 desselben Werkes beschrieben; in der letzteren Passage wird vermerkt, daß die Beatles bei der Aufnahme am 20. August zum letztenmal gemeinsam im Studio waren. Martins Zitat (»Nach einem gewaltigen Sound ...«) findet sich auf S. 212 seines Buches *All You Need Is Ears*.

Martins Bedauern darüber, daß er sich nicht mehr um Harrison gekümmert habe, kommt auf S. 124 seines Buches *The Summer of Love*, auf S. 11 von Bennahums *in their own words: the beatles ... after the break-up* und in einem Interview mit dem Verfasser zum Ausdruck. Aus diesem Interview stammt auch das Zitat über den »armen George«. Martins Zitat, »Here Comes The Sun« sei »einer der besten Songs, die je geschrieben wurden«, stammt von S. 174 von Scott Munis Buch *Ticket To Ride*.

Harrisons Aussage, er habe diesen Song in Claptons Garten geschrieben, findet sich auf S. 285 von Dowldings *Beatlesongs* (Dowlding zitiert hier aus Harrisons Autobiographie *I Me Mine*). Seine musikalischen Beiträge zur Aufnahme dieses Songs werden auf S. 178–188, 185 und 198 desselben Werkes beschrieben.

Lennons Bemerkung über den »unsichtbaren George« findet sich auf S. 162 von *Lennon Remembers*.

Die Beschreibung des Akkordmusters orientiert sich an den Noten auf S. 298–302 von *The Complete Beatles,* Bd. I.

Seite 335: Martins Rat (»Denkt symphonisch«) steht auf S. 139 von *The Summer of Love*.

Daß Lennon nicht an »Here Comes The Sun« beteiligt war, ist dadurch belegt, daß sein Name in keinem der entsprechenden Einträge der *Recording Sessions* (S. 178–180, 185 und 190) auftaucht.

Die Aufnahmen zu »Because«, bei denen Starr den Takt für die anderen Beatles schlug (was diese nur über Kopfhörer hörten – auf der Platte fehlt dieser Rhythmus), sind auf S. 184 der *Recording Sessions* beschrieben.

Lennon bezeichnete *Abbey Road* auf S. 102 von Miles' *Beatles: In Their Own Words* und auf S. 310 von Rileys *Tell Me Why* als professionell.

Zu Martins Rückkehr für die Produktion von *Abbey Road* siehe die Anmerkung zu S. 196. Emerick beschreibt seine Anwerbung durch McCartney auf S. 181 der *Recording Sessions*.

Zu McCartneys Rolle bei *Abbey Road* siehe die vorangegangene Anmerkung.
Ringos Zitat (» ... einige unserer besten Sachen ...«) stammt von S. 275 von
Beatlesongs, wo Dowlding aus Max Weinbergs *Big Beat* (Contemporary, New
York 1984) zitiert.
Auf S. 192 der *Recording Sessions* beansprucht Martin die Idee für das Medley
für sich. Dasselbe tut McCartney auf S. 14 desselben Werkes.
Auf S. 102 von Miles' *Beatles: In Their Own Words* bringt Lennon seine Un-
zufriedenheit mit dem Medley zum Ausdruck, ebenso wie Martin auf S. 124
von Schaffners *The Beatles Forever*.
Seite 337 f.: Die Geschichte, wie »Your Majesty« auf das Album kam, findet
sich auf S. 183 der *Recording Sessions*.
Die Reihenfolge der Gitarrensoli in »The End« wird von Lennon auf S. 48 von
Lennon Remembers geschildert.

24. Kapitel: Die Klassiker ihrer Epoche:
Wie die Beatles in die Geschichte eingehen

Seite 340: Die Archivbänder der Plastic Ono Band wurden dem Verfasser bei
seinen Besuchen in den Abbey Road Studios zugänglich gemacht. Lennons Zitat (»Ich mag sie immer noch«) findet sich auf S. 128 der *Playboy Interviews*.
Die Beziehung zwischen Lennon und McCartney in den Jahren nach der Trennung ist komplex genug für ein eigenes Kapitel. Ihre Auseinandersetzungen
wurden oft öffentlich geführt, so zum Beispiel, als sie ihre Ansichten 1971 in
der englischen Musikzeitschrift *Melody Maker* äußerten, nachdem Lennon
McCartney auf dem Album *Imagine* mit dem Song »How Do You Sleep« angegriffen hatte; siehe dazu S. 482–488 von Colemans *Lennon* sowie Lennons
Bemerkungen auf S. 49–51 von *Lennon Remembers*. McCartney geht auf
S. 368–374 in der Nachschrift zu Hunter Davies' *The Beatles* auf Lennons Angriffe ein. In einem Interview mit dem *Rolling Stone* (Ausgabe vom 11. September 1986) gibt er zu, daß zwischen ihm und Lennon eine »unglaubliche
Bitterkeit« gewesen sei, die sie »lange, lange Zeit« nicht hätten überwinden
können. Erst kurz vor seinem Tod hätten sie gemerkt, daß sie über alles mögliche reden konnten, solange sie das Thema Apple vermieden. Dennoch gerieten
die beiden alten Freunde und Partner immer wieder aneinander und schafften
es nie, all ihre Meinungsverschiedenheiten auszuräumen, was McCartney nach
Lennons Tod bedauerte. Siehe McCartneys *Playboy*-Interview von 1984 und
S. 4 von Guilianos *Black-bird*.
Freundliches und Freundschaftliches zwischen diesen beiden Männern blieb in
den Medien gewöhnlich unerwähnt. Auf denselben Seiten des Buches von Davies schildert McCartney beispielsweise, wie er während Lennons sogenann-
tem verlorenen Wochenende nach Los Angeles flog, um mit ihm über sein
selbstzerstörerisches Verhalten zu sprechen und ihn zu drängen, zu Yoko Ono

zurückzukehren. Und in dem soeben zitierten *Rolling Stone*-Interview erinnert sich McCartney, daß Lennon und er schließlich merkten, daß andere sie ständig gegeneinander aufhetzten. Um diese Art von Einmischung zu beenden, schrieb er schließlich den an Lennon gerichteten Song »Dear Friend«, der 1971 auf dem Album *Wildlife* erschien (siehe S. 33 von Gross' *Paul McCartney: Twenty Years on His Own*). Siehe auch S. 69–70 der *Playboy Interviews*, wo Lennon beschreibt, wie er eines Abends in New York mit McCartney vor dem Fernseher saß und sie fast ein Taxi zum NBC-Studio genommen hätten, weil der Produzent von *Saturday Night Life* schelmisch eine Belohnung von 3200 Dollar versprochen hatte, falls es in seiner Sendung zu einer Wiedervereinigung der Beatles kommen sollte. Siehe auch die auf S. 110–114 von Bennahums *in their own words: the beatles ... after the break-up* zitierten Bemerkungen, die darauf hindeuten, daß Lennon zu Ono gesagt hatte, obwohl McCartney ihn sehr verletzt habe, möge er ihn immer noch sehr gern und wisse ihre Zusammenarbeit zu schätzen.

Lennon spricht auf S. 103–105 der *Playboy Interviews* über seine Urschreitherapie.

Seite 341: Harrisons Bemerkung, in der er die Beatles mit Brüdern vergleicht, wurde auf einer Pressekonferenz im Jahr 1979 gemacht und ist in der Zeitschrift *Beatlefan*, Jg. I, Nr. 3, abgedruckt.

Starrs Zitat (»Wir streiten uns manchmal ...«) findet sich auf S. 116 von Bennahums *in their own words: the beatles ... after the break-up*.

Die Klage der ehemaligen Beatles gegen Allen Klein wird auf S. 718 von *Lennon* und S. 379–380 von *The Love You Make* erörtert.

Die Zusammenarbeit der ehemaligen Beatles bei ihren diversen Solo-Alben und besonders der LP *Ringo* wird in den Kapiteln 6 und 7 von Schaffners *The Beatles Forever* beschrieben. Siehe auch McCartneys Zitat auf S. 122 von Bennahums *in their own words: the beatles ... after the break-up*. Zu McCartneys Bemerkung, er und Lennon kämen gut miteinander aus, solange das Thema Apple nicht erwähnt werde, siehe S. 372 von Davies' *The Beatles* und McCartneys Interview im *Rolling Stone* vom 11. September 1986.

Lewisohns Bemerkung, zwischen den Beatles gebe es eine »brüderliche Verbundenheit«, stammt aus einem Interview des Verfassers. Harrisons Zitat (»Jeder von uns hat den anderen ...«) stammt aus einer Pressekonferenz im Jahr 1979 und ist in der Zeitschrift *Beatlefan*, Jg. I, Nr. 3, abgedruckt.

Daß die Beatles auf Fragen von Journalisten irreführende Antworten gaben, geht aus Lennons Bemerkung auf S. 125 von Garbarinis, Cullmans und Graustarks *Strawberry Fields Forever: John Lennon Remembered* hervor, wo Lennon sagt, die Beatles hätten auf die Frage nach ihrem gegenseitigen Verhältnis oft einfach gesagt, was ihnen gerade eingefallen sei, weil sie darüber nicht hätten sprechen wollen.

Das Interview, in dem Lennon behauptete »Ich bin ein Genie!«, wurde im *Rolling Stone* vom 21. Januar und 4. Februar 1971 veröffentlicht und später in *Lennon Remembers* abgedruckt. Seine spätere Distanzierung von den wütenden

Äußerungen in diesem Interview findet sich auf S. 610 von Colemans *Lennon*, wo er diese Ausbrüche mit dem »Platzen eines Abszesses« vergleicht, und auf S. 114 der *Recording Sessions*, wo George Martin sich an Lennons Entschuldigung für seine Bemerkungen erinnert. Zu dem Song »How Do You Sleep« sagt Lennon in dem von Ono produzierten Film *Imagine*, er habe später gemerkt, daß er damit eigentlich sich selbst gemeint habe. Er und McCartney seien »miteinander im reinen«. Die Abende, an denen die beiden in Erinnerungen schwelgten, werden auf S. 610 von Colemans *Lennon* beschrieben.

Seite 344: McCartneys positive Bemerkungen über eine Wiedervereinigung der Beatles im Jahr 1974 finden sich auf S. 122–124 von Bennahums in *their own words: the beatles ... after the break-up*. Lennons Bemerkungen aus dem Jahr 1975 stehen auf S. 144–145 von *The Ballad of John and Yoko*.

Was den offensichtlichen Zusammenhang zwischen Lennons Rückkehr zu Yoko Ono nach einer achtzehnmonatigen Trennung und der Tatsache betrifft, daß er sich danach nicht mehr über eine Wiedervereinigung mit den anderen Beatles äußerte, so ist dieses Zusammentreffen allein schon bemerkenswert genug. Es gibt darüber hinaus jedoch Aussagen dazu von May Pang, Lennons Geliebter in der Zeit seiner Trennung von Yoko Ono. Auf S. 286–310 ihres Buches *Loving John* schreibt Pang, McCartney habe Lennon Ende 1974 nach New Orleans eingeladen, wo er ein Album aufnehmen wollte (das spätere *Venus And Mars*). Pang fügt hinzu, Lennon sei begeistert gewesen, habe jedoch eine Woche später Onos Hypnosetherapeuten aufgesucht, um das Rauchen aufzugeben, und danach plötzlich und ohne Erklärung Pang verlassen, um zu Ono zurückzukehren.

Starrs Zitat (»Dieses dumme Gerede hat nichts mit uns zu tun«) steht auf S. 125 von Bennahums *in their own words: the beatles ... after the break-up*.

Lennons Zitat (»Niemand von uns möchte der erste sein ...«) steht auf S. 125 von Garbarinis, Cullmans und Graustarks Buch *Strawberry Fields Forever: John Lennon Remembered*.

Über Lennons Verfügung berichtete der *Rolling Stone*. McCartney bestätigte die Existenz dieser Verfügung und eines Filmprojekts im *Rolling Stone* vom 5. November 1987.

Der 1989 zustande gekommene Vergleich zwischen den Beatles wurde dem Verfasser von Mark Lewisohn in einem Gespräch erläutert.

Zu den Plänen zu *The Beatles Anthology* siehe den Artikel des Verfassers im *New Yorker* vom 24. Januar 1994. Er basiert auf Interviews mit Apple- und EMI-Mitarbeitern wie Derek Taylor, dem Pressesprecher von Apple, und David Hughes, dem PR-Chef von EMI.

Daß die drei noch lebenden Beatles Lennons »Free As A Bird« aufgenommen haben, war der *New York Times* vom 3. März 1994 zu entnehmen. Dort wurde beschrieben, wie Yoko Ono McCartney bei den Feierlichkeiten zur Aufstellung einer Büste Lennons in der Rock 'n' Roll Hall of Fame die Arbeitsbänder mit diesem Song übergab.

Eine Solo-Version Lennons von »Free As A Bird« wurde dem Verfasser zugänglich gemacht.

Derek Taylors Bemerkung, die Beatles würden ihre eigene Geschichte zurückerobern, stammt aus einem Interview des Verfassers.

McCartneys Bemerkung über Mozart stammt aus dem Artikel des Verfassers im *New Yorker* vom 24. Januar 1994 und ist von McCartneys Pressebüro in London bestätigt worden.

Seite 346: Martins Zitat (»Wahrscheinlich ist es ziemlich anmaßend …«) stammt aus einem Interview mit dem Verfasser.

Seite 348: Starrs Zitate (»Wir haben immer Songs gespielt …« und »Jeder mag ›Yesterday‹ …«) finden sich auf S. 262 von John Blakes *All You Needed Was Love.*

Seite 349: Martins Zitat (»Die Leute erinnern sich an Elvis Presley …«) stammt aus einem Interview des Verfassers.

Lennon hat mehrmals gesagt, die Musik der Beatles sei eigentlich Volksmusik, unter anderem auf S. 121 von Garbarinis, Cullmans und Graustarks Buch *Strawberry Fields Forever.*

Taylors Bemerkung, die Musik der Beatles habe sich »durch die Unterschiede von Rasse, Alter und Klasse« gearbeitet, steht im Begleittext auf dem Cover des Albums *Beatles For Sale.*

Seite 351: Lennons Bemerkung (»Sei jetzt da«) steht auf S. 70 der *Playboy Interviews.*

Diskographie

(Die Liste orientiert sich an der Reihenfolge der offiziellen britischen Veröffentlichungen. Singles sind in gerader Schrift aufgeführt, Alben *kursiv*. EPs sind nur aufgelistet, sofern sie anderweitig unveröffentlichtes Material enthalten.)

1962

Love Me Do / P.S. I Love You (5. Oktober 1962)

1963

Please Please Me / Ask Me Why (11. Januar 1963)

Please Please Me (22. März 1963)
   Seite 1: I Saw Her Standing There; Misery; Anna (Go To Him); Chains; Boys; Ask Me Why; Please Please Me
   Seite 2: Love Me Do; P.S. I Love You; Baby It's You; Do You Want To Know A Secret; A Taste Of Honey; There's A Place; Twist And Shout

From Me To You / Thank You Girl (11. April 1963)

She Loves You / I'll Get You (23. August 1963)

With The Beatles (22. November 1963)
   Seite 1: It Won't Be Long; All I've Got To Do; All My Loving; Don't Bother Me; Little Child; 'Till There Was You; Please Mister Postman
   Seite 2: Roll Over Beethoven; Hold Me Tight; You Really Got A Hold On Me; I Wanna Be Your Man; Devil In Her Heart; Not A Second Time; Money (That's What I Want).

I Want To Hold Your Hand / This Boy (29. November 1963)

1964

Can't Buy Me Love / You Can't Do That (20. März 1964)
Long Tall Sally – EP (19. Juni 1964)
    Seite 1: Long Tall Sally; I Call Your Name
    Seite 2: Slowdown; Matchbox

A Hard Day's Night / Things We Said Today (10. Juli 1964)

A Hard Day's Night (10. Juli 1964)
    Seite 1: A Hard Day's Night; I Should Have Known Better; If I Fell; I'm
    Happy Just To Dance With You; And I Love Her; Tell Me Why; Can't Buy
    Me Love
    Seite 2: Any Time At All; I'll Cry Instead; Things We Said Today; When I
    Get Home; You Can't Do That; I'll Be Back

I Feel Fine / She's A Woman (27. November 1964)

Beatles For Sale (4. Dezember 1964)
    Seite 1: No Reply; I'm A Loser; Baby's In Black; Rock And Roll Music; I'll
    Follow The Sun; Mr. Moonlight; Kansas City
    Seite 2: Eight Days A Week; Words Of Love; Honey Don't; Every Little
    Thing; I Don't Want To Spoil The Party; What You're Doing; Everybody's
    Trying To Be My Baby

1965

Ticket To Ride / Yes It Is (9. April 1965)

Help! / I'm Down (23. Juli 1965)

Help! (6. August 1965)
    Seite 1: Help!; The Night Before; You've Got To Hide Your Love Away; I
    Need You; Another Girl; You're Going To Lose That Girl; Ticket To Ride
    Seite 2: Act Naturally; It's Only Love; You Like Me To Much; Tell Me What
    You See; I've Just Seen A Face; Yesterday; Dizzy Miss Lizzy

Rubber Soul (3. Dezember 1965)
    Seite 1: Drive My Car; Norwegian Wood (This Bird Has Flown); You Won't
    See Me; Nowhere Man; Think For Yourself; The Word; Michelle
    Seite 2: What Goes On; Girl; I'm Looking Throug You; In My Life; Wait; If
    I Needed Someone; Run For Your Life

1966

Paperback Writer / Rain (10. Juni 1966)

Eleanor Rigby / Yellow Submarine (5. August 1966)

Revolver (5. August 1966)
Seite 1: Taxman; Eleanor Rigby; I'm Only Sleeping; Love You To; Here,
There And Everywhere; Yellow Submarine; She Said She Said
Seite 2: Good Day Sunshine; And Your Bird Can Sing; For No One; Doctor
Robert; I Want To Tell You; Got To Get You Into My Life; Tomorrow Never
Knows

Bad Boy (9. Dezember 1966 – der einzige sonst unveröffentlichte Song auf
dem Weihnachtsalbum *A Collection Of Beatles Oldies*)

1967

Strawberry Fields Forever / Penny Lane (17. Februar 1967)

Sgt. Pepper's Lonely Hearts Club Band (1. Juni 1967)
Seite 1: Sgt. Pepper's Lonely Hearts Club Band; With A Little Help From
My Friends; Lucy In The Sky With Diamonds; Getting Better; Fixing A
Hole; She's Leaving Home; Being For The Benefit Of Mr. Kite
Seite 2: Within You Without You; When I'm Sixty-Four; Lovely Rita; Good
Morning Good Morning; Sgt. Pepper's Lonely Hearts Club Band (Reprise);
A Day In The Life

All You Need Is Love / Baby, You're A Rich Man (7. Juli 1967)

Hello, Goodbye / I Am The Walrus (24. November 1967)

Magical Mystery Tour – EP (8. Dezember 1967)
Seite 1: Magical Mystery Tour; Your Mother Should Know
Seite 2: I Am The Walrus
Seite 3: The Fool On The Hill; Flying
Seite 4: Blue Jay Way

Lady Madonna / The Inner Light (15. März 1968)

Hey, Jude / Revolution (30. August 1968)

The Beatles (22. November 1968)
> Seite 1: Back In The U.S.S.R., Dear Prudence; Glass Onion; Ob-La-Di, Ob-La-Da; Wild Honey Pie; The Continuing Story Of Bungalow Bill; While My Guitar Gently Weeps; Happiness Is A Warm Gun
> Seite 2: Martha My Dear; I'm So Tired; Blackbird; Piggies; Rocky Raccoon; Don't Pass Me By; Why Don't We Do It In The Road; I Will; Julia
> Seite 3: Birthday; Yer Blues; Mother Nature's Son; Everybody's Got Something To Hide Except Me And My Monkey; Sexy Sadie; Helter Skelter; Long, Long, Long
> Seite 4: Revolution 1: Honey Pie; Savoy Truffle; Cry Baby Cry; Revolution 9; Good Night

1969

Yellow Submarine (17. Januar 1969)
> Seite 1: Yellow Submarine; Only A Northern Song; All Together Now; Hey Bulldog; It's All Too Much; All You Need Is Love
> Seite 2: Sieben Instrumentalstücke aus dem Soundtrack zu dem Film *Yellow Submarine,* gespielt vom George Martin Orchestra

Get Back / Don't Let Me Down (11. April 1969)

The Ballad Of John And Yoko / Old Brown Shoe (10. Mai 1969)

Abbey Road (26. September 1969)
> Seite 1: Come Together; Something; Maxwell's Silver Hammer; Oh! Darling; Octopus's Garden; I Want You (She's So Heavy)
> Seite 2: Here Comes The Sun; Because; You Never Give Me Your Money; Sun King; Mean Mr. Mustard; Polythene Pam; She Came In Through The Bathroom Window; Golden Slumbers; Carry That Weight; The End; Her Majesty

1970

Let It Be / You Know My Name (Look Up The Number) (6. März 1970)

Let It Be (8. Mai 1970)
> Seite 1: Two Of Us; Dig A Pony; Across The Universe; I Me Mine; Dig It; Let It Be; Maggie Mae
> Seite 2: I've Got A Feeling; The One After 909; The Long And Winding Road; For You Blue; Get Back

Register

Fotonachweise